Johannes Rogalla von Bieberstein

Adelsherrschaft und Adelskultur
in Deutschland

3. überarbeitete und wesentlich erweiterte Auflage

Titelbild: Kampfszene „Walter von Klingen"
aus der Manesse-Handschrift

ISBN 3-7980-0686-5

AUS DEM
·DEUTSCHEN ADELSARCHIV

Im Auftrage der Stiftung Deutsches Adelsarchiv
herausgegeben von Klaus Freiherr v. Andrian-Werburg

Band 14 der Schriftenreihe

Johannes Rogalla von Bieberstein

Adelsherrschaft und Adelskultur in Deutschland

1998

C.A. STARKE VERLAG • LIMBURG

Albrecht Dürer: Ritter, Tod und Teufel

Inhaltsverzeichnis

Vorbemerkung

Vor einigen Jahren bemerkte ein Historiker, daß bei uns die Geschichte des Adels fast vergessen ist. Diese Feststellung ist um so erstaunlicher, als der Münchener Professor Karl Bosl 1955 einen Aufsatz über den „aristokratischen Charakter der europäischen Staats- und Sozialentwicklung" geschrieben hat. Darin trug er Gedanken zum Thema Adelsherrschaft, Adelskultur und Adelsethik vor, welche Alteuropa ein Jahrtausend hindurch ihr Siegel aufgedrückt haben.

In diesem Buch wird der Versuch unternommen, dasjenige zu beschreiben, was der sizilianische Fürst Giuseppe Tomasi di Lampedusa in seinem Roman „Der Leopard" als „Universum des Adels" bezeichnet hat. Dazu sind Quellen und Forschungsergebnisse aus verschiedenen Lebens- und Wissenschaftsbereichen herangezogen worden. Die Geschichte des „Adeltums", zu dessen Ausrottung der Demokrat Heinrich Heine aufgerufen hat, macht eine Darlegung der Eigentümlichkeiten der Ständegesellschaft und damit auch des Bauern- und Bürgerstandes notwendig. Diese Gesellschaft, über die man in Schule und Universität meist nur wenig hört, ist für den modernen Menschen kaum weniger exotisch als eine primitive Stammesgesellschaft. Heinrich Laube hat den Adel bereits 1833 mit einem Indianerstamm verglichen, der von den späteren Historikern als naturhistorische Merkwürdigkeit aufgeführt werden würde!

Der Autor dieses Buches gehört zu jener seltsamen Gattung von Menschen, deren Vorfahren man in Stammbäumen nachschlagen kann. Dabei stößt man nicht nur auf Landjunker und Bürgersleute, sondern bei ausreichender Geduld auch auf Könige und Kaiser. So gehört etwa die Heilige Hedwig von Schlesien zu meinen direkten Vorfahren, deren Bruder Ekbert als Bischof von Bamberg den berühmten Dom mit seinem Reiterstandbild als Urbild des Rittertums geschaffen hat. Herzog Heinrich der Fromme, der Sohn der aus dem herzoglichen Haus Andechs-Meranien stammenden Hedwig, ist 1241 in der Mongolenschlacht bei Liegnitz gefallen. Sie ist im Hedwig-Codex von 1352 dargestellt, wo derjenige Mongole, welcher Heinrich das Haupt abgeschlagen hat, von einem Ritter mit dem Wappen des Autors durch einen Dolchstich in den Hals getötet wird.

Nachdem die 1991 vorgelegte zweite Auflage meines Buches seit längerer Zeit vergriffen war, danke ich Klaus Freiherrn von Andrian-Werburg und dem C.A. Starke Verlag dafür, daß es nunmehr in einer erweiterten Neuauflage in der Reihe "Aus dem Deutschen Adelsarchiv" erscheinen kann. Klaus Freiherrn von Andrian-Werburg, Thomas Freiherrn von Fritsch-Seerhausen sowie Moritz Graf Strachwitz schulde ich großen Dank dafür, daß sie mein Manuskript gründlich durchgesehen und als Kenner der Materie von mir gern entgegengenommene inhaltliche und stilistische Verbesserungsvorschläge gemacht haben.

Abgesehen von zusätzlichen Illustrationen und kleineren Verbesserungen ist diese Neuauflage angereichert worden um das Unterkapitel 2.7.1 "Standeserhebungen in Tabellen". Darin wird erstmals getrennt nach Fürsten, Grafen und Freiherren ein umfassendes, chronologisch geordnetes Datenmaterial vorgelegt.

Des weiteren habe ich mein vor der "Wende" von 1989 geschriebenes Buch ergänzt durch das 13. Kapitel "Der Adel und der Kollaps des Kommunismus", in welchem ich die von vielen Adligen als schicksalhaft-einschneidend empfundenen Ereignisse darstelle.

Durch diese Ergänzungen ist der von Walter Görlitz in seiner "WELT"-Besprechung herausgestellte Charakter meines Buches als "Nachschlagewerk über alle Lebensbereiche der deutschen Adelsgruppen" intensiviert worden.

Über diese Aufgabenstellung des Buches hinaus ist es mein Bestreben gewesen, in den kulturgeschichtlichen Kapiteln dem Leser auch eine vergnügliche Lektüre anzubieten. Es hat mich daher gefreut, daß sowohl der französische Professor Robert Volz in der "Revue Historique" als auch Professor Axel Freiherr von Campenhausen im "Nachrichtenblatt der Baltischen Ritterschaften" bemerkt haben, daß mein Buch zugleich "Vergnügen und Belehrung" (plaisir et profit) vermittelt!

Die berühmte jüdische Wissenschaftlerin Hannah Arendt hat gesagt, für eine Widerstandshaltung gegen den Totalitarismus habe einzig und allein der Ehrbegriff, also christlich-ständisch geprägte Grundsätze ausgereicht. Wie viele Adlige haben sie auch meinen Großvater Ludwig Graf von Zech-Burckersroda und meinen Vater Hermann

XIV

Rogalla von Bieberstein ausgezeichnet. Daher habe ich ihnen mein Buch gewidmet.

Ein am Ort lebender Kommunist hat berichtet, daß mein dem Johanniterorden angehörender und noch in der Liegnitzer Ritterakademie erzogener mütterlicher Großvater, dem die in der SED-Ära als Jugendherberge genutzte und jetzt leerstehende einstige Burg der Pfalzgrafen von Sachsen Goseck an der Saale gehört hat, sich von Anfang an von den Nationalsozialisten distanziert hat. Für ihn war die 1933 einsetzende Judenverfolgung „unchristlich". Er war ein Nachkomme von Bernhard Zech, welcher als kurfürstlich sächsischer und königlich polnischer Konferenzminister so etwas wie der Chef des Kanzleramtes von König August dem Starken gewesen ist und 1716 von Kaiser Karl VI., dem letzten Habsburger und Vater von Maria Theresia, in den Stand eines Edlen Herren und Ritters erhoben wurde. Sein Sohn Bernhard, welcher gleichfalls Minister wurde, ist 1745 nach dem Tode von Kaiser Karl VII. zum Präsidenten des Reichsvicariats-Gerichtes ernannt worden und wurde als zeitweise höchster Richter und Verwaltungsbeamter des Reiches für die Länder des sächsischen Rechtes als erster Sachse von bürgerlicher Herkunft in den Grafenstand erhoben.

Das von seinem Vater geschriebene, 1674 in Regensburg publizierte und zur Prinzenerziehung benutzte Buch mit dem barocken Titel: "Der durchlauchtigte Regenten-Saal, auf welchem der römischen Päpste, Kaisere des h. Römischen Reiches, ... dann der Könige ... so auch der Kurfürsten ... ingleichen der höchsten Häupter der Christenheit Geschlechte ... aufgeführt ... werden" kann als Vorläufer meiner Untersuchung betrachtet werden.

Bei der Arbeit an ihr, welche mir ohne die Ressourcen der leistungsfähigen Universitätsbibliothek Bielefeld kaum möglich gewesen wäre, in welcher ich beruflich tätig bin, ist mir der zugleich übernationale wie ständische Charakter des Alten Reiches und damit auch seines Adels mehr und mehr bewußt geworden.

Mein Anfang 1942 bei Leningrad verwundeter Vater wurde 1943 als Kavallerie-Offizier Leiter des damaligen Heeresgestüts Piber in der Steiermark. Dort versuchte eines Tages ein fanatischer Nazi-

Bürgermeister, seine kriegsgefangenen Gestütsarbeiter mit einem Besen am Besuch der Messe zu hindern. In den Erinnerungen meines Vaters heißt es: "In diesem Moment stand meine ganze Autorität und auch die Ehre meines Namens auf dem Spiel. Da ich normalerweise Zivil trug, zog ich mir also Uniform mit allen Orden an, steckte mir eine Pistole ein, holte mir einige Soldaten zur Hilfe und gab dem Bürgermeister drei Minuten Zeit zu verschwinden." Nach dem 20. Juli 1944, dem viele seiner Kameraden und Freunde zu Opfer fielen, wurde mein Vater in Gestapo-Gefängnissen mißhandelt und aus der Wehrmacht ausgestoßen.

Für die Bereitstellung von Material, Hinweise und Ratschläge für die Neuauflage habe ich vielen zu danken. Unter ihnen möchte ich an dieser Stelle neben meiner lieben Historiker-Ehefrau Margarete hier hervorheben Michael Graf v.Arnim-Boitzenburg, Rudolf v.Bünau, Dr. Christoph Franke von der Stiftung Deutsches Adelsarchiv, Albrecht Freiherr von Boeselager, Kanzler der deutschen Assoziation des malteser-Ritterordens, Henning von Kopp-Colomb vom Verband „Der Sächsische Adel", Dietz Baron Maltzan, Heinrich v.Oppen, Rosemarie Gräfin von der Schulenburg, Ernst Graf Waldstein-Wartenberg, der mir wertvolle Informationen über die Situation des Adels in Tschechien lieferte, sowie Baronin Elisabeth Tiesenhausen, die mir das "Nachrichtenblatt der Baltischen Ritterschaften" zur Auswertung überlassen hat.

Leopoldshöhe, 1998

Johannes Rogalla von Bieberstein

1. Die ständische Sozialordnung

Denn auch der Adel groß und klein,
Dient der Christenheit gemein,
Gott hat die Stände wohl bestellt
Und höchsten Lohn für sie erwählt
in Ewigkeit und ohn Beschwer
Geistlicher, Adel, Arbeiter.

Oswald von Wolkenstein (1377-1445)

Universalgeschichtlich gesehen ist die geschichtete Gesellschaft der Normalfall. Hiervon machte die inzwischen aufgelöste Sowjetunion und ihre Satelliten, die ihre Rechtfertigung aus einer egalitären Ideologie bezog und die gleichwohl der herrschenden Schicht der Nomenklatura außer unverhältnismäßig hohen Einkommen Privilegien wie nur für sie bestimmte Läden, Krankenhäuser, Erholungsheime, Kinos zur Verfügung stellte, keine Ausnahme. Während heutzutage rechtliche Privilegierungen für undemokratisch und tatsächliche Bevorzugungen für anstößig gehalten werden, war es sowohl dem antiken als auch dem mittelalterlichen Denken selbstverständlich, daß die Menschen auf Erden ungleich seien und in untereinander abgesonderten Lebenskreisen sowie in vielfachen Über- und Unterordnungsverhältnissen lebten. So ging etwa Aristoteles von der fundamentalen Ungleichheit der Menschen aus, zu der auch das Institut der Sklaverei gehörte. Platon unterschied bereits zwischen dem Lehrstand (oratores), dem Wehrstand (pugnatores) und dem Nährstand (agricultores). Diese Dreiteilung, welche eine arbeitsteilig verfaßte Gesellschaft beinhaltet, charakterisiert auch die Sozialordnung des Mittelalters. Sie wurde gern mit einem Organismus verglichen. So heißt es etwa in Martin Luthers Schrift „An den christlichen Adel deutscher Nation“, daß die Stände „gleichwie die Gliedmaßen des Körpers einer dem anderen dienen“.

Noch im 16. Jahrhundert ist die Ständeordnung von einem Prediger so auf den Begriff gebracht worden:

Ein Stand muß lehren,
der andere ernähren,
der dritt muß bösen Buben wehren.

Das Mittelalter wird auch deshalb als christlich bezeichnet, weil die Stände im Mittelalter als eine von Gott gewollte Seinsweise betrachtet wurden und weil die Gliederung der Gesellschaft in Stände alle theologischen und politischen Betrachtungen durchdrungen hat. Noch im 18. Jahrhundert sah es der patriarchalische Fürstenstaat als seine Aufgabe an, den biblischen Geboten im täglichen Leben Geltung zu verschaffen. So wurde damals in Bayern die Sünde des Ehebruchs zweier verheirateter Personen mit vier Wochen Gefängnis bei Wasser und Brot sowie mit einer Ankettung an den Pranger geahndet.

Das kirchliche Zinsverbot sowie die Tatsache, daß bei dem nicht produzierenden Gewerbe die Wertschöpfung nicht unmittelbar einsichtig war, haben in der Ständetheorie bis in die Gegenwart hinein als Vorurteile hineingewirkt. Bei einem Minnesänger hörte sich dies im 13. Jahrhundert so an:

Gott hat drei Leben erschaffen,
Bauern, Ritter und Pfaffen,
das vierte schuf des Teufels List,
das Leben Wucher genannt ist.

Die ständische Gesellschaft wurde von Gott als dem Herrn der Welt und der Geschichte überwölbt. Dies zeigt eindrucksvoll der Holzschnitt aus dem 1492 zu Mainz gedruckten „Prognosticon". Der aus dem 17. Jahrhundert stammende, jedoch noch ganz dem mittelalterlichen Denken verhaftete Kupferstich „Die Ständetreppe" versucht die auch innerhalb der Stände vielfältig untergliederte Gesellschaft auf eine differenzierte Weise darzustellen. Die vom Papst als Stellvertreter Christi auf Erden gekrönte Ständetreppe erscheint als System stufenweiser Zuordnungen zu Gott. Dabei gemahnt der im Mittelpunkt des Kupferstiches dargestellte Tod mit den neben seinen Füßen rollenden Totenköpfen den Menschen an die zeitlichen Grenzen seiner Existenz. In Stein gehauen wurde die hierarchische Ständeordnung, die vielfach mit der himmlischen Hierarchie der Engel, Erzengel usw. in Beziehung gesetzt worden ist, in romanischen Kapellen aus der Stauferzeit. So verfügt die von Kaiser Friedrich Barbarossa in seiner Nürnberger Reichsburg erbaute Kapelle über drei Ebenen, auf denen der Kaiser, sein hochadeliges Gefolge und seine Dienerschaft jeweils gesondert am Gottesdienst teilnahmen.

Wie sehr religiöse und ständische Gesichtspunkte auch das profane Leben zumindest äußerlich geprägt haben, sei hier an zwei Details erläutert. Die Bewohnerinnen der mittelalterlichen Hurenhäuser, welche eine spezielle Zunftkleidung tragen mußten, waren gleich anderen Zünften zur strikten Befolgung kirchlicher All- und Feiertagsregulierungen angewiesen und riefen besondere Heilige an. Die Hierarchie der Bediensteten der burgundischen Hofküche wurde vom Brot- und vom Weinverwalter angeführt, da dem Brot und dem Wein aufgrund des Heiligen Abendmahls der Vorrang vor dem Braten zukam.

1.1. Der Adel als Herrschaftsstand

Wenngleich der Ritter Ulrich von Hutten erklärt hat: „Jeder Stand hat seine Ehre und trägt seine Zier in sich", so kann doch im Alltagsleben von keiner durch diesen Spruch unterstellten prinzipiellen Gleichwertigkeit der Stände die Rede sein. Vielmehr bildete der wiederum in sich vielfältig gegliederte Adel als Herrschaftsstand, welcher auch die Herrschaft über die Kirche ausgeübt hat, sei es mit dem Schwert des Ritters oder mit dem bischöflichen Krummstab, die irdische Spitze der Ständepyramide.

Dieser Adelsstand nun wurde 1591 im „Adelsspiegel" des Predigers Cyriakus Spangenberg als „von Gott und eine Ordnung Gottes" betrachtet. Deshalb haben sich nicht nur Kaiser, Könige und Fürsten, sondern auch die Inhaber von mit obrigkeitlichen Aufgaben wie der Gerichtsbarkeit, der Polizeigewalt und dem Kirchenpatronat ausgestatteten kleinen Adelsherrschaften als Herren von „Gottes Gnaden" bezeichnet. In einer Zeit, wo es noch keine modernen Verkehrs- und Kommunikationsmittel gab, wurde der Alltag des Menschen ungleich stärker als heute durch die unmittelbar erlebte Unterobrigkeit bestimmt. So schreibt der aus dem unterösterreichischen Rohrau stammende Komponist Joseph Haydn: „Mein seliger Vater war seiner Profession Wagner und Unterthan des Grafen Harrach."

Die Heraushebung der Adeligen aus der Zahl der gewöhnlichen Sterblichen hat ihr Selbstbewußtsein und ihren Stolz, welche jede Herrenschicht auszeichnen, naturgemäß verstärkt. Während für manche adelsstolze Feudale wie den Fürsten Windisch-Graetz noch im 19. Jahrhundert „der Mensch erst beim Baron" begann, glaubte eine Freifrau von Woellwarth im 18. Jahrhundert zu wissen: „Adel und gemeine Leute sind zwei spezifisch unterschiedene Rassen des menschlichen Geschlechts, deren Unterschiede auch im künftigen Leben fortdauern würden". Dagegen hat die bereits bürgerlich empfindende fromme Ehefrau des bedeutenden westfälischen Oberpräsidenten Baron Vincke ein Jahrhundert später bekannt: „Ich leugne es nicht, oft habe ich mir gedacht, was manche Adeliche für ein Gesicht machen würden, wenn sie mit ihren Dienstboten im Himmel zusammenkämen. Vielleicht tue ich ihnen Unrecht. Wir alle sind ja vor Gott gleich, alle durch Christo Tod erlöste Brüder ..."

Die christliche Religion hat nicht nur im Mittelalter, sondern auch in der Neuzeit in den Alltag hineingewirkt und das Denken und Handeln der Menschen mitbestimmt. Dies war um so mehr der Fall, als die weitgehende Beherrschung und auch Erklärung der Natur und ihrer Elementargewalten erst in jüngster Zeit erreicht wurde. Der mittelalterliche Mensch fühlte sich diesen Gewalten, hinter deren Wirken er einen göttlichen Ratschluß vermutete, hilflos ausgesetzt. Er mußte sich dem Rhythmus der Jahreszeiten und des Tageslaufes fast wie die übrigen Lebewesen anpassen und konnte gegen Schicksalsschläge wie Ungewitter, Überschwemmungen, Seuchen, Hungersnöte nur wenig ausrichten und deutete sie in seiner Not als göttliche Strafgerichte. Die christliche Heilsbotschaft diente somit als Sinnstifter der vielfach gefährdeten menschlichen Existenz. Der Mensch nämlich, ob-

Dreiständebild, Holzschnitt aus Lichtenbergers Prognostication,
Mainz 1492

gleich er als Gottes Geschöpf den Stempel der Gottebenbildlichkeit trug, war als Sünder stets durch die beim Jüngsten Gericht drohende Ewige Verdammnis, die Hölle bedroht und bedurfte der Erlösung. Das Jenseits bildete für den religiösen Menschen einen Teil der Realität und damit des Alltags.

Nur das Bestreben sich einen gnädigen Gott und damit Erlösung von allen gegenwärtigen und künftigen Nöten zu verschaffen, liefert eine Erklärung dafür, warum Generationen von in ärmlichen Verhältnissen lebenden Menschen mit äußerst bescheidenen technischen Hilfsmitteln wahrhaft gewaltige, alle übrigen Bauten weit in den Schatten stellende Gotteshäuser erbaut haben, deren Fertigstellung nicht selten mehrere Jahrhunderte erfordert hat. Diese Gotteshäuser beherrschten das äußere Gesichtsfeld der menschlichen Siedlungen und repräsentierten die Königsherrschaft von Christus. Für das geistige Auge dagegen war das heilsgeschichtliche Weltbild bestimmt, welches der aus dem Hause der Babenberger Herzöge stammende und eng mit den Stauferkaisern verwandte Bischof Otto von Freising (1111-1158) ausgeführt hat. Unter Rückgriff auf den „Gottesstaat" des Kirchenlehrers Augustinus behandelt seine Weltchronik das Ringen zwischen dem Welt- und Teufels- sowie dem Gottesreich, an dessen Beginn die Schöpfung und an dessen Ende der Antichrist und das Weltgericht stehen.

Die soziale und politische Ordnung des Mittelalters fügte sich in dieses christliche Weltbild ein. Es ist wenig bekannt, daß im frühen Mittelalter auch der Kaiser den heutzutage dem Papst vorbehaltenen Titel „Vikar Christi" führte. Auf der in der Wiener Hofburg aufbewahrten Kaiserkrone sind die israelitischen Könige David und Salomo als alttestamentarische Vorläufer des römisch-deutschen Königtums abgebildet. Kaiser Otto II. ist auf einer Miniatur sogar christusgleich dargestellt worden, indem sich sein Antlitz in der Mandorla befindet, in der sonst Christus porträtiert worden ist. Die Reichskleinodien sind in der Nürnberger Heiliggeistkirche auch aus Sicherheitsgründen in der über dem Hauptaltar schwebenden „Heiltumsruhe" aufbewahrt worden. Der junge Goethe, welcher

1764 in Frankfurt der ihn tief bewegenden Kaiserkrönung von Joseph II. als Junge beiwohnte, hat diese treffend als „politisch-religiöse Feierlichkeit" charakterisiert. Während der Dichter den dabei geübten und aus dem Mittelalter überkommenen religiösen und weltlichen Ritualen einen „unendlichen Reiz" beimaß, haben sich bereits damals aufgeklärte Rationalisten darüber lustig gemacht.

So verwundert es nicht weiter, wenn man liest, daß ein Journalist es als „religiöse Fronarbeit" bezeichnet, daß die Bewohner der Augsburger Fuggerei, die für einen symbolischen Gulden ein Häuschen dieses noch heute von der Fugger-Familie getragenen Sozialwerks bewohnen, nach der alten Stiftungsordnung in der eigens hierfür errichteten Markuskirche jeden Tag ein Gebet verrichten sollen. Selbstverständlich war eine derartige Auflage im Mittelalter eine bare Selbstverständlichkeit und keine vom Stifter erdachte Schikane. Bis in die Neuzeit hinein wurde der auf Durchdringung des gesamten Alltagslebens hinzielenden religiösen Erziehung sowohl beim Adel als auch beim Bürger- und Bauerntum eine außerordentliche Bedeutung zugemessen. Hieran ist in traditionsbestimmten Schichten wie dem grundbesitzenden Adel besonders lange festgehalten worden. Wie man etwa in den Erinnerungen des Grafen Hans Lehndorff nachlesen kann, pflegten Gutsfrauen für ihre Familie und das Gesinde täglich eine Andacht zu halten und Betstunden durchzuführen. Im bayerischen Schloß Kronwinkl, aus dem der als Gegner der Nationalsozialisten bekannt gewordene und 1946 mit der Kardinalswürde geehrte Bischof von Berlin Konrad Graf Preysing stammt, mußten alle Bewohner sogar noch in diesem Jahrhundert bei größter Winterkälte in der unbeheizten Schloßkapelle täglich an der Messe teilnehmen.

Da heutzutage viele der Kirche entfremdet sind, ist hier mit dem österreichischen Prinzen Rohan darauf zu verweisen, daß speziell auch beim katholischen Adel die Religion und ihre Ausübung so „unproblematisch wie Essen und Trinken" zum Alltag gehört haben, daß sie frei von Bigotterie war und durchaus mit barocker Lebenslust und Bildungsliberalismus vereinbar gewesen ist. Neben angepaßten und indifferenten „Maulchristen" hat es immer wieder auch solche gegeben, welche sich intensiv mit religiösen Fragen beschäftigt haben. So beginnt der bedeutende Staatsmann Fabian Burggraf zu Dohna (1550-1621), ein engagierter Reformierter, seine Autobiographie mit der Feststellung, er sei „durch die Gnade des allmächtigen Gottes zur Welt" gekommen und beendet sie mit dem Wunsch, daß „ihn der Vater unseres Herrn und Seligmachers am Jüngsten Tage zum ewigen Leben auferwecken" möge. Otto von Schwerin (1616-1679), der erste Minister des Großen Kurfürsten, hat gleich vielen anderen Adeligen Kirchenlieder, darunter das bekannte „Jesus, meine Zuversicht", verfaßt. Zu den „Erweckten" hat etwa der Graf Heinrich Reuß-Köstritz (1681-1748) gehört, welcher seinen aristokratischen Lebensstil ganz aufgab und Tag und Nacht in der Kirche betete, sowie schließlich der Reichsgraf Lutz zu Castell (1707-1772). Er ist 1737 als ein Aufruhr stiftender Wanderprediger vorübergehend verhaftet worden!

Nicht übersehen werden darf, daß die religiöse Erziehung vielfach eine regelrechte Dressur besonders der Kinder gewesen ist. Ihr wurden speziell auch diejenigen Prinzen unterworfen, die auf die Rolle von Regenten vorbereitet wurden. So mußte der von Jesuiten erzogene bayerische Kurfürst Maximilian (1573-1651) als Junge beim Aufstehen, Betreten einer Kirche, Passieren eines Friedhofs usw. „Stoßgebete" verrichten. Kaiser Leopold I. (1640-1705) hat eine derartige religiöse Erziehung so verinnerlicht, daß er als Kind mit seinen Bausteinen vorzugsweise Kapellen erbaute, Miniatur-Altäre schmückte, Messen las und es bedauerte, als Kronprinz nicht „Jesuiter" werden zu können. Bei dem von seinen adeligen Standesgenossen als „Bauernkönig" beargwöhnten Kaiser Joseph II. hat eine penetrante religiöse Erziehung und Inpflichtnahme offensichtlich das Gegenteil, nämlich einen Überdruß, ja einen Widerwillen gegen Kirche und Mönchtum erzeugt. So wurde er in der Karwoche 1752 als Elfjähriger von seinem Vater durch achtzehn verschiedene Kirchen Wiens geschleppt.

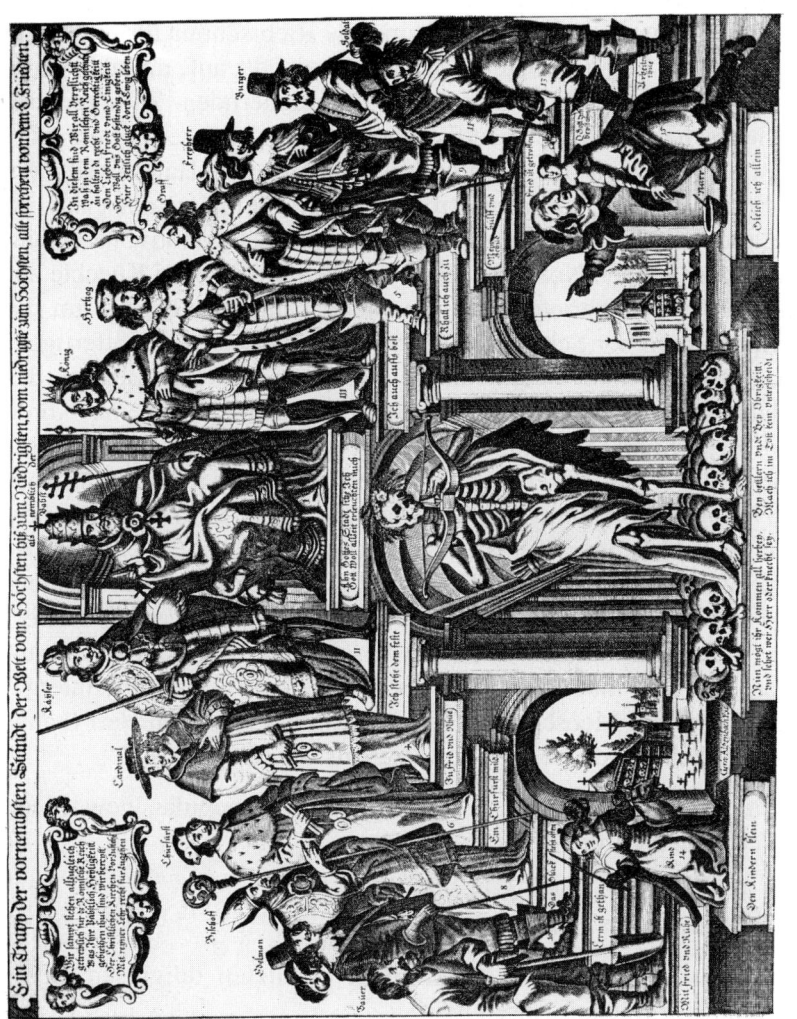

Die Ständetreppe von Gerhard Altenbach (17. Jh.)

1.2. Die Herrenideologie des Adels

Wie man hieraus ersieht, ist das vieldiskutierte Wort aus dem 13. Römerbrief des Apostels Paulus, daß die Obrigkeit von Gott verordnet sei, durchaus ernst genommen und als Richtschnur für das Herrscherverhalten herangezogen worden. Dabei fällt auf, daß das Christentum in dem viele Jahrhunderte überdauernden Zeitalter der Adelsherrschaft auf eine spezifisch adelige Weise interpretiert worden ist. In einer im 12. Jahrhundert entstandenen Handschrift aus dem Steiermärker Chorherrenstift Vorau erscheint erstmals das im Mittelalter beliebte und aus der Genesis abgeleitete Motiv, nach dem von den drei Söhnen Noahs jeweils die Edlen, Freien und Knechte abstammen. Hierauf beriefen sich die südafrikanischen Buren, um die Diskriminierung der Schwarzen durch die Apartheid zu rechtfertigen! Gemäß der adeligen Weltdeutung, die sich auf den Beginn des Matthäus-Evangeliums stützt, wo die Abstammung Jesu von König David, dem Sohn Abrahams, dargelegt wird, hat der Stauferkaiser Friedrich II. bei der Beisetzung der ihm verwandten Heiligen Elisabeth von Thüringen im Jahre 1236 zu Marburg erklärt: „Wir freuen uns, daß unser Erlöser Jesus Christus aus dem königlichen Geschlecht Davids hervorgegangen ist und die Tafeln des Alten Testament bezeugen, daß die Bundeslade allein von Adeligen berührt werden durfte." Noch in dem 1591 erschienenen „Adelsspiegel" des Magisters Spangenberg heißt es möglicherweise nicht ohne adelskritische Hintergedanken (!): „Kein Mensch, kein Kaiser, König, Fürst noch Herr (kann) seinen leiblichen Adel so weit beweisen als der Herr Christus".

Aufschlußreich ist, daß die im Bauernkrieg populär gewordene adelsfeindliche Parole:

> *Als Adam grub und Eva spann,*
> *wo war denn da der Edelmann?*

mit einer auch von Kaiser Maximilian benutzten religiösen Argumentation so zurückgewiesen wurde:

> *Ich bin ein Mann wie ein anderer Mann,*
> *nur daß mir Gott die Ehr getan.*

Die Parole der Bauern war um so eingängiger, als sie beispielsweise auch von der preußischen Ordensdichtung des 14. Jahrhunderts als die Ernährer allen Lebens, angefangen bei den Bettlern und den Tieren bis hin zu Kaiser und Papst, gepriesen worden sind. Dabei wurde ihnen nachgesagt, daß ihnen in ihrer Einfalt und Arbeitsamkeit die Krone des Lebens gebühre. Auf plastische und schlichte Weise ist dieser Gedanke in einem aus dem 18. Jahrhundert stammenden Bild ausgeführt worden, welches in einem Gasthaus in Kärnten hängt. Dort erklärt der kniende Bauer im Blickkontakt zu dem am Himmel sichtbaren göttlichen Auge an die Adresse der über ihm thronenden geistlichen und weltlichen Fürsten:

> *Gott, wenn Du nicht wollst und ich nichts tät,*
> *ihr beide nichts zu essen hätt!*

Auf dem um 1520 entstandenen Holzschnitt „Der Ständebaum" des Petrarca-Meisters tragen Abel und Kain, der Hirte und der Bauer, die ganze Last der ständischen Ordnung bis hin zu Kaiser und Papst, wobei der Ständebaum wiederum von Bauern gekrönt wird. Die Botschaft dieses Bildes ist: So wie alle Stände dem Bauerntum entstammen, so findet die Ständeordnung im Bauerntum ihre Bestimmung. Damit wird der Herrenideologie des Adels, welcher seine Privilegien damit rechtfertigte, daß er als Kriegerstand die ihm Befohlenen mit seinem Leib schützte, eine Absage erteilt. Der Hofhistoriograph der burgundischen Herzöge hat diese ständische Adelsideologie im 15. Jahrhundert so formuliert:

> *Gott hat das gemeine Volk erschaffen, um zu arbeiten,*
> *um den Boden zu bestellen, um durch Handel dauerhafte*
> *Lebensunterhalte zu schaffen, den Adel aber um die Tu-*
> *gend zu heben und die Gerechtigkeit zu handhaben, und*
> *durch die Taten und Sitten eines Daseins in Schönheit*
> *den anderen ein Vorbild zu sein.*

Hier wird deutlich angesprochen, daß die ständische Gesellschaft nicht nur eine arbeitsteilige und in ihr die Verteilung der Macht hierarchisch geregelt ist, sondern auch gesagt, daß die Stände darüber hinaus Lebenskreise mit eigenen Leitbildern und Tugenden bildeten. Damit ist das Besondere der sozialen Formation Adel angesprochen. Sie beinhaltet mehr und ist interessanter als eine moderne Klasse, welche keinen eigenen Moralkodex und keinen eigenen Stil entwickelt hat.

Bereits im 13. Jahrhundert hat der Spruchdichter Freidank mit dem Wort „Wer Tugend hat, ist wohlgeboren, Adel ohne Tugend ist verloren" darauf hingewiesen, daß die adelige Standesmoral darin beruht, den Vorrang der Stellung durch Tugend zu behaupten. Ferdinand von Plettenberg-Nordkirchen hat dieses adelige Selbstverständnis im Jahre 1737 so erklärt:

> *„Wir müssen glauben, daß die Edle Geburt größere*
> *Bewegung zu den Tugenden verursachte ...*
> *mit dem Adeligen Geblüt ist gemeiniglich der Adel des*
> *Gemüts vereinigt und ist ihnen zur Tugend*
> *und zu löblichen Thaten eine große Antreibung. "*

Der Kulturhistoriker Johan Huizinga hat zu diesem Tugend-Leitbild bemerkt, hinter ihm stände der zur Schönheit erhobene Hochmut, woraus die Ehre als der Pol adeligen Lebens abgeleitet worden sei. Dieser keinesfalls immer erfüllte Anspruch hat dem Adel Bewunderung und Nachahmung, jedoch auch Kritik und Haß eingetragen. Sogar aufgeklärte und liberale Adelige haben bei aller Kritik an den „ahnenstolzen Laffen" im Adel oft etwas Besonderes, und zwar Immaterielles gesehen. So hat der junge August von Kotzebue im Jahre 1792 seinem Essay „Vom Adel" dieses Motto vorangestellt: „Vergiß deines Ranges, wenn die Menschheit spricht! Gedenke deiner Ahnen, wenn die Ehre ruft."

Eben dies konnte von Nichtadeligen, welche keine Ahnen und keine adelige Ehre hatten und die sich nicht über ihre Ahnen definierten, als außerordentlich verletzend angesehen werden. Daher heißt es in einer Flugschrift aus der Revolution 1848/49 bezeichnenderweise unter einer heutzutage für unerträglich gehaltenen Bevormundung von Frauen: „Der Demokrat würde dem Aristokraten nie und nimmer seine Tochter zur Ehe geben."

Mit dem Gesagten ist bereits das Wesen des Standes als einer sozialen Formation angesprochen, die mit der modernen Klasse oder Schicht nicht verwechselt werden darf. Während nämlich die Klasse eine ökonomisch-soziale Kategorie ist, bildet der Stand eine rechtliche und auch moralische Kategorie, welche eine spezifisch standesgemäße Lebenshaltung vorschreibt. Der Aufstieg bzw. der Abstieg von einer Klasse oder Schicht in eine andere ist in einer modernen, nach dem Prinzip der Rechtsgleichheit organisierten Gesellschaft dem einzelnen Bürger im Prinzip jederzeit möglich. Die Stände dagegen waren Personenkörperschaften und verfügten als Rechtskreise über besondere „Freiheiten", d.h. Privilegien, denen wiederum besondere Verpflichtungen entsprachen.

1.3. Privilegien und Standespflichten des Adels

Der Adel genoß zunächst das Privileg der weitgehenden oder der gänzlichen Steuerbefreiung sowie das Recht, Waffen zu tragen, dem die Pflicht zum Kriegsdienst korrespondierte. Wenngleich den Adeligen dies auch nicht immer verbrieft war, so besetzten sie doch zumindest tatsächlich bis zum Fall der Monarchie die führenden Positionen im Hofdienst, im Kriegswesen, in der Staatsverwaltung und in der Kirche. Dies erschloß ihnen vielfältige Möglichkeiten der Versorgung und der Vermehrung von Besitz und Ehre. Dagegen war es dem Adel beispielsweise auch noch nach dem in mancherlei Hinsicht fortschrittlichen Allgemeinen Preußischen Landrecht von 1794 untersagt, Handel zu treiben. Solch eine Betätigung war mit dem überkommenen Verständnis von adeliger Ehre nicht vereinbar. Wenn also Adelige gemäß ihrer Standesideologie auf die „Pfeffersäcke" und „Koofmichs" herabblickten, so steckte darin nicht selten ein gehöriges Stück Neid auf reiche Bürger, mit deren Finanzkraft sie nicht mithalten konnten.

Tatsächlich stellte das Verbot, Handel zu treiben lediglich für den armen und wenig begüterten Adeligen eine ernsthafte Beschränkung seiner Handlungsmöglichkeit dar. Denn der vermögende Adel wikkelte seine Geschäfte stets durch Agenten ab, so daß er gleichsam seine Hände nicht mit bürgerlicher Arbeit beschmutzte und er gleichwohl die adelsideologischen Verbotsschranken umging.

Dabei ist besonders darauf hinzuweisen, daß der neuzeitliche Adel insbesondere Nord- und Ostdeutschlands im Unterschied zu dem west- und süddeutschen Adel nicht so sehr ein von Pacht- und Naturalabgaben bestrittenes Grundrentnerleben führte, sondern vielmehr seine Ländereien in eigene Bewirtschaftung nahm und die Gutswirtschaft ausbaute. Auf diese Weise entstanden bereits im 16. Jahrhundert adelige Großproduzenten von Getreide und Schlachtvieh, welche teilweise in das Großhandels- und Bankgeschäft einstiegen und Gewerbebetriebe anlegten. So betrieben die mecklenburgischen Hahn auf Basedow einen schwunghaften Getreidehandel. Der Holsteiner Heinrich von Rantzau, der den Namen „Fugger des Nordens" zugelegt bekam, wurde nicht zuletzt durch seine Gewerbebetriebe so kapitalkräftig, daß er der Königin von England Geld leihen konnte. Die niedersächsischen Veltheim waren damals so potent, daß sie die Städte Magdeburg und Leipzig sowie den Herzog von Braunschweig zu ihren Schuldnern zählten. Solche wirtschaftlichen Betätigungen des Adels waren dem Stadtbürgertum ein Dorn im Auge, konnten jedoch von ihm nur selten unterbunden werden. So beschwerte sich im 16. Jahrhundert die Stadt Brandenburg darüber, daß Balthasar von Bardeleben mit Heringen und Tuchware und die Gänse zu Putlitz mit Getreide, Bier und Honig gehandelt haben. Viele wird es verwundern zu erfahren, daß der zum Herzog von Friedland aufgestiegene Wallenstein nicht nur ein berühmter Feldherr und Politiker war, sondern zugleich ein bedeutender Ökonom, der in Nordböhmen Wirtschaftsunternehmen begründete. Im 18. Jahrhundert entfalteten beispielsweise die schlesischen Reichenbach auf Goschütz umfangreiche unternehmerische Aktivitäten, indem sie Tuchwebereien, Papiermühlen, Pottaschesiedereien und Glashütten anlegten. Die westfälischen Landsberg und Fürstenberg spielten bei der Frühindustrialisierung als Betreiber von Hammerwerken im Sauerland eine Rolle. Noch bedeutsamer war die Pioniertätigkeit des sächsischen Grafen Adolph von Hoym (1668-1722) in der oberschlesischen Metallindustrie. Die von ihm begründeten Hütten gingen auf dem Erbwege an die Fürsten Hohenlohe-Öhringen über, welche als Herzöge von Ujest bis 1945 zu den reichsten „Schlotbaronen" zählten.

Die ökonomische Basis für derartige Erfolge im Wirtschaftsleben ist zumeist die durch größeren Landbesitz gegebene Finanzkraft und Kreditfähigkeit gewesen. Hiervon zeugen auch die ausgedehnten industriellen Unternehmungen böhmischer Magnaten wie der Liechtenstein, Fürstenberg und Schwarzenberg, welche im 19. Jahrhundert auch als Mitbegründer von Großbanken und Finanziers von Eisenbahngesellschaften in Erscheinung treten. Sofern sie nicht durch den Verkauf von Bauland zu Geld kamen, reichte es bei dem normalen Rittergutsbesitzer bestenfalls zum Betrieb von kleinen Gewerbebetrieben, welche die Eigenprodukte Holz, Milch, Getreide und Kartoffeln verarbeiteten. Der Kleinhandel mit Fremdprodukten dagegen galt bis in die Neuzeit hinein für den traditionsbewußt-standesstolzen Adel, etwa im Hannoverschen, als anstößig und ehrenrührig. Deshalb klagte die Familie gegen den Vater des berühmten Pädagogen Johann Heinrich Campe (1746-1818), weil dieser zur Aufbesserung der Erträge seines Gutes Deensen im Weserbergland mit Leinen und Garn gehandelt hat. Das Gericht kam dem Verlangen der Kläger nicht nach, daß der Beklagte wegen seiner kaufmännischen Aktivitäten sein Adelswappen von seinem Haus entfernen sollte! Campe, der im Hause des neuadligen und neureichen Kriegslieferanten Humboldt dessen Söhne Wilhelm und Alexander unterrichtete, vertrat die Auffassung, der Adel des Geistes sei mehr wert als derjenige des Geschlechtes. Er wurde zum Ehrenbürger der französischen Revolution ernannt und hat von seinem Adelstitel keinen Gebrauch gemacht. Auch Karl von Klöden, ein Sohn einer verarmten märkischen Adelsfamilie, erzählt, daß sein Vater das „von" niedergelegt hat, um Unteroffizier werden zu können. Als Subalterncharge konnte er nämlich diversen lukrativen Nebenbeschäftigungen nachgehen, was ihm als Offizier verwehrt war.

Solch eine freiwillige Aufgabe des Adels, welcher für Unbegüterte oft mehr eine Last als ein Vorzug war, ist nicht wenigen als ein Ausweg aus der Misere erschienen. So hat ja Johann Michael von Loën, ein mit Goethe verwandter Patrizier, im Jahre 1752 zu Recht auf die Tatsache verwiesen, daß „der deklassierte Adelige manchmal so adelig wie der Kaiser und so bedürftig wie ein Tagelöhner" gewesen ist. Gleichwohl gäbe es Edelmänner, welche lieber bedürftig leben, als ihren Namen durch eine „reiche Bauernheirat besudeln" wollten. Von dem oft bitterarmen spanischen Hidalgo hat man bezeichnenderweise gesagt, er sei stets bereit gewesen, für Spanien zu kämpfen und zu sterben, jedoch nicht zu arbeiten! Im 18. Jahrhundert berichtet ein Reisender aus dem geistlichen Fürstentum Salzburg, daß dort hundert Adelige in bitterer Armut lebten. Der Bischof gäbe ihnen nur soviel, daß sie nicht verhungern müßten. Diese Almosenempfänger würden sich beklagen, daß sie unter ihrem Stande leben müßten, sie würden es jedoch für eine unzumutbare Erniedrigung halten, ihre Kinder einen handwerklichen Beruf erlernen zu lassen. Solch eine Verweigerung einer Integration in die bürgerliche Welt war bereits im 19. Jahrhundert nicht mehr durchzuhalten. So nennt Walter Görlitz als Chronist des preußischen Junkertums eine Reihe klangvoller Adelsnamen wie Borcke, Bülow, Kalckreuth, Kreytzen, Quitzow und Wallenrodt, deren verarmte Namensträger sich als Handwerker oder subalterne Beamte auf bürgerliche Weise ernähren mußten.

Auch aus dem vorrevolutionären Frankreich ist bekannt, daß nicht wenige Adelige in ärmlichsten Verhältnissen vegetiert haben. Sie konnten nicht lesen und schreiben und suchten sich als verbauerte Dorfjunker durch die Heirat mit einem wohlhabenden Bürgermädchen zu sanieren. Das Protokoll der Adelsversammlung von Poitou von 1789 bemerkt, daß viele Adelige in Bauernkleidung und ohne Schwert erschienen seien und daß man ihnen zum standesgemäßen Auftreten einen Säbel leihen und die Herberge bezahlen mußte. Peinlicher noch als die nicht standesgemäße Kleidung erschien der Adelsversammlung bezeichnenderweise das Fehlen des Säbels. Denn der Adel verfügte als Kriegerstand über das Privileg des Waffentragens. Deshalb hat es auch der Vater des Ritters Franz von Sickingen am Ende des 15. Jahrhunderts als eine kaum erträgliche Schmach angesehen, als ihm in Köln als Fremden der Dolch abgenommen wurde, den er vorschriftswidrig am Gürtel trug. Dies war eine Spätfolge davon, daß die Kölner Bürger im Jahre 1288 in der Schlacht von Worringen die Stadtherrschaft der hochadeligen Kurfürst-Erzbischöfe abgeworfen haben. Diese mußten fortan in Bonn residieren und durften sich nur unter Auflagen, wie der Begrenzung des Aufenthalts auf drei Tage und einer zahlenmäßigen Beschränkung der Leibwache, in der zu den reichsten Städten Europas gehörenden Domstadt aufhalten.

1.4. Bürgertum und ständische Gesellschaft

Auch dieses Beispiel zeigt, daß die tatsächliche Verteilung der politischen und ökonomischen Macht sich keineswegs mit der von Kotzebue 1792 so dargestellten ständischen Hierarchie gedeckt hat: „Der Edelmann sieht auf den Bürger herab, der Bürger auf den Handwerker, der Handwerker auf den Knecht, der Knecht auf den Stalljungen, der Stalljunge auf den Esel, welchen er reitet". Tatsächlich wurde die adelige Rangordnung von bürgerlicher Seite keinesfalls vorbehaltlos anerkannt. So hat Goethe, der väterlicherseits aus einer Handwerkerfamilie, mütterlicherseits jedoch aus einer alteingesessenen Frankfurter Patrizierfamilie entstammt, gesagt, er betrachte seine Nobilitierung, die für seine Tätigkeit am Weimarer Hof erforderlich war, nicht als eine Standeserhöhung, da sich die Frankfurter Patrizier seit jeher als dem Adel gleichwertig betrachtet hätten.

Damit hat er angesprochen, daß der heutige demokratische Bürgerbegriff auf die feudal und ständisch strukturierte Sozialordnung des Ancien Régime nicht angewandt werden darf. Keineswegs alle Bewohner einer Stadt verfügten über die vollen Bürgerrechte, vielmehr war dieses Recht an Grund- und Hausbesitz gebunden. Ein Großteil der Bevölkerung, nämlich die Knechte, Tagelöhner und die von der kirchlichen und privaten Wohltätigkeit lebende Stadtarmut gehörte den unterbürgerlichen bzw. unterständischen Schichten an. Vereinfacht ausgesprochen gliederte sich das Bürgertum in das Patriziat oder die „Geschlechter", welche als „adelige Bürger" vom Groß- und Fernhandel, vom Bankgeschäft und vom Grundbesitz inner- und außerhalb der Stadt lebten und außerdem meist das Stadtregiment innehatten, sowie in die in Zünften organisierten Kleinbürger, welche als „Krämer" vom Kleinhandel oder vom „ehrbaren" Handwerk lebten.

Im Spätmittelalter, welches durch einen Niedergang der kaiserlichen Zentralgewalt bei noch nicht bürokratisch durchorganisierten Fürstenstaaten charakterisiert ist, bestand das gemeinsame Interesse dieser beiden Hauptklassen des Stadtbürgertums darin, die vielfach im geistlichen Gewande auftretende adelige Herrschaft über die Stadt abzuschütteln. Dabei wurde in Magdeburg sogar der den Titel „Primas von Germanien" führende und aus hochadeligem Haus stammende Erzbischof im Jahr 1325 als Gefangener der Stadt im Rathaus ermordet. Nicht nur in Köln und Magdeburg, sondern auch in Augsburg, Konstanz, Münster, Paderborn, Straßburg und Trier wurde der bischöfliche Stadtherr vertrieben und gezwungen, seine Residenz außerhalb der Stadtmauer zu errichten. Solch ein Schicksal widerfuhr auch weltlichen Stadtherren. So wurden die Herzöge von Braunschweig im Jahr 1300 genötigt, ihre Residenz nach Wolfenbüttel zu verlegen. Und die Wittelsbacher Herzöge vermochten am Ende des 14. Jahrhunderts die Stadt München nur mit Hilfe verbündeter Fürsten zu unterwerfen.

Auch die aus dem Hohenzollernhause stammenden Burggrafen von Nürnberg wurden aus der Stadt verdrängt, sie mußten 1427 ihre Burg an die Stadt verkaufen und durften lediglich den Titel behalten! Ein Menetekel für den Adel war 1423 die Zerstörung ihrer Stammburg durch den schwäbischen Städebund gewesen, welcher bereits im Jahre 1377 vor Reutlingen einen glänzenden Sieg über den Grafen Ulrich von Württemberg und die ihm verbundene Ritterschaft errungen hatte. Die Wappenschilde der dabei erschlagenen siebzig Edelleute haben bis ins 18. Jahrhundert hinein die Fenster des Rathauses der Freien Reichsstadt als Trophäen verziert! Bedingt durch den Niedergang der Städte im Dreißigjährigen Krieg sowie durch das erstarkende Landesfürstentum wurde die „Städtefreiheit" im 16. und 17. Jahrhundert teilweise wieder beseitigt. So haben der Erzbischof Jakob von Eltz im Jahre 1580 die Stadt Trier, der Bischof Dietrich von Fürstenberg im Jahre 1604 die Stadt Paderborn, der Bischof Christoph von Galen die Stadt Münster und der Herzog von Braunschweig-Wolfenbüttel im Jahre 1680 die Stadt Braunschweig jeweils durch Einsatz oder Androhung von Waffengewalt zurückerobert.

Entgegen einer weitverbreiteten Annahme haben die auch im Reichstag als Reichsstände vertretenen freien Städte keinen Fremdkörper in dem durch die Vorherrschaft des Adels gekennzeichneten Alten Reich gebildet. Es gab durchaus eine Interessengemeinschaft zwischen dem städtischen Patriziat als der städtischen Oberschicht und der agrarischen Feudalgesellschaft bei der Niederhaltung der Zünfte und damit des Kleinbürgertums. So hat es im Jahre 1348 in Nürnberg einen Aufstand der Handwerker gegen die Geschlechter gegeben, welcher ein Jahr später von einem Heer Kaiser Karls IV. niedergeschlagen worden ist. Unter dem in den Großen Rat gewählten und zum Bürgermeister aufgestiegenen Zimmermanns-Sohn Schwarz kam es ein Jahrhundert später in Augsburg zu einem blutigen Kampf der Zünfte mit den Geschlechtern, der wiederum mit Hilfe des Kaisers und unter Einsatz des Galgens zugunsten der Führungsschicht entschieden worden ist. Da die Städte in der Heerschild-Ordnung keinen Platz hatten, konnten sie nicht direkt, sondern nur mit einer juristischen Hilfskonstruktion Lehen vergeben. Solch ein Lehen haben die Ritter von Bodelschwingh 1387 von der Reichsstadt Dortmund übertragen bekommen. Die Stadt Ulm kaufte im Jahre 1396 dem bankrotten Grafen Helfenstein die Herrschaft Geislingen ab. Deren Bewohner sind bis in die Neuzeit hinein Leibeigene der Ulmer Bürger gewesen.

Die Patrizierfamilien sind teilweise aus dem Landadel - so die Nürnberger Tucher und wohl auch die Stendaler Bismarck - und teilweise aus dem Bauern- oder Handwerkerstand hervorgegangen wie beispielsweise die Fugger. Im Spätmittelalter haben sie vielfach Grundbesitz erworben und sind nicht selten - so die aus Herford stammenden Keyserling oder die Breslauer Sauerma - in den Landadel übergewechselt. Beispielsweise hatten die Nürnberger Tucher im 15.

Jahrhundert 2924 bäuerliche Untertanen. Bekannten Patriziergeschlechtern wie etwa den Nürnberger Imhoff und den Löffelholz ist der Aufstieg in die Reichsritterschaft, den Fugger sogar in den Stand der 1803 noch gefürsteten Reichsgrafen gelungen. Im Spätmittelalter war die Anziehungskraft der Städte so groß, daß viele Landadelige Bürgerrechte erwarben und Ratsherren und Bürgermeister wurden. So etwa die Seydlitz und Falkenhayn in Breslau, die von der Lancken und Kleist in Kolberg, die Mitzlaff in Stolpe, die Berlichingen, Crailsheim, Stetten und Weiler in Schwäbisch-Hall, die Eyb, Gebsattel und Seckendorff in Rothenburg, die Leutrum von Ertingen in Esslingen, die Marschall von Bieberstein in Freiberg oder die Hardenberg in Einbeck. Ein Nagel war noch nach dem Dreißigjährigen Krieg Ratsherr in Osnabrück.

Die spätmittelalterliche adelig-patrizische Symbiose dokumentiert sich in vielen Heiratsverbindungen. Die bayerische Adelsfamilie Lerchenfeld ist damals in das Regensburger und die elsässische Familie von Kageneck in das Straßburger Patriziat übergewechselt. Manchen wird es erstaunen zu hören, daß ein Mitglied der reichsritterlichen Familie Buseck im Jahre 1451 Bürgermeister von Frankfurt war und daß die Mutter der Ehefrau von Götz von Berlichingen aus einem Heilbronner Bürgerhaus stammte. Die Mutter des berühmten Hochmeisters des Deutschen Ordens Winrich von Kniprode gehörte dem berühmten Kölner Patriziergeschlecht der Overstolze an, dessen Mitglied Gerhard 1321 die Ritterwürde verliehen bekommen hat. In jener Zeit verlobte sich sogar ein Markgraf von Baden mit der Tochter einer durch Bergbau steinreich gewordenen Freiburger Patrizierfamilie Snewlin, wohl in der Hoffnung, daß durch diese Ehe eine Rückzahlung der Schulden an die „Rothschilds des Breisgaus" entbehrlich würde.

Bis zum Einsetzen der adeligen Reaktion im 15. Jahrhundert sind Patriziersöhne auch in die Domstifte und den Deutschen Orden aufgenommen worden. Diese Reaktion war ganz offensichtlich darin begründet, daß die Adeligen zu Recht fürchten mußten, mit den städtischen Kapitalbesitzern nicht mithalten zu können. Aufschluß-

20

reich ist, daß die Werbung des „armen Schluckers" Ulrich von Hutten um eine reiche Frankfurter Patriziertochter ihm den Vorwurf eintrug, er mache Jagd auf bürgerliches Vermögen. Bezeichnenderweise tadelte der Graf Solms 1562 in seiner „Beschreibung vom Ursprung und Herkommen des Adels", daß einige Herren lieber die Tochter eines „Wucherers", d.h. eines reichen Kaufmannes, als die eines armen Adeligen heirateten. Der Freiherr von Zimmern klagt in seiner in jenen Jahren niedergeschriebenen Chronik darüber, daß die Töchter der Kaufherren „köstlicher" als die vom Adel gekleidet seien. Er berichtet weiter, daß der Markgraf von Baden seinem verschuldeten Vetter Johann eine reiche Freiburger Bürgerswitwe mit einer Mitgift von 60.000 Gulden anbot. Als diese Witwe eines Pfalzgrafen von Tübingen jedoch von ihrem in Aussicht genommenen Mann verlangte, er möge sich den Grafentitel verschaffen, damit sie keine Standesminderung hinnehmen müsse, überkam den Edelherren aus hochadeligem Hause wegen dieser Bedingung einer „ausgemergelten Schachtel" solche Wut, daß er auf die Bürgersfrau verzichtete.

Selbstverständlich war es umgekehrt auch für die Patrizier schmeichelhaft, Ehebeziehungen zu angesehenen Adelsfamilien aufzunehmen. So heiratete Ursula Fugger in Anwesenheit von Kaiser Maximilian den Ritter Philipp von Stein zu Jettingen, dessen Vater Jagdlehrer des Kaisers gewesen ist. Kaiser Maximilian hatte bereits 1491 die Nürnberger Patriziersöhne dadurch ausgezeichnet, daß er an ihrem „Gesellenstechen", d.h. ihren Ritterspielen, teilnahm. Dies war dem Landadel ein Dorn im Auge, weil das Turnieren dem Ritterstand vorbehalten bleiben sollte. Maximilian, dessen Sohn Karl seine Kaiserwahl den Fuggerschen Millionen verdankte, hat entgegen seinem Ehrentitel „der letzte Ritter" ausgesprochen modern gedacht. Er hat in zweiter Ehe aus finanziellen und politischen Erwägungen die millionenschwere Bianca Sforza, die Nichte des aus dem Bauernstand hervorgegangenen Herzogs von Mailand geheiratet. Die Lektüre der Zimmern-Chronik wie der Erinnerungen des als Hofmeister des reiselustigen Herzogs von Liegnitz weit herumgekommenen Ritters Hans von Schweinichen liefern plastische Beispiele für die protzige Prachtentfaltung der patrizischen Großkaufleute, mit der auch der hohe Adel oft nicht mitzuhalten vermochte. Äneas Sylvius, der später zur Papstwürde gelangte Nuntius in Deutschland, hat bemerkt, die Bürgerhäuser von Nürnberg schienen für Fürsten erbaut und selbst der König von Schottland würde sich wünschen, so gut zu wohnen wie die minderbemittelten Bürger dieser Stadt!

Während in einigen Städten bei entsprechendem Vermögen ein Aufstieg aus der zünftischen Handwerkerschaft in das Patriziat möglich war, sind die Nürnberger „Geschlechter" bis zur Auflösung des alten Reiches außerordentlich exklusiv gewesen. Ihr „Tanzstatut" von 1521 bestimmte, daß einige nichtpatrizische Familien, selbst wenn sie außerordentlich vermögend waren, bei einer Heirat mit einer Patriziertochter zu den gesellschaftlichen Veranstaltungen nur „von ihrer Weiber wegen", und zwar lediglich zu deren Lebzeiten, zugelassen worden sind. Der dem Handwerkerstande angehörende und zu internationalem Ruhm gelangte Albrecht Dürer war in dem Festsaal, den er mit dem Triumphwagen von Kaiser Maximilian ausschmückte, nicht als Gast zugelassen. Verbittert schrieb er deswegen an seinen Freund, den patrizischen Humanisten Willibald Pirckheimer aus Venedig: „Hier bin ich ein Herr, daheim ein Schmarotzer". Die Abschließung der Geschlechter gegenüber den Zünften war derart unerbittlich, daß es etwa in Schwäbisch Hall im Rathause für Ratsherren und gemeine Bürger gesonderte Trinkstuben gegeben hat. Schließlich ist ja das Wort Spießbürger das Schimpfwort des großbürgerlichen berittenen Patriziats gegenüber den Kleinbürgern gewesen, die sich lediglich einen Spieß als Waffe leisten konnten.

Da die Rangstufen innerhalb des Bürgertums nicht weniger scharf als innerhalb des Adels gewesen sind, erstaunt es nicht, wenn man in der 1792 von dem bürgerlichen Hofrat und Professor Meiners veröffentlichten und durchaus adelskritisch gehaltenen „Geschichte der Ungleichheit der Stände" liest, es stelle eine „Mißheirat" dar, wenn ein Kaufmann - nicht gemeint ist der Krämer als Kleinhändler - oder ein Gebildeter die Tochter eines Handwerksmannes heirate. Ihre Erziehung und ihr Stand seien so ungleich, daß aus ihrer Verbindung selten glückliche Ehen entspringen könnten! Welch feine ständische Unterschiede im Bürgertum gemacht worden sind, zeigt die „Kleiderordnung" der Stadt Frankfurt a.M. von 1731: Der 1. Stand umfaßte den Schultheißen, die Ratsherren und Schöffen, der 2. die Syndici, Doktoren, den neueren Stadtadel, eingewanderte Adelige und Großkaufleute, der 3. Notare, große Krämer und Künstler, der 4. Kleinkrämer, Handelsdiener und Handwerker und der 5. Stand schließlich Tagelöhner und Dienstboten. Sogar für ausgesprochen progressive Gebildete wie den Pädagogen Campe oder den gleichfalls mit der Französischen Revolution sympathisierenden Geographen und Weltreisenden Georg Forster zählte nur etwa der „zehnte Teil" der Bevölkerung zur Nation, die übrigen neun Zehntel, die von der Arbeit ihrer Hände lebten, bildeten dagegen den Pöbel.

Daß an die Stelle der adeligen „Ahnenprobe", des die Nichtadeligen verletzenden Geburtskriteriums, schließlich die neue Hürde des Bildungspatents und damit ein Leistungskriterium getreten war, welches aus rein finanziellen Gründen von vielen nicht zu erfüllen war, zeigen die Aufzeichnungen des berühmten Berliner Aufklärers Friedrich Nikolai. Dieser empört sich darüber, daß ihm als einem Nichtadeligen eine Gräfin in Süddeutschland den Zutritt zu ihrer Kunstsammlung verwehrt habe und bemerkt dann: „Ich hätte das Urteil gelten lassen, wenn es sich um eine Pastetenbesichtigung gehandelt hätte, aber Kunstsachen ... die dem korndümmsten Edelmann offen stehen." Zu fordern, daß die Sammlung auch dem nicht über eine höhere Bildung verfügenden gemeinen Bürgersmann sowie den Bauern geöffnet werden müßte, kam dem auf seine Bildung stolzen Aufklärer überhaupt nicht in den Sinn! Auch der Philosoph Fichte hat sich 1793 in diesem Sinne geäußert, als er kritisierte: „Der Jüngling, der mehr Ahnen, aber nicht mehr Bildung hat, nimmt sein Degenband als einen Berechtigungsbrief, auf den Kaufmann, den verdienten Staatsmann höhnend herabzusehen und ihn zu necken und zu stoßen." Bildungsstolz sowie bürgerliche Minderwertigkeitsgefühle verrät auch diese Klage eines aufgeklärten Literaten: „Wie mancher Reichsgraf in W..., wie manche alte Edelfrau, deren persönliche Verdienste keinen roten Heller wert sind, würden es sich zur ewigen

Schande rechnen, mit einem berühmten Gelehrten oder Künstler zu Tische zu sitzen und eine Mahlzeit zu essen." Die hier anklingende bürgerliche Stände-Ideologie hat ein Mitarbeiter des „Deutschen Museum" 1787 so formuliert: „Die ganze Stufen-Folge des Rangs und der verschiedenen Stände sollte nach der Klassifikation der Verdienste eingerichtet sein!"

Bei aller Kritik an der aufstiegsorientierten Servilität von Bildungs-bürgern darf nicht verkannt werden, daß es kaum etwas Verletzende-res gibt, als die Ablehnung eines Tanzes durch eine adelige Frau - wie in jener Zeit geschehen -, weil der Auffordernde dem Bürger-stande angehörte. Tatsächlich kamen solche Situationen deshalb re-lativ selten vor, weil es im 18. Jahrhundert - etwa im Modebad Pyrmont - meist keine gemeinsamen Tanzveranstaltungen für Adeli-ge und Bürger und somit eine Art Apartheid gegeben hat. Der preu-ßische Hof war insofern recht liberal, als hier - im Unterschied zum Wiener - bereits unter König Friedrich Wilhelm I. Bürgerliche emp-fangen wurden. Aber auch hier kam es zu peinlichen Vorfällen. Als die Königin Luise ganz arglos die Frau eines adeligen Majors fragte, was sie für eine „Geborene" sei, fing diese an zu stottern, sie sei kei-ne „Geborene", d.h. nichtadeliger Herkunft. Hierauf machte eine Hofdame die spitze Bemerkung: „Also eine Mißgeburt." Noch nach 1918 wurde in dem standesherrlichen schlesischen Haus Maltzan-Militsch über die Ehefrau eines Barons Wechmar bemerkt: „Es ist erstaunlich, wie reizend die junge Baronin ist, wo sie doch keine Geborene, sondern nur eine Gewisse ist." Im Jargon der österreichi-schen Hocharistokratie wurden unstandesgemäße Ehefrauen als „geworfen" bezeichnet, welcher Ausdruck bekanntlich aus dem Tierleben stammt.

1.5. Kleinbürger, Unterbürgerliche und Bauern

Sowohl das Patriziat als auch der Adel haben sich aus standespoliti-schen Gründen gegen den gemeinen Bürgerstand abgeschottet. Da-bei hat der ständische Kollektivismus nur wenig Rücksicht auf nicht mit der gegebenen Sozialordnung zu vereinbarende individuelle Entscheidungen genommen. So hat Friedrich Wilhelm I. von Preußen auf Drängen von dessen Vater einmal einen Leutnant von Puttkamer verhaften lassen, weil dieser ein Mädchen von kleinbürgerlicher Herkunft geheiratet hatte! Sein 1739 erlassenes „Edikt wider die allzuungleichen und zum Teil schändlichen Heiraten derer von Adel" toleriert zwar Ehen mit Töchtern des Patriziats und der höheren Beamtenschaft, verbietet dagegen strikt Ehen mit „geringen" Bürger- und Bauerntöchtern, worunter auch Töchter von Handwerkern, Künstlern, Gastwirten und Dienstmägden gerechnet wurden. Bei Kotzebue heißt es hierzu 1792: „Krämerei und gemeine Gewerbe vertilgen den Adel, z.B. Zahnbrecher, Comödiant, Seiltänzer, Apotheker, Koch, Metzger, Müller, Schlosser, Schneider, Wirt, Tischler usw." Der von den oberen Ständen diskriminierte Handwerkerstand hat als abgeschlossener und in Zünften organisierter Gesellschaftskörper selbst eine Standespolitik getrieben, die so rigoros war, daß die Obrigkeit zuweilen dagegen einschreiten mußte. Abgesehen davon, daß die Zünfte ethnische Minderheiten wie Juden, Zigeuner und Wenden (Slaven) nicht aufnahmen, verlangten sie als der bürgerliche Mittelstand der Städte, daß ihre Mitglieder "taubenrein" sein mußten, d.h. von ehelicher, „ehrlicher" und damit auch freier Abkunft. Wer sich mit einem unehrlichen Mädchen verband oder „unehrlicher" Herkunft war, also beispielsweise von einem Schäfer, Müller, Abdecker, Bader, Henker, Büttel oder gar dem unterständischen Bettel abstammte, der mußte damit rechnen, zur Zunft nicht zugelassen bzw. ausgeschlossen zu werden.

So wurde 1751 in Bremen beim Schusteramt ein Bewerber nicht zugelassen, weil er acht Wochen nach der Eheschließung seiner Eltern geboren war und 1745 schlossen die Hildesheimer Knochenhauer einen Kollegen aus dem Amt aus, weil sie herausgefunden hatten, daß seine Ehefrau, die Tochter eines Försters (!), einen Müller und damit einen „unehrlichen" Mann zum Großvater gehabt hat. Hier drängt sich ein Vergleich mit den „Unreinen" in Indien auf. Bezeichnenderweise wurde der einem Grafen Pappenheim von einem Nürnberger Kaufmann geschenkte und 1733 getaufte „Leibmohr" mit der Tochter eines „unehrlichen" Pappenheimer Scharfrichters verheiratet. Wenn der Philosoph Arthur Schopenhauer in seinen „Aphorismen zur Lebensweisheit" schrieb, nur einer im Lande könne nicht das Weib seiner Wahl heiraten und dieser „arme Mann" sei der Fürst, so bezog er sich damit auf das 19. Jahrhundert, in dem die ständische Ordnung bereits weitgehend beseitigt war.

Selbstverständlich ist auch das Sozial- und Heiratsverhalten der Landbevölkerung durch vergleichbare standespolitische Gesichtspunkte bestimmt gewesen. Diese Bevölkerung war ähnlich differenziert wie die städtische. So gab es in einigen Regionen Deutschlands wie etwa in Oberbayern oder Westfalen eine Schicht von wohlhabenden Großbauern, die oft reicher als der Kleinadel waren und mit diesem verschiedentlich auch Ehen eingegangen sind. Neben der bäuerlichen Mittelschicht und den abhängigen Pächtern gab es schließlich noch das teilweise leibeigene ländliche Proletariat, welches von Fron-, Gelegenheits- und Heimarbeit auf oft primitive Weise vegetieren mußte. Das Verhältnis der bäuerlichen Oberschicht zu den von ihnen abhängigen Köttern ist in einer westfälischen Aufklärungsschrift mit dem Zustand der „Sklaverey" verglichen worden! Es kann also festgestellt werden, daß auch die nichtadeligen Gruppen der Bürger und Bauern tiefe Klassengegensätze schieden, welche Heiratsverbindungen ausschlossen. Im Extremfall, so in dem besonders rückständigen Mecklenburg, konnte ein freier Mann bei der Heirat mit einer Leibeigenen seinen Status als Freier verlieren, denn es galt dort der Grundsatz: „Trittst du mein Huhn, wirst du mein Hahn" (das ist das allgemeine mittelalterliche Prinzip der Folge nach der „ärgeren Hand"). In der Praxis wurden solche Konflikte durch Freikauf oder Flucht gelöst.

1.6. Durchlässigkeit und Infragestellung der Ständeordnung

Bei aller ständischen Abschließung und Hierarchisierung sowie auch der rangmäßigen Differenzierung innerhalb der Stände unterscheiden sie sich doch vom asiatischen Kastenwesen, welches kaum Durchlässigkeit kennt. Vielmehr war die europäische Ständegesellschaft moderner und dynamischer, indem sie durchaus den mit einem Wechsel des Standes verbundenen Auf- und Abstieg kannte. Diese Dynamik, welche darauf beruht, daß der Mensch gewöhnlich nach Höherem strebt, hat der studierte Bürgersmann Sebastian Brant 1494 in seinem berühmten „Narrenschiff" angesprochen. Hier machte er sich darüber lustig, daß sich die Bauern gleich den Bürgern in Seide kleideten und bemerkte dann:

> *Der sonst ein Bürger oder Kaufmann war,*
> *Will adelig sein oder Ritter gar.*
> *Der Edelmann möcht sein Freiherr*
> *Der Graf wünscht, daß er Fürst wär ...*

Mit Ausnahme von Kriegs- und Umbruchzeiten wie etwa dem Dreißigjährigen Krieg, wo einige aus dem Handwerker- und Bauernstand stammende Generale gleichsam kometenhaft bis in den Grafenstand aufgerückt sind, erstreckte sich freilich ein derartiger Aufstieg in der Regel über mehrere Generationen. Diese gesellschaftliche Mobilität war auch August von Kotzebue bewußt, als er 1792 bemerkte: „Nicht für alle Schätze der Welt würde ein japanischer Edelmann eine Bürgerliche heiraten."

Das Institut der Nobilitierung bildet eines der Elemente der Mobilität, dessen sich die Fürsten bedient haben. Insbesondere von dem wirtschaftlich bedrängten Altadel ist deshalb die von Kaiser Karl IV. eingeführte Praxis der Nobilitierung durch Diplom, die im 19. Jahrhundert auch auf dem Kaufwege erreicht werden konnte, beargwöhnt worden. Ein polnischer Adeliger hat seine Verachtung gegenüber dem «Briefadel» im 17. Jahrhundert so ausgedrückt: „Genau so wenig wie der Affe zum Löwen werden kann, kann durch Willen und Befehl des Kaisers jemand adelig werden ... Affe bleibt dennoch Affe, ob er gleich Löwe genannt würde." Der Pole bediente sich hier eines Vergleiches wie ihn ähnlich ein Bolschewik im Jahre 1925 gezogen hat, als er in dem Artikel: „Die Revolution und die Jugend" schrieb: „Die für eine einer feindlichen und ethnisch fremden Klasse angehörende Person empfundene sexuelle Anziehung ist eine Perversion wie die für ein Krokodil oder Orang-Utan!"

Den adeligen Standpunkt, daß es sich bei den Adeligen um eine besondere Spezies handele, die sich nicht mit anderen menschlichen Spezies paaren sollte, hat bereits die aus hochadeligem Hause stammende Äbtissin Hildegard von Bingen (1098-1179) vertreten. Diese berühmte Mystikerin und Schriftstellerin sprach sich nämlich mit dem Argument, daß man Böcke, Ziegen und Schafe nicht zusammen mit „edlen Pferden" in den Stall sperre, gegen die Aufnahme von niederständischen Frauen in ihr Kloster aus.

Im Zeitalter des Humanismus und Rationalismus ist der Glaube, daß es sich beim Adel um eine besondere Spezies und Seinsqualität handele, erschüttert und in Frage gestellt worden. Bezeichnenderweise hat der berühmte Erasmus von Rotterdam, welcher als unehelicher Pfaffensohn von „unehrlicher" Abkunft war, jene getadelt, welche sich „auf den bloßen Titel des Adels ich weiß nicht was Wundersames einbilden" und doch vor dem „niederen Schuster" nichts voraus hätten. Am Ende des 18. Jahrhunderts kennzeichnete dann Immanuel Kant den Erb-Adel in seiner "Metaphysik der Sitten" als „Gedankending ohn alle Realität".

Zu einer prosaischen Betrachtung der Adelsfrage, bei welcher der Inhalt des standesspezifischen adeligen Tugendbegriffs verkannt bzw. bewußt auf bürgerliche Weise uminterpretiert wurde, neigte auch der nobilitierte Frankfurter Bürger Johann Michael von Loën. Er meinte 1742 in seinem Buch „Der redliche Mann am Hofe", der Bauer sei so wohl geboren wie der Edelmann, wer Geld und Güter habe, könne den Adel besser führen als ein armer Junker, der beim Bauern Brot borge. Tatsächlich war im 18. Jahrhundert die gesellschaftliche Wirklichkeit bereits moderner und damit kapitalistischer als man zu denken geneigt ist. Während beispielsweise die Bezeichnung Reichsritterschaft die Assoziation eines uralten Adels erweckt und gleichsam einen heiligen Schauer auslöst, ist damals sowohl Bankiers als auch bürgerlichen Geheimräten der von Gütererwerb begleitete Aufstieg in diese ehrwürdige Korporation gelungen.

Wenn es ihnen möglich war, haben aktive Menschen wohl zu jeder Zeit dagegen aufbegehrt, gewissermaßen in das Gehäuse eines Stan-

28

des eingesperrt zu werden. Rein äußerlich war dies am augenfälligsten in den ständischen Kleiderordnungen, die ja den sozialen Stand und - wie etwa die Bauerntrachten - auch den Familienstand (ledig oder verheiratet!) des Kleidungsträgers dokumentieren und damit die Sozialordnung stabilisieren sollten. So hat bereits Sebastian Brant in seinem „Narrenschiff" gespottet:

Die Bauern tragen seiden Kleid
und goldene Ketten das Weib.
Es geht daher ein Bürgerweib
Viel stolzer als die Gräfin tut.
Wo Geld jetzt ist, da ist Hochmut.

Böses Blut mußte stets die Diskriminierung der Stände hervorrufen. So ist beispielsweise 1655 in Paderborn versucht worden, durch eine Verordnung Handwerksgesellen und Ackerknechte von den Faschingsfesten der gutbürgerlichen Gesellschaft fernzuhalten. Dies ist die bürgerliche Parallele zur Nichtzulassung von Bürgern an Fürstenhöfen, die es erforderlich gemacht hat, Goethe und Schiller mit einem Adelsbrief auszustatten. Durch solche Maßnahmen, die in dem im 18. Jahrhundert angewandten Trick des „Adelns in der Gruft" kulminierten, mit dem der Eintritt in solche adeligen Korporationen geebnet wurde, welche acht oder sechzehn adelige Vorfahren verlangten, wurde dem säkularen Demokratisierungstrend notdürftig entsprochen.

Es wäre falsch anzunehmen, daß die Adelsherrschaft des Ancien Régime gewissermaßen unter dem Ansturm der niederen Stände zusammengebrochen wäre. Vielmehr begann die ständische Gesellschaft sich bereits im achtzehnten Jahrhundert von innen aufzulösen. Ein Berlin-Reisender hat dies in einem Aufklärungsjournal so diagnostiziert: „Kommen Sie einmal des Sonntags auf eine der hiesigen Promenaden - ich will alles verloren haben, wenn Sie den Kaufmannsdiener vom Kammerherrn, den Schneider vom Hofrat und den Friseur von seinem Kunden unterscheiden können." Der fürstliche Absolutismus hat wider Willen die Egalisierung und damit letztlich die Demokratisierung begünstigt, indem er die Macht der Stände zurückdrängte und durch die

Verleihung von Adelsbriefen den Erbadel verstimmte. Tatsächlich begann die Französische Revolution mit einer Revolte der Stände, bei der der Graf Mirabeau eine ausschlaggebende Rolle spielte.

Schließlich hat bereits der hannoversche Gutsbesitzer Otto von Münchhausen (1716-1774) stark übertreibend erklärt, daß die „großen Herren alle leibeigen machen und die Adeligen selber als Sklaven traktieren" wollten. Unter den veränderten geistigen und ökonomischen Bedingungen hat besonders der nicht grundbesitzende Adel notgedrungen begonnen, sich als separater Stand aufzulösen und zumindest teilweise zu verbürgerlichen. Aufschlußreich ist, daß der dem exklusiven Münsterländer Adel entstammende Hofgerichtsassessor Lewin von Elverfeldt in der napoleonischen Ära unter dem Protest seiner Familie mit dieser Begründung eine Bauerntochter geheiratet hat: „Ich kann ohne sie nicht leben, was nützt mir Krone und Szepter, wenn ich unglücklich bin." Die Gräfin Lulu Türckheim (1788-1864), eine Tochter eines kaiserlich-königlichen Kämmerers und Schwägerin des über den Fürstenrang verfügenden zaristischen Botschafters in Wien, hat sogar heimlich ihren Diener geheiratet. In ihren Erinnerungen liefert sie hierzu die provozierende Erklärung: „Ist es denn ein so großer Unterschied zwischen einer Frau, die ihren Leib verkauft und derjenigen, die sich einem Gatten hingibt, den sie nicht liebt?"

Selbstverständlich sind Eheverbindungen zwischen Partnern, deren gesellschaftlicher Rang ungleich ist, auch noch in der nachfeudalen bürgerlichen Gesellschaft die große Ausnahme. Charakteristisch für die bürgerliche Gesellschaft ist, daß nicht die Herkunft, sondern der Besitz und die individuell eingenommene Position die bestimmenden Rangfaktoren sind. So heiratet der von Hugo von Hofmannsthal im «Rosenkavalier» als dummstolzer Junker porträtierte Baron Ochs die Tochter eines neugeadelten reichen Kriegslieferanten. Obgleich bei dieser Eheschließung der exklusiv-adelige Anschein gewahrt wurde, verhält sich Baron Ochs dabei doch eingestandenermaßen bürgerlich, was hinter bramarbasierenden adelig-arroganten Redensarten verdeckt wird. Damit illustriert er die spitze Bemerkung König

Friedrich Wilhelms IV. von Preußen: „Mein Adel liebt die Fonds und meine Bankierstöchter die von's."

Der dem Neuadel angehörende Darsteller der Wiener Dekadenz legt dem Baron Ochs nämlich am Vorabend des Ersten Weltkrieges, der die Adelsherrschaft und damit auch die bereits in Auflösung befindliche Ständegesellschaft in Mittel- und Osteuropa zum Einsturz brachte, die Worte in den Mund, daß eines „hochadeligen Blutes blühender Sproß" sich herablasse, „im Ehebett einer so gut als bürgerlichen Mamsell acte de présence zu machen". Zweifellos handelt es sich bei dieser literarischen Figur um ein das bürgerliche Unterhaltungsbedürfnis befriedigendes Klischee. Keine literarische Figur war der Erzherzog Johann Salvator, welcher damals durch Ablegung seines Ranges und Annahme des bürgerlichen Namens Johann Orth der ihm vorgezeichneten Standesrolle entfloh und mit seiner dem Wiener Kleinbürgertum entstammenden Gefährtin Österreich verließ.

2. Tausend Jahre Adelsherrschaft

Gott erhalte das römische Reich durch seinen Adel arm und reich.

Reinhard Graf zu Solms (1564)

2.1. Das Ende des Adelsreiches von 1918

Die europäische Geschichte ist über tausend Jahre maßgeblich vom Adel bestimmt gewesen. Der vielschichtig gegliederte Adel hat der abendländischen Kultur seinen Stempel so tief aufgedrückt, daß der Historiker Karl Bosl von einem „aristokratischen Charakter der europäischen Staats- und Sozialentwicklung" gesprochen hat. Wenn man sich vergegenwärtigt, wie turbulent die deutsche Staatsentwicklung nach der Auflösung des Alten Reiches von 1806 sowie dem 1918 erfolgten endgültigen Sturz der Adelsherrschaft verlaufen ist, so erkennt man, daß die Zeitspanne der Adelsherrschaft für heutige Begriffe fast unvorstellbar lang gewesen ist. Auch bei einer Ausklammerung der karolingischen Vorgeschichte des Deutschen Reiches sind seit der Krönung des Sachsenherzogs Heinrich zum deutschen König im Jahre 919 bis zur definitiven Abschaffung des Adelsreichs eintausend Jahre verstrichen.

Vielen Revolutionären ist dies bewußt gewesen. So hat Karl Liebknecht bei der vom Balkon des Berliner Stadtschlosses durchgeführten Ausrufung Deutschlands zur freien sozialistischen Republik erklärt: „Die Herrschaft der Hohenzollern, die in dem Schloß jahrhundertelang gewohnt haben, ist vorüber". Und Karl Eisner, welcher in jenen Tagen in München den „Freistaat" Bayern ausgerufen hat und der im Januar 1919 von dem jungen Anton Graf Arco auf Valley erschossen worden ist, hat sich gar gebrüstet: „Die Wittelsbacher haben uns 700 Jahre lang regiert. Ich habe sie in sieben Stunden mit sieben Mann davongejagt". Eine sozialistische Wiener Zeitung kommentierte den Umsturz von 1918 lakonisch mit den Worten: „Blaublut ist kein guter Typ mehr".

Die Adeligen haben damals sehr deutlich empfunden, daß es sich bei dem Sturz der Monarchie und des Adels als eines Herrschaftsstandes um den Abschluß einer Epoche handelte. So ließ der böhmische Graf Adalbert Sternberg nach der Abschaffung des Adels unter dem sozialistischen österreichischen Staatskanzler Renner Visitenkarten mit der Aufschrift drucken: „Adalbert Sternberg, aus jenem Geschlecht, welches im Jahre 800 von Karl dem Großen geadelt und im Jahre 1918 von Karl Renner entadelt wurde". Und in der Geschichte des märkischen Junkerhauses Rohr wurde unlängst angemerkt, daß das Mittelalter für die Familie erst 1918 geendet habe. Damit wurde Joseph von Eichendorff bestätigt, welcher den Adel für eine ganz und gar mittelalterliche Einrichtung erklärt hatte.

Mit seinem Wort über die Wittelsbacher hat Eisner die für die Adelsherrschaft grundlegende Tatsache angesprochen, daß es sich bei ihr um eine auf dem Erbrecht basierende Herrschaft von Familien handelt. Genauer gesagt ist die Adelsherrschaft eine Grundherrschaft, welche mit der Ausübung hoheitlicher Funktionen gekoppelt ist. Diese Herrschaft nun, ganz gleich ob es sich um eine Gutsherrschaft oder um ein Königreich handelt, wurde vererbt. Da unter der Adelsherrschaft der Zufall der Geburt, nicht jedoch der demokratische Wille der Bevölkerung immer wieder über das Schicksal ganzer Königreiche entschied, war die Genealogie im Ancien Régime eine eng mit dem Staatsrecht verknüpfte Wissenschaft. Die Wiener Arbeiterzeitung frohlockte daher im April 1919 anläßlich der Verabschiedung des Gesetzes über die Abschaffung des Adels, der Schlag sei gefallen, der alle „blendenden Genealogien und Heraldik zerbröselt". Die Stammbäume seien gefällt und mit diesem Lebensnerv des Adelschwindels sei auch die „lustatmende Frohzeit der adeligen Prärogative" für immer dahin.

Bei den Privilegien des Adels handelte es sich einerseits um die im 19. Jahrhundert bereits durch Verfassungen begrenzte erbliche Herrschaft sowie um eine Reihe rechtlicher und sozialer Privilegien. Zu den im 19. Jahrhundert schon teilweise eingegrenzten und abgeschafften „Edelmannsfreiheiten" gehörte die niedere und reduzierte hohe Gerichtsbarkeit, die Polizeigewalt, das Kirchenpatronat und damit auch die Einflußnahme auf die Dorfschulen; das Recht auf Natural-, Geld- oder Arbeitsleistungen der in verschiedenen Abhängigkeitsstufen befindlichen, teilweise leibeigenen Untertanen sowie schließlich Jagd-, Fischerei-, Brau- und Müllerei-Rechte. Zu den weniger wichtigen feudalen Hoheitsrechten hat das Recht gehört, einen Taubenschlag zu halten, an das noch prächtige Taubenhäuser auf manchen Gutshöfen erinnern.

Ferner gehörte zu den Vorrechten des Adels die privilegierte Teilnahme am öffentlichen Leben. Sie drückte sich darin aus, daß neben den neu eingerichteten, mehr oder weniger demokratischen Parlamenten die überkommenen ständischen Vertretungen als zweite Kammern bzw. Herrenhäuser weiterbestanden oder gar künstlich neu belebt wurden. In diesen dem britischen Oberhaus angeglichenen Häusern war der Adel als Korporation stark vertreten, die Inhaber von Standesherrschaften und von Besitzungen, die aus der Masse der kleinadeligen Rittergüter herausragten, gar mit erblichen Sitzen.

Ein wichtiges Vorrecht des Adels war der Zutritt zum Fürstenhofe, wo Adelige an Hofbällen und zeremoniellen Akten teilnehmen durften und wo besonders herausgehobene Adelsfamilien prestigeträchtige Erbämter wie die des Marschalls, Truchsessen, Kämmerers, Schenks, Küchenmeisters, Jägermeisters, Stallmeisters oder auch Türhüters bekleideten. Die Nähe des Adels zum Fürsten, welcher gewissermaßen die Spitze der Adelspyramide bildete, legte nahe, daß er vorzugsweise Adelige zu seinen vertrauten Mitarbeitern nicht nur im Hof-, sondern auch im Staatsdienst wie der öffentlichen Verwaltung, der Diplomatie und im Kriegswesen machte. Dies ist 1955 in der sozialstatistischen Untersuchung von Nikolaus von Preradovich über „Die Führungsschichten in Österreich und Preußen 1804-1918" unter besonderer Berücksichtigung des Vordringens des oft briefgeadelten Bürgertums in die Spitzenämter dokumentiert worden.

2.2. Das Heilige Römische Reich Deutscher Nation

Das von Karl dem Großen begründete abendländische Kaisertum, welches bis zum Jahr 1806 Bestand und im Deutschen Bund bis 1866 einen Rechtsnachfolger gehabt hat, stellte sich in die Tradition des römischen Kaisertums und führte deshalb den Namen „Heiliges

Römisches Reich Deutscher Nation". Das mit der Kaiserkrone überhöhte deutsche Königtum war ein Wahlkönigtum. Nachdem ursprünglich alle weltlichen und geistlichen Fürsten bei der Wahl des Königs mitwirken durften, wurde die Zahl der wahlberechtigten Fürsten seit dem Ende des 12. Jahrhunderts auf die mit dem aktiven Wahlrecht ausgestatteten Kurfürsten begrenzt. Ihre Zahl wurde im Jahre 1356 von dem Reichsgrundgesetz der „Goldenen Bulle" auf sieben festgelegt. Durch die Verleihung der Kurwürde an den Herzog von Bayern und den Herzog von Braunschweig-Lüneburg sowie das Aussterben der von den wittelsbachischen Pfalzgrafen bei Rhein beerbten Herzöge von Bayern wurde diese Zahl modifiziert.

Das Kollegium der Kurfürsten zerfiel in die Bank der geistlichen und weltlichen Kurfürsten. Geistliche Kurfürsten waren der

1. Erzbischof von Mainz, des Heiligen Römischen Reiches durch Germanien Erzkanzler
2. Erzbischof von Trier, des Heiligen Römischen Reiches durch Gallien und Arelat Erzkanzler
3. Erzbischof von Köln, des Heiligen Römischen Reiches durch Italien Erzkanzler und Herzog von Engern und Westfalen

Bei den weltlichen Kurfürsten handelte es sich um den

1. König von Böhmen, des Heiligen Römischen Reiches Erzschenken
2. Herzog von Bayern
3. Herzog von Sachsen, des Heiligen Römischen Reiches Erzmarschall
4. Pfalzgrafen bei Rhein, des Heiligen Römischen Reiches Erztruchseß
5. Markgrafen von Brandenburg, des Heiligen Römischen Reiches Erzkämmerer
6. Herzog von Braunschweig und Lüneburg des Heiligen Römischen Reichs Erzschatzmeister

Daß der Reichsdeputations-Hauptschluß von Regensburg im Jahre 1803 unter dem bestimmenden Einfluß von Napoleon die geistlichen

Fürstentümer und Herrschaften sowie auch eine Vielzahl weltlicher Herrschaften beseitigte, sei hier nur angemerkt. Bei diesem Ausverkauf des Alten Reiches wurden die Kurfürstentümer Köln und Trier aufgehoben, ist das Mainzer Kurfürstentum auf Regensburg übertragen worden und erhielten die Landesherren von Baden, Hessen-Kassel, Salzburg und Württemberg noch den Kurhut.

2.3. Die Reichsstände

Reichsunmittelbar im Sinne von reichsständisch waren jene weltlichen und geistlichen Fürsten, Grafen, Äbte, Äbtissinnen und Städte, welche auf dem Reichstag vertreten waren. Während der Reichstag im Mittelalter in bedeutenden Reichsstädten wie Augsburg, Mainz, Nürnberg oder Worms abgehalten worden ist, tagte er seit 1663 als „Immerwährender Reichstag" in Regensburg. Seinem Charakter nach war dieses gesetzgebende Gremium ein ständiger Gesandtenkongress, da sich nämlich Kaiser und Reichsstände durch Gesandte vertreten ließen. Der Reichstag bestand aus drei getrennt abstimmenden Kurien, und zwar der Fürstenbank, der Grafenbank und der Städtebank. Zumal es der Städtebank bestritten wurde, daß sie bei einer Meinungsverschiedenheit der übrigen Bänke den Ausschlag geben konnte, dominierte im Reichstag der Adel. Daher ist diese Institution auch „Rat der Adeligen" genannt worden.

Bevor die Reichsstände näher vorgestellt werden, sei hier zunächst darauf verwiesen, daß der die fürstlichen Häuser behandelnde „Gotha" noch heute in drei Abteilungen gegliedert ist. Er unterscheidet nämlich zwischen den (vormals) regierenden Häusern (I. Abt.), den vormals reichsständischen Häusern (II. Abt.) und endlich den nichtsouveränen europäischen Fürsten (III. Abt.). Dies bedeutet praktisch, daß die Angehörigen der nicht gefürsteten Linien der vormals reichsständischen Grafenhäuser wie Castell, Erbach, Ortenburg, Stolberg und Solms als Angehörige des hohen Adels den Vorrang genießen vor gefürsteten, jedoch nicht reichsständischen Familien wie den Biron von Curland, Bismarck, Blücher, Carolath-Beuthen, Clary, Dietrichstein, Dohna, Henckel von Donnersmarck, Eulenburg, Har-

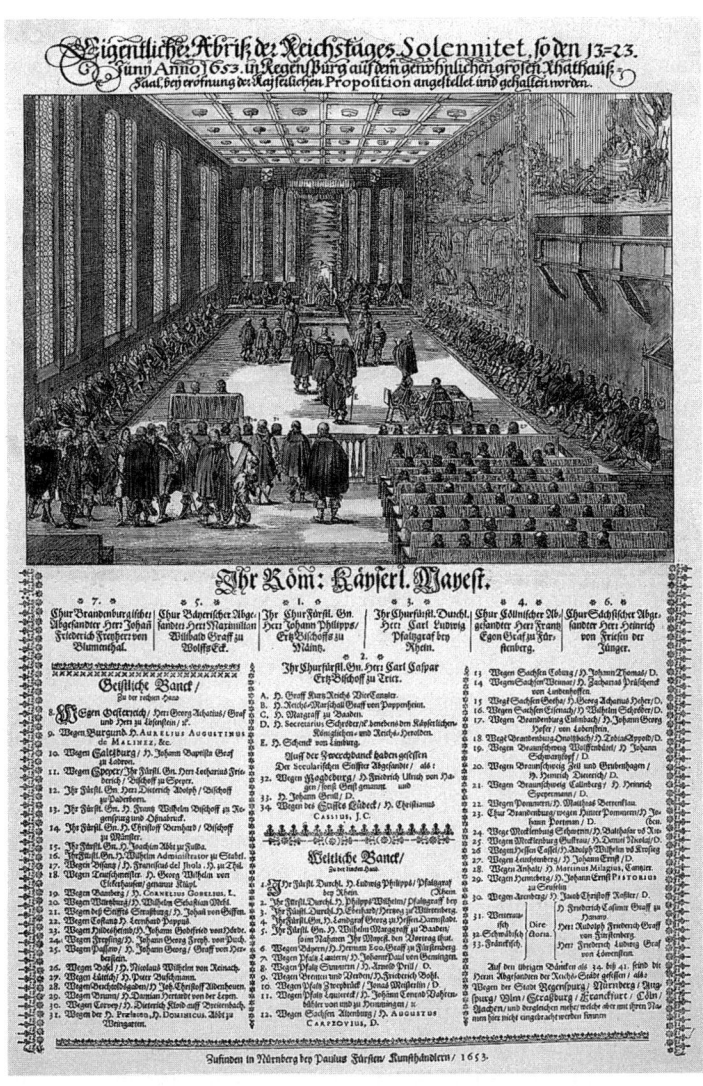

Reichstagssaal zu Regensburg
mit Sitzordnung für die immerwährenden Tagungen
Sitzung des Reichstages im Rathaus zu Regensburg unter dem Vorsitz
Kaiser Ferdinands III. vom 13. - 23. Juni 1653
Zeitgenössisches Flugblatt, Koloriert, Nürnberg, Paul Fürst, 1653

denberg, Hatzfeldt, Inn- und Knyphausen, Kinsky, Lichnowsky, Lynar, Paar, Pleß, Putbus, Thun und Hohenstein und Wrede. Diese Familien wiederum haben einen ganz unterschiedlichen Hintergrund, denn unter ihnen befinden sich neben Geschlechtern des niederen sowie des Briefadels auch solche des freien Herrenstandes wie die friesische Häuptlingsfamilie Inn- und Knyphausen, die Hatzfeldt, die Eulenburg sowie endlich die einstmals reichsunmittelbaren Burggrafen zu Dohna. Diese Familien sind gemäß traditionellem Adelsdenken ihrer Herkunft nach ebenso vornehm wie beispielsweise die in den reichsständischen Grafenstand aufgestiegenen Reichsministerialen Erbach, Königsegg, Rechberg, Reuß von Plauen, Schenk von Limpurg und Truchseß von Waldburg, ganz zu schweigen von Aufsteigern aus dem landsässigen Adel oder gar den bäuerlich-handwerklichen Fuggern.

Dieser Hinweis erscheint deshalb wichtig, weil im Mittelalter die grundlegende Frage war, ob eine Familie frei oder unfrei war, der Grafen- oder andere Titel waren demgegenüber sekundär. Deshalb wies Graf Froben Christoph von Zimmern im 16. Jahrhundert in seiner berühmten Chronik darauf hin, daß sein Vorfahr Johannes von Zimmern auf dem Konstanzer Konzil demonstrativ sitzen blieb, als Kaiser Sigismund mit seinem Gefolge vorbeikam. Damit wollte er dokumentieren, daß er „ein freier Herr und weder Ihrer Majestät noch sonst jemand mit Pflicht und Gelübte" als Lehensmann verbunden sei. Für Graf Froben waren die Reichsdienstmannen Truchseß von Waldburg, welche 1502 die Erlaubnis erhielten, sich als Freiherren zu bezeichnen und 1803 noch in den Reichsfürstenstand aufgestiegen sind, gewissermaßen nichtebenbürtig-briefadelige Aufsteiger aus dem Stand der unfreien Edelknechte! Tatsächlich stammen die Truchsesse von den Edelherren von Tanne ab, die gleich anderen Edelfreien als Spitzenvasallen in fürstliche - hier staufische - Dienste eingetreten sind. Solche Standeserhöhungen von einstigen Unfreien waren im übrigen der Anlaß dafür, daß sich die später noch gefürsteten Edelherren von der Lippe im Jahre 1528 selbst den Grafentitel beigelegt haben. Zu den im späten Mittelalter gegraften Edelherren gehören noch die Waldeck (1349), Isenburg (1442), Ho-

Moritz der Gelehrte, Landgraf von Hessen-Kassel (1532-1592)
mit seiner zweiten Gemahlin Juliane Gräfin v. Nassau-Dillenburg (1587-1643)
und 14 Kindern auch aus der ersten Ehe mit Agnes Gräfin zu Solms-Laubach

39

henlohe (1450) und Bentheim-Steinfurt (1495), während die Castell, Leiningen, Oettingen, Ortenburg, Salm, Sayn, Schaumburg, Schwarzburg, Solms, Stolberg und Wied seit jeher den Grafentitel geführt haben. Die ebenfalls noch gefürsteten Edelherren von Reuß und Schönburg haben den Reichsgrafenstand erst im Jahre 1673 bzw. 1700 verliehen bekommen!

Wenn man das tatsächliche politische Gewicht von deutschen Adelsfamilien bestimmen will, tut man gut daran, die Frage der Reichsstandschaft nicht zu überschätzen. Es herrschte nämlich eine große Chancenungleichheit zwischen dem ehemals staufischen südwestdeutschen Raum mit seiner Vielzahl freier kleiner Herrschaften und den nord- und ostdeutschen Territorien. Hier hatten selbst edelfreie Familien praktisch keine Chance, den Status von Reichsrittern zu erlangen (oder sie verloren ihn wieder wie in den wettinischen Territorien), den in Franken, Schwaben und im Rheinland eine Vielzahl von Ministerialengeschlechtern mit oft vergleichsweise bescheidenem Besitz erreicht haben. Ganz zu schweigen vom Aufstieg unter die reichsständischen Grafen oder Fürsten. Hierzu war der Erwerb eines reichsfreien Territoriums erforderlich, mochte es auch noch so klein sein, denn es kam neben kaiserlicher Huld allein auf die rechtliche Qualität des Territoriums an.

Dies war der Grund, warum die bereits 1624 gefürsteten böhmischen Lobkowitz die Herrschaft Neustadt an der Waldnaab erwarben, welche ihnen als „gefürstete Grafschaft Sternstein" im Jahre 1641 nach der Bestätigung durch Kaiser und Reichstag die ersehnte Reichsstandschaft einbrachte. Die einflußreiche bergische Familie Nesselrode erwarb 1698 von den Grafen Wied die Burgruine Reichenstein, mit deren Hilfe sie als Grafen Nesselrode-Reichenstein in das Reichsgrafenkollegium einziehen konnte. Eine noch fragwürdigere Manipulation wurde ebenfalls zu Beginn des 18. Jahrhunderts für den leitenden Minister des hannoverschen Kurfürsten Franz Ernst von Platen vorgenommen. Er erhielt 1706 lediglich den Titel des längst ausgestorbenen Grafenhauses Hallermunde zugeteilt, welches von den Welfen beerbt worden war, und zwar mit der Maßgabe, daß er keine Landeshoheit ausüben durfte. Als der als Minister im Dienst der Welfen stehende niedersächsische Adelige Otto Grote im Jahre 1689 die einstmals zum Stift Walkenried gehörende reichsfreie Mini-Herrschaft Schauen im Nordharz kaufte und sich deshalb Freiherr Grote zu Schauen nennen durfte, war er demgegenüber tatsächlich Landesherr in einem ihm allerdings nur Kosten verursachenden Dörfchen.

Während die nassauischen Ministerialen vom und zum Stein aufgrund des Erwerbes von zwei reichsfreien Dörfchen in die Korporation der Reichsritterschaft eintreten konnten, war den Grote diese Möglichkeit verwehrt. Dies hinderte sie nicht daran, sich gemäß dem überkommenen Rechtsverständnis selbst Königen gleichrangig zu fühlen. Einer von ihnen glaubte sich berechtigt, den preußischen König als „Cousin" anreden zu dürfen. Friedrich Wilhelm I. lehnte jedoch die angebotene Gastfreundschaft ab und spottete „Sieh da, zwei Souveräne die sich treffen!"

2.4. Reichsfürsten, Reichsgrafen, Reichsstädte

Da es nach dem Dreißigjährigen Krieg auch bei den Fürsten zu einer Titelinflation gekommen ist, unterschied man im 18. Jahrhundert bei den weltlichen Fürsten die altfürstlichen und die neufürstlichen Häuser. Zu den altfürstlichen Häusern gehörten die Erzherzöge von Österreich, die Pfalzgrafen bei Rhein, die Herzöge von Bayern, die Herzöge von Sachsen, die Herzöge von Braunschweig-Lüneburg, die Markgrafen von Brandenburg, die Herzöge von Württemberg, die Landgrafen von Hessen, die Markgrafen von Baden, die Herzöge von Mecklenburg, die Herzöge von Holstein aus dem Grafenhause Oldenburg, der Fürst von Anhalt und das Haus Ligne-Arenberg bei den neufürstlichen Häusern handelte es sich einerseits um gefürstete und seit längerem reichsunmittelbare Grafenhäuser wie die Bentheim, Castell, Fürstenberg, Hohenlohe, Hohenzollern-Sigmaringen, Isenburg, Kaunitz-Rietberg, Leiningen, Lippe, Löwenstein-Wertheim, Nassau, Oettingen, Salm, Sayn-Wittgenstein, Schaumburg-Lippe, Schönburg, Solms, Stolberg, Waldburg, Waldeck, Wied.

Andere Neufürsten waren Aufsteiger aus dem Herrenstand besonders der Habsburger Lande. Zu ihnen gehören die Kinsky, Liechtenstein, Lobkowitz und Looz-Corswaren. Wieder andere neufürstliche Familien sind aus dem Stand der Reichsministerialen - so die Erbach, Limpurg, Reuß und die Truchseß von Waldburg -, aus dem Stand der Reichsritter - so die in Böhmen in den Herrenstand aufgestiegenen Schwarzenberg, die von der Leyen zu Hohengeroldseck und die Metternich-Winneburg -, oder auch aus dem landsässigen Adel hervorgegangen. Diesen Ursprung haben gefürstete Mitglieder des österreichischen Herrenstandes wie die Auersperg, Clary, Colloredo-Mannsfeld, Starhemberg, Trautson, Trauttmansdorff und Windisch-Graetz, sofern sie nicht wie die Eggenberg, Fugger, Paar und die aus dem oberitalienischen Uradel hervorgegangenen Thurn und Taxis dem Kaufmannsstand bzw. dem Stadtpatriziat entstammten. Zu den Neufürsten ist anzumerken, daß nicht alle von ihnen tatsächlich auf der Fürstenbank des Reichstages Platz genommen haben, nur Arenberg, Lobkowicz, Salm-Salm, Auersperg, Fürstenberg, Schwarzenberg und Thurn und Taxis.

Auf der Bank der geistlichen Fürsten saßen alle Fürstbischöfe sowie - nach der Reformation - die protestantisch gewordenen Domstifter Sachsens, also Meißen, Wurzen, Merseburg, Naumburg und Zeitz in ihrer Eigenschaft als Territorialherren. Dies bedeutete, daß der Erzbischof von Prag, der Erzbischof von Wien, der Erzbischof von Görz und der Bischof von Olmütz auf ihr nicht vertreten waren. Denn sie führten zwar den Fürstentitel, herrschten jedoch über kein Territorium.

Der Ehrenvorrang auf der geistlichen Fürstenbank kam dem Erzbischof von Salzburg als Primas von Deutschland zu. Neben ihm saßen die Fürstbischöfe von Bamberg, Würzburg, Worms, Eichstädt, Speyer, Straßburg, Konstanz, Augsburg, Hildesheim, Paderborn, Regensburg, Freising, Passau, Trient, Brixen, Basel, Lüttich, Osnabrück, Münster, Chur und Lübeck. Des weiteren saßen auf der Bank der geistlichen Fürsten die Meister des Deutschen Ordens und des Johanniterordens sowie die gefürsteten Äbte und Pröbste von Fulda,

Kempten, Berchtesgaden und Corvey. Nachdem seit dem Spätmittelalter Bürgerlichen der Zugang zu diesen Wahlämtern versperrt worden ist, waren alle diese Wahlfürsten Mitglieder des hohen oder auch niederen Adels.

Die Grafenkurie des Reichstages war in das wetterauische, schwäbische, fränkische und westfälische Kollegium gegliedert. Wie bei den Reichsfürsten kann man bei den Reichsgrafen zwischen den seit alters her reichsgräflichen und edelfreien Familien sowie den Aufsteigern unterscheiden. Zu den erstgenannten gehören außer den bereits genannten gefürsteten Grafenfamilien die Abensperg und Traun, Limburg-Stirum, Montfort und Ortenburg. Aufsteiger aus der Reichsritterschaft, welche ihrerseits vielfach von Reichsministerialen abstammten, waren die Giech, Schlitz gen. von Goertz, Hatzfeldt, Königsegg, Neipperg, Pappenheim, Rechberg, Schönborn, Schwarzenberg und Stadion. Dagegen sind aus dem landsässigen Adel unter die reichsständischen Grafen aufgestiegen die Graevenitz, Harrach, Kuefstein, Nesselrode-Reichenstein, Platen-Hallermund, Plettenberg-Wittem, Pückler und Limpurg sowie Rechteren-Limpurg.

Im Unterschied zu den vielen Titulargrafen, die niemals über ein reichsunmittelbares Territorium geherrscht haben, dürfen die reichsständischen Grafen das Prädikat „Erlaucht" führen. Manch ein Titularfürst, der sich als „Durchlaucht" bezeichnen darf, wäre lieber ein mit „Erlaucht" titulierter und in der zweiten Abteilung des „Gotha" abgehandelter Graf! Tatsächlich gehört es zu den Kuriositäten der Rechtsgeschichte, daß einigen der aufgeführten Familien dieses Recht erst nach der Auflösung des Alten Reiches vom Deutschen Bund zuerkannt worden ist. Die erst 1700 in den Reichsgrafenstand erhobenen Edelherren von Schönburg sahen sich gezwungen, im Jahre 1740 die kursächsische Lehenshoheit anzuerkennen. Die Grafen von Stolberg-Wernigerode unterstellten sich 1774 der preußischen Lehenshoheit.

Neben den gefürsteten Äbten und Pröbsten gab es reichsunmittelbare Prälaten und Äbtissinnen, welche zwar auf der Bank der geistlichen

Fürsten sitzen durften, jedoch wechselweise mit dem Reichsgrafenkollegium votieren mußten und einen geringeren Rang als die bereits
genannten Fürstäbte hatten. Dabei handelte es sich um die gefürsteten Äbtissinnen von Quedlinburg, Herford, Essen, Buchau und Lindau sowie um die Äbte der Benediktinerkloster zu Weingarten und
Gengenbach. Mit Ausnahme des Fürstabtes von Gengenbach, eines
bürgerlichen Klosters, waren alle Äbte und Äbtissinnen adeliger
oder gar hochadeliger Herkunft.

Schließlich gehörte zum Reichstag noch die Städtebank. Auch für
die Vertretung auf der Bank der Freien Reichsstädte war ausschließlich deren rechtliche Qualität, nicht jedoch ihre Größe und faktische
Bedeutung maßgeblich. Dies bedeutete in der Praxis, daß zwar so
bedeutende Städte wie Köln, Frankfurt, Nürnberg, Augsburg, Bremen, Hamburg und Lübeck im Reichstag vertreten waren, nicht jedoch so wichtige Orte wie Breslau, Erfurt, Braunschweig, Magdeburg, München, Berlin und Wien, obgleich deren Bürgerschaften
von den jeweiligen fürstlichen Stadtherren erhebliche Autono-
mierechte eingeräumt bekommen haben. Während also führende
Städte auf dem Reichstag nicht vertreten waren, haben neben mittleren Städten wie Reutlingen kleine einstmals mit Stadtrechten versehene Ortschaften fast großdörflichen Charakters wie Buchhorn oder
Gengenbach den Rechtsstatus einer Freien Reichsstadt gehabt. Wie
beim Adel lag hier aufgrund des Zusammenbruchs des Stauferreiches
ches eine Überrepräsentanz des territorial zersplitterten südwestdeutschen Raumes vor.

2.5. Die Reichsritterschaft

Der südwestdeutsche Raum ist auch die Heimat der Reichsritterschaft, welche in die Ritterkreise Schwaben, Franken, Rheinstrom
und (mit abweichender Entwicklung) Unter-Elsaß gegliedert war.
Diese wiederum waren in Kantone wie beispielsweise Hegau, Or-
tenau, Neckar-Schwarzwald, Baunach, Steigerwald, Rhön-Werra
und Mittelrhein unterteilt, denen jeweils ein Ritterhauptmann vorstand. Die Reichsritterschaft war zwar reichsunmittelbar, jedoch im

Reichstag nicht vertreten und besaß somit keine Reichsstandschaft. Dies hatte den großen Vorteil, daß sie keine Reichssteuern entrichten mußte und sich damit darauf beschränken konnte, als freiwillige Abgabe den Türkenpfennig abzuführen. Daß die Reichsritter dem Kaiser als unmittelbarem Gerichtsherrn unterstanden, war vorteilhaft, denn der Kaiser war weit und suchte überdies die Reichsritter als ein Gegengewicht gegen die weltlichen und geistlichen Fürsten zu stärken.

Obgleich der Name Reichsritterschaft gewissermaßen einen heiligen Schauer auslöst und auf das hohe Mittelalter zu verweisen scheint, ist sie doch eine vergleichsweise junge Einrichtung. Die von Kaiser Sigismund im Jahre 1422 erteilte Erlaubnis, genossenschaftliche Zusammenschlüsse der Ritter zu bilden, stellte einen wichtigen Ausgangspunkt dar. Ihren Abschluß fand die Konstituierung der Reichsritterschaft mit dem Augsburger Reichstag von 1555. Damals wurde den Rittern die Religionsfreiheit verliehen und damit das Recht, die Konfession ihrer Untertanen zu bestimmen. Dies hat zur Folge, daß es im Bereich der ehemaligen Territorien der Fürstbischöfe von Würzburg, Bamberg und Eichstädt noch heute protestantische Inseln gibt.

Aufschlußreich ist, daß seit der ersten Tagung der Reichsritterschaft das sächsische Osterland um Altenburg und Leipzig an den Treffen der Reichsritterschaft teilgenommen hat. Dabei dominiert das Geschlecht der Bünau. Offensichtlich haben die Wettiner, welche 1423 die Kurwürde erworben haben, es im Zuge des Ausbaus ihrer Landesherrschaft verhindert, daß der Adel eine Sonderrolle spielen konnte.

Als äußeres Zeichen der Souveränität der Reichsritter, welche mit der Landesherrlichkeit eine mindere Form der Landeshoheit ausübten, wird vielfach die Halsgerichtsbarkeit angesprochen. Beispielsweise wird berichtet, daß der Graf Adelmann von Adelmannsfelden im 18. Jahrhundert einen Galgen an der höchsten Stelle seiner Herrschaft aufrichten ließ, um vor aller Welt zu dokumentieren, daß er Herr über Leben und Tod war. Tatsächlich ist es jedoch so gewesen, daß auch eine ganze Reihe von führenden landsässigen Familien über die Halsgerichtsbarkeit verfügten und nicht wenige reichsritterschaftliche Familien dieses Hoheitsrecht haben abtreten müssen. Die Landeshoheit vieler Reichsritter war eine Fiktion, da sie oft nur dann ihre Selbständigkeit hatten behaupten können, wenn sie sich in den Schutz und damit in die lehensmäßige Abhängigkeit benachbarter Fürsten begaben. In solch einem Fall mußten sie diesen ihre Burgen „öffnen" und erhielten dafür oft die Halsgerichtsbarkeit als Lehen zurück.

So sind beispielsweise die Adelmann württembergische Lehensleute geworden, die Gemmingen-Steinegg und Leutrum von Ertingen solche der Markgrafen von Baden, die Walderdorff der Grafen von Nassau, die Eltz der Kurfürsten von Trier, die Stetten der Grafen Hohenlohe und die Buseck und Riedesel der Landgrafen von Hessen. Dies änderte nichts an ihrem reichsritterschaftlichen Status. Ebensowenig wie die Tatsache, daß die Grafen Stolberg-Wernigerode Lehensleute der brandenburgischen Kurfürsten, die Grafen Stolberg-Stolberg, Schwartzburg und Schönburg solche der Kurfürsten von Sachsen und die Grafen von Schaumburg-Lippe und die Waldeck solche der Landgrafen von Hessen-Kassel geworden sind, etwas daran änderte, daß diese Grafen weiterhin als Reichsstände auf dem Reichstag vertreten waren.

Wenngleich es also bei näherem Hinsehen mit der Souveränität der vielfach in landesfürstlichen Diensten stehenden Reichsritter so sehr weit nicht her war, so hinderte sie dies nicht, in ihren „Republiken" wie Regenten von Gottes Gnaden aufzutreten. Dies verdeutlicht ein protokollarisch festgehaltenes Huldigungszeremoniell aus der Herrschaft Bodmann am Bodensee vom Jahre 1763. Die Huldigung wurde eingeleitet mit einem Hochamt, anschließend erfolgte die feierliche Erbhuldigung mit einem vorgesprochenen und nachgesprochenen Eid, wobei der Erbherr mit den Kommissaren des Ritterkantons auf einer unter einem Lindenbaum aufgerichteten Brettertribüne saß. Danach erfolgte die Gratulation. Anschließend schritt der „Neo-Regent" unter Pauken- und Trompetenschall in die Kirche, wobei das „Te Deum Laudamus" gesungen wurde. Nach dem Gottesdienst wurde der Festtag mit einem Festmahl und einem öffentlichen Tanz abgeschlossen. Eine Vorstellung und einen Abglanz solch einer Adelsherrschaft vermitteln die in Stein gehauenen Ahnengalerien in vielen Begräbnisstätten des Adels. So enthält die der Jakobskirche angegliederte Grabkapelle der fränkischen Adelsheim allein 61 teilweise künstlerisch anspruchsvolle Grabsteine und Epitaphe aus den Jahren 1360 bis 1783!

Hinsichtlich ihrer Herkunft war die Reichsritterschaft nicht homogen. So gab es unter den reichsritterschaftlichen Familien solche von edelfreier Abkunft wie etwa die fränkischen Aufseß, Heßberg und Thüngen, die schwäbischen Bodmann, Göler von Ravensburg, Leutrum von Ertingen, Weiler und Woellwarth von Lauterburg. Andere Familien sind ursprünglich Dienstmannen des Reiches gewesen wie die Adelmann. Wieder andere waren einstmals Ministerialen von Fürsten. So sind die Guttenberg Lehensleute der Herzöge von Andechs-Meranien gewesen, die Marschalk von Ostheim des Fürstbischofs von Bamberg, die Schenk von Stauffenberg der Grafen von Hohenzollern und die vom und zum Stein der Grafen von Nassau. Eine Reihe von reichsritterschaftlichen Familien hat ihren Ursprung im Stadtpatriziat der Reichsstädte, welche wie die Augsburger Herwarth, Stetten und Welser oder die Nürnberger Haller, Holzschuher, Imhoff, Tucher und Welser Herrschaften erwarben.

In Einzelfällen sind auch bürgerliche Geheimräte als Fürstengünstlinge zu reichsritterschaftlichen Würden gelangt. Im 17. Jahrhundert stieg der promovierte Jurist und Reichshofrat Nicolaus Christoph Hünefeld in den Stand der Reichsritter auf, was mit dem Erwerb reichsritterschaftlicher Güter verbunden war. Der 1772 geadelte Rechtsprofessor und fürstlich-nassauische Präsident der Regierung in Dillenburg, Georg Ernst Preuschen, welcher 1783 mit der Herrschaft Osterspey und der Burg Liebenstein belehnt und 1791 zum Freiherrn Preuschen von und zu Liebenstein ernannt wurde, ist noch im Jahre 1799 in den Kanton Mittelrhein der Reichsritterschaft aufgenommen worden! Ähnlich diesem Geheimen Rat war der dem Niederadel entstammende Regimentskanzler von Innsbruck und fürstbischöflich augsburgische Geheime Rat und Kanzler Pappus von Tratzberg im Jahre 1647 durch die Belehnung mit zwei Herrschaften in die Reichsritterschaft aufgestiegen. Wie wichtig die Gunst hoher Herren nicht nur für den Aufstieg in den Reichsgrafen- und Reichsfürstenstand, sondern auch in die Reichsritterschaft war, zeigt auch das Beispiel des kurkölnischen Lehensmannes Kaspar von Fürstenberg. Dieser einflußreiche Staatsmann erlangte 1595 für einen Teil seiner Sauerländischen Burgherrschaft Schnellenberg die Aufnahme in den Kanton Wetterau der Reichsritterschaft, während er für den anderen Teil kölnischer Lehensmann blieb.

Es kann angemerkt werden, daß es keine starre Grenze zwischen der Reichsritterschaft und dem landsässigen Adel gab. Dies belegt die Tatsache, daß der voigtländische Adel darauf verzichtet hat, den reichsritterschaftlichen Status anzunehmen (er beließ es bei lockerer Verbindung zu den fränkischen Kantonen) und daß Adelsfamilien aus Bayern, Hessen, Niedersachsen, Pommern, Sachsen, Schlesien und Westfalen durch Kauf von reichsritterschaftlichen Herrschaften oder Einheirat in reichsritterschaftliche Familien reichsritterliche Zweige gebildet haben. Hierzu gehört die bayerische Familie Closen, die hessischen bzw. thüringischen Beulwitz, Boineburg, Buttlar, Diemar, Eschwege, Hanstein, Keudell, Riedesel und Schenck von Schweinsberg, die niedersächsischen Cramm, Harling und Ilten, die sächsischen Bose und Bünau, die pommerschen Gagern und Tessin und die westfälischen Häuser Fürstenberg, Galen, Haxthausen, Oeynhausen und von der Recke.

Unter Zugrundelegung der von Karl Heinrich Roth von Schreckenstein in seiner „Geschichte der ehemaligen freien Reichsritterschaft" (1859-1871) abgedruckten Namensliste werden hier die bekanntesten sowie die wichtigsten der noch lebenden reichsritterschaftlichen Familien der vier Ritterkreise aufgeführt:

Schwaben:
Adelmann, Attems, Bemmelberg (Boineburg), Berckheim, Bissingen von Nippenburg, Bodmann, Beroldingen, Böcklin von Böcklinsaue, Blittersdorf, Degenfeld, Dungern, Enzberg, Forstner, Freyberg, Gaisberg, Gayling von Altheim, Gemmingen, Göler von Ravensburg,

Gültlingen, Helmstatt, Herwarth von Bittenfeld, Hiller von Gaertringen, Hofer von Lobenstein, Holtz, Holtzing, Horneck, Hornstein, Hundbiß, Knöringen, Leutrum von Ertingen, Liebenstein, Linden, Massenbach, Mentzingen, Neipperg, Ow, Palm, Pappus von Tratzberg, Rehlingen, Riedheim, Reischach, Racknitz, Rinck von Baldenstein, Roeder von Diersburg, Rotberg, Rotenstein, Schenk von Stauffenberg, Schönau, Speth von Schülzburg, Stadion, Stotzingen, Schauenburg, Schilling von Cannstatt, Sternenfels, St. André, Tessin, Tannhausen, Thumb von Neuburg, Türckheim, Ullner von Dieburg, Ulm zu Erbach, Ulmenstein, Varnbüler von Hemmingen, Venningen, Westernach, Welden, Woellwarth-Lauterburg, Weiler, Wimpffen.

Franken:
Adelsheim, Aufseß, Berlichingen, Bettendorff, Beulwitz, Biedenfeld, Bodeck, Bibra, Bose, Crailsheim, Diemar, Dobeneck, Dungern, Egloffstein, Ellrichshausen, Erffa, Etzdorff, Eyb, Echter von Mespelbrunn, Feilitzsch, Fuchs von Bimbach, Gebsattel, Geuder von Heroldsberg, Geyer von Geyersberg, Gravenreuth, Groß von Trockau, Guttenberg, Haller von Hallerstein, Hutten, Hund von Wenkheim, Heßberg, Imhoff, Kress von Kressenstein, Künsberg, Leutersheim, Leonrod, Lindenfels, Löffelholz von Colberg, Marschalk von Ostheim, Münster, Mengersdorff, Obernitz, Ötinger, Pöllnitz, Pückler, Redwitz, Reitzenstein, Rotenhan, Rüdt von Collenberg, Schaumberg, Schenk von Stauffenberg, Seckendorff, Soden, Speßhard, Stiebar von Buttenheim, Steinau gen. Steinrück, Stein zum Altenstein, Stein von Ostheim, Stetten, Schott von Schottenstein, Schenk von Geyern, Schrotzberg, Seefried auf Buttenheim, Selbitz, Stein-Liebenstein-Barchfeld, Truchseß von Wetzhausen, von der Tann, Thüngen, Tucher von Simmelsdorf, Voit von Rieneck, Waldenfels, Waldstätten, Wallenrodt, Wechmar, Wolfskeel, Zedtwitz, Zobel von Giebelstadt.

Rheinstrom:
Bechtolsheim, Bellersheim, Blittersdorf, Boineburg, Bicken, Boos von Waldeck, Breidbach-Bürresheim, Breiten-Landenberg, Buseck,

Dalberg, Diede zum Fürstenstein, Eckbrecht von Dürckheim, Eltz, Franckenstein, Gagern, Geyr zu Schweppenburg, Günderode, Gilsa, Greiffenclau, Hattstein, Hatzfeldt, Ingelheim, Kerpen, Kesselstatt, Landsberg, Langwerth von Simmern, von der Leyen, Löhr, Löw von Steinfurth, Mauchenheim gen. Bechtolsheim, Metternich, Nordeck zu Rabenau, Quadt, Raitz von Frentz, Riedesel, Ritter zu Groenesteyn, Savigny, Schlitz gen. von Goertz, Schmidburg, Schönborn, Schütz zu Holzhausen, Schutzbar gen. Milchling, Soetern, Stein von Nassau, Venningen, Vogt von Hunoltstein, Walderdorff, Wambolt von Umstadt, Waldbott von Bassenheim, Wallbrunn, Warsberg.

Unter-Elsaß:
Andlau, Berckheim, Berstedt, Böcklin, Kageneck, Landenberg, Landsberg, Müllenheim, Truchseß von Rheinfelden, Uttenheim, Zorn von Bulach.

2.6. Zur Binnenstruktur des niederen Adels

Wie bereits deutlich geworden ist, war der Körper des Heiligen Römischen Reiches Deutscher Nation ein überaus kompliziertes Gebilde. Dieser Feudalstaat ist dadurch gekennzeichnet, daß er kein Flächenstaat war, dessen Bewohner über die gleichen Rechte und Pflichten verfügten. Vielmehr war er ein in Korporationen gegliederter Personenverbandsstaat mit einer Unzahl, teilweise miteinander im Widerstreit liegender Rechte im Sinne von Privilegien. Die Souveränität in diesem Staat, der noch keine strikte Trennung der privaten und öffentlichen Sphäre kannte, war aufgesplittert. Hoheitsrechte wie die Ausübung der Gerichtsbarkeit und die Verwaltung von Ämtern waren oft erblich oder wurden auf Lebenszeit übertragen, verpfändet und bis zu ihrer oft ausgebliebenen Einlösung vererbt. Darüber hinaus verfügten auch besonders hervorgehobene Familien des landsässigen Adels ebenso wie die Reichsritterschaft über eine eigene Gerichtsbarkeit, teilweise auch die Halsgerichtsbarkeit. Diese für den heutigen Beobachter fremdartigen, mittelalterlich-feudalen Zustände hat der berühmte Staatsrechtler Samuel von Pufendorf im 17. Jahrhundert mit dem berühmt gewordenen Wort charakterisiert, daß das Heilige Römische Reich Deutscher Nation eine „irreguläre und einem Monstrum ähnliche Körperschaft" darstelle.

Eine Vorstellung von der Binnengliederung und der Schichtung des deutschen Adels vermittelt die Heerschildordnung. Sie regelte ursprünglich das Heeresaufgebot und später die Lehensfähigkeit und reichte vom König bis zum nur passiv lehenfähigen Einschildritter bzw. Dienstmann. Im Schwabenspiegel wird diese Herrschaftspyramide so dargestellt:

1. König
2. geistliche Fürsten
3. weltliche Fürsten
4. Hochfreie, die nicht Fürsten waren,
5. Mittelfreie
6. Ministerialen
7. übrige Ritterbürtige

Die Heerschildordnung zeigt, daß das Feudalsystem vielfach gestufte Frei- und Unfreiheiten gekannt hat und daß das Kriterium frei oder unfrei den komplizierten Realitäten nicht gerecht wird. So muß man etwa zwischen adeliger Unfreiheit sowie der freien und unfreien Unfreiheit unterscheiden, da nämlich die Ministerialen oft tatsächlich in vielerlei Hinsicht frei gewesen sind. Auch waren die Leibeigenen rechtlich keine „Sachen" wie die Sklaven, sondern verfügten ihrerseits über Rechte. Die Pufendorf'sche Charakterisierung des Reiches ist auch deshalb gerechtfertigt, weil eine rein formalrechtliche Unterscheidung zwischen der reichsunmittelbaren Reichsritterschaft und dem landsässigen bzw. -ständischen Adel falsche Vorstellungen erzeugen kann.

Tatsächlich umgreift die Sammelbezeichnung niederer Adel ganz unterschiedliche Gruppen. Sie umschließt auf der einen Seite den über eigene Burgherrschaften verfügenden freien Ortsadel, der sich wohl oder übel dem übermächtigen Landesherren unterwerfen mußte und als Entschädigung für seine pflichtgemäßen Dienste vielfältiger Art die überkommenen Privilegien wie die Halsgerichtsbarkeit zumindest teilweise als

Lehen zurückerhielt. Zum anderen schließt er die lehenslosen Burgmannen ein, welche die Besatzung landesherrlicher Burgen bildeten. Einem Teil dieser Ministerialen ist es gelungen, im Laufe der Zeit die von ihnen verwalteten Burgen als Lehen an sich zu bringen.

Es ist bereits darauf hingewiesen worden, daß einigen Reichsministerialenfamilien der Aufstieg in die Reichsstände gelungen ist. Der Aufstieg vornehmlich auch der Herren Bolanden/Falkenstein, der Truchsessen von Waldburg, der Schenken zu Limpurg, der Reuß von Plauen und der Erbach ist damit zu erklären, daß die Salier- und besonders die Stauferkaiser ihre durch Rivalitäten des hohen Adels beeinträchtigte Herrschaft durch ein Bündnis mit den Reichsministerialen abgestützt haben. Sie sind als ständige Ratgeber, Erzieher, Vormünder, Heerführer, Sondergesandte und Stadthalter der Staufer zu den eigentlichen Trägern des staufischen Staatswillens und der staufischen Staatsidee geworden und wurden für ihre treuen Dienste reich belohnt.

Unter ihnen können hervorgehoben werden Werner von Bolanden, der als Verwalter der staufischen Güter am Mittelrhein selbst eine Vielzahl von Burgen und Gütern zu erwerben vermochte, der Reichstruchseß Markward von Anweiler (1140-1202), welcher mit den Ämtern des Markgrafen von Ancona und des Herzogs der Romagna betraut wurde und der unter Heinrich VI. Reichsregent war, sowie der Reichstruchseß Gunzelin von Wolfenbüttel. Diesem Ahnherrn der Grafen Asseburg und Statthalter von Tuszien ist fast die Gründung eines reichsunmittelbaren Territoriums mit dem Zentrum Peine gelungen. Schließlich muß hier noch Heinrich von Kalden-Pappenheim genannt werden, der Erzieher Kaiser Heinrichs VI. und der Rächer des Königsmörders Otto von Wittelsbach, in dessen Familie das Amt des Reichserbmarschalls gekommen ist. Wenngleich die Pappenheimer im Jahre 1740 den Grafentitel erlangt hatten, war doch ihre Herrschaft keine Grafschaft, sondern gehörte vielmehr zum Kanton Kocher der Reichsritterschaft. Daher wurde der Graf Pappenheim bei den Königskrönungen, in dessen Zeremoniell er als Reichserbmarschall eine wichtige Rolle spielte, nicht zu der Tafel der eifersüchtig auf ihre Rechte pochenden reichsständischen Grafen zugelassen.

Auch die führenden Ministerialen weltlicher und geistlicher Fürsten haben nicht selten eine erhebliche Bedeutung erlangt. Diese war besonders groß, wenn Ministerialen mit der Verwaltung wichtiger Grenzfestungen und abgelegener Territorien betraut wurden. So ließ der Kurfürst von Mainz die im Eichsfeld gelegenen Mainzer Herrschaften durch Vizeherren (vicedomines) regieren. Unter ihnen ragen die Herren von Hanstein und die Vitzthum von Eckstädt hervor, welche bis 1325 Stadtherren von Erfurt waren und wahrscheinlich edelfreier Herkunft sind. Zu den einstigen Mainzer Ministerialen gehören neben den hessischen Malsburg auch die offensichtlich edelfreien niedersächsischen Hardenberg, welche bereits im 13. Jahrhundert Pfandeigentum an der ihnen überlassenen Lehensherrschaft erworben haben und in der Neuzeit in welfische Dienste getreten sind. Welfische Lehensmannen sind neben den in Südniedersachsen reichbegüterten Herren von Uslar-Gleichen auch die Grone geworden, welche einstmals Burgmannen auf der Königspfalz Grona bei Göttingen gewesen sind. Wie diese haben auch die Boineburg den Namen der von ihnen als Burgmannen besetzten Reichsburg übernommen und sind nach dem Niedergang des Staufferreiches in die Dienste des regionalen hessischen Landesherren getreten.

Solch ein Übertritt einer einflußreichen Familie in landesfürstliche Dienste wurde zuweilen mit einem Erbamt versüßt. So durften sich die Burgherren von Schweinsberg seit dem 13. Jahrhundert als hessische Erbschenken Schenk zu Schweinsberg nennen und die Herren von Berlepsch durften sich mit dem hessischen Erbkämmereramt schmükken, während die Riedesel als die Erben der Herren von Eisenbach hessische Erbmarschälle geworden sind, was nicht ausschloß, daß ihre Herrschaft den reichsritterschaftlichen Status erhielt. Die Stockhausen stellen ein gutes Beispiel dafür da, wie sich der Aufstieg eines Dienstmannengeschlechts vollzog. Bereits im Jahre 1318 sind sie als Burgmannen auf der Trendelburg bei Hofgeismar bezeugt, im Jahre 1447 treten sie als hessische Lehensnehmer dieser Burg in Erscheinung, die sie dann in der Neuzeit - als sie keinerlei militärische Bedeutung mehr hatte! - ganz in ihren Besitz bringen konnten.

Seit dem Spätmittelalter vollzieht sich ein Ausgleich zwischen den führenden Ministerialenfamilien und den Edelherren. Für diese nobiles bestand oft keine andere Wahl, als in die Dienste der aufstrebenden Landesherren zu treten, welche seit den Fürstengesetzen Friedrichs II. nicht mehr durch ein starkes Königtum in Schach gehalten wurden. Beispielsweise mußten im hessischen Einflußbereich die Herren von Buseck im Jahre 1332 und die Herren von Gilsa im Jahre 1411 die Lehensherrschaft des Landgrafen anerkennen. Sie sind ebenso wie die 1241 in kurmainzische Dienste getretenen edelfreien Linsingen Mitglieder der noch heute als Korporation bestehenden althessischen Ritterschaft geworden. Der **althessischen Ritterschaft** gehören diese Familien an: Amelunxen, Baumbach, Berlepsch, Biedenfeld, Bischoffshausen, Bodenhausen, Boineburg, Breidenbach zu Breidenstein, Buseck, Buttlar, Canstein, Cornberg, Dalwigk zu Lichtenfels, Dörnberg, Elsner von der Malsburg, Eschwege, Gilsa, Hanau, Schaumburg, Heßberg, Heydwolff, Hundelshausen, Keudell, Knobloch, Leonhardi, Linsingen, Loewenstein, Malsburg, Milchling, Nordeck zu Rabenau, Osterhausen, Rabe von Pappenheim, Rabe von Canstein, Rau von Holzhausen, Riedesel zu Eisenbach, Rotsman, Schachten, Schenk zu Schweinsberg, Schutzbar gen. Milchling, Schwertzell, Stein-Liebenstein, Stockhausen, Treusch von Buttlar-Brandenfels, Trott zu Solz, Urff, Verschuer, Waitz von Eschen, Wambolt von Umstadt, Weitershausen, Wolff von Gudenberg.

Im **Rheinland** sahen sich die Herren zu Eltz gezwungen, in ein Lehensverhältnis zu den Trierer Kurfürsten zu treten. Im **Hochstift Paderborn** mußten sich die Herren von Büren und die Herren von der Brenken dem Bischof unterwerfen. Desgleichen die Spiegel, welche sich als ehemalige Corveyer Vasallen von der Klosterherrschaft frei machten und um den mit einer Burg bekrönten Basaltkegel Desenberg eine eigene Herrschaft aufzurichten vermochten. In Niedersachsen sind die Edelherren von Adelepsen, Hodenberg,

Saldern und Oldershausen, welche sich im 13. Jahrhundert teilweise Herren „von Gottes Gnaden" nannten, in welfische Dienste getreten. Besondere Vorrechte konnten in Friesland die alten Häuptlingsgeschlechter und ihre Erben bewahren. Die Erben der im Jahre 1900 gefürsteten Innhausen und Knyphausen besitzen noch heute die frühere „Herrlichkeit Lütetsburg", die von dem prächtigen norddeutschen Backstein-Barockschloß geschmückte Herrlichkeit Gödens gelangte über die Herren von Frydag an die Grafen Wedel.

Einen großen politischen Spielraum konnten sich wegen ihrer Grenzlage die niedersächsischen Herrschaften Gartow und Wolfsburg bewahren. Gartow gelangte über die Ortsherren an den Johanniterorden. Nach seiner Eroberung durch den Herzog von Braunschweig im Jahre 1390 wurden die Bülow mit Gartow belehnt, bis es 1694 durch Kauf an den Minister Andreas von Bernstorff gelangte, in dessen Familie es seitdem geblieben ist. Auch die Wolfsburg an der Aller lag an einer Schnittstelle der welfischen und magdeburgischen bzw. brandenburgischen Fürsten. Die dort regierenden, im Jahre 1742 von den Grafen von der Schulenburg beerbten Herren von Bartensleben konnten deswegen praktisch eine Art Landesherrschaft ausüben. Dagegen wurde die Macht kleinerer Herren im Spätmittelalter oft gebrochen. So zerstörten die Herzöge von Braunschweig in der Mitte des 14. Jahrhunderts die Burg Destedt der Herren von Veltheim, der Bischof von Hildesheim die Stammburg der Herren von Wallmoden, der Markgraf von Brandenburg die Burgen der Quitzow und der Bischof von Magdeburg diejenigen der Kotze.

Auch in **Westfalen** konnten die 1899 zu Titularfürsten erhobenen Herren von Münster ebenso wenig wie die Vietinghoff ihre Selbständigkeit behaupten. Dies ist auch den Wendt nicht gelungen, welche im 14. Jahrhundert mit einer Erbtochter die Grafschaft Crassenstein, ein Rietberger Lehen, erheirateten. Ferner konnten die Herren von der Horst, Oer und Westerholt, welche im Bereich des Vest Recklinghausen Inhaber von Reichslehen gewesen sind, ihre Unabhängigkeit gegenüber dem Kölner Kurfürsten nicht bewahren. Eine besondere Rolle spielten die Bodelschwingh, weil sie als Erbvögte des kaiserlichen freien Hofes Frohnde Richter über die zu diesem Hofe gehörigen Bauern waren und außerdem Inhaber eines Freistuhls des Femegerichtes gewesen sind. Seine Bedeutung hat über Westfalen hinaus ausgestrahlt. Die zuletzt nur noch aus der Burg und zwei Bauernschaften bestehende reichsfreie Herrschaft Gemen, welche auf dem Erbwege von den Gemener Edelherren an die Grafen von Holstein-Schaumburg und am Ende des 16. Jahrhunderts an die Grafen von Limburg-Stirum gelangt war, vermochte sich gegen den Fürstbischof von Münster nur deshalb zu verteidigen, weil ihre Inhaber Lehensleute des Kurfürsten von Brandenburg geworden sind!

Zu den zuweilen mit der Halsgerichtsbarkeit ausgestatteten „Herrlichkeiten" gehörte in Westfalen noch die 1702 von den Westerholt an die Merveldt gelangte Herrschaft Lembeck, die von den Korff und den Ketteler besessene münsteranische Grenzburg Harkotten, die 1618 von den Ketteler an die Grafen Rietberg gelangte Herrschaft Melrich sowie die erst 1709 begründete Herrschaft Reck der von der Recke.

Auch im **Rheinland** gab es vergleichbare Herrschaften, so diejenige der Loë zu Wissen, der Wylich zu Diersfordt, der Mirbach zu Harff, der Spiess zu Büllesheim, die auf Reichslehen zurückgehende Herrschaft Merode, die Herrschaft Liblar der Wolff-Metternich zur Gracht sowie schließlich die Herrschaft Wickrath, die über die ausgestorbenen Hompesch an die Quadt gelangte. Besondere Bedeutung kam ferner den niederrheinischen Besitzkomplexen der Beissel von Gymnich, Berghe von Trips, Eynatten, Heiden-Belderbusch, Hoensbroech, Renesse, Spee sowie den aus dem Kölner Patriziat stammenden Geyr zu Schweppenburg und Raitz von Frentz zu. Neben den bereits erwähnten reichsritterlichen Familien sind im Kurfürstentum Trier die zu höchsten Würden aufgestiegenen Kesselstatt hervorzuheben. Im Oberbergischen ragte die Herrschaft Ehreshoven der mit dem Erbmarschallamt ausgestatteten Nesselrode hervor.

In **Westfalen**, wo besonders der katholische Stiftsadel eine große politische Rolle gespielt und umfangreichen Güterbesitz zusammengebracht hat, sind diese Familien hervorzuheben: Alten-Nordheim,

Amelunxen, Ascheberg, Asseburg, Berswordt-Wallrabe, Beverfoerde, Blomberg, Bockum-Dolffs, Bodelschwingh, Boenninghausen, Böselager, von der Borch, Borries, von der Brenken, Canstein, Consbruch, Dallwitz, Daniels-Spangenberg, Detten, Diepenbroick-Grüter, Ditfurth, Donop, Droste zu Hülshoff, Droste zu Vischering, Droste zu Senden, Duecker, Eckhardtstein, Eller-Eberstein, Elverfeldt, Fürstenberg, Galen, Graes, Hanxleden, Haxthausen, Heereman von Zuydtwyck, Kanne, Kerckering zu Borg, Kerssenbrock, Ketteler, Knyphausen, Korff, Krosigk-Kerssenbrock, Laer, Landsberg, von der Lippe, Lüninck, Mallinckrodt, Mengersen, Merveldt, von der Mühlen, zur Mühlen, Nagel, Oeynhausen, Oer, Papen, Plettenberg, Quernheim, von der Recke, Reden, Romberg, Schlieffen, Schorlemer, von der Schulenburg, Spiegel, Twickel, Vietinghoff gen. Schell, Weichs, Wendt, Westerholt, Westphalen, Wolff-Metternich und Wrede.

Im Osnabrückischen Raum spielten die Burgherrschaften der Bar zu Barenaue, der Bussche zu Ippenburg und Hünnefeld, der Ledebur, Schele, Vincke-Ostenwalde sowie der erst im 17. Jahrhundert zugewanderten Hammerstein eine besondere Rolle.

In **Niedersachsen** fallen ins Auge die zwar gleichfalls lehenspflichtigen, jedoch vor der Zeit der stehenden Heere und der modernen Artillerie viel Bewegungsspielraum gewährenden Burgherrschaften der ortsadeligen Dincklage, der Münchhausen zu Haddenhausen, die 1530 vom Mindener Bischof vertrieben wurden, der Alten zu Wilkenburg, deren Burg 1424 geschleift wurde, der ortsadeligen Bennigsen und Wallmoden, der Klencke, der Knigge zu Bredenbeck, der Cramm zu Ölber, der Klencke zu Hämelschenburg, der Steinberg zu Brüggen, der Hardenberg, der Adelepsen, der Oldershausen sowie der Grote zu Jühnde. Diese Adelsherrschaften haben teilweise das Recht über Leben und Tod ausgeübt und unterscheiden sich insoweit nicht vom reichsritterschaftlichen Adel, der ja meist auch lehenspflichtig gewesen ist.

Dies gilt auch für die von den Brincke für die Corveyer Fürstabte in Iggenhausen ausgeübte Lehensherrschaft. Wenngleich sie auch nicht wie die Grote, die Hammerstein oder die Bernstorff in den Besitz privilegierter Burgherrschaften gelangt sind, haben andere ritterbürtige Familien, welche im Mittelalter eine vergleichsweise bescheidene Rolle als Burgmannen oder Inhaber kleiner Ritterlehen gespielt haben, mit den führenden Familien an Prestige und Besitzanhäufung in der neueren Zeit gleichgezogen. An vorderster Stelle gilt dies für die Bothmer und Rheden.

Unter den noch nicht erwähnten Familien des landständischen Adels der **welfischen Lande** verdienen diese besondere Erwähnung: Arnswaldt, Bock von Wülfingen, Bothmer, Campe, Dannenberg, Dassel, Decken, Derenthal, Esebeck, Estorff, Frydag, Gadenstedt, Garmissen, Görtz-Wrisberg, Goetz von Olenhusen, Gustedt, Hake, Harling, Heimburg, Hinüber, Hodenberg, Hohnhorst, Holleufer, Horst, Hugo, Ilten, Jeinsen, Kielmannsegg, Lenthe, Löbbecke, Löhneysen, Lüneburg, Lütcken, Mandelsloh, Mansberg, Marenholtz, Meding, Meltzing, Minnigerode, Oheimb, Ostman von der Leye, Pape, Plate, Plato, Rappard, Reden, Rheden, Rössing, Saldern, Schnehen, Schwicheldt, Spoercken, Stoltzenberg, Stralenheim, Wangenheim, Wedemeyer, Werder, Wense, Weyhe und Witzendorff.

In **Schleswig-Holstein** sind die führenden Adelsfamilien wie die Ahlefeld, Bernstorff, Brockdorff, Plessen, Rantzau und Reventlow, welche ausnahmslos dänische Premierminister und - so die Reventlow - mit der mit Friedrich IV. von Dänemark geheirateten Anna Sophia - sogar eine Königin gestellt haben, durch die Verleihung von Lehensgrafschaften ausgezeichnet worden. Die durch Heinrich von Rantzau (1526-1598), den reichsten deutschen Edelmann, vergrößerte Herrschaft Breitenburg ist im Jahr 1650 sogar zu einer Reichsgrafschaft erhoben worden. Sie ist jedoch als eine nicht reichsständische Herrschaft lediglich eine Titular-Grafschaft gewesen. Zu den alteingesessenen Adelsfamilien Holsteins gehören ferner neben dem landesfürstlichen Haus und den Großherzögen von Oldenburg die ausgestorbenen Blome, die Buchwaldt und Rumohr. Unter den in Holstein in neuerer Zeit zu Großbesitz gelangten Adelsfamilien gehören neben den Landgrafen von Hessen besonders die Abercron, Baudissin, Bernstorff, Bethmann-Hollweg, Donner, Hobe, Jenisch, Kielmannsegg, Krogh, Luckner, Saldern, Schiller, Platen-Hallermund, Schimmelmann, Schoenaich-Carolath, Seydlitz, Stumm, Waldersee, Westphalen und Witzendorff.

Mehr noch als in anderen Fürstentümern sind in **Mecklenburg** die führenden Familien als Inhaber von Erbämtern zu erkennen. Dort haben die Hahn, Levetzow, Lützow, Maltzan, Viereck und Moltke ebenso wie die Bülow im Herzogtum Lauenburg jeweils für ein Teilfürstentum das Amt eines Landmarschalls bekleidet. Unter den mecklenburgischen Adelsfamilien müssen diese besonders hervorgehoben werden: Abercron, Barnekow, Barner, Bassewitz, Behr, Bernstorff, Boddien, Both, Brandenstein, Buch, Blücher, Ferber, Flotow, Gadow, Hardenberg, Hobe, Holstein, Kardorff, Ketelhodt, Kriegsheim, Langermann und Erlencamp, Lehsten, Linstow, Lücken, Lühe, Mecklenburg, Mülbe, Oertzen, Paepke, Patow, Pentz, Plessen, Plüskow, Preen, Pressentin, Pritzbuer, Prollius, Randow, Restorff, Rieben, Stenglin, Schack, Scheven, Schuckmann, Storck, Stralendorff, Treuenfels, Viereck, Voss, Warburg, Wenckstern, Wickede, Weltzien, Zeppelin, Zülow.

In der Mark **Brandenburg** und in **Pommern** ragten im Spätmittelalter die „burg- und schloßgesessenen" Geschlechter aus dem zahlreichen Kleinadel hervor. Ihre teilweise mehr symbolischen Privilegien, zu denen auch das Recht gehörte, lediglich vor dem fürstlichen Hofgericht erscheinen zu müssen, sind in der Neuzeit abgeschafft worden. Zu den Schloßgesessenen gehörten in der Mark Brandenburg die Alvensleben, Arnim, Bismarck, Bredow, Hake, Jagow, Knesebeck, Quitzow, Gans zu Putlitz, Rochow, Winterfeldt, Rohr und von der Schulenburg. Es handelte sich somit nicht nur um deutsche Ministerialenfamilien wie die Alvensleben und Arnim, sondern auch um mutmaßlich slawische Dynasten wie die Quitzow, Plotho und Putlitz. Ferner um das edelfreie niederösterreichische Geschlecht der Rohr, welches im 14. Jahrhundert mit den Wittelsbachern in die Mark gekommen ist.

Unter der Vielzahl der märkischen Familien seien hier diese genannt: Arenstorff, Barby, Bardeleben, Barfus, Berg, Beerfelde, Beust, Blankensee, Blumenthal, Borne, Bornstedt, Borstell, Brandt, Broesicke, Brünneck, Buch, Burgsdorff, Byern, Enckevort, Freier, Gadow, Goerne, Goltz, Görtzke, Götzen, Graevenitz, von der Groeben, Grünberg, Holtzendorff, Itzenplitz, Jena, Kalben, Karstedt, Katte, Klitzing, Kloeden, Knebel von Döberitz, Knobelsdorff, Kracht, Königsmarck, Kroecher, Lochow, Lossow, Lücken, Marwitz, Möllendorff, Oppen, Pfuel, Platen, Quast, Randow, Rathenow, Raven, Ribbeck, Rundstedt, Saldern, Schenck von Flechtingen, Schierstedt, Schlabrendorff, Schlippenbach, Selchow, Sparr, Stechow, Strantz, Stülpnagel, Sydow, Thümen, Tresckow, Troschke, Waldow, Wartenberg, Werder, Winning, Wulffen, Wuthenau, Ziegesar und Zieten.

In **Pommern** gehörten zu den Schlossgesessenen die Below, Borcke, Dewitz, Eickstedt, Flemming, Glasenapp, Hertzberg, Kameke, Kleist, Krockow, Manteuffel, Massow, Natzmer, Osten, Puttkamer, Schwerin, Wedel und Zitzewitz. Zum pommerschen Adel zählen weiter die Bandemer, Below, Blanckenburg, Boehn, Boltenstern, Bonin, Braunschweig, Brederlow, Brockhusen, Buggenhagen, Diest, Doetinchem de Rande, Eisenhart, Gerlach, Glasow, Grumbkow, Hertell, Heydebreck, Heyden-Linden, Köller, von der Lancken, Lettow, Lepel, Loeper, Malottki, Mellenthin, Mitzlaff, Münchow, Norman, Podewils, Petersdorff, Ploetz, Quistorp, Ramin, Reckow, Rhaden, Schlieffen, Schmeling, Schöning, Senfft von Pilsach, Somnitz, Stojentin, Thadden, Ukkermann, Vangerow, Versen, Vogelsang, Wedelstaedt, Wedemeyer, Weiher, Woedke, Wussow, Zanthier und Zastrow.

Zu der ins Auge fallenden Tatsache, daß viele der bereits genannten oder noch zu benennenden Adelsgeschlechter auf -ow oder -itz enden, sei hier dies angemerkt: Solche Namen, die wie die Itzenplitz, Zitzewitz oder Bredow teilweise eine sprichwörtliche Bedeutung erlangt haben, weisen zwar vielfach, jedoch keinesfalls immer auf eine wendische, d.h. westslawische Abkunft hin. Vielfach haben nämlich deutsche Ritter den Namen von solchen Dörfern als Herkunfts- bzw. Familiennamen angenommen, in denen sie zu Besitz gelangt sind. Bei manchen Familien wie den Haugwitz, Jagow, Nostitz und Prittwitz scheint dies sicher. Andererseits sind jedoch viele bekannte Familien wie die Brauchitsch, Kittlitz, Lewinski, Seydlitz und Tschirschky ebenso wie die mecklenburgische Herzogsfamilie slawischen Ursprungs.

Die Zitzewitz stammen wie die Borcke und die Puttkamer von der slawischen Fürstensippe der Svenzonen ab, die sich einst „von Gottes Gnaden" nannte. Dies verweist auf die bemerkenswerte Tatsache, daß eher deutsch klingende Familiennamen wie etwa die mecklenburgischen Hahn, Maltzan, Moltke und Oertzen, die ursprünglich pommerellischen Lehndorff (Legendorff) sowie die schlesischen Heydebrand, Pfeil, Poser, Rothkirch, Schoenaich, Seherr-Thoss und Stosch offensichtlich auf Familien slawischen Ursprungs verweisen. Dagegen stammen einige ostpreußische Adelsfamilien wie die Finck von Finckenstein, Kalnein, Perbandt, Saucken und Trenck offensichtlich von den alten Pruzzen ab, die zur finno-ugrischen Völkerfamilie gehören.

Damit wird belegt, daß der Deutsche Ritterorden bei aller Brutalität kolonialer Heidenbekämpfung keine reine Ausrottungs- bzw. Versklavungspolitik betrieben hat. In dem 1525 in das **Herzogtum Preußen** umgewandelten Ordensstaat herrschte ein Adelsregiment, welches dem Herzog nur geringen Spielraum ließ. Dort waren die einstmals edelfreien Familien der Burggrafen zu Dohna, der Eulenburg, der Heydeck, der Kittlitz, der Schenk von Tautenburg sowie der Truchseß von Waldburg als Mitglieder des Herrenstandes privilegiert. Bemerkenswert ist, daß einige dieser Familien, welche im Mittelalter teilweise mit dem hohen Adel verschwägert waren, in den normalen Gutsadel abgesunken sind. Wie beispielsweise auch in Westfalen, wo einflußreiche Ministerialenfamilien wie die Droste zu Vischering, Fürstenberg, Galen, Landsberg, Ketteler, Korff, Merveldt, Plettenberg oder Westphalen zu Fürstenberg mit einstigen Edelherren gleichgezogen oder sie gar in den Schatten gestellt haben - das Burgmannengeschlecht der Ketteler gelangte beispielsweise 1472 in den Pfandbesitz der dann 1702 an die Plettenberg gekommenen kurkölnischen Grenzfeste Hovestadt -, haben auch in Preußen Familien niederadeliger Herkunft solche des Herrenstandes überholt.

Bis zur Aushöhlung der ständischen Verfassung unter dem Großen Kurfürsten, welcher den widerspenstigen Oberst von Kalckstein hinrichten ließ, wurde das Herzogtum durch die vier „Ober-Räte" sowie die ebenfalls adeligen Amtshauptleute regiert. Die vier Oberämter des Landhofmeisters, Obermarschalls, Oberburggrafen und Kanzlers gehen direkt auf die Großämter der „Gebietiger" des Ordens zurück. Unter den Inhabern dieser Ämter trifft man besonders auf diese Familien: Auer, Auerswaldt, Brandt, Borcke, Brünneck, Dönhoff, Dohna, Eulenburg, Finck von Finckenstein, Groeben, Kalnein, Kanitz, Kittlitz, Kreytzen, Kuenheim, Lehndorff, Ölsnitz, Perbandt, Rautter, Reibnitz, Schlieben, Schrötter, Tettau, Truchseß von Waldburg und Wallenrodt.

Auch die übrigen, teilweise erst in neuerer Zeit in Ostpreußen durch Grunderwerb oder Einheirat ansässig gewordenen Familien spiegeln sehr stark die Tatsache wider, daß es sich in Ostpreußen um ein koloniales Land handelte. Dies äußert sich darin, daß die adeligen Familien aus fast allen deutschen Ländern oder Polen stammen sowie auch darin, daß in Preußen die Besitzbindung des Adels weniger ausgeprägt war als anderswo. Während nämlich die hier nicht gültige Lehensverfassung eine rigorose Familiendisziplin verlangte, nach der der Besitz nur an Söhne oder Neffen vererbt wird, Töchter dagegen mit einer Abfindung vorliebnehmen mußten, war es hier anders. So gelangte etwa zum Ärger der Familie Dönhoff der riesige Besitz Dönhoffstedt im 19. Jahrhundert über eine Tochter an die Grafen Stolberg-Wernigerode.

Unter den preußischen Adelsfamilien seien hier unter Berücksichtigung der westpreußischen die folgenden erwähnt: Batocki, Benekkendorff und Hindenburg, Berg, Braun, Brederlow, Bronsart von Schellendorf, Drygalski, Egloffstein, Esebeck, Falkenhayn, Farenheid, Gaudecker, Glasow, Goltz (-Domhardt), Gordon, Gottberg, Graeve, Gramatzki, Gusovius, Hansemann, Hasselbach, Heyden, Hippel, Horn, Hoverbeck, Hülsen, Ingersleben, Janson, Kalckstein,

Kalau vom Hofe, Ketelhodt, Keyserling, Knoblauch, Kobylinski, Koerber, Korff, Kortzfleisch, Kries, Lehwald, Lewinski, Manstein, Massenbach, Menges, Mirbach, Negenborn, Oldenburg-Januschau, Ostau, Paleske, Plehwe, Proeck, Puttkamer, Queiss, Restorff, Rogalla von Bieberstein, Rosenberg, Sanden, Saucken, Schack von Wittenau, Schmidt von Schmidtseck, Schoultz von Ascheraden, Schwerin, Selasinsky, Senden, Stein von Kamienski, Sperber, Tiedemann, Trenck, Twardowski, Unruh, Wienskowski, Wilckens, Wrangel und Zitzewitz.

Wie Walter Freiherr von Ungern-Sternberg in seiner „Geschichte der baltischen Ritterschaften" näher ausführt, begegnen uns in den baltischen Provinzen **Kurland, Livland, Estland** und **Ösel** adelige Korporationen mit weitgehenden Autonomierechten. Besonders die im 18. Jahrhundert von dem niedergehenden Königreich Polen an das Zarenreich gelangte Provinz Kurland läßt sich als eine Adelsrepublik polnischen Musters mit monarchischer Spitze ansprechen. Wegen der Herkunft ihrer Adelsfamilien hat man Kurland gelegentlich als westfälische Kolonie angesprochen. Daß dies keine einseitige Abhängigkeit war, erhellt aus der bemerkenswerten Tatsache, daß der Vater des wegen seiner kriegerischen Unternehmungen berühmten Münsteraner Bischofs Christoph Bernhard von Galen Obermarschall von Kurland gewesen ist!

Auch hier gab es vier Oberräte und außerdem wie in Preußen durch Adelige besetzte Amtshauptmannschaften. Zu kurländischen Landesbevollmächtigten sind Repräsentanten dieser Familien gewählt worden: Behr, Brüggen, Saß, Mirbach, Korff, Medem, Grotthuß, Hahn, Recke, Keyserling, Manteuffel-Szoege, Heyking, Lieven, Nolcken, Rahden.

In Estland wurden Mitglieder von diesen Familien zu Ritterschaftshauptleuten bestimmt: Stael von Holstein, Maydell, Rosen, Treyden, Taube, Uexküll, Fersen, Salza, Brackel, Tiesenhausen, Wrangel, Ungern-Sternberg, Löwen, Rehbinder, Stackelberg, Bistram, Kursell, Budberg, Engelhardt, Brevern, Löwenstein, Patkuhl, Berg, Benckendorff, Lilienfeld, Essen, Keyserling, Pahlen und Dellingshausen.

In **Livland** sind die Landmarschälle aus diesen Geschlechtern hervorgegangen: Mengden, Bellingshausen, Cronstjern, Clodt, Wulffen, Budberg, Stael von Holstein, Buddenbrock, Vietinghoff, Rosen, Albedyll, Ungern-Sternberg, Plater, Tiesenhausen, Bock, Richter, Berg, Patkuhl, Igelström, Anrep, Rennenkampf, Gersdorff, Sivers, Samson, Below, Schoultz von Ascherachen, Löwis of Menar, Jarmerstedt, Löwenwolde, Grote, Oettingen, Hagemeister, Lilienfeld, Nolcken, Lieven, Meyendorff, Pilar von Pilchau und Stryk.

In **Ösel** wurden Träger dieser Namen zu Führern der Ritterschaft berufen: Vietinghoff, Sass, Toll, Stackelberg, Nolcken, Weymarn, Osten-Sacken, Berg, Buxhoeveden, Pilar von Pilchau, Ditmar, Aderkas und Freytagh-Loringhoven.

Diese Listen sind zwar sehr aufschlußreich, sie können jedoch naturgemäß die herausragende Bedeutung einiger Familien sowohl im Spätmittelalter als in der Neuzeit nicht klarlegen. So haben beispielsweise im Mittelalter die Tiesenhausen als Inhaber von Burgherrschaften und Spitzenvasallen des Bischofs von Riga eine erhebliche Rolle gespielt, ebenso wie später die mit dem zweiten kurländischen Herzoghaus verschwägerten Medem. Das erste kurländische Herzoghaus wurde vom westfälischen Geschlecht der Ketteler begründet. In den baltischen Amtsträgerlisten fehlen sowohl prominente Namen des alten grundbesitzenden sowie des neueren Dienstadels. Hierbei sind diese Geschlechter zu erwähnen: Bähr, Baer, Bagge, Baranow, Blomberg, Boetticher, Bolschwingh, Bremen, Brinkken, Buchholtz, Bunge, Buxhöveden, Campenhausen, Ceumern, Cube, Dehn, Drachenfels, Düsterlohe, Ekes, Fircks, Fock, Foelckersahm, Freymann, Funck, Gayl, Glasenapp, Gruenevoldt, Haaren, Harpe, Hehn, Hirschheydt, Hoyningen-Huene, Holst, Howen, Klinggraef, Klopmann, Kluechtzener, Knorring, Koskull, Kotzebue, Krüdener, Krusenstern, Kügelgen, Lambsdorff, Löwenstern, Lüdinghausen gen. Wolff, Meerscheid gen. Hüllessem, Mensenkampf, Meyendorff, Nolde, Nottbeck, Oelsen, Pezold, Pistohlkors, Ramm, Rhaden, Reutern, Rüdiger, Roenne, Ropp, Schilling, Schlippenbach, Sengbusch, Staden, Stempel, Stromberg, Stryk, Tippelskirch, Toll, Transehe-Roseneck, Trotta gen. Treyden, Vegesack, Wahl, Weiss, Weymarn,

Wigandt von Hohenastenberg, Wilpert, Wistinghausen, Wolff, Wrede, Zeddelmann und Zur Mühlen.

Es muß hervorgehoben werden, daß Söhne deutschbaltischer Adelsfamilien in höchste Staatsämter sowohl im Königreich Polen - so etwa die Dönhoff und die von der Borch - als auch in Schweden sowie besonders im Zarenreich gelangt sind. Sie sind vielfach von ihren Dienstherren - so etwa der schwedische Feldmarschall Bernd Otto von Stackelberg oder der russische Feldmarschall Fabian von der Osten-Sacken - in den Freiherren-, Grafen- oder gar Fürstenstand erhoben worden.

Die Situation des Adels im Raum von **Thüringen**, der eine Übergangszone zwischen Hessen/Niedersachsen und Franken zum historischen Mitteldeutschland darstellt, ist dadurch gekennzeichnet, daß das Aussterben der Landgrafen von Thüringen und die Vielzahl der kleineren Herren einen ähnlichen territorialen Flickenteppich wie in Südwestdeutschland verursacht haben. Neben den in Halle residierenden Bischöfen von Magdeburg sowie den Bischöfen von Halberstadt und Merseburg ragen hier unter den kleineren Herren die Harzgrafen, d.h. die Stolberg, Schwarzburg und Mansfeld hervor. Ebenso wie die ihnen stammverwandten Edelherren von Querfurt sind die Grafen von Mansfeld gleich den Grafen von Beichlingen und Gleichen ausgestorben. Zum hohen Adel gehörten ferner die schließlich noch gefürsteten Edelherren von Schönburg sowie die reichsministerialischen Reuß.

Auch in Thüringen sind einige führende Familien des landständigen Adels edelfreier Abkunft. So ganz offensichtlich die Erffa, Hopfgarten, Schlotheim, Seebach, Wangenheim, Werthern und die aus dem Saalekreis stammenden Krosigk, die alle kleine Burgherrschaften besessen haben. Den ausgestorbenen Schenken von Vargula, die mit den ostpreußischen Schenken von Tautenburg eine noch blühende Nebenlinie haben, ist als Spitzenvasallen der Landgrafen sogar der Aufstieg in den hohen Adel gelungen. Bemerkenswert ist, daß die Wangenheim mit ihrer Herrschaft Winterstein erst am Ende des 14. Jahrhunderts landesfürstliche Lehensleute geworden sind und daß die Werthern im 15. Jahrhundert in die Abhängigkeit der Grafen von Beichlingen gelangt sind. Ihre herausgehobene Position ist an der Verleihung des Reichserbtürhüteramtes ablesbar.

Auch in Thüringen und Obersachsen haben einige Ministerialenfamilien bedeutende Burgherrschaften erworben. So ist die an die Bischöfe von Halberstadt gelangte frühere Grafschaft Falkenstein im 15. Jahrhundert zuerst als Pfand und dann als Erblehen an die Asseburg gekommen. Die Burg Wendelstein an der Unstrut, ebenfalls ein einstiger Grafensitz, fiel 1355 den Herren von Witzleben zu, welche allerdings ein Jahrhundert später durch den sächsischen Herzog von dort wieder vertrieben worden sind. Im gleichen Jahrhundert ging ein Anteil der Burg Wettin an die einflußreichen Trotha über und gelangte die ehemalige Reichsburg Ranis zuerst an die Brandenstein, welche bereits die Herrschaft Oppurg besaßen, und dann an die Breitenbach. Auch die Herrschaft Seeburg, ein uralter Grafensitz, ist im 17. Jahrhundert an die mecklenburgischen niederadeligen Hahn gelangt, welche sie den in Geldnöten stehenden Grafen Mansfeld abgekauft haben.

Neben den Marschällen von Altengottern, welche das Thüringer Erbmarschallamt bekleidet haben, seien hier noch die folgenden Familien des Thüringer Landadels aufgeführt: Arnstedt, Beulwitz, Bila, Bodenhausen, Brühl, Bültzingslöwen, Burckersroda, Christen, Eckartsberg, Eichel, Germar, Geusau, Goldacker, Griesheim, Günderode, Gustedt, Hagen, Hausen, Helldorf, Heßler, Hoff, Holleben, Hopfgarten, Kospoth, Kutzleben, Lengefeldt, Metzsch, Münchhausen, Roda, Rüxleben, Salza, Sperling, Stein, Stutterheim, Thüna, Trützschler, Trebra, Tümpling, Watzdorff, Wechmar, Westernhagen, Wilmowsky, Wittern, Wintzingerode, Wolzogen und Wurmb.

Auch in **Kursachsen** ist es das Bestreben der Landesfürsten gewesen, die Macht der kleinen Edelherren zu brechen. Symbolische Bedeutung hat dabei die Eroberung der Stammburg Donin der von Kaiser Friedrich Barbarossa belehnten Burggrafen zu Dohna. Gleich den Herren von Bieberstein und Eulenburg sind sie in den größere Entfaltungsmöglichkeiten bietenden kolonialen Osten ausgewichen.

Die Sozialverfassung Kursachsens ist dadurch gekennzeichnet, daß es hier eine Vielzahl von Rittergütern gab, jedoch keine ausgesprochenen Großbesitze. Die führenden und kopfstarken Adelssippen wie die Bünau, Einsiedel, Miltitz, Pflug, Schleinitz, Schönberg und Schönfeldt behaupteten bereits im 16. Jahrhundert jeweils mehr als ein halbes Dutzend Rittergüter. Als Nachbarn vom Königreich Böhmen ist es einer Anzahl von Familien gelungen, in den böhmischen Herrenstand aufzusteigen und dort teilweise bedeutende Herrschaften zu erwerben. Zu diesen Familien gehören die ausgestorbenen Berka und die Bieberstein, ferner die Dohna, Gersdorff, Haugwitz, Kittlitz, Köckritz, Maltitz, Minckwitz, Nostitz, Pflug, Redern, Schleinitz und Vitzthum von Eckstädt. Weitere einflußreiche Familien aus dem sächsischen und lausitzischen Raum waren die Arnim, Baudissin, Beschwitz, Bissing, Bose, Carlowitz, Choltitz, Criegern, Dallwitz, Dieskau, Erdmannsdorff, Friesen, Geldern-Crispendorf, Gablentz, Globig, Gregory, Hacke, Haubitz, Helldorff, Heynitz, Hohenthal, Holleufer, Houwaldt, Hoym, Knobelsdorff, Kyaw, Lindenau, Lippe-Weißenfeld, Loeben, Löser, Lüttichau, Luttitz, Maltitz, Mangoldt, Marschall von Bieberstein, Metzsch, Münster, Niebelschütz, Obernitz, Oppeln-Bronikowski, Oppen, Patow, Planitz, Polenz, Ponickau, Posern, Rabenau, Rauchhaupt, Rechenberg, Rex, Röder, Römer, Sahr, Sandersleben, Schierstedt, Schlieben, Schmertzing, Schönfels, Seydewitz, Speck von Sternburg, Trützschler von Falkenstein, Uechtritz und Steinkirch, Unruh, Wallwitz, Welck, Wiedebach, Wolffersdorff, Wülcknitz, Zehmen, Zeschwitz, Zobeltitz und andere mehr.

Die lange zum Königreich Böhmen gehörende **Lausitz**, die im Schnittpunkt der böhmischen, sächsischen und brandenburgischen Interessen lag, stellt ebenso wie das von Friedrich dem Großen eroberte Schlesien hinsichtlich seiner Adelsstruktur einen Übergangstypus zu Böhmen dar. Einerseits gab es hier ebenso wie in der Mark Brandenburg und in Pommern kopfstarke Sippen des niederen Adels. Als Familienverbände waren sie zwar einflußreich, ihre einzelnen Mitglieder mußten sich jedoch oft recht bescheiden durchs Leben schlagen. Beispielsweise kamen zum Geschlechtstag der Gersdorff in Zittau im Jahre 1572 zweihundert Geschlechtsvettern mit 500 Pferden zusammen!

Solche ostdeutschen Adelssippen beherrschten oft ganze Landstriche und Landkreise. So redete man in der Mark vom „Pfuelen-Land", vom „Katten-Winkel", vom Arnimschen Gebiet in der Uckermark oder vom Putlitzkreis in der Priegnitz. Im Spätmittelalter umfaßte die „Wedelei" in Südpommern sogar ein Gebiet von rund 2000 Quadratkilometern mit zwölf Burgen, zehn Kleinstädten, rittermäßigen Unterlehensleuten und zahlreichen Dörfern. An der Tatsache, daß sich die Wedel rühmen könnten, eine Streitmacht von 600 Gewappneten aufzubieten - den niedersächsischen Uslar folgten im Jahre 1351 ebenfalls 448 Vasallen -, ist abzulesen, daß solche Geschlechtsverbände im Spätmittelalter manch kleine Grafschaft an politischer und militärischer Macht übertrafen. Diese Macht war freilich politisch und rechtlich nicht gefestigt, so daß der entscheidene Schritt zur Ausbildung einer Landesherrschaft ausblieb. Dies verwundert nicht sehr, wenn man sich vergegenwärtigt, daß von einem angesehenen und nicht als verarmt geltenden Mitglied der Familie Wedel berichtet wird, daß er zu Anfang des 17. Jahrhunderts im Winter nur eine einzige Stube seines Gutshauses beheizte, worin er sich samt dem Gesinde aufhielt.

In der Lausitz gab es wie in Schlesien neben den Rittergütern die „Freien Standesherrschaften" nach böhmischem Muster. Diese Herrschaften, deren Besitzer uns im 19. Jahrhundert als Inhaber von erblichen Sitzen im Preußischen Herrenhaus begegnen werden, waren zwar nicht reichsunmittelbare, jedoch durchaus grafschaftsähnliche Unterherrschaften mit eigenen Gerichts-, Polizei- und Kirchenordnungen, Münzrecht, adeligen Afterlehensleuten usw. Beispielsweise gehörten im 16. Jahrhundert zu der Herrschaft Lieberose des Joachim von der Schulenburg „dem Reichen" zwei Städte und dreißig Rittersitze. Unter den Standesherrschaften ist Muskau durch den Fürsten Herrmann Pückler die bekannteste geworden. Willi Boelke und Hermann Graf Arnim, der letzte Besitzer von Muskau, haben vor einigen Jahren ein vielbeachtetes Porträt dieses Kleinfürstentums vorgelegt.

In **Schlesien** kann man die Inhaber solch Freier Standesherrschaften von dem wohlhabenden Gutsadel und dem besonders in Oberschlesien anzutreffenden Kleinadel unterscheiden. Soweit sie nicht wie die durch Kauf in den Besitz der Herrschaft Wartenberg gelangten Herzöge Biron von Curland, die durch Einheirat an das Fürstentum Sagan gekommenen Herzöge von Talleyrand-Perigord oder auch die Hatzfeldt ohnehin bereits dem hohen Adel angehörten, sind die Inhaber der Standesherrschaften vielfach zu Titularfürsten erhoben worden. So die Henckel von Donnersmarck, Lynar, Pleß (Hochberg), Pückler und Schoenaich. Die reichsständischen Inhaber der Solms-'schen Standesherrschaften Baruth und Sonnenwalde führten lediglich gleich den niederadeligen Arnim-Muskau, Brühl-Pförten, Maltzan-Militsch, Reichenbach-Goschütz, Schaffgotsch-Warmbrunn und Schulenburg-Lieberose den Grafentitel.

Eine ganze Anzahl von Familien des schlesischen Landadels haben von den Habsburgern den Freiherrentitel erhalten und sind in den böhmischen Herrenstand aufgenommen worden. Hierzu gehören die Braun, Canitz, Czettritz und Neuhaus, Frankenberg und Proschlitz, Frankenberg und Ludwigsdorff, Gellhorn, Gersdorff, Haugwitz, Hohberg, Hundt und Alten-Grottkau, Knobelsdorff, Kottulinsky, Kottwitz, Larisch, Magnis, Matuschka, Oppersdorff, Posadowsky-Wehner, Praschma, Prittwitz, Pückler, Rechenberg, Reibnitz, Reichenbach, Rödern, Rothkirch, Salisch, Sauerma, Schlichting, Schmettow, Sedlnitzky, Seher-Thoss, Seydlitz, Sobeck, Stosch, Stillfried, Strachwitz, Troschke, Tschammer, Uechtritz, Welczek, Zedlitz und die zu bedeutendem Grundbesitz gelangten Richthofen.

Eine Aufnahme in den böhmischen Herrenstand stellt naturgemäß wie andere Titulaturen nur ein historisches Kriterium dar, welches nur wenig über das tatsächliche Gewicht einer Familie in der neueren Zeit aussagt. Dies belegt die nachstehende Auswahl-Liste grundbesitzender schlesischer Adelsfamilien besonders auch auf dem Hintergrund der Besitzstatistik. Neben Familien des alteingesessenen Adels umfaßt sie Zuzügler aus anderen Regionen, zu Grundbesitz gekommenen neuadeligen Dienst- und Geldadel sowie endlich oberschlesische „Schlotbarone", welche riesige Industrievermögen angehäuft haben: Aulock, Altrock, Ballestrem, Berge, Blücher, Bock, Brauchitsch, Braun, Carmer, Chappuis, Cramon, Danckelmann, Diebitsch, Dobschütz, Durant, Eikke und Polwitz, Elsner von Gronow, Gallwitz, Gessler, Gregory, Haslingen, Hauenschild, Hentschel von Gilgenheimb, Heydebrand, Hoym, Kalckreuth, Kerssenbrock, Kessel, Köckritz, Koelichen, Korn, Kospoth, Kracker von Schwarzenfels, Kramsta, Kyaw, Lieres und Wilkau, Lindeiner von Wildau, Livonius, Löbell, Loebenstein, Loesch, Luck, Lüttwitz, Meyer zu Knonow, Mitschke-Collande, Moltke, Mutius, Nayhaus, Nikisch von Roseneck, Oheimb, Paczensky und Tenczyn, Pannwitz, Pfeil, Pilati, Pogrell, Posadowsky, Poser, Poser und Groß-Naedlitz, Prittwitz, Ratibor, Recke, Reinersdorff, Reiswitz, Rhediger, Rheinbaben, Rittberg, Roon, Scheliha, Schickfus und Neudorf, Schultzendorff, Schweinichen, Schweinitz, Seher-Thoss, Stolberg, Studnitz, Teichmann, Thielmann, Tiele-Winckler, Tschirschky, Unruh, Uthmann, Wallenberg, Websky, Wengersky, Wentzky und Petersheide, Wiese, Wietersheim, Woyrsch, Wülfing, Xylander und Yorck von Wartenburg.

Nicht nur hinsichtlich des Latifundienbesitzes, sondern auch des katholischen Bekenntnisses besonders einiger oberschlesischer Familien sowie endlich der leichteren, gewissermaßen unpreußischen schlesischen Lebensart stellte Schlesien ein Übergangsgebiet zum böhmischen und habsburgischen Raum dar.

Das Königreich **Böhmen** ist gekennzeichnet durch den riesigen Latifundienbesitz einiger weniger Magnatenfamilien, die auch mit industriellen Unternehmungen hervorgetreten sind und deren Reichtum in einigen Fällen den Privatbesitz des habsburgischen Kaiserhauses übertraf. Die Standesherrschaften dieser Familien, die sich neben ihren Landschlössern und Burgen prächtige Stadtpalais in Prag und Wien erbauten und welche die ständischen Ämter des Oberburggrafen, Obersten Kanzlers, Oberstlandhofmeisters und Oberstlandkämmerers besetzten, waren lange Zeit praktisch Staaten im Staate, obgleich sie rein rechtlich betrachtet nicht reichsunmittelbar waren.

Der reichste dieser Herren war nach der Latifundienstatistik von Theodor Häbich mit 207.000 Hektar - davon 126.000 Hektar Wald - der Fürst Schwarzenberg, der damit zweieinhalb Mal so viel Grundbesitz wie Kaiser Franz Joseph hatte. Diese Fläche entspricht der vierfachen des Bodensees! Neben dieser Familie handelt es sich bei den jeweils den Grafen- oder Fürstentitel führenden Familien des böhmischen Herrenstandes speziell um die Clam-Gallas, Clary, Czernin, Kinsky, Liechtenstein, Lobkowicz, Nostitz-Rieneck, Rosenberg, Sternberg und Waldstein.

Auch im eigentlichen **Österreich** spielten die Familien des Herrenstandes sowohl ökonomisch als auch politisch und gesellschaftlich bis zum Sturz der Monarchie eine dominierende Rolle. Demgegenüber trat das Gewicht des kleineren und mittleren Adels, welcher die Physiognomie des königlich-preußischen Staates geprägt hat, zurück.

Die führenden österreichischen Familien - angefangen bei den Auersperg bis hin zu den Zinzendorff - werden uns noch als Inhaber von Erbämtern sowie als erbliche Reichsräte begegnen, welche als „großjährige Häupter inländischer Adelsfamilien mit ausgedehntem Grundbesitz" definiert wurden. Unter den österreichischen Familien, die nicht erblich, sondern vielmehr mit lebenslangen Mitgliedern im Oberhaus vertreten waren, seien hier diese aufgeführt: Aichelburg, Apfaltrer von Apfaltrern, Badeni, Beck, Bellegarde, Berger, Braunmüller, Breuer-Felsach, Clam u. Gallas, Clam-Martinitz, Czernin, Deym, Dubsky, Ender-Mallenau, Franckenstein, Haerdl, Hartig, Huyn, Königswarter, Kottulinsky, Kuefstein, Ledebur-Wicheln, Loudon, Mylius, Scharf, Scharfschmid von Adlertreu, Ritter von Schoeller und Ritter von Skoda, welche beide letzteren Industrielle waren.

Von denjenigen österreichischen Adelsfamilien, welche sich durch Grundbesitz von dem vermögenslosen „Bagatell-Adel" abheben, seien hier diese genannt: Auer von Welsbach, Berger von Waldenegg, Coreth, Coudenhove, Daublebsky von Sterneck, Doblhoff, Gatterburg, Grundemann von Falkenberg, Hammer-Purgstall, Hohenwart, Jordis von Lohausen, Kast von Ebelsberg, Khuen von Belasi, Klein von Wisenberg, Klinger von Klingersdorff, Kübeck von Kübau, Marenzi, Mayr von Melnhof, Possaner von Ehrenthal, Riedel von Riedenstein, Salburg, Schreitter von Schwarzenfeld, Sichart von Sichartshoff, Spannocchi, Suttner und Unterrichter von Rechtenthal.

Während der hohe Adel der Habsburger Monarchie kastenmäßige Züge aufwies und Österreich deswegen noch im 19. Jahrhundert als „Eldorado des Adels" galt, mußte sich der ärmere preußische Adel sehr viel stärker an die veränderten Zeitläufe anpassen. Symbolisch in diesem Zusammenhang ist, daß die Reichskanzler bzw. -präsidenten und Feldmärschalle Bismarck, Bülow, Hindenburg und Moltke zwar durchweg Familien des Uradels angehörten, jedoch allesamt bürgerliche Mütter hatten!

Die Adelslandschaft in **Bayern** ist dadurch charakterisiert, daß hier im Unterschied zum preußischen und polnisch-schlesischen Raum verhältnismäßig armer und ungemein zahlreicher Landadel fehlt. Andererseits kennt Bayern im Unterschied besonders zu Böhmen nicht den Riesenbesitz von Magnaten. Ähnlich wie in Schleswig-Holstein dominieren in Bayern Familien des gehobenen Landadels. Ohne daß diese Familien wie einstmals in der Mark Brandenburg oder Pommern als burg- oder schloßgesessen tituliert wurden, residierten sie doch in festen Häusern. Rechtlich waren sie von dem ohnehin nicht zahlreichen Kleinadel als Inhaber der Hofmarksgerechtigkeit abgehoben, die in einzelnen Fällen, wie auch bei Familien des niedersächsischen und westfälischen Adels, die Halsgerichtsbarkeit einschloß.

Die führenden Familien des bayerischen Adels, unter denen durch ihr Alter die Arco, Gumppenberg, Lerchenfeld, Preysing, Sandizell und Törring hervorragen, werden uns ebenfalls noch als erbliche Reichsräte der bayerischen Krone begegnen. Unter den nicht erblich in den Reichsrat berufenen Familien, welche teilweise Zuzügler oder Aufsteiger sind und, soweit Franken und Schwaben, der Reichsritterschaft angehörten, seien hier diese hervorgehoben: Almeida, Andrian-Werburg, Babo, Bassus, Bentzel-Sternau, von der Borch, Braunbehrens, Butler von Clonebough, Crailsheim, Faber-Castell, Feury, Fischler von Treuberg, Gagern, Grießenbeck, Grundherr, Hirsch, Hirschberg, Hoenning O'Carroll, Hofer von Lobenstein, Hohenthal, Holzschuher, Lamezan, Leuckart von Weißdorf, Malsen-Ponickau, Michel-Tüssling, Moy, Oberndorff, Perfall, Pfetten, Pocci, Reichlin von Meldegg, Riederer von Paar, Sazenhofen, Schall,

Scheurl, Schirndinger von Schirnding, Schrottenberg, Soden-Fraunhofen, Spreti, Stengel, Süßkind, Le Suire, Tattenbach, Tauffkirchen, Vequel-Westernach, Voith von Voithenberg, Wintzingerode, Yrsch von Pienzenau, Zech auf Neuhofen. Die mit reichem Besitz und hohen Erbämtern ausgestatteten Toerring sind schließlich noch in den hohen Adel aufgestiegen. Dagegen ist den gleichfalls reichbegüterten Arco, welche einstmals eine reichsunmittelbare Grafschaft am Gardasee besessen haben, jedoch 1614 dem Tiroler Landesherren huldigen mußten, solch ein Aufstieg versagt geblieben.

Wie Heinz Reif in seiner Arbeit „Der Westfälische Adel 1770-1860" dargelegt hat, war eine entscheidende Ursache dafür, daß es bei dem katholischen Stiftsadel, nicht nur in Westfalen, sondern beispielsweise auch in Bayern, nicht zum Entstehen unbegüterter oder gar verarmter Seitenlinien gekommen ist, die Tatsache, daß nachgeborene Söhne als Domherren in die kirchliche Laufbahn gesteckt wurden. Dieses rigide System der bewußten Beschränkung der legitimen Nachkommen, welches unbegüterten Söhnen keine Verehelichung erlaubte und den Töchtern eine Heirat verbot, sofern sich kein standesgemäßer Freier einstellte, hat die Struktur des deutschen Adels bis in die neueste Zeit geprägt und auch das Aussterben vieler Adelsfamilien zur Folge gehabt.

2.7. Standeserhöhungen und sozialer Auf- und Abstieg

In dem einführenden Kapitel, welches die Eigentümlichkeiten der ständischen Gesellschaft beleuchtet hat, mußte die Problematik des sozialen Auf- und Abstieges sowie des Übertritts von einer Elite in die andere zwangsläufig angesprochen werden. Desgleichen mußte auch das Problem des Aufstieges durch Standeserhöhung beispielsweise bei der Rezeption in den reichsständischen Adel zur Sprache gebracht werden.

Wenngleich die adelig-ständische Gesellschaft im Vergleich zu der modernen demokratischen Gesellschaft zu Recht als vergleichsweise starr gilt, weil hier nämlich der Lebensweg des Einzelnen in hohem Maß durch seine Geburt und seinen Geburtsstand vorgeprägt war, hat es auch früher schon immer sozialen Auf- und Abstieg bzw. gesellschaftliche Mobilität gegeben. Mehr als heute war diese Mobilität ein mehrere Generationen übergreifender Prozeß. Allerdings hat es auch in der Vergangenheit - naturgemäß am häufigsten in krisenhaften Umbruchzeiten - kometenhafte Aufstiegskarrieren und Zusammenbrüche gegeben. So sind im Dreißigjährigen Krieg einige Männer aus dem Bauernstand, welche des Lebens und Schreibens nicht ganz mächtig waren, in den Freiherrn- und Grafenstand aufgestiegen, was jeweils mit dem Erwerb bedeutender Adelsherrschaften verbunden war. Spätestens die Söhne und Töchter dieser Söldnerführer und Haudegen haben in altadelige Familien eingeheiratet. Auf diese Weise ist der zum Feldmarschall aufgestiegene Bauernsohn Derfflinger, dessen Tochter in die märkische Familie von der Marwitz eingeheiratet hat, zum Vorfahren des preußischen Thronanwärters Louis Ferdinand von Preußen geworden!

Naturgemäß haben auch adelige Glücksritter in Kriegszeiten Karriere machen und ihren Besitz mehren können. So erwarb der General von Hatzfeldt im Dreißigjährigen Krieg die später in ein Titularherzogtum erhobene schlesische Herrschaft Trachenberg sowie den Grafentitel, während Albrecht von Wallenstein gar zum Reichsfürsten und Herzog von Friedland aufgestiegen ist. Umgekehrt verarmten in solchen Zeitläufen auch viele Adelsfamilien. Sofern sie nicht vom Landesherren aus standespolitischen Rücksichten über Wasser gehalten werden konnten, sahen sie sich vielfach gezwungen, auf ihren adeligen Status und ihre adeligen Namen bzw. Titel zu verzichten und einer bäuerlichen oder handwerklichen Tätigkeit nachzugehen. Dieser Prozeß des Absinkens von Adelsfamilien, der das soziale, jedoch vielfach nicht das biologische Aussterben von Familien bzw. -Zweigen zur Folge gehabt hat, ist nur wenig bekannt und kaum erforscht. Als Beispiel sei hier bemerkt, daß ein Ast der schwäbischen reichsritterschaftlichen Familie Ow bereits im 15. Jahrhundert in den Bauernstand „abgesunken" ist.

Solch ein Absinken brauchte keineswegs nur durch außergewöhnliche Schicksalsschläge oder persönliche Unfähigkeit verursacht wer-

74

Ein Porträt des Feldhauptmanns Georg von Holle
1514-1576 mit Wappen

den. Vielfach wurde es durch eine starke Vermehrung hervorgerufen, die es bei gleichbleibendem Besitz nicht erlaubte, daß die Nachkommenschaft ein standesgemäßes Leben zu führen vermochte. Besonders in der Mark Brandenburg und in Pommern ist der Kleinadel gleich demjenigen mancher Provinzen Polens gebietsweise ungemein kopfstark gewesen und hat nicht selten in ausgesprochen bäuerlichen, ja ärmlichen Verhältnissen leben müssen. Es wird berichtet, daß in einem pommerschen Dorf der einzige Nichtadelige ein Nachtwächter gewesen sei und sogar Kuhhirten mit adeligen Mädchen verheiratet waren.

Eine vergleichbare Sonderentwicklung wird aus dem westfälischen Peckelsheim berichtet. In diesem Städtchen hat sich ein Zweig der immerhin das Erbschenken- und Erbmarschallamt im Fürstentum Paderborn bekleidenden Adelsfamilie Spiegel so vermehrt, daß ihre Familienangehörigen sich gezwungen sahen, sich mit so unadeligen Berufen wie dem des Schusters und Schneiders zu ernähren. Wie rigide das Leben in der ständischen Gesellschaft in der Regel reguliert wurde, zeigt das Schicksal des dieser Familie angehörenden Freiherrn Franz Wilhelm Spiegel vom Desenberg (1752-1825). Dieser für das Finanz- und Kulturressort zuständige kurkölnische Minister ist einer der bedeutendsten Repräsentanten der katholischen Aufklärung gewesen. Als junger Domherr war er unsterblich in ein Freifräulein von Leerodt verliebt. Ihre Familie verhinderte jedoch ihre Verehelichung, weil der Bewerber als Sohn eines überschuldeten Landdrosten im Herzogtum Westfalen zwar einen guten Namen, jedoch kein Vermögen hatte. Somit war er seiner Angebeteten zwar durchaus ebenbürtig, trotz seiner Dienststellung konnte er ihr jedoch nicht den luxuriösen Lebensstil eines „großen Hauses" mit entsprechender Dienerschaft, Equipagen usw. bieten, den die grundbesitzende adelige Oberschicht gewöhnt war und für unverzichtbar hielt. Solch ein erzwungener Verzicht auf individuelles Glück war nicht selten der Preis für die Aufrechterhaltung und die Vermehrung des „Glanzes" adeliger Familien.

Dieser im Domherrenstand befindliche Minister ist ein Beispiel dafür, daß die kirchliche Laufbahn für den Adel ein probates Mittel war, seinen Besitz nicht durch das Zeugen erbberechtigter Kinder aufsplittern zu müssen, sondern noch zu vermehren. Wie noch näher dargelegt werden wird, bildete nämlich die Adelskirche das „Spital", will sagen: eine Versorgungsanstalt für den Adel. Deshalb mußte sich beispielsweise der Kölner Domherr Graf Kuno von Leiningen-Westerburg (1459-1520) bei der Aufgabe seines geistlichen Status seinem Bruder gegenüber verpflichten, sich „aus Liebe zu ihm" (!) nicht zu vermählen. Seine vier „natürlichen" Kinder wurden allesamt ins Kloster gesteckt.

Wenn man die Gründe für den Aufstieg adeliger Familien näher betrachtet, so muß man zunächst eine Grundtatsache hervorheben, die die Gräfin Marion Dönhoff bei der Abfassung ihrer Doktorarbeit, welche die Wirtschaftsgeschichte ihres Familienbesitzes zum Inhalt hat, überrascht hat. Sie stellte nämlich fest, daß ihr Vorfahr Friedrich Graf Dönhoff im Jahre 1695 doppelt so hohe Einkünfte aus seinen Ämtern als Amtshauptmann und Gouverneur von Memel als aus seinem 15.000 Morgen großen Besitz bezogen hat! Es gilt also zu beachten, daß die Inhaber hoher Staats-, Hof- und Kirchenämter nicht vergleichsweise bescheidene, auf einer Gehaltstabelle ablesbare Vergütungen bezogen haben. Vielmehr bezogen sie oft gar kein reguläres Gehalt, auch weil oft kein Bargeld in der fürstlichen Kasse war. Wie auch die Domherren waren sie dagegen an den Einkünften der von ihnen bekleideten Ämter beteiligt. Darüber hinaus konnten sie als Belohnung für geleistete Dienste auf dem Gnadenweg Lehensgüter und Grundbesitz übertragen bekommen. Noch Otto von Bismarck hat auf diese Weise den Sachsenwald im Herzogtum Lauenburg mitsamt dem von ihm nicht geführten Herzogtitel zum Geschenk erhalten.

Hinsichtlich der Heerführer muß hier bemerkt werden, daß sie bis in das 18. Jahrhundert hinein oft keine Verteidigungsbeamten, sondern vielmehr Kriegsunternehmer gewesen sind. Diese haben Söldnertruppen auf eigene Kosten ausgerüstet und sind am Kriegsgewinn persönlich beteiligt gewesen. Da ihre Vertragspartner vielfach nicht liquide waren, erhielten diese Kondottieris - ebenso übrigens wie die kaiserlichen Finanzleute Fugger oder die Henckel von Donnersmarck - Ländereien, ja ganze Grafschaften als Pfand. So erklärt sich der Großbesitz solch ostpreußischer Adelsfamilien wie der Dohna, Eulenburg, Groeben oder Kuenheim. Ihre Vorfahren haben dem Deutschen Orden Söldnertruppen für den Kampf gegen die Polen zugeführt und sind mit Land abgefunden worden.

Erst in diesem Jahrhundert hat man herausgefunden, daß eine ganze Reihe von prachtvollen Weser-Renaissance-Schlössern durch Kriegsgewinne finanziert worden sind. Die Erträge der Landwirtschaft hätten dem Landadel solch aufwendige Prachtbauten niemals erlaubt. Neben dem Obristen Georg von Holle hat sich im 16. Jahrhundert sein Neffe Hilmar von Münchhausen (1512-1573) hervorgetan. Er focht für die welfischen Herzöge, die dänische Krone und den Kaiser und erwarb eine Vielzahl von Gütern. Als Erwerber des früheren Kloster Leitzkau, wo er ein aufwendiges Renaissanceschloß errichtete, nannte er sich Freiherr. Bereits im Jahre 1530 war der aus Mecklenburg stammende Feldhauptmann Joachim von Maltzan in den Freiherrenstand erhoben worden, indem an seinen Namen der Zusatz "Freiherr von Wartenberg und Penzlin" angefügt wurde.

Inhaltlich gerechtfertigt war diese Titulatur lediglich durch den Erwerb der schlesischen Standesherrschaft Wartenberg, wohingegen die Nennung des ererbten Lehensgutes Penzlin, das sich von kleineren Gutsherrschaften durch die ihm zustehende Blutgerichtsbarkeit abhob, eine rechtliche Fiktion blieb. Ebenso wie Joachim von Maltzan haben auch die Kriegsherren Konrad von Boineburg, Melchior von Hatzfeldt und Albrecht von Wallenstein Herrschaften erworben.

Wenn man sich die im folgenden Kapitel in chronologischer Folge aufgeführten Standeserhöhungen ansieht, dann stellt man fest, daß es neben solch echten Standeserhöhungen im Sinne von Statuserhöhungen seit dem 17. Jahrhundert zu einer starken Titelvermehrung gekommen ist. Lediglich bei dem hohen, d.h. reichsständischen und somit regierenden Adel spielte die Identität von Titel und Rechtsstatus noch eine Rolle. Wie am Beispiel der Grafen Nesselrode-Reichenstein, Platen-Hallermund sowie des Freiherren Grote zu Schauen dargelegt wurde, ist dabei mit Fiktionen gearbeitet worden.

Besonders hervorgehoben werden muß in diesem Zusammenhang, daß die nicht reichsunmittelbaren und oft sehr bedeutenden österreichischen und böhmischen Herrengeschlechter danach getrachtet haben, oft relativ kleine reichsunmittelbare Herrschaften im Südwesten Deutschlands zu erwerben, um einen Sitz im Reichsgrafen- bzw. Reichsfürstenkollegium zu erhalten und damit in den hohen Adel aufzusteigen. Dies ist etwa den Lobkowitz gelungen. Auch einige bereits genannte reichsritterschaftliche Familien haben solch einen Aufstieg in den hohen Adel und somit in die II. Abteilung des Fürstlichen Taschenbuches erreicht. Für nicht in der Geschichte des deutschen Adels Bewanderte ist es nur schwer nachzuvollziehen, daß in dieser Abteilung gräfliche Familien bzw. gräflich gebliebene Äste von gefürsteten Grafenhäuser wie Solms und Stolberg aufgeführt sind, nicht jedoch die seit dem 18. Jahrhundert vermehrt auftretenden Titularfürsten, welche nie ein eigenes reichsständisches Fürstentum besessen und somit nicht regiert haben und daher in der III. Abteilung des Fürstlichen Taschenbuches aufgeführt sind. Denjenigen Familien, die wie etwa auch das Haus Lippe noch im 19. Jahrhundert regiert haben, ist die I. Abteilung vorbehalten.

Im einzelnen kann man meist unterscheiden, ob Titel wegen besonderer Verdienste im Kriegs-, Verwaltungs- oder Hofdienst verliehen worden sind, oder ob sie den besonderen Rang einer Familie herausstellen sollten. Daß teilweise aus bürgerlichen Häusern stammende Fürstendiener den Freiherren-, Grafen- und im Fall der Wrede sogar den Fürstenrang zugesprochen erhielten, war für viele bislang unbetitelte Landadelsfamilien ein Motiv dafür, nicht protokollarisch hinter solchen Emporkömmlingen zurückzustehen. Die Tatsache, daß die Linie Alt-Hardenberg 1778 kollektiv mit dem Grafenrang bedacht wurde und Friedrich-Wilhelm II. 1786 bei seiner Thronbesteigung eine ganze Reihe von führenden Familien des preußischen Landadels gegraft hat, ist in diesem Zusammenhang aufschlußreich. Auffällig ist auch, daß der bayerische und sächsische

Kurfürst ihr Amt als Reichsvikare, d.h. als Stellvertreter des Königs während einer Thronvakanz, genutzt haben, um Standeserhebungen auszusprechen.

Während der brandenburgische Kurfürst als König „in" (Ost)Preußen, welches nicht zu dem Heiligen Römischen Reich gehörte, souverän war und 1786 mit den kurländischen Osten-Sacken-Dondangen sogar ein niederadliges Geschlecht in den Fürstenstand erheben konnte, vermochten dies die übrigen deutschen Reichsfürsten erst nach der durch Napoleon mitverursachten Auflösung des Heiligen Römischen Reiches deutscher Nation am 6. August 1806.

Bei einer Würdigung der Standeserhöhungen muß man bedenken, daß sie aus sehr unterschiedlichen Gründen vorgenommen und angestrebt wurden. Urprünglich war der Familienname eine Besitz- oder Herrschaftsbezeichnung, die der hohe Adel erst im 11. Jahrhundert mit dem Bau der Höhenburgen annahm, so etwa die Staufer, Habsburger und Hohenzollern. Die Titel dagegen verwiesen auf ein königliches Amt mit einem entprechenden Rechtstatus. Da der Stammvater der Staufer Friedrich von Büren, dessen Sohn Friedrich 1079 das schwäbische Herzogtum erhielt, keinen Titel führte und aus dieser Zeit nur wenig Quellen vorhanden sind, hat man lange irrtümlicherweise geglaubt, er müsse ein vergleichsweise unbedeutender Herr gewesen sein. Das Gegenteil war richtig, er war viel mächtiger als viele Geschlechter, welche wie etwa auch die Hohenzollern bereits den Grafentitel geführt haben.

Entscheidend war, daß man ein freier oder - wie man auch sagte Edler - Herr war, welcher über freieigenen Allodialbesitz - im Gegensatz zu Lehensbesitz - verfügte und außer dem König niemandem verantwortlich war. Daher stammt auch der Grundsatz: der Baron ist König in seiner Baronie. Als Heinrich dem Löwen 1180 die Herzogtümer Bayern und Westfalen entzogen wurden, da blieb ihm so umfangreicher Allodialbesitz, daß er die Grundlage für das neue Herzogtum Braunschweig-Lüneburg bildete.

Als freie Herren haben sich die Reichsritter verstanden, obgleich sie auf dem Reichstag nicht repräsentiert waren und sich im Spätmittelalter meist unter den Schutz der aufstrebenden Landesfürsten begeben mußten. Ebenso wie viele führende landständische Adelsfamilien haben sie es oft für entbehrlich gehalten, um eine - mit der Entrichtung abgestufter Taxen verbundene - Standeserhöhung nachzukommen. In der Praxis war es vielfach so, daß solche Personen Freiherren- oder Grafendiplome erhielten, welche entweder im Dienste des Kaisers oder der Landesfürsten hohe Ämter bekleideten.

Indem der hannoversche Premierminister Andreas von Bernstorff 1716 zwar den Freiherrentitel angenommen, den Grafentitel jedoch abgelehnt hat, war er offensichtlich noch dem alten Rechtsverständnis verbunden, nachdem der freie Herr das non plus ultra war. Im übrigen gilt es zu bedenken, daß die Nobilitierungspraxis in den verschiedenen deutschen Territorien höchst unterschiedlich war. Während in Böhmen, zu dem Schlesien bis 1742 gehörte, und in Österreich seit dem 17. Jahrhundert mit dem Freiherrentitel recht großzügig umgegangen wurde, war er in anderen Territorien bis zum 19. Jahrhundert unüblich. Daher wurden z.B. 1786 in Preußen führende Familien des Landadels gleichsam unter Überspringung des Freiherren-Ranges in den Grafenstand versetzt.

Ähnlich war es im thüringisch-sächsischen Raum. In der Familiengeschichte der Witzleben kann man nachlesen, daß man auf das schlichte „von" stolz war und auf die mit Titeln überhäuften, teilweise dem Bürgerstande entstammende Fürstengünstlinge hinabsah. Diesem Ungleichgewicht in den Titulaturen trug man in Österreich dadurch Rechnung, daß man Männern aus renommierten, lediglich das „von" führenden norddeutschen Adelsfamilien, wie etwa den Buttlar-Elberberg, welche in kaiserliche Dienste traten, den Freiherrentitel anstandslos zuerkannte.

In seinem Buch über den preußischen Außenminister Heinrich Alexander von Arnim berichtet Albrecht Freiherr von dem Bussche, daß dieser Diplomat im 19. Jahrhundert dieses Problem für sich auf die Weise löste, daß er sich in Paris als Baron titulieren ließ und den preußischen Hof praktisch unter Druck setzte, ihm diesen Titel zähneknirschend auch formell zu verleihen. Als Besonderheit sei hier hervorgehoben, daß mit der von Katharina der Großen als Erzieherin an den russischen Kaiserhof berufenen Generalswitwe Baronin Lieven erstmals 1799 eine Frau in den Grafenstand erhoben wurde. Diese „Staatsdame" spielte als Vertrauensperson eine derartige Rolle am russischen Kaiserhof, daß sie 1826 mit ihren Kindern sogar in den Fürstenrang erhoben wurde.

Die Vermehrung der Adelstitel seit dem 17. Jahrhundert, die freilich in Korrelation zur steigenden allgemeinen Bevölkerungszahl steht und welche bürgerliche Emporkömmlinge einschloß, brachte den regierenden Hochadel gewissermaßen in Zugzwang. So wird berichtet, daß zu Beginn des 18. Jahrhunderts ein Graf von Nassau und damit ein Angehöriger eines der ältesten deutschen Hochadelshäuser, welches immerhin einen deutschen König gestellt hat, sarkastisch zu einem durch die Habsburger kreierten Titularfürsten niederadeliger Abkunft bemerkt hat, ein Graf Nassau rangiere vor Fürsten seines Hauses.

Als Folge dieser Verzerrung sind im 18. Jahrhundert fast alle regierenden Grafenhäuser gefürstet worden, wobei die Grafen von Oldenburg 1774 den noch höher rangierenden Herzogshut empfingen. Nach dem Ende des Heiligen Römischen Reiches wie auch im Deutschen Bunde setzte ein neuer Titelschub ein. Abgesehen davon, daß noch 1803 mit dem Landgrafen von Hessen-Kassel und dem Markgrafen von Baden zwei neue Kurfürsten inthronisiert worden waren, erhielten 1806 der Markgraf von Baden sowie der Landgraf von Hessen-Darmstadt den Großherzogstitel und nahmen die Herzöge von Bayern und Württemberg den Königstitel an. Im Jahre 1815 wurden dann nicht nur die Herzöge von Mecklenburg und Oldenburg, sondern auch der als Freund von Goethe bekannte Herzog von Sachsen-Weimar, der ersten Linie der wettinischen Ernestiner, mit dem Titel von Großherzögen ausgestattet.

Das Institut der Nobilitierung ist ein Werkzeug gewesen, um die Mobilität in der Adelsgesellschaft sicherzustellen und sie vor einer kastenmäßigen Erstarrung etwa nach indischem Muster zu bewahren. Bevor auf die Praxis der Erteilung von Adelsbriefen an Bürgerliche näher eingegangen wird, ist hier noch auf das Problem der Behandlung der in nichtstandesgemäßen Ehen oder gar außerhalb der Ehe erzeugten „natürlichen" Kinder einzugehen. Gemessen an dem Status ihres Vaters mußten die in nichtstandesgemäßen Ehen erzeugten und darum nicht voll erbberechtigten Kinder eine Statusverminderung hinnehmen. Aus solchen ehelichen Verbindungen stammen beispielsweise die Fürsten von Löwenstein-Wertheim (Wittelsbach), die Grafen von Waldersee und Westarp (Anhalt), die Grafen von Rothenburg (Hohenzollern-Hechingen) sowie die Grafen von Meran (Habsburg). Da die Fürsten vielfach aus Gründen der Staatsräson genötigt waren, sich mit einer ungeliebten Frau in einer Konvenienzehe zu verbinden, haben sie zuweilen mit einer rangniedrigeren Frau aus dem niederen Adel oder aus dem Bürgertum zusätzlich eine „Herzensehe" geführt. Bekanntlich hat solch eine Verbindung des Landgrafen Philipp des Großmütigen mit einem sächsischen Edelfräulein deswegen zu einem Skandal geführt, weil er sie mit Luthers Unterstützung legalisieren wollte.

Naturgemäß war es das Bestreben fürstlicher Personen, die aus solchen Herzensehen hervorgegangenen Kinder gut zu versorgen. Dies gelang durch die beim Kaiser erbetene Nobilitierung in Kombination mit der Verleihung von Gütern. Auf diese Weise entstand das Haus der Herren von Cornberg (Hessen). Entsprechenden Verbindungen verdanken neben anderen die Familien Coburg (Sachsen-Coburg-Saalfeld), Falkenhausen (Brandenburg-Ansbach), Holnstein (Bayern), Mecklenburg (Mecklenburg), Lüneburg (Braunschweig-Lüneburg) und Urach (Württemberg) ihren Ursprung.

Nach den auch noch heute vom Deutschen Adelsarchiv angewandten Grundsätzen handelt es sich bei diesen Familien um neu- bzw. briefadelige Familien, da nach dem historischen Adelsrecht nur die legitime und eheliche Abstammung vom biologischen Vater maßgeblich ist. In den Teilen A der Genealogischen Handbücher der gräflichen, freiherrlichen und adeligen Häuser wurden bzw. werden nur diejenigen Familien aufgenommen, die spätestens um 1400 als „ritterbürtige" deutsche Familien nachgewiesen sind bzw. als „gleichgestellte Geschlechter" anerkannt werden. Damit sind diejenigen Geschlechter gemeint, welche in reichsfreien Städten am Stadtregiment erblich teilhatten und als Patriziat bzw. Stadtadel galten. Nicht zuletzt handelt es sich dabei um die berühmten Patriziergeschlechter Nürnbergs.

Für eine historisch-soziologische Analyse sind diese rechtlichen und zeitlichen Unterscheidungskriterien naturgemäß wenig befriedigend. Denn es gibt einflußreiche Stadtgeschlechter aus bereits oben aufgeführten bedeutenden Städten, welche zwar nicht den Status von Reichsstädten hatten, jedoch hinsichtlich der Führung ihrer eigenen Geschäfte gegenüber ihrem Landesherren weitgehend autonom waren. Bei der nachfolgenden Auflistung einiger in den grundbesitzenden Adel übergegangener Stadtgeschlechter werden daher diese Kriterien nicht angelegt. Auch kann die im Einzelfall teilweise ungeklärte Frage nicht berücksichtigt werden, welche der Stadtgeschlechter gewissermaßen bürgerliche Aufsteiger und welche - wie dies für die Tucher bezeugt ist - einen ritterbürtigen Ursprung haben.

Bei der Zuerkennung des Adelsstandes an städtische Geschlechter handelt es sich nicht einfach um einen sozialen Aufstieg, sondern vielmehr um einen Elitenwechsel und Austausch. Dies war ebenso der Fall bei der besonders im 19. Jahrhundert vorgenommenen Nobilitierung von Großkaufleuten, Bankherren und Industriellen, von denen besonders die letzteren vielfach dem kleinbürgerlichen Handwerkerstand entstammen.

Nach dem Alphabet der Städte seien unter den zu adeligem Grundbesitz gelangten städtischen Geschlechtern als Beispiele genannt:

Alfeld: Delbrück, Wedemeyer
Augsburg: Fugger, Herwarth, Hößlin, Neubronner, Rehlingen, Schnurbein, Stenglin, Stetten, Süßkind, Welser
Basel: Offenburg
Bern: Brunner, Bubenberg, Diesbach, Erlach, Frisching, Mülinen, Stettler, Tscharner, Wattewyl
Bielefeld bzw. *Herford*: Keyserling
Bochum: Grolmann
Braunschweig: Damm, Döring, Esebeck, Hantelmann, Laffert, Strombeck, Pawel

Bremen: Groening
Breslau: Lieres, Sauerma(nn), Rhediger, Uthmann
Danzig: Derschau, Groddeck, Paleske
Dinkelsbühl: Drechsel
Dortmund: Berswordt, Hueck, Mallinckrodt, Poeppinghausen, Wickede
Dresden: Ziegler und Kliphausen
Einbeck: Einem
Erfurt: Legat
Frankfurt: Günderode, Holzhausen, Rotsmann, Lersner
Göttingen: Medem, Schrader
Goslar: Bethmann
Greifswald: Engelbrechten-Ilow, Schlichtegroll
Hannover: Anderten, Blum, Soden, Windheim
Herford: Keyserling, Rintelen
Hildesheim: Brandis
Höxter: Derenthal
Iserlohn: Basse, Löbbecke
Köln: Berchem, Efferen gen. Overstoltz, Hilger, Francken-Sierstorpff, Geyr von Schweppenburg, Groote, Mylius, Raitz von Frentz, Schall-Riaucour, Schaafhausen
Kolberg: Braunschweig, Rango, Schlieffen
Konstanz: Reichlin von Meldegg
Lübeck: Warendorf
Lüneburg: Senden, Witzendorff
Luzern: Pfyffer von Altishofen, Sagesser von Brunegg
Magdeburg: Haeseler, Alemann
Marburg: Lyncker
Markt Gröningen: Waechter
Memmingen: Hermann
Minden: Borries, Meien
München: Schrenck-Notzing
Münster: Kerckering zur Borg, Droste zu Hülshoff
Nürnberg: Behaim, Ebner von Eschenbach, Fürer, Geuder, Grundherr, Haller, Harsdorff, Holzschuher, Imhoff, Kress, Löffelholz, Scheurl, Stromer, Tetzel, Tucher, Volckamer
Oldenburg: Tiedemann

Osnabrück: Lengerke
Ravensburg: Roth von Schreckenstein
Reval: Dellingshausen, Hueck, Klot, zur Mühlen, Oettingen, Rentelen, Rosen, Vegesack, Wistinghausen
Riga: Albedyll, Buenger, Grote, Hanenfeld(t), Holst, Krüdener, Löwenstern, zur Mühlen, Oettingen, Ramm, Sengbusch, Staden, Wevell von Krüger
Rostock: Quistorp
Rothenburg: Bezold
Sankt Gallen: Luxburg (Girtanner)
Schweinfurth: Salmuth
Soest: Bockum-Dolffs, Klocke, Rittberg
Stralsund: Klinckowström
Straßburg: Kageneck, Türckheim, Zorn
Ulm: Besserer von Thalfingen, Ehinger, Neubronn von Eisenburg, Krafft von Dellmensingen, Seutter von Lötzen, Ulmenstein
Weißenburg: Lotzbeck
Werl: Papen
Wiedenbrück: Ostman von der Leye
Worms: Heyl

Naturgemäß wird man sich streiten können, ob unter den nachfolgend aufgeführten angesprochenen neugeadelten Bank- und Handelsherrenfamilien einige nicht ebensogut unter den älteren aufgeführt werden könnten:
Berenberg-Goßler, Bethmann, Bleichröder, Brentano, Carnap, Deichmann, Donner, Eichborn, Finck, Goldschmidt, Gontard, Gregory, Grunelius, Gwinner, Haeseler, Hansemann, Harder, Hauff, Heimendahl, Hermann, von der Heydt, Hirsch, Hohenthal, Jenisch, Kap-herr, Knoop, Königswarter, Korn, Kramsta, Krause, Laer, Leonhardi, Lieres und Wilkau, Loesch, Lucius von Ballhausen, Marcard, Mendelssohn-Bartholdy, Merck, Metzler, Mevissen, Mumm von Schwarzenstein, Nell, Ohlendorff, Oppenheim, Paleske, Passavant, Pereira-Arnstein, Pourtalès, Rothschild, Schaafhausen, Schaezler, Schickel, Schimmelmann, Schmidt-Pauli, Schnitzler, Schwabach, Stein, Süßkind-Schwendi, de Weerth, Wichelhaus und Wätjen.

Unter den geadelten Industriellenfamilien, welche im Unterschied zu den Bank- und Handelsherren oft auf Gründerpioniere aus dem Handwerkerstand zurückgehen, seien hier genannt die: Bleichert, Boch-Galhau, Borsig, Brüning, Chiari, Diergardt, Dippe, Eckhardtstein, Eichel gen. Streiber, Faber, Friedländer-Fuld, Frowein, Gienanth, Giulini, Guilleaume, Haebler, Haniel, Heyl zu Herrnsheim, Hoesch, Klinger von Klingersdorff, Kramsta, Kulmiz, Lanna, Leyen, Maffei, Mayr von Melnhof, Meister, Möller, Nathusius, Opel, Oswald, Rigal, Ringhoffer, Ruffer, Scheibler, Schichau, Schoeller, Siemens, Skoda, Stumm und Weinberg.

Was die alteingesessenen Patriziergeschlechter etwa Bremens oder Hamburgs anbetrifft, so ist bekannt, daß es bei ihnen verpönt war, sich einen Adelsbrief zu beschaffen und daß man es oft denjenigen verübelt hat, die dies getan haben. In der Regel war dieser Schritt mit dem Erwerb von adeligem Großgrundbesitz verbunden und erleichterte das Konnubium mit dem grundbesitzenden Adel, in dem einige der genannten Familien ganz aufgegangen sind. Von einigen Industriepionieren wie Hoesch, Roechling und besonders auch August Thyssen ist bekannt, daß sie es strikt abgelehnt haben, durch Annahme eines Adelsdiploms hinter dem Adel herzulaufen. Dagegen schmückten sich bereits ihre Söhne vielfach mit dem „von" oder gar einem Baronstitel. Auch die Osnabrücker Kaufmannsfamilie Tenge, welche 1820 die 1807 aufgehobene Grafschaft Rietberg kaufte und fortschrittliche Intellektuelle wie Freiligrath und Hoffmann von Fallersleben förderte, hatte kein Interesse an einer Nobilitierung. Dies war auch bei Alfred Krupp der Fall, dessen Nachkommen über weibliche Erbfolge zu dem briefadeligen Namen Bohlen-Halbach gekommen sind und sich in mehreren Ehen mit Familien des Altadels verbunden haben.

Neben dem Stadt- sowie dem Geld- und Industrieadel gibt es den mindestens ebenso gewichtigen, aufgrund persönlicher Dienste erteilten Adel. Bei dem Dienstadel - auch in der Form des persönlichen Adels, wie er etwa in Bayern von 1806 bis 1918 verliehen wurde - läßt sich zwischen der Würdigung von Staats- und Kriegsdienst und der Anerkennung geistiger, künstlerischer und wissenschaftlicher Leistungen unterscheiden. Es wird noch deutlich werden, warum die letzteren in der Feudalzeit vergleichsweise wenig geachtet worden sind, so daß sie hier kurz abgehandelt werden können. Tendenziell galt hier die Devise des römischen Philosophen Seneca, der gesagt hat: „Die Götterbilder betet man an, den Bildhauer verachtet man."

Wenn ausnahmsweise bildende Künstler durch eine Nobilitierung geehrt wurden, so gewiß nicht zufällig dann, wenn sie auch im „bürgerlichen" Leben eine angesehene Position bekleideten. So die Architekten Johann Lucas von Hildebrandt und Fischer von Erlach, welcher Oberaufseher über das kaiserliche Bauwesen gewesen ist, oder der Direktor der berühmten königlich bayerischen Erzgießerei Ferdinand Miller, dessen Sohn Oskar das Deutsche Museum begründet hat. Dichter sind ebenfalls nur ausnahmsweise geadelt worden. Unter ihnen ragen Goethe und Schiller hervor, die sich vor allem in ihren Ämtern als Minister bzw. Professor ausgezeichnet haben. Auch wenn er als Verleger bedeutende wirtschaftliche Erfolge gehabt hat, kann man den baronisierten Johann Friedrich Cotta, der Herder, Fichte, Wieland, Hegel und andere bedeutende Köpfe verlegt hat, zu den nobilitierten Größen im Reich des Geistes zählen.

Da im Heiligen Römischen Reich die hohen kirchlichen Stellen ohnehin mit Adeligen besetzt wurden, stellt sich die Frage der Nobilitierung nur für protestantische Geistliche. Unter ihnen sind nur einige wenige geadelt worden. So im 17. Jahrhundert vom schwedischen König der livländische Superintendent Hermann Samson und am Ende des 18. Jahrhunderts die berühmten Oberhofprediger und Philosophen Johann August Starck und Johann Gottfried Herder. Vor ihnen sind bereits der berühmte Völkerrechtler und Historiker Samuel Pufendorf (1632-1694) sowie der auch als Staatsmann hervorgetretene Philosoph Gottfried Leibnitz mit dem Freiherrentitel ausgezeichnet worden, was nur wenig bekannt ist.

Nachdem der Helmstedter Professor für Geschichte und Politik Gottlob Schirach bereits 1776 das „von" erhalten hat, sind im 19.

Jahrhundert Professoren des öfteren mit diesem Prädikat ausgezeichnet worden.

Unter ihnen können hervorgehoben werden die Juristen Paul Johann Feuerbach und Otto Gierke, der Chirurg und Anatomiker Karl Kaspar Siebold, die Theologen Karl August Hase und Adolph Harnack, der Chemiker Justus Liebig, der Physiologe Hermann Helmholtz, der Historiker Leopold Ranke, der Geologe Karl Wilhelm Branca und endlich der Sozialwissenschaftler Gustav Schmoller. Viele dieser neugeadelten Familien sind ihrer bürgerlich-akademischen Herkunftswelt verhaftet geblieben. Wenn sie dagegen - wie besonders die Theologenfamilie Hase - ein Konnubium mit renommierten Familien des Adels eingingen, so war dabei gewiß das durch eine Einheirat in ein Leipziger Verlagshaus in die Familie gekommene Geld ein wesentlicher Faktor!

Die Tatsache, daß nicht der Philosoph Georg Hegel, gewissermaßen ein König im Reich der Philosophie, sondern vielmehr sein Enkel Eduard geadelt wurde, welcher es zum königlich-preußischen Oberpräsidenten gebracht hat, verweist darauf, daß der Adel ein Herrschaftsstand gewesen ist, welcher Macht ausgeübt hat. Sofern die Spitzenfunktionäre der Fürstenstaaten nicht ohnehin dem Adel entstammten, wobei sie freilich als Großwürdenträger Rang und Macht ihrer Familie erheblich vermehren konnten, wurden sie oft geadelt und auf diese Weise in die adelige Gesellschaft aufgenommen. Dies galt sowohl für hohe Beamte als auch für Militärs. Mutmaßlich haben viele Familien des sogenannten Uradels, dessen Ursprünge meist vom Dunkel des nur wenig schriftgeübten Mittelalters umhüllt sind, im Prinzip einen ähnlichen Ursprung wie die mit einem Brief geadelten hervorragenden Soldaten der Neuzeit.

Im Dreißigjährigen Krieg machten Johann August Sporck (1595-1679), der kaum des Lesens mächtige Sohn eines westfälischen Leibeigenen, welcher zum Grafen und Besitzer von Herrschaften in Böhmen aufstieg, neben dem baronisierten bäuerlichen Reiterführer Jan de Werth sowie dem General Peter Holzapfel die größte Karriere. Die Erbtochter des aus einfacher Familie stammenden gegraften

Holzapfel ehelichte sogar den Grafen von Nassau-Dillenburg. In den Stand eines dänischen Lehensgrafen erhoben wurde der Sohn eines Gastwirts und Viehhändlers Luckner, welcher es als militärischer Haudegen bis zum Marschall von Frankreich brachte, seinen Kopf 1794 unter der Guillotine verlor und eine Tochter an Joseph von Maltzan auf Penzlin verheiratete!

In der napoleonischen Zeit sind der in den Freiherrenstand erhobene sächsische Heerführer Johann Adolf Thielmann, der ebenfalls baronisierte württembergische Generalfeldzeugmeister Johann Andreas Hügel sowie der zum Feldmarschall und Fürsten aufgestiegene Karl-Phillip von Wrede, der Sohn eines geadelten Beamten, die bemerkenswertesten Aufsteiger. Nur wenige Jahre vor dem Sturz der Monarchien schließlich wurde in Bayern beispielsweise der General Malaisé, in Württemberg der General Hofacker und in Preußen die Generale bzw. Admirale Kluck, Kluge, Mackensen und Tirpitz geadelt. Ihre Söhne haben teilweise im Zweiten Weltkrieg bzw. beim 20. Juli 1944 eine bedeutsame Rolle gespielt.

Wie bereits deutlich geworden ist, geht die Mehrzahl der Nobilitierungen auf Auszeichnungen für erfolgreiche Staatsdiener zurück. Es würde einen falschen Eindruck vermitteln, wenn man die Empfänger solcher Standeserhöhungen als Beamte heutigen Zuschnitts ansähe. Vielmehr waren sie in einer Zeit, die noch keine Berufspolitiker und kein pensionsberechtigtes Berufsbeamtentum kannte, die Manager der politischen und auch der wirtschaftlichen Macht. Ihre Dienstherren widmeten sich meist primär anderen Dingen als den Einzelheiten des Regierungsgeschäftes, ein Fürst wie Friedrich der Große stellt durchaus eine Ausnahme dar!

Unter den geadelten Fürstendienern kann man Familien neuesten Datums, wie etwa den bereits genannten Eduard Hegel oder den sachsen-gothaischen Minister Hentig, von solchen unterscheiden, welche bereits vor mehreren Jahrhunderten mit einem Adelsbrief ausgezeichnet worden sind. Hierzu gehören beispielsweise die hessischen Krug von Nidda, die pfälzischen Wiser, die badischen Gleichenstein sowie der gleichzeitig zum Freiherren gemachte württembergische Generalfeldzeugmeister Johann Andreas Hügel, ferner die württembergischen Hiller von Gaertringen und Moser von Filseck.

Durch ihren besonders steilen Aufstieg ragen unter den geadelten Fürstendienern neben den Feldmarschällen diejenigen hervor, welche die Regierungsgeschäfte als Kanzler und Minister wesentlich wahrgenommen und bestimmt haben und außer wohlklingenden Adelstiteln weltliche Reichtümer angesammelt haben. Die Reihe dieser Minister wird angeführt durch Kaspar Schlik († 1449), den Sohn eines Bürgers aus Eger, welcher für zwei Könige aus dem Hause Habsburg als Kanzler gearbeitet hat und in den Reichsgrafenstand aufgestiegen ist. Mit Johann Friedrich Seilern († 1715) begegnet uns ein weiterer gegrafter bürgerlicher österreichischer Hofkanzler. In den Grafenstand aufgestiegen sind auch die Nachkommen des schleswig-holsteinischen Kanzlers Kielmannsegg, des bayerischen Kanzlers Viechpeck („Haimhausen"), des kursächsischen Ministers Bernhard Zech, der hinter dem mehr Repräsentationsaufgaben wahrnehmenden Statthalter Fürst Fürstenberg für August den Starken im Verborgenen als Wortführer fürstlicher Machtvollkommenheit wirkte, sowie des kurbrandenburgischen leitenden Ministers Danckelmann. Aus der beamtenadeligen bayerischen Familie Hertling schließlich ist der Mitbegründer der katholischen Görresgesellschaft, bayerische Ministerpräsident und deutsche Reichskanzler (1916) Georg Graf Hertling hervorgegangen.

Der 1788 zum Vorsitz im Geheimen Rat der badischen Regierung erhobene und in den Freiherrenstand versetzte Wilhelm von Edelsheim entstammt besonders einfachen Verhältnissen, indem nämlich sein den wenig geachteten Beruf des Müllers ausübender Vorfahr per Zufall an den Hof der Hanauer Grafen kam und hier Karriere machte. Zu der Reihe der von Ministern abstammenden Familien, welche mit dem 1916 in den württembergischen Freiherrenstand erhobenen Carl Hugo von Weizsäcker, einem Theologensohn und Großvater des Bundespräsidenten Richard von Weizsäcker, abgeschlossen wird, gehören beispielsweise noch die schaumburgischen Wietersheim, die schlesischen Mutius, die nassauischen Dungern und Preuschen, die braunschweigischen Götz von Olenhusen und Waldthausen, die bergischen Lüninck, die sächsischen Fritsch, die bayerischen Berchem und Hertling sowie die preußischen Beyme, Carmer, Delbrück und Jena.

Zu den bekannteren der Vielzahl der briefadeligen Familien, welche vielfach ganz im Landadel aufgegangen und in Einzelfällen - so die Salmuth, Schwartzkoppen oder die Waldthausen - auch als Industrielle und Bankiers Bedeutung erlangt haben, gehören etwa die: Allmayer-Beck, Bassermann-Jordan, Bernuth, Biegeleben, Bockelberg, Boetticher, Braunmühl, Busse, Cossel, Cube, Diest, Dietze, Egidy, Ehrenkrook, Ferber, Friedeburg, Gerlach, Gossler, Grolmann, Groll, Gudenus, Hammer-Purgstall, Hertling, Hinüber, Hugo, Ilsemann, Kalau vom Hofe, Karajan, Karg von Bebenburg, Kempis, Kirchbach, Knebel von Döberitz, König-Warthausen, Kortzfleisch, Kübeck, Kühlmann, Kummer, Lindenfels, Livonius, Loeper, Lucius von Ballhausen, Meerheimb, Mohl, Münch von Bellinghausen, Neurath, Pachelbel von Gehag, Palm, Papius, Pechmann, Raumer, Ribbentrop, Richthofen, Ruffin, Sartorius von Waltershausen, Schloezer, Schmertzing, Schoen, Schubert, Seefried auf Buttenheim, Srbik, Stengel, Unger, Varnbüler von Hemmingen, Viebahn, Voith von Voithenberg und Waechter.

2.7.1 Standeserhebungen in Tabellen

In den Stand von **Herzögen, Kurfürsten** und **Königen** wurden erhoben: 1070 die Welfen erhalten das Herzogtum Bayern (Verlust 1180), 1079 Friedrich von Staufen zum Herzog von Schwaben, 1137 Welfen erhalten das Herzogtum Sachsen (bis 1180), 1156 Markgraf von Österreich zum Herzog von Österreich, 1178 Andechs zum Herzog von Meranien, 1180 Pfalzgraf von Bayern (Wittelsbach) zum Herzog von Bayern , 1180 Graf Anhalt zum Herzog von Sachsen, Erzbischof von Köln zum Herzog von Westfalen und Engern, 1182 Graf von Habsburg zum Herzog von Österreich, 1191/92 Graf von (Hohen-)Zollern zum Burggrafen von Nürnberg, 1235 die Welfen erhalten das

Herzogtum Braunschweig Lüneburg, 1348 Fürst von Mecklenburg zum Herzog, 1417 Burggraf von Nürnberg, Graf von Hohenzollern zum Kurfürsten von Brandenburg, 1417 Graf von der Mark zum Herzog von Cleve, 1423 Markgraf von Meißen zum Herzog und Kurfürsten von Sachsen, 15. Jahrhundert: der Bischof von Würzburg nimmt aufgrund alter Traditionen den Titel Herzog von (Ost-)Franken an, 1448 Graf von Oldenburg zum König von Dänemark, 1474 Graf von Oldenburg zum Herzog von Holstein, 1495 Graf von Württemberg zum Herzog, 1527 Erzherzog von Österreich zum König von Böhmen und Ungarn, 1612 Arenberg zum Herzog von Aerschot, 1613 Fürst von Croÿ zum Herzog, 1614 Liechtenstein Herzog von Troppau und Jägerndorf, 1618 Kurfürst von Brandenburg zum Herzog von Preußen, 1626 Wallenstein zum Herzog von Friedland, 1644 Arenberg zum Herzog von Arenberg, 1646 Lobkowicz zum Herzog von Sagan, 1654 Pfalz-Zweibrücken (Wittelsbach) König von Schweden, Ketteler zum Herzog von Kurland, 1692 Herzog von Lüneburg-Celle zum Kurfürsten von Hannover, 1697 Kurfürst von Sachsen zum (Wahl-) König von Polen (Personalunion), 1701 Kurfürst von Brandenburg zum König in Preußen, 1714 Kurfürst von Hannover zum König von Großbritannien (Personalunion), 1723 Fürst Schwarzenberg zum Herzog von Krummau, 1734 Looz-Corswarem zum Herzog, 1735 Emanuel Teles da Silva zum Herzog von Turnhout bzw. Herzog von Silva-Tarouca, 1737 Biron zum Herzog von Kurland, 1762 Herzog von Holstein-Gottorp zum Zaren und Kaiser von Rußland, 1780 Herzog von Lothringen-Toskana zum Erzherzog von Österreich, 1786 Fürst Lobkowicz zum Herzog von Raudnitz, 1803 Erzherzog von Österreich und Wahlkönig/Kaiser des Heiligen Römischen Reiches deutscher Nation zum (Erb-)Kaiser von Österreich, Markgraf von Baden zum Kurfürsten, Landgraf von Hessen-Kassel zum Kurfürsten, 1806 Fürst Anhalt zum Herzog, Markgraf von Baden zum Großherzog, Kurfürst von Bayern zum König, Landgraf von Hessen-Darmstadt zum Großherzog, Fürst von Nassau-Weilburg zum Herzog, Kurfürst von Sachsen zum König, Herzog von Württemberg zum König, 1807 Jérôme Bonaparte zum König von Westfalen (bis 1813), 1810 Freiherr von Dalberg zum Großherzog von Frankfurt, 1815

Herzog von Mecklenburg-Strelitz zum Großherzog, Fürst von Nassau-Oranien zum König der Niederlande, Herzog von Oldenburg zum Großherzog, Herzog von Sachsen-Weimar zum Großherzog, 1831 Herzog von Sachsen-Coburg zum König der Belgier, 1840 Hohenlohe-Schillingsfürst zum Herzog von Ratibor und Fürst von Corvey, 1861 Hohenlohe-Oehringen zum Herzog von Ujest, 1867 Graf Württemberg zum Herzog von Urach, 1871 König von Preußen zum Deutschen Kaiser, Fürst Bismarck zum Herzog von Lauenburg, 1900 Fürst Hatzfeldt zum Herzog zu Trachenberg, 1901 König von England a.d.Haus Sachsen-Coburg

In den **Fürstenstand** wurden erhoben:
1170 Mecklenburg zum Reichsfürsten, 1310 Graf Henneberg zum gefürsteten Grafen, 1366 Graf Nassau-Weilburg zum gefürsteten Grafen, 1444 Graf von Leiningen zum gefürsteten Landgrafen, 1486 Croÿ, 1515 Radziwill, 1576 Arenberg zum gefürsteten Grafen, 1601 Ligne, 1620 Liechtenstein, 1623 Hohenzollern-Sigmaringen und Hohenzollern-Hechingen, Salm, 1624 Dietrichstein, Lobkowicz, 1637 Dönhoff, 1664 Fürstenberg-Heiligenberg, 1647 Lubomirski, 1652 Nassau-Siegen, 1653 Auersperg, 1654 Graf von Ostfriesland zum Fürst, 1670 Schwarzenberg, 1674 Oettingen-Oettingen, 1682 Waldeck, 1687 Esterházy, 1695 Thurn und Taxis, 1699 Sapieha, 1709 Mansfeld, 1710 Schwarzburg, 1711 Löwenstein-Wertheim-Rochefort, 1712 Waldeck, 1720 Lippe, 1741 Schoenaich-Carolath, 1741 Hatzfeldt, 1742 Solms-Braunfels, Stolberg-Gedern, 1744 Isenburg-Birstein, Hohenlohe-Schillingsfürst, 1746 Kinsky, 1763 Khevenhüller-Metsch, 1764 Hohenlohe-Langenburg, Kaunitz, 1765 Poniatowski, Starhemberg, 1767 Clary und Aldringen, 1769 Paar, 1770 Schönburg-Waldenburg, 1773 Colloredo-Mannsfeld, Lichnowsky, 1774 Oettingen-Wallerstein, 1778 Reuß-Greiz, 1779 Leiningen-Hartenburg, 1784 Wied-Neuwied, 1785 Czartoryski, 1786 Osten-Sacken, Orsini und Rosenberg, 1791 Wied-Runkel, 1792 Sayn-Wittgenstein-Berleburg, Solms-Lich, 1802 Sayn-Wittgenstein-Hohenstein, 1803 Fugger-Babenhausen, Metternich-Winneburg, Waldburg-Wolfegg, Waldburg-Wurzach, Waldburg-Zeil, 1804 Windisch-Graetz, 1805

Trauttmansdorff, 1806 Leyen von Hohengeroldseck, 1807 Lynar, Putbus, Schaumburg-Lippe, 1812 Löwenstein-Wertheim-Freudenberg, 1814 Blücher, Wrede, Hardenberg, 1817 Bentheim-Tecklenburg-Rheda, Bentheim-Steinfurt, Salm-Horstmar, 1822 Collalto, Pückler, 1826 Lieven, 1833 Osten-Sacken, 1834 Sayn-Wittgenstein-Sayn, 1840 Ysenburg-Büdingen, 1847 Hochberg zum Fürsten von Pless, 1865 Ysenburg-Wächtersbach, 1869 Dietrichstein, 1871 Bismarck, 1888 Solms-Baruth, 1890 Herzog von Nassau zum Großherzog von Luxemburg, Stolberg-Wernigerode, 1899 Münster zu Derneburg, 1900 Eulenburg, Castell-Rüdenhausen, Henckel von Donnersmarck, Innhausen und Knyphausen, 1901 Castell-Castell, 1903 Erbach-Schönberg, 1905 Bülow, 1911 Thun u. Hohenstein, Weikersheim (Hohenlohe), 1913 Fugger zu Glött.

Den **Grafen-Rang** erhielten in aufsteigender Reihenfolge:
Das nachgestellte und geklammerte (P) signalisiert, daß der Grafen- bzw. Freiherren-Titel nach dem Erstgeburtsrecht (Primogenitur) verliehen wurde und meist an einen Besitz gebunden war.
1349 Waldeck, 1433 Schlik von Bassano, 1452 Lodron-Laterano, 1484 Hardegg, 1527 Ossolinski, 1529 Arco, 1530 Fugger, Montecuccoli, 1532 Erbach, 1533 Thurn und Valsassina, 154a Ligne, 1547 Tarnowski, 1559 Lippe, 1572 Belzig v.Kreutz, Sapieha, 1593 Khevenhüller, Lubomirski, 1598 Trautson, 1599 Pálffy von Erdöd, Schwarzenberg, 1608 Althann, 1609 Renesse, 1614 Strassoldo, 1620 Waldstein, 1622 Merode, 1623 Trauttmansdorff, 1624 Thurn und Taxis, 1626 Esterházy, Oppersdorff, Rechberg, 1627 Czernin, Harrach, 1628 Hoyos, Waldburg, Waldstein, 1629 Colloredo-Mannsfeld, Königsegg, Thun und Hohenstein, 1630 Attems, Auersperg, Batthyány, Törring, 1631 Draskovich, (Bieberstein-) Krasicki v. Siecin, 1633 Dönhoff, Holck, 1634 Kuefstein, 1635 Hatzfeldt, Götzen, 1636 Paar, 1637 Heussenstamm, Kuefstein, 1639 Salis, 1641 Hoditz, Starhemberg, 1646 Nostitz-Rieneck, Sprinzenstein, 1650 Königsmarck, 1651 Stenbock, Wrangel, 1652 Promnitz, Zinzendorff, 1653 Vetter von der Lilie, 1654 Brandis, Douglas, Larisch, Schlippenbach, 1655 Praschma, Trapp, 1656 Serényi, 1658

Windisch-Graetz, 1661 Henckel von Donnersmarck, Sternberg, 1662 Wurmbrand-Stuppach, 1664 Kaunitz, Spreti, 1665 Königsegg, Kuenburg, Salburg, 1666 Clary, Hochberg, 1667 Lamberg, Redern, Walderdorff, 1670 Schönfeldt, Ronow und Biberstein, Sparr, 1671 Rantzau, Schack, 1672 Brockdorff-Ahlefeld, 1673 Auersperg, Berchtold, Khevenhüller, Reuß, Reventlow, 1664 Hoyos, 1675 Nostitz, 1676 Wallenrodt, 1678 Bylandt, 1679 Limburg-Stirum, Metternich, Zichy, 1681 Butler von Clouneburgh, Orsini und Rosenberg, 1684 Wedel, 1685 Maldeghem, Teleki, 1687 Ascheberg, Coronini von Cronberg, Lehndorff, Wachtmeister, 1689 Falkenhayn, Platen, 1692 Freitag (Frydag), Tenczin-Paczyński, 1693 Breunner, Goëß, Wrangel, 1694 Maltzan, 1695 Giech, 1696 Mellin, 1697 Boineburg, Huyn, Kálnoky, Széchényi, 1698 Fünfkirchen, Lerchenfeld, Nayhaus, 1700 Flemming, Frankenberg und Ludwigsdorff, Schönburg, Schwerin, 1701 Schönborn, Sperling, Sponeck, Wurmbrand-Stuppach, Wylich und Lottum, 1702 Friesen, Werthern, 1703 Buquoy, Metsch, Wartensleben, 1704 Schlieben, 1705 Berlepsch, Nesselrode, Rechteren-Limpurg, Seinsheim, Stadion, 1706 Kottulinsky, Schaesberg, Zierotin, 1707 Graevenitz, Mels-Colloredo, Podstatzky, Seckendorff, 1708 Holstein, Schaffgotsch, Thüngen, 1709 Wrangel, 1710 Finck von Finckenstein, 1711 Hoym, Kosposth, Leyen, Nostitz, Spreti, Vitzthum von Eckstädt, 1712 Erlach, Fersen, Oeynhausen, Seilern, 1713 Bothmer, Haller von Hallerstein, 1714 von der Schulenburg, Wengersky, 1715 Bose, Stürgkh, 1716 Degenfeld, Mörner, Tauffkirchen, 1717 Gatterburg, 1718 Dallwitz, Diesbach, Grundemann v. Falckenberg, Schlieben, 1719 Lieven, Seckendorff, Taube, Welser von Welsersheimb, Winterfeldt, 1720 Bar, Waldbott von Bassenheim, 1721 Christallnigg von Gillitzstein, Pachta, Szápáry, 1722 Oeynhausen, 1723 Haugwitz, 1726 Bassewitz, Giech, Schlitz gen. von Goertz, Merveldt, Neipperg, 1727 Lichnowsky, Putbus, 1728 Holnstein, 1730 Biron, Deym von Střitež, Mohl, Reichenbach, 1731 Wolff-Metternich, 1732 Bentinck, Lützow, 1733 Eltz, Hoensbroech, Sulkowski, 1734 Hartig, 1736 Haxthausen, Trampe, 1737 Ingelheim, 1738 Brühl, 1739 Ketteler, Spee, 1740 Borcke, Hacke, Kameke, Katte, Pappenheim, Schwerin, 1741 Baudissin, Bellegarde, von der Horst, Keyserling(k),

Schönberg, Zedlitz, 1742 Bünau, Schmettow, Stubenberg, 1743 Posadowsky, 1744 Mengden, Razumowsky, 1745 Einsiedel, Holtzendorff, Hompesch, Löser, Mirbach-Harff, Schall-Riaucour, Unruh, Zech, 1746 Bissingen-Nippenburg, 1747 Falkenhausen, Matuschka, 1748 Larisch, Schweinitz, 1749 Firmian, Marchant und Ansembourg, Pahlen, 1750 Moltke, Pourtalès, 1751 de la Motte-Fouqué, Nostitz, Rosen, Wolff-Metternich, Rittberg, 1757 Potulicki, Redern, 1758 Broel gen. Plater, 1759 Clam, Manteuffel-Zoege, Schack von Wittenau, Tiesenhausen, 1760 Marschall auf Burgholzhausen, Sievers, 1761 Chorinski, 1762 Wallwitz, 1763 Haslingen, Osten-Sacken, Stackelberg, 1764 Eckbrecht von Dürckheim, Enzenberg, Rex, Zedlitz, 1766 Monts, Zedtwitz, 1767 Bernstorff, Heyden, Hohenwart, Walderdorff, 1768 Hartig, 1769 Lüttichau, 1771 Kageneck, 1772 Berchem, Coreth, Szápáry, 1773 Bethusy-Huc, Zech auf Neuhofen, 1774 Rotenhan, 1775 Seher-Thoss, Seydewitz, Stackelberg, 1776 Andrássy, Kesselstatt, Kospoth, Preysing, Sierakowski, Wedel, 1777 Beust, Salis, 1778 Zamoyski, 1779 Haugwitz, Medem, Schimmelmann, 1781 Leutrum von Ertingen, 1783 Bieberstein-Trembinski, von der Borch, Konarski, Wallmoden-Gimborn, 1784 Keller, Luckner, 1786 Blumenthal, Egloffstein, Eulenburg, Francken-Sierstorpff, Goltz, Groeben, Haugwitz, Hertzberg, Kalckreuth, Kalnein, Krockow, Pfeil und Klein-Ellguth, Wedel, 1787 Aichelburg, Rehbinder, 1788 Stadnicki, 1789 Danckelmann, 1790 Adelmann von Adelmannsfelden, Boos zu Waldeck, Coudenhove, Fritsch, Haeseler, Heyden, Hohenthal, Hopfgarten, Loeben, Loesch, Oberndorff, Sandizell, Schwicheldt, Sickingen, Uxkull-Gyllenband, Westerholt und Gysenberg, Zedtwitz, 1791 Mirbach, 1792 Hirschberg, Igelstroem, Münster, Stillfried von Rattonitz, Westphalen zu Fürstenberg, Yrsch, Zeppelin-Aschhausen, 1793 Schirndinger 1794 Wintzingerode, 1795 Buxhöveden, Fersen, Pilati, 1796 Berghe von Trips, Blanckenstein, 1797 Sparre, 1798 Alvensleben, Ballestrem, Bredow-Friesack (P), Carmer, Itzenplitz, Kanitz, Klinckowström, Ostrowski, Schlabrendorff, Stosch, Strachwitz, Veltheim, Wimpffen, 1798 Saurma von der Jeltsch, Westarp, 1799 Lieven, 1800 Beroldingen, Voß, 1801 Benzel zu Sternau, 1802 Hahn, 1803 Bocholtz, Galen, Hagen, Koskull, 1804 Nettelhorst, 1805 Buol-

Schauenstein, Normann-Ehrenfels, 1807 Ledebur-Wicheln, 1808 Mandelsloh, 1809 Grote, Hoym, Montgelas, 1810 Reischach, Westarp, 1811 Schlotheim, 1812 Mühlen (Du Moulin), Schlieffen, 1803 Bray-Steinburg, 1814 Bülow von Dennewitz, Kleist von Nollendorf, Neidhardt von Gneisenau, Yorck von Wartenburg, 1812 Senfft von Pilsach, 1814 Pourtalès, 1815 Alten (P), Zech-Burckersroda, 1816 Asseburg, Beissel von Gymnich, Bismarck, Inn- und Knyphausen, Korff gen. Schmysing, Linsingen, Mengersen, Mülinen, Spiegel zum Diesenberg-Hanxleden, Wachtmeister, 1817 Andlaw-Homburg, Drechsel, Fischler-Treuberg, Königsmarck, Lambsdorff, von der Recke-Volmerstein, Zieten, 1818 Bismarck-Bohlen, Blücher auf Altona, Mensdorff-Pouilly, 1819 Blome, 1823 Gersdorff, Kleist vom Loß, 1825 Gravenreuth, Perponcher, Spannocchi, 1828 Polier, 1829 (Scheel-)Plessen (P), Toll, 1832 Benckendorff, 1833 von der Decken (P), 1840 Alvensleben, Borcke-Stargordt (P), Borries-Horneburg (P), von dem Bussche-Ippenburg gen. v. Kessel (P), Eickstedt (P), Fürstenberg (P), Helldorff (P), Helmstatt, Houwald-Staupitz (P), Kleist (P), Landsberg-Velen-Gemen (P), Mirbach-Harff (P), Saldern-Ahlimb (P), Saurma, Seher-Thoss (P), 1841 Garnier-Turawa (P), Krassow (P),1842 Berg-Schönfeld, 1844 Linden, Meran, 1847 Rüdiger, 1849 Berg, Nieroth, 1852 Brevern, 1853 Anrep, Perponcher-Sedlnitzky, 1857 Fircks, Wilamowitz-Möllendorff (P), 1859 Berlichingen, Loë auf Wissen (P), 1860 Kulmer, 1861 Rothkirch (P),1863 Moy, Weymarn, 1864 Wrangel, 1865 Bismarck, Bullion, Dörnberg, 1866 Behr-Negendank, 1868 Moy, 1869 Berlepsch (P), Kleist-Wendisch-Tychow, 1870 Beust, Noer, 1871 Klot-Trautvetter (P), Roon (P), Korff u. Schmysing(k), 1874 Kotzebue, Schenk von Stauffenberg, Ungern-Sternberg, 1876 Schack (P), 1879 Hügel, Werder (P), Totleben, 1880 Alvensleben-Schönborn (P), Kirchbach, 1882 Almeida, 1886 Rehbinder, Rüdt v. Collenberg, Witzleben-Alt-Döbern (P), 1888 Flemming-Benz (P), Mirbach-Sorquitten (P), Steinberg-Brüggen (P), 1890 Reutern, 1891 Seydlitz-Sandretzki (P), 1895 Tiele-Winckler-Moschen, 1897 von der Osten, 1898 Faber-Castell, 1900 Brünneck-Belschwitz, 1901 Crailsheim, Metzsch-Reichenbach, Wolfskeel von Reichenberg, 1902 Bodmann (P), 1903 Wedel (P), 1904 Feilitzsch, Raczyński, Seefried auf Buttenheim, 1909 Brandenstein-Zeppelin (P), Inn- und Knyp-hausen-Graf zu Bodelschwingh-Plettenberg (P), Lexa v. Aehrenthal, Walterskirchen, Zitzewitz, 1911 Podewils, 1913 Kalnein, Kleist-Retzow, Plettenberg-Heeren (P), Rautter-Willkamm (P), Richthofen (P), 1914 Hertling, Reigersbach, 1917 Gudenus, Kirchbach, Soden-Fraunhofen, Spiegelfeld, 1918 Conrad v. Hötzendorf.

Den **Freiherren- und Barons-Rang** erhielten in aufsteigender Reihenfolge:
1417 Schwarzenberg, 1422 Schlick, 1459 Lobkowicz, 1465 Preysing, 1467 Starhemberg,1470 Königsegg, 1473 Merode, 1474 Ripperda, 1476 Wolkenstein, 1482 Hardegg, 1486 Berlichingen, Brandenstein, 1495 Thun und Hohenstein, 1499 Bonstetten, 1502 Truchseß von Waldburg, 1514 Dietrichstein, 1518 Kottulinski, 1520 Werthern, 1522 Ungnad von Weißenwolff, 1524 Lamberg, 1526 Firmian, 1530 Ende, Maltzan, Sprinzenstein, 1534 Rechenberg, Ungern-Sternberg, 1537 Herberstein, 1539 Welsperg, 1544 Lamberg, 1546 Spaur, 1547 Teuf-fenbach, 1548 Schoenaich, 1550 Harrach, 1551 Windisch-Graetz, 1553 Auersperg, Racknitz, 1554 Boineburg, Oppersdorff, 1556 Khevenhüller, Massenbach, 1561 Stenbock, 1563 Künigl, von der Schulenburg, 1566 Gellhorn, Törring, 1567 Welsperg zu Raitenau, 1571 Gumppenberg, Heussenstamm, 1572 Taube, 1573 Braun, Khuen von Belasi, 1574 Althann, 1580 Seinsheim, 1582 Salis, 1586 Freyberg, 1588 Colloredo-Mannsfeld, Innhausen und Knyphausen, Könneritz, 1589 Rüdt von Collenberg, Riedheim, 1590 Bylandt, Schleinitz, 1591 Seydlitz, Stotzingen, 1592 Schaffgotsch, 1596 Kinsky, 1598 Medem, Trauttmansdorff, 1600 Saurma, 1601 Rechberg und Rothenlöwen, 1602 Fünfkirchen, Kuefstein, 1603 Hoditz, 1605 Attems, Brandis, Trapp, 1606 Paar, 1607 Wurmbrand-Stuppach, 1607 Wolzogen, 1608 Salburg, Thurn und Taxis, Wylich und Lottum, Zedlitz, 1609 Manteuffel, 1612 Re(ö)dern,1613 Kuenburg, Ulm zu Erbach, 1614 Strassoldo, 1620 Quadt-Wykradt, 1622 Magnis, Ulm zu Erbach, 1623 Beroldingen, Tattenbach, Weichs, 1624 Nayhaus, 1625 Degenfeld, Praschma, Thürheim, 1627 Aichelburg, 1629 Bongart, Czernin, Loë, Pranck, 1630 Fraunberg, Platen, Podstatzky, Stotzingen, Strachwitz,

Vetter von der Lilie, 1631 Nostitz-Rieneck, 1632 Goëß, 1633 Berchtold, Goetzen, Orsini und Rosenberg, 1635 Beschwitz, Hoensbroech, Loën, Metternich, Reinach, 1636 Henckel von Donnersmarck, 1637 Schaesberg, Wolff- Metternich, 1638 Saurma, Stürgkh, Waldbott v. Bassenheim, 1639 Schauenburg, 1640 Notthaft, 1641 Clary, 1642 Loeben, 1643 Lützow, Plotho, Walterskirchen zu Wolfsthal, 1644 Wallenrodt, 1645 Kottulinsky, 1646 Eltz, 1647 Bissingen und Nippenburg, 1648 Uexküll, 1650 Raitz von Frentz, 1651 Bellingshausen, Wachtmeister, Welser von Welsersheimb, Wittenhorst-Sonsfeld, 1652 Wachtmeister, Wengersky, 1653 Abensperg und Traun, Dalberg, Friesen, Hornstein, Lerchenfeld, Leyen, Lieven, Mengden, Reiswitz, Ritter zu Groenesteyn, Wrangel, 1654 Dalberg, Kulmer, Larisch, Schönau, Tiesenhausen, 1655 Aichelburg, Clam , Dyherrn, Frankenberg und Ludwigsdorff, Heyden, Pückler, Reichenbach, Tiesenhausen, Vogt von Hunol(t)stein, 1656 Haller von Hallerstein, Welczek, 1659 Hohberg (Hochberg), 1660 Fürstenberg (Westfalen), Münster (Franken), 1661 Meerheimb, 1662 Rö(e)dern, Rothkirch, 1660 Walderdorff, 1663 Dörnberg, Mirbach-Harff, Schönborn, Walderdorff, 1664 Canitz und Dallwitz, Greiffenclau, Laßberg, Wambolt von Umstadt, Wrangel, 1665 Galen, Knigge, Schenk zu Castel, Wrangel, 1666 Burkersroda, Tauffkirchen, 1667 Andlaw, Goertz von Schlitz, Marenholtz, Ow zu Wachendorf, Speth v. Schülzburg, 1668 Pfetten-Arnbach, Schmettow, Schönau-Wehr, 1669 Stein zu Nord- und Ostheim, 1670 Blomberg, Canstein, Droste zu Vischering, Franckenstein, Ketteler, Platen, 1671 Enzenberg, Kageneck, Winterfeld, 1672 Apfaltrer von Apfaltrern, Goëß, 1673 Liliencron, 1674 Derfflinger, Fersen, Schoultz von Ascheraden, 1675 Pallandt, 1676 Herzenberg, Pöllnitz, Truchseß von Wetzhausen, 1677 Schlitz gen. von Goertz, 1679 Eichendorff, Pahlen, Uexküll, 1680 Adelmann von Adelmannsfelden, Giech, Ingelheim, Malsen, Rehbinder, Riedesel, Vietinghoff gen. Scheel, 1681 Behaim von Schwarzbach, Bibra, Butler von Clonebough, Raßler v. Gamerschwang, 1682 Etzdorff, Falkenhayn, 1683 Berchem, 1684 Walterskirchen, 1685 Imhoff, Leoprechting, Perfall, 1686 Bodmann, Stadion, 1687 Coreth, Grotthuß, Rosenkampf, Speth-Schülzburg, 1689 Grote, 1690 Künsberg, Yrsch, 1691 Breidbach-Bürresheim, Mellin, 1692 Andrian-Werburg, Korff gen. Schmysing, Riederer von Paar, 1693 Budberg, Maydell, Westernach, 1694 Eyb, Leoprechting, Schlichting, 1696 Bothmer, Gersdorff, Riedheim, Seilern, Grundemann v. Falkenberg, Gudenus, Verschuer, 1697 Kielmannsegg, 1698 Bibra, Boos zu Waldeck, Coreth, Mylius, Pechmann, Plettenberg, Schenk von Stauffenberg, Wenzel von Stern-bach, 1699 Fuchs von Bimbach, Glaubitz, Metzsch, Stralenheim, 1700 Heßberg, Guttenberg, Lyncker, Neveu zu Windschläg, Rechbach, Thüngen, 1701 Gussich, 1702 Lichnowsky, Schroetter, Wiser, 1703 Erffa, Haslingen, 1704 Tann, 1705 Posadowsky, Wickenburg, 1706 Edelsheim, Schmertzing, Seckendorff, Sickingen, 1707 Hartig, Kras-sow, 1708 Christallnigg von Gillitzstein, Deym von Střitež, Löffelholz von Colberg, Pilati von Thassul, Twickel, 1709 Schrottenberg, Stromer von Reichenbach, 1710 Kerckering zur Borg, 1710 Mar-schalck von Bachtenbrock, Pilati, Roenne, 1711 Bohlen, Chorinsky, Hartig, Seyffertitz, 1713 Crailsheim, Welser, 1714 Aufseß, Clodt von Jürgensburg, Stackelberg, 1715 Löffelholz von Colberg, Matuschka, 1716 Bodman, Schrötter, 1717 Essen, Gatterburg, Pechmann, Rotenhan, 1718 Kesselstatt, Pachta, Pappus von Tratzberg, 1719 Schrenck-Notzing, Staël von Holstein, Unruh, 1720 Albedyll, 1721 Kottwitz, Seher-Thoss, 1723 Haugwitz, Reisky v. Dubnitz, 1724 Reibnitz, Reischach, 1725 Czettritz und Neuhaus, Tschammer, 1726 Hundt und Alten-Grottkau, 1728 Marchant und Ansembourg, Tinti, 1729 Bánffy, Zech, 1731 Rosen, Schell v. Bauschlott, Stein-Lausnitz, 1732 Unterrichter von Rechtenthal, Eltz, 1733 Leonrod, 1734 Schmettow, 1735 Palm, Richthofen, 1736 Hohenthal, Rheinbaben, 1738 Francken-Sierstorpff, 1739 Grießenbeck von Grießenbach, Igel-ström, 1740 Uckermann, 1741 Lüttwitz, Schellersheim, Schnurbein, 1742 Fritsch, Manteuffel, 1743 Geyr zu Schweppenburg, 1744 Campenhausen, 1745 Sievers, Ulmenstein, 1746 Benzel zu Sternau, Schirndinger von Schirnding, 1747 Nolcken, Wolff, 1751 Heßberg, Kaulbars, de la Motte-Fouquè, 1752 Klot, 1759 Reitzenstein, Gayling von Altheim, Loudon, Stenglin, 1761 Reigersberg, 1762 Ceumern, Nettelblatt, 1763 Papius, 1764 Feury auf Hilling, Greiffenclau zu Vollrads, Waitz von Eschen, 1765 Spiegelfeld, 1768 Zeßner von

Spitzenberg, 1769 Aretin, Ruffin, 1771 Rotenhan, 1772 Doblhoff, 1773 Berckheim, Berstett, Böcklin von Böcklinsau, Breiten-Landenberg, Glaubitz, Roeder von Diersburg, Roggenbach, Rotberg, Zorn von Bulach, Zu Rhein, 1776 Langermann und Erlencamp, Wenckheim, 1777 Bruiningk, Steinheil, 1778 Trott, 1779 Westerholt und Gysenberg, 1780 Herman-Wain, 1782 Türckheim, 1783 Linsingen, 1785 Dellingshausen, Lüttwitz, 1786 Lützow, Stoltzenberg, 1787 Voith von Voithenberg, Wilczek, 1788 Lüttwitz, Schlotheim, 1789 Gregory, 1790 Branca, Haller von Hallerstein, Hertling, Lamezan, Linden, Oefele, Patow, Schacky, Seefried auf Buttenheim, 1791 Arps, Leonhardi, Preuschen von und zu Liebenstein, 1792 Babo, Daublebsky, Godin, Landsberg, Malaparte gen. v. Neufville, Welck, Schenk von Schmittburg, 1795 Spannocchi, 1796 Gudenus, 1797 Troschke, Eckhardtstein, 1799 Roenne, 1801 Hügel, 1802 Rosen, Vegesack, 1808 Bethmann, 1809 Rosenberg, 1810 Durant, Fischler von Treuberg, Seutter von Lötzen, 1811 Stengel, 1812 Follenius, Lindenfels, Marschall von Bieberstein, Strombeck, Thielmann, 1813 Berchem, Besserer von Thalfingen, Buttlar, Falkenhausen, Gilsa, Malsen, Reichlin v. Meldegg, Schäffer v. Bernstein, Wintzingerode, 1814 Toll, 1815 Gise, Sazenhofen, 1816 Lancken, von der Lancken-Wakenitz (P), Hirsch, von der Leyen zu Bloemersheim, Redwitz, Wackerbarth gen. v. Bomsdorff, 1818 Salmuth, Vequel, 1819 Holzschuher, Laßberg, Stutterheim, Süßkind, 1820 Digeon von Monteton, Finck, 1821 Hobe von Gelting (P), Schaezler, Süßkind von Schwendi, 1822 Geuder, Paleske, Recum, Rothschild, 1823 König-Warthausen, Lexa von Aehrenthal, 1824 Moreau, 1825 Barnekow, Carnap, Kübeck von Kübau, Lepel, Wächter, 1826 Dobeneck, Üblagger, Warsberg, 1827 Cotta von Cottendorf, Eynatten, Girsewald, Löwenstern, Sartorius von Waltershausen, Senden, Wirsing, 1828 Steinling, 1829 Brand zu Neidstein, Flotow, Negri, Speck von Sternburg, 1831 Soden, 1834 Schuckmann, 1835 Gienanth, 1836 von der Gablentz, Hammer-Purgstall, Kirchbach, 1837 Di Pauli von Treuheim, Ditfurth, Watzdorff, 1838 Esebeck, 1839 Brackel, Langen, 1840 Czettritz und Neuhaus (P), Diepenbroick-Grüter (P), Luttitz, Rigal-Grunland (P), Sanden-Tussainen, Thienen-Adlerflÿcht, 1841 Hanstein, Werther, 1843

Ketelhodt, Reiswitz, 1844 Falkenstein, Fircks, Helldorff, Beaulieu-Marconnay, 1845 Heereman von Zuydtwyck, Liebig, Lüninck, 1846 Kleinsorgen, 1847 Grävenitz, Houwald, 1850 Alemann, Kast von Ebelsberg, 1851 Jena, Neurath, 1852 Buddenbrock, Löhneysen, 1853 Dieskau, Gall, 1854 Haan, Jordis von Lohausen, Podewils, 1855 von der Osten, 1856 Nordenflycht, 1857 Beulwitz, Dael-Wanscheid, Thuemmler, 1859 Speck von Sternburg, 1858 Goltz, Huber von Gleichenstein, 1859 Bissing, 1860 Braun, Diergardt, Dürfeld, Merck, Tauchnitz, 1861 Esebeck (P), Leesen, Solemacher-Antweiler, Steinäcker, 1862 Lindelof, Schütz zu Holzhausen, Seebach, 1863 Beust, Weymarn, 1864 Funck, Levetzow, Wilamowitz-Möllendorf, Wrangel, 1865 Tettau, 1866 Fuchs-Nordhoff, Willisen, 1867 Bernewitz, Korb von Weidenheim, Oppenheim, Schlichting, Suttner, 1868 Biegeleben, Kap-herr, Schröder, Weitershausen, 1869 Hirsch, 1870 Knesebeck-Milendonck, Scheibler, 1872 Bock, Mayr von Melnhof, 1873 Ardenne, Klein v. Wisenberg, Ringhoffer, Toll, 1874 Graes, Ompteda, 1875 Humboldt-Dachröden, 1876 Cramer-Klett, 1877 Dungern, 1878 Gayl, Müffling, 1879 Cornaro, Leuckart von Weißdorf, Pagenhardt, Totleben, 1881 Lersner, Senfft von Pilsach, 1883 Grunelius, Lütgendorf, Morsay gen Picard, Neubronn von Eisenburg, 1884 Beulwitz, Miltitz, Ostman von der Leye, Sanden-Tussainen, 1885 Plato, 1886 Heyl zu Herrnsheim (P), Schlichting, 1888 Lucius von Ballhausen (P), Stumm, Wilmowsky, 1891 Eickstedt (P), Salza und Lichtenau, 1894 Hausen, 1895 Puttkamer-Schickerwitz (P), 1896 Riedl v. Riedenau, 1898 Holtzing-Berstett, Mandelsloh, 1900 Carlowitz, Trützschler zum Falkenstein, 1901 Auer von Welsbach, Donner (P), Pentz, Poschinger von Frauenau, Stumm-Halberg, Michel von Tüssling, 1902 Palombini, 1903 Adelepsen (P), 1905 Sturmfeder-Horneck, Tiele (-Winckler), 1906 Allmayer-Beck, Jenisch (P), 1907 Goldschmidt-Rothschild, Levetzow, Schmidt von Schmidtseck, Spörcken, Thyssen- Bornemisza, Ziegesar, 1908 Kaschnitz von Weinberg, Köckeritz (P), Pachelbel-Gehag- Ascheraden (P), 1909 Holzhausen, 1910 Berenberg-Goßler, Bellersheim, Waldthausen, 1911 Gagern, Rotsmann, Stotzingen, 1912 Geusau, Hoenning O'Carroll, Guilleaume, Levetzow, 1916 Weizsäcker, 1917 Harnier, 1918 Frölichsthal, Gillhausen, Holtz.

Von solchen regulären Standeserhebungen zu unterscheiden sind die im 19. und 20. Jahrhundert vorgenommenen Bestätigungen des Freiherrenstandes. Dabei können Einzelbestätigungen von kollektiven Bestätigungen unterschieden werden, wie sie der russische Kaiser in der Mitte des 19. Jahrhunderts der ersten Klasse der baltischen Ritterschaft gewährte. Einzelne Mitglieder dieser derart ausgezeichneten Familien waren vielfach bereits zuvor in den Freiherren- oder auch Grafenstand erhoben worden. Einige führende Familien des landständischen Adels haben den Freiherrentitel bereits zuvor ohne förmliche Verleihung geführt. Die reichsritterlichen Familien, welche im 19. Jahrhundert als Freiherren in die Adelsmatrikel eingetragen wurden, sind in der keinen Anspruch auf Vollständigkeit erhebenden nachfolgenden Liste nicht berücksichtigt, weil sie hierauf einen Anspruch hatten.

Baltische Provinzen: Bagge af Bo, Behr, Bistram, Brincken, Brüggen, Buchholz, Buttlar, Derschau, Drachenfels, Düsterlohe, Engelhardt, Fircks, Fölckersahm, Freytag von Loringhoven, Funck, Grotthus, Haaren, Hahn, Heyking, Hohenastberg gen. Wigandt, Holstinghäuser, Holtey, Howen, Hoyningen-Huene, Klopmann, Klüchtzner, Knorring, Korff, Koskull, Krüdener, Löwenstern, Lüdinghausen gen. Wolff, Manteuffel-Zoege, Maydell, Meerscheidt-Hüllessem, Meyendorff, Mirbach, Nolcken, Nolde, Oelsen, Oest, Offenberg, Pfeilitzer gen. Franck, Pilar von Pilchau, Rahden, von der Recke, Ropp, Rosenberg, Sal(t)za, Saß, Seefeld, Schoultz v.Ascheraden, Staël v.Holstein, Stempel, Stromberg, Toll, Vietinghoff gen. Scheel, Wrede

Bayern: Pfetten

Franken: Hünefeld

Hessen: Amelunxen, Berlepsch, Breidenbach zu Breidenstein, Buseck, Buttlar, Cornberg, Dalwigk zu Lichtenfels, Gilsa, Hanstein, Malsburg, Schenck zu Schweinsberg, Treusch von Buttlar-Brandenfels, Wolff von Gudenberg

Niedersachsen: Bischoffshausen, Bodenhausen, von dem Bussche, Campe, Cramm, Dincklage, Ditfurth, Düring, Frydag, Hammerstein,

Hodenberg, Ledebur, Minnigerode, Münchhausen, Oldershausen, Rössing, Schele, Schnehen, Uslar-Gleichen, Vincke

Rheinland: Eynatten, Heyden-Rynsch, Spies von Büllesheim

Schwaben: Reichlin von Meldegg

Thüringen: Hanstein, Marschall von Altengottern, Rüxleben, Schlotheim, Thüna, Wangenheim, Wechmar, Wintzingerode

Westfalen: Amelunxen, Ascheberg, Böselager, von der Borch, Bottlenberg gen. Schirp, Brenken, Brackel, Broich, Droste zu Hülshoff, Droste zu Senden, Dücker, Elverfeldt gen. Beverfoerde-Werries, Haxthausen, von der Horst, Hövel, Kanne, Ketteler, Lüninck, Mengersen, Nagel, Oeynhausen, von der Recke, Romberg, Schorlemer, Spiegel, Vietinghoff-Scheel, Wendt, Wrede

2.8. Erbämter adeliger Familien

An seinen Festtagen präsentierte sich das Adelsreich auf eine überaus prachtvolle, alle Sinne ansprechende Weise. Noch heute finden die mittelalterlichen englischen Thronrituale weltweit Beachtung. Der junge Goethe, welcher in Frankfurt Zeuge der Königskrönung von 1764 gewesen ist, hat sie als „politisch-religiöse Feierlichkeit von unendlichem Reiz" charakterisiert. Bei dieser Feierlichkeit walteten die Inhaber der kurfürstlichen Erzämter ihres Amtes. Ihre Vertreter waren die Inhaber der Reichserbämter. Dem König von Böhmen stand als Erzschenk der Reichserbschenk zur Seite. Dies war der Schenk von Limpurg bzw. nach dem Aussterben seiner Familie der Graf Althann. Der Vertreter des Kurfürsten von Sachsen in seiner Eigenschaft als Erzmarschall war der Reichserbmarschall von Pappenheim. Der Markgraf von Brandenburg wurde als Erzkämmerer von dem Reichserbkämmerer aus der süddeutschen Linie seines Hauses vertreten.

Dies hat Friedrich Schiller in seiner Ballade „Der Graf von Habsburg" beschrieben:

Die Speisen trug der Pfalzgraf des Rheins,
Es schenkte der Böhme des perlenden Weins...

Bei der Krönung von Kaiser Maximilian II. von 1564 begab sich der
Kurfürst von Sachsen als Reichserzmarschall hoch zu Roß und be-
gleitet von Hofgesinde und Hofmusikern zum Frankfurter Marktplatz, wo ein Haufen Hafer aufgeschüttet war. Wie die Goldene
Bulle vorschrieb, ritt er in diesen Haufen hinein, bis sein Pferd vom
Hafer halb bedeckt war. Er füllte nun ein Maß Hafer in einen silbernen Becher, welcher an seinen Unterbeamten, den Marschall von
Pappenheim, fiel. Der Kurfürst von Brandenburg ritt dagegen zu einem weißgedeckten Tisch auf dem Rathausplatz, nahm davon ein
Handbecken, eine Gießkanne und zwei Handtücher, um sie im Festsaal des Römers dem König zu reichen. Der Kurfürst von der Pfalz
holte gleichfalls hoch zu Roß von einer auf dem Marktplatz errichteten Bretterbude Speisen auf einer Silberschüssel ab, um sie den
Majestäten im Saal des Römers zu servieren. Beim Krönungsakt am
Altar des Domes trug der Marschall von Pappenheim als Reichserbmarschall das blanke Reichsschwert, während der Reichserbtruchseß
von Waldburg den goldenen Reichsapfel in der Hand hielt. Derweil
durfte der Graf Schwarzburg als Reichserbstallmeister und Freiherr
von Werthern als Reichserbtürhüter seines Amtes walten.

Man ist geneigt anzunehmen, daß all dies auf eine ferne Vergangenheit verweist. Tatsächlich lebt sie jedoch im Bewußtsein traditions-
verhafteter Adeliger noch fort. So konnte man im Jahr 1983 in der
„Frankfurter Allgemeinen" eine Todesanzeige für „Alexander
Reichsfreiherrn von Dörnberg auf Hausen" lesen, der als 18. Erbkü-
chenmeister von Hessen und Vizemarschall der hessischen Ritterschaft vorgestellt wurde. Für den Außenstehenden machte dies deutlich, daß es noch die Korporation der Althessischen Ritterschaft gibt,
deren Vorsteher den althergebrachten Titel „Marschall" führen. Des
weiteren geht aus dieser Todesanzeige hervor, daß das Erbamt des
Küchenmeisters, welches demjenigen des Truchseß oder Drosten -
französisch Seneschall - entspricht und damit auf den Vorsteher der
Hofhaltung und einflußreichsten Hofbeamten verweist, für die Fa-

Der Reichserbtruchseß Maximilian Wuni-
bald Fürst von Waldburg-Zeil-Trauchburg
(1750-1818)
in der Galauniform der Kaiserkrönung mit
Reichsapfel

milie des Verstorbenen von seiner historisch begründeten Bedeutung nichts verloren hat. Dies gilt auch für die Freiherren Riedesel zu Eisenbach, welche das Amt des hessischen Erbmarschalls bekleiden. Der Name Marschall bedeutet Pferdeknecht und beinhaltete ursprünglich die Aufsicht über die Pferde. Wie wichtig diese Aufgabe war, geht daraus hervor, daß der Marschall zum Befehlshaber des Heeres wurde, der als Feldmarschall noch fortlebt.

Vom höfischen Amt ist das des Vorstehers der Korporation des Adels bzw. der Ritterschaft zu unterscheiden, welches in der Gestalt des Landerbmarschalls oder Landdrosten gleichfalls ein Erbamt war. Der Verweis auf die hessischen Erbämter macht deutlich, daß sich das System der Erbämter gleichsam die Lehenspyramide herab von oben nach unten fortsetzt. Sogar reichsständische Grafen und Abteien haben noch Erbämter an Familien des Landadels vergeben. So sind die Vietinghoff gen. Schell Erbdrosten der Reichsabtei Essen gewesen, die Plettenberg-Heeren Erbmarschälle der Grafschaft Mark und die Adelmann von Adelmannsfelden der Reichsabtei Ellwangen. Die Rheden dagegen waren Erbtruchsessen der Reichsabtei Gandersheim und die Lenthe Kämmerer des nicht reichsfreien und seit 1494 unter welfischer Hoheit befindlichen Damenstifts Wunstorf.

Erbämter gab es in funktionalem Sinn auch unterhalb der Ebene der Territorialherrschaften. So waren die osnabrückischen Hammerstein Erbdrosten des Amtes Groenenberg und die lippischen Donop Erbburgmänner zu Blomberg. Daß die von Familien innegehabten Erbämter in vielen Fällen zum Bestandteil des Familiennamens geworden sind, war eine häufige Erscheinung.

Bevor die Inhaber der wichtigsten Erbämter aufgeführt werden, sei hier noch bemerkt, daß viele Erbämter - so die genannten hessischen - auf das Spätmittelalter zurückgehen. Andere dagegen sind im Zuge romantischer Bestrebungen erst im 19. Jahrhundert eingerichtet worden. Dabei gilt es zu beachten, daß die Erbämter vielfach an einem bestimmten Adelssitz haften, wie es ja überhaupt undenkbar war, daß ein Besitzloser ein Erbamt bekleidete. Daher verloren die Wallbrunn bereits im 18. Jahrhundert ihr Amt des Erbschenken von

Württemberg, als sie ihren Familiensitz verkauften. Unmittelbar vor der Auflösung des Römischen Reiches von 1806 verschaffte übrigens der Herzog von Württemberg als Inhaber der Erz-Reichs-Sturmfahne noch den in seinem Dienst in den Reichsgrafenstand aufgestiegenen Zeppelin das korrespondierende Amt des württembergischen Erbpannerherren. Mit dem Amt des Schatzmeisters waren auch die Sinzendorff Inhaber eines Reichserbamtes, während die Thurn und Taxis das einträgliche Amt eines General-Erb-Postmeisters innehatten. Die elsässischen Andlaw dagegen durften ebenso wie die sächsischen Carlowitz den lediglich Ehre einbringenden, an das Geschlechtsseniorat gebundenen Titel von Erb-Rittern des Reiches führen.

Besonders freigiebig mit der Kreierung neuer Erbämter war der Preußenkönig Friedrich Wilhelm IV. bei seiner Inthronisierung von 1840. Damals machte er die Freiherren von der Recke-Obernfelde zu Erbmarschällen des Fürstentums Minden, den Freiherren von Twikkel-Havixbeck zum Erbschenken des Fürstentums Münster, den Grafen Hagen-Möckern zum Erbschenken des Herzogtums Magdeburg, den Herrn von Jagow-Rühstädt zum Erbjägermeister der Kurmark, den Herrn von Heyden-Linden zum Erb-Landmundschenk von Alt-Vorpommern wo die Herren von Eickstedt seit 1357 Erbkämmerer waren. Die Edlen Herren von Plotho bekamen dieses Amt für das Herzogtum Magdeburg 1846 übertragen. Der vergangenheitsbezogene Charakter dieser Titelvergabe geht auch daraus hervor, daß sie noch den Bahnen des überkommenen, aus vielen Teilherrschaften zusammengesetzten Territorialstaates folgte, während gleichzeitig der zentralisierte preußische Beamtenstaat durchorganisiert wurde.

Dem Alphabet der geistlichen und weltlichen Territorialfürstentümer folgend werden nunmehr Adelsfamilien mit den von ihnen eingenommenen Erbämtern aufgelistet. Die dem Rang folgende Steigerung der Erbamtbezeichnung, welche vielfach mit Oberststerbland- oder Obererb- beginnt, wird übergangen:

Ansbach: Marschall: Künsberg; Truchseß: Stein; Kämmerer: Eyb; Schenk: Seckendorff

Augsburg: Marschall: Förtsch von Thurnau, dann Westernach; Truchseß: Plassenberg, dann Stadion; Kämmerer: Freyberg
Basel: Truchseß: Schönau-Wehr; Küchenmeister: Rinck von Baldenstein, Rotberg
Bamberg: Obermarschall: Kurfürst von Sachsen - Untermarschall: Seckendorff; Obertruchseß: Kurfürst von der Pfalz - Untertruchseß: Schönfeldt; Oberschenk: König von Böhmen - Unterschenk: Aufseß; Oberkämmerer: Kurfürst von Brandenburg - Unterkämmerer: Rotenhan
Bayern: Marschall: Gumppenberg; Jägermeister und Pannerherr: Törring; Truchseß: Leublfing; Schenk: Preysing; Postmeister: Thurn und Taxis
Böhmen: Marschall: Clam u. Gallas; Küchenmeister: Wratislaw von Mitrowitz; Truchseß: Colloredo-Mannsfeld; Schatzmeister: Lobkowitz; Panierträger: Chorinsky; Schenk: Czernin; Vorschneider: Waldstein
Berg: Marschall: Nesselrode
Brandenburg (Kurmark): Marschall: Gans zu Putlitz; Hofmeister: Königsmarck; Kämmerer: Schwerin; Schenk: Hake; Truchseß: Arnim-Boitzenburg, Graevenitz; Küchenmeister: von der Schulenburg; Jägermeister: von der Groeben, später Jagow
Braunschweig: Marschall: Oldershausen; Schenk: Cramm; Kämmerer: Veltheim; Küchenmeister: Cramm und „zwischen Deister und Leine": Goetz von Olenhusen
Bremen: Marschall: Marschalck von Bachtenbrock; Schenk: Issendorf; Erbfron: v.d. Borch
Brixen: Marschall: Welsperg zu Raitenau; Schenk: Thun u. Hohenstein; Truchseß: Wolkenstein
Calenberg: Schenk: Reden; Küchenmeister: Rössing
Cleve: Marschall: Palandt; später Bylandt; Kämmerer: Borcke
Corvey: Schenk: Malsburg
Eichstätt: Schenk: Eyb; Truchseß: Leonrod; Küchenmeister: Schaumberg
Ellwangen: Marschall: Adelmann von Adelmannsfelden; Kämmerer: Freyberg; Schenk: Rechberg
Essen: Drost: Vietinghoff gen. Schell; Kämmerer: Bottlenberg gen. Schirp

Fulda: Marschall: Schlitz gen. v. Görtz; Kämmerer: Walderdorff
Gandersheim: Drost: Rheden
Geldern: Marschall: Hoensbroech; Drost: Quadt; Hofmeister: Quadt
Görz: Marschall: Thurn und Valsassina; Jägermeister: Strassoldo; Stallmeister: Stürgkh; Truchseß und Falkenmeister: Cobenzl
Hagenau: Vogt: Dürckheim
Halberstadt: Marschall: Rössing; Truchseß: Alvensleben; Schenk: Flechtingen, Grote zu Schauen; Kämmerer: Hoym
Hannover: Marschall: Münster v. Derneburg; Generalerbpostmeister: Platen
Herford: Marschall: Ledebur; Jägermeister: Bylandt; Schenk: Münnich
Henneberg: Schenk: Wolzogen; Ketelhodt; Truchseß: Truchseß v. Wetzhausen; Marschall: Marschall gen. Greiff, Marschalk v. Ostheim
Hessen: Marschall: Riedesel zu Eisenbach; Küchenmeister: Dörnberg; Kämmerer: Berlepsch; Schenk: Schenck zu Schweinsberg
Hildesheim: Marschall: Schwicheldt; Drost: Bock von Wülfingen; Schenk: Veltheim; Kämmerer: Bock v. Wülfingen
Hirschberg: Schenk von Geyern
Jülich: Jägermeister: Wolff-Metternich
Kärnten: Marschall: Wagensberg; Truchseß und Kämmerer: Herberstein; Landhofmeister: Orsini und Rosenberg; Küchenmeister: Seilern; Stallmeister: Khevenhüller-Metsch; Vorschneider: Stürgkh; Silberkämmerer: Thurn und Valsassina sowie Wickenburg; Falkenmeister: Ottenfels gen. v. Gschwind; Schenk: Dietrichstein
Kempten: Marschall: Pappus von Tratzberg; Truchseß: Roth von Schreckenstein; Kämmerer: Kaller von Schleitheim; Schenk: Bodman
Krain: Marschall: Auersperg; Truchseß: Hohenwart; Hofmeister: Thurn und Valsassina; Stallmeister: Lamberg; Schenk: Cobenzl, dann Coronini; Stabelmeister: Egkh
Köln: Voigt: Bentheim; Küchenmeister: Raitz von Frentz; Marschall: Salm-Reifferscheidt; Kämmerer: Metternich; Türwart: Francken-Sierstorpff
Konstanz: Marschall: Syrgenstein

Lauenburg: Marschall: Bülow; Jägermeister: Bernstorff
Lüneburg: Marschall: Meding; Truchseß: Grote; Küchenmeister
(Pöttger): Spörcken; Schenk: Behr; Kämmerer: Knesebeck
Magdeburg: Marschall: Veltheim; Schenk: Hagen; Truchseß: Krosigk; Küchenmeister: Dieskau; Kämmerer: Plotho
Mainz: Marschall: Heusenstamm; Hofmeister: Waldbott von Bassenheim; Schenk: Schönborn; Truchseß: Rüdt von Collenberg, Greiffenclau; Kämmerer: Metternich
Mecklenburg: Marschälle (jeweils in den Teilfürstentümern): Hahn, Levetzow, Lützow, Maltzan, Moltke, Viereck
Mark: Marschall: Bodelschwingh-Plettenberg
Minden: Marschall: Münchhausen, v.d. Recke
Münster (Westfalen): Marschall: Merveldt; Kämmerer: Galen; Truchseß: Droste zu Vischering; Schenk: Twickel
Nassau. Kämmerer: Ingelheim gen. Echter von Mespelbrunn; Schenk: Waldbott v.Bassenheim
Nürnberg (Burggraftum): siehe Ansbach
Österreich ob und unter der Enns: Marschall: Starhemberg; Truchseß: Schönborn-Buchheim, Nostitz-Rieneck; Küchenmeister: Stiebar von Buttenheim, Breunner, Lamberg; Landhofmeister: Trautson, Khevenhüller-Metsch, Ungnad von Weißenwolff, Trauttmansdorff; Schenk: Zinzendorff, Hardegg; Stallmeister: Harrach, Perger; Silberkämmerer: Kuefstein; Falkenmeister: Thürheim; Münzmeister: Sprinzenstein, Pergen; Thürhüter: Haugwitz; Postmeister: Paar; Vorschneider, Kampfrichter und Schildträger: Althann; Panierherr und Fähnrich: Abensperg und Traun; Jägermeister: Lamberg; Stabelmeister: Fuchs
Osnabrück: Landdrost: Bar; Jägermeister: Ledebur
Paderborn: Marschall: Spiegel; Hofmeister: Haxthausen; Küchenmeister: Westphalen zu Fürstenberg; Mayer: Brenken; Türhüter: Mengersen
Passau: Marschall: Notthaft; Truchseß: Pienzenau
Pfalz: Schenk: Erbach; Küchenmeister: Seldeneck; Truchseß: Hirschhorn; Marschall: Salm-Horstmar
Pommern (*Vor*-): Küchenmeister: Schwerin; Marschall: Maltzan; Schenk: Heyden-Linden; Kämmerer: Eickstedt

Pommern (*Hinter-*): Marschall: Flemming; Küchenmeister: Kleist-Retzow; Kämmerer: Somnitz; Schenk: Krockow, Ramin; Jägermeister: Grumbkow, Bismarck

Quedlinburg: Marschall: Ditfurth

Regensburg: Marschall: Hofer von Lobenstein; Schenk: Pfetten; Kämmerer: Sazenhofen

Rügen: Marschall: Putbus; Küchenmeister: Behr-Negendank; Jägermeister: Krassow; Kämmerer: Bohlen

Sachsen: Marschall: Marschall von Bieberstein; später Löser; Kämmerer: Marschall v. Bieberstein

Salzburg: Marschall: Lodron; Schenk: Künburg; Kämmerer: Törring; Truchseß: Lamberg

Schlesien: Hofmeister: Schaffgotsch; Kämmerer: Maltzan; Marschall: Seydlitz; Truchseß: Hochberg; Schenk: Henckel von Donnersmarck; Jägermeister und Postmeister: Reichenbach; Voigt: Czettritz und Neuhaus; Baudirektor: Schlabrendorf

Schwaben: Marschall: Rechberg; Schenk: Schilling von Canstatt

Steiermark: Truchseß: Hardegg; Küchenmeister: Wurmbrand-Stuppach; Hof- und Jägermeister: Dietrichstein; Hofmeister: Trauttmansdorff, Orsini und Rosenberg; Schenk: Stubenberg; Stallmeister: Windisch-Graetz; Postmeister: Paar; Vorschneider: Hammer-Purgstall; Kämmerer: Attems

Thüringen: Marschall von Altengottern; Schenk: Vargula bzw. Tautenburg; Truchseß: Schlotheim; Kämmerer: Schulenburg-Vitzenburg

Tirol: Marschall: Trautson bzw. Auersperg; Küchenmeister: Welsperg zu Raitenau; Truchseß: Künigl; Schenk: Spaur; Hofmeister: Trapp; Stallmeister: Wolkenstein; Kämmerer: Cles; Silberkämmerer: Brandis; Falkenmeister: Sternbach

Trient: Schenk: Thun und Hohenstein; Marschall: Firmian

Trier: Marschall: Eltz; Truchseß: von der Leyen; Hofmeister und Kämmerer: Kesselstatt; Türhüter: Bodelschwingh

Werden: Drost: Hövel

Werle: Marschall: Levetzow

Westfalen: Drost: Fürstenberg-Herdringen; Erbkämmerer: Plettenberg-Lenhausen

Worms Kämmerer: Dalberg

113

Württemberg: Hofmeister: Waldburg; Kämmerer: Gültlingen; Marschall: Thumb von Neuburg; Truchseß: Speth von Zwiefalten; Schenk: Wallbrunn, Nippenburg; Pannerherr: Zeppelin

Würzburg (Herzogtum Franken): Oberhofmarschall: Guttenberg; Untermarschall: Bibra; Truchseß: Schönborn; Küchenmeister: Thüngen; Kämmerer: Zobel von Giebelstadt, Seinsheim; Oberschenk: Castell; Oberjägermeister: Schwarzenberg

Wunstorf: Schenk: Landesberg

Ziegenhain: Truchseß: Linsingen

Zollern: Schenk von Stauffenberg

2.9. Erbliche Sitze in Herrenhäusern und Zweiten Kammern

Obgleich im Gefolge der Französischen Revolution sowie der Revolutionen von 1830 und 1848/49 bereits eine ganze Anzahl adeliger Bastionen beseitigt worden sind, hat doch die im 19. Jahrhundert einsetzende Parlamentarisierung die paradoxe Folgerung gehabt, daß auf das Drängen altständischer Konservativer historisch überkommene Elemente in das Staatsrecht eingeführt worden sind. Zumal ja der moderne Parlamentarismus aus den Ständekammern erwachsen ist, haben Fürsten und Adel versucht, den mehr oder weniger demokratisch gewählten „Volkskammern" mit zweiten Kammern oder Herrenhäusern ein Gegengewicht nach dem Muster des britischen Oberhauses entgegenzusetzen. Solche Kammern sind beispielsweise in Baden, Bayern, Hannover, Hessen, Preußen, Österreich und Württemberg eingerichtet worden.

Diese Kammern waren Ausdruck des klerikalen und altständischen Prinzips, indem sie nämlich nicht Individuen, sondern adelige Grundbesitze, Domkapitel, in Landschaftsverbänden organisierte Grundbesitzer, Universitäten und städtische Magistrate repräsentierten. Dabei muß hervorgehoben werden, daß nach dem beispielsweise in Hannover und Mecklenburg praktizierten altständischen Prinzip die immer zahlreicher werdenden bürgerlichen Besitzer von Rittergütern an der auf Besitz und Korporation gründenden ständischen Repräsentation teilhatten! Es gehört in diesen Zusammenhang, daß Wilhelm II. als preußischer König den von der Stadt Köln präsentierten Oberbürgermeister Konrad Adenauer ins Preußische Herrenhaus berufen hat.

Dieses Herrenhaus setzte sich aus diesen Mitgliedergruppen zusammen:

a) großjährige Prinzen des königlichen Hauses
b) Mitglieder des Hohen Adels, einschließlich der Mediatisierten und Standesherren
c) adelige Familien mit erblichem Sitz (Fideikommiß-Inhaber)
d) die Inhaber der aufgeführten vier großen Landesämter in Preußen
e) Mitglieder, welche auf Lebenszeit berufen wurden
f) Mitglieder, die von Domkapiteln und privilegierten Familienverbänden dem König präsentiert und von ihm berufen wurden
g) Mitglieder der Landschaftsverbände, d.h. der Eigentümer - auch bürgerlicher - der Rittergüter
h) Universitätsvertreter
i) Vertreter privilegierter Städte

Konkret gehörten hierzu in **Preußen** neben den beiden Chefs der Häuser Hohenzollern-Hechingen und Hohenzollern-Sigmaringen die Chefs der mediatisierten Fürstenhäuser wie Arenberg, Bentheim-Tecklenburg-Rheda, Bentheim-Steinfurt, Fürstenberg, Ysenburg-Büdingen, Salm-Horstmar, Salm-Salm, Sayn-Wittgenstein, Solms-Lich, Solms-Rödelheim, Stolberg-Wernigerode und Wied. Außerdem die Inhaber der aus böhmisch-habsburgischer Zeit überkommenen bzw. nach ihrem Muster eingerichteten Freien Standesherrschaften in Schlesien und der Lausitz. Dies waren die Arnim-Boitzenburg, Biron von Curland-Wartenberg, Brühl-Pförten, Hatzfeldt-Trachenberg, Henckel von Donnersmarck-Beuthen, Hochberg-Neuschloß, Lynar-Lübbenau, Maltzan-Militsch, Pleß-Fürstenstein, Reichenbach-Goschütz, Schaffgotsch-Warmbrunn, Schoenaich-Carolath, von der Schulenburg-Lieberose und Talleyrand-Perigord-Sagan.

Weiter gehörten dem Herrenhaus an die Inhaber von adeligen Fideikommißgütern, welche an Bedeutung den standesherrlichen Besitzen teilweise nicht nachstanden. Unter ihnen sind hervorzuheben: Alt-

115

hann, Alvensleben-Schönborn, Asseburg-Falkenstein, Ballestrem, Behr-Negendank, Bismarck, Blücher-Wahlstatt, von dem Bussche-Ippenburg, Dönhoff-Friedrichstein, Dohna-Finkenstein, Dohna-Lauck, Dohna-Schlobitten, Dohna-Schlodien, Eulenburg-Hertefeld, Eulenburg-Prassen, Finck von Finckenstein-Schönberg, Fürstenberg-Herdringen, Grote, Hardenberg-Neuhardenberg, Hatzfeld-Wildenburg, Hessen-Philippstal-Barchfeld, Hohenlohe-Ingelfingen, Hohenlohe-Oehringen-Ujest, Houwald, Hutten-Czapski, Innhausen und Knyphausen-Lütetsburg, Keyserling, Landsberg-Velen, Lichnowsky, Moltke-Kreisau, Münster v. Derneburg, Oppersdorff, Gans zu Putlitz, Raczyński, Radolin, Radziwill, Ratibor-Hohenlohe-Schillingsfürst, Rheina-Wolbeck, Riedesel zu Eisenbach, Roon, Salm-Reifferscheidt-Dyck, Schleswig-Holstein-Primkenau, Schlichting, Schlieben-Sanditten, Seidlitz, Steinberg-Brüggen, Wedel-Gödens, Tiele-Winckler, Werthern-Beichlingen, Westphalen zu Fürstenberg und Yorck von Wartenburg. Bei diesen Namen fällt auf, daß sich darunter mit den Ballestrem und den Tiele-Winckler industrieadelige Neulinge und mit den Yorck von Wartenburg eine kleinadelige Familie bescheidenster Herkunft befindet, die durch Kriegsruhm aufgestiegen und durch königliche Dotation zu Besitz gelangt ist.

Von den uralten Pflichten des Adels, dem Landesherren mit Rat beizustehen, ist es abgeleitet, daß einige Familienverbände alteingesessener und begüterter Adelsfamilien in Preußen das Recht erhielten, dem König eines ihrer Mitglieder zur Berufung in das Herrenhaus zu präsentieren. Dieses Recht wurde etwa den Alvensleben, Arnim, Below, Bonin, Borcke, Bredow, Bülow, von der Groeben, Hanstein, Kleist, Königsmarck, von der Osten, Puttkamer, von der Schulenburg, Schwerin, Veltheim, Wedel und Zitzewitz zuerkannt. Weiter ist erwähnenswert, daß die Keyserlingsche Herrschaft Rautenberg in Ostpreußen im Jahre 1787 zu einer Titulargrafschaft erhoben wurde, im Jahre 1840 wurden die vier Fideikommisse der Burggrafen zu Dohna, die allesamt mit erblichen Sitzen im Herrenhaus vertreten waren, in den Rang einer „Gesamtgrafschaft" Dohna erhoben.

In **Bayern** entsprach die Kammer der Reichsräte dem Herrenhaus. Auch hier gehörten die ehemals regierenden mediatisierten Grafen-

und Fürstenhäuser wie die Castell, Fugger, Oettingen, Schönborn und Waldbott v. Bassenheim den erblichen Reichsräten an. Des weiteren einige reichsritterliche Familien aus den zu Bayern gekommenen neuen Territorien wie die Franckenstein, Guttenberg, Ingelheim, Schenk von Stauffenberg, Thüngen und Würtzburg. Darüber hinaus gehörten den Reichsräten erblich an die Inhaber von Fideikommissen namhafter landständischen Familien. Neben den bekannten altbayerischen Familien wie Arco, Gumppenberg, Lerchenfeld, Preysing, Sandizell, Seinsheim und Törring gehörten hierzu auch die Aretin, Bray, Butler v. Clonebough, Deym, Drechsel, Du Moulin-Eckart, Gravenreuth, Grießenbeck, Holnstein, Lotzbeck, Maldeghem, Mirbach-Geldern-Egmondt, Montgelas, Niethammer, Oberndorff, Poschinger von Frauenau, Ruffin, Schnurbein, Wrede sowie endlich die Industriellenfamilien Cramer-Klett, Maffei und Schaezler, welche allesamt bedeutenden Grundbesitz erwarben. Neben den erblichen gab es lebenslange Mitglieder, unter denen sich wiederum ältester Adel wie ein Freiherr von Crailsheim, ausländischer Adel wie Moy, Geldadel wie der Bankier von Finck oder auch der jüdische Bankier Jakob von Lavale befand, welcher wegen seines Reichtums den Beinamen „König Jakob" beigelegt bekommen hat.

Auch in **Österreich** wurde nach dem Ausgleich von 1867 ebenso wie in Ungarn ein erbliches Herrenhaus eingerichtet. Dieses Herrenhaus war ein Klub von Vertrauensleuten der Krone, welcher nur sechzehn Mal im Jahr tagte und in der Tagespolitik keine besondere politische Rolle spielte, jedoch einer Konstitutionalisierung der Monarchie im Wege stand.

Diesem Herrenhaus gehörten insbesondere die Chefs der durchweg den Grafen- oder Fürstentitel tragenden nachfolgenden Adelsgeschlechter an: Abensperg und Traun, Althann, Attems, Auersperg, Badeni, Berchtold, Buquoy, Brandis, Chotek, Clam-Martinitz, Clary und Aldringen, Colloredo-Mannsfeld, Czernin, Dobrzensky, Enzenberg, Fünfkirchen, Fürstenberg, Goëß, Gudenus, Hardegg, Haugwitz, Herberstein, Hohenwart, Hoyos, Kálnoky, Kaunitz, Khevenhüller-Metsch, Kinsky, Kolowrat-Krakowský, Kotz von Dobrz, Kuefstein,

Kuenburg, Lamberg, Larisch und Mönnich, Lichtenstein, Lobkowitz, Lodron, Mensdorff-Pouilly, Meran, Metternich-Winneburg, Montecuccoli, Nostitz-Rieneck, Orsini u. Rosenberg, Paar, Podstatzky-Lichtenstein, Rohan, Schwarzenberg, Schaumburg-Lippe, Schönborn, Schönburg-Hartenstein, Seilern und Aspang, Silva-Tarouca, Starhemberg, Sternberg, Thun u. Hohenstein, Thurn und Taxis, Thurn und Valsassina, Trauttmansdorff, Trautson, Vetter v. der Lilie, Vrints zu Falkenstein, Waldstein, Walterskirchen, Wilczek, Windisch-Graetz, Wurmbrand-Stuppach, Zierotin.

Während die großen polnisch-galizischen Familien wie Czartoryski, Dzieduszycki, Potocki, Sanguszko und Sapieha mit erblichen Sitzen im österreichischen Herrenhaus vertreten waren, hatten die ungarischen Magnaten ihr eigenes Oberhaus. Ihm gehörten u.a. Repräsentanten dieser Familien an: Almásy, Andrássy, Apponyi, Bánffy, Batthyány, Bethlen, Csáky, Erdödy, Esterházy, Festetics, Hunyady, Kálnoky, Károlyi, Keglevich, Khuen von Belasi, Pálffy, Pallavicini, Szápáry, Széchényi, Teleki, Tisza, Zichy. Bemerkenswert ist, daß diesem Oberhaus diese in Ungarn ansässig gewordenen deutschen Familien erblich angehörten: Berchtold, Bissingen und Nippenburg, Blanckenstein, Degenfeld-Schomburg, Wenkheim und Wimpffen.

Ebenso wie in Bayern und Preußen hatte das österreichische Herrenhaus neben den erblichen auch lebenslange Mitglieder. Hierzu gehörten neben solchen aus adeligen Familien wie den Aichelburg, Apfaltrer von Apfaltrern, Beck, Bellegarde, Berger, Deym, Dubsky, Ender-Mallenau, Franckenstein, Haerdl, Huyn, Königswarter, Kottulinsky, Krasicki, Loudon, Ledebur-Wicheln, Lützow, Stürgkh, Welser und Wolkenstein auch neuadelige Industrielle wie der Tscheche Skoda und der steiermärkische Eisenindustrielle Mayr v. Melnhof. Wie sehr die Herrenhäuser der überkommenen alteuropäisch-ständischen Adelsgesellschaft verhaftet waren, mag dies verdeutlichen: Der Fürst von Thurn und Taxis, ein Nachkomme des niederadeligen Generalpostmeisters Kaiser Karls V., war aufgrund seiner weitgestreuten Besitzungen gleichzeitig erbliches Mitglied der ersten Kammern in Bayern, Württemberg, Preußen und Österreich.

Auch der Fürst von Löwenstein-Wertheim gehörte gleichermaßen den ersten Kammern in Baden, Bayern, Württemberg und Hessen an.

Mit den beiden deutschen Kaiserreichen und den diversen noch halbsouveränen deutschen Königtümern, Herzogtümern und Fürstentümern sind im Jahre 1918 auch die Herrenkammern gefallen. Zwar kam ihnen im Verhältnis zu den demokratisch gewählten Ersten Kammern keine große politische Bedeutung zu. Sie waren jedoch ein lebender Beweis dafür, daß diese beiden Kaiserreiche trotz allem gesellschaftlichen Wandel und trotz der mit einer Zurückdrängung des Adels verbundenen Teilkonstitutionalisierung noch als Endstufe der Adelsherrschaft angesprochen werden müssen. Denn der erste Punkt der französischen Erklärung der Menschen- und Bürgerrechte von 1791, der da lautet: „Die Menschen werden frei und gleich an Rechten geboren und bleiben es", hatte hier bis 1918 noch keine unumschränkte Geltung. So hat es denn auch symbolische Bedeutung, daß der Fürst Otto zu Salm-Horstmar am 9. Juli 1918 im preußischen Herrenhaus im Hinblick auf die drohende Parlamentarisierung Preußens erklärte, daß es sich bei dem Weltkrieg um eine schicksalhafte Auseinandersetzung zwischen der demokratischen bzw. „anglo-amerikanischen" mit der „deutsch-aristokratischen" Weltanschauung handle.

2.10. Statistik des adeligen Grundbesitzes

Da die Adelsherrschaft auf Grundherrschaft basiert, brauchen über die Bedeutung einer Grundbesitzstatistik nicht viele Worte verloren zu werden. Auch für das Selbstverständnis des Adels hat der Grundbesitz große Bedeutung. Briefadelige Bürgerliche, welche über kein Grundvermögen verfügten, wurden von Repräsentanten des alteingesessenen Adels als „Bagatelladel" eingeschätzt. Eine Grundbesitzstatistik hat Theodor Häbich 1929 mit seinem sorgfältig recherchierten Buch „Deutsche Latifundien" vorgelegt. Wie Häbich selbstkritisch bemerkt, läßt seine Untersuchung viele Wünsche offen. So erfaßt sie beispielsweise in vielen deutschen Ländern auch mittlere Besitze von lediglich mehreren hundert Hektar, während sie in dem stärker durch Großbesitz geprägten deutschen Osten nur Besitze mit mehr als 1.500 Hektar berücksichtigt. Häbich war es ferner nicht möglich, zuverlässige und detaillierte Daten über den Großgrundbesitz in Böhmen und Österreich zu gewinnen. Er mußte sich hier auf die Wiedergabe von Daten zu Latifundienbesitz beschränken, welche unüberprüft sind, jedoch eine Vorstellung von der materiellen Basis der Magnatenherrschaft vermitteln.

Auf beschränktem Raum ist es nicht möglich, die Vielzahl der in dem Häbich'schen Buch präsentierten Daten wiederzugeben. Jedoch ist es nützlich, einige wesentliche Ergebnisse dieser Besitzstatistik zu präsentieren. Bevor dies geschieht, sei hier vorausgeschickt, daß solch neuere statistische Daten die Realitäten der adeligen Grundherrschaft nur höchst unvollkommen wiedergeben bzw. andeuten können, weil die Vergangenheit den modernen „bürgerlichen" Eigentumsbegriff nicht kannte.

Die aus dem Lehenwesen erwachsene Herrschaft ist nämlich gekennzeichnet durch ein kompliziertes System von Ober- und Untereigentum, sehr unterschiedlich ausgestaltete (Erb-)Pachtverhältnisse sowie eine Vielzahl von auf Grundstücken liegenden persönlichen und dinglichen Lasten und Nutzungsrechten. Die Aufhebung des Lehenwesens bedingte die Abschaffung dieses Systems zugunsten des bürgerlichen Eigentumsbegriffs. Damit war ein oft harter politischer und juristischer Kampf verbunden, der zum Inhalt hatte, wer bekommt was als freies Eigentum zugesprochen bzw. welche Ablösesummen sind in diesem Zusammenhang zu zahlen. Weniger als oft behauptet und jedenfalls landschaftlich sehr unterschiedlich sind bei diesem Aspekt ihrer Befreiung die Bauern zu kurz gekommen. Der bisherige Grundherr war keineswegs immer daran interessiert, eine große Gutsherrschaft aufzubauen. So legte er Ablösesummen, durch welche die Bauern ihr einstiges Untereigentum zu freiem Besitz erhielten, vielfach auf andere Art an, so daß ihm in Extremfällen, wie etwa zuweilen in Franken, nur seine Burg bzw. sein Schloß mit ein paar Morgen Land blieben. Der auf diese Weise verbliebene bzw. zustandekommende Eigenbesitz sagt also nur höchst wenig über die einstige Größe etwa der reichsritterschaftlichen Territorien aus.

Bevor hier einige wichtige Ergebnisse der Häbich'schen Statistik wiedergegeben werden, muß nachdrücklich auf einen Sachverhalt hingewiesen werden, der bei ihrer Lektüre übersehen werden kann: Die grundlegende Tatsache nämlich, daß die Masse der Ritterlehen und Rittergüter im Mittelalter und auch in der neueren Zeit vergleichsweise verhältnismäßig klein war und nach den heutigen Maßstäben einen großbäuerlichen Charakter trug, d.h. nur ein paar hundert Morgen umfaßt hat. Da Häbich nur Besitze von mindestens 400 Hektar landwirtschaftlich genutzter Fläche oder von 500 Hektar Gesamtfläche erfaßt, werden aus diesem einfachen Grund eine Vielzahl sehr renommierter grundbesitzender Familien besonders auch des deutschen Uradels von ihm überhaupt nicht genannt.

Des weiteren ist bei der Interpretation der Besitzstatistik zu berücksichtigen, daß diejenigen Adelssippen, welche einen sehr großen Gesamtbesitz aufweisen - wie besonders die mittel- und ostdeutschen - oft sehr kopfstark waren, so daß für viele ihrer Familienmitglieder nur wenig oder gar nichts abfiel. In diesem Zusammenhang muß darauf hingewiesen werden, daß Hektar nicht gleich Hektar ist und daß es in manchen Provinzen sehr bescheidene und ertragsschwache Böden bzw. minderwertige Waldbestände gab, so daß Hektarzahlen allein oft ein schiefes Bild über die ökonomische Potenz eines Besitzes vermitteln. Dies hatte zur Folge, daß auch Träger von berühmten Namen sich vielfach von relativ bescheidenen Offiziersgehältern ernähren mußten und auch in Not geraten sind. Diesen „Proletarisierungsprozeß" durch Vermehrung hat besonders der katholische Stiftsadel bewußt dadurch verhindert, daß nachgeborene Söhne als Domherren in die kirchliche Laufbahn verwiesen wurden. Diese jahrhundertelang geübte Praxis, welche nicht nur eine Erbteilung verhinderte, sondern darüber hinaus dafür sorgte, daß der Besitz durch Heiratspolitik noch gemehrt werden konnte, erklärt, daß es noch heute - etwa in Westfalen - verhältnismäßig wenige, dafür jedoch besonders große adelige Güterkomplexe gibt.

Wenn man einmal davon ausgeht, daß das durchschnittliche Rittergut teilweise erheblich weniger als 500 bzw. 400 Hektar umfaßt,
stellt man bei der Lektüre der Häbich'schen Statistik fest, daß re-
nommierte Besitze auch des einst reichsritterschaftlichen Adels vielfach im Spektrum zwischen 500 und 1200 Hektar angesiedelt sind.
In **Süd- und Südwestdeutschland** gehören oder gehörten zu dieser
Größenordnung beispielsweise die Besitze der Grafen Douglas zu
Langenstein, der Grafen Adelmann von Adelmannsfelden, der Gemmingen-Hornberg, der Neipperg-Schwaigern, Freyberg-Eisenberg, Gem-
mingen-Guttenberg, Hornstein-Ochsenhausen, Normann-Ehrenfels, Po-
dewils-Hohenmütringen, Schenk von Stauffenberg, Süßkind-Schwendi,
Ulm zu Erbach, Weiler-Weiler, Aufseß, Bibra, Franckenstein-Ullstadt,
Deym, Dürckheim, Fuchs von Bimbach, Gebsattel, Hermann auf Wain,
Hirsch, Lindenfels, Maldeghem, Montgelas, Moy, Moulin-Eckart, Or-
tenburg-Tambach, Ow, Pöllnitz, Riederer von Paar, Perfall, Pfetten,
Preysing, Reitzenstein, Rotenhan, Sandizell, Seckendorff, Stetten-
Burtenbach, Tucher, Voith von Voithenberg und andere mehr.

Diese Besitze werden von denjenigen des einst regierenden hohen
Adels überragt, welche wie die Besitze des Herzogs von Bayern, des
Markgrafen von Baden sowie der Fürsten von Fürstenberg, Löwenstein-Wertheim, Hohenzollern, Hohenlohe, Fugger, Thurn und Taxis, Oettingen und Truchseß von Waldburg mindestens 5.000 Hektar, teilweise erheblich mehr, erreichen. Daneben gibt es jedoch
weitere Besitze gräflicher, freiherrlicher sowie landständischer und
auch finanz- bzw. industrieadeliger Familien, welche die oben aufgeführten mittleren Besitze an Größe teilweise erheblich übertreffen.
Hierzu gehören die Berlichingen-Jagsthausen, Königsegg-Aulendorf,
Pappenheim-Pappenheim, Poschinger, Crailsheim, Cramer-Klett,
Finck, Gemmingen-Hornberg, Gumppenberg, Haniel-Niethammer,
Maffei, Rechberg-Rothenlöwen, Schönborn-Wiesentheid, Schaesberg, Sturmfeder-Horneck, Thüngen und Törring-Jettenbach.

In **Hessen** und in der **Rheinprovinz** gehören zur mittleren Besitzka-
tegorie besonders die Besitze der Wamboldt von Umstadt, Franckenstein, Löw zu Steinfurth, Berghe von Trips, Boch-Galhau, Eltz, Ga-

gern, Geyr von Schweppenburg, Hoensbroech, Hövel, Krupp, Landesberg, von der Leyen zu Bloemersheim, Leykam, Loë, Nesselrode, Rexroth, Rigal, Salis-Soglio, Salm-Reifferscheidt-Dyck, Salm-Salm-Anholt, Steengracht-Moylandt und Waldthausen-Bassenheim. Diese werden durch die Großbesitze folgender, teilweise fürstlicher bzw. reichsständischer Häuser überragt: Erbach, Görtz von Schlitz, Heyl zu Herrnsheim, Leiningen, Ysenburg, Nordeck zu Rabenau, Riedesel zu Eisenbach, Schenck zu Schweinsberg, Solms, Stolberg sowie - in der Rheinprovinz - Arenberg, Beissel von Gymnich, Boeselager, Diergardt, Droste zu Vischering, Fürstenberg, Hatzfeldt, Kesselstatt, de Maistre, Mirbach-Harff, Schaesberg, Schorlemer, Spee, Vietinghoff-Schell, Wied und Wolff-Metternich.

In **Westfalen** gehören zu den mittleren Besitzern die Ascheberg, Bockum-Dolffs, Droste-Hülshoff, Eckhardtstein, Graes, Heereman von Zuydtwyck, Hövel, Kerckerinck zur Borg, Kerssenbrock, Mallinckrodt, Marchant und Ansembourg, Ratibor von Corvey (Hohenlohe), von der Recke, Rheina-Wolbeck, Schorlemer, Stolberg und Vincke. Folgenden Familien gehören hier Großbesitze: Arenberg, Asseburg, de Becker-Remy, Bentheim-Steinfurt, Bentheim-Tecklenburg-Rheda, Böselager, von der Borch, Brenken, von dem Bussche-Ippenburg, Croÿ, Donner, Droste zu Vischering, Elverfeldt, Fürstenberg, Galen, Hagen-Plettenberg, Haxthausen, Inn- und Knyphausen, Bodelschwingh-Plettenberg, Ketteler, Korff-Schmising, Landsberg, Merveldt, Nagel-Doornick, Nesselrode, Oeynhausen, Papen, Plettenberg, Rheinbaben, Romberg, Salm-Horstmar, Salm-Salm, Sayn-Wittgenstein, Spee, Twickel, Waldeck-Pyrmont, Weichs zur Wenne, Wendt-Papenhausen, Westerholt und Gysenberg, Westphalen zu Fürstenberg, Wolff-Metternich, Wrede und Zitzewitz.

In der **Provinz Sachsen** gehörten zur mittleren Kategorie der Besitze die Mackensen von Astfeld, Lucius von Ballhausen, von dem Bussche-Streithorst, Byern, Dietze, Dippe, Neidhardt von Gneisenau, Goldacker, Gustedt, Helldorf, Kotze, Krosigk, Lindequist, Lucke, Marschall von Altengottern, Nathusius, Patow, Pentz, Pilgrim, Rauchhaupt, Rohr, Rundstedt, Stammer, Trotha, Veltheim, Wilmowsky, Wuthenau und Zech-Burckersroda. Über Großbesitze verfügten hier nachfolgende Familien: Alvensleben, Arnim, Asseburg, Bodenhausen, Britzke, Davier, Eller-Eberstein, Engelbrechten-Ilow, Gontard, Gossler, Hagen, Hohenthal, Hohenzollern, Itzenplitz, Jagow, Katte, Kröcher, Leipzig, Mengersen, Münchhausen, Oppen, Pieschel, Plotho, Putbus, Schenck von Flechtingen, Schierstädt, von der Schulenburg, Solms, Stolberg, Vitzthum von Eckstädt, Wartensleben, Werthern, Wintzingerode, Wulffen und Zimmermann. In Sachsen-Anhalt gab es neben dem umfangreichen Besitz des herzoglichen Hauses Grundbesitzer der mittleren Kategorie in den Häusern Kalitsch, Krosigk, Oppeln-Bronikowski, Trotha und Wuthenau.

In **Thüringen** lag der Besitz dieser Kategorie bei den: Berlepsch, Eichel-Streiber, Hanstein, Krause, in **Sachsen** bei den Bressler, Carlowitz, Einsiedel, Feilitzsch, Friesen, Hartmann, Pentz, Münster-Linz, Posern, Vitzthum von Eckstädt, Wallwitz und Zech-Burckersroda. Über Großbesitz verfügten in Thüringen das fürstliche Haus Reuß, das sächsische Herzogshaus (Ernestiner) und die Wurmb, in Sachsen die Arnim, Burgk, Hohenthal, Holnstein, Lippe-Weißenfeld, Reuß, Schall-Riaucour, Schönberg, Schönburg, Stolberg, Trützschler, Vietinghoff und Zimmermann.

In **Hannover**, Oldenburg, Schaumburg-Lippe und Braunschweig gehören Häbich zufolge zu den Besitzern der mittleren Kategorie die: Bar, Campe, Decken, Dincklage, Gadenstedt, Hake, Hantelmann, Hodenberg, Ilten, Kielmannsegg, Marenholtz, Petersdorff-Campen, Rheden und Stockhausen. Dagegen verfügen hier diese Familien über Großbesitze: Adelepsen, Behr, Bentheim-Steinfurt, Bernstorff, Bothmer, Bremer, Cramm, Galen, Görtz-Wrisberg, Grote, Hammerstein, Hardenberg, Inn- und Knyphausen, Knigge, Krupp, Marschalck von Bachtenbrock, Münster v. Derneburg, Schaumburg-Lippe, Oeynhausen, Oldershausen, Plate, Reventlow, Schulenburg, Spörcken, Stolberg, Veltheim, Wedel und von der Wense.

In **Schleswig-Holstein** dominiert der nicht selten mehrere tausend Hektar umfassende Großbesitz, über den diese Familien verfügen: Abercron, Baudissin, Bernstorff, Bethmann-Hollweg, Bismarck,

Brockdorff, Brockdorff-Ahlefeld, Buchwaldt, Bülow, Donner, Hahn, Hedemann, Hessen, Hollen, Jenisch, Kielmannsegg, Oldenburg, Platen-Hallermund, Plessen, Rantzau, Reventlow, Schimmelmann, Schleswig-Holstein, Schoenaich-Carolath, Stumm, Waldersee und Westphalen. Unter den mindestens 250 Hektar landwirtschaftlich genutzten bzw. 1.000 Hektar Gesamtfläche aufweisenden schleswigholsteinischen Besitzen führt Häbich noch auf diejenigen der Hobe-Gelting, Lassen, Schaumburg-Lippe, Scheel-Plessen, Schiller, Seydlitz-Kurzbach, Weber von Rosenkrantz und Witzendorff.

In **Mecklenburg** gehörten zur mittleren Kategorie die Besitze der Boddien, Böhl, Brockdorff, Buengner, Campe, Engel, Ferber, Flügge, Frisch, Kap-herr, Kardorff, Köppen, Laffert, Langen, Leers, Lippe, Meerheimb, Schack, Schickel, Schlick, Schroeder, Schultz, Stralendorff und Viereck. Zu den auch hier dominierenden Großbesitzen, die beim Grafen Hahn-Basedow 9.300 und beim Großherzog von Mecklenburg 10.600 Hektar erreichten, gehörten diejenigen der Arnswaldt, Barner, Bassewitz, Behr-Negendanck, Bernstorff, Biel, Blücher, Bodenhausen, Bothmer, Buch, Bülow, Dewitz-Krebs, Flotow, Grote, Haase, Hardenberg, Haugwitz, Kanitz, Karstedt, Klinggraef, Könemann, Königsmarck, Langermann und Erlencamp, Le Fort, Levetzow, Lützow, Maltzan, Michael, Oertzen, Ohlendorff, Paepke, Plessen, Pückler-Burghaus, Randow, Reuß, Rieben, Schaumburg-Lippe, Schlieffen, Schnitzler, v.d. Schulenburg, Schulse-Bülow, Schwerin, Tiele-Winckler, Treuenfels, Voss, Waldow und Wolffersdorff.

In der **Mark Brandenburg** gehörten nach Häbich zu den Familien mit mindestens 1.500 Hektar landwirtschaftlich genutzter Fläche oder 2.500 Hektar Gesamtfläche die Anhalt-Dessau, Arnim, Borsig, Brandt, Bredow, Brühl, Buch, Eckhardtstein, Eickstedt, Erxleben, Eulenburg-Hertefeld, Finck von Finckenstein, Flemming, Fürstenstein, Hagen, Hardenberg, Hohenzollern, Houwald, Jagow, Jena, Karstedt, Keudell, Königsmarck, Brandt von Lindau, Lynar, Marwitz, Neumann, Oelsen, Oppen, v.d. Osten, Pappritz, Philippsborn, Gans zu Putlitz, Raven, Risselmann, Ritz, Rochow, Rohr, Saldern, Schierstädt, Schlieffen, Schlippenbach, Schoenaich-Carolath, Schöning, von der Schulenburg, Schwerin, Senfft von Pilsach, Seydel, Solms, Stolberg, Sydow, Veltheim, Voß, Waldow, Wätjen, Wilamowitz-Möllendorf, Witte und Wülfing.

In **Schlesien** gehörten zu den Besitzern mit mindestens 1.500 Hektar landwirtschaftlich genutzter Fläche oder 2.500 Hektar Gesamtfläche die Altern, Arnim-Muskau, Ballestrem, Bethusy-Huc, Brühl-Renard, Carmer, Carolath-Beuthen, Biron von Curland, Danckelmann, Deym, Dirksen, Dohna, Durant, Francken-Sierstorpff, Frankenberg, Garnier-Turawa, Guradze, Haugwitz, Henckel von Donnersmarck, Herberstein, Hochberg, Hohenlohe, Johnston, Knesebeck, Kölichen, Kospoth, Kramsta, Kulmiz, Lichnowsky, Loebenstein, Loesch, Lüttichau, Magnis, Maltzan, Müffling, Naehrich, Oppersdorff, Pless, Posadowsky-Wehner, Praschma, Hohenzollern, Pückler, Ratibor, Reichenbach, Reinersdorff-Paczensky und Tenczin, Richthofen, Rittberg, Rothenburg, Rothkirch, Rothschild, Sachsen, Saurma, Schaffgotsch, Schleswig-Holstein, Schlichting, Schlotheim, Schoenaich-Carolath, Schönburg, Schweinitz, Seherr-Thoss, Seidlitz, Solms, Sprenger, Stolberg, Stosch, Strachwitz, Talleyrand-Perigord-Sagan, Tiele-Winckler, Hatzfeld-Trachenberg, Welczeck, Wietersheim, Württemberg und Yorck von Wartenburg.

Während in **Brandenburg** lediglich die Besitze der Arnim-Boitzenburg, Brühl-Pförten, Hohenzollern, Lynar-Görlsdorf (früher Redern), von der Schulenburg-Lieberose, Solms-Baruth und Waldow mehr als 10.000 Hektar Gesamtfläche aufwiesen, wurden in **Schlesien** Besitze dieses Ausmaßes von folgenden Familien besessen: Arnim-Muskau, Schoenaich-Carolath, Biron von Kurland, Henckel von Donnersmarck, Hohenlohe, Maltzan, Pleß, Hohenzollern, Ratibor, Sachsen, Schaffgotsch, Schleswig-Holstein, Solms-Baruth, Talleyrand, Tiele-Winckler und Hatzfeld. Dabei kann angemerkt werden, daß die Dohna, Frankenberg, Garnier-Turawa, Hochberg, Magnis, Pückler, Reichenbach, Rittberg und Rothenburg Besitze mit jeweils über 8.000 Hektar hatten und weitere Familien wie etwa die Altern, Bethusy-Huc, Brühl, Lichnowsky, Löbenstein, Oppersdorff, Pra-

126

schma, Rothschild, Seherr-Thoss, Seidlitz, Strachwitz und Württemberg immerhin mehr als 5.000 Hektar.

In **Pommern** gehörten zu den Besitzern mit mehr als 1.500 Hektar landwirtschaftlich genutzter Fläche bzw. 2.500 Hektar Gesamtfläche die: Behr, Bismarck, Blanckenburg, Bonin, Borsig, Buggenhagen, Douglas, Eickstedt, Esbeck-Platen, Flemming, Gerlach, Griesheim, Groeben, Hammerstein, Heyden (-Linden), Hohenzollern, Holtzendorff, Kameke, Kieckebusch, Kleist, Klot, Knebel, Knobelsdorff, Köller, Kruse, Lancken, Livonius, Maltzan, Manteuffel, Massow, Natzmer, Oppenfeldt, von der Osten, Pachelbel, Petersdorff, Pirsch, Ploetz, Putbus, Puttkamer, Schlieffen, Schwerin, Seckendorff, Sobeck, Solms, Somnitz, Wedel, Wickerau-Krockow und Zitzewitz. Unter diesen Einzelbesitzen hatten mehr als 5.000 Hektar diejenigen der Bismarck-Varzin, Bonin-Canitz, Eickstedt-Hohenholz, Hohenzollern, Kleist-Schmenzin, Kleist-Retzow, von der Osten-Jannewitz und Zitzewitz-Beßwitz.

In **West- und Ostpreußen** gehörten zu den adeligen Grundeigentümern mit mehr als 1.500 Hektar landwirtschaftlich genutzter Fläche bzw. 2.500 Hektar Gesamtfläche die Albedyll, Anhalt, Batocki, Borcke, Brederlow, Brünneck, Buddenbrock, Dohna, Dönhoff, Egloffstein, Eulenburg, Farenheid, Finck von Finckenstein, Frankenberg-Proschlitz, Goltz-Domhardt, Gramatzki, von der Groeben, Hartmann, Hoverbeck, Janson, Klitzing, Kock, Lehndorff, Oldenburg-Januschau, Paleske, Puttkamer, Rautter, Reuß, Rose, Sanden, Schenk zu Tautenburg, Schichau, Schlüter, von der Schulenburg-Filehne, Sierakowski und Wilckens.

Einzelbesitze folgender Familien überschritten die Gesamtfläche von 4.000 Hektar: Anhalt-Dessau, Dohna, Dönhoff, Eulenburg, Farenheid, Finck von Finckenstein, Goltz-Domhardt, von der Groeben, Janson, Lehndorff, Oldenburg-Januschau, Paleske, Reuß und Stolberg-Dönhoffstädt. Dabei kann gesondert angemerkt werden, daß der Finckenstein'sche Besitz Schönberg 21.000 Hektar groß war und daß die Burggrafen zu Dohna allein in Ostpreußen fünf Großbesitze mit insgesamt 40.000 Hektar besaßen. Ihren schlesischen Besitz eingeschlossen, kamen sie auf 51.000 Hektar. Wenn man einmal den vergleichbaren oder noch größeren Besitz regierender Häuser außer acht läßt, so fällt auf, daß der Gesamtbesitz einiger niederadeliger Häuser denjenigen der Dohna noch übertrifft. So weisen allein die bei Häbich berücksichtigten größeren Besitze der Arnim und von der Schulenburg eine Gesamtfläche von 77.000 bzw. 55.000 Hektar auf, der auf vergleichsweise viele Güter verteilte Gesamtbesitz der Schwerin soll laut deren Familiengeschichte am Ende des 19. Jahrhunderts noch größer gewesen sein. Auch die Gesamtbesitze der schlesischen Henckel von Donnersmarck, welche aufgrund ihres bedeutenden Industriebesitzes als Kaufleute unter den Fürsten und Fürsten unter den Kaufleuten galten, sowie der mecklenburgischen und schlesischen Maltzan überstieg noch 30.000 Hektar, während die Bernstorff, Bismarck, Finck von Finckenstein und Zitzewitz insgesamt mehr als 20.000 Hektar besaßen.

In den **baltischen** Provinzen gab es im Stichjahr 1912 dreiundzwanzig deutsche Familien, welche insgesamt mehr als 10.000 Hektar besaßen. Die begütertsten unter ihnen waren die Behr mit 110.000, die Osten-Sacken mit 92.000, die Hahn mit 74.000 und die Fircks mit 59.000 Hektar. Nach ihnen kamen in absteigender Reihenfolge die Pahlen, Grotthus, Lieven, Plater-Syberg, Manteuffel, von der Recke, Medem, Buchholtz, Kleist, Korff, Nolcken, Brüggen, Heyking, Roenne, Nolde und Engelhardt. Diese riesigen Besitze erklären in Kombination mit ihren Autonomierechten das Herrenbewußtsein und das unnachahmliche Selbstbewußtsein baltischer Barone, die sich in einer Vielzahl von Anekdoten und Erzählungen spiegelt.

So soll einer auf die Frage des russischen Kaisers Alexander, wie es ihnen gelungen sei, ihr Deutschtum in einer fremden Umwelt über Jahrhunderte zu bewahren, geantwortet haben, wenn man edle Pferde zusammen mit Schweinen in einen Stall sperre, so würden daraus noch längst keine Schweine.

Die teilweise in der Hand deutscher Adelsfamilien befindlichen Latifundien in **Böhmen** hatten nach einer vom Habich mit Vorbehalt wiedergegebenen Zeitungsquelle von 1921 die folgenden Hektargrößen: Althann 13.000, Auersperg 25.000, Ballestrem-Karolyi 28.000, Buquoy 28.000, Clam u. Gallas 49.000, Coburg-Gotha-Koharÿ 159.000, Colloredo-Mannsfeld 58.000, Coudenhove 17.000, Czernin 59.000, Fürstenberg 40.000, Habsburg 42.000, Harrach 37.000, Haugwitz 13.000, Herberstein 10.000, Hohenlohe 21.000, Hohenzollern-Sigmaringen 14.000, Kaunitz 10.000, Khevenhüller 25.000, Kinsky 71.000, Kolowrat 14.000, Lichnowsky 10.000, Liechtenstein 161.000, Lobkowitz 47.000, Löwenstein-Wertheim 22.000, Metternich 20.000, Nostitz-Rieneck 21.000, Paar 14.000, Pálffy 16.000, Pallavicini 10.000, Rohan 12.000, Salm-Reifferscheidt 15.000, Seilern 13.000, Schaumburg-Lippe 10.000, Schönborn 13.000, Schwarzenberg 192.000, Sternberg 23.000, Thun u. Hohenstein 26.000, Thurn und Taxis 45.000, Trauttmansdorf 20.000, Waldstein 10.000, Wenckheim 22.000, Windisch-Graetz 31.000 und Zichy 37.000.

Nachdem nunmehr die materiellen und rechtlichen Grundlagen der Adelsherrschaft dargelegt worden sind, gilt es nunmehr das vom Fürsten Giuseppe Tomasi di Lampedusa in seinem berühmten Roman „Der Leopard" dargestellte „besondere Universum" des Adels zu beschreiben. Dieses wird durch ein spezielles kollektives Gedächtnis und besondere Werthaltungen konstituiert.

3. Adelige Kirchenherrschaft und Königtum

Nichts ist so wenig aristokratisch
wie der Unglaube
Der Herzog von Talleyrand,
Erzbischof von Reims

Als berufsmäßige Denker und Verwalter des Sinnes der menschlichen Existenz haben Priester in fast allen Kulturen eine bedeutsame Rolle gespielt. Der durch die wissenschaftlich-technische Zivilisation geprägte moderne Mensch, welcher der Religion vielfach skeptisch, ja abweisend gegenübersteht, hat oft Schwierigkeiten, die eminent praktische Bedeutung der Religion für das Alltagsleben und das Weltverständnis des christlichen Kulturkreises abzuschätzen.

Am besten kann er sie vielleicht ermessen, wenn er sich vergegenwärtigt, welche Rolle noch heute die Religion in der muslimischen Welt spielt. Tatsächlich sind im Mittelalter viele Mitglieder des Adelsstandes, dem ja die göttliche Fügung eine besondere Rolle zugewiesen zu haben schien, durch eine tiefe Gläubigkeit geprägt gewesen. Man denke etwa an die heilig gesprochene Elisabeth von Thüringen, deren Ehemann auf einem Kreuzzug starb, oder auch an den Feldmarschall von Arnim aus dem Dreißigjährigen Krieg. Anders als viele Söldnerführer war dieser Soldat kein bloßer Haudegen, vielmehr erhielt er als ein für die ihm anvertrauten Menschen väterlich sorgender „Vater Abraham" den Spitznamen „lutherischer Kapuziner".

Nachdem die Kirche ihre durch Verfolgung und Untergrundexistenz gekennzeichnete urchristliche Phase überwunden hatte, wurde sie im 4. Jahrhundert durch Kaiser Konstantin zur Staatskirche erhoben. Danach wurde ihr Führungspersonal, wie dasjenige anderer herrschender Religionen, in der Regel der sozialen Oberschicht und damit vielfach dem Adel entnommen. Dieser konnte seinen Ahnenkult, der im indogermanischen Hauspriestertum wurzelt, in Eigenklöstern, Eigenkirchen sowie auch in Bischofskirchen als einen christianisierten Totenkult fortführen. Da der hohe Klerus auch weltliche

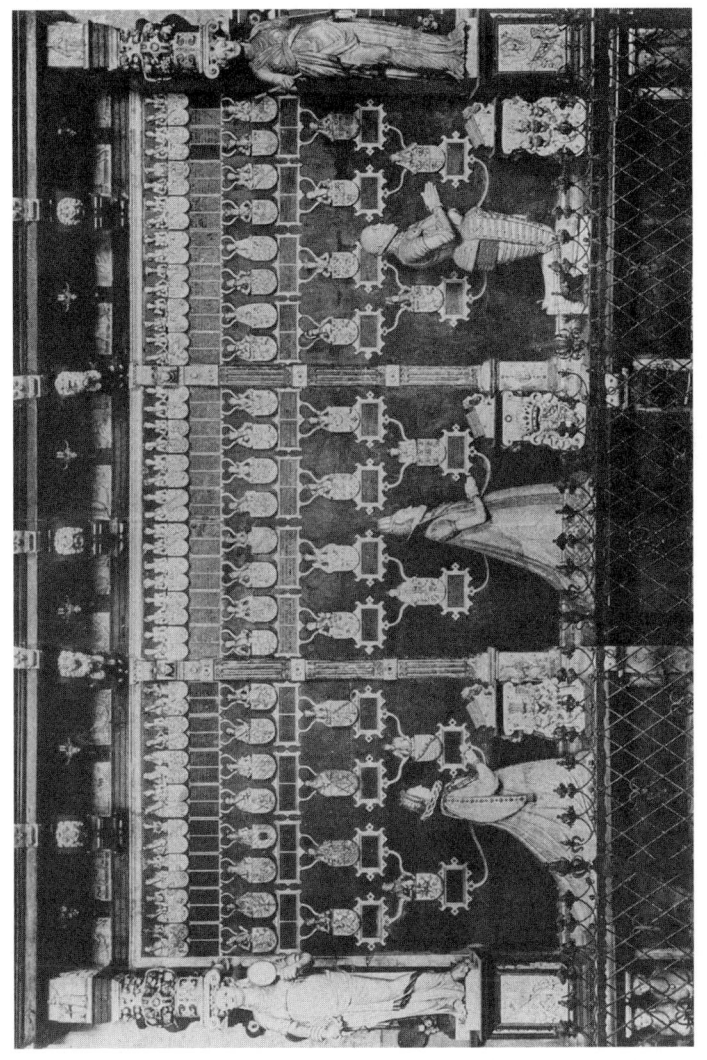

Grabmal des Herzogs Ulrich von Mecklenburg mit seinen Frauen
Elisabeth von Dänemark und Anna von Pommern
in der Stiftskirche zu Güstrow (Ende 16. Jh.)

131

Herrschaft ausübte, erscheint es begreiflich, daß Papst Leo der Große, ein Aristokrat aus der Toscana, welcher der römischen Kirche im
5. Jahrhundert seinen Stempel aufgedrückt hat, verbot, daß ein Unfreier (Sklave) Bischof wurde, denn die elende Knechtsnatur sei solcher Würde unfähig. Wenn ausnahmsweise ein Bistum einmal mit
einem Unfreien besetzt wurde, wie es Kaiser Heinrich II. erstmals
nach Ludwig dem Frommen tat, so forderte dies Proteste heraus.
Änaeas Sylvius, der spätere Papst Pius II., hat im 15. Jahrhundert
festgehalten, daß (aus staatsrechtlichen Gründen) selbstverständlich
nur adelige Herren Bistümer verwalten könnten, denn der Adelsstand sei der Herrenstand.

3.1. Die Aristokratisierung der Kirche im Mittelalter

Die Aristokratisierung der Kirche ergab sich zwangsläufig daraus,
daß sie in den Heerschild eingebaut wurde. Bereits in der Karolingerzeit sind die Bischöfe als Territorialherren in eine lehnsrechtliche
Beziehung zum Königtum getreten. In der Zeit der Sachsenkaiser
schuf Otto der Große zusammen mit seinem Bruder Brun, dem Erzbischof von Köln, das ottonische Reichskirchensystem. Dieses wurde neben der königlichen Hausmacht zur wichtigsten Stütze des
deutschen Königtums. Die teilweise mit Grafen- und Königsrechten
(Regalien) ausgestatteten Bischöfe geboten nicht nur über erhebliche
materielle Mittel, sondern stellten darüber hinaus aufgrund ihres
Bildungsniveaus und ihrer Schriftkunde die wichtigsten Berater für
den König. Unter ihnen können hervorgehoben werden der aus dem
Hause der Pfalzgrafen von Sachsen aus Goseck an der Saale stammende und zeitweise die Reichsgeschäfte unter Heinrich IV. führende Erzbischof Adalbert von Bremen sowie der aus dem babenbergi-
schen Herzogshaus hervorgegangene Bischof Otto von Freising. Er
war nicht nur der bedeutendste Geschichtsdenker des Mittelalters,
sondern auch kaiserlicher Ratgeber und Heerführer.

Unter den geistlichen Fürsten ragen die den Kurhut tragenden Erzbi-
schöfe von Mainz, Trier und Köln hervor, die jeweils den Titel eines
Reichserzkanzlers für Germanien, Gallien und Italien führten. Welch

bedeutsame Rolle diesen Männern nach dem Niedergang der staufischen Kaisermacht zeitweise zugefallen ist, symbolisiert das Epitaph des Erzbischofs Engelbert I. von Mainz aus dem Hause Eppstein. Auf ihm setzt er als Königsmacher den zwergenhaft dargestellten Fürsten Heinrich Raspe von Thüringen und Wilhelm von Holland die Königskrone auf das Haupt!

Nachdem bereits Erzbischof Brun von Köln von seinem kaiserlichen Bruder zum Herzog von Lothringen ernannt worden war, wurde der Erzbischof von Köln nach dem Sturz Heinrichs des Löwen mit dem Amt des Herzogs von Engern und Westfalen betraut. Der Bischof von Würzburg dagegen erbte das Amt des Herzogs von Franken, so daß die aus der fränkischen Reichsritterschaft stammenden Würzburger Bischöfe auf ihren Grabdenkmälern mit dem Krummstab in der Linken als dem Symbol der geistigen, und mit dem Schwert in der Rechten als dem Symbol der weltlichen Gewalt dargestellt worden sind. In seiner Eigenschaft als Herzog von Franken erteilte beispielsweise Bischof Lorenz von Bibra 1505 in Wien Ritterschläge. Auch geistliche Fürstinnen wie die Fürstäbtissin aus dem oberschwäbischen Buchau trugen bei feierlichen Anlässen neben dem Heiligen Buch das Schwert vor sich her. Da also Bistümer, Klöster und Stifte geistliche Territorien bildeten und weltliche Macht ausübten, war die Besetzung ihrer Leitungsorgane selbstverständlich eine Sache der Politik, auch der Familienpolitik des Adels.

Dank der Fürstengesetze Kaiser Friedrichs II. sowie wegen des Nachlassens des päpstlichen Einflusses erstarkte das Landesfürstentum im Spätmittelalter. Gleichzeitig bildeten sich von Adeligen besetzte und vielfach von Landesfürsten dominierte Kollegialorgane heraus, die als Domkapital die Kirchenherrschaft wahrnahmen und die Bischöfe wählten. Aus diesen Kapiteln wurden die Nichtadeligen nach und nach verdrängt. Beispielsweise wurden in Worms seit 1281 und in Münster seit 1392 nur noch adelige Domherren zugelassen. Indem für den Eintritt in ein Domkapitel, ein adeliges Stift oder einen adeligen Orden eine „Aufschwörung" erforderlich wurde, bei der acht oder gar sechzehn ritterbürtige oder gar hochadelige Vorfahren nachzuweisen waren, mußte sich der „stiftsfähige", d.h. der zu einträglichen kirchlichen Ämtern berechtigte Adel auch von dem übrigen Adel gleichsam kastenmäßig abschotten. Eine etwa noch dem Freiherrn vom Stein durch Familienstatuten vorgeschriebene standesgemäße Ehe war erforderlich, wenn man nicht die sozialen Chancen seiner Kinder und Kindeskinder entscheidend verringern wollte.

Daß bei der Vergabe derartiger geistlicher Ämter politische Machtpositionen verteidigt wurden, zeigt z.B. die Tatsache, daß das Domkapitel von Speyer, welches 16 stiftsmäßige Ahnen von „teutschem Geblüt" verlangte, im Jahre 1768 einem Wettinerprinzen die Tür wies. Denn unter seinen sechzehn Ahnen befanden sich zwei ausländische Prinzessinnen! Das Domkapitel von Mainz hatte drei Jahrzehnte zuvor zwei Mitglieder der einflußreichen bergischen bzw. westfälischen Adelsfamilien Nesselrode und von der Recke ausgeschlossen, weil diese als landständische Familien keinen reichsritterschaftlichen Status besaßen. Dieses empörte den stolzen westfälischen Adel, dessen Besitzungen oft ansehnlicher waren als diejenigen fränkischer und rheinischer Reichsritter. Über das Domkapitel von Straßburg, welches - ebenso wie das Kölner - nur Hochadeligen offen stand, hat Erasmus von Rotterdam das vielzitierte Wort gesagt, daß hier der Zimmermannssohn Jesus keine Chance gehabt hätte. Der Heiland wurde freilich von Adeligen gern als Abkömmling von König David verehrt.

3.2. Die Kirche als Spital des Adels

Der bis zur Auflösung des Heiligen Römischen Reiches deutscher Nation bewahrte Charakter der Kirche als einer Adelskirche bot dem stiftsfähigen Adel, der an der Kirchenherrschaft und damit auch an den Einkünften der zuweilen als „Krummstablande" titulierten geistlichen Territorien beteiligt war, außergewöhnliche Versorgungs- und Prestigechancen. Deshalb wurde die Kirche auch als „Spital des Adels" bezeichnet. Die bezeichnenderweise häufig als „Gottesjunker" angesprochenen Pfaffenprinzen waren rangmäßig

Grabmal des als Königsmacher von Heinrich Raspe
von Thüringen und Wilhelm von Holland dargestellten
Erzbischofs Siegfried von Eppstein
im Mainzer Dom

gleich nach den Reichsgrafen angesiedelt und figurierten bei einer Vakanz des Bischofssitzes oder der Reichsabtei sogar als Regenten, die sich auf Gedenkmedaillen samt ihren Wappen als regierende Domherren verewigen ließen. Tatsächlich war es ja etwas Außergewöhnliches, daß Angehörige des niedrigen Adels dank der kirchlichen Laufbahn den Rang von Reichsfürsten erreichen konnten. In einigen nichtadeligen reichsunmittelbaren süddeutschen Klöstern sind übrigens auch Bauernsöhne zu Fürstäbten und Reichsfürsten aufgestiegen. Ebenso wie die dem hohen Adel entstammenden Fürstäbtissinnen von Gandersheim, Herford und Quedlinburg hatten sie Sitz und Stimme auf der Prälatenbank des Reichstages.

In dem Buch „Das adelige Europa und das noch viel Edlere Deutschland" wurde diese Aufstiegsmöglichkeit für Adelige 1685 so charakterisiert: „Ist also nichts Geringes, daß aus einem gemeinen Edelmann so große Fürsten und Bischöfe werden können, welche den Herzögen und alten Fürsten vorgehen: Ja, daß die Edelleute und Domherren selbst und nicht der Kaiser oder das Reich solche Geistlichen Fürsten machen". Daß dies tatsächlich von Seiten des Adels so empfunden wurde, mögen zwei Quellen verdeutlichen: Als Emmerich Joseph von Breidbach-Bürresheim im Jahre 1793 zum Kurfürst-Erzbischof von Mainz gewählt worden war, sprach ein Mainzer Hofpoet seine Mutter so an: „Glück zu, O große Dame, es ist ein Fürst dein Sohn, und neben dem Kaiser sitzt er auf dem höchsten Thron". In der Familiengeschichte der Freiherren von Böselager ist noch vor wenigen Jahren voller Stolz herausgestrichen worden, daß der Geschlechtsvetter Kaspar im 18. Jahrhundert als Abt des kaiserlichen freien Stifts Corvey an der Weser des Heiligen Römischen Reiches Fürst geworden ist!

Da es bei der Wahl der Pfaffenfürsten um Ansehen und Macht ging, wurde der Wahlakt meist durch politische Erwägungen sowie die früher üblichen Handgelder entscheidend beeinflußt. Bekanntlich mußten die Fugger den Markgrafen von Brandenburg 30000 Gulden für die Wahl deren Familienmitgliedes Albrecht zum Kurfürsten von Mainz vorschießen. Diese Investition sollte durch den von Tetzel organisierten Ablaß gedeckt werden, welcher den Protest Luthers und damit auch die Reformation mit ausgelöst hat. Für den Paderborner Bischofshut mußte der Kurfürst Clemens August von Köln, welcher zugleich auch Bischof von Münster, Hildesheim und Osnabrück gewesen ist und deshalb von Friedrich dem Großen als „Herr der fünf Kirchen" bespöttelt wurde, 500.000 Gulden aufbringen. Sein Amtsvorgänger in Paderborn, der dem Niederadel angehörende Franz Arnold von Wolff-Metternich zu Gracht, hat den Münsteraner Bischofsstuhl noch für 150.000 Taler erringen können, welche ihm ein jüdischer Hoffaktor vorschoß.

Solche Gelder bildeten vielfach eine hervorragende Investition, da die Adelsbischöfe im Reichsdienst Vermögen erwerben konnten, welches sie vielfach ihren Familien zukommen ließen. Auf diese Weise kam der mit umfangreichen Gütererwerb verbundene Aufstieg der Metternich, Schönborn und einer ausgestorbenen Linie der Plettenberg in den hohen Adel zuwege. Dokumentiert wurde dieser Aufstieg nicht zuletzt mit repräsentativen Schloßbauten wie dem von Johann Dientzenhofer für den Kurfürst-Erzbischof Lothar Franz von Schönborn errichteten Barockschloß Pommersfeldern oder dem von Christian Friedrich von Plettenberg als Fürstbischof von Münster erbauten Schloß Nordkirchen, dem „westfälischen Versailles". Auch das Renaissanceschloß Hohenems, welches der Salzburger Erzbischof Marcus Sittich von Hohenems auf seinem Familiensitz errichten ließ, und das Rokokoschloß zu Fürstenberg, welches der Bischof von Hildesheim und Paderborn, Friedrich Wilhelm von Westphalen, als Sommerresidenz in Auftrag gegeben hat, können in diesem Zusammenhang erwähnt werden. Bemerkenswert ist, daß der Hauptsitz Herdringen der Fürstenberg, welche die begütertste Familie des westfälischen Niederadels ist, im Jahre 1618 aus dem Privatvermögen des Paderborner Bischofs Dietrich von Fürstenberg erworben worden ist. Auch das Kärntener Schloß Biberstein, welches im 17. Jahrhundert von dem Salzburger Erzbischof Paris Graf Lodron gekauft worden ist, befindet sich noch heute im Besitz seiner Familie.

Eine entscheidende Möglichkeit, etwas für die eigene Familie zu tun, bildete die Verfügungsgewalt über Lehensgüter, beispielsweise beim

Heimfall, d.h. beim Aussterben einer Familie. Als solch ein Lehen ist die Ronneburg in der Wetterau durch den Mainzer Kurfürst-Erzbischof Dieter von Isenburg an seine Familie gekommen. Desgleichen ist beispielsweise auch der Greiffenstein bei Bamberg im Jahre 1690 durch Markwart Schenk von Stauffenberg, Fürstbischof von Bamberg, an einen Geschlechtsvetter verliehen worden, dessen Nachfahren es ebenfalls noch heute besitzen.

Am sinnfähigsten sticht dem Geschichts- und Kunstfreund der frühere Charakter der Adelskirche ins Auge, wenn er die einstmals durch adelige Bischöfe, Domherren und Äbte regierten Gotteshäuser betritt. Denn dort begegnet dem Besucher - man denke etwa an den Würzburger Dom oder den zu Münster - in Form von bischöflichen Wappenschildern, Epitaphen und überaus prunkvollen Grabdenkmälern, welche vielfach bereits zu Lebzeiten des Verewigten in Auftrag gegeben worden sind, gewissermaßen ein in Stein gehauenes Museum der Adelskirche.

3.3. Bischöfe, Fürstäbte, Fürstäbtissinnen und Domherren

Auf der Basis der im Anhang zu den Stammtafeln von Grote abgedruckten Bischofs- und Abtslisten sollen im folgenden die wichtigsten der noch lebenden deutschen Adelsfamilien aufgelistet werden, welche im Spätmittelalter und in der Neuzeit bis zum Untergang des Römischen Reich Deutscher Nation Fürstbischöfe und -äbte gestellt haben und die darum gelegentlich als „Bischofsfamilien" angesprochen werden. Wie die Lektüre dieser Liste deutlich macht, waren einige Hochstifte (z.B. Köln, Straßburg und die Domstifte Essen, Herford und Quedlinburg) exklusiv dem hohen Adel vorbehalten, während andere - besonders die fränkischen - dem (reichs-)ritterschaftlichen Adel reserviert waren. Wieder andere wurden von beiden Kategorien des Adels besetzt.

Salzburg: Starhemberg, Rohr, Wittelsbach, Kuenburg, Lodron, Thun, Harrach, Liechtenstein, Dietrichstein, Schrattenbach, Colloredo.
Freising: Harrach, Sandizell, Wittelsbach, Wettin, Törring, Schroffenberg.

Bischof Friedrich v. Hohenlohe
im Dom zu Bamberg

Passau: Wettin, Hohenlohe, Oettingen, Wittelsbach, Salm, Klosen, Habsburg, Thun, Lamberg, Auersperg.

Regensburg: Hohenlohe, Hohenzollern, Abensperg, Pappenheim, Wittelsbach, Fugger, Törring, Herberstein, Thun, Wettin, Schroffenberg.

Bamberg: Oettingen, Leiningen, Solms, Giech, Sternberg, Egloffstein, Hohenlohe, Wettin, Wertheim, Aufseß, Rotenhan, Schaumberg, Groß von Trockau, Redwitz, Zobel von Giebelstadt, Eyb, Thüngen, Gebsattel, Schenk von Stauffenberg, Schönborn, Franckenstein, Stadion, Buseck.

Eichstädt: Hohenzollern, Oettingen, Rechberg, Eyb, Pappenheim, Hutten, Schaumberg, Seckendorff, Gemmingen, Strassoldo, Zehmen.

Würzburg: Leiningen, Abensperg, Hohenlohe, Sternberg, Wolfskeel von Reichenberg, Schwarzburg, Egloffstein, Wettin, Bibra, Thüngen, Zobel von Giebelstadt, Wrisberg, Echter von Mespelbrunn, Hatzfeldt, Schönborn, Guttenberg, Greiffenclau von Vollrads, Ingelheim, Fechenbach.

Augsburg: Rechberg, Schaumburg, Hohenzollern, Stadion, Truchseß von Waldburg, Gemmingen, Knöringen, Habsburg, Freyberg, Schenk von Stauffenberg, Hessen, Wettin.

Konstanz: Waldburg, Habsburg, Hohenzollern, Brandis, Baden, Fugger, Schenk von Stauffenberg, Schönborn, Sickingen, Dalberg.

Basel: Venningen, Utenheim, Gundolsheim, Lichtenfels, Rinck von Baldenstein, Ostheim, Schönau, Roggenbach, Reinach, Neveu.

Chur: Rechberg, Brandis, Buol von Schauenstein

Mainz: Wittelsbach, Eppstein, Nassau, Wettin, Erbach, Ysenburg, Gemmingen, Brandenburg, Greiffenclau zu Vollrads, Wamboldt von Umstadt, Schönborn, Metternich, von der Leyen, Ingelheim, Eltz, Breidbach von Bürresheim, Erthal, Dalberg.

Straßburg: Habsburg, Schenk von Limpurg, Brandenburg, Lothringen, Fürstenberg, Rohan.

Speyer: Rechberg, Leiningen, Helmstatt, Venningen, Franckenstein, Soetern, Metternich, Orsbeck, Rollingen, Schönborn, Hutten, Limburg-Stirum, Walderdorff

Worms: Erbach, Waldbott, Greiffenclau zu Vollrads, Schönborn, Metternich, von der Leyen, Franckenstein, Walderdorff, Breidbach von Bürresheim, Erthal, Dalberg.

140

Fulda (Fürstäbte): Schenck zu Schweinsberg, Schutzbar gen., Milchling, Buttlar, Dalberg, Buseck, Walderdorff, Bibra, Harstall.

Hersfeld (Äbte): Boineburg, Gemmingen, Vitzthum, Hanstein, Hessen, Habsburg.

Trier: Wied, Ysenburg, Nassau, Helmstatt, Sirk, Baden, Greiffenclau zu Vollrads, von der Leyen, Eltz, Schönburg, Metternich, Lothringen, Wittelsbach, Walderdorff, Wettin.

Köln: Wied, Sayn, Hessen, Schaumburg, Ysenburg, Waldburg, Wittelsbach, Königsegg, Habsburg.

Lüttich: Bayern, Hoensbroech

Essen (Fürstäbtissinnen): Wied, Wittgenstein, Sayn, Salm, Wettin.

Münster: Lippe, Hessen, Wolff von Lüdinghausen, Schwarzburg, Rietberg, Wettin, Wied, Braunschweig, Waldeck, Ketteler, Raesfeld, Wittelsbach, Galen, Fürstenberg, Plettenberg, Wolff-Metternich, Königsegg, Habsburg.

Osnabrück: Tecklenburg, Waldeck, Rietberg, Ravensberg, Weihe, Braunschweig, Wettin, Hohenzollern, Wittelsbach.

Paderborn: Lippe, Rietberg, Spiegel, Hessen, Braunschweig, Wied, Kerssenbrock, Wettin, Fürstenberg, Wittelsbach, von der Recke, Wolff-Metternich, Asseburg, Westphalen.

Minden: Waldeck, Braunschweig, Wettin, Rietberg, Schaumburg.

Corvey (Äbte): Stockhausen, Dalwigk, Spiegel, Malsburg, Boineburg, Ketteler, Galen, Böselager, Lüninck.

Herford (Fürstäbtissinnen): Wittgenstein, Waldeck, Limburg-Stirum, Lippe, Oldenburg, Wittelsbach, Anhalt-Dessau, Hessen, Kurland, Holstein, Brandenburg.

Lübeck: Schele, Westphalen, Grote, Reventlow, Rantzau, Rheden, Barby, Holstein-Gottorf

Ratzeburg: Blücher, von dem Knesebeck, Preen, Blumenthal, von der Schulenburg, Mecklenburg, Braunschweig.

Schwerin: Bülow, Maltzan, Gans zu Putlitz, Sternberg, Anhalt, Mecklenburg, Wangelin, Pentz, Thun.

Hildesheim: Braunschweig, Schaumburg, Wettin, Dänemark, Wittelsbach, Brabeck, Westphalen, Fürstenberg.

Quedlinburg (Fürstäbtissinnen): Meißen, Stolberg, Ysenburg, Reuß, Wettin, Anhalt, Wittelsbach, Hessen, Holstein, Hohenzollern, Schweden.

Halberstadt: Krosigk, Anhalt, Braunschweig, Meißen, Hoym, Wettin, Brandenburg, Habsburg.

Magdeburg: Brandenburg, Anhalt, Hessen, Sternberg, Meißen, Hoym, Schwarzburg, Wettin.

Brandenburg: von der Schulenburg, Bredow, Waldow, Stechow, Burgsdorff, Hardenberg, Jagow, Hohenzollern.

Havelberg: Bardeleben, Rohr, Beust, Gans zu Putlitz, Alvensleben, Königsmarck, Schlabrendorff, Hohenzollern.

Lebus: Bredow, Oppen, Kittlitz, Waldow, Rotenhan, Burgsdorff, Schlieben, Bülow, Blumenthal, Hohenzollern.

Cammin: Eickstedt, Sydow, Manteuffel, Weiher.

Merseburg: Stolberg, Köckritz, Bose, Werder, Trotha, Anhalt, Schleinitz, Lindenau, Wettin.

Naumburg: Schlotheim, Miltitz, Wolfframsdorff, Witzleben, Schleinitz, Haugwitz, Stammer, Schönberg, Pflugk.

Meißen: Kittlitz, Colditz, von der Planitz, Schönburg, Schleinitz, Carlowitz, Haugwitz.

Breslau: Pogrell, Rosenberg, Salza, Habsburg, Hessen, Sinzendorf, Schaffgotsch, Hohenlohe.

Olmütz: Dietrichstein, Habsburg, Liechtenstein, Lothringen, Schrattenbach, Egkh, Colloredo-Waldsee, Trauttmansdorff, Chotek, Sommerau-Beckh.

Riga: Blomberg, Wallenrodt, Schöning.

Dorpat: Wrangel, Bülow, Hake, Buxhoeveden, von der Recke.

Die Mitglieder der Dom- und Stiftskapitel waren an der Regierung der weltlichen Territorien beteiligt und wählten überdies - meist aus ihrer Mitte - den neuen Bischof.

Der Schweizer Historiker Peter Hersche hat im Jahr 1984 eine statistische Untersuchung über „Die deutschen Domkapitel im 17. und 18. Jahrhundert" vorgelegt.

Darin unterscheidet er bei den stiftsfähigen „Domherrenfamilien" neben der Restkategorie drei Gruppen von Familien, und zwar diejenigen welche 1) mehr als 39 Domherrenstellen besetzt haben, welche 2) zwischen 24 und 38 und welche 3) zwischen 15 und 23 solcher Stellen besetzt haben. Danach gehören zu

Gruppe I: Dalberg, Droste zu Senden und Vischering, Eltz, Franckenstein, Fürstenberg (Westfalen), Galen, Guttenberg, Kesselstatt, Königsegg, Manderscheid, Metternich, Salm, Sickingen, Stadion, Thun, Waldbott von Bassenheim, Truchseß von Waldburg, Weichs.

Gruppe II: Bocholtz, Brabeck, Breidbach-Bürresheim, Erthal, Raitz von Frenz, Freyberg, Fürstenberg, Fugger, Greiffenclau, Groß von Trockau, Hatzfeldt, Ingelheim, Ketteler, Korff gen. Schmising, v.der Leyen, Lodron, Löwenstein-Wertheim, Nesselrode, von der Recke, Schenk zu Castel, Schenk von Stauffenberg, Schönborn, Spaur, Speth von Zwiefalten, Ulm, Walderdorff, Westphalen, Wolff gen. Metternich zur Gracht, Wolkenstein.

Gruppe III: Andlau, Ascheberg, Beissel von Gymnich, Beroldingen, Bodman, Böselager, Droste zu Füchten und Erwitte, Fechenbach, Hanxleden, Harff, Herberstein, Hoensbroech, Hoerde, Hoheneck, Hohenlohe, Hohenzollern, Hornstein, von der Lippe, Riedheim, Rodt, Rosenbach, Spiegel, Thurn-Valsassina, Toerring, Twickel, Vietinghoff gen. Schell, Wambolt von Umstadt, Warsberg.

3.4. Würdenträger des Deutschen Ordens sowie des Johanniter/Malteser-Ordens

Nach den oben angesprochenen Stammtafeln von Grote haben u.a. nachfolgende Familien des deutschen Adels Hochmeister des Deutschen Ordens gestellt: Waldbott von Bassenheim, Salza, Hohenlohe, Schwarzburg, Braunschweig-Lüneburg, Wallenrodt, Jungingen, Küchenmeister von Sternberg, Erlichshausen (Ellrichshausen), Reuß von Plauen, Truchseß von Wetzhausen, Sachsen, Hohenzollern.

Nach der Säkularisierung des Deutschen Ordens residierten als „Deutschmeister" zu Mergentheim u.a. Mitglieder dieser Familien: Schutzbar gen. Milchling, Habsburg, Westernach, Stadion, Wittelsbach, Lothringen.

Das Amt eines „Heermeisters" des Deutschen Ordens in Livland haben u.a. Mitglieder dieser Familien bekleidet: Westphalen, Nordeck, Vietinghoff, Eltz, Brüggenei, Böckenfoerde gen. Schüngel, Vincke, Mengden, von der Borch, Plettenberg, von der Recke, Galen, Fürstenberg, Ketteler (1562 Herzog von Kurland).

Nach dem Buch „Der Johanniter-Orden. Der Malteser Orden" von Adam Wienand haben das Amt des „Groß Baillis für die deutsche Zunge" im Zeitraum von 1428-1797 u.a. Mitglieder dieser Familien bekleidet: Ow zu Wachendorf, Schenk von Stauffenberg, Schilling von Canstatt, Schwarzenberg, Schönborn, Merode, Metternich, Herberstein, Droste zu Vischering, Freytag von Loringhoven, Merveldt, Königsegg, Nesselrode, Bevern, Gymnich, Dietrichstein, Enzberg, Schauenburg, Remlingen, Schönau, Colloredo-Wallsee, Hompesch, Sinzendorff und Pfürdt.

Deutsche "Großpriore" im Zeitraum von 1187-1787 sind u.a. Mitglieder folgender Geschlechter gewesen: Fürstenberg, Rechberg, Zollern, Buttlar, Ow, Schilling von Canstatt, Schwarzenberg, Riedesel, Andlau, Thann, Hessen, Droste zu Vischering, Merveldt, Nesselrode, Schauenburg, Remchingen, Reinach, Rinck von Baldenstein.
Großpriore in Böhmen und Österreich sind gewesen Angehörige dieser Häuser: Fürstenberg, Hohenlohe, Sternberg, Waldstein, Lobkowitz, Logau, Paar, Colloredo-Waldsee, Kolowrat-Liebsteinský, Thun und Hohenstein, Herberstein, Dietrichstein, Königsegg, Althann, Neipperg, Khevenhüller-Metsch, Lichnowsky, Liechtenstein, Hardegg, Ludwigstorff, Trapp, Gudenus, Kinsky.

Schließlich sind Herrenmeister der protestantisch gewordenen Ballei Brandenburg u.a. Mitglieder dieser Familien gewesen: von der Schulenburg, Wallmoden, Alvensleben, Schlieben, Redern, Schlabrendorf, Thümen, Arnim, Schwarzenberg, Nassau, Waldeck und Brandenburg-Hohenzollern.

3.5. Zum Lebensstil der Gottesjunker

Da die Söhne des Adels oft aus recht weltlichen Macht- und Versorgungsgründen Domherrenstellen und Bischofshüte erhielten bzw. als Ritter in den Deutschen bzw. den Johanniter- oder Malteserorden rezipiert wurden, blieb ihr Lebensstil meist adelig. Da sich einige von ihnen als unwürdig erwiesen, haben dies bürgerliche Intellektuelle wie der Straßburger Humanist Sebastian Brant gegeißelt. In seinem „Narrenschiff" schrieb er:

Jetzt stößt manch Kind
man in den Orden,
eh es ein Mensch noch ist geworden ...
gar wenig kommen um Gottes willen,
die meisten um ihren Hunger zu stillen ...

Zu Beginn des fünfzehnten Jahrhunderts hat mit Graf Wilhelm von Berg noch ein Analphabet die Bischofstühle von Paderborn und Köln besteigen können, bevor er sich entschloß, seinen Ämtern zu entsagen und das Edelfräulein Adelheid von Tecklenburg zu heiraten. Aus jener Zeit stammt diese Geschichte, welche die weltlichen Pflichten der Reichskirche übertreibend karikiert: Als der neue Bischof von Hildesheim seine Domherren, welche an höchst weltlichen Fehden und Turnieren teilzunehmen pflegten, fragte, wo denn die Bibliothek sei, da führten sie ihn zur Rüstkammer und erklärten im Angesicht der Waffen: „Hier sind die Bücher, womit sich ein Hildesheimer Bischof abzugeben hat"!

In der Renaissance-Zeit wurde der Analphabetismus des Adels überwunden und für die Gottesjunker ein Studium beider Rechte, also auch des Kanonischen, zur Pflicht gemacht. In dessen Verlauf mußten neben deutschen auch ausländische, zumeist italienische und französische Universitäten besucht werden. Solche im Adel auch sonst üblichen Bildungs- und Studienreisen konnten auch nach dem Empfang der Priesterweihe noch angetreten werden. So wurde beispielsweise der Wittelsbacherprinz Philipp im sechzehnten Jahrhundert als Dreijähriger zum Bischof von Regensburg ernannt.

Der Vorrang der adeligen Familieninteressen geht daraus hervor, daß im Falle des drohenden Aussterbens einer Familie ihre im geistlichen Stand befindlichen Männer ihre kirchlichen Würden sogleich aufgeben, heiraten und Erben zeugen mußten. So heiratete noch im

18. Jahrhundert der sechzigjährige Chorbischof des Kölner Domkapitels Graf Manderscheid eine Gräfin Fugger, wodurch er allerdings seine Familie nicht fortzupflanzen vermochte. Gern wurden auch solche Adelssöhne, welche wegen körperlicher Defekte für ein ritterliches Leben und eine Kriegerlaufbahn ungeeignet schienen, mit kirchlichen Pfründen abgefunden. So wurde der Herzog Julius von Braunschweig wegen seiner verkrüppelten Füße zum Bischof von Minden bestimmt. Als er dann aufgrund von Todesfällen noch zur Regentschaft gelangte, gründete er als gelehrter Fürst die Universität Helmstedt und legte den Grundstock für die berühmte Wolfenbütteler Bibliothek, an der Leibnitz und Lessing gewirkt haben. Auch der legendäre Prinz Eugen hat aufgrund seiner Kleinheit die Tonsur erhalten. Er entzog sich jedoch dem Kirchendienst durch die Flucht nach Österreich, wo er als Türkenbesieger eine der glanzvollsten Soldatenkarrieren aller Zeiten machte. Wenig bekannt ist auch die Tatsache, daß der spätere Fürst Metternich als Junge mit einer Domherrenpfründe versorgt wurde, von der er freilich keinen Gebrauch gemacht hat.

Wenngleich es bemerkenswerte Ausnahmen gibt, war von den Pfaffenprinzen, welche ihre geistlichen Funktionen an Weihbischöfe zu delegieren pflegten, mehr als konventionelle Frömmigkeit in der Regel kaum zu erwarten. Bezeichnenderweise hat der berühmte Herzog von Talleyrand, der vor der Revolution selbst Erzbischof von Reims gewesen ist, erklärt: „Nichts ist so wenig aristokratisch wie der Unglaube". Dem aus dem Grafenhaus Ysenburg stammenden Kurfürsten Dieter von Mainz, welcher die Mainzer Universität gründete, sagt man nach, daß er bei seiner Bischofsweihe notgedrungen ein einziges Mal die Messehandlung selbst ausgeübt hat. Danach habe er sich sofort wieder auf die Jagd begeben. Wenn ein Bischof wie der aus dem thüringischen Hause Schwarzburg stammende Heinrich von Münster selbst regelmäßig die Messe feierte und predigte, so wurde dies als etwas Außergewöhnliches hervorgehoben. Daß der Trierer Bischof Jakob von Eltz im 16. Jahrhundert fünfzehn Tage vor seiner Wahl zum Erzbischof die Priesterweihe erhalten hat, wurde ebenfalls als etwas sehr Rühmliches betrachtet.

In einigen Fällen lag auch eine echte Berufung, ja eine Konversion vor. So hat der Edelherr Bernhard von der Lippe, ein Kampfgefährte Heinrichs des Löwen, bei einer schweren Krankheit das Gelübde abgelegt, nach Jerusalem zu pilgern und in den geistlichen Stand einzutreten. Er ist dann Abt zu Dünamünde und Bischof von Semgallen geworden und hat noch seinen Sohn Gerlach persönlich zum Bischof von Hamburg-Bremen geweiht. Voller Dramatik ist die Legende vom Eintritt des Ritters Walewan ins Zisterzienserkloster Himmerode in der Eifel. Mit klirrender Rüstung ritt er in den Kirchenchor und weihte sich am Altar der seligen Jungfrau, indem er sein weltliches Ritterhemd samt Rüstung ablegte und das geistliche auf sich nahm. Auch war sich im Mittelalter ein Markgraf von Baden nicht zu schade, im burgundischen Kloster Cluny Schweine zu hüten.

Insgesamt war der Lebensstil der Gottesjunker meist recht weltlich und hatte durchaus einen adeligen Zuschnitt. Die geistlichen Fürsten verstanden sich als Regenten und unterhielten einen Hofstaat. Der zum Bischof von Augsburg gewählte Graf Johann von Werdenberg-Sargans ließ sich im Jahre 1470 bei seinem feierlichen Einritt in die Bischofsstadt von drei bayerischen Herzögen, 28 Grafen und 1800 Berittenen begleiten. Die Einbindung der geistlichen Fürsten in die feudale Welt spiegelt sich neben solchen Auftritten auch in der Etikette und in Ritualen wieder. So wurde dem zum Bischof von Osnabrück gewählten Welfenprinzen Ernst August im Jahre 1662 nach altem Brauch vom Erblanddrosten der Ritterschaft von Bar ein mit Sattelzeug und Pistolen aufgeschirrter weißer Hengst übergeben. Nach den Geboten der Etikette durften noch im 18. Jahrhundert an der Hoftafel des Bischofes und Abtes von Fulda, der sich des „Heiligen Römischen Reiches Fürst, der Römischen Kaiserin Erz-Kanzler, durch Germanien und Gallien Primas" nannte, nur Adelige speisen.

Bei Staatsakten bemühten sich Kurfürsten nicht selten mit Erfolg, die weltlichen Herren durch Repräsentationsaufwand auszustechen. So erschien Clemens August von Köln 1742 zur Kaiserwahl in Frankfurt mit einem Gefolge von 1.600 Personen und 750 Pferden.

Dieser geistliche Fürst aus dem Hause Wittelsbach mußte sich 1732 in der Pfarrkirche zu Mergentheim zum Ritter schlagen lassen, bevor er zum Hoch- und Deutschmeister des Deutschen Ordens gewählt werden konnte. Sein von ihm zum Kaiser gekrönter Bruder vermochte lediglich mit 450 Pferden aufzuwarten. Dieser zuweilen mit dem Sonnenkönig verglichene Erzbischof war nicht nur wie andere Barockfürsten ein engagierter Förderer der Künste. Zugleich war er ganz von der adeligen Jagdpassion durchdrungen, er besaß hundert Jagdhunde und war ein ausgezeichneter Falkner, der seine Lieblingsfalken von hervorragenden Malern porträtieren ließ. In seinem Jagdschloß Falkenlust sowie in seiner berühmten Residenz Brühl werden heute deutsche Staatsgäste empfangen. An ähnlich weltlich ausgerichtete adelige Inhaber von Kirchenpfründen hatte ein Bischof von Orléans bereits in der Karolingerzeit die Mahnung gerichtet, daß viele Geistliche die „Hymnen der Engel weniger als das Gebell der Hunde" schätzen. Von einem Zeitgenossen des Clemens August, dem aus dem Hause der Grafen Walderdorff stammenden Bischof Johann Philipp von Trier wird berichtet, er sei ein großer Liebhaber von Bologneserhunden, Dackeln und Windspielen gewesen, unter denen er mit seiner Reitpeitsche Frieden gestiftet habe.

3.6. Gottesjunker und Ehelosigkeit

Das auf den prachtliebenden Renaissance-Papst Julius II. gemünzte Wort Martin Luthers, daß bei vielen Kirchenfürsten „Keuschheit ein seltsam Wildpret" war, kennzeichnet den Lebenswandel vieler Gottesjunker. Schließlich traten sie zumeist nicht aus innerer Berufung in den geistlichen Stand ein. Als der aus einer Bauernfamilie stammende Papst Gregor VI. im 11. Jahrhundert eine Kirchenreform mit antifeudaler Zielsetzung durchführte und in seinem religiösen Eifer speziell auch gegen die Priesterehe vorging, da zog er sich im deutschen Klerus den Vorwurf zu, er würde die Menschen mit Gewalt dazu zwingen, wie Engel zu leben. Wenn er etwas Widernatürliches verlange, begünstige er nur Hurerei und schlechte Sitten, man wolle eher auf das Priestertum als auf die Ehe verzichten. Das beliebte und einen Gegensatz zwischen einer eheähnlichen Beziehung und der Glaubensüberzeugung unterstellende Wort, daß diesem und jenem „die Frauen besser als das Brevier" gefallen hätten, ist übrigens bezeichnenderweise oft von solchen Kirchenfeinden und Kritikern ausgesprochen worden, welche die Institution des Zölibats als eine Vergewaltigung der menschlichen Natur betrachten.

Berühmt ist das Verhältnis des aus dem Hause Brandenburg stammenden Kardinals und Kurfürsten Albrecht von Mainz zu Ursula Rehdinger, einer Mainzer Bäckerstochter. Albrecht ließ Ursula von Cranach als Heilige Ursula porträtieren und sich selbst auf einem Altarbild von dem gleichen Künstler als reuigen Sünder im Angesicht von Jesus Christus, der ein Mädchen mit den Zügen Ursulas an der Hand hält. Während Albrecht von Mainz den Rat Luthers, Ursula zu ehelichen und somit die Reformation in Mainz zu vollziehen, ausschlug, führte wenige Jahrzehnte später die Beziehung des Kölner Kurfürsten Gebhard aus dem Hause Truchseß von Waldburg zu dem schönen Kölner Stiftsfräulein Agnes von Mansfeld nicht nur zu einer Ehe, sondern auch zu einem Krieg. Dieser endete mit der Amtsenthebung des Kurfürsten. Neben durchaus sittlichen Partnerschaften gab es auch einzelne Wüstlinge. Deren Verhalten ist in „Sittengeschichten" breit getreten worden.

Eine angemessene Versorgung der eheähnlichen Beziehungen entsprossenen Bischofskinder war eine Selbstverständlichkeit. So verschaffte der gelehrte Bischof Busso von Havelberg aus dem Hause von Alvensleben seinen illegitimen Söhnen den Briefadel „von Halvensleben". Clemens August von Köln besorgte seiner mit einer Harfenistin gezeugten Tochter - er selbst spielte in seinem Kammerorchester, dem der Großvater von Beethoven als Berufsmusiker angehörte, die Viola da Gamba - einen Grafentitel und verheiratete sie mit einem ebenfalls gegraften fürstlichen Bastard.

Künstlerischen Rang haben die Liebeslieder, die der aus vornehmem Adelshause stammende und unter dem Pseudonym „Mönch von Salzburg" bekannt gewordene Erzbischof Pilgrim von Salzburg verfaßt hat. In dem Lied „Mein Stern heißt Venus" schreibt dieser Bischof, welcher im 14. Jahrhundert am päpstlichen Hof zu Avignon die Troubadour-Lyrik schätzen gelernt hatte:

Eine frische, dralle Magd, weiß schon was sie tut,
keinen geht es etwas an, wie sie sich vergnügt,
die mit Lust ihrem Schatz drückt die Brust...

Einer der Amtsnachfolger Pilgrims in Salzburg war der aus dem Hause der Grafen von Hohenems stammende Erzbischof Markus Sittich. Er ließ im 17. Jahrhundert für seine Geliebte in seinem Lustschloß Hellbrunn, wo 1617 die erste Oper auf deutschem Boden aufgeführt wurde, eine Orpheus-Grotte erbauen. Die dort schlafende Eurydike trug die Züge seiner Favoritin.

3.7. Gottesjunker als Krieger und Jäger

Neben feingebildeten Kirchenfürsten, die ihren Namen als Förderer der Wissenschaften und der Künste verewigt haben, tritt uns auch der junkerlich-rauhe Adelstyp im geistlichen Gewande entgegen. Seine Leidenschaften waren mehr auf die Jagd und das Kriegshandwerk gerichtet. Bereits im 9. Jahrhundert ist getadelt worden, daß „der Klerus stärker in Waffenübungen und Bogenschießen als in der Ausübung der Gottesdienste und der Liturgie" war. Auf Geheiß von Kaiser Otto wurde Papst Johannes im Jahr 963 auf einer Synode in der Peterskirche ein Sündenregister vorgelegt. Darin wurde ihm als Frevel vorgehalten, daß er in kriegerischer Rüstung mit Schwert, Schild und Panzerhemd gesehen worden sei.

Während nach der kirchlichen Lehre Priester nicht am Kriege teilnehmen durften, galten für den Kampf gegen die Heiden, also Kreuzzüge, andere Maßstäbe. So wird der Bischof Michael von Regensburg wegen seiner Teilnahme an den Kämpfen gegen die Ungarn gerühmt. Sein Amtsbruder Bischof Ulrich von Augsburg wohnte der Entscheidungsschlacht vom Lechfeld von 955 allerdings nur unbewaffnet bei. Ohne Schild und Helm saß er im Kriegsgetümmel zu Pferde, ohne von den umherschwirrenden Geschossen verletzt zu werden. An den Kreuzzügen nahmen dann Bischöfe als

Krieger und Truppenführer teil. So auch der berühmte Onkel Kaiser Friedrich Barbarossas, der Bischof Otto von Freising.

Bischöfe waren an den Fehden des rauhen Spätmittelalters als Landesherren vielfach persönlich beteiligt. So erlag der Bischof Ludwig von Osnabrück 1308 den Wunden, welche ihm Graf Engelbert von der Mark im fürstlichen Zweikampf beigebracht hatte. Ein besonders rauher Geselle war der aus dem Oldenburger Grafenhause stammende Kölner Domherr Christoph. Er hat zu Beginn des 16. Jahrhunderts als Söldnerführer einen Teil Dänemarks erobert.

Als „Soldat in der Soutane" zu Ruhm gelangt ist Bischof Bernhard von Münster aus dem Hause Galen. Der Vater dieses Kriegsherren, dessen monumentale Grabstätte im Münsteraner Dom mit Kanonen geschmückt ist, hatte im Streit den Erbmarschall der Ritterschaft auf dem Domplatz erstochen. Ein englischer Reisender berichtet von diesem geistlichen Haudegen, er habe wie ein Herr des Mittelalters in einer uneinnahmbaren Festung gelebt und habe ihn auf wahrhaft bischöfliche Weise das Trinken gelehrt, in dem er eine große silberne Tischglocke umdrehte, den Klöppel herausnahm und sie anschließend mit Wein füllte.

Während der Domherr Friedrich Karl von Schönborn seine Investitur zum Bischof von Bamberg im Jahre 1729 in der Uniform eines kaiserlichen Dragonerregiments vornehmen ließ, ist ein Jahrhundert zuvor der aus dem Hause Kronberg stammende Mainzer Erzbischof Johann Schweickard, der Erbauer des Aschaffenburger Schlosses, in weltlichen Kleidern und mit dem Schwert gegurtet der Jagd nachgegangen. Wie andere geistliche Fürsten war der Konstanzer Bischof von Rodt im 17. Jahrhundert der Jagdleidenschaft verfallen. Unter Vernachlässigung seiner geistlichen Aufgaben hielt er sich eine riesige Hundemeute und raste mit dem Jagdwagen, auf den die erlegten Hirsche gebunden wurden, durch die Stadt.

Bemerkenswert ist, daß die Jagdleidenschaft kirchlich eingesegnet wurde. So existiert im Westfälischen eine Schloßkapelle mit einem Hubertus- oder Hirschaltar. Anstatt von zwei Säulen wird der Altar von zwei Bäumen mit Blattkronen getragen, dazwischen steht majestätisch der Hirsch mit dem Kreuz im Geweih, vor ihm knien die Heiligen Hubertus und Eustachius als Schutzpatrone der Jäger.

3.8. Die Beseitigung der Adelskirche von 1803 und ihre Folgen

Die vom Reichsdeputationshauptschluß in Angriff genommene Auflösung des Heiligen Römischen Reiches Deutscher Nation hatte zunächst eine Beseitigung der geistlichen Territorien zum Inhalt, wodurch die politische Landkarte völlig umgestaltet wurde. Dies war ein harter Schlag für den stiftsfähigen Adel, denn mit der Adelskirche fielen auch wesentliche Versorgungsmöglichkeiten für seine Söhne. Schlagartig hatte die Kirche keine dem Adel reservierten Fürstenränge und keine wohldotierten Pfründen für die Pfaffenprinzen mehr zu vergeben.

Der letzte Kurfürst von Mainz, welcher den Titel Kurerzkanzler des Reiches führte, ist unter Napoleons Einfluß zum Großherzog von Frankfurt ernannt worden. Dieser Karl Theodor von Dalberg, dessen Geschlechtsvettern das Vorrecht besaßen, am Tage der Königs- und Kaiserkrönungen als erste mit dem Schwert Karls des Großen zum Ritter geschlagen zu werden - bei diesem Anlaß pflegte der Herold zu rufen: „Ist kein Dalberg da?" -, ist als bedeutender Förderer der Aufklärung ein Beispiel dafür, daß die Adelskirche bei allen ihr immanenten Schwächen keineswegs nur Schmarotzer hervorgebracht hat, wie die adelsfeindlich-revolutionäre Publizistik behauptete. Tatsächlich hat das Ancien Régime auch manchen Geistlichen hervorgebracht, der weniger Herr als Diener der Kirche und der Christenmenschen gewesen ist. Zu ihnen hat der Jesuitenpater Friedrich von Spee (1591-1635) gehört, welcher nicht nur durch religiöse Lieder bekannt geworden ist, sondern darüber hinaus als Beichtvater von zum Tode verurteilten „Hexen" in Gewissensnot im Jahre 1631 seine berühmte Streitschrift gegen den Hexenwahn veröffentlicht hat. Sie hat den Kurfürst-Erzbischof von Mainz dazu bewogen, die Hexenverfolgung einzustellen.

Indem die katholische Kirche nach 1803 keine Landesherrschaft mehr ausübte, konnte sie sich ihren seelsorgerischen und karitativen Aufgaben verstärkt zuwenden. Bei dem Umorientierungsprozeß haben adelige Priester und Laien eine nicht unwesentliche Rolle gespielt. Eine bemerkenswerte Figur des Übergangs war der noch unter dem Ancien Régime zum Priester geweihte Clemens August Freiherr von Droste zu Vischering. Aus diesem einstigen Repräsentanten der Adelskirche wurde ein „Klerikaler", der sich in der Schul- und Mischehenfrage zu einem Verfechter der Kirchenfreiheit gegen den Machtanspruch des weltlich-protestantischen preußischen Staates entwickelte. Er wurde 1837 als Kölner Erzbischof verhaftet und als Gefangener auf die Festung Minden verschleppt, was den deutschen Katholizismus zutiefst aufgewühlt und neues Leben eingehaucht hat. Auch Lothar Anselm Freiherr von Gebsattel (1761-1846), der noch unter dem Ancien Régime in das Würzburger Domkapitel eingetreten ist und 1818 zum Erzbischof von München-Freising gewählt worden ist, war ein Vorkämpfer der katholischen Restauration, der sich um die religiös-sittliche Erneuerung des katholischen Klerus bemüht hat. Mit dem Mainzer Erzbischof Wilhelm von Ketteler, der seine kirchliche Laufbahn als einfacher Dorfpfarrer begonnen hat, und mit dem ebenfalls aus Westfalen stammenden Protestanten Friedrich von Bodelschwingh, hat der Adel führende Repräsentanten der kirchlichen Sozialbewegung gestellt.

Wenngleich die Wiederbegründung des bei der Auflösung des Römischen Reiches enteigneten Johanniter/Malteserordens von romantisch-reaktionären Vorstellungen mitgeprägt war, hat doch dieser in einen protestantischen (Johanniter) und katholischen (Malteser) Zweig gegliederte Orden, der im 20. Jahrhundert seinen exklusiv adeligen Charakter aufgegeben sowie auch seine überkommenen Zielsetzungen („Kampf gegen den Unglauben") modernisiert hat, auf diakonisch-karitativem Gebiet Wesentliches geleistet. Hervorzuheben ist, daß zu den Märtyrern des 20. Juli 1944 u.a. die Johanniter-Ritter Wilhelm Graf zu Lynar, Ewald von Kleist-Schmenzin, Werner Graf von der Schulenburg und Erwin von Witzleben gehörten. Es ist auch erwähnenswert, daß der Johanniterorden bei der Gründung des Roten Kreuzes mitgewirkt hat und daß der frühere Präsident des Deutschen Roten Kreuzes, Prinz Botho zu Sayn-Wittgenstein, ein Johanniter ist.

Hervorzuheben ist ferner, daß sowohl katholische als auch evangelische Adelige bei den modernen kirchlichen Laienbewegungen eine maßgebliche Rolle gespielt haben. So ist der auch als Mitbegründer der katholischen Zentrumspartei in Erscheinung getretene Fürst Karl von Löwenstein-Wertheim-Rosenberg (1834-1921) zum Vorsitzenden des ersten Deutschen Katholikentages gewählt worden, als Witwer trat er 1907 in den Dominikanerorden ein. Sowohl sein Sohn Aloys als auch sein Enkel Karl sind Präsidenten des Zentralkomitees des Katholikentages gewesen. Auf protestantischer Seite ragt hervor der aus der evangelischen Studentenbewegung und der Bekennenden Kirche hervorgegangene Wiederbegründer und Präsident des Deutschen Evangelischen Kirchentages Reinold von Thadden-Trieglaff. Einer seiner Amtsnachfolger ist der Bundespräsident Richard Freiherr von Weizsäcker gewesen, der ebenfalls ein Johanniter ist. Und im Jahre 1987 bekleidete Eleonore von Rotenhan das Amt einer Präsidentin des Deutschen Evangelischen Kirchentages, deren reichsritterliche Familie einst einen Fürstbischof von Bamberg gestellt hat!

Nicht übergangen werden darf schließlich die Rolle adeliger Geistlicher im Widerstand gegen den Nationalsozialismus. Auf katholischer Seite sind bekannt geworden für ihr unerschrockenes Eintreten gegen nationalsozialistisches Unrecht die Bischöfe von Berlin und Münster, Conrad Graf von Preysing und Clemens August Graf von Galen. Auf protestantischer Seite der Sohn des Begründers von Bethel, Friedrich von Bodelschwingh. Er ist 1933 zum nicht bestätigten Reichsbischof gewählt worden und hat später die Ermordung der Behinderten in Bethel durch die Nazis verhindert.

3.9. Das Königtum als sakrale Einrichtung

Mit seinem Wort „Sind Fürsten überhaupt nichts weiter als Menschen, so ist ihr Nimbus dahin", hat Carl von Göchhausen in Reaktion auf die Französische Revolution auf das Gottesgnadentum verwiesen,

Die Dynastie der Habsburger - Stammbaum von Jörg Breu d. J.
Der Stammbaum beginnt im 13. Jh. mit König Rudolf I. und
endet mit Kaiser Karl V. und Ferdinand I.

welches der Adelsherrschaft eine kirchliche Weihe verliehen hat. Überwölbt worden ist diese Herrschaft ihrerseits von der Einrichtung des sakrale und magische Züge tragenden Königtums. Der besondere Nimbus des Königtums, der seinen Inhaber von den gewöhnlichen Sterblichen abhebt, beruht sowohl auf der erhabenen Abkunft, dem aus germanischer Zeit überkommenen Sippenheil, als auch der religiösen Weihe. Im Priesterkönigtum, welches uns in fast allen Kulturen begegnet, fallen diese beiden Faktoren zusammen. Im Alten Testament ist König Melchidesek zugleich rex et sacerdos. Im alten Ägypten war der Pharao zugleich König und oberster Priester, eine Inkarnation des Himmelsgottes Horus. Das japanische Kaisertum führt sich auf Sonnengott Shinto zurück, Alexander dem Großen wurde von einem Priester mitgeteilt, daß er der Sohn des Zeus sei, die Seleukiden glaubten, Apoll zum Ahnherrn zu haben. Und das Geschlecht der römischen Julier schließlich, dem Caesar entstammte, rühmte sich der Abkunft von Äneas und der heroisch-göttlichen trojanischen Helden.

Ein vergleichbarer Ahnenkult läßt sich auch im christlich-germanischen Kulturkreis beobachten. So rühmten sich die altenglischen Könige, aus deren Geschlecht die Ehefrau von Kaiser Otto dem Großen hervorging, der Abkunft vom höchsten Germanengott Wodan. Gelegentlich hat das Bestreben, sich berühmte Ahnen zuzuschreiben, kuriose Formen angenommen. So zeigt eine durch Fresken dargestellte Ahnenreihe von Kaiser Karl IV. Porträts von Noah, Saturn, Jupiter, Priamos sowie Angehörige der Merowinger, Karolinger und der Brabant. Es wurden also biblische Personen, antike Götter und christlich-germanische Fürsten zu einem eigentümlichen Reigen vereinigt.

Bereits Tacitus hat festgestellt, daß die Germanen ihre Könige dem Adel entnahmen. Bei ihren Königen handelte es sich um Wahlkönige, welche die monarchische Spitze der Aristokratie bildeten. Die Königsherrschaft war eingebettet in Adelsherrschaft und getragen von Adelsgunst. Bei der Wahl des Königs gab es freilich bei Vorliegen der nötigen Eignung aufgrund des Sippenheils eine Art Anspruch für Königssöhne auf Vorrang, so daß die Wahl vielfach nur den Charakter einer Akklamation trug. Von wie entscheidender Bedeutung das königliche Blut war, zeigt die Tatsache, daß das Königtum beim Aussterben der Herrscherhäuser der Ottonen und der Salier jeweils über die weibliche Linie gleichsam vererbt wurde.

Von eminent praktisch-politischer Bedeutung war im hohen Mittelalter der Nachweis der Abstammung von Kaiser Karl dem Großen, der unter Kaiser Friedrich I. Barbarossa heiliggesprochen wurde. Friedrich I. konnte sich rühmen, auf zehn verschiedene Weisen vom Begründer des abendländischen Kaisertums abzustammen. Im frühen Mittelalter, in dem das Sakrament der Ehe noch nicht die spätere Bedeutung gewonnen hatte und wo der hohe Adel sich noch nicht durch starre Ebenbürtigkeitsregelungen abgekapselt hatte, konnte das Herrscherblut sogar durch eine außereheliche Verbindung eines Fürsten mit einer Frau aus dem einfachen Volk vererbt werden. Ein solcher „Bastard" war der berühmte Wilhelm der Eroberer!

Obgleich es in der Alltagspraxis oft recht pragmatisch zuging, wurde doch das Königtum ideologisch so verklärt, daß der Baron Montesquieu den König einen großen Magier nennen konnte. Dabei flossen ganz offensichtlich germanische und christliche Vorstellungen zusammen, wie ja überhaupt die Idee des Königtums von der auch bei den Germanen anzutreffenden Einheit von religiösem, kultischem und politischem Denken bestimmt ist. Magische Elemente enthält die germanische Auffassung von der Geblütsheiligkeit. Deshalb kratzten Bauern Erde vom Grabhügel König Heinrichs III., um eine gute und fruchtbare Erde zu erhalten. In einer spanischen Schrift über das Königtum heißt es: „Der König ist für das Volk so viel wie der Regen für die Erde, nämlich ein Segen des Himmels, ein Lebensstrom für den Boden, ein unentbehrlicher Helfer und Beschützer für alles, was auf Beinen geht." In Spanien ging man so weit, daß ein Pferd, auf dem einmal ein König geritten hatte, von niemand anders bestiegen werden durfte. Vielfach wurde auch geglaubt, dadurch etwas vom Heil des Herrschers erhalten zu können, daß man die Finger auf seine Leiche legte.

Dagegen wurzelt der Brauch des Handauflegens im Christentum. Bereits die Apostel haben so die Gnade Gottes weitergegeben. Der von König Robert II. (996-1031) in Frankreich eingeführte Brauch, daß der König Aussätzigen mit der Formel „Gott möge dich heilen" Hand auflegte, wurde letztmals im Jahre 1825 durchgeführt. Er war auch in England üblich, wo König Jakob II. im Jahre 1687 vierhundert Aussätzigen im Chor einer Kathedrale die Hand auflegte. Die Legende, daß bei der Taufe des Frankenkönigs Chlodwig von 498 eine Taube vom Himmel gekommen und eine auch bei allen späteren Krönungen benutzte Ampulle Krönungsöl herabgebracht habe, versucht die unmittelbare Beziehung zwischen Gott und dem König zu verdeutlichen. Die Vorstellung der Gottebenbildlichkeit des Herrschers manifestiert sich in dem seit dem 5. Jahrhundert für den Kaiser benutzten Titel „Vicarius Dei" bzw. „Vicarius Christi". Erst die in den Investiturstreit einmündende kirchliche Reformbewegung des 11. Jahrhunderts machte dem Kaiser diesen Titel streitig und reservierte ihn ausschließlich für den Papst.

3.10. Das deutsche Königtum

Als Karl der Große im Jahre 800 durch Papst Leo gekrönt wurde, hat ihm dieser die Krone mit den Worten aufs Haupt gesetzt: „Karl, dem Augustus, dem von Gott gekrönten, großen und friedenschaffenden Kaiser der Römer". Dieses Gottesgnadentum hob Karl unter den Sterblichen so hervor, daß er bei Hoftafeln - ebenso wie der Papst bis in die Gegenwart hinein - allein speiste. Obgleich ihm Geistliche sagten, ein König ohne Priesterweihe sei ein Schwert ohne Knauf, hat der Sachsenherzog Heinrich I. Salbung und Krönung abgelehnt, um von den Priestern unabhängig zu bleiben. Sein Sohn Otto I. wurde dagegen vom Erzbischof von Mainz mit diesen Worten gekrönt: „Nimm hin dies Schwert und triff damit alle Feinde des Herrn, Heiden und schlechte Christen". Bei seiner Kaiserkrönung in Rom von 962 wurde bereits eine Art Priesterkönigtum installiert. Ihm wurde nämlich vom Papst geistliche Tracht angelegt, bevor er zum Kleriker geweiht wurde. Als Glied des geistlichen Standes setzte ihm dann der Papst die Krone auf.

Während der König zum Priester geweiht wurde, wurde Jesus Christus in seiner germanischen Lebensbeschreibung „Heliand" als feudaler König dargestellt. Bezeichnenderweise ist bei der Krönung von Hugo Capet die Ordo der Bischofswahl zugrundegelegt worden. In ihrer Eigenschaft als Priester durften die mittelalterlichen Könige das Abendmahl in beiderlei Gestalt empfangen. So wurde noch Kaiser Karl VII. im Jahre 1742 bei seiner Krönung in Frankfurt von zwei adeligen Kanonikern des Aachener Kollegiatstiftes Zu Unserer Lieben Frau gebeten, Mitkanoniker zu werden. Auf den vorchristlichen priesterlichen Charakter der Krönung verweist auch der Himmelsmantel, der einstmals von Hohenpriestern getragen worden ist. Ebenso der von sechs Frankfurter Bürgern getragene Baldachin, unter dem Karl VII. zur Krönung ritt. Die achteckige deutsche Königskrone ist ein Symbol für die Auferstehung Christi und den Anbruch der Endzeit, die im Bild des himmlischen Jerusalem zur Wirklichkeit wird. Jerusalem verweist auf die himmlische, Rom dagegen auf die irdische Herrschaft, als deren Repräsentanten David und Salomo als alttestamentarische Vorläufer des römischen Königtums porträtiert waren.

Der auf der Reichskrone abgebildete David führt zu Christus hin, welcher im Neuen Testament als Sohn Davids angesprochen wird. David ist zum vornehmsten Titel eines christlichen Königs geworden, mit dem bereits Karl der Große von der höfischen Literatur bedacht wurde. Auch Otto I. und Otto II. sind mit David und Salomo verglichen wurden. Otto II. wurde sogar in einem Reliquiar christusgleich dargestellt; denn dort nimmt die Kaiserminiatur jene Stelle ein, die sonst der Majestas Domini, der Darstellung Christi, vorbehalten ist. Der Kaisermantel der Königin Kunigunde, der Ehefrau Heinrichs II., läßt eine direkte Angleichung an die geistliche Gewandung des Priesters erkennen. Nicht nur war er gleich ihr geschnitten, er trug überdies eine Mandorla mit Christus sowie 63 Medaillons, auf denen die Menschwerdung des Erlösers und seine Präfigurationen im Alten Testament dargestellt wurden.

Kaiser Friedrich Barbarossa ließ sich in der Liturgie als Stellvertreter des Himmelskönigs feiern und hat den Reichstag von 1188 zum

Reichstag Christi erklären lassen. Auf ihm wurde zum Kreuzzug als einer Buß- und Pilgerfahrt aufgerufen. Sein mit der englischen Königstochter Mathilde verheirateter Vetter Heinrich der Löwe ließ sich, obgleich er nur den herzoglichen Rang bekleidete, auf dem Krönungsbild in seinem berühmten Reliquar die Insignien königlicher Macht durch die aus den Wolken ragende göttliche Hand aufs Haupt setzen. Barbarossas Enkel, der Stauferkaiser Friedrich II., wies anläßlich der Beisetzung der Heiligen Elisabeth darauf hin, daß Jesus aus dem „königlichen Geschlecht Davids" stammte und daß die Bundeslade allein von Adeligen berührt werden durfte.

Der Stauferkult nahm derartige Formen an, daß von der von Philipp von Schwaben abstammenden Tochter König Ottokars II. gesagt werden konnte, daß sie ein Sproß sei, den das glückliche Böhmen „mit dem Blut des Göttlichen zeugte". Die Nachfolger der Stauferkönige waren bescheidener. Während es der stolze Barbarossa noch als Zumutung abgelehnt hat, dem Papst als Subdiakon Knechtsdienste zu leisten, hat dies im Jahre 1452 der Habsburger Friedrich III. nach seiner Krönung zu Rom getan. Vor der Peterskirche hielt er dem Papst Roß und Steigbügel, bevor er an der Tiberbrücke zweihundert Edelmänner zu Rittern schlug. Sein Sohn, der spätere Kaiser Maximilian, ließ sich gelegentlich als „irdischer Sonnengott" feiern.

Der religiöse Charakter des Königtums, auf den Kaiser Napoleon noch während seiner Verbannung auf St. Helena anspielte, indem er bemerkte, er dürfe die Beichte abnehmen, wird durch das Zeremoniell der Einholung unterstrichen. Dieses entspricht den Ehrenbezeigungen, die man einst den Göttern bei ihrer Epiphanie erwies. Als Karl der Kühne 1474 in Dijon einzog, setzte man dies in eine Parallele mit dem feierlichen Einzug von Christus in Jerusalem. Bei dem Einzug von Karl V. in Brügge von 1515 überreichten ihm Engel die Schlüssel und waren die Stadttore als Tore von Jerusalem dekoriert. Und als Karl V. als Siebzehnjähriger erstmals sein spanisches Königreich aufsuchte, da waren die Segel seines Schiffes mit Darstellungen von Christus am Kreuz, der Heiligen Dreifaltigkeit und der Heiligen Jungfrau mit dem Kind geschmückt. Höhepunkt priesterköniglicher Vorstellungen ist vielleicht das Gelöbnis von Kaiser Maximilian gewesen, sich nach dem Tode von Bianca Sforza nicht mehr an die Seite eines nackten Weibes zu legen. Er wollte ernstlich Koadjutor des Papstes werden, diesem im Amte nachfolgen und als Heiliger in die Geschichte eingehen.

3.11. Das absolutistische Gottesgnadentum

Bei näherem Zusehen hat die Vorstellung vom Gottesgnadentum einen vergleichsweise weltlichen und ideologischen Charakter gehabt. Beispielsweise heißt es in einer Schrift von 1615: „Christus ist ein obrister Regent dieser Welt, allerhöchster Regent und König: Gott, König der ganzen Welt, hat königlichen Mantel, Zepter, Krone, Thron, Stadt-Palast, Cammerherren, Kriegsheer und alles, was zu haben geruht." Der französische Bischof und Prinzenerzieher Bossuet hat im gleichen Jahrhundert das Gottesgnadentum so gesehen: „Der königliche Thron ist nicht der Thron der Menschen, sondern der Thron Gottes selbst. Der Titel Christus wird den Königen zuteil, überall nennt man sie Christusse oder die Gesalbten des Herrn. Die Könige sind Götter und haben in dieser Hinsicht an der Unabhängigkeit Gottes Anteil."

Zur Idee des Königtums gehörten nicht nur seine bis ins Göttliche gesteigerte Verklärung, sondern zugleich auch Dienst- und Devotionsgesten. Sie erinnerten den König daran, daß auch er ein Mensch ist. In einem Tagebucheintrag zu seiner Kaiserkrönung, die ihn nach seinen Worten „auf den höchsten Gipfel menschlichen Glanzes" führte, bemüht sich darum Karl VII., nicht zu vergessen, daß auch er nur ein Geschöpf Gottes sei. Eine wichtige Devotionsgeste war das Ritual der Fußwaschung. Dieser Brauch, welcher in der Antike nur von Sklaven oder der Tochter des Hauses durchgeführt wurde, versinnbildlicht eine Demutshaltung. Als Simon Petrus es ablehnte, sich von Jesus die Füße waschen zu lassen, hat dieser geantwortet: „Wenn ich dich nicht waschen darf, hast du keine Gemeinschaft mit mir".

Das noch heute in manchen katholischen Gemeinden geübte Ritual der Fußwaschung wurde am Französischen Königshof bis zur Revolution und am Wiener Kaiserhof noch in diesem Jahrhundert vollzogen. Der 1916 verstorbene Franz Joseph hat die Zeremonie der Fußwaschung der zwölf Greise, welche an die zwölf Apostel erinnern, persönlich durchgeführt. Dabei übergab der Kaiser mit einer Kniebeuge jedem Greis einen Teller mit einem nicht zum Verzehr bestimmten Schaugericht, wusch ihnen die Füße, hängte ihnen einen weißledernen Beutel mit dreißig Silberkronen um den Hals und übergab ihnen dann jeweils den Wasserkrug und ein Pilgergewand. Dieses Ritual war ein öffentlicher Akt im höfischen Leben. So hat etwa der Markgraf Friedrich von Baden im Jahre 1744 in Paris zugesehen, wie der französische König mit seiner Königin Armen die Füße wusch und sie anschließend persönlich bei Tisch bediente.

Ein weiteres Demutsritual spielte sich in Wien bei der Grablegung der Habsburgerkaiser vor der Kapuzinerkirche ab. Als der Hauskapellhofmeister vor der Kirche mit dem Sarg eintraf und dreimal an die Tür klopfte, antwortete er auf die Frage des Kapuzinerpriors „Wer ist draußen?" - „Kaiser Leopold". „Den kenn ich nicht", sprach der Prior. Als er seine Frage wiederholte und die Antwort: „Leopold, der arme Sünder" erhielt, wurde die Tür aufgetan. Während es sich bei diesen Gesten bereits um ritualisierte Akte handelte, kam es im Mittelalter zu spontanen, aus lebendiger Gläubigkeit erwachsenen Devotionsakten. Nach seinem Sieg über die Ungarn ist Kaiser Heinrich III. barfuß und mit härenem Gewand zur Siegesfeier erschienen und vor einer Reliquie in die Knie gesunken, alle Herzöge, Grafen, Ritter und Kriegsknechte taten es ihm nach.

Nach der Reformation ging im protestantischen Bereich die weltliche Herrschaft auch innerhalb der Kirche auf die Landesfürsten über. Der englische König nahm deswegen den Titel Defendor fidei, Verteidiger des Glaubens, an und die deutschen protestantischen Fürsten wurden kirchenrechtlich zu dem höchsten Bischof (Summepiskopat). Man darf jedoch daraus nicht schließen, daß dadurch eine Art Priesterkönigtum etabliert worden wäre. Denn die Verwaltung der geistlichen Angelegenheiten ist stets an hierfür eingerichtete Behörden delegiert worden. Wie man aus der Biographie von Kaiser Wilhelm II. weiß, sind auch protestantische Fürsten vom Gefühl des Gottesgnadentums durchdrungen gewesen. Damit sie nicht den Boden der Realität verloren, wurde der Vorstellung der religiösen Auserwähltheit durch die Erziehung entgegengewirkt. So sind dem späteren Kaiser Wilhelm I. als Jugendlichem diese Grundsätze eingetrichtert worden: „Ich will nie vergessen, daß der Fürst doch auch Mensch, vor Gott nur Mensch ist und mit den Geringsten im Volke die Abkunft, Schwachheit der menschlichen Natur und die Bedürfnisse derselben gemein hat, und daß die Gesetze, welche für andere gelten, auch ihm vorgeschrieben sind."

4. Adelige Mentalität und Ideologie

*Die Idee des Adels wird nicht entkräftet
durch die Unwürde Vieler, die von Adel sind.*

Friedrich Leopold Graf zu Stolberg

Mit seinem Wort, daß die Idee des Adels nicht durch diejenigen entkräftet werde, welche ihrer nicht wert seien, hat Graf Stolberg auf
eine wichtige Seite des Wesenkerns des Adelsstandes verwiesen.
Dieser besteht darin, daß es sich beim Adel nicht nur um eine kon-
krete soziale Formation handelt, sondern zugleich um ein Prinzip.
Die Eigentümlichkeit dieses Prinzips beruht darauf, daß es auch von
Bürgerlichen, ja sogar von Feinden des Adelsstandes respektiert
worden ist. Dies kann auch der Alltagssprache entnommen werden,
in der das Adjektiv adelig positiv besetzt ist. So verbreitete sich um
1800 ein Autor über den „Adel der Weiblichkeit", und die Kennzeichnung des Charakters eines Pferdes als adelig bedeutet noch
heute, daß es sich um ein edles Tier handelt. Auch die Rede von einem Nobelrestaurant oder von der Arbeiteraristokratie verweist auf
Positives.

Der revolutionäre Demokrat Ludwig Börne, welcher mit scharfen
Worten die kapitalistische „neue Aristokratie" attackierte, hat beina-
he anerkennend eingeräumt: „Die Aristokratie des Adels und der
Geistlichkeit war doch nur ein Prinzip, ein Glaube, man konnte sie
bekämpfen und besiegen, ohne den Edelleuten und den Geistlichen
in ihrer sinnlichen Lebenssphäre wehe zu tun". Solch eine Denkwei-
se war weit verbreitet. So kann man in einem Almanach von 1795
lesen, daß der reiche Kaufmann das „unerträglichste Geschöpf der
Gesellschaft und der Geldadel weit drückender als der Ahnenadel"
sei. Noch der keineswegs adelsfreundliche Soziologe Max Weber
schimpfte über die neuadelige Plutokratie und den Talmiadel als die
„wertlosesten" Glieder der Gesellschaft, während er gleichzeitig
bemerkte, er möchte „unseren historischen Adel" nicht missen!

4.1. Adelige Leitbilder und Tugenden

In seinem Buch „Il Cortegiano" („Der Hofmann"), welches zum Muster der europäischen Adelserziehung geworden ist, hat Graf Castiglione zu Beginn des 16. Jahrhunderts formuliert, daß der Adel ein „helles Licht" sei, welches „gute und schlechte Werke offenbar" mache. Damit hat er zum Ausdruck gebracht, daß das Verhalten der Adeligen daran zu messen sei, inwieweit sie den zum Leitbild des christlichen Ritters sowie des Edelmanns verdichteten adeligen Standesidealen gerecht zu werden vermöchten.

Der Zentralbegriff des Adelsideals ist die Tugend. Der adelige Tugendbegriff hat nur wenig gemein mit dem bürgerlichen, der ein brav-folgsames und sittsames Verhalten bezeichnet, welches den Beigeschmack der Ängstlichkeit und Leisetreterei hat und deshalb in Mißkredit geraten ist. Vielmehr ist er auf das engste mit der römischen Virtus verwandt, welche durch männliche Kraft charakterisiert ist. Tatsächlich war ja der Adelsstand in erster Linie ein Kriegerstand und das Leben des Kriegers war ein beständiges Üben der Tugend, ein Kampf um die Ehre als den Maßstab und den Kampfpreis der Tugend, wie Aristoteles formulierte. Die Tugend mußte sowohl durch körperliche als auch geistige Fähigkeiten erwiesen werden, durch Proben körperlicher Kraft, Gewandtheit, Mut, Scharfsinn, Weisheit, Fertigkeit in den schönen Künsten, aber auch durch Reichtum und Freigiebigkeit.

Der Adelige ist dadurch gekennzeichnet, daß er sich als berittener Krieger zu dem nicht seßhaften Herrenstand zählt, der sich als Ritter, Jäger, Herr untertäniger Bauern sowie auch als Vasall und Hofmann hoch zu Roß durch die Welt bewegt und deshalb weltgewandt und vielseitig gebildet ist. Einen Abglanz dieser im Gegensatz zur Schollenpflichtigkeit stehenden Freiheit vermittelt der Freiherr Joseph von Eichendorff: „Wem Gott will rechte Gunst erweisen, den schickt er in die weite Welt . . .,". Der einfache Bauers- und Bürgersmann dagegen ist an Hof, Werkbank, Geschäft oder auch an die Studierstube gebunden. Damit ist der kleine Mann im Unterschied zu den Adeligen, die sich auf Pilger- und Kriegsfahrt, Kavaliersreise und diplomatischen Missionen sowie durch Teilnahme an Turnieren und Festen auf vielfältige Weise in der „großen Welt" zu bewähren hatten, zu der mit dem Odium des Verächtlichen belegten Erwerbsarbeit und damit auch zum Fachidiotentum verdammt. Dies ist der Grund dafür, daß Goethe den zur müßigen Klasse gehörigen Adeligen als „öffentliche Person" gekennzeichnet hat, dessen Aufgabe es sei, zu „scheinen", zu repräsentieren.

Diesen Standesunterschied hat ein bürgerlicher Autor noch am Ende des 18. Jahrhunderts so erläutert: „Zu den Prärogativen des adeligen Standes gehört die frühzeitige Kompetenz zu dem Umgang mit der großen Welt, von welchem der Bürgerliche schon durch seine Geburt ausgeschlossen ist". Der mit Immanuel Kant befreundete Theodor Gottlieb von Hippel, Sohn eines armen Schulrektors, welcher sein „von" abgelegt hatte, hat in seinem adelskritischen satirischen Roman „Die Kreuz- und Querzüge des Ritters A bis Z" die derart privilegierten Adeligen deshalb 1778 als „Menschen in superlativo" verspottet!

Die praktische Realisierung der adeligen Leitbilder hat der Minnesänger Reimar von Zweter im 13. Jahrhundert so gekennzeichnet: „Wer die Tugend pflegt, den soll man edel nennen. Ein Königskind ist edel nicht, das sich der Untugend befleißigt." Es liegt nahe, daß besonders Nichtadelige versucht haben, diesen Tugendbegriff von seinem durch Standesstolz und -hochmut gekennzeichneten Beigeschmack zu reinigen und somit durch Spiritualisierung zu einem universalen Wert zu machen. Dabei floß nicht selten verdeckte Kritik an dem seinen Idealen keineswegs immer gerecht werdenden realen Adel ein. Deshalb erklärte Freidank im 13. Jahrhundert: „Wer Tugend hat, der ist wohlgeboren, ohne Tugend ist der Adel gar verloren", und der Schusterpoet Hans Sachs formulierte im 16. Jahrhundert: „Adel sitzt im Gemüte, nicht im Geblüte". In dem bereits zitierten „Narrenschiff" heißt es:

Wer Ehr und Sitte wahren kann,
Den halt ich für einen Edelmann.
Aber wer hat keine Tugend nit
Nicht Zucht, Scham, Ehr und Sitt,
Den halt ich allen Adels leer
Und wenn ein Fürst sein Vater wär.

4.2. Adelige Geburt und adelige Tugend

Das bereits aus der Antike bekannte und von Adeligen gern beschworene Wort, daß nur die Tugend adelt („sola virtus nobilitat") darf nicht über dies hinwegtäuschen: Adeliges Selbstverständnis und adelige Ideologie haben stets beinhaltet, daß der Adel in aller Regel durch adelige Geburt und adelige Erziehung von Kindesbeinen an vermittelt wird und daß die „Ehre" im realen gesellschaftlichen Leben eine den Adeligen vorbehaltene Eigenschaft war. So ist denn auch das Wesen des adelig-kriegerischen Geistes als „Seelendurst nach Ruhm und Ehre" gekennzeichnet worden. Die adelige Ehre, der Point d'honneur war - so hat August von Kotzebue definiert - „dem mathematischen Punkt gleich, der weder Höhe, Dicke, noch Länge hat, blos in der Einbildung existiert und dazu dient, Himmel und Erde auszumessen". Die Ehre verlangt, daß der Adel des Geschlechtes, die nobilitas generis, durch den Adel der Sitten, die nobilitas morum, ergänzt werden müsse. Somit war der Adelige verpflichtet, an sich zu arbeiten, sich gewissermaßen durch Annäherung an vorgegebene Ideale zu kultivieren.

Deshalb heißt es bereits in der Ilias des Homer: „Mein Vater ermahnte mich sorgsam, immer der erste zu sein und vorwärtszustreben vor anderen." Ganz ähnlich vergleicht sich auch heute noch der ethischen Idealen verpflichtete Freimaurer mit einem rauhen unbearbeiteten Stein, der durch geduldige und kontinuierliche Selbstvervollkommnungsarbeit geglättet werden muß! Und daher heißt es im 18. Jahrhundert in der väterlichen Erziehungsinstruktion für den Reichserbtruchseß Fürst Maximilian von Waldburg-Zeil: „Deinen auffälligen Geburtsadel mußt Du erst mit eigenen Verdiensten ausschmücken und emporheben."

Nach der adeligen Standesethik durfte die durch Grundbesitz und Renteneinkommen bewirkte Entlastung von den Mühen der täglichen Daseinsvorsorge kein Anlaß für Müßiggang sein. So forderte der Fürst Liechtenstein im 17. Jahrhundert von seinen Söhnen, sie sollten die freie Zeit nutzen, um „Rühmliches zu vollbringen", d.h.

Tugend unter Beweis zu stellen und Ehre zu erzielen. Dies war beispielsweise durch die Aufrichtung prachtvoll-repräsentativer Schloß- und Kirchenbauten oder Grabdenkmäler möglich, mit denen weltliche und geistliche Große sich und ihrer Familie ein Denkmal setzten. Es versteht sich, daß die meisten Adeligen aus sehr unterschiedlichen Gründen, nicht zuletzt auch aus Armut!, den hehren adeligen Standesidealen nicht gerecht zu werden vermochten. Schließlich stammt ja das Wort Adel von Odal = Erbgut, und wer kein Erbgut hatte, der konnte die Sicherung seines Lebensunterhaltes vielfach nicht mit der Erreichung von Ruhm und Ehre in Übereinstimmung bringen. Tatsächlich fielen unter der Adelsherrschaft die Ruhm und Ehre einbringenden Posten vorzugsweise an die Mitglieder solcher Familien, deren Einfluß auf umfangreichen Besitz gründete. Arme Schlucker konnten am ehesten noch im Kriegsdienst zu Ruhm gelangen.

Die europäische Adelswelt ist seit Homer der Überzeugung, daß edle Abkunft zur Tugend geboren ist und diese Tugend als Ehre einbringende strenge Verhaltensanforderung an den Adeligen herantritt. Zum agonalen Lebensstil des Adelskriegers gehört es, daß er ständig nach Höherem strebt und sein Ich überhöht, daraus aber entsteht unvermeidlich Hochmut und Hybris. Hier ist daran zu erinnern, daß nicht nur die homerischen Helden, sondern beispielsweise auch die japanischen Adelskrieger, die Samurai, sich in der Schlacht vor Beginn des adelstypischen Zweikampfes als Sohn, Enkel oder auch Urenkel dieses oder jenes renommierten Helden vorstellten. Mit dieser Ahnenprobe bewiesen sie ihre hohe Kunst und ihre Ebenbürtigkeit. Adelige Tugend und adelige Laster, wie besonders der auf Adelsstolz gründende Hochmut, sind somit auf das engste miteinander verwoben. Dem tragen adelige Leitsprüche Rechnung, welche sich etwa in Familiengeschichten finden. So heißt es in derjenigen der Bismarcks: „Ahnen sind für den nur Nullen, der als Null zu ihnen tritt", und der Familiengeschichte der Bülows von 1780 ist dieses Mahnwort vorangestellt:

Der ist nicht flugs ein Edelmann,
Der geboren ist aus großem Stamm

Oder Geld und Reichtum hat
Und tut doch keine redliche Tat.
Die Tugend und die Höflichkeit
Adelt den Menschen alle Zeit.

4.3 Adelige Ehre

Der Begriff der adeligen Ehre, welcher den Adeligen gewissermaßen eine besondere Seinsqualität zuspricht, ist durch einen Soziologen so erläutert worden: „Adelig ist es, alles um der Ehre willen zu tun." Diese Ehre, welche das Verhältnis beschreibt, in dem das Selbstverständnis des Einzelnen von der kollektiven Einschätzung durch seinen Stand abhängt, war eine die soziale Existenz bestimmende Macht. Diese Macht war keineswegs nur ein Privileg für den Einzelnen, vielmehr zugleich ein Korsett und eine Bürde. So berichtet die von Veblen in seiner „Theorie der feinen Leute" erzählte Legende, daß ein französischer König sein Leben im Dienst der feinen Lebensformen eingebüßt hat. Als ihn nämlich vor dem Kamin das Feuer erfaßte, ließ er sich angeblich verbrennen, weil derjenige Höfling nicht anwesend war, der seinen Sessel rücken mußte.

Tatsächlich heißt es in den Instruktionen eines französischen Aristokraten für seinen Sohn: „Ich zöge es vor, Du fändest einen glorreichen Tod in ehrenvoller Schlacht unter wehendem Banner, als daß Du ehrlos aus ihr zurückkehrst." Beachtung in diesem Zusammenhang verdient das Verhalten des 72jährigen friederizianischen Feldmarschalls Graf Schwerin. Als im Jahre 1757 in der Schlacht bei Prag seine Truppen wankten, setzte er sich an die Spitze seines Regimentes mit den Worten: „Wer ein braver Kerl ist, der folge mir." Dadurch flößte er seiner Truppe neuen Mut ein, wobei er freilich selbst von fünf Kartätschenkugeln getroffen tot vom Pferd sank.

Der Grundsatz, daß Adelige, welche sich gegen den Ehrenkodex ihres Standes und ihrer Familie versündigten, buchstäblich verstoßen werden mußten, ist noch in diesem Jahrhundert angewendet worden. Wegen vergleichsweise geringer Verfehlungen, welche heute kein besonderes Aufsehen erwecken würden, wurde dem ehrlos Gewordenen eine Schiffskarte nach Amerika ausgehändigt und damit ein standespolitisches Todesurteil ausgestellt. Denn, wie bereits Franz I. von Frankreich festgestellt hat, war für den Adeligen „alles verloren ohne Ehre".

Zur Aufrechterhaltung dieser Ehre wurden Adelige strengen Verhaltensnormen, einer absolutistischen Moral unterworfen, für nicht mehr in Zünfte eingebundene Bürgerliche dagegen galten weniger strenge Moralvorschriften, gewissermaßen eine durch Rechenhaftigkeit gekennzeichnete relativistische Nützlichkeitsmoral. Zumindest mußte in diesem Zusammenhang der schöne Schein aufrechterhalten werden. Dies ist dem Forstmeister Karl Friedrich Freiherrn von Drais (1785-1851), welcher als Erfinder der Draisine, eines Vorläufers unseres Fahrrads, zu europäischer Berühmtheit gelangt war, nicht gelungen. Als Liebhaber von Alkoholica wurde er in eine recht handfeste, gewissermaßen proletarische Schlägerei verwickelt, worauf er seine badische Kammerherrenwürde einbüßte.

Der Wesensunterschied zwischen adeliger und bürgerlich-kapitalistischer Moral wird durch eine Anekdote schlaglichtartig beleuchtet: Um die Jahrhundertwende soll ein Adeliger einen ihm gut bekannten prominenten Bankier in Berlin diskret darauf hingewiesen haben, daß seine rassige Ehefrau galante Beziehungen zu zwei Herren unterhalte. Daraufhin habe der Bankier geantwortet: „Es ist besser an einer guten Sache mit einem Drittel als an einer schlechten Sache mit hundert Prozent beteiligt zu sein." Wäre er ein dem adeligen Ehrenkodex verpflichteter Edelmann gewesen, hätte er den Nebenbuhler zum Duell fordern und somit zur Wahrung seiner Ehre seine Existenz auf die Waagschale werfen müssen. In wie starkem Maße die Wahrung der Ehre an der Unmittelbarkeit orientiert war und welch kaum glaubliche Überspitzung das Ehrenverständnis erfahren hat, beleuchtet die Aufforderung, welche Leo Graf Keyserling im letzten Jahrhundert an seinen zwölfjährigen Sohn gerichtet hat: „Sollte ein Lehrer es wagen, dich anzurühren, dann schieß ihn tot, Konsequenzen sind immer gleichgültig." Es kann keinen Zweifel daran geben, daß die durch Todesverachtung gekennzeichnete Tapferkeit vieler Adeliger in diesem spezifischen adeligen Ehrbegriff ihre Wurzel hat.

Für den Adeligen stand im Kampf nicht nur wie für jedermann sein Leben, sondern zugleich seine Standes- und Familienehre auf dem Spiel, welche als soziale Kontrollinstanz diente. Als Lohn für ehrenhaftes Verhalten winkte der „Toten Tatenruhm", von dem bereits die germanische Heldendichtung sagt: „eins weiß ich, was ewig lebt". Tatsächlich ist etwa in den preußischen Junkerfamilien um die vielen Kriegsgefallenen auch noch in diesem Jahrhundert so etwas wie ein Totenkult betrieben worden. Den archaisch-atavistischen Charakter von Adeligen, welchen manche Fortschrittler ein Steinzeitwesen zuschreiben, hat bereits Martin Luther angesprochen, indem er sagte: „Nicht umsonst führt der Adel Löwen, Bären, Wölfe und andere Tiere in seinem Wappen, es bezeichnet seine Art." Noch Robert von Musil hat gemeint: „Eine Herrenkaste bleibt immer etwas barbarisch, denn die Welt der adeligen Herren ist eine Welt ohne Rechenhaftigkeit und voll Abenteuerlust."

4.4. Adeliger Hochmut

Kennzeichen dieser Herrenkaste, welcher ein Marxist in ihrer preußisch-junkerlichen Ausprägung fast liebevoll eine „feudale Waldursprünglichkeit" nachgesagt hat, ist vielfach eine elitäre Arroganz, das Herabblicken auf die als dumpf und materialistisch vorgestellte Masse. Ein Baron aus Kurland, wo sich die altadelige Lebensform bis zum Ersten Weltkrieg besonders rein erhalten konnte, hat dieses Spannungsverhältnis so kommentiert: „Die Masse haßt die Aristokraten, weil diese ihrem innersten Wesen entsprechend immer Distanz wahren und sich vor der Klebrigkeit der Masse wie Gift scheuen."

Hinter diesen herablassenden Worten verbirgt sich ein von Georg Simmel aufgezeigter Sachverhalt. Der Adel ist keineswegs nur durch ihm zustehende Privilegien charakterisiert, auf welche die Spruchweisheit „quod licet jovi, non licet bovi", was Jupiter erlaubt, darf der Ochse noch lange nicht, abzielt. Vielmehr gilt für den Adel zugleich die Umkehr dieser Devise, nämlich die in der Diskussion um den Ehrbegriff bereits sichtbar gewordene Verhaltensrichtlinie: „Was dem Ochsen erlaubt ist, ist Jupiter nicht erlaubt!" Daß man dem „niederen" Volk zugestand, was man selbst nicht duldete, weil man als höherwertig bewertete schärfere moralische Maßstäbe an sich anlegte, mußte von Nichtadeligen beargwöhnt und als verletzend angesehen werden.

Dieser Haltung liegen keineswegs nur elitäre Arroganz, sondern auch asketische und ästhetische Ideale zugrunde, welche das Kennzeichen jeder echten Elite sind. Dies läßt sich an der Äußerung eines baltischen Barons illustrieren, der gesagt hat, er könne nicht mehr Eisenbahn fahren, weil ihn immer die Lust anwandele, die Leute aus der dritten Klasse totzuschießen. Auf die Rückfrage, wie er zu solch einer extremen Auffassung gelange, erklärte er: „Diese Leute glauben, sie hätten die Eisenbahn gemacht und benehmen sich wie die Herren der Zivilisation." In eine weniger militante, bürgerliche Redeweise übersetzt sind vergleichbare Urteile von bildungsbürgerlichen Kulturmenschen, welche aus einem physischen Widerwillen gegen das Banausentum des Massentourismus herablassende Urteile fällen, sehr wohl bekannt.

Charakteristisch für eine noch ständestaatliche Orientierung war freilich, daß aus den Standesunterschieden eine rechtliche Ungleichbehandlung abgeleitet wurde. So legte der Adel noch im 19. Jahrhundert Wert darauf, daß für vergleichsweise geringe Vergehen und heute absonderlich anmutende Verstöße gegen den ständischen Ehrenkodex der Verlust des Adels angedroht wurde. Beispielsweise bestanden die Mitglieder der 1. Kammer in Baden zur Verwunderung bürgerlicher Juristen darauf, daß Adelige nach Verhängung einer Haftstrafe ihres Adelsstandes verlustig erklärt wurden. Noch heute wird in traditionalistisch orientierten adeligen Kreisen die Beobachtung einer strengeren Moral als in libertinösen Bürgerkreisen erwartet. So verlautbarte der fränkische Baron Truchseß von Wetzhausen noch vor einigen Jahren, es sei ihm unvorstellbar, daß seine unverheiratete Tochter mit einem Bürgerlichen zusammenziehe, noch

172

ärger aber wäre es, wenn sie dies mit einem Adeligen täte, denn der müßte wissen, was sich gehöre!

Solch eine Sondermoral wird in der demokratischen Gesellschaft als anstößig empfunden. So heißt es denn auch in dem während der Restaurationszeit erschienenen liberalen „Staatslexikon", der Anspruch des Adels, er bilde einen besonderen Tugend- und Verdienststand, habe ihm erbitterte Gegner, und zwar nicht der Unwürdigsten zugezogen.

4.5. Ahnenstolz und Familienbewußtsein

Als Beispiel für eine mit dem Instrument des adeligen Ahnenstolzes verabreichte Demütigung sei hier angeführt, daß die Königin Maria von Schottland, deren Mutter aus dem Hause Lothringen stammte, ihre aus der frisch geadelten florentinischen Bankiersfamilie Medici stammende Schwiegermutter Maria von Frankreich als „Kaufmannstochter" zu beleidigen suchte. Diese Injurie ist Ausdruck einer adeligen Werthaltung, die dem „Koofmich" keine Ehre zubilligt. Als Reaktion auf die Französische Revolution ist diese adelige Ständeideologie im Geiste der den Adel als „göttliche Institution" (Adam Müller) ausgebenden politischen Romantik auf eine antiquierte und darum fast schon komische Weise erneut bekräftigt worden. So dichtete der Schlesier Moritz Graf Strachwitz:

> *Eh zwängt der Maulwurf in sein Loch*
> *Den Adel stolz beschwingt*
> *Eh Krämergeist und Krämerjoch*
> *Den Ritternacken zwingt.*

In ganz ähnlicher Weise suchte der Westfale Clemens August Graf Westphalen (1805-1885) die traditionelle Standesethik hochzuhalten. Er forderte nämlich: „Bleibe bei dem Ritterstand, werd' dem Krämer nicht verwandt." Die Herabsetzung der Maria Medici als Kaufmannstochter ist vor allem aber deshalb aufschlußreich, als ihr keinerlei individuelles Fehlverhalten, sondern vielmehr ihre Abstammung vorgehalten wurde. Den Adel zeichnet aus, daß ihn der Einzelmensch vornehmlich nicht als Individuum, sondern vielmehr als Teil einer Gruppe, einer Familie interessiert. Diese hat Friedrich August von Marwitz als die „moralisch-unsterbliche Person" bezeichnet. Da der Mensch aus adeliger Perspektive in erster Linie durch seine Familie, d.h. seine Herkunft und somit die Vergangenheit definiert wird, begnügt man sich in Adelskreisen teilweise bis heute damit zu sagen, dieser oder jener habe eine geborene Soundso geheiratet. Dabei wird zur Erläuterung lediglich noch der mit einer Besitzbezeichnung identische Name des Familienzweiges hinzugefügt. Kundige wissen dann gleich über die Verwandtschafts- und Vermögensverhältnisse Bescheid.

Der neuromantische Balladendichter Börries Freiherr von Münchhausen, welcher 1945 beim Einmarsch der Sowjets auf seinem thüringischen Besitz Selbstmord verübte, hat dies kollektivistische adelige Selbstverständnis in seinem die Adelssippe ansprechenden Gedicht „Die Kette" überspitzt so ausgedrückt: „Alles ist die Kette - ich bin nur ein Glied." Als solch ein Glied soll sich auch ein Namensträger des Hauses Sickingen verstanden haben. Franz Graf von Sikkingen (1760-1834) lebte in Armut auf einem Hof im Taunus. Ein ihm vom kaiserlichen Hof angebotenes Hofamt hat er einst mit den stolzen Worten abgelehnt, ein Sickinger diene nicht, sondern lasse sich bedienen, denn sein Geschlecht sei älter als das der Habsburger.

Die reale Basis für ein derartiges Selbstverständnis, welches auch heute noch nachwirkt, ist der Unabhängigkeit verleihende Besitz von Familiengütern, welche seit Jahrhunderten, beim Ortsadel länger als die schriftliche Überlieferung reicht, einer Familie gehörten. Angesichts der Tatsache, daß viele Ehen kinderlos bleiben oder „nur" Töchter hervorbringen, konnte eine derartige Besitzkontinuität nur deshalb bewahrt werden, weil das Interesse der Familie Vorrang vor den Einzelinteressen ihrer Mitglieder bekam. Der Inhaber eines Familiengutes wurde und wird dahingehend erzogen, sich als Treuhänder der Gesamtfamilie zu verstehen. Pflicht der Familienmitglieder ist es, den Besitz der Familie zu erhalten und zu mehren.

So schrieb Georg Friedrich von Greiffenclau zu Vollrads, Bischof von Worms und Erzbischof-Kurfürst von Mainz (1573-1629), in seinem Testament, er habe es treuherzig mit seinem Geschlecht gemeint und dazu beigetragen, seine „Nahrung zu bessern", damit es nicht wie andere Geschlechter in Abgang komme! Besonders erfolgreich bei der Verbesserung der „Nahrung" seiner Familie war im 18. Jahrhundert der leitende Minister des Kölner Kurfürsten Kaspar Anton von Heiden-Belderbusch, der seine Karriere als Page des Kurfürsten Clemens August begonnen hat und als Ritter des Deutschen Ordens unverheiratet geblieben ist. Er verschaffte nicht nur sich, sondern auch seinem Neffen den Grafentitel und hinterließ ihm ein ganzes Bündel von Rittergütern sowie ein Kapital von 330.000 Gulden.

Inhaber von Lehensgütern und Fideikommissen sind auch rein rechtlich nicht in der Lage gewesen, frei über das der Familie gehörende Gut zu verfügen. Der Vorrang der Familie wird durch das Familienwappen symbolisiert, welches am Portal des Hauses, über dem Kamin, auf dem Familiensilber, Wappenring, Truhen, Tischzeug, Stuckdecken, Kutschen, und nicht zuletzt auf den repräsentativen Epitaphen in der Grabkirche zur Schau gestellt wurde. Bei den großen Familien tragen die Diener überdies bei festlichen Anlässen Galauniformen, die in den Wappenfarben der Familie gehalten sind. Die Bedeutung des Familienwappens wird auch dadurch beleuchtet, daß es im 14. Jahrhundert Mode wurde, daß Edelfrauen das Wappen des Ehemannes auf die rechte Seite des Mieders stickten, während auf der linken ihr eigenes zu sehen war!

Es ist gesagt worden, das Wesen des Adels bestehe darin, daß der Quell der Ehre von den Toten auf die Lebenden verlegt werde. Deshalb konnte Fritz von Unruh den Grafen Gutundblut in seinem expressionistischen Revolutionsstück „Platz" dummstolz erklären lassen: „Als meine Ahnen auf Turnieren ritten, da hüpften eure noch von Baum zu Baum ... Gibt es nicht Adler, lehnt der Spatz sich auf. Wir sind geboren im Horst! Die da im Staub!" Nach dem Soziologen Simmel liegt das Gesamtniveau einer Gruppe nahe ihren tiefststehenden Mitgliedern, beim Adel sei es jedoch umgekehrt, da jede Person teil am Glanze der Familie hätte, indem die positiven Verdienste der Verstorbenen auf die einzelnen Nachkommen übertragen würden. Der Adel habe es vermocht, dem Familiengeist eine feste Form zu geben, wobei er den Geist mit den Edelmetallen Gold und Silber vergleicht, welche unzerstörbar seien. Die einzelnen Familienmitglieder wären somit nur Umschmelzungen einer dauerhaften, durch die Vererbung weitergegebenen Wertsubstanz. Auf diese Weise werde der Adelsstand zu einer Art Insel in der Welt, die einem Kunstwerk vergleichbar sei.

4.6. Adeliges Herrschaftsbewußtsein

Der Adel hat sich nicht nur eine besondere, sondern eine höhere Wesensqualität zugesprochen. Dies kommt darin zum Ausdruck, daß er sich als hoch- und hochwohlgeboren bezeichnete und an der Spitze der Ständepyramide ansiedelte. Welche Formen der Hochmut dieses Herrschaftsstandes annehmen konnte, belegt das erst im letzten Jahrhundert ausgesprochene Wort des Fürsten Windisch-Graetz: „Der Mensch fängt erst beim Baron an." Dieser Spruch trifft insofern etwas Wesentliches, als im Mittelalter der Leitsatz galt: „Der Baron ist König in seiner Baronie." Tatsächlich haben in Deutschland auch Niederadelige gemäß dem Fehderecht auch gegen ihre Lehensherren Krieg geführt, bevor diese ihre Souveränität mit Hilfe des absolutistischen Beamten- und Militärapparates durchzusetzen vermochten.

Der in den Baronsstand erhobene englische Philosoph und Staatsmann Francis Bacon sagte: „Die Adeligen sind zum Herrschen gewissermaßen geboren." Diese Aussage findet darin ihre Bestätigung, daß der adelige Grundherr bis ins 19. Jahrhundert hinein die niedere Gerichtsbarkeit, die Polizeigewalt und das Patronat über Kirche und Schule ausgeübt hat und überdies bevorzugt, manchmal sogar ausschließlich, zur Besetzung der mit der Ausübung hoheitlicher Tätigkeiten verbundenen Ämter herangezogen wurde. Die Adelsherrschaft ist gekennzeichnet durch einen politischen und moralischen Führungsanspruch. Deshalb heißt es im 13. Jahrhundert in dem französischen Lancelot-Roman vom Ritter: „Denn über dem Volk soll der Ritter stehen. So wie man das Pferd anspornt und wie der, der auf ihm sitzt, es hinleitet, wohin er will, so soll der Ritter das Volk nach seinem Willen führen."

Noch im Revolutionsjahr 1848 hat der pommersche Junker Adolf von Thadden-Trieglaff trotzig erklärt: „Der König ist ein großer Guts- und Grundbesitzer, der Gutsbesitzer ist ein kleiner König ... Und wenn er noch so klein ist und wenn Krone, Szepter und Reichsapfel auch nur in Pelzmütze, Spazierstock und Kartoffel besteht." Ein Nachkomme eines seiner Gutsnachbarn war Ewald von Kleist-Schmenzin. Dieser nach dem 20. Juli 1944 hingerichtete tiefreligiöse Monarchist war einer der erbittertsten Gegner Adolf Hitlers. Er hat noch 1926 in seinem Aufsatz „Adel und Preußentum" gefordert: „Der Adel muß beharren auf der durch Jahrhunderte ausgebildeten Herrenart, dem Herrengefühl, unbedingt oben zu sein." So reaktionär diese Devise auch sein mag, so atmet sie zugleich doch etwas vom Verantwortungsbewußtsein der elitären Devise noblesse oblige, Adel verpflichtet, welche in extremen Situationen eine Hingabe des eigenen Lebens verlangen konnte.

Da nach einem Wort des französischen Geschichtsdenkers Alexis de Tocqueville die Geburt der „einzige Ursprung" des eigentlichen Adels ist, trifft die von Shakespeare geäußerte Adelskritik, daß es eine „wassersüchtige Ehre sein, die bloß vom Stolz der Geburt" aufschwelle, bei aller Berechtigung nicht den Kern der Sache. Der Spott über den dummstolzen Ahnenstolz ist uralt. So mokierte sich bereits Ausonius über den altrömischen Parvenu, der seinen Stammbaum mit Mars und Romulus begann. Zu Beginn dieses Jahrhunderts erteilte ein chinesischer Prinz einem Hohenzollernprinzen, dessen Familiengeschichte im 11. Jahrhundert einsetzt, auf diese Weise eine unnachahmliche Abfuhr:

Eure kaiserliche Hoheit werden vielleicht wissen, daß wir Chinesen den Ahnenkult schon immer gepflegt haben. Was meine Person betrifft, fühle ich mich nicht dazu berufen, darüber zu sprechen, denn die Aufzeichnun-

gen in meinem Familienarchiv gehen bloß auf 3800 Jahre zurück. Aber ich bitte Sie, mit meinen Vettern von der Ming-Dynastie zu sprechen. Sie können Ihnen sagen, wie es vor 6000 Jahren aussah!

Das Selbstverständnis des Adels hatte seinen Angelpunkt darin, daß er glaubte, eine biologisch-soziale Sonderexistenz darzustellen, von der angenommen wurde, sie sei naturgegeben bzw. gehe auf Gottes Fügung zurück. Da nach einem französischen Wort Gott allein einen Edelmann machen kann, stellte das seit dem späten Mittelalter von den Königen vielfach intensiv ausgeübte Recht, die ihnen ergebenen Günstlinge zu adeln, für den Altadel eine Aushöhlung und Bedrohung seines Standes dar. Eben daher haben polnische Adelige im 17. Jahrhundert provozierend erklärt, genau so wenig wie die Affen Löwen werden könnten, könne durch Wille und Befehl des Kaisers jemand adelig werden. Solch eine den Adel als „spezifisch unterschiedliche Rasse des menschlichen Geschlechts" begreifende orthodoxe Adelsideologie ist mit dieser blasphemischen Geschichte verhöhnt worden: Als vor der französischen Revolution ein Priester nicht die mit dem gräflichen Wappen geschmückte Oblate zur Hand hatte, habe er seinem Herrn eine einfache Oblate mit den Worten überreicht: „Heute, gnädiger Herr, muß ich Sie bitten, mit Hausmannskost vorlieb zu nehmen." Die vielgebrauchte Redewendung vom „blauen Blut" der Adeligen stammt übrigens aus Spanien. Dort waren den dunkelhäutigen mohammedanischen Mauren die blauen Blutadern der hellhäutigen Westgoten ins Auge gestochen.

4.7. Ständische Exklusivität und Genealogie

Die erzwungene und im Falle einer Nichteinhaltung mit sozialer Ächtung belegte Aufrechterhaltung der kastenmäßigen Abschließung von Adelsgruppen hat bis ins 20. Jahrhundert hinein praktische Folgen gehabt. So hat ein amerikanischer Gesandter am Wiener Kaiserhof sarkastisch bemerkt, ein Österreicher könnte Shakespeare, Galilei, Nelson und Raphael in einer Person sein, so hätte er keinen Zutritt zur guten Gesellschaft, wenn er nicht 16 adelige Ahnen besäße.

Dieser Sachverhalt hatte einschneidende Folgen, besonders auch für die Damen dieser guten Gesellschaft. So kann man in den Erinnerungen der aus dem Hause Reventlow-Criminil stammenden Gräfin Cecilia Sternberg lesen, eine alte Tante von ihr habe sich als Mädchen einmal in einen Bürgerlichen verliebt, da ihr jedoch die Heirat mit jemandem aus einer anderen Schicht so verkehrt erschienen sei, als wenn man Tiere aus verschiedenen Spezies habe miteinander paaren wollen, sei sie Junggesellin geblieben. Die sich nicht als Gräfin bezeichnende Schriftstellerin Elisabeth Plessen, welche in ihrer „Mitteilung an den Adel" eine Abrechnung mit dem adelig-konservativen Gutsbesitzermilieu vorgelegt hat, spricht darin gleichfalls von einer Tante, die nicht geheiratet hat, weil sie den Bürgerlichen, den sie liebte, nicht heiraten durfte.

Welch eine rigorose Heiratsdiziplin sich traditionsorientierte Adelige selbst noch zu einem Zeitpunkt auferlegt haben, als die vorgeschriebenen 16 stiftsfähigen Vorfahren keine praktische Bedeutung mehr hatten, zeigt das Beispiel des Dichters Börries von Münchhausen. Er hatte ein Fräulein von Rantzau als Ehefrau auserwählt, als er jedoch beim Durchblättern ihres Stammbaumes entdeckte, daß sie eine aus einem norddeutschen Bürgerhause stammende Urgroßmutter hatte, nahm er von der Ehe mit ihr Abstand! Für den fränkischen Reichsritter Johann Philipp Marschalk von Ostheim, den Vater der Schiller-Freundin Charlotte von Kalb, hat es noch ein echtes Problem dargestellt, die Stiftsfähigkeit seiner aus dem thüringischen Hause Wintzingerode stammenden Mutter nachzuweisen. Zu diesem Zweck sah er sich gezwungen, seinen Sekretär auf eine kostspielige Reise nach Norddeutschland zu schicken!

Hier muß nachdrücklich darauf hingewiesen werden, daß die Restaurationszeit weitgehend die Tatsache aus dem adeligen Bewußtsein verdrängt hat, daß bereits die Französische Revolution und die von ihr ausgehenden Erschütterungen die ständische Ordnung in Deutschland so ins Wanken gebracht hat, daß sich dies im Heiratsverhalten auswirkte. So ist es kein Zufall, daß der Staatsminister Karl August Graf Hardenberg buchstäblich unter dem Kanonendonner des Krieges von 1806/07 die dann noch zur Fürstin aufgestiegene Sängerin Charlotte Schönemann ehelichte, die Tochter eines Stuhlmachers. Dies hat seine Familie und seinen Sohn aus erster Ehe empört! Fast gleichzeitig ließ sich der briefgeadelte Minister Johann Wolfgang von Goethe seinen „Bettschatz" von kleinbürgerlicher Abkunft antrauen, was ebenfalls ein klarer Fall einer Mesallianz war.

In seinem Roman „Beate und Mareile" hat Eduard von Keyserling um die Jahrhundertwende geschildert, wie sehr Adelige Gefangene ihres Standes gewesen sind. Dort endet die Liebesbeziehung eines Grafen zu einer Inspektorstochter in Resignation, weil der Graf nicht über seinen ständischen Schatten zu springen vermag und in sein altes Leben zurückfällt. Als er sich von seinem alten Diener durch den Winterwald kutschieren läßt und sich dieser eine Bemerkung über die Schönheit der Natur erlaubt, herrscht der Graf ihn an: „Ach, schweig!" - „Warum denn, Herr Graf?" - „Weil das nicht dazu da ist, damit du es bewunderst." - „Aha, ich verstehe, das ist nur für Grafen." - „Ja."

Das heutzutage den meisten wohl kaum glaublich erscheinende Verhalten des Börries von Münchhausen verweist auf einen adelssoziologischen und -ideologischen Umstand von größter Bedeutung, welcher den Adel in den Augen der Bürgerlichen zu einer exotisch anmutenden Gruppe macht: Die Tatsache nämlich, daß derjenige, welcher seine Vorfahren über Jahrhunderte hinweg zu verfolgen vermag, meist feststellt, daß er gewissermaßen mit nahezu jedem irgendwie „verwandt" ist. Der adelige Verwandtschaftsbegriff, der mit dem bürgerlichen wenig gemein hat, erklärt ganz wesentlich das genossenschaftliche Selbstverständnis des Adels, welcher sich gleichsam als eine große Familie begreift. Tatsächlich redeten sich die europäischen Fürsten und beispielsweise auch die kurländischen Barone untereinander als Vettern bzw. als Brüder an.

Ahnenproben sowie die Stammbäume haben die Aufgabe gehabt, die Reinheit der adeligen Abstammung darzulegen und dadurch den Rang und den Glanz der Familie zu bewahren und zu mehren. Diese Aufgabenstellung legt nahe, daß die Verlockung groß gewesen ist, sich notfalls berühmte Vorfahren zuzuschreiben und dunkle Stellen zu vertuschen. Tatsächlich soll in Polen ein Genealoge einmal Stockschläge erhalten haben, weil er sich weigerte, einen Stammbaum zu schönen. Da die starren Ebenbürtigkeitsvorschriften die Handlungsmöglichkeiten einschränkten, wurden Mogeleien sogar von höchster Stelle vorgenommen. Dabei machte sich ein zugereister Vater besonders gut aus, weil man dessen Herkunft nicht ohne weiteres überprüfen konnte. So wurde beispielsweise für den 1742 in den Grafenstand erhobenen preußischen Feldmarschall Samuel Schmettow, der einer schlesischen Kaufmannsfamilie entstammte, ein ungarischer Adeliger als Vater unterschoben und 15 weitere Ahnen erdichtet. Im übrigen behalf man sich seit dem 18. Jahrhundert mit dem Trick, daß bürgerliche Vorfahren nachträglich „in der Gruft" geadelt wurden!

Bei aller Kritik an einer so betriebenen Genealogie hat doch die Bemerkung des Fürsten Clary ihre Berechtigung, daß die Genealogen durch die Historiker zu Unrecht verachtet würden, da man ohne Kenntnis der genealogischen Zusammenhänge die Geschichte des alten Europa nur schwer verstehen könne. Schließlich gehörte die Genealogie im Feudalsstaat zum Staatsrecht! Dies belegen beispielsweise die von dem promovierten Juristen Lütke Freiherrn von Ketelhodt 1929 vorgelegten Ahnentafeln seiner Kinder. Die hier durchgeführte systematische Verfolgung der Vorfahren bis ins 16. und 15. Jahrhundert hinein mit der Aufweisung einiger hochadeliger Verbindungslinien ins hohe Mittelalter macht deutlich, daß die sozialen Verhältnisse im Ancien Régime nur scheinbar stabil gewesen sind. Auch hier gibt es mit einem Wechsel des Standes verbundene Auf- und Abstiege sowie Elitenwechsel, etwa vom Stadtpatriziat in den Grundadel. Die Auswertung solcher Ahnentafeln durch die „bürgerliche" Wissenschaft steht noch aus.

Das Wort des englischen Satirikers Thackeray, den englischen Kindern sei eingeimpft worden, das Adelsbuch als zweite Bibel zu betrachten, hat auch für den deutschen Adel Gültigkeit. Da die Menschen von Adeligen, welche als Landwirte Vieh-, Hunde- und Pferdezucht betreiben und daher dem Zuchtgedanken eine besondere Bedeutung zubilligen, gern als Produkt ihrer Vorfahren angesehen werden, erlaubt nach adeliger Weltsicht ein Blick auf den Stammbaum eine weitgehende Bestimmung der Identität. Obgleich Adelige sich im Gefolge des neuzeitlichen biologischen Denkens oft auf Gene berufen haben, wird beim näheren Hinsehen doch deutlich, daß von ihnen keineswegs nur „blaues Blut", sondern auch physische Gesundheit des Ehepartners sowie vor allem auch die soziale Prägung, das von Kindesbeinen an erlernte standesgemäße Verhalten als entscheidend angesehen werden. So heißt es in dem „Familienstatut" der Bernstorffs, daß sie bei der Eheschließung nicht nur auf Schönheit, sondern außer auf Stand und Familie auch auf geistige und körperliche Eigenschaften achten sollten, damit die Nachfahren „Freude einlegen" könnten.

Daß Stammbäumen und damit auch Ahnenporträts die Aufgabe zuteil wurde, nach Art eines familiären Über-Ichs eine soziale Kontrolle auszuüben, bemerkt der bedeutende Münsteraner Generalvikar Franz Wilhelm von Fürstenberg (1729-1800). Sein Vater habe seine Brüder und ihn vor die Bilder der Ahnen geführt, von ihren Verdiensten um Staat und Kirche erzählt und sie zur Nachahmung angeeifert. In dem von Anna von Bonin um die Jahrhundertwende veröffentlichten Roman „Junker Jörg" wird erzählt, wie ein pleite gegangener Baron in der Halle seines Schlosses den Vertrag über den Verkauf des Familienstammsitzes unterzeichnet. Dies wird so kommentiert: „Stumm hörten die alten Ahnenbilder an den Wänden das mit an. Finster sahen sie aus ihren breiten Rahmen auf den Enkel herab, und schwerer Vorwurf traf ihn aus all diesen kalten, stolzen Augen."

Eine derartige soziale Kontrolle ist der Preis dafür, daß - wie unlängst ein österreichischer Aristokrat formulierte - das Bewußtsein in Adelsbücher aufgenommen zu werden das Gefühl vermittle, nicht anonym über die Bühne der Geschichte zu wandeln. Es ist ein Ausdruck solch elitären Bewußtseins, wenn Adelige sich über das unadelige Verhalten und Auftreten bürgerlicher Emporkömmlinge lustig gemacht haben. So spottete der preußische Gesandte in Wien von

Vorfahrentafel für Bernd Simon von Kerßenbrock und Anna Catharina von Hahn, um 1684

Podewils über das ungehobelte Wesen des 1732 vom Kaiser in den Freiherrenstand erhobenen bürgerlichen Ministers Bartenstein. Charakteristisch sind auch die Urteile des altadeligen preußischen Kammerherrn Ahasver Graf von Lehndorff über Herrn von Humboldt, den als Kriegslieferanten reich gewordenen und zu einem „von" gekommenen „reichen Kauz neueren Datums". Er ist der Vater der berühmten Brüder Alexander und Wilhelm gewesen! Indem sich Lehndorff darüber mokierte, daß ein „Mann aus dem Nichts", der Sohn eines reich gewordenen Bierbrauers, 1758 das Amt des Oberburggrafen im Herzogtum Preußen erlangte und außerdem die Tochter des Obermarschalls von Wallenrodt zur Frau gewonnen hat, machte er deutlich, daß Wohlstand allein den Makel „niedriger" Geburt nicht ausgleichen konnte. Hierin spricht sich neben adeliger Arroganz ein Bedürfnis nach Stabilität und Berechenbarkeit sozialer Prozesse aus, welches durch die Erkenntnis verstärkt wurde, daß ein auf dem Erbrecht gründender Herrschaftsstand durch den sozialen Wandel letztlich nur verlieren kann.

4.8. Ahnenkult, Neuadel und Repräsentation

In seinem „Abriß der Genealogie" spricht der Göttinger Staatsrechtler Johann Christoph Gatterer von jenen Zeiten, da man „noch beliebte den Ursprung der Familien aus dem Trojanischen Pferd abzuleiten". Tatsächlich hat im Mittelalter und auch noch in der frühen Neuzeit das Bedürfnis von Adelsfamilien, sich berühmte Vorfahren zuzulegen, wundersame Blüten hervorgebracht. Dabei hat das Leitbild des christlichen Ritters dazu animiert, eine Verbindung mit der Heilsgeschichte zu konstruieren. Die den Stern im Wappen führenden böhmischen Grafen von Sternberg behaupten, daß dies der Stern von Bethlehem sei und daß sie mit Caspar einen der drei Heiligen Könige zum Ahnen hätten. Die Freiherren von Dalberg glaubten gar von einem Verwandten von Jesus abzustammen. Die Grafen Stubenberg führten sich auf den Kommandanten des Fähnleins der römischen Soldaten am Kreuz Christi zurück, während sich die Grafen Wurmbrand rühmten, daß sie den Lindwurm in der Hölle verbrannt hätten . . .

In der Renaissancezeit wurde es Mode, sich Helden der griechischen Heroenzeit oder aber altrömische Familien als Ahnen zuzulegen. Nachdem sich bereits Kaiser Karl IV. als Nachkomme Noahs, Saturns, Jupiters, Priamos', der Merowinger und schließlich - dies allein zu Recht! - der Karolinger hat preisen lassen, ließ sich Kaiser Maximilian I. außer Hector und König Chlodwig 124 Heilige als Vorfahren zuschreiben. Während die altenglischen Könige sich trotz der Annahme des christlichen Glaubens noch als Nachfahren von Wotan rühmen ließen, wurde später die germanische durch die christliche und antike Tradition abgelöst. Bei der auch im niederen Adel Mode gewordenen Zuschreibung antiker Namen bediente man sich des Mittels der Volksetymologie. So leiteten sich sowohl die Hohenlohe (lohe = Flamme) als auch die pommerschen Flemming von den Flaminieren ab, die Borcke dagegen führten sich zurück auf die Porcier, die Beissel von Gymnich auf die Legio Gemina, die Feilitzsch auf die Felicier, die Pappus von Tratzberg auf die Familie der Ämiliorum Papporum, die Ruffin auf den Dictator Cornelius Ruffinus, die Uslar auf Olearius, die Wedel auf die Vitellier, die Saldern auf die Rossiner und die Welser auf die Belisarier.

Daß man derartige „Abstammungen" wohl niemals ganz ernst genommen hat, zeigt ein Wort des Markgrafen Albrecht Alkibiades von Brandenburg-Ansbach. Er bemerkte, es sei Unsinn, die Hohenzollern von Äneas abzuleiten, ihm genüge die Ahnenschaft der römischen Colonna. Derartige Genealogien sind mit dem Witz ironisiert worden, daß es die Schlieffen bereits im Paradies gegeben habe. Denn es heiße in der Heiligen Schrift: Adam und Eva lagen im Paradies und - Schlieffen! Ein ähnlicher der historischen Realität jedoch näher stehender Kalauer liegt in der Familienlegende der westfälischen Haxthausen vor. Nach ihr soll Karl der Große vor der Erstürmung einer Burg ihrem Vorfahren aufgetragen haben: „Hack dat Hus um." Die nicht selten skurrilen Züge des adeligen Ahnenkultes sowie die Stilisierung des Adels zu einer besonderen Rasse dürfen über eines nicht hinwegtäuschen: Der Adel war ein Herrschaftsstand, der seine soziale Position oft nur mit Mühe behaupten konnte. Daher war er auf Realismus angewiesen und mußte auf die Beachtung adelsideologischer Maximen und Sentimentalitäten vielfach Verzicht leisten. Ganz besonders galt dies auch bei der Auswahl des Ehepartners, bei der naturgemäß stets nicht nur vergangener Ruhm, sondern auch tatsächlicher Einfluß sowie der Vermögensstand von ausschlaggebender Bedeutung gewesen sind. Daher sind die Töchter von solchen Emporkömmlingen stets gern geheiratet worden, die als Feldherren, Kanzler, Minister sowie auch als Handels-, Finanz- und Industrieherren zu Einfluß, Titeln und Landgütern gekommen sind.

So hat Fritz Graf zu Reventlow nach Überwindung von adelsständischen Bedenken, die sein Vater geltend gemacht hat, Juliane Schimmelmann geheiratet. Sie war die Tochter des bedeutenden Frühkapitalisten Heinrich Karl Schimmelmann, eines bedeutenden Handels- und Finanzmannes, der zum dänischen Finanzminister und Lehnsgrafen aufgestiegen ist und durch seinen legendären Reichtum auch die materielle Basis für den Emkendorfer Kreis gelegt hat, zu welchem Hermann Claudius und Klopstock gehört haben. Ähnliche Elitenwechsel hat es bereits im Spätmittelalter gegeben, in dem die soziale Abschließung des Adels noch nicht so ausgebildet war. Damals hat der reichbegüterte Livländer Johann von Tiesenhausen, der sich Tafelgenosse von Kaiser Karl IV. nennen durfte, die Tochter und Erbin eines Lübecker Ratsherren geheiratet und der Stadthauptmann von Goslar Thedel von Wallmoden die Tochter des Goslarer Bürgermeisters. Solche Ehen mit Töchtern des Patriziats galten durchaus nicht als anstößig. Dagegen erhoben die Vormünder des späteren Amtshauptmanns Georg von Kuenheim ernste Einwände, als sich dieser mit einer Tochter des aus bäuerlicher Familie stammenden Reformators Martin Luther verlobte. Auf Verwendung Melanchthons beim Herzog Albrecht von Preußen wurde dieser Einspruch überwunden.

Ehen mit Töchtern von leitenden Ministern und damit engsten Vertrauten der Landesherren galten dagegen selbst für Repräsentanten renommierter Adelshäuser als erwünscht. So hat ein Herr von Preysing im 15. Jahrhundert die Tochter des bayerischen Kanzlers Dr. Martin Mair geheiratet. Der spätere leitende hannoversche Minister

Andreas Freiherr von Bernstorff nahm als junger Mann die Tochter des neugeadelten Kanzlers des Herzogs von Braunschweig-Lüneburg zur Frau. Und auch der preußische Minister Friedrich Ernst Freiherr von Knyphausen heiratete die Tochter des briefgeadelten preußischen Außenministers Heinrich Ilgen (1654-1728).

Auch wenn in Adelskreisen manch spitze Bemerkung über Ehen von Standesgenossen mit reichen Bürgertöchtern gefallen ist, so wurden diese in aller Regel doch akzeptiert. Wie die Eheschließungen der christlich getauften Nachkommen des 1867 mit dem österreichischen Freiherrentitel bedachten Kölner Bankiers Simon Oppenheim (1803-1880) mit ersten Familien des deutschen Adels zeigen, gilt dies auch für die Töchter und Söhne von jüdischen Bankiersfamilien. Das böse Wort: „Jeder Schmul wird ein Konsul, jeder Aron ein Baron" ist offensichtlich primär ein Ausdruck des Sozialneides auf die Erfolgreichen. Dieser hat zuweilen eine antisemitische Färbung angenommen, wie dieser Vorfall zeigt: Als der preußische König auf Vorschlag von Bismarck dessen Hausbankier Gerson Bleichröder im Jahre 1872 als ersten ungetauften Juden in den Adelsstand erhoben hatte, wurde die Tochter Bleichröders als nun hoffähiges Mädchen zu einem Hofball im Berliner Schloß eingeladen. Die Tänzer, junge Gardeoffiziere, schnitten das Mädchen demonstrativ, so daß sich der Kronprinz veranlaßt sah, den Grafen (Hutten)-Czapski zu bitten, mit ihr zu tanzen.

Georg von Ompteda, welcher um die Jahrhundertwende die kargen Lebensumstände und die rigiden Standes- und Moralvorschriften des im Staatsdienst stehenden vermögenslosen Adeligen dargestellt hat, entwarf diese Konfiguration: Der Sohn eines protzigen Kohleindustriellen möchte eine Grafentochter heiraten. Ihr Vater ist strikt gegen diese Ehe. Erst als er eine hohe Summe beim Glücksspiel verliert, gibt er dem Wunsch der Tochter nach, da er jetzt auf einen reichen Schwiegersohn angewiesen ist. Den gleichen Sachverhalt hat Thackeray in seinem Snob-Buch so karikiert: Der sein Blut auf normannische Seeräuber zurückführende Baron de Moggyns, der sich brüsten kann, daß seine Vorfahren in fast allen Palästen Europas gewohnt haben und der auf die bürgerlichen Engländer herabsieht wie die Amerikaner auf die Neger, erklärt dem steinreichen City-Snob Pump and Aldgate, dessen Großvater noch einfacher Maurer war und der sich um die Hand seiner Tochter bemüht: „Ich verachte euch, aber ich brauche euer Geld, deshalb will ich euch meine geliebte Tochter Blanche Steifnack für 100.000 Pfund verkaufen."

Die englische Aristokratin Nancy Mitford hat die Überformung der adeligen Ständegesellschaft durch den bürgerlichen Kapitalismus auf die Formel gebracht, daß ein Dutzend Mietshäuser oder eine Fabrik interessanter seien als normannisches Blut. Ein besonders aufschlußreiches Beispiel für solch eine moderne Einstellung liefert die Eheschließung des Offiziers Hans Ulrich Graf Schaffgotsch mit der 16jährigen Johanna Gryzik. Sie war die mit einer Haushälterin außerehelich gezeugte Tochter und Erbin des aus einfachen Verhältnissen zum schlesischen Montan-König aufgestiegenen Karl Godulla! Dieses Mädchen bekam 1858 vor ihrer Eheschließung vom preußischen König noch rasch ein Adelsdiplom, um den Anschein einer standesgemäßen Verbindung aufrecht zu halten.

Dieser ungewöhnliche Vorgang beleuchtet den Sachverhalt, daß Adelsstolz und Adelshochmut nicht zuletzt im Reichtum der Familie gründen, der es allein erlaubt, einen adeligen Lebensstil zu führen. Während bürgerliche Millionäre und Milliardäre oft so zurückgezogen leben, daß sie der breiteren Öffentlichkeit unbekannt sind, gehört zur adeligen Existenz die Repräsentation. In seinem adelskritischen Roman „Die Epigonen" hat dies Karl Immermann herausgearbeitet. Dort läßt er den Herzog auf die Frage der Herzogin, wie es käme, daß wir gleichgültiger gegen die Tugend als gegen die Höflichkeit seien, so antworten: „Das Leben besteht, wo es nicht Geschäft ist, meistenteils aus Repräsentation. Unsittlichkeiten drängen sich uns nicht vor das Auge, wohl aber Roheit und Ungeschick."

Aus dieser dem Adel zufallenden Rolle kann eine Aufspaltung der Existenz in eine besonders Regenten zur Last werdende öffentliche Rolle und in eine auf den Intimraum beschränkte, gewissermaßen bürgerliche Privatexistenz resultieren. In diesem Zusammenhang gehört das Phänomen der Doppelmoral. So kontrollierte ein Herr von Winterfeld im 18. Jahrhundert den Kirchgang seiner Bauern, obgleich er ein Parteigänger von Freigeistern wie Voltaire und Rousseau war und sogar im Patronatsstuhl Pariser Journale las. Die Repräsentation kann man als eine standesgemäß-stilvolle und daher viele Bürgerliche faszinierende Zurschaustellung des sozialen Anspruchs einer Familie bezeichnen, welcher oft größer als ihre ökonomische Potenz war. Wie naiv gerade auch Adelige mit dieser bei ihnen gern in Hektar-Zahlen gemessenen Potenz prahlen können, belegt diese Anekdote: Der schottische Herzog von Buccleuch rühmte sich gegenüber dem Fürsten Esterházy, daß er 5.000 Schafe besitze. Daraufhin sagte der unermeßlich reiche ungarische Magnat: „Wie eigenartig, das ist genau die Zahl der Schafhirten, die ich besitze."

4.9. Ebenbürtigkeit und Rangfragen

Wie bereits dargelegt worden ist, spielte die Frage des standesgemäßen Verhaltens besonders bei der Eheschließung in der Ständegesellschaft eine außerordentliche Rolle. Vielfach war dies eher ein Problem des Brauchs als des Rechts. Wenn daraus allerdings eine Rechtsfrage wurde, so spricht man vom Ebenbürtigkeitsprinzip. Dieses auch im Sachsenspiegel niedergelegte Prinzip verlangt die gleichwertige Abkunft zweier Rechtsgenossen wie z.B. Heiratspartner. Nach ihm kann derjenige nicht erben, der seinem Partner nicht ebenbürtig ist. Die einer solchen Ehe entsprossenen Kinder folgen der „ärgeren Hand", d.h. nehmen den Status des Rangniedrigeren an. Die Einhaltung des Ebenbürtigkeitsprinzips wurde dem stiftsfähigen Adel sowie dem hohen Adel durch entsprechende „Hausgesetze" vorgeschrieben.

Nach dem 1895 publizierten umfangreichen Werk „Die rechtmäßigen Ehen des hohen Adels deutscher Nation" von Arnold von Weyhe-Eimke hat die „Ebenbürtigkeitsfrage" in den Familien des hohen Adels des Heiligen Römischen Reiches „zu allen Zeiten viel Staub aufgewirbelt", ja „sogar oft die Gemüter verwirrt"! Dies ist

nicht erstaunlich, da dieses Prinzip die Zahl der möglichen Ehepartner drastisch beschränkte und somit eine schwerwiegende Einen-
gung der persönlichen Freiheit beinhaltete. Naturgemäß war nicht
jeder bereit, sich damit abzufinden. Während beim niederen Adel
Töchter des Patriziats bzw. des „höheren Bürgerstandes" vielfach
akzeptiert wurden, kam dies für den hohen Adel lange Zeit überhaupt nicht in Frage, selbst Ehen mit Töchtern des niederen Adels
wurden durch Hausgesetze verboten und damit als nicht erbberechtigt erklärt.

Bei der von Herzog Albrecht III. von Bayern-München im Jahre
1432 heimlich geschlossenen Ehe mit der Augsburger Baderstochter
Agnes Bernauer, welche auf Befehl ihres Schwiegervaters in der
Donau ertränkt wurde, hat es sich nicht einfach nur um eine unebenbürtige Ehe gehandelt, sondern überdies um eine Ehe mit einem
Mädchen aus „unehrlichem" Milieu - die Badstuben galten damals
als recht zwielichtige Etablissements. Darüber dachten ehrbare Bür-
gerfamilien nicht anders als der Vater des Herzogs. Heiraten mit Pa-
triziertöchtern wurden dagegen vom hohen Adel verschiedentlich
toleriert, wobei jedoch die Kinder nicht voll erbberechtigt waren und
eine Standesminderung hinnehmen mußten.

So wurde der vom Kurfürsten Friedrich von der Pfalz (1425-1476)
mit der ihm angetrauten Augsburger Patriziertochter Klara Dett gezeugte Sohn mit der Grafschaft Löwenstein abgefunden. Große Mühen hatte Erzherzog Ferdinand von Österreich, um die Genehmigung
zur Ehe mit der Augsburger Patriziertochter Philippine Welser zu erreichen. Diese warf sich zu diesem Zweck vor ihren späteren kaiserlichen Schwiegervater Karl V. in einer Audienz als Bettlerin verkleidet zu Füßen. Die aus dieser Ehe hervorgegangenen Kinder
durften lediglich den Namen Markgraf von Burgau führen, welche -
der eine der beiden Brüder wurde Geistlicher - überdies keine erbberechtigten Nachkommen zeugten. Kaiser Rudolf II. hat im Jahr 1609
untersagt, daß die vom Grafen Ysenburg-Kelsterbach mit einem Bauernmädchen ehelich gezeugten Kinder den Grafentitel führten und so
erbberechtigt wurden. Nur der Kaiser konnte fürstliche Mißheiraten
auf die eine oder andere Weise heilen.

Nach dem Dreißigjährigen Krieg wurde im Heiligen Römischen Reich an den starren Ebenbürtigkeitsvorschriften, welche man in so strikter Form außerhalb Deutschlands nicht gekannt hat, gerüttelt. Die mit einem Bruder Ludwigs XIV. verheiratete berühmte Liselotte von der Pfalz ist eine typische Repräsentantin der orthodoxen Ebenbürtigkeitsideologie des hohen deutschen Adels gewesen. Anläßlich der Heirat ihres Vetters Herzog Georg von Braunschweig-Lüneburg mit der niederadeligen Französin Eleonore d'Olbreuse hat sie spitz bemerkt, man solle Mäusedreck nicht mit Pfeffer mischen. Ihr aus unebenbürtiger Zweitehe ihres kurfürstlichen Vaters mit einem Fräulein von Degenfeld gezeugter Halbbruder, der den Titel eines Raugrafen erhalten hat, ist gewissermaßen dem Adelshochmut zum Opfer gefallen. Er wurde als 15jähriger von dem gleichaltrigen Grafen Waldeck wegen seiner Herkunft gehänselt. Daraus erwuchs ein Duell, bei dem er sein Leben einbüßte.

Es ist allgemein bekannt, daß streng ausgelegte Ebenbürtigkeitsbestimmungen noch tief in das Privatleben des späteren Kaisers Wilhelm I. eingegriffen haben. Er hatte nämlich als junger Mann der Prinzessin Elise Radziwill ein Eheversprechen abgegeben, ohne vorher eine Genehmigung einzuholen. Sein Vater, welcher eine zweite Ehe mit einer Gräfin Harrach eingegangen war, welche sich als unebenbürtige Ehefrau nur „Fürstin von Liegnitz", nicht jedoch Königin nennen durfte, nahm eine schwankende Haltung in der Frage ein, ob die weder aus einer reichsunmittelbaren noch regierenden Familie stammende Polin ebenbürtig sei. Während diese Frage von seinen adeligen Beratern, dem Fürsten Anton Stolberg und dem berühmten Rechtsgelehrten Karl von Savigny auf großzügige Weise bejaht wurde, verneinten sie bezeichnenderweise bürgerliche Rechtsgelehrte. Das Ergebnis war, daß sie das Liebespaar auseinander und die Ehe zu Fall brachten!

Aufgrund der für den deutschen Hochadel charakteristischen Ebenbürtigkeitsbestimmungen durften auch die aus der Ehe des hessischen Landgrafen Alexander mit der Tochter des polnischen Kriegsministers Graf Haucke hervorgegangenen Kinder nicht den Namen Hessen führen, sie wurden mit dem Namen Battenberg abgefunden, der in seiner anglisierten Form „Mountbatten" großen Klang erhalten hat. Die mit dem Fürsten Erbach-Erbach verheiratete Battenberg-Prinzessin Marie berichtet in ihren Erinnerungen, daß ihre Familie die Diskriminierung durch ihre hessische Verwandtschaft „tief empfunden" habe. Große Schwierigkeiten bei der Anerkennung seiner Eheschließung mit Anna Plochl hatte auch der 1848 von der Frankfurter Nationalversammlung zum Reichsverweser gewählte Kaisersohn Erzherzog Johann (1782-1859). Sein Bruder Franz I. lehnte 1827 die Anerkennung dieser Ehe zunächst ab, erhob jedoch die Postmeistertochter 1834 zur Freifrau von Brandhofen. Die aus dieser Ehe hervorgegangenen Kinder erhielten den Titel von Grafen und Gräfinnen v. Meran. Weil die aus dem Hause der Grafen von Chotek stammende und zur Herzogin von Hohenberg ernannte Ehefrau des 1914 ermordeten Thronfolgers Franz Ferdinand nicht ebenbürtig war, konnte ihr Sohn nicht Thronfolger werden.

Der Fürst Anhalt-Dessau, der 1698 seine Jugendgespielin, die Apothekerstochter Anna Föse, heiratete, ist der erste gewesen, der 1701 vom Reichshofrat die Ebenbürtigkeitserklärung seiner damit zur Reichsfürstin erklärten Frau erlangte. Bei der nicht ebenbürtigen Zweitehe des Pfalzgrafen Johann Karl von Zweibrücken-Birkenfeld mit der niederadeligen Hofdame Esther Maria von Witzleben ging es weniger glatt. Als Witwe hat sie es jedoch durchgesetzt, daß ihre Kinder 1715 vom Reichshofrat für erbberechtigt und fürstenmäßig anerkannt wurden. Sie ist zur Stammutter der Herzöge in Bayern und damit auch der Kaiserin Elisabeth („Sissy") geworden. Die Eheschließung des Grafen Albert Wolfgang zu Schaumburg-Lippe mit einem Fräulein von Oeynhausen wurde dadurch zu einer ebenbürtigen gemacht, daß deren Vater, einem Braunschweiger Hofjägermeister, der Grafentitel besorgt wurde.

Bemerkenswert ist, daß die pietistische Erweckungsbewegung im 18. Jahrhundert in einigen reichsgräflichen Familien eine derartige Intensität erlangt hat, daß sie die Ebenbürtigkeitsschranken partiell außer Kraft setzte. Bezeichnenderweise wurde ein unstandesgemäßes Heiratsverhalten nicht den Söhnen, sondern vielmehr nur solchen Töchtern erlaubt, deren Heiratschancen aufgrund bescheidener Mitgift gering waren. Dabei bezog sich der Ehekonsens ausschließlich auf Hofprediger. So heiratete der Hofprediger des Grafen von Ysenburg-Offenbach die Schwester seines Herren und die aus dem Hause Wittgenstein-Vallendar stammende verwitwete Gräfin Leiningen-Westerburg heiratete den Detmolder Hofprediger!

Daß die Frage der Ebenbürtigkeit tatsächlich im 19. Jahrhundert noch die Erbfähigkeit berührte, belegt beispielsweise der Fall des Fürsten Friedrich von Hohenlohe-Oehringen, welcher wegen seiner Heirat mit einem einfachen Freifräulein das Erstgeburtsrecht an die standesgemäß erzeugte männliche Deszendenz seines Bruders abtreten mußte. Größere politische Wellen schlug die morganatische, d.h. nicht ebenbürtige Zweitehe des 1806 zum Großherzog erhobenen Markgrafen Karl Friedrich von Baden mit dem Freifräulein Luise Karoline Geyer von Geyersberg („Gräfin Hochberg"). Angesichts des drohenden Aussterbens des Badischen Hauses konnten die Großmächte dazu bewogen werden, daß die aus dieser Ehe hervorgegangenen Kinder als Prinzen und Prinzessinnen anerkannt worden sind. Tatsächlich hat ein aus dieser Ehe hervorgegangener und 1830 zum Großherzog erhobener Sohn das Haus Baden vom Aussterben bewahrt.

Höchst aufschlußreich für die durch den Einzug bürgerlich-kapitalistischer Wertmaßstäbe im Adel erzeugten Konflikte ist ein Blick auf die Familiengeschichte der Fürsten und Grafen Castell. Ein Sohn dieses Hauses heiratete nämlich am Ende des 19. Jahrhunderts die Erbin des aus dem Handwerkerstand aufgestiegenen Bleistiftfabrikanten Lothar Faber und übernahm mit königlicher Genehmigung den Namen seiner Ehefrau. Ihm stellte er seinen eigenen Namen nach, ähnlich wie später Alfred Krupp den Namen seiner Mutter seinem väterlichen Namen von Bohlen und Halbach vorangestellt hat! Der jüngere Bruder dieses Grafen Faber-Castell heiratete gleichfalls eine briefadelige Faber und klagte gegen seinen Familienchef, weil dieser gemäß dem fürstlichen Hausrecht die Standesmäßigkeit der Ehe bestritten und keinen Ehekonsens erteilt hat. Dieser und andere Fälle zeigen, daß Hausangehörige keineswegs immer bereit waren, sich dem überkommenen Privatfürstenrecht zu beugen. Sie bedienten sich dabei unzulässigerweise der durch den bürgerlichen Rechtsstaat bereitgestellten Rechtsmittel. Aus Anlaß dieses Konfliktes hat der Verein der deutschen Standesherren zu Beginn dieses Jahrhunderts ein juristisches Gutachten in Auftrag gegeben. Es sucht zu beweisen, daß das Privatfürstenrecht mit dem geltenden Landes- und Reichsrecht vereinbar ist; tatsächlich sind die ehemals regierenden und die standesherrlichen Häuser seit dem Ende des alten Reiches privatfürstenrechtlich autonom.

In der einst so wichtigen Ebenbürtigkeitsproblematik spiegelt sich, daß die ständisch-mittelalterliche Welt als ein pyramidenförmig aufgebautes Rangsystem vorgestellt wurde. Die sozialen Hierarchien sind in Gestalt der höfischen Rang-Reglements in eine bürokratische Form gegossen worden, welche die Dominanz des Adels und adeliger Wertvorstellungen verdeutlichen. Im preußischen Rang-Reglement von 1705 rangieren die untereinander fein abgestuften Mitglieder der hochadeligen Familien sowie die Großwürdenträger der Hofhaltung ganz vorn. Dort nimmt der adelige Stallmeister der Königin immerhin noch die 39. Rangposition ein, während sich ein Major mit der 89. begnügen mußte. Der königliche Bibliothecarius mußte sich freilich mit der 109. Stelle abfinden und rangierte nur knapp vor den nichtadeligen und nichtstudierten königlichen Küchen- und Silbermeistern! Die geringe Bewertung der bürgerlichen Bildung zeigt auch die Rangordnung der Liegnitzer Ritterakademie von 1704. Sie bestimmte, daß die jungen adeligen Zöglinge die 13. Stelle unter 63 einnahmen, während der Bürgermeister sowie ihre Professoren sich mit der 16. bzw. 20. Stelle begnügen mußten.

Bis zum endgültigen Fall der Adelsherrschaft von 1918 hielt man im Prinzip an solchen Wertmaßstäben fest. So nahm nach dem preußischen Ceremonialbuch von 1877 der Oberbürgermeister von Berlin lediglich den 39. Platz ein und wurde geringer als ein Oberst eingestuft. Berühmtheit erlangt haben die mit tödlichem Ernst ausgefochtenen Rangstreitigkeiten am Immerwährenden Reichstag zu Regensburg. Hier durften die Fußbänke der Kurfürsten mit rotem Tuch bespannt sein, wohingegen die Fürsten mit grünem Tuch vorlieb nehmen mußten. Ausschließlich die Kurfürsten durften von Pagen, d.h.

jungen Adeligen, bedient werden, den gewöhnlichen Fürsten wurde von nichtadeligen Lakaien aufgewartet. Die Bänke der Reichsstädte waren weder durch ein Treppchen erhöht, noch durften sie mit Tuch bespannt sein. Die Fürsten ihrerseits suchten sich dadurch von den Grafen abzusetzen, daß sie ihnen das Recht streitig machten, mit einem Sechsspänner vorzufahren.

Aus derartigen Rangstreitigkeiten ergaben sich nicht selten ernste diplomatische Verwicklungen. So blieb Kaiser Joseph II. am Ostersonntag 1782 einer Messe fern, die Papst Pius IV. im Wiener Stefansdom zelebrierte, weil der kaiserliche Thron eine Stufe niedriger als der des Heiligen Vaters sein sollte. Die mit dem Fürsten Pleß, einem Freund Kaiser Wilhelms II. verheiratete englische Aristokratin Daisy hat sich in ihren vielgelesenen Memoiren über die „stumpfsinnig" den überkommenen Rang beachtende Berliner Hofgesellschaft lustig gemacht. Sie berichtet beispielsweise, daß eine alte Prinzessin Reuß deshalb nicht nach Berlin kam, weil der Kaiser den Prinzessinnen aus ihrer Familie nicht gestattete, daß ihre Schleppen von Pagen getragen würden.

Derartige Zustände, welche auch Adeligen bereits damals grotesk und überlebt erschienen und welche mit den über die ständischen Schranken hinausstrahlenden Idealen des Adels kaum etwas zu tun haben, gehören einer versunkenen Welt an, von der die jüngere Generation sich kaum vorstellen kann, daß sie in Deutschland bis 1918 existierte.

5. Vom Germanischen Krieger zum christlichen Ritter

*Im Namen Gottes, des heiligen Michael
und des heiligen Georg schlage ich dich zum Ritter*
Formel beim Ritterschlag

In einer französischen Miniatur des 12. Jahrhunderts findet die Verschmelzung von germanischem Kriegertum und christlichem Rittertum so künstlerischen Niederschlag: Hoch zu Roß führt Christus das Kreuzfahrerheer an, im Munde das Schwert, mit dem er die Heiden schlug, und in der rechten Hand das Evangelium. Aus den Wolken beobachtet Erzengel Michael als Anführer der himmlischen Heerscharen und vornehmster Patron der Ritterschaft das Geschehen. Während derart heidnisches Kriegertum und christliche Heilsbotschaft zusammenfließen, vermittelt die Lektüre des aus dem 9. Jahrhundert stammenden altsächsischen Buchepos Heliand den Eindruck, daß die Taufe des germanischen Kriegers nur eine recht oberflächliche Wirkung gezeitigt hat. Hier begegnet dem Leser ein militarisiertes Evangelium. Noch ganz im Stil der germanischen Heldendichtung heißt es im Heliand: „Der Männer waren manche, die da ihr Mut verlockte, daß sie begönnen Gottes Wort zu verkünden". Jesus wird als „machtreicher Christ" und Simon Petrus sogar als „kühngesinnter Held" angesprochen. Bei der Verhaftung von Jesus auf dem Ölberg habe er dem Feind mit seinem Schwert durch seiner Fäuste Kraft das „Gehör verhauen", so daß das Blut „wallend aus der Wunde sprang".

5.1. Verchristlichung des Germanentums

In der Stauferzeit als der Hochblüte des Rittertums tritt uns hingegen in Wolfram von Eschenbachs Parzival ein christlich-verinnerlichtes Rittertum entgegen. Auch hier noch erscheint der „Rittergott" als oberster Lehensherr der irdischen Krieger, der „Gottes Ritter", diese jedoch streiten gewissermaßen ohne heidnische Nebenabsichten für Gottes Lob, Ehre und Preis. Die Gralsritter bilden den Gegenpol zu den weltlichen Rittern der Tafelrunde des König Artus. Sie sind ein geistlicher, das Evangelium verkündender Ritterorden, dessen Besonderheit darin liegt, daß sie in unmittelbarem Kontakt mit Gott stehen.

Der Umwandlung der dem germanischen Donnergott gewidmeten und von Bonifatius als Apostel der Deutschen gefällten Eiche im hessischen Geismar in eine Holzkirche entsprach keine schlagartige Christianisierung der germanischen Heiden. Geraume Zeit noch stand das Heidnische recht unvermittelt neben dem Christlichen und brach die eigenständige Überlieferung immer wieder durch. So gibt es Grabsteine der Wikinger aus dem späten Mittelalter, auf deren einer Seite der Germanengott Wotan und auf deren anderer Seite christliche Symbole abgebildet sind. Ein Elfenbeinkästchen ist mit Wieland dem Schmied und der Anbetung der Könige geschmückt. Wie stark die Vorzeit in das christliche Mittelalter hineinragt, bezeugen auch Wandmalereien im burgundischen Kloster Cluny, auf denen Ritter mit Monstern und Schlangen kämpfen, oder auch die Tatsache, daß der Dom zu Trier unmittelbar auf einen heidnischen römischen Tempel zurückgeht.

Es läßt sich nicht nur eine Feudalisierung von Christus, sondern umgekehrt auch eine Verchristlichung germanischer Götter und Krieger beobachten. So trägt der germanische Lichtgott Baldur in Snorres Edda bereits christliche Charakterzüge und auch im Nibelungenlied wird die blutrünstige germanische Rache, die beispielsweise Kriemhild gebietet, Hagen den Kopf abzuschlagen, christlich abgemildert. Hier tragen die germanischen Recken, für welche die Ehre Kern ihrer Existenz ist, bereits teilweise ein christliches und höfisch-ritterliches Kostüm. Der alte Adam kam freilich immer wieder durch. So stürzte sich der Pfalzgraf Otto von Wittelsbach 1157 mit gezogenem Schwert auf den päpstlichen Gesandten, weil dieser den Kaiser als Lehensmann des Papstes bezeichnet hatte.

Auch keltisches Erbe ist in das ritterliche Brauchtum eingeflossen. Nachdem König Edward seinen Sohn und dreihundert Ritter 1306 in der Westminster Abbey zu Rittern geschlagen hatte, ließ er bei dem sich daran anschließenden Festmahl in Anspielung auf die Artus-

Legende zwei Schwäne hereinbringen und sie auf den Tisch legen. Er schwor dann „vor Gott und den Schwanen" einen Mord an einem seiner Getreuen zu rächen und die Ungläubigen im Heiligen Land zu bekämpfen. Daß der Adel das Christentum nicht in einer pazifistischen Ausprägung rezipierte, hat der Vater des berühmten Biologen und Begründers der Umweltforschung Jakob von Uexküll (1864-1944), welcher die „adelige Gesinnung" für den „wahren Adelsbrief" erklärte, so zum Ausdruck gebracht: Zu der Aufforderung von Jesus, dem Angreifer auch noch die andere Backe zu präsentieren, meinte er: „Das paßt nicht für uns. Schlägt dich einer auf die Backe, so schlage wieder. Denn wir sollen zwar selbst kein Unrecht tun, aber auch kein Unrecht dulden." In Entsprechung dazu heißt es in dem Ordensgebet der Johanniter, in Übereinstimmung mit der Zwei-Reiche-Lehre von Martin Luther, „Wehr dem Bösen, hilf zum Guten"!

5.2. Ritterliche Ehre, Zweikampf und Christentum

Solche Auffassungen verraten eine enge Verwandtschaft zu dem hochgezüchteten germanischen Ehrbegriff, der in der Standesehre des Adels und auch der Offiziere weitergelebt hat. Er ist in Shakespeares König Richard II. klassisch so formuliert worden:

Ehr ist des Lebens einziger Gewinn,
nehmt Ehre weg, so ist Leben hin.
Drum lasset mich um Ehre werben,
Ich leb' in ihr und will in ihr auch sterben.

Das hier anschließende Wort Hamlets, daß er bereit sei, für einen Strohhalm zu kämpfen, wenn es um die Ehre gehe, hat man als Goldprobe der heldischen Natur bezeichnet.

Aus germanischer Vorzeit sind nicht nur derartige Lebensanschauungen, sondern auch Sitten und Rechtsgebräuche in die christliche Zeit überführt worden. So wurde der bei den Germanen auch als Gerichtskampf übliche Zweikampf als ein wesentliches Element zur Wahrung der adeligen Ehre als Gottesurteil (Ordal) von der Kirche nicht ohne Widerstreben christlich eingesegnet. Im Zeitalter der

Romantik wurde dieses Motiv bezeichnenderweise in einem sehr populär gewordenen und von Goethe im Hoftheater zu Weimar aufgeführten Theaterstück „Der Hund von Aubry" so aufgegriffen und pervertiert: Unter Karl V. erschlug ein Ritter einen anderen. Hierfür gab es nur dessen Hund als Zeugen, der immer beim Anblick des Mörders in Wut geriet. Daraufhin ordnete der Kaiser einen Zweikampf zwischen dem Ritter und dem Hund an, bei dem der Hund den Ritter zerfleischte.

Der Ehre als einem Zentralbegriff des adeligen Selbstverständnisses hat Prinz Karl von Preußen in Gestalt der Offiziersehre im 19. Jahrhundert nachgesagt, sie sei die Ehre in höchster Potenz und eine Macht für sich, kein König könne sich ihrem Einfluß entziehen, denn sie stehe über ihm. Damit hat er ausgedrückt, daß die aristokratische Ehrauffassung im vorstaatlichen Raum angesiedelt ist und in der vormoralischen Autonomie der Person und ihrer Sippe wurzelt. Der Zweikampf ist letztlich ein Privatkrieg, eine Rückkehr zum Naturzustand und stellt dadurch sowohl das Gewaltmonopol des modernen Staates als auch das Monopol der Kirche als Sinnstifterin und moralische Instanz in Frage.

Nach dem aristokratischen Ehrenkodex, der dem Individualismus keinen Spielraum bot, konnte eine Verletzung der Ehre nicht durch staatliche Institutionen gesühnt werden, sondern mußte durch die angegriffene Person selbst wiederhergestellt werden. Diese Ehrauffassung hat die Auslöschung ganzer Familien im Mannesstamm zu Folge gehabt. So erstach ein Graf zu Dohna im Jahre 1715 den Erben einer niederländischen Adelsfamilie im Zweikampf. Dieser wurde abends bei Fackelschein unter musikalischer Begleitung durch 24 Spielleute gewissermaßen wie ein Fest durchgeführt. Noch im 19. Jahrhundert hat ein preußischer Junker konstatiert, jede Beleidigung müsse mit Blut abgewaschen werden. Drei junge katholische Grafen aus dem westfälischen Haus Schmising-Kerssenbrock mußten 1864 den preußischen Militärdienst quittieren, nachdem sie ihrem Regimentskommandeur mitgeteilt hatten, sie würden in Befolgung der Gebote ihrer Kirche niemals an einem Duell teilnehmen und dabei auch keine Sekundantendienste verrichten. Der auch im alt-österreichischen Heer gültige Ehrenstandpunkt, welcher bei Ehrverletzungen ein Duell gebot, ist 1914 kurz vor Kriegsausbruch von dem preußischen Kriegsminister von Falkenhayn gebrandmarkt worden, da das Duell dem „Geist wahrer Ritterlichkeit und wahrer christlicher Gesinnung" zuwiderlaufe.

Während nach der vom Philosophen Schopenhauer formulierten bürgerlichen Moral durch den „lächerlichen Aberglauben der ritterlichen Ehre" Menschen wider Willen zum tödlichen Kampf aufeinandergehetzt wurden, war der auch aus Shakespeares Königsdramen bekannte ritterliche Zweikampf auch für Repräsentanten der Adelskirche kein Problem. So hat der aus dem thüringischen Grafenhaus Schwarzburg stammende Münsteraner Bischof Heinrich bei der Belagerung von Neuß den Herzog Karl den Kühnen von Burgund zum Zweikampf herausgefordert. Zu Beginn des 18. Jahrhunderts duellierten sich auf dem Wiener Augustinerplatz der Präsident des Reichshofrats Graf Windisch-Graetz mit dem Reichsvizekanzler Graf Schönborn in spanischer Hoftracht mit dem Degen. Der Vizekanzler und Domherr, der bald darauf den Bischofsstuhl von Bamberg bestieg, wurde deswegen vom Papst verurteilt, hinfort geistliche Kleidung zu tragen.

Der Zweikampf, dem aus Anlaß einer Liebesaffaire mit Ferdinand Lasalle sogar ein Vorkämpfer des deutschen Sozialismus zum Opfer fiel, gehörte zum Ritual und zur Wirklichkeit adeligen Lebens. Ein ritueller Zweikampf um die Insel Sizilien wurde im Jahre 1283 in Bordeaux von Peter von Aragon, dem Schwiegersohn Friedrichs II., mit Karl von Anjou ausgetragen: Die beiden Fürsten erschienen beide samt Gefolge nacheinander vor den Turnierschranken und stellten fest, daß der Gegner nicht da war. Daraufhin verkündeten beide durch den Herold ihre Anwesenheit und erklärten sich in aller Form zum Sieger, worauf mit großem Schaugepränge zwei Sieger ausgerufen wurden!

Mit geradezu pompösem Aufwand forderte im Jahre 1454 Philipp der Kühne von Burgund nach der Eroberung von Konstantinopel den türkischen Sultan zum Zweikampf heraus. Dieser Zweikampf fand ebensowenig statt wie der Zweikampf, zu dem Kaiser Karl V. im Jahre 1528 Franz I. von Frankreich aufforderte, und zwar immerhin unter Nennung von konkreten Durchführungsvorschlägen. Dagegen hat der junge König Maximilian im Jahre 1495 auf dem Reichstag zu Worms tatsächlich einen Zweikampf mit Claude de Vauldrey, dem früheren Kämmerer seines Schwiegervaters, durchgeführt. Nachdem sich dabei die Kämpfer gegenseitig mit ihren Lanzen aus den Satteln gehoben hatten, kämpften sie zu Fuß mit dem Schwert weiter. Als Max seinem Gegner das Schwert aus der Hand geschlagen hatte, wurde der Kampf für beendet erklärt.

Viele wird es erstaunen zu hören, daß sich während des Wiener Kongresses der preußische Kriegsminister Hermann von Boyen mit dem preußischen Gesandten Wilhelm von Humboldt auf dem Kahlenberg mit Pistolen duellierten. Wegen einer Protokollangelegenheit hat sich der Offizier Boyen durch Humboldt verletzt gefühlt und auf der Durchführung des Duells bestanden, obgleich ihm Metternich eine Ehrenerklärung abgegeben hatte. Möglicherweise blieben die Kontrahenten nicht ganz zufällig unverletzt. Großes Aufsehen erregte 1856 ein Duell, bei dem ein Junker aus märkischem Uradelshaus den Berliner Polizeipräsidenten erschoß, welcher als Verwaltungschef große Verdienste um die preußische Hauptstadt erworben hatte. Das Herrenhausmitglied von Rochow, ein geübter Schütze, hatte den Polizeipräsidenten, einen Zivilisten, provoziert, nachdem sich dieser auf Befehl des Königs zu intensiv um einen adeligen Spielclub gekümmert hatte.

Weiter ist hier zu berichten, daß noch 1921 der aristokratische Ehrbegriff den im Ruhestand lebenden Reichsaußenminister Graf Brockdorff-Rantzau dazu bewogen hat, General Ludendorff zum Duell herauszufordern. Ludendorff, welcher nach der traditionellen Ehrauffassung kniff, hatte dem Diplomaten vorgeworfen, er habe durch sein Tun den Umsturz von 1917/18 begünstigt. Schließlich ist noch darauf zu verweisen, daß der 1938 von der SS mit Hilfe eines gefälschten Dossiers gestürzte Oberbefehlshaber des Heeres Generaloberst Freiherr von Fritsch von seinen Kameraden veranlaßt wurde, dem SS-Führer Heinrich Himmler wegen Beleidigung eine Duellforderung auf Pistolen zu überbringen. Dieses Duell, welches einen Entscheidungskampf zwischen Heer und SS herbeiführen sollte, kam nicht zustande. Generaloberst von Rundstedt hielt die Duellforderung zurück, zumal Himmler sich auf Weisung Hitlers keinem Duell stellen durfte.

5.3. Das Fortleben germanischer Gebräuche

Bei den an die Giebel niedersächsischer Bauernhäuser angenagelten Pferdeköpfen handelt es sich um einen Brauch, der in der germanischen Vorzeit wurzelt. Diese Köpfe stellen die Wotansöhne Hengist und Horsa dar und bilden ein Heilszeichen, welches einen Abwehrzauber ausübt. Wotan selbst ist auf alten Runensteinen mit seinem legendären achtfüßigen Roß Sleipnir dargestellt, welches pfeilschnell über die Erde und durch die Lüfte gleitet. Bereits Tacitus hatte berichtet, daß die Germanen weiße Rosse in heiligen Hainen hielten. Der altgermanische Kult des Pferdeopfers hat das bis heute nachwirkende christliche Tabu des Verbots des Pferde-Essens herausgefordert. Auch die altgermanische Sitte, den abgeschiedenen Reiter auf seinem Pferd zu bestatten, hat bis in die Neuzeit nachgewirkt.

So wurden 1577 bei der Leichenfeier von Kaiser Maximilian II. in Prag die als „Totenopfer" bezeichneten Pferde während des Totenamtes im Dom aufgestellt und beim Offertorium um den Altar geleitet. Noch Friedrich Wilhelm I. von Preußen ließ sich, als er sterbend auf seinem Holzstuhl saß, das „Totenpferd" von einem General aus dem Stall holen und als vertrauten Gefährten in seinen letzten Stunden zu sich bringen. Als der berühmte Fürst Ligne im Dezember 1814 in Wien beigesetzt wurde, da folgte ein Ritter zu Roß seinem Sarg in schwarzem Panzer und mit gezogenem Degen. Hinter ihm wurde das Schlachtroß des Verstorbenen geführt, welches mit einer schwarzen, mit Sternen besäten Decke behangen war.

Archaische Züge tragen nicht zuletzt schaurige Ausprägungen des Reliquienkultes. Die alten Germanen haben nämlich Schädelgefäße als Kriegstrophäen benutzt. Ein frühmittelalterlicher Chronist berichtet von solch einem Gefäß, welches der Langobardenkönig Alboin aus dem Schädel des von ihm erschlagenen Gepidenkönigs, seines Schwiegervaters, anfertigen ließ. Es heißt, Alboin habe seine Frau gezwungen, aus dem Schädel ihres Vaters zu trinken, was seinen Untergang herbeigeführt haben soll. Dieser zu einem Prunkgefäß umgearbeitete Schädel wurde noch unter Karl dem Großen an der Hoftafel zu Pavia von Hand zu Hand gereicht.

Diese Tradition hat frühmittelalterliche germanische Christen bewogen, aus den Schädeln erschlagener Heiliger wie des Heiligen Gumpert Hostiengefäße zu fertigen, aus denen frisch Bekehrte trinken mußten. Karl der Große schämte sich des germanischen Erbes keineswegs, so ließ er nach seiner Kaiserkrönung das Standbild des Theoderich aus Ravenna nach Aachen bringen.

Weitgehend unbekannt sind Atavismen aus der Geschichte der mittelalterlichen englischen Könige. Abgesehen davon, daß sich die altenglischen Herrscher auf eine Abstammung vom Germanengott Wotan beriefen, ist hier dies hervorzuheben: Wilhelm Rufus, Sohn des von dem legendären Normannenführer Rollo abstammenden Wilhelm des Eroberers, suchte im Jahre 1100 einen uralten Kampfopfertod, der in ähnlicher Form von afrikanischen Stämmen bekannt ist. In der Tiefe des Waldes ließ er sich bei Sonnenuntergang neben einer alten Kirche, die an einer heidnischen Kultstätte errichtet war, von einem Freund mit einem besonderen Pfeil erschießen, den er diesem zuvor übergeben hatte. Bei seiner Beisetzung in der Kathedrale von Winchester bildete ein gegenüber dem Altar aufgestellter schwarzer Stein sein Totenmal. König Richard Löwenherz schließlich ließ während seiner Kämpfe im Heiligen Lande 2000 gefangene Muslime hinrichten. Darüber hinaus behängte er den Hals seines Streitrosses mit einem Kranz von Totenschädeln.

Unter den auf die Vorzeit zurückgehenden Tiersymbolen spielt auch der Eber, dessen Kopf Tristan in seinem Wappen führt, eine bedeutsame Rolle. In der germanischen Mythologie ist der Eber ein heiliges Tier, das als Kampfschwein einer Göttin als Reittier diente. Der im 10. Jahrhundert lebende Dänenkönig Harald Kampfzahn soll goldene Eckzähne getragen haben, die ihm hauerartig aus dem Gesicht standen. Dank der Gunst Odins, welcher in der Sage als wilder Jäger fortlebt, soll er die eberkopfartige Schlachtordnung entwickelt haben. In Niedersachsen, wo die Familie Hardenberg den Eber im Wappenschild führt, entstand noch im 16. Jahrhundert diese Geschichte: Der herzoglich-braunschweigische Jägermeister von Hackelnberg träumte, er läge im Kampf mit dem Eber. Tatsächlich vermochte er dann bei der Jagd den Eber zu erlegen. Als er sich jedoch des Sieges über den Eber rühmte und ihn dabei mit dem Fuß stieß, da durchdrang dessen Hauer seinen Stiefel, und er erlag der dabei erlittenen Fußwunde.

Der altgermanische Kriegs- und Hauptgott Wotan bzw. Odin lebt nicht nur als Vater von Hengist und Horsa im bäuerlichen, sondern in Gestalt des Heiligen Martin auch im christlichen Brauchtum weiter. Bereits unter den Merowingerkönigen wurde der als berittener Adelsbischof dargestellte Heilige Martin von Tours, welcher tatsächlich vornehmer Herkunft war, zur Ersatzgestalt für Wotan. Nach einer Interpretation wurde der Zaubermantel Wotans zum Kapuzenmantel Martins, den dieser auf christliche Weise mit einem Bettler teilte und der dann von den Merowingern als Heilsbringer in der Schlacht mitgeführt wurde. König Chlodwig hat am Grabe von Martin Dankgebete gesprochen. Desgleichen schenkte er einem alten fränkischen Brauch zu Folge sein Schlachtroß den Armen und löste es anschließend für einen Beutel Goldstücke wieder ein.

Germanisches Erbe ist auch die in vielen anderen Kulturen zu beobachtende und sich im Ahnenkult niederschlagende Geblütsheiligkeit. Der germanische Adel verstand sich als kultisch-sakrale Gemeinschaft, die ihren Ursprung auf Heroen und Götter der Vorzeit zurückführte und sich in Ahnengräbern Kultstätten schuf. Diese Tradition lebte in verchristlichter Form in den Eigenkirchen und den Hausklöstern des Mittelalters fort, die sich die Dynasten als Grablege erbauten. So hat man das berühmte Innsbrucker Grabmal von Kaiser Maximilian als Zeugnis der Geblütsheiligkeit mit einem ger-

manischen Sippenhügel verglichen. Das Weiterleben der Geblütsheiligkeit zeigt sich auch darin, daß es im hohen Mittelalter ein
Faktum von politischer Bedeutung war, wenn man sich auf eine direkte Abkunft von Kaiser Karl dem Großen berufen konnte. Friedrich Barbarossa, der dies gleich mehrfach tun konnte, hat den Wiederbegründer des Römischen Reiches, der bei all seiner Bedeutung
nicht unbedingt wie ein Heiliger gelebt hat, im Jahre 1161 als Heiligen kanonisieren lassen.

Die germanischen Herrschaftssymbole Schwert und Lanze haben
auch in der christlichen Ära große Bedeutung behalten. Der Speer
als Wahrzeichen des Göttergottes Wotan begegnet uns unter dem
Merowingerkönig Childerich als Königszeichen. Die Königswürde
wurde mit dem Schwert vererbt. Unter den christlichen Königen erscheint das gleiche Herrschaftssymbol als Heilige Lanze. Die angeblich auf Kaiser Konstantin zurückgehende und von König Heinrich I. erworbene Heilige Lanze wurde als Reliquie verehrt, weil in
ihr Speerblatt Nägel des heiligen Kreuzes eingearbeitet worden sein
sollen. Bei der Schlacht gegen die Ungarn auf dem Lechfeld von 955
wurde nach der Legende die heute in der Schatzkammer der Wiener
Hofburg aufbewahrte Heilige Lanze als Kaiserlanze von Otto dem
Großen im Arm geführt.

Auch das gleichfalls von den Germanen als Herrschaftssymbol verwandte Schwert hat im Feudalzeitalter seine Bedeutung beibehalten.
Berühmt ist Siegfrieds Schwert Balmung, mit dem dieser den Drachen erlegte. Anschließend badete Siegfried in dem Blut des getöte-
ten Untiers, um unverwundbar zu werden, wobei ihm ein Lindenblatt
in der Achselhöhle zum Verhängnis wurde. Noch der Generalfeldmarschall von Hindenburg erklärte den Zusammenbruch des Deutschen Reiches und seiner Dynastien von 1918 nach Art der Dolch-
stoßlegende mit dem Wort: „Wie Siegfried unter dem hinterhältigen
Speer des grimmigen Hagen, so stürzte die ermattete Front."

Große Bedeutung hat das Schwert als Rechtssymbol gehabt. Das
auch aus dem Nibelungenlied bekannte symbolische Beilager, bei
dem zwischen Siegfried und Brünhild sowie zwischen Tristan und

Isolde zur Vermeidung jeglicher Berührung das blanke „bare" Schwert gelegt wurde, ist noch bei der Eheschließung des später als „letzter Ritter" in die Geschichte eingegangenen jungen Erzherzogs Maximilian von Österreich mit Maria von Burgund abgehalten worden. Als Stellvertreter des späteren Kaisers bestieg 1477 der Pfalzgraf Ludwig von Veldenz gestiefelt und gespornt das hochzeitliche Ehelager mit der Tochter Karls des Kühnen, zwischen ihnen lag das bare Schwert.

Bei der 1442 zu Aachen vorgenommenen Krönung von Friedrich III, dem Vater Maximilians, war ihm das Reichsschwert mit den Worten übergeben worden: „Nimm dieses Schwert, vernichte alle Feinde des Herrn, die Heiden sowie die schlechten Christen, denn durch die Kraft Gottes ist Dir die Macht über das Reich gegeben, damit Frieden in der Christenheit herrsche." Nur schwer nachvollziehbar für den modernen, unkriegerisch-zivilen Menschen ist die christlich-mittelalterliche Rechtssymbolik. Denn für ihn gibt es vielfach kein Jenseits, kein Weiterleben nach dem (Helden-)Tode in Walhalla oder im Himmel. Und auch das von Schiller formulierte Weltverständnis: „Das Leben ist der Güter höchstes nicht" hat für ihn keine Gültigkeit mehr. Die durchaus ernst und fürsorglich gemeinte Inschrift auf dem im Rathaus zu Münster in Westfalen aufbewahrten mittelalterlichen Richtschwert, die da lautet: „Wenn ich tue das Schwert aufheben, so wünsche ich dem Sünder das ewige Leben", erscheint heute selbst Christen kaum verständlich.

5.4. Adelsheilige und Drachenkämpfer

Gefährten und Helfer auf dem Weg in das ewige Leben waren den mittelalterlichen Christen die Heiligen. Bereits die alten Griechen haben gleich den Germanen und vielen anderen Völkern für spezielle Probleme, Ortschaften, Naturerscheinungen und Berufsstände besondere Götter gehabt. Das Christentum schaffte zwar die Vielgötterei ab, jedoch übernahm die Heiligenverehrung im Seelenhaushalt der Menschen Aufgaben, die jenen Göttern durchaus vergleichbar sind. Für den mittelalterlichen Menschen galten die jeweiligen

Martin Schongauer: Der Heilige Georg als Drachenkämpfer

Albrecht Dürer: Fußkampf

Heiligen, die nicht selten den Märtyrertod für den Glauben erlitten hatten, als vertraute und nachahmenswerte Vorbilder, welche ihre Fürbitte bei dem Herrn der Geschichte einlegen und Mittlerdienste ausüben konnten.

Die Heiligen wurden vielfach in ihnen geweihten Kapellen und Kirchen verehrt. Einigen von ihnen wurden als Schutzherren von Orten, Ständen und auch Ländern eine besondere Rolle zugewiesen. So ist der unter Nero hingerichtete Petrus der Patron der Heiligen Stadt Rom, St. Michael dagegen der Patron der Adelskrieger gewesen, welcher im hohen Mittelalter durch St. Georg als Schutzherr der Ritter abgelöst wurde. Gemeinsam ist diesen beiden Heiligen, daß sie als Drachenkämpfer verehrt wurden. Das Drachenmotiv ist ein Gleichnis für die Bedrohung des Lebens. Dieses Motiv erscheint nicht nur in der Bibel, sondern beispielsweise auch bei den alten Griechen, Persern und Germanen.

Im Alten Testament ist der Drache Behemoth ein Symbol für das Urchaos, welches von den ordnenden Mächten bezwungen ist. Und im Neuen Testament streitet der Erzengel Michael in der Johannis-Offenbarung als himmlischer Feldherr an der Spitze der Engel gegen den Höllendrachen. In der germanischen Edda wird der Drache als eidechsenähnliches, feuerspeiendes Wesen, als dragon infernal, porträtiert. Als Midgardschlange bzw. Lindwurm, an den der Klagenfurter Lindwurmbrunnen von 1636 erinnert, wird er von dem noch unter Karl dem Großen verehrten Wotans-Sohn bekämpft. Neben Siegfried wurde bei den Germanen noch Beowulf als tapferer Drachenüberwinder gepriesen. Der Tristan des Gottfried von Straßburg überlebt nur mit Müh und Not einen Kampf mit einem fürchterlichen Drachen, der sein Roß bis zum Sattel verschlang, obgleich er ihm zuvor den Speer durch den Nacken bis ins Herz gestoßen hatte.

Im Drachen, welcher in Mythos, Sage und Märchen fortlebt und welcher uns in der biblischen Schöpfungsgeschichte in Gestalt der Schlange begegnet, lebt die unterbewußte Erinnerung der Menschen an ihre existentielle Bedrohung durch den Saurier und andere Untiere und Fabelwesen fort. Aufgabe der christlichen Ritter war es, diese

Mächte der Finsternis zu bekämpfen. Nach der unsterblichen Darstellung des fahrenden Ritters Don Quichote durch den spanischen Hidalgo Cervantes mußte dieser „Riesen entzweihauen, Schlangen den Kopf abschlagen und Drachen töten". Kaum bekannt ist, daß nicht nur der Erzengel Michael und der heilige Georg als Drachentöter verehrt wurden. In der bildenden Kunst des Mittelalters wurde auch Jesus Christus selber, welcher zuweilen auch als Zweikämpfer mit Satan erscheint, dargestellt, wie er - mit den Füßen auf dem Leib des Drachens stehend - diesem seine Kreuzeslanze in den Rachen stößt. Welch große Spannweite das Drachenkampfmotiv aufweist, zeigt die erstaunliche Tatsache, daß ein Gedenkblatt der Sozialdemokratischen Partei zur Aufhebung des Sozialistengesetzes von 1890 den germanischen Siegfried mit dem Schwert über dem überwundenen Drachen und der Losung von 1789 zeigt: „Freiheit, Gleichheit, Brüderlichkeit".

Im frühen Mittelalter war zunächst der heilige Michael als Abbild des Erzengels der Drachenkämpfer par excellence. Besonders populär war er bei den Germanen, für die er gewissermaßen in die Fußstapfen des germanischen Gottes und Schlachtenlenkers Wotan trat. An die Stelle germanischer und keltischer Heiligtümer wurden deshalb gern dem heiligen Michael gewidmete Kapellen und Klöster gebaut. So entstand auch eine Michaelskapelle in der auf dem Wotansberg (Godesberg) errichteten Godesburg. Das von Kaiser Heinrich II. und seiner Ehefrau Kunigunde in Bamberg gegründete Benediktinerkloster St. Michael wird von dem dort mehrfach dargestellten Erzengel beschirmt. Eine Miniatur aus dem berühmten Stundenbuch des Herzogs von Berry zeigt den geflügelten Erzengel Michael im Luftkampf gegen einen Drachen oberhalb des Inselfelsens St. Michael. Dieser Felsenberg ist ebenso wie der Mount St. Michael in Cornwall, auf dem König Artus mit bloßen Händen einen Riesen getötet haben soll, eine alte keltische Kultstätte.

Von der Bedeutung der damaligen Michaelsverehrung zeugt auch die Tatsache, daß Karl der Große das Michaelsfest im Jahre 813 auf der Synode von Mainz zum Reichsfest erklärte. Als Folge dieser karolingischen Michaelsverehrung, der wir auch die berühmte Michaelskapelle neben dem Fuldaer Dom verdanken, wehte das Banner des Erzengels vor dem deutschen Reichsheer in der Schlacht gegen die Hunnen an der Unstrut von 933. Dieses Banner wurde auch dem von Kaiser Otto dem Großen geführten Heer vorangetragen, welches den Ungarn in der Schlacht auf dem Lechfeld von 955 eine entscheidende Niederlage beibrachte. Michael wurde so zum deutschen Nationalheiligen, dem „deutschen Michel"! Obgleich beispielsweise die Münchener Barockkirche St. Michael noch am Ende des 16. Jahrhunderts mit einer Bronzegruppe ausgestattet wurde, in der Michael mit Schwert und Lanze gegen Luzifer kämpft und obgleich nach Michael ein erst 1830 aufgelöster französischer Ritterorden benannt war, wurde der Heilige Michael doch nach der Jahrtausendwende zunehmend durch den Heiligen Georg abgelöst. Ausschlaggebend dafür waren Kontakte mit dem Byzantinischen Reich und die Kreuzzüge, denn Georg erfreut sich in der Ostkirche besonderer Beliebtheit.

Die Gestalt des heiligen Georg, der als Reitersmann aus vornehmer Familie in Kleinasien in das römische Heer eintrat und im Jahre 303 den Märtyrertod für den christlichen Glauben erlitt, gehört noch heute zu dem lebenden Kulturerbe Europas. Aus dem Adelsheiligen Georg, der als Inbegriff christlichen Rittertums verehrt wurde, ist ein Volksheiliger geworden. Seiner wird noch heute im Brauchtum gedacht, er ist Patron und Nothelfer für Reiter, Bauern, Waffenschmiede, Schützenbruderschaften und Pfadfinder. Der auf manchen Fronleichnamsprozessionen mitgeführte blutbefleckte Georgsdrachen ist das Triumphsymbol des siegreichen Christus. Der mit dem Untier ringende Georg steht für den Kampf des Guten gegen das Böse. Erst im Jahre 1981 hat der Provinzial eines in Kärnten bestehenden neugegründeten St. Georgsritterordens erklärt: „Gläubige Georgsritter sind aufgerufen, gegen den Drachen des Bösen mit der leuchtenden Lanze des Guten stand zu halten, Schutz zu geben, Obhut zu gewähren", damit dem moralischen Prinzip in der Weltgesellschaft Achtung verschafft würde.

Dem heiligen Georg ist der Bamberger Dom geweiht, der mit dem Bamberger Reiter das Urbild des ritterlichen Menschen birgt. Er bewacht als San Giorgio die Hafeneinfahrt von Venedig, schützt als Drachentöter den Dom zu Basel und beherrschte als Bronzestandbild den äußeren Schloßhof des Berliner Schlosses sowie einen Burghof des Prager Hradschin. Das um 1420 entstandene Georgenstandbild des Donatello zu Florenz gilt als die vollkommenste Plastik der Frührenaissance und die vom schwedischen Reichsverweser zum Andenken an den Sieg über die Dänen von 1471 gestiftete und von dem Lübecker Künstler Bernd Notke geschnitzte Georgsgruppe, die in der Stockholmer Nikolaikirche steht, ist ein Wunderwerk der spätgotischen Holzbildhauerei: Unter dem Streitrosse des Heiligen, der mit seinem Schwert auf den als bizarres Fabelwesen dargestellten Drachen einschlägt, erblickt man einen Ort des Grauens: Gebeine und Totenköpfe als Überbleibsel des Drachenfraßes sowie eine herumwimmelnde Drachenbrut.

Das um 1435 entstandene und in der National Gallery zu London zu besichtigende Bild Poala Ucello's „Der Drachenkampf vor der Hölle" bezieht sich unmittelbar auf die Georgslegende: In der Nähe der kleinasiatischen Stadt Silena lebte in einem großen See ein giftiger Drachen, der seine Umgebung mit einem tödlichen Gifthauch verpestete. Vor der Stadtmauer war er nur durch Menschenopfer vor Schlimmerem abzuhalten. Schließlich traf das Los die Königstochter, die für ihren Opfergang mit einer Krone geschmückt wurde. Unterwegs begegnete sie dem Ritter Georg, der ihr im Namen Christi half und den Drachen durch seinen Lanzenstich so gefügig machte, daß die Königstochter ihn an ihrem Gürtel wie ein Hündlein wegführen konnte. Anschließend taufte Georg alle Bewohner der von ihm befreiten Stadt. Ein barocker Prediger hat diese Legende im Jahre 1572 auf diese Formel gebracht:

Der wilde Drach bedeuten tut
des Teufels Gewalt und Mut.
Die Jungfrau adelig und rein
das menschliche Geschlecht deutet fein
Der Ritter S. Jörg kühn und gut
Jesus Christus bedeuten tut

St. Georg, nach dem die Stiftskirche in Limburg benannt wurde, ist nicht nur der Landespatron Englands und Rußlands, der auf unzähligen Ikonen abgebildet ist und das Stadtsiegel von Moskau schmückt. Er, dem im Schloß Windsor eine Kapelle gewidmet ist, wurde zum Patron des legendären Hosenbandordens, dessen Attribut eine Kette mit Georg als Drachentöter ist. Auch der von Kaiser Sigismund gestiftete Lindwurmorden spielt unmittelbar auf ihn an.

Die Verwendung des Banners des Heiligen Georg als Kriegsfahne und seine Bestimmung zum Schirmherrn der Burgen hat eine Christianisierung des Kriegerberufs zur Voraussetzung, welcher die Kirche lange Widerstand geleistet hat. Erst seit der Jahrtausendwende duldete sie Kriegsfahnen als Symbol des weltlichen Kampfes, nachdem zuvor die Ritter gewissermaßen als die Lehensleute des obersten himmlischen Kriegsherrn in das sich feudalisierende Christentum eingefügt waren. Während der Kreuzzüge hat St. Georg die Rolle als himmlischer Kriegshelfer, Patron der christlichen Ritter und Fahnenträger des Kreuzzugsheeres übernommen. So soll er dem als Truppenführer im Heer Kaiser Barbarossas agierenden Grafen Helfenstein beim Kampf mit dem Sultansheer als Ritter in schneeweißem Gewande, beritten auf einem Schimmel, beigesprungen sein, welcher mit seiner funkelnden Lanze furchtbare Verheerungen im Türkenheer angerichtet hat. Auch der wundersame Sieg des Christenheeres über Sultan Saladin von 1177 in der Nähe von Jerusalem ist der Legende nach durch den Mitkämpfer St. Georg sichergestellt worden. Sein heiliges Kreuz soll den Feind in die Flucht geschlagen haben.

5.5. St. Georgsritter in der Geschichte

Der heilige Georg, der - ebenso wie der heilige Martin - bei den Adeligen deshalb besonders beliebt war, weil er von vornehmer Abkunft war und ritt, während weniger vornehme Heilige zu Fuß gehen mußten, hat für das genossenschaftliche Selbstverständnis des Adels große Bedeutung erlangt. So führten die Burgmänner der Reichsburg Friedberg, als sie im Jahre 1400 König Ruprecht huldigten, das St. Georgsbanner als Symbol ihrer Ritterschaft. Auch das 1406 in Schwaben gegründete Schutz- und Trutzbündnis des Adels, dem auch Reichsstädte angehörten, führte den Namen „Gesellschaft mit dem Jörgenschild" (Jörg = Georg). Bei dem Einzug von Friedrich III. in Rom von 1454, welcher dort als letzter deutscher König zum Kaiser gekrönt wurde, ist es zu einem Konflikt des Kaisers mit der Ritterschaft gekommen.

Die Ritter wollten nämlich mit ihrem Georgsbanner in Rom einziehen, der Kaiser hingegen bestand darauf, daß sie das Reichsbanner mit dem Adler führten. Einige der Ritter hatten in der Grabeskirche zu Jerusalem den Ritterschlag erhalten, bei dem neben dem Vater, Sohn und Heiligen Geist auch der heilige Michael und der heilige Georg angerufen worden sind. Nach dem Tode seiner zweiten Ehefrau hat sich Kaiser Maximilian ernsthaft mit dem Gedanken getragen, die Würde des Hochmeisters im St. Georgsorden zu übernehmen. Dabei stand der „letzte Ritter" unter dem Eindruck eines verinnerlichten, christlichen Ritterideals. Dieses Ideal manifestierte sich auch darin, daß der englische König am Georgstag von 1348 im Schloßhofe zu Windsor zu Ehren des gefangenen französischen Königs ein Turnier veranstaltete. An ihm durften die kriegsgefangenen Ritter aus Frankreich als gleichberechtigte Partner teilnehmen!

Neben solchen Beispielen ritterlichen Verhaltens darf nicht übersehen werden, daß der Schlachtenheilige des Adels nicht nur für hehre und christliche Zwecke bemüht wurde. Bei einer Zusammenkunft der „Gesellschaft zum Jörgenschild" in Schwäbisch Hall wurde deshalb in einer Rede über den heiligen Georg gemahnt, daß der Heilige zwar Vorbild des Christenmenschen im Kampf gegen die Sünde sei und daß das Georgsbanner zu Recht im gerechten Krieg durch das Heer geführt werde. Es gehe jedoch nicht an, St. Georg als heidnischen Kriegsgott für Plündern, Rauben, Sengen und Brennen in Anspruch zu nehmen.

Der zu Beginn des 18. Jahrhunderts begründete Orden der „Georgi-Ritter", der die Treue zur bayerischen Dynastie und zum katholischen Glauben zum Ausdruck bringen sollte und dem die Repräsentaten der ältesten und renommiertesten Adelsgeschlechter Bayerns angehörten, hat auf Exklusivität größten Wert gelegt. Als kurz vor dem Einsturz des Adelsreiches der Prinzregent Luitpold einen Granden von Spanien und Gouverneur von Madrid zum Ehrengroßkomtur dieses Ordens ernannt hat, da wurde dieser von den Georgi-Rittern geschnitten. Und zwar deshalb, weil er nicht die erforderliche Anzahl ritterbürtiger Ahnen aufweisen konnte.

Abschließend sei hier angemerkt, daß neben standespolitischen Absichten auch ritterliche Ideale schwäbische Adelige im Jahre 1858 dazu bewogen haben, den „Georgenverein" zu begründen. Neben einem Freiherrn von Berlichingen gehörte zu seinen Mitbegründern der königlich-württembergische Obersthofmeister Graf Uxkull-Gyllenband. Sein Enkel Claus Schenk Graf von Stauffenberg, ein Kavallerieoffizier wie der heilige Georg, hat das Attentat vom 20. Juli 1944 durchgeführt, nachdem er am Abend zuvor die Kirche zum Gebet aufgesucht hatte.

6. Rittertum und Ritterschaft

Das Rittertum ist für die Modernen,
was die Heroenzeit für die Alten; alle
edlen Erinnerungen der europäischen
Nationen knüpfen sich daran.

Madame de Staël

Die Faszination des modernen Menschen durch das Rittertum hat auch im Zeitalter der zweiten industriellen Revolution und der Postmoderne kaum nachgelassen. Mit seinem Geniestück „Goetz von Berlichingen" hat bereits Goethe einen wesentlichen Beitrag zur Geburt der Ritterromantik geleistet. Ihm, welchem Kaiser Joseph II. 1784 in seinem Adelspatent das Recht auf Teilnahme an adeligen Turnieren zuerkannte, haben die jungen Grafen Stolberg 1775 in einem Brief aus Weimar berichtet, die Herzogin und die Oberstallmeisterin Frau von Stein hätten sie in einer spaßhaften Zeremonie mit zwei riesigen Schwertern aus dem Zeughaus zu Rittern geschlagen. Anschließend habe man blinde Kuh gespielt, wobei man die Oberstallmeisterin geküßt habe.

In jener Zeit gehörte der Ritterschlag tatsächlich noch zu den vielen bereits altertümlich anmutenden Krönungsritualen. So schlug der Wittelsbacher Karl VI. 1742 in Frankfurt mit dem Schwert Karls des Großen 75 Herren und Grafen zu Rittern! Und als Maria Theresia 1743 im Prager Veitsdom zur Königin von Böhmen gekrönt wurde, da erteilte sie nach der Ablegung des Glaubensbekenntnisses am Altar mit dem Schwert des heiligen Wenzel 21 jungen Herren den Ritterschlag. Zuvor hatte sie nach ihrer Krönung zur Königin von Ungarn in Preßburg im Jahre 1741, angetan mit dem Mantel des Heiligen Stefan, umgürtet mit seinem Schwert und seine Krone auf dem Haupt, ungarische Adelige zu Rittern geschlagen.

6.1. Ritterlicher Einzelkampf

Die Schwärmerei für die Ritter setzt ein, als die Zeit des gepanzerten Einzelkämpfers und mit ihm auch der militärische Wert seiner befestigten Behausung durch die Weiterentwicklung der Kriegstechnik abgelaufen und die Ritterspiele zu einem ständisch-exklusiven Sport transformiert worden waren. In einer Epoche, in der disziplinierte Söldnerheere aufeinandertrafen und in der Techniker und Kanoniere die maßgeblichen Leute für die Eroberung von Burgen und Festungen geworden waren, wuchs die Faszination des ritterlichen Einzelkampfes, der unter Einsatz des eigenen Lebens und der Beachtung des ritterlichen Ehrenkodex durchgeführt wurde. Der legendäre Ruhm des von der Kavallerie zur Fliegerei übergewechselten Freiherrn Manfred von Richthofen erklärt sich daher, daß in den mit primitiven Flugzeugen ausgetragenen Luftkämpfen des Ersten Weltkrieges der ritterliche Zweikampf vorübergehend in modernisierter Form eine Wiederauferstehung erlebte.

Die Ritterburg, die noch heute das Bild vieler Landschaften prägt, war seit langem zum Symbol des letzten Haltes in der Bedrängnis des irdischen Lebens geworden. Nicht zuletzt heißt es in dem von Martin Luther verfaßten Trutzlied des deutschen Protestantismus, welches Friedrich Engels „Marseillaise des 16. Jahrhunderts" genannt hat:

Ein feste Burg ist unser Gott,
Ein gute Wehr und Waffen ...

In seinem Rasenden Roland hat Ariost im Jahre 1515 den ritterlichen Einzelkampf als ein zugleich farbenprächtiges wie ernstes Schauspiel nostalgisch so beschworen:

Und Kopf an Kopf nun rennen beide Ritter,
Nie führen Löw und Stier mit solchem Toben,
Im Sprunge zu und stießen sich so wild
Wie diese beiden jetzt, die Lanzen erhoben
Losrannten und durchbohrten Schild und Schild.

Ein wesentliches Element des ritterlichen Einzelkampfes bildet die Bewahrung des ritterlichen Ehrenkodex. Dieser verlangte die Gleichheit der Kampfbedingungen und die Respektierung der Person des Gegners. Gelegentlich wurden nicht nur bei Zweikämpfen, son-

Erstes Blatt von Goethes Adelsbrief

dern auch bei kriegerischen Auseinandersetzungen Ort und Zeitpunkt der Schlacht regelrecht vereinbart, so im Fall der von Crécy im Jahr 1346. Nach diesem Kodex wurde das ritterliche Duell zu Fuß fortgesetzt, wenn einer der Kämpfer vom Pferd gestoßen worden war!

Die hochentwickelte adelige Standesmoral, nach der der Gegner nicht zu einem wie auch immer zu vernichtenden Feind werden durfte, wurde im 18. Jahrhundert in Zweikämpfen vorexerziert, welche europäische Berühmtheit erlangt haben. In Warschau wurde im Jahre 1726 mit dem fünfzigjährigen Grafen Friedrich Vitzthum von Eckstedt der engste Vertraute August des Starken bei einem Duell zu Pferde von einem zwanzigjährigen französischen Grafen erschossen, der ihn beleidigt hatte. Aufsehen erregt hat auch der Zweikampf des jungen Prinzen Karl von Nassau-Siegen (1745-1808) mit einem Tiger sowie der Zweikampf des Abenteurers Casanova mit einem polnischen Grafen von 1765. Der Prinz von Nassau begleitete den berühmten Forscher Louis de Bougainville auf seiner Weltreise von 1766-69 und hat dabei den Zweikampf mit einem Tiger gewonnen. Nur mit einem Degen bewaffnet und unter Beachtung der ritterlichen Formen soll er diesen Kampf für sich entschieden und dabei die Bestie getötet haben. Das Duell des Casanova mit dem Grafen Branicki wurde - wie sollte es auch anders sein - wegen einer Dame, und zwar mit entblößter Brust und auf die geringe Entfernung von 12 Schritten durchgeführt. Dabei wurde der Italiener an der Hand und der Pole an der Brust verwundet. Am Krankenbett des Grafen kam es dann zum Austausch ritterlicher Höflichkeiten. Hier überreichte ihm Casanova die abgeplattete Pistolenkugel, welche ihm einen Fingerknochen zertrümmert hatte, und wünschte ihm gute Genesung.

In Reaktion auf den Rationalismus der Aufklärung, die Vernunftvergottung und die Verfolgung der christlichen Kirche in der Französischen Revolution hat die altkonservative politische Romantik das Heldenkampfmotiv wieder belebt. So heißt es in dem von Achim von Arnim verfaßten Stiftungslied der christlich-deutschen Tischgesellschaft:

Die Marksburg am Rhein
Sitz der Deutschen Burgenvereinigung

Unsere Krone ward erstritten
durch der deutschen Ritter Blut
als die Heiden mußten bitten
um des ew'gen Friedens Gut.

Während der italienische Renaissance-Dichter die körperlich-ästhetische Seite des Rittertums hervorhob und manche Beispiele ritterlichen Verhaltens aus dem 18. Jahrhundert eine geradezu theatralische Stilisierung der Ritterschaft verraten, stellte Albrecht Dürer im Jahre 1513 in seinem Stich „Ritter, Tod und Teufel" einen von der Realität abgelösten Archetyp dar. Bei diesem Leitbild des christlichen Ritters handelt es sich um keinen ritterlichen Haudegen und auch um keinen galanten Fechter aus der Rokokozeit, vielmehr um einen Mann, welcher unbeirrt von allen irdischen Anfechtungen mit hochgezogenem Visier, versammeltem Blick und energischem Kinn kraftvoll seinen Weg nimmt. Damit erhält er eine das adelige Standesethos überwindende Bedeutung.

6.2 Der Ritter und sein Roß

Historisch gesehen leitet sich der Ritter von dem althochdeutschen Verb 'ritan' ab, dessen Wortsinn Reiter ist. Im mittelalterlichen Latein wird der Begriff 'miles' auf den berittenen Krieger verengt. Dieser wurde wiederum im Gefolge der Kreuzzüge zumindest der Forderung nach zu einem christlichen Ritter, so daß schließlich die Ritterschaft als die christliche Form des Militärischen bezeichnet werden konnte. Berittene Krieger hat es in fast allen Hochkulturen gegeben. Man denke etwa an die immer wieder nach Europa vorstoßenden asiatischen Reitervölker oder auch an die Germanen selber. So zeigt der an der Saale aufgefundene Reiterstein von Hornhausen einen berittenen fränkischen Krieger mit Schild und Speer sowie das Drachenmotiv. Und in der Edda heißt es von den Söhnen Jarls, sie „zähmten Rosse, rundeten Schilde, warfen Speere, spitzten Pfeile".

Die Notwendigkeit, den im 10. Jahrhundert Deutschland bedrängenden Hunnen eine gleichwertige militärische Macht entgegenzustellen, war ein wesentlicher Antrieb zur Feudalisierung und Differenzierung der Sozialverfassung. Der Zwang, Burgen beständig zu besetzen und Panzerreiter mit einer äußerst kostspieligen Ausrüstung auszustatten - allein das Kettenhemd erforderte den Jahresertrag eines mittleren Gutes - bedeutete, daß die alte Heeresverfassung mit der Dienstpflicht aller wehrfähigen Freien abgeschafft wurde und an ihre Stelle ein neuer Stand von Berufskriegern trat. Diese Dienstleute oder Ministerialen waren vielfach unfreier Herkunft, so daß sie noch der adelsstolze Bischof Otto von Freising, ein Enkel Kaiser Heinrichs IV., als Leute niederer Herkunft ansprechen konnte, die des Rittertums unwürdig seien. Tatsächlich jedoch hat sich mit den Ministerialen zu Lasten der ehemals freien Bauern ein neuer Herrenstand herausgebildet. Als Ausgleich für den Wehrdienst wurde vielen Reitern nämlich ein vorerst nicht vererbbares und aus Bauernhöfen bestehendes Lehen zugesprochen, aus dessen Erträgen sie ihren Lebensunterhalt bestreiten mußten. Der Panzerreiter bildete keinen Einmannbetrieb, sondern die kleinste militärische Einheit. Zu ihr gehörte das Streitroß, ein Reisepferd, ein Packpferd, zumindest ein berittener Knecht und außerdem die Waffen.

Das mittelalterliche Wort, daß jegliche Ritterschaft vom Pferd abstammt, hat einen tiefen Sinn. Deshalb vergleicht auch die Adelsethik die Beherrschung des Pferdes mit der Beherrschung der menschlichen Leidenschaft. Immerhin stammt ja das scheinbar so moderne Wort Manager von 'maneggiare', ein Pferd zureiten! Nicht zufällig ist der Sporn zum Symbol des ritterlichen Lebens geworden. Er lebt noch heute in der deutschen Sprache als Ansporn fort und versinnbildlicht die Unterwerfung der spontanen Neigungen unter höhere Ziele. Deshalb wurde der Sporn auch ins Grab mitgenommen und dem Ritter von Frauenhand mit der Weisung an den Fuß geschnallt, mit ihm nicht nur das Pferd anzutreiben.

Bis zum Bau guter Straßen, von dem die Römer viel, die Germanen jedoch nur wenig verstanden, sowie vor der Nutzung der Maschinenkraft kam dem Pferd eine ausschlaggebende Rolle als Transportmittel und damit auch als Herrschaftsinstrument zu. Der volle Herrenmensch war der, der als Berittener und Bewaffneter den Raum rasch durchmessen konnte und auch rein optisch über das wenig mobile und unbewaffnete gemeine Volk hinausragte. So ist es denn kein Wunder, daß das Pferd auch in der Mythologie nicht nur als Herrschaftsmittel, sondern auch als verständnisvoller Gefährte des Reiters eine herausragende Rolle spielt. Man denke etwa an den legendären Bukephalus Alexanders des Großen, das die Lüfte durcheilende achtfüßige Roß Sleipnir des Germanengottes Odin oder an die Stute Burak des Propheten Mohammed, mit der dieser der Sage nach von dem jetzt durch den Felsendom überbauten Fels zu Jerusalem in den Himmel geritten ist.

Die germanischen Helden haben mit ihren Rössern geredet. Der in der Edda erzählte Brauch, nach dem der Streithengst an des Herrn Leiche den Kopf senkt, lebt in der Tradition des im Leichenzug von Adeligen mitgeführten Totenpferdes noch heute fort. In Wolfram von Eschenbachs Parzival wird gerühmt, daß Parzival in voller Rüstung auf den Sattel seines Rosses gesprungen ist und berichtet, daß er ihm zuweilen den Zaum überließ und damit die Wahl des Weges freistellte. Dies tat nach der Familienlegende noch im 18. Jahrhundert ein Gutserbe aus dem westfälischen Adelshaus Ledebur, dem die Auswahl zwischen zwei Edelfräuleins aus der Nachbarschaft angeboten worden war. Da er unschlüssig war, welche er erwählen sollte, setzte er sich auf sein Pferd, legte ihm die Zügel auf den Hals und sagte: „Die, zu der mein Pferd geht, soll meine Frau werden."

Ein partnerschaftliches Verhältnis zum Pferd begegnet uns auch bei Tristan, von dem gesagt wird, er habe mit seinem Pferd so vollkommen zueinander gepaßt, als seien sie „zusammen geboren und aufgewachsen" oder bei Don Quichote, der seiner Rosinante oft den Zügel freigab, „den Willen des Gauls dem seinigen unterordnend"! Während die Freigabe des Zügels ein Symbol für die Aventiure, den ziellosen Aufbruch des fahrenden Ritters ins Ungewisse und die Bewährung in der Welt darstellt, gehört der Sprung auf das Pferd zu den reiterlichen Fertigkeiten. Wer sich in der vorindustriell-feudalen Welt durchsetzen wollte, mußte tatsächlich sattelfest sein. Wenn etwa Götz von Berlichingen in seinen Erinnerungen erklärt, er habe nicht viel Lust zur Schule, sondern vielmehr zu den Pferden und zur Reiterei gehabt, so erweist er sich dabei nicht als ein romantischer Reaktionär, sondern als realistischer Praktiker.

Bezeichnenderweise hat im 15. Jahrhundert der päpstliche Nuntius Äneas Sylvius über die deutschen Adelssöhne gesagt, sie lernten eher reiten als reden und würden so leicht Waffen tragen wie andere Arme und Beine. Das Streitroß ist schließlich der Kampfgefährte des adeligen Kriegers gewesen, von dessen Tüchtigkeit und Klugheit das eigene Leben nicht selten abhing. Aus diesem Grund hat der General Wallenstein das Pferd, welches ihm in der Schlacht von Lützen unter seinem Leib weggeschossen wurde, ausstopfen und in der Halle seines Prager Palais aufstellen lassen.

Wie unverzichtbar die Beherrschung der Reitkunst für die adelige Herrenschicht war, zeigt auch das überkommene Stammesrecht, welches die Dienst- und Geschäftsfähigkeit von der Beherrschung des Pferdes abhängig macht. So muß nach dem allemannischen Gesetz der Herzog noch ohne fremde Hilfe sein Roß besteigen können, um sein Amt versehen zu dürfen. Und der Sachsenspiegel verlangt, daß der adelige Mann seine Habe zu einem Zeitpunkt an seine Erben übergeben muß, solange er noch mit Schwert und Schild - unter Benutzung des Steigbügels - auf sein Roß kommen kann.

Die sieben ritterlichen Künste, welche den auf den Universitäten gelehrten sieben freien Künsten an die Seite gestellt wurden, beginnen nicht zufällig mit der Beherrschung der Reitkunst. In den der Erziehung der Ritter dienenden „Ritterspiegeln" wurde diese Kunst ihrerseits in sieben Behendigkeiten aufgefächert, und zwar in Reiten, schnell Auf- und Absitzen, Traben, Rennen, Umwenden und beim Reiten etwas von der Erde Aufnehmen. Weiter gehören zu den ritterlichen Fertigkeiten das Schießen, das Beizen, d.h. die Jagd mit Falken, das Schachspielen, d.h. ein Kriegsspiel, das Zähmen von Falken und schließlich das Dichten und Singen.

6.3 Ritterliche Kultur und Lebensformen

In diesem Forderungskatalog tritt uns das Ideal des durch die Minnesänger literarisch überlieferten und in der Manesse-Handschrift plastisch vor Augen stehenden staufischen Ritters entgegen. Dieser wesentlich durch die Geisteskultur der provençalischen Troubadours geprägte Ritter ist zu einer mythischen Figur geworden, der sich von dem in der Praxis vorherrschenden Typus des Haudegens abhebt. Ein Hauptkennzeichen für den staufischen Ritter und die Ritterkultur ist die Hochschätzung der Frau, die manchmal groteske Züge angenommen hat. So legte im 14. Jahrhundert der Graf von Salisbury zu Füßen seiner Dame dieses Gelübde ab: Er bat die von ihm Verehrte, ihren Finger auf sein rechtes Auge zu legen und es zuzudrücken. Dann gelobte er, es nicht eher zu öffnen, als er in Frankreich, in Feindes Land, die Flamme entfacht und die Mannen König Philipps bekämpft habe. Sinn derartiger, vielfach lächerlich erscheinender Gelübde war die Askese, die Auferlegung von Entbehrungen zum Vollbringen der gelobten Tat. Nach der ritterlichen Lehre stand dabei der Frauendienst im Vordergrund, denn - so formulierte um 1250 ein österreichischer Minnesänger -

Hätte die Welt keine Frauen,
wo gäbe es da noch Ritter?
Die Ritter haben von ihnen ihr ritterliches Leben.

Die Dichtungen des Hartmann von der Aue oder des Walther von der Vogelweide, welcher an dem berühmten, von Richard Wagner im Tannhäuser literarisch verarbeiteten „Sängerkrieg" auf der Wartburg teilgenommen hat, zeigen, daß keineswegs nur die hohe Minne mit ihrer Idealisierung und Anhimmelung der verheirateten und unerreichbaren Frau fürstlichen Standes geschätzt wurde. Vielmehr wurde von diesen beiden Lyrikern in recht weltlicher Weise auch die niedere Minne besungen. Wer derartige Minnelieder liest und sich die historische Wirklichkeit näher ansieht, stellt fest, daß das Rittertum insgesamt eine weltliche Physiognomie hatte. Darüber dürfen die Kreuzzüge und auch die literarische Gestalt des Gottsuchers Parzival nicht hinwegtäuschen. Bezeichnenderweise klagte ein Dichter im 13. Jahrhundert darüber, daß sich die Adeligen nicht über Parzival, sondern über Milchkühe unterhielten!

Wenn die Ritter tatsächlich in erster Linie fromme Gottesstreiter gewesen wären, dann hätte der Stauferkaiser Friedrich II. kaum einen

Emir, der ihn mit einer Gesandtschaft des Sultans aufsuchte, zum Ritter schlagen können! Sogar während der Kreuzzüge, des Kampfes gegen die Heiden, hat es bei aller kriegerischen Grausamkeit auch gelegentlich das Praktizieren der Ritterlichkeit gegenüber dem mohammedanischen Gegner gegeben, welcher in vielerlei Hinsicht eine höherstehende Zivilisation verkörpert hat. Ritterlich verhielt sich etwa Sultan Saladin, als er 1183 die Belagerung der Burg Kerak einstellte, um der Prinzessin Isabelle, der Tochter des Königs von Jerusalem Amalrik I., eine ungestörte Hochzeit mit einem der Barone des christlichen Königreiches zu ermöglichen.

Der Ritter mußte, um als solcher respektiert zu werden, zuvorderst ein trainierter, sportlicher Mann, ein Reiter, Krieger und Jäger sein. Wenn er zusätzlich noch musische Fertigkeiten - wie der zeitweise als Spielmann verkleidete vollendete Harfenspieler Tristan - vorzuweisen vermochte, dann konnte er das Ideal des ritterlichen Menschen erreichen. Daß im rauhen Alltagsleben des Mittelalters körperliche Fähigkeiten meist mehr geschätzt und bewundert wurden als geistige, braucht im Zeitalter der Massenkultur nicht zu verwundern. Abgesehen davon, daß es bereits unter Kaiser Barbarossa nicht nur Lehens-, sondern auch Soldritter gab, darf nicht übersehen werden, daß sowohl die ritterliche Kriegführung als auch das Turnierwesen, ebenso wie heute der Sport, eine oft übersehene finanzielle Seite hatten. Denn der Besiegte mußte seine Freiheit vielfach mit einem erpresserisch hohen Lösegeld zurückkaufen bzw. seine überaus kostspielige Rüstung dem Sieger überlassen oder wieder einlösen.

Zu Beginn des 14. Jahrhunderts erfreute sich der in Volksliedern gefeierte Graf von Homburg einer außerordentlichen Beliebtheit. Dieser Ritter, der den Römerzug von König Heinrich VII. mitgemacht hat und der es bis zum kaiserlichen Statthalter in der Lombardei brachte, glänzte mit diesem Kunststück: Beim scharfen Ansprengen schlang er dem berittenen Gegner den Arm um den Hals und warf ihn so ohne Benutzung einer Waffe aus dem Sattel! Eine respektable reiterliche Leistung vollbrachte auch der junge König Heinrich VIII. von England. Auf die Nachricht nämlich, daß Kaiser Karl V. mit seiner Flotte in Dover eingetroffen sei, ritt er dem Gast nach ritterli-

chem Brauch in einem Nachtritt an die Küstenstadt zur Begrüßung
entgegen.

Gelegentlich wurden bei den ritterlichen Übungen sportliche Spit-
zenleistungen erbracht. So wurde 1465 in Brüssel ein böhmischer
Ritter bestaunt, der ohne Benutzung des Stegreifs mit seiner schweren Rüstung aus dem Sattel sprang. Mehr noch wurde der schlesische Ritter Georg von Zedlitz bewundert, der 1529 vor Wien in die
Gefangenschaft des Sultans geraten war. Er legte sich vor dem Sultan mit seinem schweren Küraß auf die Erde, erhob sich behende
und schwang sich ohne Benutzung des Steigbügels kraftvoll auf das
Pferd. Dies wiederholte er mehrmals, wobei er sich auf dem Platz
„mit Rennen, Wenden, Sprengen ganz herrlich und ritterlich sehen
lassen, darüber sich männiglich alle hoch verwundert"!

Das mittelalterliche Wort „Der Edelmann wird geboren, der Ritter
wird gemacht" besagt, daß auch ein Adeliger nur durch Leistung,
nämlich die Beherrschung der ritterlichen Fertigkeiten und den sie
voraussetzenden Akt des Ritterschlages zum Ritter aufsteigen konnte. Tatsächlich sind viele Ritter aus den persönlich unfreien Dienstmannen der weltlichen und geistlichen Herren und Fürsten hervorgegangen. Wenngleich die Gleichheit des ritterlichen Berufes die Stan-
desunterschiede im Adel nicht einebnete, so hat es sie doch abgemildert. Dem innerhalb des Adels angewandten genossenschaftlichen
Gleichheitsprinzip steht freilich eine Abschließung der Ministerialen-
schicht nach unten entgegen.

Es fällt auf, daß ein durch seine militärische Tüchtigkeit hervorge-
tretener Reitknecht, den Kaiser Friedrich Barbarossa zum Ritter
schlagen wollte, diese Ehre unter Verweis auf seine geringe Herkunft abgelehnt hat. Vermutlich mußte er befürchten, daß er von den
anderen Rittern nicht akzeptiert wurde und mit ihnen nicht mithalten
konnte. Bezeichnenderweise hat ein adeliger Minnesänger aus Österreich im 13. Jahrhundert über eine einem Bauern erteilte Ritterweihe
so gespottet: „So wenig Ziegenfleisch am Ostermorgen durch den
kirchlichen Segen geweiht werden könne, so verhalte es sich mit
dem Bauern, ob auch sein Schild und Schwert den Segen empfange."

Christus als Führer der Ritterschaft, Apokalypse
(England, Anfang 14. Jh.)

Die ritterliche Gleichheit hat sich darin manifestiert, daß Könige und Fürsten als einfache Ritter an Turnieren teilgenommen haben und sich in einigen Fällen von erprobten Rittern zum Ritter schlagen ließen. So hat der Landgraf Friedrich von Thüringen, der mit seinen Rittern als Verbündeter der Engländer gegen Frankreich kämpfte, auf dem Schlachtfeld erklärt, er werde sich von niemand anderem zum Ritter schlagen lassen als von dem, der nie geflohen sei. Diese Ehre tat der Landgraf vor allen Fürsten seinem Landvogt Friedrich von Wangenheim an. Der Legende nach hat sich Franz I. von Frankreich nach der Schlacht von Marignano von dem legendären Pierre Bayard, dem „Ritter ohne Furcht und Tadel", zum Ritter schlagen lassen.

6.4. Der Ritter als christlicher Krieger

Der Ritterschlag stellt ursprünglich ein Initiations- und Mannbarkeitsritual dar, mit dem ein junger Mann in die Gemeinschaft der erwachsenen Krieger eingeführt wurde. Das Ritual, bei dem der Ritter einen dreifachen Schlag mit der flachen Klinge auf Hals oder Schulter erhielt, geht auf die vorchristliche Institution der Schwertleite zurück. Bei dieser wurde den germanischen Kriegern das Schwert ausgehändigt und umgürtet. Die Schwertleite wurde bei dem von Kaiser Barbarossa im Jahre 1184 abgehaltenen glanzvollen Mainzer Hoffest, einem Höhepunkt des staufischen Rittertums, den Söhnen des Kaisers erteilt. Dieser Hoftag ging dem Kreuzzug von 1189 voran und ist deshalb als Hoftag von Jesus Christus in die Geschichte eingegangen. Kaiser Barbarossa, der auf diesem Kreuzzug, den man als eine Kombination von Wallfahrt und heiligem Krieg charakterisieren kann, sein Leben ließ, hat einmal im Angesicht angreifender Muslims gerufen: „Was zögern wir, was zittern wir? Christus siegt! Christus ist König! Christus ist Kaiser!"

Mit dem im Jahre 1064 bei der Bekämpfung der spanischen Muslime entwickelten Kreuzzugsgedanken wurde die Idee des gerechten Krieges und die christliche Einbindung des germanischen Kriegerethos geboren. Bereits beim 1. Kreuzzug ins Heilige Land wurden die das Banner des Heiligen Georg führenden Ritter als Ritter Christi bzw. Gottes, ja sogar als Athleten Christi bezeichnet. Ihnen wurde als Rittern des himmlischen Lehensherren versprochen, daß sie bei einem im Heidenkampf erlittenen Heldentod als Heilige in den Himmel aufgenommen würden. Als oberster Lehensherr ist Christus selbst wiederholt als gepanzerter Ritter und Drachenkämpfer mit Schild, Schwert und Lanze dargestellt worden. Solch hohen Ansprüchen wurde die historische Wirklichkeit nicht gerecht. So ist bekannt, daß bei der Plünderung des christlichen Konstantinopel durch ein französisches Ritterheer Nonnen geschändet, die Innenausstattung der Hagia Sophia demoliert und eine Hure auf den Thron des Patriarchen gesetzt wurde, die dort zotige Lieder sang.

Die Institution des christlichen Ritters, die mit der eher unkriegerischen Heilsbotschaft von Jesus nicht ohne weiteres vereinbar ist, wurde mit den Worten des Apostels Paulus aus dem Epheserbrief gerechtfertigt:

Ziehet an die Rüstung Gottes, damit ihr bestehen könnt
gegen die Nachstellungen des Teufels,
denn wir haben nicht bloß zu kämpfen wider Fleisch und Blut,
sondern auch wider die Oberherrschaften und Mächte,
wider die Beherrscher dieser Welt in dieser Finsternis,
wider die Geister der Bosheit in der Luft.

Sofern der Ritterschlag nicht auf dem Schlachtfeld erteilt wurde, ist er vielfach zu einer religiösen Zeremonie ausgestaltet worden, wovon dieser Segensspruch Zeugnis ablegt:

Segne dies Schwert, mit dem dieser Knecht umgürtet zu werden wünscht, damit er Verteidigung und Schutz, sei es für Kirchen, Witwen, Waisen, für alle Diener Gottes gegen das Wüten der Heiden, und den Feinden Angst und Schrecken einflöße.

Die Nacht vor dem Ritterschlag, bei dem außer Christus die Ritterheiligen Michael und Georg angerufen wurden, mußte der Edelmann in einer Kirche oder Kapelle zubringen, wo er während der Nachtwache über sein künftiges Leben und Verhalten nachdenken sollte. Dies war ein Gegenstück zum Bußsakrament, ebenso wie das Bad am Morgen des Ritterschlages gleich der Taufe eine rituelle Reinigung darstellt.

Die Spiritualisierung des Gedankens der christlichen Ritterschaft beruht darin, daß der Ritter nicht nur gegen den leibhaftigen Feind, sondern auch gegen diejenigen Anfechtungen anzugehen hat, die ihn als eine auch den Sinnen verpflichtete und damit den Einflüssen des Satans zugängliche Kreatur vom richtigen Weg ablenken. Diesen Gedanken hat der Niederländer Jan de Cock zu Beginn des 16. Jahrhunderts auf einem Altarbild ausgeführt. Auf ihm erscheint der Heilige Christophorus als ein mit der „Rüstung Gottes" angetaner berittener Krieger. Er wählt an einem mit einem Kruzifix geschmückten Scheideweg den Weg des Kreuzes und weist mit verächtlicher Handbewegung der mit Fratzen versehenen Höllenmeute, der „Ritterschaft des Teufels", den Weg in den Abgrund.

Dieser Maler war ein Zeitgenosse des spanischen Adeligen Ignatius von Loyola, der ein ritterliches Leben geführt hat, bis ihm bei einer Belagerung einer Stadt eine Kanonenkugel das Bein zerschmetterte. Auf dem Krankenbett, wo er sich mit der Lektüre von Ritterromanen tröstete, reifte in ihm die Idee einer spiritualisierten Ritterschaft, die dann in dem von ihm begründeten Jesuitenorden weltgeschichtliche Bedeutung erlangt hat. Ignatius, der sich als „Kämpfer Christi" verstand, verbrachte gleich einem Ritter, der sich auf den Ritterschlag vorbereitet, eine Nacht in einem Kloster und hing dort seinen Degen und seinen Dolch neben ein Bildnis der Jungfrau Maria. In dem Entwurf der Satzung des Ordens von 1539 heißt es, daß die Jesuiten „unter dem Kreuzesbanner Gott Kriegsdienst leisten", und in den Betrachtungen zu seinen geistlichen Exerzitien spricht Ignatius Christus als „Heerführer aller Guten", Luzifer dagegen als „Feldherr aller Bösen" an.

6.5. Ritterliche Fahrten und Orden

Seit der Mitte des 14. Jahrhunderts ist die Pilgerfahrt nach Jerusalem zu einer Institution des adeligen Lebens in Europa geworden. Diese

230

Pilgerfahrt wurde als eine Art Vorläufer der späteren Kavaliersreise, der grand tour, für alle bemittelten Adels- und Patriziersöhne zu einer Art Pflichtveranstaltung. Die vielfach über Venedig auf dem Seeweg angetretene Pilgerreise war ein Abenteuer und nicht ungefährlich. So berichtet ein adeliger Reisebegleiter des Herzog Christoph von Bayern, daß ihnen des Nachts auf der Galeere „große Ratzen" über die Mäuler gelaufen sind. Der spanische Pilger Ignatius von Loyola hatte das Pech, in der Nähe von Jerusalem von räuberischen Beduinen überfallen und mit gezücktem Messer bedroht zu werden.

An diese Pilgerreisen erinnert noch heute das Jerusalem-Tor im oberhessischen Büdingen, welches Graf Philipp zu Ysenburg im 15. Jahrhundert zur Erinnerung an seine Reise ins Heilige Land errichten ließ. Weiter der im Bayerischen Nationalmuseum aufbewahrte berühmte Teppich des Pfalzgrafen Ottheinrich. Der Pfalzgraf hat Brüsseler Wirker beauftragt, ihn und sein Gefolge zum Gedenken an seine Wallfahrt als kniende Ritter mit abgenommenem Helm vor der Silhouette der Stadt Jerusalem abzubilden. Höhepunkt der Pilgerreisen war der am Heiligen Grabe von einem Geistlichen erteilte Ritterschlag. Noch der Preuße Otto Friedrich von der Groeben (1657-1728), der als Siebzehnjähriger eine abenteuerlich verlaufene Mittelmeerreise antrat, hat diesen Ritterschlag, der jeweils im Namen Gottes, des Sohnes, des Heiligen Geistes und des Heiligen Georg erteilt wurde, erhalten. Allerdings wurde er bereits als „Cavalier" ermahnt, daß er „für die Christenheit zur Ehre Christi den Türken Widerstand bis an sein letztes Ende" leisten müsse.

Der ursprünglich eine Leistung oder doch zumindest eine Leistungsfähigkeit dokumentierende Ritterschlag, welchen Kaiser Wilhelm I. noch im deutsch-französischen Krieg von 1870/71 erteilt hat, ist bereits im Spätmittelalter zu einer bloßen Zeremonie entartet. So beklagten sich Jerusalem-Pilger darüber, daß auch jeder nicht ritterbürtige Pilger gegen eine entsprechende Gebühr zum Ritter des Heiligen Grabes geschlagen wurde. Auch bei den Ritterschlägen, die der deutsche König traditionellerweise nach seiner Kaiserkrönung im Petersdom auf der Tiberbrücke erteilte, wurden schließlich nicht mehr persönliche Verdienste, sondern vielmehr Einfluß und Rang belohnt.

Zu diesem - in Rom letztmals - im Jahre 1452 von Kaiser Friedrich III. durchgeführten Ritual bemerkte der spätere Papst Äneas Sylvius, daß in allen Nationen dem Reichtum die höchste Ehre gezollt würde, während die Armen am Boden lägen. Sein Hinweis, daß im Federbett aufgepäppelte Weichlinge, ja Wickelkinder mit der Ritterwürde ausgezeichnet würden, wird durch die Nachricht bestätigt, daß der Kaiser damals in Modena den einjährigen Sohn des Herzogs zum Ritter geschlagen hat. Als der dreijährige Philipp der Schöne, der Sohn Kaiser Maximilians und Vater Karls V., durch einen Schwertschlag auf die Schulter zum Ritter des Goldenen Vließes geschlagen wurde, vermochte er das Ritual noch nicht zu begreifen. Er zog sein Kinderschwert und wollte sich wehren.... Kein Wunder, daß die solcherart ihrer ursprünglichen Bedeutung entleerte Zeremonie auch parodiert wurde. So wurden im 16. Jahrhundert am Hofe des Herzogs von Preußen Zwerge und Narren zu Rittern geschlagen.

Im Gefolge der Kreuzzüge sind die geistlichen Ritterorden entstanden, welche eine Synthese von Rittertum und Mönchtum darstellen. Neben dem überwiegend französisch geprägten Templerorden waren dies der Deutsche Orden und der noch heute mit je einem katholischen und protestantischen Zweig bestehende Johanniter- bzw. Malteserorden. Während der Deutsche Orden, welcher den 1525 säkularisierten Deutschordensstaat im heidnischen Preußen begründete, von Anfang an ein militärischer Orden war, hat der im Jahre 1099 in Jerusalem dokumentierte Johanniterorden einen karitativen Ursprung, zu dem er in der Neuzeit zurückgekehrt ist. Er wurde von Kaufleuten aus Amalfi in Form eines Johanniter-Hospitals zu Jerusalem gestiftet und hat sich erst später zu seinem Schutz ritterliche Söldner zugelegt, die dann seine Träger geworden sind.

Ein idealisiertes Abbild der geistlichen Ritterorden stellen die Gralsritter der Templeisen dar, welche im Parzival-Epos des Wolfram von Eschenbach eine wichtige Rolle spielen. Dieses Epos ist eine freie Bearbeitung des gleichnamigen Epos des Chrétien de Troyes und beinhaltet einen ritterlichen Entwicklungsroman, welcher das Leben eines idealen Ritters nachzeichnet. Der Königssohn Parzival wird als fahrender Ritter geschildert, der eine Königin zur Ehefrau gewinnt, jedoch in ritterlicher Unrast wieder auf Fahrt, auf die Aventiure, geht. Unter mancherlei Abenteuern gelangt er zum Hof des König Artus und schließlich zum Gralsreich, dessen König er wird. Als miles Christi streitet er nun für Gottes Lob und Preis.

Das Parzival-Epos erteilt eine Antwort auf die Frage: wie kann ich ein rechter Ritter sein und doch Gott dienen? Die Antwort liegt in der Erfüllung der ritterlichen Pflichten für andere, indem Gott und seine Heilsbotschaft nicht infolge bloßer Ruhmesbegier und Selbstsucht aus den Augen verloren werden. Den für die Ritterorden konstitutiven christlich-ritterlichen Dienstgedanken, der sich beispielsweise auch darin manifestiert, daß sogar die Kurfürsten ihrem König und Kaiser als Marschälle, Mundschenken und Truchsessen bei festlichen Anlässen persönliche Dienstleistungen entboten, hat Isidor von Sevilla herausgestrichen, indem er bemerkte, daß demütiger Dienst besser als hochmütige Freiheit sei.

Einen Abglanz der geistlichen Ritterorden stellen die im späten Mittelalter von Fürsten begründeten und teilweise noch heute bestehenden weltlichen Ritterorden dar. Ihre geistige Zielsetzung war die Veredelung des rohen und ungebildeten Landadels. Die politische Absicht war, die Ritter an die fürstlichen Höfe als die neuen politischen und gesellschaftlichen Machtzentren zu binden und damit die Macht des Landadels als einer genossenschaftlichen Korporation zu brechen. Unter diesen Orden seien hier erwähnt der vom Markgrafen von Brandenburg gegründete Schwanenritterorden, an den noch eine nach ihm benannte Kapelle in der Ansbacher Hofkirche erinnert, der englische Hosenbandorden und der gleichfalls noch bestehende und von Herzog Karl dem Kühnen von Burgund gestiftete Orden vom Goldenen Vließ. In der Satzung des Ordens, in dessen österreichischen Zweig gegenwärtig Otto von Habsburg Großmeister ist, wurde festgelegt, daß er die Liebe zum Rittertum, zum katholischen Glauben, zur Kirche, zum Wohl des Staates schützen und bestärken sowie Tugend und gute Sitten ausbreiten soll. Letzteres war keine bloße

Phrase. So erteilte Kaiser Karl V. als Ordensgroßmeister auf der Or-
denssynode von 1545 zu Utrecht Tadel, seinerseits mußte er von seinen Ordensbrüdern Kritik wegen seiner Lebensführung einstecken.

6.6. Der fahrende Ritter als Leitbild und historische Figur

Ein berühmter Nachfolger des fahrenden Ritters Parzival ist der Don
Quichote des spanischen Dichters Miguel de Cervantes. Dieser hat
eine Satire auf den Ritterroman verfaßt und gleichwohl der Institution des Rittertums als einer idealen Seinsweise Unsterblichkeit verliehen. Don Quichote nämlich, der seiner als bäurische Dulcinea
dargestellten Dame die Treue hält, den Bedrängten hilft und ein
Vorkämpfer für die Verteidiger der Wahrheit ist, mußte

die dunklen Wege der weiten Welt aufsuchen,
in die verworrensten Labyrinthe eindringen,
bei jedem Schritt das Unmögliche versuchen,
auf einsamer Heide inmitten des Sommers
die glühenden Strahlen der Sonne männlich aushalten,
im Winter die rauhe Strenge der Stürme und die eisige Kälte.
Ihn sollten die Löwen nicht schrecken,
Ungeheuer nicht mit Entsetzen schlagen,
Drachen nicht zur Flucht bewegen,
denn diese aufspüren,
diese angreifen und sie alle überwinden,
dies ist hauptsächlich sein wahrer Beruf.

Die Gestalt des fahrenden Ritters hat es in der Wirklichkeit tatsächlich gegeben. Als deutscher Don Quichote, welcher eine theatralische Lebensführung gewählt hat, ist Ulrich von Liechtenstein (1200-
1275) bezeichnet worden. Dieser am Hofe der Babenberger zu Wien
aufgewachsene Adelige, der als fahrender Ritter phantastisch anmutende Venus- und Artusfahrten unternommen hat und dem bei einem
Turnier durch einen Speer Schild und Harnisch durchbohrt wurden,
hat als gereifter Mann immerhin die hohe Würde eines Landes-
hauptmanns der Steiermark bekleidet. Von ihm wird berichtet, daß

er sich einmal als Frau verkleidete und sich so neben die von ihm angebetete Dame auf die Kirchenbank setzte. Bei den priesterlichen Worten „Der Friede des Herrn sei mit euch" habe er seiner Nachbarin den üblichen Kuß gegeben, sie habe ihn nicht zurückgewiesen, obgleich sie seine Identität erkannt habe. Als diese Dame von ihm verlangt habe, er möge zum Heiligen Grabe fahren, habe er sie nur gefragt, ob er dies als Pilger oder Krieger tun solle.

In seinem „Frauendienst" schildert Ulrich von Liechtenstein auf recht drastische Weise den Streit eines Ritters mit einer Edelfrau. Diese erhebt dabei den Vorwurf, die Männer seien freudlos und übellaunig, würden nur auf die Jagd gehen, spielen, trinken und um Mitternacht ins Bett taumeln. Darauf entgegnet der Ritter, die Frauen seien trübselig wie die Nonnen. Die von Freudo-Marxisten vertretene These, daß das Paradoxon des Minnesangs der Verzicht auf sexuelle Erfüllung sei, welche auf die Besitzlosigkeit des kleinen Adels zurückgehe, ist konstruiert. Ulrich von Liechtenstein war weder ein armer Schlucker, noch eine verklemmte Gestalt und hatte Frau und Kinder. Sein „Frauendienst" gegenüber einer aus dem Hause der Babenberger stammenden Fürstin war eine Art Gesellschaftsspiel. Offensichtlich war es nicht sein Bestreben, diese Dame in sein Bett zu ziehen, wie ein sich progressiv dünkender Wissenschaftler ohne Beweise unterstellt.

Neben Ulrich von Liechtenstein ist der aus dem Luxemburger Grafenhaus stammende König Johann von Böhmen (1296-1346) das hervorstechendste deutsche Beispiel für einen fahrenden Ritter, der von Land zu Land nach ritterlichen Abenteuern zog. Johann, der sein Leben nach dem ritterlichen Leitbild gestaltete, ließ sich auf seiner Lieblingsburg auf einem seidenen Teppich sitzend von einem Priester die „Schlacht von Troja" vorlesen. Er hat dreimal an einer „Reise" wider die heidnischen Litauer teilgenommen und suchte 1346 als bereits erblindeter! berittener Krieger an der Seite des französischen Königs den Schlachtentod in Crécy. Hier mähten englische Bogenschützen mit ihren Pfeilen die „Blüte der französischen Ritterschaft" und machten dadurch deutlich, daß das Zeitalter der klassischen Ritterheere, deren verwundbarster Punkt die Schlachtrösser waren, der Vergangenheit angehörte. Ohne

Pferd nämlich war der zur Festung gewordene Panzerreiter völlig unbeweglich geworden. Möglicherweise hat Johann bei seinem Heldentod daran gedacht, daß in dem „Chanson de gestes" ein Ritter gesagt hat: „Keiner von uns hat einen Vater, der zu Hause starb, alle starben in der Schlacht des kalten Stahls." Oder auch an die Worte von Bertrand de Borne:

Mein Herz ist erfüllt, wenn ich sehe wie stolze Burgen
belagert werden,
Palisaden fallen und überwunden werden,
wenn Vasallen erschlagen auf dem Boden liegen,
wenn die Pferde der Toten ziellos kreisen
und wenn dann der Kampf beginnt,
darf jeder edle Mann nur an das eine denken,
an zersplitternde Arme und Schädel,
es ist besser zu sterben als besiegt zu leben.

Im Hundertjährigen Krieg soll sich eine Begebenheit zugetragen haben, welche bezeugt, daß die Grenzen zwischen ritterlich-zeremonieller Geste und richtigem Krieg zuweilen fließend waren: Als ein Graf Suffolk einem jungen Franzosen als Kriegsgefangener in die Hände fiel, fragte er ihn zunächst, ob er von Adel sei. Der Franzose konnte diese Frage bejahen, mußte jedoch die Nachfrage verneinen, ob er denn zum Ritter geschlagen worden sei. Daraufhin bestand der Graf darauf, seinen Gegner zunächst zum Ritter zu schlagen, bevor er sich ihm in aller Form ergab! Auch die berühmte „Schlacht der Dreißig" spielte sich 1351 in diesem Krieg ab. Bei diesem Kampf handelte es sich um einen Stellvertreter-Krieg zwischen der englischen und der französischen Partei. Diese kamen überein, mit nur jeweils dreißig Mann, welche lediglich Schwert, Axt und Speer tragen durften, in der Nähe des Schlosses Josselin in der Bretagne gegeneinander anzutreten.

Bei dieser Schlacht, auf die sich der Kommandant von Josselin durch Empfang des heiligen Abendmahles und Beten vorbereitete und bei der auf englischer Seite sechs deutsche Ritter mitfochten, wurde die englische Partei in einem ganztägigen Nahkampf bezwungen. Dabei fielen der englische Hauptmann und sechs seiner Leute, die anderen gerieten schwerverwundet in Gefangenschaft. Als der gleichfalls verwundete französische Hauptmann zu trinken begehrte, soll ihm einer seiner rauhen Mitkämpfer zugerufen haben: „Sauf Dein Blut, Beaumanoir, dann dürstet Dich nicht mehr!"

In wie starkem Maße das mit solch rauher Wirklichkeit kontrastierende Leitbild des christlichen Ritters das Selbstverständnis von Adeligen prägen konnte, offenbart die Todesstunde des Grafen Wilhelm von Henneberg. Als er 1480 als Begleiter des Kurfürsten Ernst von Sachsen aus Rom zurückkehrte, ließ er sich während der Rückreise auf dem Bett die Sterbekerze in die Hand geben und deutete sie so als ritterliche Waffe: „Das soll heute mein letzter Speer sein, damit werde ich fechten wider den bösen Feind und alle bösen Feinde, in dem Namen Gottes, des Vaters, des Sohnes und des Heiligen Geistes."

6.7. Oswald von Wolkenstein und Konrad von Ehingen

Der Tiroler Oswald von Wolkenstein (1377-1445) und der Schwabe Georg von Ehingen (1428-1508) waren fahrende Ritter, welche nicht mit weltlichen Gütern gesegnet waren und sich unter vielerlei Entbehrungen durchs Leben schlagen mußten. Oswald von Wolkenstein hatte von einem Burgkaplan nur eine bescheidene Bildung mit auf den Weg bekommen, konnte dafür aber gut singen und die Zither spielen. Bereits als Zehnjähriger, und zwar ohne Pferd, begab er sich auf die Aventiure. Sie begann damit, daß er als Pferdeknecht im Stall auf Stroh schlafen mußte. Als alter Mann konnte Oswald später berichten, die Minne habe ihn „gen Preußen, Litauen, Tartarei, Türkei und übers Meer" getrieben.

Bei der von Oswald gleich dem König Johann mitgemachten „Reise" nach Litauen handelte es sich um einen vom Deutschen Orden veranstalteten Kreuzzug in Form eines Überfalls auf die heidnischen Litauer. In der europäischen Adelswelt erfreuten sich diese Reisen eines ebenso großen Prestiges wie die Teilnahme am Kampf gegen die Mohammedaner in Spanien oder eine Pilgerfahrt nach Jerusalem. Daher haben an ihnen Ritter aus allen europäischen Ländern, beispielsweise aus Schottland, England, Spanien, Portugal, Italien und auch Polen teilgenommen. Die Preußen-Reisenden begaben sich zunächst an den Sitz des Hochmeisters des Deutschen Ordens in der Marienburg, wo sie am Leben der Ordensritter teilnahmen. Hierzu gehörten festliche Bankette, Jagden und Wallfahrten zu Kapellen, welche den Ritterheiligen geweiht waren. Den Höhepunkt bildete dann der militärische Vorstoß in das heidnische Gebiet, wobei die Heiden nicht nur bekriegt, sondern zugleich - durch Zwangstaufen - christianisiert wurden.

Diese Überfälle, bei denen die Angehörigen des Deutschen Reiches unter dem Georgsbanner und die übrigen unter dem Marienbanner antraten, arteten vielfach zu scheußlichen Metzeleien aus, bei denen auch Frauen und Kinder nicht geschont wurden. Ebenso wie später die Indianer wurden die in primitiven Verhältnissen lebenden Litauer damals nicht als vollwertige Menschen, sondern vielmehr als eine Art von halben Tieren betrachtet. Den Höhepunkt und Abschluß der Unternehmung bildete der Ritterschlag. In seinem Lied „Euch, Priester, klag ich meine Schuld" gesteht Oswald von Wolkenstein, daß er ein Haudegen gewesen ist, dem Brutalität keineswegs fremd war. Es heißt dort:

> *Ich raubte, stahl, schlug manchen tot,*
> *Hab Ehre, Leib und Gut bedroht,*
> *Mich stört' kein Buß- und Festgebot,*
> *Hab Meineid oft gegeben.*
> *Auch Spiel und Raffgier trieb ich toll ...*
> *O Priester schenk Verzeihen!*
> *Kraft deiner siebenfachen Gab*
> *Sprich Ablaß meiner Sünden!*

Noch farbiger als die Autobiographie des Oswald von Wolkenstein ist diejenige des schwäbischen Ritters Konrad von Ehingen (1428-1508). Er hat eine abenteuerliche Fahrt zu den damals noch in Rhodos residierenden Johannitern unternommen und in den Jahren 1456-1459 auf spanischer und portugiesischer Seite gegen die nordafrikanischen Mauren gekämpft. In seinem Lebensbericht schildert er seine Teilnahme am portugiesischen Hofleben, wozu Ritterspiele und Tänze mit den Hoffräuleins der Königin gehörten, sowie schließlich einen Zweikampf mit einem Mauren, bei dem es auf Leben und Tod ging. Von der vornehmen ritterlichen Zurückhaltung bei den stark ritualisierten und halb spielerischen Zweikämpfen ist hier nichts zu spüren.

Nachdem es dem Schwaben gelungen war, den Mauren aus dem Sattel zu heben, stieß er ihm nämlich die Lanze durch den Hals. Anschließend trennten portugiesische Fußkämpfer dem Mauren den Kopf ab und spießten ihn zur Siegesfeier, bei der ritterliche Spiele veranstaltet wurden, als blutige Trophäe auf eine Lanze. Seinen Kampfbericht schließt Konrad von Ehingen, der nach seiner Rückkehr nach Württemberg Haushofmeister des Grafen Eberhard im Barte wurde und der bei der Gründung der Universität Tübingen mitgewirkt hat, mit den Worten: „Gott der Allmächtige stritt uff die Stund für mich, denn in größere Not kam ich nie ... Gott der Herr sei ewiglich gelobt." Noch ein Jahrhundert später faßte Philipp von Hutten, der im Auftrag der Welser im brasilianischen Dschungel das legendäre Eldorado suchte und sich dabei gezwungen sah, sich von Insekten, Fröschen, Schlangen, ja sogar von Menschenfleisch zu ernähren, seine Entdeckungsreise als „ritterliche Mission" auf.

6.8. Raubrittertum und Fehdewesen

Das Bekenntnis Oswald von Wolkensteins, daß er geraubt und gestohlen habe, verweist auf das Phänomen der adeligen Räuber, die Raubritter, zu denen auch der von Goethe idealisierte Götz von Berlichingen gehört hat. Ursache des Raubrittertums ist der Niedergang der kaiserlichen Zentralgewalt, die politisch-militärische Schwäche des spätmittelalterlichen Landesfürstentums sowie endlich der wirtschaftliche Niedergang des Kleinadels, der vom finanzkräftigen städtischen Bürgertum in den Schatten gestellt wurde. In dieser Situation ist die ritterliche Devise entstanden: „Reiten und rauben ist keine Schand, das tun die besten im ganzen Land!"

Der zeitliche Höhepunkt des Raubritterwesens liegt im 14. und 15. Jahrhundert, in denen die Italiener Deutschland als eine „Mördergrube" betrachteten, weil hier eine Art Adelsanarchie herrschte. Aus der brandenburgischen Geschichte ist beispielsweise bekannt, daß die 1415 zu Markgrafen ernannten Hohenzollern die Macht des in Burgen wohl verschanzten einheimischen Adels nur mit Hilfe verbündeter Fürsten und der neu eingeführten, für die Ritter zu kostspieligen Artillerie brechen konnten. Ein französischer Diplomat kennzeichnete die Situation im 15. Jahrhundert drastisch so: „Deutschland wimmelt von Burgschlössern und Raubrittern, die aus dem geringsten Anlaß Fehde beginnen, vergewaltigen, Beute machen, rauben und stehlen. Wenn ein Mann auch nur einen Knappen hat, gleich der nächsten Stadt sagt er Fehde an, um desto besser sein Raub- und Stegreifleben führen zu können."

Die Fehde als solche war ein Adeligen vorbehaltenes Rechtsinstitut. Es beruht auf dem unserem heutigen Denken fremden Faustrecht, auf dem noch aus dem Wilden Westen bekannten Prinzip, daß man bei Abwesenheit einer durchsetzungsfähigen staatlichen Autorität das Recht in die eigenen Hände nehmen und für die Kränkung seiner Ehre zur Selbsthilfe schreiten muß. Zu einer regulären Fehde, welche 1186 unter Kaiser Friedrich I. formalisiert und durch den Reichslandfrieden von 1495 - vorerst nur auf dem Papier - abgeschafft worden ist, gehörte ein zureichender Grund, die Zustellung eines Absagebriefes drei Tage vor Beginn der Kampfhandlungen und endlich ihre formelle Beendigung durch einen Sühnevertrag.

Ein anerkannter Grundsatz war, daß ein Lehensmann auch gegen seinen eigenen Lehensherren eine Fehde führen konnte. So hat beispielsweise der Söldnerführer und kaiserliche Rat Georg von Puchheim, der dem Kaiser für die Befestigung von Burgen, Soldzahlungen usw. eine hohe Summe vorgestreckt hatte, Kaiser Friedrich III. im Jahre 1453 in aller Form die Fehde angesagt, nachdem er seine Ausstände trotz mehrfacher Anmahnung nicht erstattet erhielt. In seinem Absagebrief heißt es, er wolle des Kaisers Leuten, seinen Untertanen und Dienern zu ihrem Gut zu Wasser und zu Land, hinter

Mauern, Zäunen und Gräben Feind sein und zu ihrem Schaden trachten so viel er nur immer vermöge.

Nach heutigen Begriffen stellten Fehden regelrechte Kleinkriege dar, bei denen es oft weniger darauf ankam, den Gegner in offener Schlacht zu besiegen, als ihm einen wirtschaftlichen Schaden zuzufügen. Götz von Berlichingens Fehde mit der Stadt Köln kam so zustande: Einem Stuttgarter Schneider war in Köln Unrecht geschehen. Da der Rechtsweg nichts versprach, wandte sich der Schneider an den Ritter Reinhard von Sachsenheim, welcher seinen Vetter Götz mit der Durchführung beauftragte. In der Folge davon kaperte dieser Kölner Kaufmannswagen, bis schließlich ein Sühnevertrag zustandekam.

Im 15. Jahrhundert haben kopfstarke Adelssippen regelrechte Kleinkriege, besonders auch gegen Städte geführt. So überfiel Dinnies von der Osten 1462 mit einer Streitmacht von 120 Kriegern die Stadt Kolberg. Ein Jahr zuvor hatte die vorpommersche Stadt Anklam einen siegreich verlaufenen Kleinkrieg gegen die Schwerin geführt, bei dem die Bürgerschaft immerhin 100 bewaffnete Reiter stellte und bei dem mehrere Teilnehmer das Leben ließen oder in die Gefangenschaft gerieten. Bei dem pommerschen „Aalkrieg", bei dem die Wedel mit achthundert Mann die Stadt Stargard angriffen, ging es um Fischereirechte auf der Ihne. Nach heutigen Begriffen hatten die in einzelnen Fällen noch im 17. und 18. Jahrhundert durchgeführten Fehden mehr den Charakter einer gewalttätigen Rauferei als eines Krieges. Von solchen Auseinandersetzungen kann hier der Überfall des Fürstabtes von Fulda auf das Territorium der Reichsritter von der Tann hervorgehoben werden, mit dem sich 1654 der Reichshofrat in Wien befaßt hat. Weiter die 1738 zwischen den Klitzing und Platen um das Schloß Demmerthin ausgetragende Fehde, bei der beurlaubte Soldaten mitgewirkt haben und bei der zwei Klitzinge schwer verwundet worden sind.

Das dem heutigen Denken fremde Fehdewesen wird in der Literatur vielfach unter Unterschlagung von Tatsachen als Raubrittertum denunziert. Beispielsweise hatten die Ritter Hans und Fritz von Waldenfels offene Forderungen gegenüber Nürnberg. Deswegen überzogen sie die Reichsstadt mit einer Fehde, in deren Verlauf sie Nürnberger Kaufmannswagen kaperten und die Nürnberger ihre Burg zerstörten. Bei Fehden wurde nicht nur geraubt, sondern auch Lösegelder erpreßt. Ein berüchtigter, untypischer Unhold war der fränkische Ritter Thomas von Absberg. Dieser ließ seinen Opfern die rechte Hand abhacken und tötete bei einem Überfall den Grafen Joachim zu Oettingen, worauf er einer Kirche einen Sühnepfennig stiftete. Als Erpresser von Lösegeld ist auch Hans von Rechberg auf Hohenrechberg in Erscheinung getreten, welcher 1451 nach einer ordentlichen Fehdeansage zwei Teilhaber der bedeutenden Ravensberger Handelsgesellschaft gefangen setzte. Noch im Jahr 1531 ließ Herzog Bogislav von Pommern zwei Raubritter aus der Sippe der Manteuffel hinrichten und ihre Burg Popelow schleifen.

Eine vielfach überbetonte wirtschaftliche Ursache für das Ausufern des Fehdewesens war die - im Vergleich zu den Patriziern - relative Armut und die Unterbeschäftigung mancher Ritter, die zuweilen dichtgedrängt in ihren unwirtlichen Burgen saßen. Ihnen waren bürgerliche Betätigungen untersagt und nur wenige hatten die Möglichkeit, im Fürstendienst oder in der Kirche Karriere zu machen. Da für viele das Wort des fränkischen Ritters „Ratzen und Maus, Flöh und Laus, Angst und Sorgen wecken mich all Morgen" zutraf, verdingten sich nicht wenige von ihnen als einfache Söldner nach Italien, was ein weiterer Grund für den Niedergang der adeligen Standesmoral war. Denn eine erfolgreiche Karriere wie sie der nachgeborene Welfenprinz Otto von Braunschweig (1339-1395) machte, der als Schlachtensieger sowohl das Fürstentum Tarent als auch die neapolitanische Königinwitwe zur Ehefrau gewann, blieb die große Ausnahme.

Die triste Realität des entbehrungsreichen Lebens auf seinem im Vogelsberg gelegenen Familiensitz Steckelberg hat Ulrich von Hutten in einem oft zitierten Brief an den in ungleich komfortableren Verhältnissen lebenden Nürnberger Patrizier und Humanisten Willibald Pirckheimer 1518 so geschildert:

Unsere Behausung ... ist nie zur Behaglichkeit,
sondern zum Schutz erbaut, mit Wall und Graben umgeben,

FRANCISCVS·VON·SICKINGEN·

ALLEIN·GOT·DI·ER·LIEB
DEN·GEMEINE·NVCZ·BESCH-
IRM·DI·GERECHTIKEI
I· H

Franz von Sickingen

mit Vieh- und Pferdeställen, daneben finstere Schuppen voller Kanonen,

Pech und Schwefel und was sonst zur kriegerischen Ausrüstung

mit Waffen und Maschinen gehört. Überall der Gestank des Schießpulvers,

dann die Hunde mit ihrem Unrat - das duftet lieblich und angenehm,

sollt ich meinen! Reitersleute kommen und gehen,

auch Diebe und Wegelagerer, ... man hört das Blöken der Schafe,

das Brüllen der Ochsen, das Bellen der Hunde,

das Schreien der Feldarbeiter, das Rumpeln und Gerassel der Karren und Wagen,

ja, in unserer Gegend, wo die Wälder nahe sind, auch das Heulen der Wölfe.

So unwirtlich solche nicht selten zu „Raubnestern" gewordenen Ritterburgen auch waren, so verfügten sie doch wegen ihrer abgelegenen Lage über einen nicht zu unterschätzenden Verteidigungswert. Erst die Verbesserung des Transport- und Artilleriewesens machte dem Befestigungswert der Ritterburgen schlagartig ein Ende, zumal die Ritter nicht über die Finanzkraft verfügten, sich Kanonen anzuschaffen. Eine Signalwirkung ging davon aus, daß die gut ausgebaute und für uneinnehmbar gehaltene Feste Landstuhl im Jahre 1523 nur wenige Stunden dem konzentrierten Artilleriebeschuß standhalten konnte. Dabei verlor Franz von Sickingen, der Hauptmann der mit dem Kurfürstentum Trier in Fehde liegenden schwäbischen und rheinischen Ritterschaft, sein Leben.

Damit war praktisch die Bedeutung des niederen Adels als politische Kraft gebrochen. Kein Wunder, daß sich die meist gar nicht sonderlich christlich verhaltenden Ritter über das „unchristliche Schießen" bitter beklagten. Denn dieses hat das Rittertum als exklusiven Militärstand und auch den ritterlichen Einzel- und Nahkampf abgeschafft. Cervantes hat noch hundert Jahre später in seinem Don

Quichote wehmütig darüber geklagt, daß die „ritterliche Gebärde" des Zweikampfes vorbei sei und nostalgisch ausgerufen: „Heil jenem gesegneten Zeitalter, daß die gräßliche Wut jener satanischen Werkzeuge der Geschützkunst noch nicht kannte." Immerhin hatten bereits die Laterankonzile von 1139 und 1215 das Bogenschießen gegen Ritterheere untersagt und damit erfolglos versucht, den Krieg zu einem nach strengen Regeln geführten Adelsprivileg zu machen.

Verständnis für die manche Ritter zur Raubritterei treibende wirtschaftliche Not des Kleinadels hat der westfälische Kartäuserpater Rolevinc aufgebracht, als er um 1500 karikierend schrieb:

Sie, die Ritter, entstammen edlen Geschlechtern, sind von hohem Wuchs,
haben riesige Körperkräfte und auch rege Köpfe.
Viel Böses lehrt sie auch und zu vielen Übeln
treibt sie die unglückliche Armut... Du könntest nicht ohne Tränen mitansehen,
wie die hübschen Junkerlein tagtäglich um ihr kümmerliches Brot und Kleid kämpfen
und sich Rad und Galgen aussetzen, um Hunger und Not zu scheuchen.

Der große Arzt Paracelsus von Hohenheim (1494-1541) stammt von einem außerehelich gezeugten Adeligen ab, welcher als Bettelstudent zu dem nicht standesgemäßen Beruf des Mediziners ausgebildet worden ist. Seine Mutter war eine Eigenhörige eines Schweizer Klosters, so daß er selbst ein Höriger gewesen ist. Aus Zorn über die angesprochenen Zustände und vielleicht auch aus persönlichem Ressentiment hat er bemerkt, die Ritterschaft sei „nichts als Mörderei". Dabei sagte er den Rittern nach, daß sie „mehr Laster als Gutes" vollbrächten und „mehr mit den Huren zankten, denn mit den Türken".

Der reichbegüterte und humanistisch gebildete fränkische Ritter Johann von Schwarzenberg, der mit der Übersetzung von Ciceros Buch „Vom rechten Handeln" (De officiis) selbst einen Beitrag zur Adelsethik geleistet hat, stellte gleichfalls das „Mordlaster des Raubens" an den Pranger; er war der Verfasser der Bambergischen Halsgerichts-ordnung von 1507. Dabei hat er jedoch den Glanz der idealen Ritter-schaft, welche wie alle Morallehren eine nie zu erfüllende Norm, eine Forderung und einen Ansporn darstellt, nicht in Frage gestellt.

6.9. Ausgang der Ritterschaft

Die historische Ritterschaft als ein sozialer Stand hatte spätestens seit der Zeitwende des 16. Jahrhunderts keine Zukunft mehr. Als Nürnberger Patriziersöhne im Jahr 1765 ein Gesellenstechen veran-stalteten, bei dem eine Bademagd als Göttin Fortuna verkleidet wur-de und bei dem die Streiter mit Eselskappen auf Fässern ritten, da handelte es sich nicht mehr um die Nachahmung eines adeligen Sports, sondern da wurde bereits das mittelalterliche Ritterwesen der Lächerlichkeit preisgegeben. Daß die Zeit des Rittertums abgelaufen war, hat auch Heinrich von Kleist in seinem Fragment „Uralte Reichsfeierlichkeiten, oder der Kampf der Blinden mit dem Schwei-ne" verdeutlicht. In dieser Parodie eines Ritterspiels wird auf einem Turnierplatz ein Schwein an einen Pfahl gebunden. Nachdem mit Trompeten zum Angriff geblasen wird, schlagen Blinde mit Knüp-peln auf das Schwein ein, wobei sie sich gegenseitig verletzen. Schließlich ruft der Herold den Sieger aus und erkennt ihm das Schwein zu.

Zur Illustration dessen, wie sehr Rittertraditionen noch bis in die Neuzeit hinein Menschen prägten, welche eine große geschichtliche Bedeutung erlangt haben, sei hier auf den Freiherrn vom Stein ver-wiesen. Als ihn Ernst-Moritz Arndt auf seinem westfälischen Schloß Cappenberg besuchte, da fühlte er sich in „die Runde eines deut-schen König Artus" versetzt. Der auf seine reichsritterschaftliche Herkunft stolze Reformer hat für sich diese Grabschrift verfaßt:

> *Der Letzte seines über sieben Jahrhunderte*
> *an der Lahn blühenden Rittergeschlechtes,*
> *demütig vor Gott, hochherzig gegen Menschen,*
> *der Lüge und des Unrechtes Feind ...*
> *Ich habe Lust abzuscheiden und bei Christo zu sein.*

Von einer adeligen Briefschreiberin wissen wir, daß ein Zeitgenosse und westfälischer Landsmann des Freiherrn vom Stein, der Freiherr von Wrede zu Melschede, im Jahre 1813 eine antiquiert-ritterliche Variante des Sterbekults geübt hat. Er hat nämlich dafür gesorgt, daß er gekleidet, gestiefelt und gespornt auf seinem Kanapee verschieden ist. Ritterliche Gebräuche sind noch im Jahre 1957 beim Tode des Freiherrn Georg von Adelebsen auf Adelebsen, dem letzten seines Geschlechts, gepflegt worden. Im Göttinger Tageblatt heißt es hierzu: „Nach altem Brauch aus der Ritterzeit hat der jetzt nachfolgende Landschaftsrat des Fürstentums Göttingen-Grubenhagen-Katlenburg, Freiherr von Wangenheim aus Waake, das Wappen symbolisch zum Ende des alten Geschlechts in der Kirche zerbrochen."

Wenngleich das solcher Art nachklingende historische Rittertum untergegangen ist, so hat doch die Idee der Ritterlichkeit als ein die adeligen Standesgrenzen überwindender Ansporn überlebt. So hat ein freiheitlicher Sozialist, der sowohl ein Gegner der Nationalsozialisten als auch der Bolschewisten gewesen ist, seinen Erinnerungen nach dem Zweiten Weltkrieg die Überschrift „Rote Ritter" gegeben. Immerhin ist ja die Botschaft des Don Quichote mit einem klugen Wort so zusammengefaßt worden: „Das Rittertum ist tot, es lebe die Ritterlichkeit."

7. Turniere und höfische Feste

Hier turnierten sie, um ihren Mut zu zeigen, dort,
um Gut zu erwerben, und so mancher um nichts anderes
als seiner Herrin willen, andere zur Übung,
und jene allein um die Ehre.
Ulrich von Liechtenstein: Frauendienst (1255)

In dem „Discours von der Höflichkeit" heißt es 1749, das Wort höflich habe unwidersprechlich seine Benamung vom Hof, und zwar
nicht von dem der Bauern, sondern von den Fürstenhöfen. Seit dem
Hochmittelalter wurde das Dörperische, das bäuerlich Ungebildete
als Gegensatz zu den kultivierten Sitten der verfeinerten Ritterkultur
hingestellt. Diese Kultur ist dadurch gekennzeichnet, daß sie vom
Alltag, von der Erwerbsarbeit abgehoben ist. Sie kulminiert in den
aus einer fast ununterbrochenen Kette bestehenden Festen der Barockzeit. Die ehrwürdigste und adeligste Form dieser Feste wiederum war das Turnier. Dieses hat sich aus einem rauhen Kampfsport,
welcher einst „junge Cavaliers zu dem Kriegs-Metier" geschickt machen und „in beständigem Exercitio auch in Friedens-Zeiten" erhalten sollte, wie Bernhard von Rohr 1728 in seiner „Ceremoniel-
Wissenschaft" erklärte, zu einem adeligen Reiterspiel entwickelt,
welches in der epigonalen Spätzeit des Rittertums die Gestalt eines
Roßballettes angenommen hat.

Reiterspiele sind in vielen Kulturen ein wichtiger Bestandteil aristokratischer Lebensführung gewesen. Noch heute spielen sie in Arabi-
en bei festlichen Anlässen wie Fürstenhochzeiten eine herausragende Rolle. Ein Blick in altpersische Miniaturen oder auf den Parthe-
nonfries verdeutlicht, daß auch die alten Perser und Griechen den
Glanz des mit Waffen ausgetragenen ritterlichen Kampfspiels geschätzt haben. Dieser Sport, der mit dem „Pferd" in unseren bürgerlichen Turnhallen noch einen Nachklang hat, diente nicht nur der
militärischen Ertüchtigung. Seine öffentliche Ausübung bei prächtigen Turnieren bildet den Höhepunkt aristokratischer Reiterkultur
und den Mittelpunkt höfischer Feste. Er lebt noch heute in der

Folklore fort. So in der „Landshuter Fürstenhochzeit" von 1475 und dem alljährlich in Arezzo durchgeführten Sarazenen-Turnier, bei dem zwei Ritter mit einer Lanze gegen eine einen Sarazenen darstellende hölzerne Puppe anrennen.

7.1. Turniere im Mittelalter

Den Kulminationspunkt des staufischen Rittertums und eine Wegmarke in der Geschichte des Turnierwesens bildet der berühmte Hoftag zu Mainz von 1184. Diesen von Kaiser Friedrich Barbarossa veranstalteten Hoftag haben zwanzigtausend Ritter und alle Fürsten des Reichs besucht. Der Herzog von Böhmen und der Pfalzgraf bei Rhein sollen dort allein mit jeweils über tausend Rittern erschienen sein und der sechzigjährige Kaiser ließ es sich nicht nehmen, gemeinsam mit seinen Söhnen persönlich an den Kampfspielen teilzunehmen. Einen plastischen Eindruck von solch einem Turnier vermittelt der als Minnesänger zu Ruhm gelangte kampferprobte Ritter Ulrich von Liechtenstein:

Der Lärm der Posaunen, Flöten, Hörner und Trommeln war groß.
Die Herolde freuten sich und riefen überall aus:
'Zieht aus edle Ritter, zieht mutig aus'!
Da ritten die Rosse aufeinander zu und als sie kaum Roßlaufes weit auseinander waren, kam die Zeit für den Kampf.
Man gab den Rossen die Sporen, zu kräftigem Stoß sprengten die Ritter aufeinander los. Mann und Roß sah man stürzen.
Mächtig krachten die Speere, heftig stießen die Schilder aneinander.
Davon schwollen die Knie. Beulen und Wunden von Speeren gab es genug. ..
Klingend schlugen Schwerter und Helme.
Viele Schilde zerbrachen von den heftigen Stößen.
An hundertfünfzig Ritter verloren ihre Pferde...

Während auf dem Mainzer Hoftag der sportlich-militärische Charakter des selbstverständlich auch zur Darstellung kaiserlichen Glanzes veranstalteten Turniers dominierte, wurden zu Akkon beispielsweise von König Heinrich II. von Jerusalem bereits 1285 im Heiligen Land Ritterspiele durchgeführt, bei denen - wie dies später in der Renaissance- und in der Barockzeit ganz überwiegend der Fall war - das theatralische Moment überwog. Es wurden dort Bilder und Szenen aus der Geschichte von König Artus und seiner Tafelrunde sowie von Lancelot und Tristan aufgeführt. Auch der nur wenig später verfaßten Göttlichen Komödie, deren Autor Dante Alighieri selbst in den ritterlichen Künsten bewandert war, kann man entnehmen, daß Ritterspiele im Zentrum der höfischen Kultur standen. Ein Kenner der spätmittelalterlichen italienischen Geschichte hat sogar die italienische Renaissance, die gemeinhin als eine durch die Rückbesinnung auf die Antike charakterisierte Epoche gilt, als Zeit des Rittertums im sublimsten Sinne charakterisiert.

Bei aller höfischen Verfeinerung hat es sich bei den nicht nur mit stumpfen Waffen, sondern auch als „Scharfrennen" durchgeführten Turnieren um einen Sport gehandelt, bei dem die Grenze zur kriegerischen Duell-Auseinandersetzung fließend war. Während beim Zweikampf zwei Ritter mit angelegten Lanzen so lange gegeneinander galoppierten, bis einer den anderen aus dem Sattel gehoben hatte, gab es zwei Formen des Gruppenkampfes, bei denen eine Schlacht imitiert wurde: Beim Puneis ritten Hunderte, bisweilen Tausende geharnischter Reiter gegeneinander und versuchten, sich mit Lanzen aus den Sätteln zu stoßen. Die zu Boden Gegangenen kämpften zu Fuß mit Schwert und Schild weiter - bis zur totalen Ermattung. Beim Buhurt dagegen stürmten Reiter-Rotten aufeinander zu, die aus dem Sattel gehobenen Ritter mußten ausscheiden und die übriggebliebenen Ritter formierten sich zur neuen Attacke, bis der Rest der Sattelfesten den Sieg davontrug.

Bei den Turnieren verloren so viele Ritter ihr Leben, daß im 12. Jahrhundert drei päpstliche Konzilien mit Kirchenbännen und Exkommunikationen gegen diesen Adelssport vorgingen. Deswegen kostete es einige Mühe, dem 1175 bei einem Turnier tödlich ver-

Rossballett im Burghof zu Wien anläßlich der Vermählung Kaiser Leopold I. 1667

letzten Markgrafen Konrad von der Lausitz ein kirchliches Begräbnis zu bereiten. Der Erzbischof von Magdeburg willigte erst ein, nachdem ein Ordenspriester versichert hatte, der Sterbende habe eine Beichte abgelegt, um die Lösung des Kirchenbannes gebeten und gelobt, sich nie wieder an einem Turnier zu beteiligen. Bei einem Turnier zu Neuß blieben 1241 allein sechzig Ritter tot auf dem Turnierplatz liegen. Sie sind in ihren schweren Panzerrüstungen den gegnerischen Waffen, den Pferdehufen, der Hitze und dem Staub zum Opfer gefallen. Immer dann, wenn statt eines Zweikampfes mit Buhurten Nachahmungen von Reiterschlachten durchgeführt wurden, konnte in der Hitze des Gefechts aus rauhem Sport leicht Ernst werden.

Als im Mai 1124 in Friesach Herzog Leopold von Österreich und der Markgraf von Istrien mit je dreihundert Mann gegeneinander antraten, da verloren 150 ihre Pferde und wurde manch einer verletzt. Das im Jahre 1403 vom Grafen von Katzenelnbogen in Darmstadt organisierte Turnier, bei dem 120 fränkische gegen 140 hessische Ritter antraten, die sich gegenseitig als Stegreif-Ritter, d.h. als Raubritter bzw. als Kaufleute beleidigt hatten, mündete in einen erbitterten Kampf ein, bei dem 17 fränkische und 9 hessische Ritter ihr Leben ließen.

Bei der letzten Kaiserkrönung eines deutschen Königs in Rom wurde 1452 ein prächtiges Turnier abgehalten. Bei ihm gingen deutsche und lateinische Ritter in voller Rüstung mit Schwert und Lanze so hart aufeinander los, daß der Eindruck einer wirklichen Schlacht entstand. Auch beim Einzug von Kaiser Karl V. in Valladolid, der mit einem prächtigen Turnier gefeiert wurde, kam es zu einer gefährlichen Zuspitzung. Denn als hier dreißig spanische gegen dreißig burgundische Ritter antraten, gerieten die Kämpfer so in Wut, daß das Blut in Strömen floß und zehn Pferde tot auf dem Turnierplatz liegen blieben. Die Ritter kämpften zu Fuß mit Schwertern weiter, die zuschauenden Damen schrien entsetzt „Jesus, Jesus" und der König mußte die Kämpfer mit Gewalt an der Fortsetzung des Kampfes hindern.

Tatsächlich haben bei diesem kriegerischen Sport viele Leben und Gesundheit gelassen. So traf beim Hoftag zu Nürnberg von 1290 ein

Graf Hohenlohe einen Bayernherzog mit der Lanze tödlich an der Kehle. Der mit Katharina von Medici verheiratete französische König Heinrich II. starb 1559 an den Folgen eines Lanzenstoßes und noch 1664 soll der kaiserliche Feldherr Montecuccoli einen Freiherren Maltzan bei einem Turnier in Modena durchbohrt haben. Nachdem 1441 in Cremona während einer Fürstenhochzeit bei einem Turnier mehrere Ritter schwer verwundet worden waren, tadelte ein als Gast anwesender türkischer Prinz diesen blutigen Sport des abendländischen Adels herablassend: „In meiner Heimat läßt man dergleichen von Sklaven aufführen, denn bei Sklaven ist es nicht schlimm, wenn sie dabei umkommen."

Als beim Augsburger Reichstag von 1521 ein Scharfrennen durchgeführt wurde, bei dem der Fürst Anhalt und der Herzog von Braunschweig mit ihren Lanzen so hart aufeinander prallten, daß ihnen das Blut aus Ohren und Nase hervorquoll, meldeten auch Italiener und Spanier Vorbehalte gegen diesen Kampfsport an. Offensichtlich haben nicht nur moralische Vorbehalte, sondern zugleich auch die Ablösung der ritterlichen Nahkampfwaffen durch Schuß- bzw. Fernwaffen dazu geführt, daß sich aus den einstmals kriegerischen Turnieren ihrer früheren Gefährlichkeit beraubte sportliche Betätigungen, ja ritualisierte und theatralisierte Reiterspiele entwickelt haben. Diese haben die farbenfrohen Züge der Renaissance, die bombastischen Formen des Barock und schließlich die epigonenhaften historischen Verkleidungen des 19. Jahrhunderts angenommen.

7.2. Exklusivität des Turnierwesens

Das Turnierwesen war nicht nur insofern exklusiv, als es mit hohen Kosten verbunden war, sondern auch deshalb, weil Voraussetzung für die Teilnahme an Turnieren eine ritterbürtige Herkunft und eine standesgemäße Lebensführung war. Als Beweis für seine Ritterbürtigkeit mußte der Ritter dem Herold vor dem Turnier Schild, Helm und Kleinod zur Wappen- und Helmschau aushändigen und allen Anwesenden dadurch Gelegenheit geben, Bedenken über die ritterliche Geburt und Aufführung vorzutragen. Solch ein „Schimpf" widerfuhr dem Herzog Albrecht von Bayern 1434 auf einem Turnier in Regensburg, wo seine Ehe mit der Baderstochter Agnes Bernauer gebrandmarkt worden ist.

Höchst aufschlußreich für die ständische Abschließung des Adels gegenüber der ökonomisch aufstrebenden bürgerlichen Oberschicht ist die Tatsache, daß die fränkische Ritterschaft im 15. Jahrhundert von allen Turnierteilnehmern eine Ahnenprobe mit dem Nachweis sechzehn adeliger Ahnen durchzusetzen suchte. Diese Kontrollmaßnahme erwies sich beim Würzburger Turnier von 1479 als nicht durchsetzbar, weil sich herausstellte, daß wegen der geringen Schriftlichkeit des Spätmittelalters auch Söhne alter Adelsgeschlechter wie Gebsattel, Hutten, Reitzenstein und Seckendorff diesen Nachweis nicht zu führen vermochten! Der Adel legte großen Wert darauf, die Söhne des städtischen Patriziats von seiner ständisch-exklusiven Geselligkeit auszuschließen. Auch den Rittern, welche eine bürgerliche Mutter hatten, blieb eine Teilnahme am Turnier verwehrt, es sei denn, sie stammte aus vornehmem Geschlecht, hatte ein Vermögen mit in die Ehe gebracht oder war die Tochter eines derjenigen Juristen, welche die Fürsten als Geheime Räte zur Führung der Staatsgeschäfte benötigten und die als „Ritter der Justiz" Anerkennung fanden.

Es fällt auf, daß der dem Rittergedanken innewohnende Sportsgeist im Spätmittelalter vielfach gegenüber Ranggesichtspunkten zurücktreten mußte und der Zweikampf gelegentlich zu einem bloßen Ritual degenerieren konnte. So ist bekannt, daß sich ein Graf Stolberg im 15. Jahrhundert bei einem Rennen mit dem Herzog Johann von Sachsen aus „Courtoisie" gegenüber dem Ranghöheren vom Pferd fallen ließ, um diesem den Sieg zu überlassen. Auch ein schlesischer Ritter ließ sich ein Jahrhundert später schnell vom Pferd gleiten, als er feststellte, daß er den Herzog August von Sachsen mit seiner Lanze vom Pferd gestoßen hatte! Sogar in richtigen Kriegen konnten Zweikämpfe einen zeremoniell-theatralischen Charakter annehmen. So lieferte sich im 14. Jahrhundert König Eduard III. von England mit einem französischen Ritter bei Calais einen Schaukampf. Bei ihm ergab sich der Ritter, der dann anschließend vom königlichen Sieger zu einem Festmahl eingeladen wurde.

Bemerkenswert ist, daß das städtische Patriziat in Reaktion auf seine Diskriminierung durch den Adel selbst Turniere durchgeführt hat. So veranstalteten reiche Magdeburger Kaufleute in Nachahmung des exklusiven Herrensports im 13. Jahrhundert einen „Graal". Bei ihm war ein Mädchen von nicht eben bestem Ruf als Siegespreis ausgesetzt. Dies war eine Karikatur jenes adeligen Ehrbegriffs, der durch die Hochschätzung der im Minnedienst verehrten Dame gekennzeichnet war. Zur literarischen Adelskultur dagegen gehörte es, daß sich Edelfrauen in der Weise selbst als Preis aussetzten, daß sie dem noch zu ermittelnden Sieger eines wegen ihrer Person durchgeführten Zweikampfes ein Eheversprechen abgaben. In der Nibelungensage wird dieses Motiv dadurch übersteigert, daß die mit Bärenkräften ausgestattete Fürstin Brünhilde demjenigen die Ehe zusagte, der sie im Zweikampf überwand. Dieses gelang dem Burgunderkönig Gunter nur dadurch, daß ihm sein späterer Schwager Siegfried unter dem Schutzmantel einer Tarnkappe beisprang.

Als sich später frivole Ehrendamen aus dem Hofstaat der Maria von Medici anläßlich der Belagerung von Rouen im Jahre 1562 selbst zum Einsatz machten und den mit besonderen Heldentaten hervortretenden ritterlichen Kämpfern für eine Nacht ihre Gunst in Aussicht stellten, da hatten sie sich bereits vom Pfade adeliger Tugendlehre entfernt. Gleich der Königin von Waleis in Wolfram von Eschenbachs Parzifal, welche dem Sieger eines Turniers die Ehe versprach, soll sich noch im 18. Jahrhundert eine polnische Gräfin verhalten haben. Nachdem sie dem Prinzen August Alexander Czartoryski erklärt hatte, sie würde ihn erhören, falls er seinen Nebenbuhler aus dem Felde schlüge, tötete er diesen in einem zu Pferde ausgetragenen Pistolenduell!

Im Spätmittelalter veranstalteten die von den Adelsturnieren ausgeschlossenen Patrizier etwa in Augsburg, Frankfurt und Nürnberg „Gesellenstechen", dabei wurden sie zuweilen durch die Teilnahme von Kaiser Maximilian beehrt. Dieser „letzte Ritter" war ein hervorragender Turnierkämpfer und brauchte wegen seines hohen Ranges keine Berührungsängste zu haben, ganz abgesehen davon, daß er auf die finanzielle Potenz der städtischen Handels- und Finanzherren angewiesen war. Diese haben die adeligen Rituale nicht immer todernst übernommen. So kann die von Augsburger Patriziersöhnen 1590 in prunkvollen Seidengewändern durchgeführte Fastnachtslustbarkeit als ein verbürgerlichtes Turnier angesprochen werden. Beritten rannten sie mit ihrer Lanze nach einem hölzernen Mann an. Wenn sie ihn dabei am Kopf trafen, teilte dieser demjenigen eine Ohrfeige aus, der nicht geschwind auswich. Anschließend rannten sie nach einer verkehrt aufgehängten lebenden Gans.

Im 17. Jahrhundert parodierten in Dresden Bauern das adelige Turnierwesen. Auf Ackergäulen sitzend, in bäurischen roten Brustwämsen und eine Hahnenfeder auf dem Kopf ritten sie mit Bohnenstangen gegen Strohpuppen an. Derartige Spott-Turniere, an denen sich auch Adelige ergötzten, waren bereits eine Reaktion auf die glanzvollen höfischen Feste der Renaissance- und Barockzeit. Ihren Mittelpunkt haben Turniere und Reiterspiele gebildet, welche ihren ernsthaft-militärischen Charakter mehr und mehr verloren und vielfach eine spielerische Note annahmen.

Es ist wenig bekannt, daß in der Renaissancezeit nicht nur antike und biblische Motive neben die überkommenen mittelalterlich-ritterlichen traten, sondern mit dem Stierkampf auch Elemente des Mithras-Kultes. Dieser Kult geht auf das heidnische Stieropfer zurück, welches über die Mauren aus Ägypten nach Spanien gekommen ist und dort in der Spätantike christianisiert worden ist. Der Stier verkörpert das unkontrollierbar Mächtige, die Triebe, während das Pferd als Helfer des Menschen im Kampf gegen die dunklen Mächte begriffen wird. Der heute als plebejisch geltende Stierkampf ist einstmals ebenso wie die Ringerkunst ein adeliger Kampfsport gewesen.

Unter dem prachtliebenden Renaissancepapst Julius III. ist in Anwesenheit des Heiligen Vaters und der Kardinäle sogar auf dem Petersplatz in Rom ein Stierkampf abgehalten worden. Der den Herzogtitel führende Cesare Borgia, Sohn des aus Spanien stammenden Papstes Alexander VI., war ein so hervorragender Stierkämpfer, daß er angeblich mit einem Schwerthieb einem mächtigen Stier den Kopf vom Rumpf getrennt hat. Aus Freude über die Geburt seines Sohnes

Philipp veranstaltete Kaiser Karl V. höchstpersönlich eine Corrida, bei der er mit eigener Hand einen Stier tötete. Als sich August der Starke im 17. Jahrhundert auf seiner Kavaliersreise in Spanien aufhielt, da sprang er kühn in die Arena, schwang sich auf das Pferd des Picadore und brachte den Stier kunstvoll zur Strecke.

7.3. Barocke Feste und Reiterspiele

Nach einem barocken Titel von 1615 war die ganze Welt ein „Turnierplatz", wo sich die Buntheit und auch die Torheit der Welt manifestierte. Die Vielfalt der kulturellen Überlieferung und Leitbilder wurden in den höfischen Festen und Turnieren dargestellt, so daß ein farbenprächtiges und phantastisches Panoptikum entstand. So ließ Philipp der Gute von Burgund im Jahre 1454 bei seinem legendären Fasanenfest in Lille 28 Musiker aus einer Riesenpastete steigen und aufspielen sowie einen Ritter auf einem weißen Hirsch in den Festsaal reiten. Bei der Hochzeit seines Sohnes Karl der Kühne mit Margarete von York sind szenische Darstellungen mit antiken, biblischen und christlich-ritterlichen Motiven aufgeführt worden. Man konnte hier Adam und Eva, Kleopatras Hochzeit, das Hohe Lied von König Salomo und die Königin von Saba betrachten. Dabei trugen die Ritterheiligen St. Michael und St. Georg den Wahlspruch des Burgunderherzogs: „Ich habe gewagt!"

Ebenfalls im 15. Jahrhundert wurden in Padua Troja- und Minneburgspiele aufgeführt, bei denen Edelfräuleins eine mit kostbarem Gewebe und Pelzwerk verkleidete hölzerne Burg gegen vornehme junge Krieger verteidigten, welche mit Edelsteinen besetzte Kränze trugen. Als Wurfgeschosse verwendeten die jungen Damen Blumen, Früchte und Gewürze. Sogar am päpstlichen Hof ging es ähnlich weltlich-erotisch zu: Beim Karnevalsfest von 1521 tanzten acht Eremiten um einen von ihnen gefangenen Amor herum. Dieser rief Venus zur Hilfe herbei. Nachdem die Eremiten einen von Venus angerührten Zaubertrank zu sich genommen hatten, warfen sie ihr graues Büßergewand ab und präsentierten sich als festlich gekleidete Jünglinge. Sie führten nun ein Kampfspiel mit Schwertern durch, und der Sieger erhielt die Liebesgöttin als Preis.

Einen Höhepunkt der Ritterspiele der Renaissance bildet die 1565 in der Arena des Belvedere-Hofes im Vatikan gefeierte Hochzeit des über seine aus dem Hause Medici stammende Mutter eng mit Papst Pius IV. verwandten Generalkapitäns Jacob Hannibal Graf von Hohenems mit der Papstnepotin Hortensia Borromeo. Bei dieser Giostra, an der 27 Kardinäle und viele Große teilnahmen, wirkten zwölf Schwadronen bewaffneter Kavaliere mit. Ihre Helme waren mit Federbüschen geschmückt und ihre Rösser trugen brokatbestickte Samtdecken. Bei dem von diesen Rittern simulierten Kavalleriegefecht, bei dem Trompetenstöße schallten und Kanonensalven dröhnten, kamen immerhin drei Rösser zu Tode! Zum Rahmenprogramm dieser Schlacht gehörten purzelbaumschlagende Bajazzi und ein nächtliches Feuerwerk. Den Abschluß bildete ein von vier Schimmeln gezogener Triumphwagen, auf ihm saß ein von Venus geführter Cupido mit verbundenen Augen und verschoß Liebespfeile in die Reihen der Kavaliere.

Im Jahre 1564 wurde in Anwesenheit von Kaiser Maximilian II. ein Stechen durchgeführt, bei dem die teilnehmenden Ritter als Türken, Tartaren, Moskowiter, Mauren, Riesen, wilde Männer, Mönche, Nonnen, Bauern usw. verkleidet waren. Bei der prunkvollen Hochzeit von Wilhelm von Bayern mit einer lothringischen Prinzessin von 1568 wurde bei dem Schauessen eine riesige Pastete aufgetischt. Aus ihr kam ein Hofzwerg in voller Ritterrüstung hervor und begrüßte die Gäste mit Handschlag. Bei der gleichfalls in jenen Jahren gefeierten Amberger Fürstenhochzeit trugen vier Ritter eine Burg herein. Als sie halbiert wurde, erschienen auf ihren Mauern zwei Knaben, von denen einer die Laute spielte und der andere sang. Bei einer Fürstenhochzeit in Wien von 1571 stellten allegorische Figuren einen Streit der Göttinnen Juno und Europa dar, wobei Diana Europa zur Unterstützung Löwen, Tiger, Bären und Wölfe zuführte. Diese wurden durch verkleidete, berittene Männer dargestellt. Mit dem Artus-Ritter war auch ein mittelalterliches Motiv vertreten.

In Paris wurde 1572 in Anspielung auf den Religionskampf, der sich kurz darauf in der blutigen Bartholomaeus-Nacht entlud, ein Stück aufgeführt. Darin agierten als Verteidiger des Himmels und Hüter der Kirche der König und seine Brüder als bewaffnete Ritter. Diese verwehrten den umherirrenden Rittern - den protestantischen Huge-notten! - gewaltsam den Zugang zum Paradies und trieben sie in die Pforte der Hölle, wo sie von Teufeln erwartet wurden. Im Jahr 1655 wurde am französischen Hof unter Mitwirkung des zwölfjährigen Ludwig XIV. ein „Bachusfest" gefeiert, bei dem griechische Götter, Wüstlinge, Possenreißer und zugleich auch Artus-Ritter auftraten...

Bei der Innsbrucker Fürstenhochzeit des bereits betagten Erzherzogs Ferdinand mit der sechzehnjährigen Anna Katharina von Gonzaga ist 1582 der trojanische Krieg unter ungeheurer Prachtentfaltung, be-gleitet von Paukenschlägen, Trompetenschall, Kanonendonner und Feuerwerken noch einmal gekämpft worden. Tiroler Adelige er-stürmten als Agamemnon, Menelaus, Odysseus usw. verkleidet aus einem hölzernen Pferd herausspringend die aus einem gewaltigen Holzbau bestehende Stadt Troja.

Der Landgraf Moritz von Hessen ließ 1596 anläßlich der Taufe seiner Tochter einen ganzen Ritterroman aufführen. Zu Beginn verkündete eine in einer Ritterrüstung steckende Amazone, Jason und Perseus entböten den in Kassel versammelten Rittern ihre freundlichen Dienste. Vor dem eigentlichen Reiterspiel, dem Ringelrennen, wurden Aufzüge abgehal-ten. Dabei konnte man Ehrenherolde erblicken, die einen durch einen blutigen Mannskopf gestochenen Speer führten, eine bekrönte Medea, welche in der Hand einen in ein pokalähnliches Glas gebannten Teufel trug. Ferner mit Schilden, Sturmhauben und Schwertern ausgerüstete Amazonen, die für Ringelrennen aufgeputzte Pferde an der Hand führ-ten. Ein weiterer Aufzug personifizierte die sieben Laster. Dabei wurde die Unwissenheit durch einen Mönch dargestellt, der eine mit Ochsen- und Eselsohren besetzte Kappe trug, und die Unzucht durch eine üppige Frau mit entblößten Brüsten. Weiter wurden Szenen aus der antiken und germanischen Mythologie dargestellt, wobei Riesen und feuerspeiende Drachen in Aktion traten und irrende Ritter in phantastische Abenteuer und Kämpfe verwickelt wurden.

Noch exotischer und animalischer ging es im östlichen Europa zu. Bei der Hochzeit des polnischen Königs Sigismund mit einer habs-burgischen Prinzessin haben sechs schwarze Bären den Brautwagen gezogen, ein weiterer Wagen war mit zehn weißen Hirschen bespannt. Als der aus dem Hause Ketteler stammende Herzog Jakob von Kurland 1645 in Königsberg Louise von Brandenburg heiratete, wirkte die Reiterkultur der asiatischen Steppen auf die höfischen Feste Mitteleuropas ein. Denn hier tanzten tartarische Pferde zur Begeisterung aller Festteilnehmer auf dem Schloßplatz „zierlich nach Music und Takt". Den Höhepunkt der Hochzeitsfeierlichkeiten von Kaiser Leopold I. mit der spanischen Habsburgerin Margarita Theresia, welche sich um die Jahreswende 1666/67 über drei Monate erstreckten, bildete schließlich das „famose Roßballett", eine allegorische Schau mit tausend Darstellern, die als Ritter, Tänzer und Tänzerinnen verkleidet waren. Dieses Ballett kulminierte in einem Schlußbild, einer riesigen Weltkugel, aus der 15 Kaiser hervortraten!

Die Bedrohung Europas durch die Türken hat sich auch in Ritterspielen niedergeschlagen und dazu beigetragen, daß diese zuweilen auch kriegerisch-realistische Züge beibehielten. Gelegentlich waren noch in der Renaissance die Grenzen zwischen tatsächlichem Krieg und kriegerischem Spiel fließend. Die anläßlich der Hochzeit des sächsischen Prinzen August mit einer dänischen Prinzessin 1548 bei Torgau durchgeführte Erstürmung eines auf der Elbe schwimmenden hölzernen Türkenschlosses kann als Schaukrieg angesprochen werden. Denn die in türkische Gewänder gekleidete Besatzung der schwimmenden Festung mußte eine Erstürmung durch „christliche" Truppen hinnehmen, bei der Sturmboote und Kanonen zum Einsatz kamen und mehrere Kämpfer ihr Leben ließen. Auch als Franz Graf Khevenhüller 1606 während seiner Kavaliersreise zu Florenz der Verlobung von Herzog Cosimo II. mit einer habsburgischen Prinzessin beiwohnte, nahm er an einem „extraordinären Freuden- und Kriegsexerzitium" teil. Er wirkte als Fähnleinführer an der Erstürmung eines Spielkastells mit, welches von herzoglichen Leibtrabanten in türkischer Tracht verteidigt wurde.

7.4 Kopf- und Ringelrennen

Auch die ritterlichen Übungen wurden um das Türkenkampfmotiv bereichert, indem Ritter in voller Karriere vom Streitroß aus hölzer-

Krönungsfeier Leopolds I. in Frankfurt am Main

ne Türkenköpfe vom Hals trennen mußten. Diese Übung erregte 1662 in Wien beim türkischen Gesandten Mißfallen. Er richtete dem Kaiser aus, sein großmächtigster Sultan ließe in Siebenbürgen und anderen Orts Christen-Köpfe in genügender Anzahl abschlagen und hier treibe man mit erdichteten Türkenköpfen unnötige Kurzweil! Auch in Paris wurden unter dem Sonnenkönig im Jahre 1685 Maurenkämpfe um Grenada in historischen Gewändern nachgespielt, bei denen gleichfalls Ritter hölzerne Türken- und Medusenköpfe mit dem Schwert vom Hals trennen mußten. Dieses gegen Attrappen gerichtete Wettspiel zu Pferde, welches in der Barockzeit außerordentlich beliebt war, hieß Caroussel. Es wurde vielfach von szenischen Darbietungen mit antiken Motiven und auch der christlichen Drachenkampflegende eingerahmt. So trat dabei eine weißgekleidete Jungfrau auf, welche einen schaurigen Drachen an der Kette führte. Bei dem 1743 von Maria Theresia in Wien organisierten Damen-Caroussel, bei dem die Kaiserin in Purpur gekleidet eine Quadrille mitritt, obgleich sie schwanger war, mußten sogar Damen im Vorbeigaloppieren auf Pilaren befestigte hölzerne Türkenköpfe mit Pistole und Stechlanze treffen!

Neben solchen „Kopfrennen" wurden im 18. Jahrhundert die „Ringelrennen" populär. Die Teilnehmer hatten dabei die Aufgabe, im Galopp mit einer Stechlanze einen aufgehängten Ring zu stechen. Eine Sonderform dieses Reiterspiels waren die im Winter auf Schlitten veranstalteten Damen-Ringelrennen. Auf der Veste Coburg kann man noch heute hierbei verwendete einsitzige Prunkschlitten bewundern, die von einem auf dem Kutschbock sitzenden Kavalier gelenkt wurden. Das Vorderteil eines dieser Schlitten bildet ein mit einem Delphinleib ausgestatteter Meeresgott Triton, der auf einer Muschel bläst. Ein anderer Schlitten wird durch eine geflügelte Glücksgöttin geschmückt, die in ihren vor den entblößten Brüsten gekreuzten Händen ein Füllhorn mit Früchten und auf ihrem Haupt einen Früchtekorb trägt.

Ein Damen-Ringelrennen wurde beispielsweise 1728 beim Besuch des Dresdener Karnevals durch den preußischen König durchgeführt, der seinen noch kindlichen Sohn Friedrich mitgebracht hatte.

KAROUSEL
in der K. K. Winterreitschule gegeben in Gegenwart der Hohen Alliirten im Jahre 1814

Karussell in der Wiener Winterreitschule im Beisein der Alliierten 1814

Ihm hielt er einen Hut vors Gesicht, als der sächsische König bei Kerzenlicht seinen Gästen aus Preußen eine splitternackte spanische Tänzerin zur Augenweide vorführte. Die sächsischen Damen kämpften damals vom Schlitten aus mit Lanze, Wurfspeer, Pistolenkugel und Degen um den Sieg. Der große Friedrich hat später selbst auf dem Schloßplatz zu Berlin ein von Lessing beschriebenes „Karussel", ein nächtliches Reiterfest, veranstaltet, an dem Voltaire als Gast teilgenommen hat! Bei diesem Fest tummelten sich Fürsten und Kavaliere beim Ringelstechen, trat der Kriegsgott Mars auf, reichte Venus Paris den Apfel und ehrte schließlich die Königsschwester Amalie von Bayreuth die Liebesgöttin als Siegerin.

Wenig bekannt ist, daß im Zeitalter des Barock die aus dem alten Rom bekannten und in Spanien in Gestalt des Stierkampfes noch fortlebenden Tierkämpfe auch in Deutschland eingebürgert worden sind. So wurden 1678 bei einem Fest im Dresdener Schloßhof Wildsauen, Büffelochsen und Bären zum Kampf zusammengepfercht. Aus den Schloßfenstern sahen adelige Damen zu, wie sich diese Tiere zerfleischten und wie Jagdhunde Wildschweine zu Tode hetzten und zerrissen. Als junger Mann ließ sich August der Starke während solch einer Hetze von einem wilden Eber anrennen, packte ihn mit der linken Hand und erstach ihn mit dem Degen. Besonders grausam war die Tierhatz, welche Prinz Anselm von Thurn und Taxis 1752 in Regensburg veranstaltete. Im Schloßhof von St. Emmeram wurde mit Hilfe von Barrieren eine Wettkampfarena gebaut. Darin ließen Knechte ungarische Ochsen und Metzgerhunde aufeinander los. Das beim Immerwährenden Reichstag akkreditierte diplomatische Corps weidete sich daran, als hungrig gemachte Löwen auf wehrlose Kälber losgelassen wurden.

7.5. Maskenfeste und Bauernwirtschaften

Aufschlußreich für das Selbstverständnis der höfischen Gesellschaft sind neben den teilweise auch in historischen Kostümen durchgeführten Turnieren auch die Maskenfeste im engeren Sinn. Wie der Fasching erlaubten es diese Feste, für begrenzte Zeit aus der eingenommenen sozialen Rolle auszusteigen und sonst verwehrte Freiheiten zu genießen. Casanova berichtet in seinen Erinnerungen, daß er 1760 an einem vom Kurfürsten Clemens August in seiner Bonner Residenz veranstalteten Maskenfest teilnahm. Bei diesem Fest hatten sich alle - angefangen beim Erzbischof bis hin zu Casanova und den Damen - als Bauern und Bäuerinnen verkleidet. Der Kurfürst, ein Liebhaber des schönen Geschlechts, küßte ebenso wie die anderen „Bauern" beim Tanzen jeweils diejenige „Bäuerin", welche er gerade erwischte. Während in Bonn die saturnalische Freiheit dominierte, hatte ein 1688 am Münchener Hof durchgeführtes Maskenfest einen ganz anderen Charakter. Hier spielte der Kurfürst die Rolle eines Kammerdieners, ein Baron die Rolle des Kurfürsten und ein Fräulein aus dem gräflichen Hause Oettingen diejenige der Kurfürstin. Dieses Rollenspiel war keine Parodie auf das Zeremoniell, sondern ein ideales Spiel um die Würde des Regenten.

Die im 18. Jahrhundert in Mode gekommenen Bauernwirtschaften können als Ausdruck dafür verstanden werden, daß sogar die Hofgesellschaft gekünstelten Umgangsformen nicht mehr unkritisch gegenüberstand. Das Wort von Lord Chesterfield, daß die Höfe unstreitig der Sitz der feinen Sitten seien, erschien zunehmend fragwürdig. So wurde 1736 in dem Artikel „Hofmann" von Zedlers Universal-Lexikon, der ersten deutschen Enzyklopädie, der Hof in Verbindung mit Müßiggang, Wollust und Üppigkeit gebracht und dabei das Wort kolportiert: „nahe bei Hofe, sei nahe bei der Hölle"! Der Goethe verwandte Schriftsteller von Loën bewegte sich 1749 auf der gleichen Argumentationslinie, als er bemerkte, er betrachte die Höfe wie die Fegefeuer der Redlichkeit. Der einstige Hofjunker Adolf Freiherr Knigge verurteilte wie viele andere Aufklärungsschriftsteller die höfischen Kabalen, die Heuchelei und Kriecherei und stellte dieser gleichsam verrotteten Kunstwelt das Gegenbild eines von höfischen Zwängen freien schlichten Landlebens gegenüber. Diesem Gegenbild verdanken die Schäferspiele des Rokoko ihre Popularität.

Die beispielsweise von der landgräflichen Familie in Kassel veranstalteten Bauernwirtschaften bestanden darin, daß in einem ländlich-unhöfischen Milieu Feste abgehalten wurden, bei denen der Fürst und die Fürstin die bäuerlich gekleideten adeligen Gäste als Wirtsehepaar bedienten! Prinz Heinrich von Preußen, der Bruder Friedrichs des Großen, hat 1785 seinem Hofstaat befohlen, sich als Bauern zu verkleiden. Er richtete allerdings ein echtes Hochzeitsfest für ein richtiges bäuerliches Brautpaar aus, welches von ihm ein Geldgeschenk und Hochzeitskleider erhielt. Beim Hochzeitstanz im Zelt mischte sich die höfische Gesellschaft mit dem Volk.

In Hochadelskreisen wurde gern erzählt, daß Marie Antoinette nie auf der Guillotine gestorben wäre, wenn sie nicht einmal eine Bauersfrau gespielt hätte. Tatsächlich hat die vergnügungssüchtige Rokoko-Königin den französischen Hofadel dadurch vor den Kopf gestoßen, daß sie sich aus Versailles in das intimere Trianon zurückzog. Stefan Zweig hat es ein Spiel der Naivität und einen Echtheitsschwindel genannt, daß sie das Maskenkleid der Natürlichkeit anlegte und echte Kuhmägde mit echten Kühen und Schweinen und echte Schnitter, Schäfer und Käser im Versailler Schloßpark auftreten ließ.

Der Gedanke, daß die höfische Gesellschaft des Acien Régime das Vertrauen in sich selbst verloren und dadurch die Revolution begünstigt hat, ist 1810 von Goethe so ausgeführt worden: „Vorgang der Großen, zum Sanskulottismus führend, Friedrich sondert sich vom Hofe. In seinem Schlafzimmer steht ein Prunkbett, er schläft im Feldbett daneben... Die Königin von Frankreich entzieht sich der Etikette. Diese Sinnesart geht immer weiter bis der König von Frankreich sich selbst für einen Mißbrauch hält."

7.6. Romantische Spätblüte der Ritterspiele und des Rittertums

Im Zeitalter der Romantik sind Versuche unternommen worden, die Tradition der Ritterspiele fortzuführen und wiederzubeleben. So wurde 1793 am Hofe des Fürsten von Schwarzburg-Rudolstadt ein Turnier veranstaltet, dessen Kanzler von Beulwitz - der Schwager von Friedrich von Schiller - den Romantiker Jean Paul protegiert hat! Ein prächtiges Turnier veranstaltete im Jahre 1800 der schlesische Graf Hochberg auf seiner Burg Fürstenstein. Bei diesem Turnier, dem das preußische Königspaar vom Balkon zusah, wurden neben Schaukämpfen Geschicklichkeitsübungen vorgeführt. So mußte einem Bären in voller Karriere ein Nasenring abgenommen, einem Mohren im Vorbeireiten der Kopf mit dem Schwert abgehauen und schließlich einer Jungfrau im Galopp der Kranz mit dem Degen vom Haupt abgenommen werden.

Ritterspiele im großen Stil sind letztmals im November 1814 von Kaiser Franz aus Anlaß des Wiener Kongresses durchgeführt worden. In der Winterreitschule wurde ein Ringelstechen abgehalten, bei dem aufgehängte Ringe von heransprengenden Reitern mit der Lanze getroffen werden mußten. Außerdem ein Mohrenstechen, bei dem hölzerne Türkenköpfe von schwerbewaffneten und zu Pferd heransprengenden Reitern abgetrennt werden mußten, sowie ein Scheingefecht, ein Buhurt, bei dem Reiter mit eingelegten Lanzen aufeinander lossprengten. An diesem Gefecht nahmen 24 Paladine teil, denen 24 Liebesdamen zugeordnet waren, welche alle den ersten Familien der Monarchie angehörten. Das Buhurt verlief immerhin so heftig, daß ein Fürst Liechtenstein vom Pferd gestoßen und bewußtlos von der Bahn getragen wurde.

Die am preußischen Königshof noch in der zweiten Hälfte des 19. Jahrhunderts veranstalteten Feste atmeten mehr den Geist des Rokoko und des Historismus als den des Rittertums. So ritten 1857 bei dem Postdamer Veilchenfest sechs adelige Paare eine Quadrille, bei der die Reiter innerhalb von drei Minuten sich gegenseitig ein Veilchenbouquette von der Schulter reißen mußten. Anläßlich des Geburtstages von Kaiser Wilhelm wurde 1872 ein Wappenfest durchgeführt, bei dem ein Damenmanöver in den Uniformen Friedrichs des Großen vorgeführt wurde. Und bei dem Berliner Hoffest von 1883 wurde ein Minnesänger-Aufzug veranstaltet, bei dem blondgelockte Pagen, rosengekränzte Sänger, Edelfräuleins in aufgelösten Haaren und schleppenden Gewändern, Ritter in Samtkappen, Samtkittel und Strumpfhosen sowie schließlich prächtig gewandete Herolde auftraten. Das im Jahre 1854 letztmals in der Spanischen Hofreitschule zu Wien veranstaltete Pferdekaroussel hatte einen ähnlichen Charakter. Es wurde nämlich in historischen Kostümen die Einholungszeremonie der Kaiserin Elisabeth Christine gespielt, wobei Mitglieder des Kaiserhauses mitwirkten und ein Graf Schönborn den Kaiser darstellte.

Im Jahre 1874 veranstaltete dann der später in den Freiherrnstand erhobene saarländische Montanindustrielle Carl Stumm gleichsam im Zeichen des Neofeudalismus auf der Burg Landstuhl zu Ehren des preußischen Kronprinzen ein Sickingen-Ritterfest. Abgeschlossen wird dieser im Zeitalter der industriellen Revolution anachronistisch anmutende historische Reigen durch das 1888 gefeierte 800jährige Wettiner-Jubiläum. Bei ihm saßen die Vertreter des sächsischen Uradels mit ihren angestammten Wappenschilden und in glänzender Ritterrüstung zu Pferde.

8. Die adelige Jagd

Einem jungen adeligen Mann, dem steht gar wohl
und höflich an, daß er im Waldwerk sei erfahren,
mit dem Windspiel, Netzen und Garn.

Hans Sachs

Das Jagen ist neben dem Kriegshandwerk die adelige Betätigung par excellence. In seinem „Adeligen Landleben" hat Wolf Helmhart von Hochberg die Verwandtschaft dieser beiden ritterlichen Übungen im 17. Jahrhundert so erklärt: Das Jagen sei gleichsam ein „Präludium belli", eine Vorbereitung auf den kriegerischen Kampf, „darinnen sie lernen ein wildes Tier mit List und Geschicklichkeit anzufallen, bestreiten und fällen, zu Fuß und zu Pferde ihre Waffen geschickt zu gebrauchen, Kälte, Hitze, Regen und Ungewitter ertragen und dulden."

Die Ausübung der Jagd verweist auf mehr als eine Abhärtungs- und Geschicklichkeitsübung. Diese exklusive Standesbeschäftigung des Adels wurzelt darin, daß sich unsere Vorfahren einstmals rein physisch gegen die noch in Sagen und Märchen fortlebenden Bestien behaupten und außerdem ihre Ernährung durch Jagdbeute sicherstellen mußten. Daher hat der spanische Philosoph Ortega y Gasset in seinem Essay über die Jagd festgestellt, daß die Jagd die erste Arbeit und der erste Beruf des Menschen gewesen sei.

Bevor die Bedeutung der Jagd für die adelige Lebensführung und für die Adelskultur dargelegt wird, sollen hier ein paar Fakten aus der Naturgeschichte aufgezählt werden. Diese sind selbst den meisten Historikern nicht geläufig und verbieten eine einseitig ideengeschichtlich-ideologische Bewertung der Jagd: Wolfsrudel, welche der Ritter Ulrich von Hutten im Winter vor seiner im Vogelsberg gelegenen Burg Steckelberg hörte, sind im 19. Jahrhundert nicht nur in Ostpreußen, sondern auch noch in den Vogesen aufgetreten. Noch im 18. Jahrhundert waren die erbuntertänigen Bauern in Ostpreußen verpflichtet, an der Wolfsjagd teilzunehmen. Auch daß es im 15. Jahrhundert im niederbayerischen Flachland noch Wildstiere und in

Schlesien, Pommern und Preußen Wildpferde gab und Wisente im Herzogtum Preußen erst im 16. Jahrhundert ausgestorben sind, wird manchen überraschen. Ebenso wie die Tatsache, daß im 18. Jahrhundert in Sachsen gelegentlich noch Elche erschienen. Neben den Wölfen bildeten besonders die Bären eine Bedrohung für Menschen und Haustiere. Allein im Jagdbezirk des hessischen Städtchens Allendorf wurden zwischen 1467 und 1502 immerhin 22 Bären erlegt. Im Wittgensteiner Land wurden noch im 16. Jahrhundert Bärenjagden mit Spießen und Hunden durchgeführt, so daß Graf Johann im Jahre 1576 Bärenköpfe an das Burgtor zu Berleburg nageln konnte. Nachdem die österreichischen Kaiser noch im 17. Jahrhundert in den Donauauen neben Luchsen auch Bären jagen konnten, wurde der letzte wildlebende deutsche Bär dann 1835 im oberbayerischen Ruhpolding zur Strecke gebracht.

Ruft man sich solche Tatsachen in die Erinnerung und hört, daß der spätere französische König Heinrich IV. als Junge in den Pyrenäen der keineswegs ungefährlichen Jagd auf Wölfe und Bären nachgegangen ist, wird man sich fragen müssen, ob die Deutung eines modernen Historikers, nach dem die adelige Jagd Zuflucht vor der modernen Welt, Mittel gegen existentielle Langeweile und schließlich Ersatzhandlung und Ersatzbefriedigung gewesen sei, nicht mit einem Fragezeichen versehen werden muß. Hier liegt wohl eine irreführende Verallgemeinerung vor und wird übersehen, daß Jagd wie jeder echte Sport viel mit körperlicher Anstrengung zu tun hat. Wie schon Aristoteles erkannte, kann ein Sport Glücksgefühle vermitteln, während das passive Zuschauerdasein etwa auch des modernen Menschen vor dem Fernsehapparat lediglich Vergnügen und Zerstreuung verschafft.

8.1. Jagd, adeliger Lebensstil und adeliges Lebensgefühl

Es hat den Anschein, daß manche die Welt aus einer Schreibtischperspektive betrachten und für die Existenzbedingungen der Vormoderne kaum Verständnis aufbringen. Dabei spielt sicherlich eine Rolle, daß der adeligen Herrenkaste, welche die Jagd ausübt, nach bürgerlichen Maßstäben - wie Robert von Musil formulierte - etwas Barbarisches anhaftet. Immerhin ist ja den adeligen Herrenmenschen boshaft nachgesagt worden, sie würden die Welt als ihr Jagdrevier betrachten. Wenngleich die Ausübung der den Adeligen einstmals exklusiv vorbehaltenen Jagd noch heute für die Oberschicht - so war es auch in den sozialistischen Staaten! - ein Statussymbol darstellt, so beinhaltet sie doch für den von Kind auf in die Geheimnisse der Jagd initiierten Jäger oft wesentlich mehr.

Der passionierte Jäger, der den sich als Jäger verkleidenden Schießer und den Sonntagsjäger mit Verachtung straft, läßt gewissermaßen den zivilisierten Menschen hinter sich und ruft Instinkte wach, die er mit dem Tier gemein hat. Auf der Pirsch fügt er sich in die Natur ein, achtet wie der Indianer oder der Urwaldmensch auf Windrichtung, Deckung, Spuren, Gerüche und Laute, welche er nachahmt. Aus der Zivilisation taucht er gewissermaßen in die Natur ab und erfährt so ein Naturerlebnis, welches dem als Spaziergänger durch den Wald laufenden Zivilisationsmenschen fremd ist. Dabei ist die Natur für den Jäger ähnlich wie für den Wilden keine Idylle, sondern ein Ort, wo die Kreaturen sich instinktbedingt oft feindlich gegenüberstehen, indem sie sich gegenseitig jagen und fressen.

Das gilt auch für den Jäger, dessen Beutetrieb der Ostpreuße Klaus Graf von Finckenstein seinen „stärksten Urinstinkt" nennt. In seinen Jagderinnerungen bemerkt dieser Jäger, daß es dem wahren Jäger nicht auf das Renommieren mit imposanten Trophäen ankommt, sondern auf das Jagderlebnis als solches. So begann er selber als Sechsjähriger mit der „kleinsten Jagd", der Jagd mit dem Luftgewehr auf Mäuse, Ratten und Spatzen, welche letzteren gebraten wurden. Als er sich an Spatzen heranpirschte, habe er ein ebensolches Herzklopfen gehabt wie später bei der Pirsch auf einen starken Bock oder Hirsch. Und als er bei schlechten Lichtverhältnissen auf Pferdekrippen herumhuschende Mäuse erlegte, da habe er eine ebensolche Befriedigung empfunden, als wenn eine von ihm getroffene flüchtige Sau auf der Waldschneise rouliert habe.

Ein scharfsichtiger kurländischer Baron hat das Unverständnis und damit die Abneigung vieler Bürgerlicher gegen solch eine Jagdpassion so formuliert: „Die Jagd, die Lust am Morden und Erbeuten, ist nur eine atavistische Erscheinung primärer Wildheit. Dieser primären Wildheit aber ist nun der Adel durch seinen Lebensstil und seine Tradition in besonderer Weise verpflichtet." So reichen viele adelige Ursprungslegenden in jene Zeit zurück, in der die Auseinandersetzung mit den Bestien des Waldes noch eine rauhe Angelegenheit war.

Typisch hierfür ist beispielsweise der folgende, in altpolnischen Chroniken enthaltene Bericht: Bei der Jagd wurde König Boleslaus Schiefmund im Jahre 1109 durch einen mit gesenktem Kopf grimmig heranbrausenden Auerochsen bedroht. Da sprang der deutsche Ritter Bieberstein beherzt herbei, ergriff ihn an einem Horn und drehte es ab. Zum Dank erhielt er zu seinem Wappen Bieberstein, einer Hirschstange, noch das Horn, polnisch róg, so daß auf diese Weise das altpolnische Wappen Rogala entstand! Josef Wybicki, ein Träger dieses Wappens, hat die Nationalhymne „Noch ist Polen nicht verloren..." geschrieben. Wenn man bedenkt, daß Theobert, ein Enkel von König Chlodwig, im Kampf mit einem Wildstier den Tod fand, wird man diese Legende nicht einfach als reine Fabel abtun können. Es fällt allerdings auf, daß das Errettungs-Motiv im polnisch-schlesischem Raum populär war. So glauben die Grafen Pfeil, die Bärentatze sei dadurch in ihr Wappen gekommen, daß ihr Vorfahre Herzog Heinrich von Schlesien aus den Tatzen eines Bären befreit habe.. .

Die kaum zu überschätzende Bedeutung der Jagd für die adelige Kultur ist für jeden Liebhaber der Künste dank der Vielzahl der Jagdmotive nicht zu übersehen. Einen Höhepunkt der künstlerischen Verklärung der Jagd bildete das von einem Humanisten konzipierte und 1501 beim Hoflager zu Linz aufgeführte „Ludus Dianae". Dieses Dianaspiel stellte eine Huldigung für Kaiser Maximilian, einen passionierten Jäger, dar. Bei ihm überreichte die von Nymphen, Satyrn und Faunen begleitete Jagdgöttin dem Kaiser Bogen, Köcher, Spieße, Netz und Hunde als Sinnbilder der Jagd und sprach ihn so an: „Du bist es gewiß, Herrscher, bist der größte der Jäger, vor dem die Rehe und Hirsche erzittern, Bär und Wildschwein und Wolf, vor dem die jüngst Dir geschickten Auerochsen in Angst sind, der oft alle Tiere des Waldes ermüdet, ohne selbst müde zu werden."

Nach einer Bemerkung von Hans-Georg von Studnitz vermitteln adelige Landhäuser und Schlösser vielfach den Eindruck von Geweihkatakomben, in denen Tausende von Gehörnen und ausgestopften Tieren an den Wänden ein gespenstiges Leben führen. Das im 18. Jahrhundert bei Darmstadt errichtete Jagdschloß Kranichstein des Landgrafen Ludwig VIII. wurde beispielsweise mit zwei Reihen von mehr als 70 Hirschgeweihen auf holzgeschnitzten Hirschköpfen dekoriert. Was die Darstellung der Jagdmotive angeht, so bildet der zu Anfang des 17. Jahrhunderts entstandene Festsaal des Hohenlohe'schen Schlosses zu Weikersheim einen kulturgeschichtlichen Höhepunkt: Seine Wände sind von nahezu vollplastischen Fabelwesen geschmückt, zähnefletschende Bären springen dem Besucher entgegen und Hirsche aus Stuckgips lagern malerisch zwischen Menschen.

Den Stellenwert der Jagd im adeligen und höfischen Leben beleuchtet die Tatsache, daß der begeisterte Jäger Herzog Eberhard Ludwig von Württemberg im Jahre 1702 eigens einen Hubertus-Orden gestiftet hat. In Frankreich werden noch heute in Bonelles, im Wald von Rambouillet, die Hirschhunde nach altem Brauch zur Hubertusmesse in die Kirche gebracht und vom Priester gesegnet. Während dieser Zeremonie werden Jagdhörner geblasen. Die Jagd hat den adeligen Lebensstil und Jahresrhythmus in einem Maß beeinflußt, das heute vielen nur schwer vorstellbar ist. Noch Magnus Freiherr von Braun, der Vater des Raketenpioniers, schreibt, daß er als königlich preußischer Landrat vor dem Ersten Weltkrieg vom November bis zum Januar vornehmlich „mit der Flinte" regiert hätte. Hinter der Jagd mußten nicht nur die Politiker und die Amtsgeschäfte, sondern auch Veranstaltungen mit Damen zurückstehen. Hamilcar von Fölckersam hat in seinem Buch „Das alte Kurland" berichtet, daß der Kasinoball als der Höhepunkt des gesellschaftlichen Lebens der Provinz von den Jagdterminen abhängig war, denn die „Damen mußten eben warten, mit den Hasen und Rehen konnten sie nicht konkurrieren". Von König Albrecht, dem Sohn von Rudolf von Habsburg, ist das Wort überliefert, die Jagd gehöre den Männern, der Tanz den Frauen, er könne der Wollust wohl entraten, nicht aber der Jagd. Andererseits hat ein Herzog de Castries einmal bemerkt, keine Jagd sei bei den Adeligen so beliebt wie die Schürzenjagd.

Während der Jagdsaison waren viele Herrscher rein physisch gar nicht ansprechbar. So auch der Renaissancepapst Leo X. (1513-1521), welcher sich Jagdhunde, Jagdgerät und Jagdpersonal aus Frankreich kommen ließ, im Netz gefangene Hirsche persönlich mit dem Spieß erlegte und sich den ganzen Oktober außerhalb Roms auf der Jagd aufhielt. Über solche Regenten hat der Nichtjäger Friedrich der Große gespottet, daß die meisten Könige und Fürsten dreiviertel ihrer Zeit auf der Jagd verbrächten. Bei dem passionierten Jäger mußte sich tatsächlich fast alles dem Jagdtrieb unterordnen. Nach einer Legende soll im Mittelalter sogar einmal ein Burggraf von Stromberg einen Kaplan im Zorn erschlagen haben, weil dieser die Abhaltung einer Messe nicht verschoben hat, bis der Feudalherr von der Jagd zurückgekehrt war.

Typisch ist auch die Geschichte vom westfälischen Baron Ketteler aus Harkotten, der sich im 19. Jahrhundert mit seiner jungen Frau in Neapel aufhielt. Als ihm dort einfiel, daß in Münster in 11 Tagen die Jagd aufgeht, hat er sich ein Kurierpferd genommen und ist nach Westfalen geeilt, wo er eben noch rechtzeitig zur Jagderöffnung ankam. Wie sehr die Jagd die Vorstellungswelt des Adels beherrschte, verdeutlicht auch das Wort von Kaiser Franz Joseph, mit dem er den Freitod seines Sohnes, des Kronprinzen Rudolf, kommentierte. Er sagte nämlich, dieser sei „wie ein Schneider" gestorben, d.h. wie ein schwacher und darum zum Abschuß freigegebener Hirsch! Den hohen emotionalen Rang des Jagderlebnisses bestätigt der von einem ostpreußischen Gut stammende Wirtschaftsführer von Menges, welcher die Erlegung seines ersten Rehbockes mit der Intensität des Erlebnisses des ersten Kusses vergleicht.

Zumal im Zeitalter des Feminismus manch einer geneigt sein mag, die Jagd für eine frauenfeindliche Männerangelegenheit zu halten, ist hier darauf zu verweisen, daß auch Edelfrauen vielfach passionierte Jägerinnen gewesen sind. So ist überliefert, daß die Töchter Karls des Großen mit einem Diadem auf dem Haupt zur Jagd ausritten. Eine begeisterte Jägerin war z.B. Maria von Burgund, die Ehefrau von Kaiser Maximilian. Ihr Lieblingsfalke nächtigte bei ihr auf dem Kaminsims, ihr weißer Windhund vor ihrem Bett. Als 25jährige verunglückte die schwangere Maria tödlich bei der Jagd, indem sie mit dem Pferd stürzte und sich schwere Wunden zuzog. Die berühmte Liselotte von der Pfalz, die Schwägerin des Sonnenkönigs, ist bei einer Hirschhatz mit ihrem Reitpferd mit einer Hirschkuh kollidiert, wobei sie sich fast den Hals brach.

Im 18. Jahrhundert war die bayerische Kurfürstin Amalie eine begeisterte Jägerin, welche ihren Gemahl in grüner Mannskleidung zu begleiten pflegte. Die aus dem mecklenburgischen Adelshaus Grävenitz stammende und zur Gräfin Urach erhobene Ehefrau zur „linken Hand" des Herzogs Eberhard Ludwig von Württemberg schließlich hat im gleichen Jahrhundert so viele Hirsche erlegt, daß sie mit deren Geweihen ein ganzes Zimmer im herzoglichen Jagdschloß Waldenbuch dekorieren konnte. Und als während des Wiener Kongresses im Oktober 1814 in Laxenburg eine Jagd abgehalten wurde, in deren Verlauf den hohen Herren zuvor gefangene Wildschweine, Hirsche und Hasen in einer kreisförmigen Arena vor die Flinte getrieben wurden, da war bei diesem Gemetzel die Kaiserin Ludovica eine der wildesten Schützinnen.

Die Jagd und phantasievoll ausgeschmückte Jagdgeschichten, wie sie durch die Erzählungen des hannoverschen Freiherren von Münchhausen unsterblich geworden sind, bildeten einen bevorzugten Gesprächsgegenstand des Adels. Kein Zufall auch, daß der Minnesänger Hartmann von Aue erklärte, man müsse das Glück der Minne erjagen wie ein Jäger, und daß der pommersche Landjunker und Dichter Ewald von Kleist seine dichterischen Bemühungen als „poetische Bilderjagd" charakterisiert hat. Selbstverständlich hat die Jagd bei der Ausbildung des jungen Edelmannes einen hervorragenden Platz eingenommen. So heißt es 1656 in dem zum Kompendium der Prinzenerziehung gewordenen „Deutschen Fürstenstaat" des Freiherrn Veit Ludwig von Seckendorff, daß die „Art der Jägerei" mannigfaltig sei. Sie stelle eine „sonderliche Kunst und Wissenschaft" dar und erfordere mehrere Jahre intensiver Übung. Tatsächlich sind die Söhne des Adels, die buchstäblich unter Jagdtrophäen und mit Jägerlatein aufgewachsen sind, bereits im Grundschulalter in die Geheimnisse der Jagd eingeweiht worden, wie man in einer Unzahl von Biographien nachlesen kann.

Der aus dem Hause der wittelsbachischen Pfalzgrafen bei Rhein stammende und später als Feldherr in die Geschichte eingegangene Karl XII. von Schweden hat zum Beispiel bereits als Zehnjähriger einen Wolf und als Zwölfjähriger einen Bären erlegt. Unter den adeligen Jägern hat es nicht nur Praktiker, sondern auch hochqualifizierte Theoretiker und Wissenschaftler gegeben. So gilt der Stauferkaiser Friedrich II. aufgrund seines Buches „Über die Kunst mit Vögeln zu jagen" als einer der größten Kenner der Zoologie, der je gelebt hat und der selbstbewußt irrige Auffassungen von Aristoteles zurückgewiesen hat. Der unlängst verstorbene Herzog Albrecht von Bayern, ein Enkel des letzten bayerischen Königs, hat ein Buch über das Rehwild vorgelegt, welches auf jahrelangen Beobachtungen beruht und großen wissenschaftlichen Wert hat.

Die aufwendige und anspruchsvolle Falkenjagd hat sich bei Fürstlichkeiten einer besonderen Vorliebe erfreut. Die Kunst bei dieser Jagd besteht darin, daß der Falkner mit seinem Falken über einen unsichtbaren Faden geistigen Kontakt hält und den Falken mit seiner Beute gewissermaßen gegen den eigenen Instinkt zurückkehren läßt. Der Großmeister des Malteserordens La Valette, welcher Malta im Jahre 1565 gegen eine türkische Übermacht verteidigt hat, starb bezeichnenderweise auf der Falkenjagd. Ein hochqualifizierter Falkner war der Kurfürst und Erzbischof Clemens August von Köln. Er ließ sich mit seinem Lieblingsfalken porträtieren und errichtete im Schloßpark zu Brühl das Jagdschloß Falkenlust. Der Markgraf Carl Wilhelm von Brandenburg-Ansbach schließlich ruinierte sich wirtschaftlich wegen seiner kostspieligen Leidenschaft für seine Falken, die ihn allein 51 Falkner anstellen ließ! Aus seiner nicht legitimierten Verbindung mit der Falknerstochter Elisabeth Wünsch (1710-1754) gingen die Freiherren von Falkenhausen hervor.

Das Urbild des Jägers verkörpert derjenige, der sich als Einzeljäger mit dem Wild mißt. Da diese Waffengleichheit durch die Schußwaffen beseitigt worden ist, wird bei der adeligen Jagd auf Sauen bis in die Gegenwart hinein zuweilen nicht die Büchse, sondern vielmehr nur die Saufeder, ein besonderer Spieß, verwendet. Ausdruck der bei der Jagd geforderten ritterlich-waidmännischen Gesinnung war auch die Tatsache, daß die fürstlichen Falkner denjenigen der als Beutetiere gezüchteten Reiher, welche die Attacke des Jagdfalken abzuwehren vermochten, die Freiheit schenkten und dies auf einem am Fuß angebrachten Ring vermerkten. Auch gehört es noch heute zu den Jagdregeln, daß bei der Fasanenjagd nicht auf „Fußgänger" geschossen wird, da dieses Wild nur im Flug erlegt werden darf.

8.2. Jagd als Passion und barocke Perversion

Dem Idealbild des Jägers hat Karl der Große entsprochen, der nach dem Paderborner Epos bei einer Eberjagd „der Bestie die Lanze ins Herz stößt, das halbe Eisen tief in den Leib des Untieres versenkend". Der Begründer des abendländischen Kaisertums kehrte von einer Jagd auf Auerochsen blutend mit einem aufgeschlitzten Bein zurück, was eine Gesandtschaft aus dem Orient sehr verwundert hat. Alles andere als ungefährlich waren neben der Eber- und Auerochsen- auch die Wolfs- und Bärenjagden, denen der Große Kurfürst allen Gefahren trotzend nachging. Vom Fürsten Leopold von Anhalt-Dessau wird berichtet, daß er in seiner maßlosen Jagdleidenschaft als Einzeljäger manche Nacht unter freiem Himmel verbrachte und bei der Hirschhatz seine Reitpferde gelegentlich bis in den Erschöpfungstod trieb. Im gleichen Jahrhundert ging in Litauen der legendäre Fürst Michael Kasimir Radziwiłł nur mit einem Speer bewaffnet allein auf Bärenjagd in eine urwaldähnliche Wildnis, aus der er dann mit Tierblut beschmiert zurückkehrte.

Ein drastisches Ende fand 1774 der Pfalzgraf Christian IV. von Zweibrücken, als ihn ein Hirsch aufspießte. In welche Gefahren sich Jäger begaben, belegt auch ein Bericht des preußischen Diplomaten von Schweinitz aus Rußland. Er war zugegen, als 1863 bei einer Bärenjagd eine angeschossene Bärin bis auf fünf Schritte an den Zaren herankam. Die Bärin vermochte noch einen gewaltigen Satz auf einen Spießträger zu machen, dem sie den Oberschenkel zerfleischte, bevor ihr der Oberjägermeister den Fangschuß geben konnte. Schließlich muß hier noch erzählt werden, daß der Fürst von Schwarzburg-Sondershausen zu Beginn des 20. Jahrhunderts als über Siebzigjähriger einen Jägertod fand. Er ist einem starken Keiler nur mit einer Saufeder bewaffnet entgegen getreten und erlag den Wunden, die ihm die Bestie mit ihren Hauern zufügte. Über das Hofleben dieses Fürsten hat ein Diplomat gesagt: „Das ganze Leben der Herrschaften richtet sich nach den Brunftzeiten der Waldbewohner, denn danach verlegt Serenissimus seine Residenzen."

Während die Pirsch und die Treibjagd auf freilebendes Wild bis heute die Grundformen der Jagd bilden, sind aus Gründen der Bequemlichkeit, Unterhaltung und Repräsentation seit alten Zeiten manipulierte Jagden veranstaltet worden. Hierzu gehört nicht die Jagd mit abgerichteten Tieren, welche eine besonders kultivierte Form der Jagd darstellt. Dagegen jedoch die Lustjagd auf eigens für die Jagd eingefangene und zusammengetriebene Tiere. Sie hat in der barokken Jagd Formen angenommen, welche auch in den Augen von Waidmännern als Perversion und abscheuliche Schlächterei gilt.

Tatsächlich haben diese nicht zufällig Prunkjagden genannten Jagden auch die Aufgabe gehabt, die einfachen Jagden als das ursprüngliche Vergnügen jeden adeligen Mannes abzuwerten und den niederen Adel an den mit glanzvollen Festivitäten lockenden fürstlichen Hof zu binden, welcher allein solch aufwendige Veranstaltungen zu finanzieren vermochte. Ein besonders exklusives Jagdvergnügen war bereits im Spätmittelalter die Jagd auf Bären. Da diese damals in Deutschland rar zu werden begannen, sind sie bis in die Barockzeit hinein zu einem gesuchten Handelsartikel unter den Fürstlichkeiten geworden, die sich gegenseitig zu Bärenjagden einzuladen pflegten. So wird berichtet, daß der sächsische Kurfürst im Jahre 1574 eine Jagd auf einen ausgesetzten Bären veranstaltete, der von fünfzig Saurüden gehetzt wurde.

Von den Lust- oder Prunkjagden, bei denen absolutistische Repräsentationsbedürfnisse im Vordergrund standen, seien hier zwei extreme Beispiele vorgeführt: Anläßlich der Vermählung seines Sohnes mit der Kaisertochter Maria veranstaltete August der Starke eine Wasserjagd auf der Elbe bei Dresden. Diese Jagd wurde dadurch eingeleitet, daß ein buntgeschmücktes Schiff stromab fuhr, dem die Jagdgöttin Diana und vier Nymphen entstiegen und auf dem eine italienische Kantate aufgeführt wurde. Anschließend wurden flußaufwärts von kurfürstlichen Jagdknechten Hirsche und Rehe ins Wasser getrieben. Diese armen Kreaturen wurden mit einem Bleihagel begrüßt, wenn sie sich mit zitternden Läufen auf das Ufer zu retten suchten. Einige der Tiere wurden von den Jagdkavalieren mit Lanzen verfolgt und erlegt, andere wurden von der fürstlichen Jagdgesellschaft aus venezianischen Gondeln beschossen. Insgesamt wurden dabei 394 Tiere erlegt.

Noch blutiger verlief die von Herzog Karl Eugen von Württemberg im Jahre 1763 veranstaltete Lustjagd. Für diese Jagd haben die herzoglichen Jagdknechte monatelang über 5.000 Stück Wild gefangen und in Käfigen nach Degerloch gebracht. Ohne daß diese armen Tiere irgendeine Chance hatten, auch nur vorübergehend zu entfliehen, wurden sie durch einen künstlichen See getrieben und dann aus nächster Nähe - gewissermaßen wie Kühe auf der Weide - abgeknallt. Bei dieser Schlächterei ließen 121 Hirsche, 240 Wildschweine, 207 Füchse, 3.000 Hasen usw. ihr Leben.

In den gern buchhälterisch zum Zwecke der Renommiersucht registrierten Abschußleistungen spiegelt sich nicht selten solch eine Jagdperversion wider. So soll der Landgraf Philipp von Hessen im Jahre 1558 angeblich 1.120 Sauen erlegt haben und der Herzog Ernst-August von Sachsen-Weimar, der Großvater des Goethe-Freundes Karl August, welcher 1.100 Jagdhunde gehalten hat, allein im Winter 1744/45 ein paar hundert. Verglichen mit der Strecke, welche der britische Lord Rippon in den Jahren 1867-1900 vorgelegt hat, sind dies eher noch bescheidene Ergebnisse. Dieser Lord soll nämlich 142.000 Fasane, 97.000 Rebhühner, 56.000 Moorhühner, 29.100 Kaninchen, 27.000 Hasen und neben anderem Getier auch Exoten wie zwei Rhinozerosse und 11 Tiger erlegt haben. Der oberschlesische Montanindustrielle Graf Tiele-Winckler hat für eine einzige Jagd, bei der Kaiser Wilhelm II. Ehrengast war, 20.000 Fasanen zum Aussetzen für die Jagdgäste gekauft.

8.3. Soziale Folgen und Kritik des Jagdteufels

Die oft durch Prestigedenken überformte und nicht selten pervertierte Jagdleidenschaft des Adels ist von dem Humanisten Erasmus von Rotterdam als eine pseudoreligiöse Handlung mit festgelegtem Zeremoniell auf das Schärfste gebrandmarkt worden. Schwerwiegender als der Jagdkult und das, was als Begünstigung der Verrohung der niederen Instinkte kritisiert wurde, waren die verheerenden wirtschaftlichen Konsequenzen der Jagdausübung. Das Jagdrecht war nämlich ein Hoheitsrecht. Während dem Landesherren die „hohe Jagd" auf Rot-, Dam- und Schwarzwild sowie auch auf den Auerhahn vorbehalten war, durfte der landsässige Adel - soweit ihm nicht auch die hohe Jagd zustand - lediglich die „niedere Jagd" auf Hasen, Füchse, Dachse, Rebhühner und Enten ausüben. Die Zuordnung mancher Wildarten wie besonders des Rehwildes war unterschiedlich geregelt.

Nach dem Jagdrecht durfte der Adel auf dem bäuerlichen Land jagen. Die Bauern, denen der Besitz von Jagdwaffen untersagt war, mußten hinnehmen, daß ihnen sowohl durch das oft viel zu zahlreiche Wild als auch durch die Ausübung der Jagd auf ihren Feldern ein zuweilen existenzgefährdender Wild- und Jagdschaden entstand. Cyriakus Spangenberg, der durch seinen Freimut in Konflikt mit der Obrigkeit geratene Hofprediger des Grafen Mansfeld, hat dies in seinem 1560 erschienenen „Jagdteufel" angeprangert. Er spricht dort vom „unmenschlichen Wüten" und von Mißhandlungen, welche der „kleine Mann" erdulden müsse, und behauptet, daß dieser für geringer geachtet werde „denn die stinkenden Hunde". Die Bauern waren verpflichtet, an den adeligen Jagden als Treiber mitzuwirken. Der berüchtigte Herzog Ulrich von Württemberg zwang die Bauern sogar, kostenlos seine Jagdhunde aufzuziehen. Die bäuerlichen Hunde dagegen mußten um ihren Hals dicke Holzscheite tragen, damit sie dem herzoglichen Wild kein Leid zufügen konnten.

Das die Bauern schwer schädigende und überdies demütigende Jagdrecht war ein wesentlicher Grund für den Adelshaß und gegen den Adel gerichtete Revolten und Revolutionen bis hin zum Revolutionsjahr 1848, in dessen Gefolge die feudalen Jagdrechte beseitigt wurden. Welche Leiden diese Rechte beinhalteten, mag man auch daraus ersehen, daß Martin Luther die Fürsten tadelte, weil sie mit „ihrem vielen unmäßigen Jagen die armen Leute beschweren". Der als Schriftsteller hervorgetretene österreichische Adelige von Hohberg warf den Jagdherren vor, ihnen sei „ein Stück Wild lieber als ein fleißiger Untertan und Nebenchrist". Ein der Aufklärung verpflichteter Göttinger Professor hat den Mißbrauch der Jagd als eine „Sünde gegen das Menschengeschlecht" gebrandmarkt und erklärt, es sei eine Schande, die Menschen hungern zu lassen und die Feldfrüchte den Hirschen und Schweinen preiszugeben.

Der „Jagdfrevel" durch die Untertanen, welche nicht selten nächtens auf ihren Feldern wachen mußten, um die Wildschweine und Hirsche lediglich mit Stöcken vertreiben zu dürfen, wurde mit gnadenlosen Strafen geahndet. Auf den Kurfürsten August von Sachsen, welcher eine von ihm erlegte 700pfündige Wildsau durch seinen Hofmaler Lucas Cranach malen ließ, ist dieser bittere Spottvers gemünzt:

Wer Dir ein Wild erschießen tut, das sag' ich nit aus Übermut,
ohn' Gnad muß er sterben. Wer aber Leut ermorden tut,
muß drum nit verderben.

Den Gipfel der aus Jagdleidenschaft geborenen Menschenverachtung bildet diese in der adelsfeindlichen Literatur immer wieder erzählte Geschichte: Der aus dem gräflichen Haus Hohenems stammende Erzbischof von Salzburg habe zu Beginn des 17. Jahrhunderts einen Bauern, der verbotenerweise einen Hirsch erlegt hatte, in die Hirschhaut nähen und dann auf einem Marktplatz seine Hundemeute auf ihn hetzen und ihn zerreissen lassen. Da die Jagd auf den Hirsch ein Hoheitsrecht war, wurde übrigens im Verlauf des Bauernkrieges ein durch Bauern gefangener Hirsch von ihnen in einem symbolischen Akt gemeinsam geschlachtet und verspeist.

Hinsichtlich ihres negativen Verhältnisses zur Jagd waren die durch den Geist der Aufklärung geprägten Fürsten Friedrich der Große von

Preußen und Kaiser Joseph II. als Nichtjäger Außenseiter in der adeligen Gesellschaft. Joseph II. erklärte, er hasse die Jagd, weil sie den Geist ablenke und nur als Vorwand diene, die ernsthaften Dinge zu vernachlässigen. Ein bürgerlicher Schriftsteller kritisierte und karikierte den Adel damals so:

> *Die elendste Jagd war weit was Adlicheres als das beste Latein.*
> *Ein erschossener Sperling, den der kleine Junker seinem Papa nach Hause brachte,*
> *war größere Belohnungen wert, als wenn er die ganze Wissenschaft gefasset hätte...*
> *mit Hunden und Pferden stand er auf, mit Hasen und Vögeln ging er am Tag um.*

Ein frühes Beispiel für den Typus desjenigen bürgerlichen Intellektuellen, welcher die Jagd als barbarisch brandmarkte, war der berühmte Gelehrte und Geistliche John of Salisbury (1110-1180). Er tadelte die Jagd auf den „furchtsamen Hasen, jenes unglückliche Tierchen". Solch moralisierende Argumente, mit denen letztlich auch der Verzehr von Schlachtvieh unterbunden werden konnte, sind dem Adel gänzlich abwegig erschienen. Denn die Jagd bildet einen wesentlichen Bestandteil seines Lebens. So berichtet ein kurländischer Baron, daß die Frage, womit jemand seine Zeit verbrächte, in seinen Kreisen bevorzugt so beantwortet wurde: „Ich gehe auf die Jagd." Baron Hamilkar von Fölckersam fügte 1925 hinzu, er habe als Nichtjäger viel unter den Jagdgeschichten zu leiden gehabt und es habe beim kurländischen Adel des moralischen Mutes bedürft, sich als Nichtjäger zu bekennen, denn dieses sei als eine Art Defekt angesehen worden.

9. Adelige Standesbildung und ihre Leitbilder

Eine wahrhaft gute Erziehung sucht unsere Sittlichkeit
ebenso zu fördern wie unseren Verstand.

Michel deMontaigne (1533-1592)

Nach einem Wort von Carl Jacob Burckhardt ist das Rittertum im 17. Jahrhundert in Frankreich in der Gestalt des honnête homme, des Edelmanns bzw. des Kavaliers auferstanden. Der Edelmann oder Kavalier wiederum ist direkter Vorfahre des gentil homme, des gentleman, welcher bereits wesentlich durch bürgerliche Wertmaßstäbe geprägt ist. Denn ihn machen nicht unbedingt edle Abkunft, sondern vielmehr seine individuelle Persönlichkeitsbildung aus.

Der sprachlichen Neufassung dieser europäischen Leitbilder entspricht ihr inhaltlicher Wandel. Er läßt sich mit einem Häutungsprozeß vergleichen, bei dem die durch die geschichtliche Entwicklung überholten und nicht mehr glaubwürdigen Bestandteile des Leitbildes abgestoßen und durch zeitgemäßere ersetzt wurden. Äußerlich dokumentiert der Wandel sich etwa darin, daß mit dem Aufkommen der Schußwaffen die ritterliche Panzerung und das Ritterschwert, das einstige Sinnbild der christlichen Kardinaltugend der Gerechtigkeit, entbehrlich und durch den eleganten Degen ersetzt wurde. Aufschlußreich ist, daß der Adel hinsichtlich seiner steinernen Grabdenkmäler traditionalistisch blieb. Es war nämlich verpönt, den Edelmann dort mit einer Schußwaffe abzubilden. Noch im 17. Jahrhundert ließ sich der Edelmann deshalb mit Panzer, Schwert und abgenommenem Helm unter dem Kreuz darstellen.

An der Auffassung, daß der Adel ein privilegierter Kriegerstand sei, wurde noch lange festgehalten. So hat noch nach der Französischen Revolution die schleswig-holsteinische Ritterschaft das „Recht der Noblesse" bekräftigt, daß sie „zur Defension ihres Leibes und ihrer Ehre" den Degen gebrauchen könne. Das Recht, einen Degen tragen zu dürfen war damals bereits auf Nichtadelige ausgeweitet worden. Diejenigen Bürgersöhne, welche die Universität besuchten oder ins Offiziercorps eintraten, vollzogen einen Standeswechsel. Er manifestierte sich darin, daß sie eine Waffe tragen und damit ihre Ehre verteidigen durften. Als Elite unter der bürgerlichen Intelligenz hatten die Doktoren der Rechte als „milites iustitiae", Ritter der Justiz, bereits am Ende des 15. Jahrhunderts die Gleichstellung mit dem Adel erreicht.

Gegen solch eine Aufweichung - im Sinne einer Verbürgerlichung - des Standes gab es in altadeligen Kreisen hartnäckigen Widerstand. So soll Voltaire einmal von dem Bediensteten eines französischen Aristokraten auf schimpfliche Weise verprügelt worden sein, nachdem der Philosoph als nichtsatisfaktionsfähiger Bürger es gewagt hatte, den Edelmann nach einer ihm zugefügten Beleidigung zu fordern.

9.1. Die Verweltlichung des Ritter-Leitbildes im Zeitalter von Humanismus und Aufklärung

Das Leitbild des christlichen Ritters, des miles christianus, für den neben dem Herren- und dem Frauendienst der Gottesdienst keineswegs nur im militärischen Mönchtum der Ritterorden einen wesentlichen Teil seiner Standespflichten darstellte, verblaßte mit dem Nachlassen der gesellschaftlichen Prägekraft der Religion im Zeitalter des Humanismus und der Aufklärung. So kritisiert der gelehrte Julius Bernhard von Rohr im Jahre 1728 in seiner „Ceremoniel-Wissenschaft", in welcher er ein weitverbreitetes „Schein- und Maulchristentum" beklagte, daß „ein Teil der Cavaliers, Offiziere und anderer, die berechtigt sind, den Degen zu tragen", diesen auch bei kirchlichen Handlungen wie dem heiligen Abendmahl nicht ablegen wollten.

Nicht nur an weltlichen, sondern auch an geistlichen Fürstenhöfen der Renaissance wie dem des Deutschen Ordens in Preußen oder dem des Papstes tritt uns zu Beginn des 16. Jahrhunderts ein weitgehend verweltlichtes Rittertum entgegen. Heinrich IV. von Frankreich (1553-1610), der sich im Unterschied zu seinen absolutistisch gesinnten Nachfolgern noch als erster Edelmann des Königreiches fühlte, erklärte beispielsweise, daß er lieber der „Mätressen, Liebschaften, Hunde, Vögel, Spiele, Karten, Bauwerke, Banketts und allen anderen Zerstreuungen entraten würde, als die geringste Gelegenheit auszulassen, um Ruhm und Ehre zu erwerben".

Von einer christlichen Überformung des Kriegertums und auch von dem zur ritterlichen Lebensgestaltung gehörenden Frauendienst, der hohen Minne, ist nicht mehr viel zu spüren. Vielmehr ist die im Vollzug des Frauendienstes angehimmelte Dame durch Mätressen oder gar flüchtige Liebschaften ersetzt. Der nur wenig später entstandene „Don Quichote" des spanischen Edelmanns Miguel de Cervantes stellt als altmodischer ritterlicher Glaubensstreiter, welcher sich für Witwen, Waisen, Schwache und die Kirche einsetzt, bereits einen parodistischen und nostalgischen Abgesang auf das untergegangene ritterliche Zeitalter dar.

In seinem in viele Sprachen übersetzten „Cortegiano", dem „Buch vom Hofmann", welches eine unermeßliche Wirkung gezeitigt hat, gab der italienische Diplomat Balthasar Graf Castiglione zu Beginn des 16. Jahrhunderts dem durch den Humanismus geformten neuen Edelmann-Ideal Gestalt. Dieses Buch, welches neben der Bibel und dem „Fürsten" von Machiavelli auf dem Nachttisch von Kaiser Karl V. gelegen hat, bedeutet einen Höhepunkt der europäischen Adelserziehung und hat mit der Propagierung eines allseits gebildeten Menschen, eines uomo universale, weit über die Adelsethik hinaus gewirkt. Zwar geht Castiglione noch davon aus, daß der Hofmann adeliger Abkunft sein muß und seine hauptsächliche Beschäftigung das Waffenhandwerk darstelle. Er forderte jedoch, daß er auch in den Wissenschaften und Künsten ausgebildet werden müsse. Sein Erziehungsprogramm läuft darauf hinaus, daß sich adelige Gesinnung und innerer Adel decken müssen. Dabei hat er die Forderung „noblesse oblige" in die Sentenz gekleidet, daß der Adel wie ein helles Licht sei, welches gute und schlechte Werke offenbare.

Der Universalmensch Castiglione's ist dadurch gekennzeichnet, daß er kein Naturprodukt und auch kein menschlich deformierter Fachidiot, sondern - wie der Philosoph Schleiermacher formulierte - ein „geschliffener Diamant" sein soll. Bei ihm muß durch die gegenseitige Neutralisierung der vielen Qualitäten das absolute Individuum entstehen, bei dem keine Eigenschaft aufdringlich vorherrscht. Von größter Bedeutung hierbei ist die ästhetische Komponente, die Herstellung des aus der inneren Sicherheit kommenden Gleichklangs von Form und Gehalt. Die Herstellung der gesitteten Gesellschaft bedingt ein Absetzen, eine Absonderung von der ungeformten, groben, naturhaft „bäurischen" Gesellschaft. Deshalb fordert Castiglione, daß der Hofmann sich nicht auf dörflichen Tanzveranstaltungen vergnüge und erklärt es für einen unschönen Anblick, wenn ein Edelmann beim Ringkampf vom Bauern besiegt würde. Er verlangt weiter nach einer graziösen Höflichkeit, da die Höflichkeit schwerfällig würde, wenn sie der Heiterkeit gebreche.

Auch von dem weiblichen Gegenpol des Hofmannes, der gentille donna, erwartet Castiglione, daß sie als menschliches Kunstwerk ein bevorzugter Gegenstand der Erziehung würde. Die Edelfrau müsse klug und gebildet sein, nicht nur wissenschaftlich, sondern auch künstlerisch und literarisch. Sowohl durch Schönheit und Grazie als durch ihr Wissen und musische Qualitäten müsse sie in der Lage sein, die Männer mit brillianten und vergnüglichen Gesprächen zu ergötzen. Das Muster für diese weibliche Idealgestalt war die mit dem Markgrafen von Ferrara verheiratete Isabella d'Este (1474-1539), welche sich den Ehrennamen „prima donna del mondo" verdient hat. Ihr Hof in Mantua war ein strahlender Mittelpunkt für Künstler und Gelehrte. Unter ihnen befand sich Ludovico Ariosto, der mit seinem Ritterepos Orlando furioso, dem Rasenden Roland, dem Kunstideal der Renaissance den reinsten Ausdruck verliehen hat. Im Lichte des Humanismus wird darin ein wehmütiger Abgesang auf das in der künstlerischen und geistigen Tradition noch fortlebende Rittertum, die „Biederkeit der alten Rittersitten"! vorgenommen. Bezeichnenderweise beklagt Ariosto die Einführung der das Ritterwesen und den ritterlichen Zweikampf beendenden Schußwaffen mit der Bemerkung: „Durch euch ist Waffenkunst der Ehr entbunden!"

In Deutschland wirkten mittelalterliche Ideale und Einstellungen in zweierlei Weise noch lange nachhaltig fort, und zwar hinsichtlich einer junkerlich-ungeschlachten, gewissermaßen vorhumanistischen

Aufführung bei gleichzeitiger Beibehaltung christlich-mittelalterlicher Ideale. Dies hat der Straßburger Humanist Sebastian Brant im Jahre 1494 in seinem „Narrenschiff" thematisiert. Dort wird „Sankt Grobian" als Schutzpatron aller rauhen Tölpel und als satirischnegatives Erziehungsleitbild vorgestellt. Dieser Anti-Heilige erteilt allerlei ausgesprochen unmanierliche Ratschläge, wie etwa die Aufforderung zum Rülpsen bei Tisch.

Bereits in dem Titel seines Buches „Della Cavalleria, Bericht von allem was zur Reutterei gehörig und einem Cavalier zu wissen gehört" kündigte der wolfenbüttelsche Stallmeister Georg Engelhart von Löhneysen 1609 an, daß das Grob-Junkerliche veredelt werden müsse. Er meinte, der „Junge vom Adel" sei so aufzuziehen, „damit der Leib nicht geschwelle und das Gemüt nicht verdrossen werde". Der der Erziehung von Prinzen und Adeligen gewidmete und oft nachgedruckte „Deutsche Fürstenstaat" des Veit Ludwig von Sekkendorff von 1655 legt Zeugnis ab von der Lebenskraft christlich-mittelalterlicher adeliger Tradition. Diese werden freilich durch den gelehrten Kanzler des Herzogs Ernst des Frommen von Sachsen-Gotha einer Läuterung im Geiste des Humanismus unterzogen. Welch praktische Auswirkung solch eine Reformpolitik hatte, mag man daraus ersehen, daß der fromme Herzog in seinem Ländchen die allgemeine Schulpflicht eingeführt hat, so daß man sagte, in Gotha seien die Bauern gebildeter als anderswo die Edelleute. Obenan bei der Prinzenerziehung steht für Seckendorff die Erziehung in „der christlichen seligmachenden Religion", in „allen christlichen Tugenden, nach den heiligen Zehn Geboten". Weiter wird gefordert, daß die „Fürstenkinder Lesen, Schreiben und Rechnen lernen, da es ein Übelstand sei, wenn vornehme Leute darin ungeübt" seien. Schließlich wird auch noch Wert auf die Erlernung der ritterlichen Exerzitien sowie der Jagdkunst gelegt.

Zu den in Italien als bäurisch eingeschätzten adeligen Exerzitien gehörte das Steinstoßen und der Ringkampf, bei dem sogar Mitglieder regierender Häuser ihre Kräfte mit Angehörigen niederer Stände maßen. So ist beispielsweise überliefert, daß der Herzog Sigismund von Tirol (1427-1496) mit einfachen Leuten gerungen hat. Im Mün-

Der Ritter Assa von Cramm zu Pferde von Lukas Cranach d. Ä.
Auf die Bitte dieses Feldobersten hat Martin Luther 1526 die Schrift
verfaßt: "Ob Kriegsleute in seligem Stande sein können?"

chener Stadtschloß der Wittelsbacher wird ein Dreizentnerstein aufbewahrt, den der 1493 auf einer Pilgerreise in Rhodos verstorbene Herzog Christoph mit eigenen Händen geschleudert hat.

Und schließlich veröffentlichte im Jahre 1539 der kursächsische Rat Fabian von Auerswald sein in der Werkstatt von Cranach illustriertes Buch über die „adelige Ringerkunst", in welcher er bemerkte, daß er als junger Mann mit den sächsischen Prinzen gerungen habe!

9.2. Adelskrieger in der Frühen Neuzeit

Die deutschen Adelskrieger, welche sich aus materieller Not oft als Soldritter verdingen mußten, waren in der Tat meist rauhe Gesellen. Sie erwiesen sich etwa im Jahre 1527 beim Sacco di Roma, der Einnahme und Plünderung des Mittelpunktes der christlichen Welt, als ausgesprochene Barbaren. Dabei ließ sich der aus Bayern stammende Kriegshauptmann von Sandizell als Papst verkleiden, sich von Kriegsknechten, welche Kardinalsgewänder angelegt hatten und an Ausschreitungen übelster Art mitgewirkt hatten, Hände und Füße waschen, wobei er gotteslästerliche Reden führte. Auf dem Hintergrund solch einer militärischen Wirklichkeit erscheint es bemerkenswert, daß der aus Niedersachsen stammende Kriegshauptmann Assa von Cramm aus innerem Antrieb an Martin Luther die Frage gerichtet hat, „ob Kriegsleute in seligem Stande sein können?" In der so betitelten Schrift hat der Reformator seine noch heute diskutierte Zwei-Schwerter-Lehre vom weltlichen und geistlichen Regiment entwickelt.

Ganz offensichtlich beinhaltete die Adelserziehung die Vermittlung eines schlichten, ergeben-fatalistischen Gottvertrauens. So wurden dem späteren Obristen Jakob von der Schulenburg (1515-1576) beim Auszug in den Türkenkrieg vom Vater diese Worte mit auf den Weg gegeben: „Wohlan ziehe hin, halt dich wohl und streite ritterlich; kommst du wieder, sollst du mein lieber Sohn sein, bleibst du aber, so empfehle ich Gott dem Allmächtigen deine Seele." Hier wird deutlich, daß die Bedrohung Europas durch die mohammedanischen Türken, welche 1453 Konstantinopel eroberten, 1526 Ungarn überrannten und 1529 sowie 1683 vor Wien standen, zu einer Renaissance des Ideals des christlichen Ritters geführt hat.

Unter den führenden adeligen Söldnerführern des 17. Jahrhunderts trifft man sowohl ausgesprochen religiöse Menschen als auch Haudegen, denen geistige oder geistliche Interessen und Motive durchaus fremd waren. Zu der letzten Kategorie gehörte der Feldmarschall Melchior von Hatzfeldt (1593-1631), welcher rohe Kriegsmann und Frauenfreund sich bezeichnenderweise die Parole „Viva la guerra e l'amor" zur Devise erwählt hat. Den Typus des barbarischen Rauhbeins hat im 17. Jahrhundert der zum Marschall von Frankreich aufgestiegene und am Pariser Hof mit seiner blonden Schönheit Aufsehen erregende Holsteiner Jonas von Rantzau verkörpert. Von ihm wird gesagt, er habe im Kriege sechzig Wunden davongetragen und dabei ein Auge, ein Ohr, einen Arm und ein Bein verloren.

In dem General Ernst Graf Mansfeld (1580-1626) begegnet uns dagegen ein Soldat, der sich noch als christlich-mittelalterlicher Ritter verstand. Vor seinem auf einer Pilgerreise ins Heilige Land erfolgten Tod erhob er sich als Sterbender von seinem Siechbett, ließ sich Schwert und Harnisch anlegen und erklärte in seiner Abschiedsrede an sein Gefolge: Da er den Tod nicht auf dem Schlachtfeld gefunden habe, solle er ihn nicht auf dem weichen Pfuhl ereilen, er wolle dem Herrn der Heerscharen seine Seele stehend zurückgeben. Zu den ausgesprochen christlich orientierten Truppenführern des Dreißigjährigen Kriegs rechnet der in schwedischen Diensten stehende Feldmarschall zu Knyphausen. Er hat in kaiserlicher Kriegsgefangenschaft die Schrift verfaßt: „Ritterliche Qualitäten, das ist: wie ein Cavalier oder Soldat durch christliche Tugend, Glück und Victoria das ewige Leben erringen könne."

9.3. Humanismus und Adelsbildung

Entgegen der weitverbreiteten Vorstellung, daß im 16. Jahrhundert das Mittelalter durch die Neuzeit abgelöst wurde, erweist ein Blick auf die Gegebenheiten, daß mittelalterliche Vorstellungen noch lange fortwirkten und eine Synthese mit neuen beziehungsweise antiken Idealen eingingen, wodurch sich neue Leitbilder wie dasjenige des Cavaliers herauskristallisierten. Hierfür bietet das Leben und das Werk des Freiherren Johann von Schwarzenberg (1463-1528) ein eindrucksvolles Beispiel. Dieser fränkische Ritter, der in seiner Jugend ein begeisterter und erfolgreicher Turnierkämpfer gewesen und gleich vielen seiner Standesgenossen ins Heilige Land gepilgert ist, hat als Hofmeister das höchste weltliche Amt im Fürstbistum Bamberg bekleidet. Auf ihn geht die Bamberger Halsgerichtsordnung von 1507 („Bambergensis"), das erste deutsche Strafgesetzbuch, zurück, welches den mittelalterlichen Inquisitionsprozeß abschaffte, ein gerechtes Untersuchungsverfahren einführte und Vorbild der Peinlichen Halsgerichtsordnung Kaiser Karls V., der 1532 erlassenen „Carolina" wurde.

Der geistige Hintergrund dieser Leistung wird deutlich, wenn man sich vergegenwärtigt, daß Schwarzenberg der Autor von Schriften wie „Wider das Mordlaster des Raubens" oder „Memorial der Tugend" gewesen ist und er sich auch einen Namen als Übersetzer von Cicero gemacht hat. Dieser dem römischen Ritterstand entstammende und durch die griechische Philosophie beeinflußte Autor hat mit seinem Buch „Vom rechten Handeln" (De officiis), welches Voltaire und Friedrich der Große als das beste Buch über die Moral bezeichnet haben, das abendländisch-europäische Bildungsideal nicht nur des Adels maßgeblich beeinflußt. Daß dieses Ideal aristokratisch geprägt ist, erweist beispielsweise diese Bemerkung Ciceros: „Etwas Großes nämlich ist es, dieselben Erinnerungen an die Vorfahren zu haben, dieselben Heiligtümer zu verehren, gemeinsame Gräber zu haben."

Die Frage nach der Pflicht ist für Cicero die Bestimmung des Bösen und des höchsten Gutes, wobei das höchste Gut in Verbindung zur Tugend stehe, da sonst der persönliche Nutzen zum Maßstab des Handelns würde. Das tugendhafte Leben, welches das Fliehen von Überhebung, Hochmut, Anmaßung und Haltlosigkeit sowie die Beherrschtheit in Glück und Unglück voraussetze und sich in einer ausgewogenen Haltung und Selbsdisziplin äußern müsse, bedinge, daß die Triebe der Vernunft gehorchen müßten.

Die europäische Adelsethik fügt sich auch insofern in die antike Tradition ein, als nach ihr die Tätigkeiten von Tagelöhnern, Handwerkern und Kleinhändlern als eines „Freien nicht würdig und schmutzig" eingestuft wurden. Von diesem Verbot war ausdrücklich der Landbau, die Heilkunst, die Baukunst und die Wissenschaft ausgeklammert und als ehrenhaft gestattet. Tatsächlich war die Adelsethik besonders auch in Deutschland viel restriktiver. Noch im 19. Jahrhundert ist dem späteren berühmten Kunstsammler Adolf Friedrich Graf von Schack von seinem Vater gesagt worden, für einen Adeligen sei es unpassend, einen anderen Beruf als den des Landwirts, Soldaten oder eine Karriere im Hof- oder Staatsdienst zu ergreifen. Eine Laufbahn in der Adelskirche muß in diesem Zusammenhang dem Staatsdienst zugerechnet werden.

Wie Julius Bernhard von Rohr im 18. Jahrhundert bemerkte, galt die Ausübung der Heilkunst beim deutschen Adel nicht als standesgemäß. Daß der von einem verarmten Adeligen außerehelich gezeugte Vater des großen Paracelsus diesen Beruf ergriff, unterstreicht diese Tatsache. Auch die Baukunst war kein adeliger Beruf. Der große Architekt Georg von Knobelsdorff ist erst in späteren Jahren und auf dem Umweg über den Offizierberuf und die Freundschaft mit Friedrich dem Großen zu seiner Berufung gekommen. Desgleichen galt beim deutschen Adel bis in die neueste Zeit hinein die Ausübung eines pädagogischen bzw. theologischen Berufes für nicht anständig. Die Person des Hermann von Kerssenbrock aus dem lippischen Barntrup (1517-1585), welcher bedeutende Schulmann der erste weltliche Leiter des Münsteraner Domgymnasiums gewesen ist und außerdem als Autor der ersten Darstellung der Wiedertäuferbewegung Geschichte gemacht hat, bestätigt dies ebenfalls. Er ist nämlich von einem altadeligen Vater mit einer Magd gezeugt worden, so daß ihm die Voraussetzungen für eine adelige Laufbahn fehlten.

In wie starkem Maße antike und christliche Vorstellungen ineinandergeflossen sind, belegt ein Holzschnitt in der von Schwarzenberg besorgten deutschen Übersetzung von Ciceros Buch über die menschlichen Pflichten. Dort ist ein christlicher Ritter in voller Rüstung dargestellt: Er steigt die Himmelsleiter empor, woran ihn die als allegorische Figuren

Der Miles christianus aus Officia Ciceronis Teutsch 1565.
Armut, Krankheit, Wollust und Tod versuchen den Ritter von der
Himmelsleiter herabzuziehen

dargestellten Laster Armut, Krankheit, Wollust und Tod zu hindern suchen, indem sie alle Anstrengung machen, ihn mit Seilen wieder auf die Erde herabzuziehen. Das in dieser Allegorie dargestellte asketische abendländische Erziehungsprogramm, welches im Gegensatz zum heute vorherrschenden materialistisch-hedonistischen steht, indem nämlich der Ritter gegen die „niederen" Triebe zugunsten höherer Ideale ficht, hat bereits der Minnesänger und Ministeriale Walther von der Vogelweide mit diesem Gleichnis angesprochen:

> *Wer schlägt den Löwen? Wer schlägt den Riesen?*
> *Wer überwindet den und diesen?*
> *Das tut einer, der sich selbst bezwingt*
> *Und alle Glieder in Beherrschung nimmt!*

Dieses Wort macht deutlich, daß die Askese darauf abzielt, in der Unruhe und dem Aufruhr der Welt durch Selbstbeherrschung den Frieden mit sich selbst und mit Gott zu finden. Das Schlüsselwort hierfür war die „Zucht", durch welche der ritterliche Mensch geformt und auf die ihm gemäßen Tugenden Stete, Treue, Keuschheit und Bescheidenheit vorbereitet wurde. Besonders beliebt als Bild für die Beherrschung des Körpers und seiner Triebe durch den Geist war der berittene miles christianus. So heißt es auf einem Kupferstich von 1628, welcher einen Ritter auf seinem prächtig geschmückten Streitroß an der Schranke eines Turnierplatzes zeigt:

> *Wer kämpfen soll auf einem Pferd,*
> *der muß haben Sporn und sein Schwert.*
> *Aber der Zaum es zu regieren,*
> *ist das vornehmst, soll er turnieren.*
> *Also willst recht auch deinen Leib*
> *zwingen, daß er gehorsam bleib,*
> *zu Gottes Dienst? so fuhr den Will'n*
> *mit Bescheidenheit solche zu erfüllen.*

In der Vergeistigung des Ritterideals und der Ablösung adeliger Leitbilder von ihrer geburtsständischen Bindung spiegelt sich die durch den Humanismus in Gang gesetzte Kulturrevolution. Sie ist von Hans Sachs in das bekannte Wort gefaßt worden: „Adel sitzt im Gemüte, nicht im Geblüte". Welch tiefgreifende geistige Umwälzung damit angesprochen wird, kann man ermessen, wenn man bedenkt, daß Hartmann von Aue dereinst gesagt hat, ein Junge werde durch gelehrte Studien für das Ritterdasein verdorben. Diese Aussage läßt seinen vielzitierten und auf eine Ausnahme verweisenden Satz: „Ein Ritter so gelehret was, daß er in den Büchern las" in einem besonderen Licht erscheinen.

Hier kann noch darauf verwiesen werden, daß der Pfalzgraf Ruprecht I. (1309-1390), welcher 1386 in Heidelberg die erste deutsche Universität gegründet hat, - ebenso wie Rudolf von Habsburg - noch Analphabet gewesen ist. Der 1544 zur Kurfürstenwürde gelangte Pfalzgraf Friedrich hat bereits die Sitte der französischen Renaissancegesellschaft eingeführt, bei geselligen Zusammenkünften ein allgemein interessierendes Thema in Rede und Gegenrede zu erörtern. So disputierten an seinem Heidelberger Hofe die Edelleute mit ihren Damen darüber, ob dem Frühling oder dem Herbst der Vorzug gebühre. Als der aus dem Hause der Oldenburger Grafen stammende König Christian von Dänemark (1448-1481) in Rom den Papst besuchte, da wunderte sich dieser, daß so ein gewaltiger Herr nicht studiert hatte. Wenn in jener Zeit der Pfalzgraf Johann von Simmern (1459-1509) bekannte, daß er „beim Anblick von Büchern mit Grauen gepackt" werde, so gewiß auch deshalb, weil er wie andere Adelige Minderwertigkeitskomplexe zu entwickeln begann und dies mit markigen Kraftworten überspielte.

Der im 15. Jahrhundert einsetzende und im 16. Jahrhundert durch die Reformation beschleunigte Bildungsprozeß zumindest desjenigen begüterten Adels, der sich die höhere Bildung leisten konnte, verlief geradezu rasant. So beherrschte etwa der Großvater des gelehrten Herzogs Julius von Braunschweig-Wolfenbüttel (1528-1589), welcher in den Niederlanden und in Frankreich studiert hatte und 1576 die Universität Helmstedt gründete, lediglich das Braunschweiger Platt. Auch der Graf Arnold von Bentheim-Steinfurt, welcher 1591 mit dem Steinfurter Gymnasium Illustre die älteste, 1631 in den Rang einer Universität erhobene Hohe Schule Westfalens begründet hat, ist als Straßburger Student und überzeugter Calvinist humanistisch gebildet gewesen.

Des Lesens und Schreibens nicht mächtige Fürstendiener wie der Hofmarschall des Herzogs von Pommern, Otto von Wedel, oder der braunschweigische Rat Christoph von Hardenberg, welcher zum Ausgleich dieses Defektes einen Kaplan bei der Hand hatte, fielen in der Mitte des 16. Jahrhunderts bereits negativ auf. Da die damals einsetzende Umwandlung des aus dem Mittelalter überkommenen Patrimonialstaates in einen modernen Beamten- und Fürstenstaat durch das Vordringen des römischen Rechts gekennzeichnet war, sahen sich die Adeligen gezwungen, sich die erforderlichen Rechtskenntnisse anzueignen. Sonst hätten sie die Fortkommen und Ehre versprechenden leitenden Stellen im Staatsdienst gänzlich an die aufstrebende Konkurrenz der bürgerlichen Geheimen Räte abgeben und sich mit Ehrenämtern im reinen Hofdienst begnügen müssen.

Der Feldhauptmann Reinhard Graf zu Solms hat 1564 in seiner „Beschreibung vom Ursprung, Anfang und Herkommens des Adels" gefordert, daß junge Adelige studieren sollten. Denn es stehe ihnen gut, daß sie mehr könnten als die anderen. Auch Ulrich von Hutten hatte gefragt: „Warum widmen wir uns nicht dem Recht, der Literatur und den Künsten, damit die Schneider, Weber und Zimmerleute uns nicht übertreffen?" Beiden ging es darum, den Adel als Stand in die Lage zu setzen, den veränderten Anforderungen der Berufswelt gerecht zu werden und dadurch seine soziale Vorrangstellung zu behaupten. Diese standespolitische Zielsetzung beleuchtet die Forderung des Grafen Solms, daß „der Adel seine ritterliche Ehre selbst behalten und nicht gestatten soll, daß die Knechte solche Adelige und Ritterliche Ehr gebrauchen und dem Adel aus der Hand nehmen". Da dies eine ständische Ehre war, beinhaltete sie zugleich, daß sich der Adel der „Kaufhändel" enthalten, den exklusiv-adeligen Charakter des Turnierwesens verteidigen und schließlich dem christlichen Glauben treu bleiben soll.

Der gelehrte bayerische Domherr Antonius von Gumppenberg (1501-1574), welcher als Prokurator der deutschen Nation in Rom die Anlaufstelle für Deutsche am päpstlichen Hof gewesen ist, hat die Konsequenzen der unzureichenden Bildung vieler deutscher Adeliger drastisch so beschrieben: „Wenn der große Herr ein Esel ist, weder Kunst, Tugend und Verstand hat und von seinem Adel zu leben vermeint, so läßt man solchen Edelmann an der Eselschaft stehen wie eine andere Bestia und kein Wirt in Rom wird ihm für seinen Adel Spülwasser geben, geschweige denn die Suppe." Dieser Rat war gewiß realistischer als die ignorante Trotzäußerung eines in den Diensten von Heinrich VIII. von England stehenden Ritters, der gesagt haben soll: „Ich möchte meinen Sohn lieber gehenkt als gelehrt sehn. Der Sohn eines Edelmanns soll fähig sein, das Jagdhorn zu blasen und einen Falken zu dressieren. Das Studium mag man Bauernsöhnen überlassen."

9.4. Adelige Repräsentanten des Humanismus

Tatsächlich hat eine schmale, aber einflußreiche und tonangebende Elite des deutschen Landadels, speziell auch der fränkischen Reichsritterschaft, im 15. und 16. Jahrhundert den Zustand der junkerlichen Eselschaft überwunden und ist mit hervorragenden Leistungen hervorgetreten. Der berühmteste unter ihnen ist der wegen seiner Schmächtigkeit für die kirchliche Laufbahn bestimmte Ulrich von Hutten (1488-1523). Er hat als armer Vagant eine Vielzahl deutscher und italienischer Universitäten besucht und ist als meistgelesener deutscher Humanist von Kaiser Maximilian zum „Poeta laureatus" gekrönt worden. Neben ihm verdient noch hervorgehoben zu werden der Bamberger Domherr Albrecht von Eyb (1420-1475), der in Pavia zum Dr. jur. promovierte und als Meister der Frühhumanisten als bester deutscher Prosaist vor Luther gilt. Dieser Geistliche befürwortete 1459/60 in seinem Traktat „Ob einem Manne sei zu nehmen ein eheliches Weib oder nicht" die Ehe. Dabei würdigte er erstmals in Deutschland die Frau als ein Wesen von geistiger Individualität.

Gleichfalls aus Franken stammte Sebastian von Rotenhan (1478-1534), welcher sowohl in Deutschland als auch in Italien studierte und promovierte, zum würzburgischen Rat und Hofmarschall aufstieg, bei dem Gutenbergschüler Peter Schöffer in Mainz mittelalterliche Annalen edierte und schließlich die älteste Landkarte von Franken schuf. Der als Kind von Geistlichen erzogene und dann auf die Universität in Wien geschickte Steiermärker Sigismund von Herberstein (1486-1566), welcher als kaiserlicher Diplomat aufgrund seines berühmten und gut illustrierten Berichtes „Reise zu den Moskowitern" den Ehrennamen eines „Kolumbus von Rußland"! erhalten hat, ist wegen seiner Bildungsbeflissenheit als Junge von adeligen Standesgenossen als Doktor, Schulmeister und Schreiber gehänselt worden.

Drei humanistisch gebildete sächsische Edelleute, welche an deutschen Universitäten und in Bologna die Rechte studiert hatten, sind in kursächsischen Diensten sowie im Dienste des Hochmeisters des deutschen Ordens Herzog Friedrich von Sachsen hervorgetreten. Dies waren der Kanzler Dietrich von Werthern (1468-1536), der Hofmeister Dietrich von Schönberg (1484-1525) und schließlich Georg von Polenz (1478-1550). Nach seinem Studium in Bologna ist letzterer kurze Zeit Geheimkämmerer von Papst Julius II. gewesen, dann trat er in den Deutschen Orden ein und stieg zum Bischof von Samland mit Bischofssitz Königsberg sowie zum Obersten Regenten des Ordensstaates auf. Polenz ist von Luther als erster deutscher Bischof gerühmt worden, der das Evangelium verkündet hat. Als alter Mann hat er noch an der Gründung der Universität Königsberg mitgewirkt. Dies hat auch der Erblandmarschall Dietrich von Maltzan getan, welcher zum Studium nach Wittenberg und Bologna ging, dort 1521 Protonotar der Deutschen Nation wurde, zum Doktor Juris promovierte und als mecklenburgischer Geheimer Rat im Kontakt zu Martin Luther stand.

Die Tatsache, daß der auf französischen und italienischen Universitäten ausgebildete und mit berühmten Gelehrten in Briefwechsel stehende brandenburgische Rat Joachim von Alvensleben auf Erxleben (1514-1588) als „Miraculum Saxoniae" gepriesen worden ist, verweist darauf, daß derartige Leute sowohl bewundert als auch beneidet worden sind. Tatsächlich hat nämlich die mit hohen finanziellen Aufwendungen verbundene humanistische Bildung eine Art Differenzierung im Adel bewirkt bzw. sichtbar werden lassen. Nur wenige Eltern konnten nämlich die Kosten für ein standesgemäßes Universitätsstudium ihrer Söhne aufbringen, und wer wie Heinrich von

Rantzau oder der später zum Oberstkämmerer von Preußen aufgestiegene Burggraf Achatius zu Dohna zum Studium nach Wittenberg geschickt wurde und dort bei der Witwe Martin Luthers zur Pension wohnte, der gehörte zu einer schmalen Elite. Deshalb erstaunt es auch nicht, daß der unter dem Pseudonym „Junker Jörg" auf der Wartburg versteckte Martin Luther den herzoglichen Knappen allein deshalb suspekt war, weil er Bücher las.

Abgesehen von der materiellen Bildungsbarriere gab es auch die traditionalistischen, adelig-ständischen Vorbehalte gegen eine höhere, gleichsam bürgerliche Bildung, welche die ritterlichen Exerzitien ungebührlich in den Hintergrund treten ließ. Noch Lord Chesterfield bemerkte im 18. Jahrhundert: „Gelehrte können nicht die ungezwungenen Sitten, die feine Lebensart der großen Welt haben." Außer auf die religiöse Erziehung konzentrieren sich die Exerzitien auf die Formung und Trainierung des Leibes sowohl als der „Wohnung der Seele" als auch des wichtigsten Instruments des Kriegertums. Bezeichnenderweise hat im Mittelalter der Minnesänger Hartmann von Aue einmal bemerkt, wer bis zu seinem 12. Lebensjahr nur die Schulbank gedrückt habe, tauge nur noch zum Priester. Deshalb hat auch der zum Erzieher des späteren Kaisers Karl V. bestimmte Wilhelm von Croy dem ihm unterstellten geistlichen Erzieher seines Zöglings, einem Bischof, Bücher weggenommen, damit der später als Kaiser von Velasquez auf einem berühmten Reiterbild verewigte Kronprinz sich mehr mit Pferden beschäftigte.

Der mit Ulrich von Hutten befreundete Humanist Willibald Pirckheimer hat gesagt, daß es „einem rittermäßigen Mann" in Deutschland zu „nicht geringer Schande" gereicht, gelehrt zu sein. Aus diesem Wort darf nicht das Klischeebild vom gänzlich ungebildeten Landjunker abgeleitet werden. Schließlich war der Adelige in der Regel von Beruf Krieger und Verwalter seiner Besitzungen. Hierzu reichte eine einfache Bildung aus, wie man sie etwa bei dem durchaus schriftkundigen Götz von Berlichingen antrifft. An ausländischen Universitäten humanistisch Gebildete bildeten - nicht nur beim Adel - eine schmale Elite. Offensichtlich hat es zur adeligen Attitüde gehört, eine gewisse Herablassung gegenüber der „bürgerlichen" Bildung zur Schau zu tragen. Dies bedeutet nicht, daß man Gebildete mißachtet hat. So ist dem pommerschen Kanzler Jakob von Zitzewitz (1507-1572), welcher in Frankreich und Italien studiert hatte, bei Hof der Beiname „Salomo" beigelegt worden. Wenn sich dagegen Landadelige intensiv dem Studium ergaben, kamen sie ins Gerede. So ist Heinrich von Rantzau von einem holsteinischen Adeligen wegen seiner „vielfältigen, närrischen und lächerlichen Bücher" verspottet worden. Der Holsteiner Detlef von Ahlefeld ließ seine Bücher im 17. Jahrhundert ungedruckt, weil er nicht „für einen Pfaffen und Bücherschreiber" passieren wollte. Auch wenn Adelige durchaus Wert auf die Erlangung des Doktortitels gelegt haben, so haben sie doch im gesellschaftlichen Verkehr davon meist keinen Gebrauch gemacht. Sicher auch deshalb, weil sie im Unterschied zu den Bürgerlichen, die den Doktortitel gern als eine Art bürgerliches Adelsprädikat betrachtet haben, eine solche Erweiterung ihres Familiennamens nicht nötig zu haben meinten. Ganz offensichtlich hat es eine adelige Reaktion gegen die einst von einer adeligen Elite begrüßte humanistische und gewissermaßen ständisch neutrale Gelehrsamkeit gegeben. Noch Dietrich von Witzleben (1488-1532), der Kanzler von Friesland, hat nie versäumt, sich als „Doctor und Ritter" auszuweisen!

9.5. Adelsschulen und Ritterakademien

Vorbehalte gegen die gelehrte bürgerliche Bildung haben eine am Ende des 16. Jahrhunderts einsetzende Institutionalisierung der adeligständischen „Kavalierbildung" in exklusiven Adelsschulen bzw. Ritterakademien zur Folge gehabt. Die älteste dieser Adelsschulen war das 1596 in Tübingen gegründete Collegium Illustre, dessen Oberhofmeister den Vorrang vor dem Rektor der Universität hatte und bei dessen Mittagstisch die Anzahl der Gänge vom Adelsrang abhing. Die Prinzen erhielten zehn Gänge, die Grafen und Herren fünf Gänge mit Wein und die einfachen Edelleute vier Gänge ohne Wein!

Auch der Landgraf Moritz „der Gelehrte" von Hessen, der die französische Renaissance-Kultur zum Vorbild nahm und den deutschen

Grabplatte des Friedrich von der Schulenburg (1591-1613)
mit modischem Hut in der Tübinger Stiftskirche, der als Student des
„Collegium Illustre" verstorben ist.

Grobianismus mit seinen Hofnarren, Zoten und Saufereien ablehnte, gründete 1599 in Kassel eine Hof- und Ritterschule, welche 1618 den Rang einer Ritterakademie verliehen bekam. In dieser Akademie wurde bezeichnenderweise neben den antiken Sprachen auch das Französische, Italienische, Spanische und Englische gelehrt. Neben den Unterrichtsfächern Theologie, Philosophie, Geschichte, Mathematik, Astronomie und Kriegswissenschaften wurde das Reiten, Fechten, Tanzen und Voltigieren gelehrt. Der bildungsbeflissene Landgraf stellte seinen Schülern einmal das Thema: „Es wäre zu wünschen, daß man vor keinem Edelmann den Hut abzöge, bis er einen Grad auf einer Hohen Schule erlangt oder des Vaterlandes Feinde vertreiben helfen hätte."

Während diese Schulen am Kavalierideal ausgerichtet waren und einen ständisch-allgemeinbildenden Charakter hatten, sollte die 1617 von Johann Graf von Nassau-Siegen gegründete „Kriegs- und Ritterschule" eine betont militärwissenschaftliche Ausrichtung haben. Zum Direktor dieser Schule wurde der Oberstleutnant Johann Jakob von Wallhausen bestellt, der 1616 seine „Ritterkunst" veröffentlichte. Darin unterscheidet er eingangs eine geistliche und eine leibliche Ritterschaft, wobei die geistliche mit dem Wort und die leibliche mit Leib vollbracht werde. Vom Rittersmann sagt Wallhausen, so er „nicht dem Exempel seines Vorfechters, des einzigen himmlischen Ritters nachfolgt", wäre er nur ein tönendes Nichts.

Bei aller Einseitigkeit der ständischen Adelserziehung darf nicht übersehen werden, daß die oft mit früheren Klostergütern dotierten Ritterschulen erheblich zur Bildung desjenigen Landadels beigetragen haben, der seine Söhne oft auch aus Kostengründen bislang überhaupt nicht auf eine Hohe Schule geschickt hatte. Schließlich muß man bedenken, daß ein Geistlicher anläßlich der Beerdigung des Brandenburger Landjunkers Balthasar von Loeben, welcher alle seine Söhne auf die Universität geschickt hat, im Jahre 1602 diese Anmerkung machte: Viele Adelssöhne lernten beim Dorfküster oder Schreiber nur notdürftig Lesen und Schreiben und wüchsen „wie Rinder" auf! Über die Zöglinge der 1655 im ehemaligen Lüneburger St. Michael-Kloster eingerichteten Adelsschule klagten die bürgerlichen Erzieher, daß sie „nicht einmal ein paar Zeilen mäßiges Deutsch" entwerfen könnten. Ihre Schüler jammerten dagegen, als Edelleute mit der griechischen und hebräischen Sprache gemartert zu werden. Nach ihren Lehrern waren die aus der Heide kommenden Junker schwerer zu bändigen als ein „Mohrenknabe aus Guinea". Aus der vom Freiherrn Groß von Trockau 1701 in Erlangen errichteten Ritterakademie ist immerhin die Universität Erlangen hervorgegangen.

Die 1694 in Wien gegründete Ritter- und Adelsakademie stellte sich kaum verhüllt zur Aufgabe, das unaufhaltsame Vordringen der bürgerlichen Bildung und Konkurrenz abzustoppen. Den österreichischen Adeligen, welche außer beim Erwerb eines akademischen Grades bei ihrem Universitätsbesuch keine Prüfungen ablegten, sondern die Hohe Schule vielmehr mit wohlgesetzten Bescheinigungen von Professoren verließen, erschien es nämlich nicht zumutbar, sich zu gleichen Bedingungen mit Bürgerlichen auf einen Wettstreit um Noten einzulassen. Es sei eine Schande, daß junge Kavaliere auf den Bänken des Gymnasiums mit „armen elenden Schülern" säßen und sich in Disputationen mit „gewöhnlichen Kerlen" messen lassen müßten, die mit ihrem Geruch die „Umgebung verpesteten", heißt es 1705 in den „Mémoires de la Cour de Vienne". Daß die ritterlichen Exerzitien wie Reiten, Kopf- und Ringelrennen im Prospektus dieser Adelsakademie als „adelige Wissenschaften" angepriesen werden, muß man als eine Geringschätzung der echten Wissenschaften ansehen.

Angesichts der Tatsache, daß besonders auch in Österreich die Spitzenämter, speziell auch in der Diplomatie, ausschließlich mit oft wenig qualifizierten Mitgliedern der Hocharistokratie besetzt wurden, wobei die juristische und administrative Sacharbeit von bürgerlichen oder kleinadeligen Legationsräten bewältigt werden mußte, hat ein berühmter Staatsrechtler des 18. Jahrhunderts diese These aufgestellt: Die Großwürdenträger wären die Zeiger, die hinter ihnen Stehenden dagegen das Uhrwerk, welches sie in Bewegung setzte! Auch daß der westfälische Freiherr Kerckering zur Borg sich im Jahre 1780 in einer Denkschrift an den Kaiser zu fordern genötigt sah, die

Bauernkinder im Interesse der Landwirtschaft am Studieren zu hindern, zeigt, daß sich eine für die Vormachtstellung des Adels recht bedenkliche Situation anbahnte. Denn was lag näher als die Schlußfolgerung, daß die „Zeiger" entbehrlich seien?

Immerhin hat noch am Ende des 18. Jahrhunderts der Mainzer Domherr Friedrich Lothar von Stadion in seiner Eigenschaft als Schulinspektor gegen das „herrschende Laster der Vielwisserei" gewettert, welche die deutsche Nation zu einer verkümmerten Rasse mache! Friedrich der Große hat 1772 bezeichnenderweise bedauert, daß der Sohn eines Adeligen das Bergfach studiere. Zu dergleichen Wissenschaften waren nach ihm „überhaupt Leute bürgerlichen Standes weit mehr aufgelegt und zu gebrauchen, weil selbige mühsamer und mehr ins Detail zu gehen gewohnt sind".

Den aus dem Hause Holstein-Gottorp stammenden Gemahl der aus dem Hause Anhalt-Zerbst stammenden russischen Kaiserin Katharina hat die Oberflächlichkeit der auf die äußerliche Beherrschung der adeligen Exerzitien ausgerichteten konventionellen Adelserziehung zu der aufschlußreichen Bemerkung veranlaßt: „Ich bin überzeugt, daß man mich zu einem Professor der Quadrille machen will, weiter brauche ich nichts zu wissen!" Auch der einstige hessische Hofjunker Adolf Freiherr Knigge hat 1791 in seinem satirischen Roman „Benjamin Noldmann's Geschichte der Aufklärung in Abyssinien" über diese Erziehung gespottet. Dort höhnt er über einen in der Jugend „ein wenig zu kavaliersmäßig" erzogenen Ritter des Deutschen Ordens, man habe vergessen, „ihn das Schreiben und Lesen gehörig zu lehren".

Es stellte bereits einen Fortschritt dar, wenn die 1711 im Benediktinerkloster Ettal gegründete Ritterakademie auch von solchen Bürgersöhnen besucht werden durfte, welche auf die Beamtenlaufbahn vorbereitet wurden. Die Adelssöhne wurden dort zum „galant homme" herangebildet. Entsprechend dem weltzugewandten Kavalier-Ideal mußten sie das Französische und Italienische erlernen. Ferner wurden sie mit den „adeligen" Fächern Tanzen, Reiten, Fechten, Mathematik, Kriegsbaukunst, Heraldik, Genealogie und Rechtsgeschichte traktiert. Bei den Bürgerlichen, welche an besonderen Tischen speisten, entfielen diese „adeligen" Fächer und Sprachen. Sie mußten stattdessen die antiken Sprachen erlernen. Noch fortschrittlicher war die 1770 in Stuttgart von Herzog Carl gegründete und 1781 zur Universität erhobene Carlsschule. Bei dieser durch ihren Zögling Friedrich Schiller weitbekannten Schule wurden ebenfalls noch ständische Unterschiede gemacht. Diese bezogen sich freilich mehr auf die Etikette denn als den Bildungsinhalt. So speisten Prinzen, Edelleute und Bürgerliche separat, wobei Offizierssöhne immerhin das Privileg genossen, sich gleich den Edelknaben pudern zu dürfen.

9.6. Ausformung, Kritik und Überwindung der ständischen Adelsbildung

Die Aufklärer haben nicht zuletzt die Ständeschranken auch im Bildungswesen in Frage gestellt. Es hat symbolische Bedeutung, daß der Reformator des preußischen Unterrichtswesens Karl Abraham Freiherr von Zedlitz (1731-1793), welcher selbst noch eine Ritterakademie besucht hatte, seinen Sohn demonstrativ auf eine Bürgerschule geschickt hat. Nicht zuletzt signalisiert auch der „Umgang mit Menschen" des Freiherrn Knigge eine Abkehr vom Ständedenken. Beispielsweise wird darin bemerkt, daß die Hofleute „besser Minen als gedruckte Sachen" lesen und dies ihr einziges Studium sei. Der Berliner Aufklärer Nicolai forderte noch vor der Französischen Revolution „Edelleute sollten billig nicht als Edelleute, sondern als Menschen erzogen werden".

Außer der Aufklärung hat auch die eine Reaktion auf den aufklärerischen Rationalismus darstellende religiöse Erweckungsbewegung Ständeschranken überwunden und durchlöchert. So gehörten zum Kreis der Münsteraner „Heiligen Familie" um die Fürstin Gallitzin und den Generalvikar von Fürstenberg Bürgerliche. Der Reventlow-Stolbergische Kreis im holsteinischen Schloß Emkendorf, der mit der „Heiligen Familie" in Verbindung stand und als christliches Gegenstück zum Weimarer Musenhof bezeichnet worden ist, hatte mit Klopstock und Hermann Claudius sogar bürgerliche geistige Väter.

Als die Liegnitzer Ritterakademie im Zuge der preußischen Reformen der Aufsicht einer bürgerlichen Schulbehörde unterstellt wurde, sind nicht nur Bürgerliche zugelassen und das Studium alter Sprachen eingeführt worden, sondern wurde zugleich die Betonung ritterlicher Künste wie das Reiten, Fechten und Tanzen zurückgestellt. Umgekehrt hat die bürgerliche Reformpädagogik von der Adelsbildung profitiert, als diese nicht einseitig auf die Schulung des Intellekts ausgerichtet war und von der Notwendigkeit überzeugt war, den gesamten Menschen zu formen als einer - wie heute Pädagogen sagen - Einheit von Kopf, Hand und Herz.

Diese Reformpädagogik wurde mit der Gründung des Philantropinums in Dessau in die Praxis umgesetzt. In der konterrevolutionären Publizistik konnte deshalb 1795 gegeißelt werden, daß die Aufklärer einen gegen die überkommene Sozialordnung gerichteten „Edukationskrieg" entfacht hätten. Es sei unglaublich, daß „ein künftiger Regent wie ein Bauernjunge Du daselbst genannt, von Lehrern, Jungen und Bedienten wie jeder andere Junge gehalten und behandelt ward". Es ist kaum bekannt, daß in der 1816 erschienenen „Deutschen Turnkunst" des später als „Demagoge" verfolgten Turnvaters Jahn betont wird, daß das Wort Turnen vom mittelalterlichen Turnier kommt! Nach Jahn sollte „die verloren gegangene Gleichmäßigkeit der menschlichen Bildung" wiederhergestellt und der „bloß einseitigen Vergeistigung die wahre Leibhaftigkeit" gegenübergestellt werden.

Während die auf eine Erwerbstätigkeit ausgerichtete und deshalb notwendig zunehmend spezialisierte bürgerliche Bildung der Gefahr des Fachidiotentums, der einseitigen Ausbildung intellektueller Fähigkeiten auf Kosten der moralischen, gesellschaftlichen, musischen und körperlichen Bildung ausgesetzt ist, ist das Erziehungsideal des Ritters, Edelmannes, Kavaliers und Gentlemans wegen seiner Universalität und seiner Standes- bzw. Klassengebundenheit durch Oberflächlichkeit und Standesstolz bedroht gewesen. So haben bürgerliche Pädagogen zu Beginn des 19. Jahrhunderts gegen die auf Ritter-Akademien verabreichte adelige Standesbildung eingewandt, sie vermittele ein „falsches point d'honneur" und lege zu viel Wert auf eine „gleißende Außenseite" bei gleichzeitiger Vernachlässigung der „wissenschaftlichen, geistlichen und gemütlichen Erhebung".

Daß solche Kritik berechtigt war, gab Bismarck zu, als er bemerkte, daß Französischkenntnisse wie sie auch ein Oberkellner habe, Söhne aus standesherrlichen Familien zu der irrigen Annahme bringe, sie seien für die Diplomatenkarriere berufen. Noch zu Beginn des 20. Jahrhunderts hat die mit dem Herzog von Marlborough verheiratete amerikanische Milliardärstochter Consuela Vanderbilt gespottet, die Aristokratie könne einen Gedanken in mehreren Sprachen ausdrücken, obgleich sie kaum etwas auszusagen hätte. An solch einer Kavaliershaltung hat Rohr bereits 1728 Kritik geübt, indem er feststellte, daß die Liebe zur Galanterie und zur französischen Sprache in Deutschland so eingerissen sei, daß es vielen unmöglich sei deutsch zu reden, ohne französische Worte einzumischen. Dabei dachte er an die für junge Adelige bestimmte Erziehungsliteratur wie die im gleichen Jahr in Dresden erschienene Schrift: „Die galante Ethica, in welcher gezeiget wird, wie sich ein junger Mensch bei der galanten Welt sowohl durch manierliche Werke, als durch complaisante Wörter recommandieren soll."

Einen Höhepunkt der Gallomanie stellte der dem Osnabrückischen Adel zugehörige Mindener Domherr Georg Ludwig von Bar dar. Diesem heute vergessenen Reimeschmied hat der große Wieland bescheinigt, er sei der „beste französische Dichter Deutschlands", weil er als Schriftsteller keinen einzigen deutschen Satz geschrieben habe. Noch der Vater des als Hitler-Gegner bekannt gewordenen Prinzen Hubertus zu Löwenstein hat erklärt: „Wenn ein Edelmann schlecht französisch spricht, dann ist es, als äße er Fisch mit dem Messer".

Dieser Prinz verkörperte den Typus desjenigen gebildeten Adeligen, der die altmodische Bezeichnung Edelmann zu Recht trug. Er war nämlich geistig interessiert und tätig, indem er Caesars Schrift über den Gallischen Krieg ins Deutsche übersetzte und teilte doch als ehemaliger Ulanenoffizier die traditionellen adeligen Werthaltungen. So bezeichnete er das Englische als „Sprache für Geschäftsleute" und seinem Sohn bedeutete er: „Wenn du in der Schule nicht gut tust, stecke ich dich zur Infanterie", d.h. eine bei adeligen Kavalleristen als bürgerlich geltende Waffenart. Bei all seinen typischen Vorurteilen wäre solch ein gebildeter Edelmann niemals bereit gewesen, grob-militaristische und junkerlich-bildungsfeindliche Sprüche abzugeben.

Solche sind beispielsweise von Friedrich Wilhelm I. von Preußen überliefert, welcher den von dem bedeutenden kurmainzischen Staatsmann Johann Christian von Boineburg (1622-1672) in die hohe Politik eingeführten Universalgelehrten Leibnitz als „närrischen Kerl" tituliert hat, der zu gar nichts tauge, „nicht einmal zum Schildwache stehen". Noch in den wilhelminischen Offizierskasinos konnte man den Spruch hören: „jefährlicher Mensch, liest Bücher!"

Wenngleich das im Ritterleitbild verdichtete christliche Kriegertum bei traditionsbewußten Adelsfamilien bis ins 20. Jahrhundert hineingewirkt hat und bei einigen Repräsentanten der Widerstandsbewegung gegen Hitler durchscheint, so hat der im 18. Jahrhundert massiv einsetzende Verweltlichungsprozeß naturgemäß auch den Adel erfaßt. Freiherr Adolf Knigge spottete in einem seiner Romane darüber, daß ein Ritter des Deutschen Ordens die Ausrottung der „vermaledeiten Türken" gelobt hat.

Tatsächlich haben die Malteserritter im 18. Jahrhundert von Malta aus eine Art christliche Piraterie betrieben. Mit „Karawanen" von drei Galeeren verübten sie Überfälle auf muslimische Küstenorte Nordafrikas. Die gastweise Teilnahme an diesen „Karawanen" war ein beliebter Sport für unternehmungslustige Söhne vermögender Adelshäuser. Aus dem Jahre 1776 existiert ein Bericht, nach dem die zur Keuschheit verpflichteten Malteser ihren an der Hafenmole stehenden Geliebten zuwinkten, als sie in See stachen. Solch ein Lebensstil vieler geistlicher Ritter hat das Wort hervorgebracht, daß ein keuscher Ritter so selten sei wie ein schwarzer Schwan.

9.7. Allgemeingültiges beim Leitbild des Edelmannes und Kavaliers

Das Ideal der Adelsbildung beinhaltet eine harmonisch-allseitige Entfaltung aller Anlagen. Ein wesentliches Element hierbei ist die

Forderung, daß der Edelmann welt-erfahren werden muß. Dieses Erziehungsziel wurde im Mittelalter durch Kriegs- und Turnier-Reisen sowie durch Pilgerfahrten und Kreuzzüge verwirklicht. In der Neuzeit wurden diese durch die grand tour, eine europäische Bildungsreise, ersetzt. Dabei wurden in Begleitung von einem Hofmeister und zumindest einem Diener Fürstenhöfe und Universitäten besucht.

Die adelige Lebensphilosophie, nach der derjenige, welcher die Welt nur aus Büchern kennt, keine Weltkenntnis und keine Geschicklichkeit habe, hat beispielsweise der berühmte Lord Chesterfield im 18. Jahrhundert in den Briefen an seinen Sohn formuliert. Chesterfield freilich liefert darin mehr als ein bloßes Benimm-Buch. Er fordert von dem gebildeten und geistreichen Weltmann, daß er die Fähigkeit zum Herrschen besitze und in allen Dingen und um jeden Preis die Führung in den Händen halte. Charakteristisch für seine Kavaliersphilosophie ist, daß der Weltmann wie ein Chamäleon jede Farbe annehmen und bei der Heiterkeit des Gesichts eine Kaltblütigkeit des Gemüts an den Tag legen können müsse.

Auch der Danziger Patriziersohn Schopenhauer hat das klassische Reisen, welches im Unterschied zum heute üblichen Tourismus mit dem Kennenlernen von Mensch und Kultur des Gastlandes verbunden war, mit dem „im Buch der Welt lesen" verglichen. Wenngleich das Reisen von jungen Adeligen naturgemäß auch Anlaß für Abenteuer und auch für diesbezügliche Warnungen war, ist es doch oft mit großer Sorgfalt geplant und durchgeführt worden und von großem Nutzen gewesen. Es brachte nicht nur einen persönlichen Gewinn für die Reisenden, sondern hat auch ein adelig-ständisches, die nationalen Schranken überschreitendes europäisches Kulturbewußtsein gefördert.

Wie der hannoversche Edelmann Christoph von Marenholtz 1680 feststellte, wurde die Kavalier-Reise, deren wichtigste Station ein Aufenthalt am Versailler Hof war, „eine Notwendigkeit und ein Requisitum d'un honnête homme"! Dabei merkte er an, daß „unsere lieben Alt-Väter" wenig gereist und studiert hätten und ihre Zeit lieber beim Trunke frischen Biers oder Weins verbracht hätten. Einen gu-

ten Einblick in die Einrichtung der grand tour vermitteln Reisetage-
bücher und -Instruktionen. Große Herren wie der 16jährige Landgraf
Georg II. von Hessen-Darmstadt traten ihre Kavalierreise mit großem Gefolge an, angefangen vom gräflichen Hofmarschall bis hin
zum Stalljungen.

Die Söhne des Landadels wurden dagegen bei ihrer Peregrination
nur von einem Hofmeister und einem Diener begleitet. So der Preuße Jonas Casimir zu Eulenburg und sein Vetter Ahasverus von
Lehndorff. Der Vater Eulenburg, der seinen elfjährigen Sohn und
seinen fünfzehnjährigen Neffen in Begleitung eines Königsberger
Magisters auf eine siebenjährige Europareise (1656-1663) schickte,
in deren Verlauf die Junker unter anderem Gast bei Cromwell waren
und an einer Kaperfahrt in Malta teilnahmen, hatte den Hofmeister
ermahnt, daß er die jungen Herren „nicht liederlich hinschießen"
lassen solle, und daß ihre Kleidung zwar reinlich, aber „durchaus
nicht stattlich" sein solle, weil alle Hoffahrt zu unterbinden sei. Von
der grand tour des französisch erzogenen Grafen Franz Erbach-
Erbach (1754-1823), der in seinem Schloß zu Erbach eine noch
heute zu besichtigende Sammlung von antiken Plastiken sowie von
Requisiten des Ritterlebens zusammengetragen hat, ist bekannt, daß
er nicht nur vom Papst empfangen wurde, sondern auch Station bei
den Philosophen Voltaire und Rousseau gemacht hat. Diese haben
bekanntlich nach Auffassung adeliger Konterrevolutionäre das Ancien Régime geistig unterminiert!

Die Ersetzung des Leitbildes vom Ritter durch den Edelmann, der
als gentil homme, als gentle man oder edler Mann schließlich nicht
mehr von adeliger Herkunft zu sein brauchte, bedeutet eine Lösung
von seiner ständischen Einbindung. Diese ist durch die Spiritualisierung des Adels- und des Ritter-Begriffs erleichtert worden. Sie hat
dazu geführt, daß man noch heute von einem ritterlichen Verhalten
sowie von adelig im Sinne von edel spricht. Obgleich das Leitbild
des Gentlemans bereits eine Demokratisierung des Edelmann-Ideals
darstellt, steht doch dieser Idealtypus vom zivilisierten Menschen in
der adelig-abendländischen Tradition.

Diese gipfelt in der Ausbildung einer freien, allseits gebildeten und souveränen Persönlichkeit, welche ein positives Sozialverhalten zeigt und auch in schwierigen Situationen Haltung, contenance bewahrt. Denn: „a gentleman never hurries". Der englische Kardinal Newman hat den Gentleman als einen Menschen bezeichnet, der keine Schmerzen zufügen kann. Und der britische Captain Scott hat 1912 unmittelbar vor seinem unabwendbaren Tod am Südpol in sein Tagebuch geschrieben: „Wir stehen kurz vor dem Abschluß unserer Reise und ich beende sie in Begleitung von zwei gallant, noble gentleman. Wir haben den Südpol erreicht und wir werden als gentlemen sterben."

Nachdem die adelige Gesellschaft und mit ihr das Zeitgebundene und Überholte nicht nur adliger, sondern auch klassengebundener bürgerlicher Ideale weitgehend versunken ist, könnte man fragen, ob nicht in den dargestellten Leitbildern aufgehobene überzeitliche Werte in die demokratische Gesellschaft transponiert werden können. Diese durch materiellen Überfluß und viel Freizeit charakterisierte Gesellschaft bietet nämlich sehr vielen Möglichkeiten, welche früher nur eine schmale Oberschicht hatte. Abgesehen davon, daß der aufrechte Gang des Menschen nur dann erreicht werden kann, wenn er nicht durch materielle und psychische Not sowie eine Mißachtung der Menschenrechte depraviert wird, bedingt eine Gesellschaft von Freien das Einhalten von Normen im zwischenmenschlichen Umgang.

Das von provokatorischen Regelverletzern verkündete „Ende der Höflichkeit" wird kaum zu einer menschlicheren Gesellschaft führen. Dies hat der Aufklärungsphilosoph Christian Thomasius angesprochen, als er sagte, das Wesen des Galanten bestehe aus einer Gebundenheit an höfische Manier und einer natürlichen, zwanglosen Gefälligkeit. Der Inhalt der Höflichkeit, d.h. das freiwillige Einhalten von wertgebundenen Regeln im zwischenmenschlichen Umgang, unterliegt einem Wandel. Dagegen behält das Wort eines französischen Moralisten seine Gültigkeit, nach dem derjenige, der nicht höflich ist, nicht menschlich sei.

10. Adelige Sozialprofile: Junker, Aristokrat, Despot, Mäzen und Dilettant

Wir sind alle Schauspieler,
es kommt nur darauf an,
seine Rolle gut zu spielen.

Heinrich Graf von Brühl(1700-1763)

Die Standesbezeichnung Adeliger ist lediglich ein Sammelbegriff. Der leibhaftige Adelige, sofern er nicht bereits verbürgerlicht ist, verkörpert den Sozialtypus des Junkers oder des Aristokraten. Ökonomisch betrachtet ist der Junker ein Landadeliger mit begrenzten Mitteln und bescheidenem Lebensstil. Zum Aristokraten gehören dagegen größere Begüterungen, welche ihn der Sorge um das tägliche Brot entheben, ihm eine exklusive Erziehung und einen müßigen Lebensstil ermöglichen und dadurch für hohe Staats- und Hofämter prädestinieren. Der Junker, von dem August von Kotzebue 1792 in seinem Essay über den Adel sagte: „Schranzen und Hofgesindel verachten dich, wie die Tulpe die Kartoffel verachtet", war hingegen ein wenig geschliffener Geselle, für den meist nur die rauhe Militärkarriere offen war und der als ein auf seine adelige Herkunft und Familie stolzer Jäger und Krieger adelige Werte verkörpert hat.

Auch beim Adel kommen Realität und Leitbild, das eine starke moralisch-ästhetische Komponente hat, nur selten zur Deckung. Dies erhellt auch aus der Tatsache, daß der Edelmann keineswegs nur durch seine vornehme Geburt charakterisiert ist. Vielmehr ist das Ideal eines edlen Mannes sowohl für den niederen als auch den hohen Adel verpflichtend gewesen und hat überdies über den Adelsstand hinaus ausgestrahlt. So hat sich der französische König Heinrich IV. noch als erster Edelmann seines Reiches verstanden. Er ist ein gutes Beispiel dafür, daß auch viele Mitglieder des hohen Adels einen durchaus junkerlichen Lebensstil gepflegt haben, der in einem adeligen Stammbuch des 17. Jahrhunderts auf diese Formel gebracht worden ist: „Wer nicht Lust hat zu einem schönen Pferd, zu einem blanken Schwert, zu einem schönen Weib, der hat wahrlich kein männlich Herz im Leib."

10.1 Junker und Aristokrat als Idealtypus

Während der ungehobelte Landjunker wie sein Kutscher zu fluchen pflegte und den derben Genüssen des Lebens zugetan war, führte der Aristokrat auf seinem Schlosse oder als Höfling eine durch künstliche Menschenbildung und soziale Distanz charakterisierte elitäre Sonderexistenz. Darauf hat Lord Chesterfield angespielt, als er bemerkte, vollendete Höflichkeit unterscheide den Hofmann vom Landjunker. Der Aristokrat ist gleichsam eine Kunstgestalt, die bis heute Neugier und Bewunderung erregt, jedoch zugleich als eine von einer Fülle von Dienstboten umhegte und als parasitär hingestellte Erscheinung zum bevorzugten Feindbild der Aufklärer und revolutionären Demokraten geworden ist.

Tatsächlich sind noch vor dem Ersten Weltkrieg in der europäischen Aristokratie Diners mit elf Gängen an der Tagesordnung gewesen. Nach der an den Treffpunkten der internationalen Aristokratie wie Baden-Baden, Monte Carlo oder Biarritz verbrachten Saison war der Aristokrat gezwungen, seine durch die Ausschweifungen lädierte Gesundheit in Badeorten wie Karlsbad, Homburg oder Kissingen wiederherzustellen. Da der Aristokrat nach der Abschaffung der Feudalrechte in den Augen seiner Gegner nur noch ein Parasit gewesen ist, wurde der Ausdruck Aristokrat und Aristokratismus, wie ein bürgerlicher Autor 1827 anmerkte, vor der bürgerlichen Revolution „fast gleichbedeutend mit Despot und Despotismus" gesehen. Die Bezeichnung Despot hebt dabei ebenso wie das Wort Tyrann in erster Linie auf die durch das Geburtsprinzip begründete Alleinherrschaft ab, so daß etwaige negative Charakterzüge und persönliche Übergriffe zweitrangig sind.

Die Tatsache, daß beim Wort Aristokrat ähnlich wie beim Edelmann die ursprüngliche Bedeutung und der Anspruch der Bezeichnung, nämlich Herrschaft der Besten, mitschwingt, so daß man noch heute von einer Arbeiter- und Geistesaristokratie spricht, hilft dies zu erklären: Der Begründer der deutschen sozialdemokratischen Bewegung Ferdinand Lassalle hat einmal dieses sicherlich viele überraschende Bekenntnis abgelegt: „Wäre ich als Prinz oder Fürst gebo-

ren, ich würde mit Leib und Leben Aristokrat sein." Dieses Einge-
ständnis gemahnt daran, daß egalitäre Theorien und Ideologien ein
gern verschwiegenes Neidelement zu haben pflegen. Es gilt auch zu
bedenken, daß gerade aktive Menschen nach Höherem streben und eine gewissermaßen aristokratische Schlaraffenland-Utopie als Wunsch-
traum weit verbreitet ist. Von diesem Traumland heißt es denn auch in
einem italienischen Stück von 1715, daß man dort nie von Armut rede,
und weiter: „Ich möchte gern wie ein Baron oder Graf leben."

Da die alte Linke sicherlich auch in Reaktion auf den von ihr kriti-
sierten Müßiggang der herrschenden Klassen die Arbeit als Mittel zur
innenweltlichen Erlösung gepriesen hat, muß hier daran erinnert werden, daß Karl Marx in seinem Hauptwerk „Das Kapital" eine gewissermaßen aristokratische Lebensform als Ideal hingestellt hat: „Das
Reich der Freiheit beginnt in der Tat erst da, wo das Arbeiten, das
durch Not und Zweckmäßigkeit bestimmt ist, aufhört."

Ein ernsthaften geistigen Interessen gewidmetes aristokratisches Leben dieses Zuschnitts hat der mit der Tochter eines englischen Bankiers verheiratete Vater des Schriftstellers Hubertus Prinz zu Löwenstein geführt. Er hat nämlich gesagt, er wolle nur er selber sein, dies
sei der beste Beruf für einen Edelmann. Weiter hat er aristokratisch-
antikapitalistisch bemerkt: „Die Roten sind immer noch besser als
die Kaufleute. Diese Spitzbuben leben davon, teurer zu verkaufen als
einzukaufen." Solche Worte zeigen, daß die auch auf Besitz gründende Unabhängigkeit dasjenige Hauptmerkmal des Aristokraten ist,
welches seinen Gegnern oft Sympathie abnötigt. Prinz Ferdinand
von der Leyen, welcher wie viele adelige Offiziere in den 20. Juli
1944 verwickelt gewesen ist, hat dieser den Beigeschmack von
Hochmut tragenden Eigenschaft so Ausdruck gegeben: "Die Aristokraten versuchen nicht, es Hinz und Kunz gleich zu tun. Sie sind,
was sie sind und können daher auch sagen, was sie wirklich fühlen."

Eine treffliche Schilderung adeliger Sozialprofile im achtzehnten
Jahrhundert hat Joseph von Eichendorff in seinem Essay „Der Adel
und die Revolution" vorgelegt. Dort arbeitet der schlesische Freiherr
den Gegensatz zwischen den armen Landjunkern und den einen ei-

genen kleinen Hofstaat unterhaltenden, von der Gallomanie erfaßten aristokratischen Standesherren heraus. Seine Vorliebe gilt dabei der „ergötzlichen" Gruppe der Landjunker, welche in ländlicher Abgeschiedenheit in schlichten Gutshäusern leben, ihre Wirtschaft selbst besorgen, der Jagd nachgehen und deshalb keinen Sinn für die Schönheit der Natur hätten, weil sie selbst noch Naturprodukte seien. Bildungsmäßig stünden sie nur so wenig über ihren Untertanen, daß sie selbst noch das Volk verstanden hätten und von diesem auch verstanden worden wären.

Die Aristokraten dagegen stellten nach Eichendorff Kunstprodukte dar, sie lebten in Versailles nachempfundenen Schlössern, in deren französischen Parks Pfaue herumstolzierten, parlierten als Kosmopoliten Französisch, gaben ihrem Tageslauf durch einen livrierten Hofstaat ein höfisch-festliches Gepräge und führten somit ein nicht durch materielle Sorgen und Arbeit gekennzeichnetes Luxusleben. Während die Junkerkinder in verdrecktem Zustand mit den Dorfkindern spielten, dürften die Aristokratenkinder bei Strafe der Exkommunikation nur mit ihresgleichen umgehen. Der in das Volksleben eingebundene Landadel sei kirchlich orientiert gewesen und hätte 1789 den Drachen der Revolution aufspießen und aufhängen wollen. Die prätentiösen Aristokraten dagegen seien der adeligen und auch der kirchlichen Tradition entfremdet und ihre Lebenseinstellung sei durch frivole Libertinage, blasierte Distanz zum Volk und geistigpolitische Gleichgültigkeit gekennzeichnet gewesen.

Die Vorliebe des Romantikers Eichendorff gilt ganz offensichtlich dem Landjunker. Auch Freiherr Adolf Knigge hat diesen in seinem „Umgang mit Menschen" als Kontrastfigur zu dem aristokratischen Höfling als schlichten „Landmann" porträtiert, und August von Kotzebue pries ihn als „Schoßkind der Natur". Dabei entwarf er eine patriarchalische Idylle, ein Symbol für die verlorene paradiesische Unschuld, bei der auf dem Erntefest der Erbherr mit der Milchmagd und das Edelfräulein mit dem Knecht tanzte. Während hier der Junker als ein gütiger Biedermann erscheint, wird in den zur gleichen Zeit von einem bürgerlichen Literaten redigierten „Wunderbaren Reisen" des

Hieronymus von Münchhausen der Habitus des Landjunkers als eines Reiters, Jägers und Kriegers auf eine karikierend-amüsante Weise beschrieben. Der Lügenbaron spottet dort bildungsfeindlich über das Geschwätz von Verfassungen, Künstlern, Salons und Wissenschaften. Pferde, Hunde, Lustpartien und Ritterspiele würden den Edelmann besser zieren als muffiges Griechisch, Latein oder alle Riechelsächelchen, Klunker und Kapriolen französischer Schöngeister und Haarkräusler.

Ein Nachfahre des Lügenbarons war im 19. Jahrhundert der als „toller Bomberg" in die Literatur eingegangene westfälische Kavallerieoffizier Freiherr von Romberg aus Buldern. Von ihm wird beispielsweise berichtet, daß er mitten bei einer Taufhandlung beritten in der Kirche erschien, wo sich sein Pferd am Weihwasser labte. Seinen Gästen soll er im Pferdestall auf silbernen Tabletts Sekt serviert haben, weil der Stall sein „Allerheiligstes" sei. Im übrigen wird ihm die resignative Auffassung zugeschrieben, man würde die Adeligen dem Publikum bald „als Rarität hinter Gitterstäben" präsentieren.

10.2. Junkerlich-grobianistisches Verhalten

Die Herkunft der Bezeichnung „Junker" aus der Anrede „junger Herr" liefert einen Hinweis darauf, daß die Figur des Junkers nicht nur einen bestimmten Sozialtyp des Adels darstellt, sondern zugleich auch ein Lebensalter und ein Durchgangsstadium der Lebensgeschichte. Nach dem Klischeebild, welches wie alle literarischen Stereotype nur bedingt mit der nüchternen Wirklichkeit übereinstimmt, war der Junker ein junger Herr, der sich über seine Zukunft keine großen Sorgen machen mußte oder doch zumindest das Leben auf eine herrenmäßige Weise leicht nehmen zu können glaubte. Es wurde von ihm erwartet, daß er sich in der Welt die Hörner abstieß, und wenn er sich auf adelige Weise seiner Haut und seiner Gegner erwehrte, brauchte er aufgrund seines privilegierten Standes nicht zu befürchten, wegen der von ihm verübten Übergriffe und Raufhändel ernsthaft belangt zu werden.

Derartige Klischees scheinen durch den legendären „Frauenraub bei Innsbruck" bestätigt zu werden. Als der spätere Kaiser Maximilian II. sich als Kronprinz mit seinem Gefolge zu der ihm durch diplomatischen Ehevertrag verlobten spanischen Prinzessin begab, nahm die vornehme Reisegesellschaft „etliche Weiber gefangen". Mit ihnen verlustierte man sich auf recht derbe, wohl den Tatbestand der sexuellen Nötigung erfüllende Weise, bevor man sie reichbeschenkt wieder entließ.

In der um 1500 entstandenen gesellschaftskritischen Versdichtung „Reineke der Fuchs" wird das Erscheinungsbild des Adels so karikiert: „Das ist des Adels größte Tugend, daß sie schlemmen von der Jugend, und zerschnitten (d.h. aufwendige) Kleider tragen, Tag und Nacht nach Hurerei jagen." Ähnlich kritisierte Reinhard Graf zu Solms das Leben der Herren vom Stande ein halbes Jahrhundert später: „Bis in den Mittag schlafen, die andere Hälfte des Tages schlink-schlanken und mit den Frauenzimmern allfanzen und mit den Hunden spielen und die halbe Nacht saufen."

Junker in diesem Sinne war der von Goethe idealisierte Goetz von Berlichingen, der als Page am Ansbacher Hof einem polnischen Adeligen mit dem Degen auf den Kopf hieb, nachdem dieser mit dem Messer nach ihm gestochen hatte. Junkerlich verhielten sich beim Reichstag von 1550 zu Augsburg jene Fürsten, die mit leichten Mädchen in Badestuben Kurzweil trieben, derbe soffen und gemeinsam mit adeligen Bischöfen Armbrustschießen veranstalteten. Ein spanischer Gesandter bemerkte hierzu, daß die deutsche Nation dem Wein weit mehr als Martin Luther ergeben sei und daß die deutschen Fürsten wegen ihrer Trunksucht nur in den wenigen Vormittagsstunden nüchtern anzutreffen und zu Geschäften zu gebrauchen seien.

Ein ungemein plastisches Sittenbild dieser Zeit malte der Freiherr von Zimmern in seiner berühmten Chronik. Er berichtet beispielsweise, daß sich bei einer Fastnachtsfeier adelige Damen und Herren gegenseitig mit „angerührtem Hundeaas" bewarfen und daß ein Graf Wertheim den weiten Ärmel eines gräflichen Standesgenossen als Nachtgeschirr benutzt hat. Der schlesische Junker Hans von Schweinichen, welcher in seiner Jugend wie die Dorfjungen Gänse und Schweine gehütet hat und gleich der Mehrzahl seiner Standesgenossen mehr Neigung zur Reiterei als zum Bücherstudium zeigte, hat gleichfalls berühmte Memoiren hinterlassen.

Als Hofmarschall des Herzogs von Liegnitz kam er weit herum und war beispielsweise mit seinem total verschuldeten fürstlichen Herren bei steinreichen Augsburger und Kölner Patriziern zu Gast, mit deren protzig zur Schau gestellten Pretiosen selbst Fürsten nicht mithalten konnten! Seine Berichte über eine Festivität am Hofe des Herzogs von Mecklenburg, wo sich unverheiratete Junker und adelige Jungfrauen nach eifrigem Tanzen und Trinken auf den in mecklenburgischem Platt vorgetragenen Vorschlag der jungen Damen gemeinsam - allerdings in Kleidern - in die Betten legten, widerlegt das Klischee, nach dem „die" Frauen immer unterdrückt und unfrei gehalten worden sind. Schließlich zeigt die im gleichen Jahrhundert verfaßte französische Skandalchronik „Die galanten Damen" des Abbé Pierre de Brantôme, daß die Initiative auch von Frauen ergriffen worden ist.

Die von Schweinichen beschriebenen und sich oft über Wochen hinziehenden Festlichkeiten der Großen bildeten den Höhepunkt eines außerordentlich harten und entbehrungsreichen Lebens. Ungeheuere Prassereien, die durch Ritterspiele, Mummereien und Feuerwerke aufgelockert wurden, ließen den Alltag vorübergehend ganz vergessen. So wurden bei der sieben Tage lang gefeierten Hochzeit des reichsten böhmischen Magnaten Rosenberg angeblich 98 Wildschweine, 40.000 Eier, 162 Rehe, 2.000 Hasen, 4.000 Rebhühner, 370 Ochsen, 300 Schweine, 300 Kapaune, 470 Hechte und 1.600 Karpfen verzehrt und 2.000 Eimer ungarischen Weins geleert. Bei der noch heute folkloristisch nachgefeierten Landshuter Fürstenhochzeit zwischen Herzog Georg von Bayern und einer polnischen Prinzessin soll Hafer für 10.000 Pferde benötigt worden sein.

Der Getränkekonsum hat bei derartigen Anlässen solche Formen angenommen, daß bei einer Fürstenhochzeit in Ansbach im 16. Jahrhundert wegen Alkoholvergiftung angeblich ein Hofmeister, ein

Praezeptor, ein Amtmann, ein Kammerschreiber und ein Hoftrompeter tot auf dem Platz liegen geblieben sind. Bezeichnenderweise hielt man es für angebracht, am kurpfälzischen Hof einen Orden wider das maßlose Trinken zu stiften, zu dessen Patron der Adelsheilige Georg bestimmt wurde! Opfer hemmungsloser Sauferei wurde am Heidelberger Hof der von Friedrich dem Großen als Causeur geschätzte Hofmann Baron Pöllnitz. Um nicht betrunken zu werden, hatte er die für ihn immer wieder neu gefüllten Gläser heimlich hinter dem Rücken des Kurfürsten geleert. Als er dabei ertappt wurde, machte ihm die Tochter des Kurfürsten mit Hofdamen als Richterinnen den Prozeß: Er wurde verurteilt, solange zu trinken, bis der Tod erfolgte. Hiervon errettete ihn die Bewußtlosigkeit.

Derartige keineswegs nur auf den Adel beschränkte grobe Sitten, welche die in der Renaissance entwickelte verfeinerte Hofkultur zurückdrängt, galten nicht nur bei den Romanen, sondern auch bei einheimischen Gesellschaftskritikern als nationale Unart der Deutschen. Deshalb hat der Straßburger Patrizier Sebastian Brant in seinem „Narrenschiff" den sprichwörtlich gewordenen satirischen Heiligen so eingeführt:

Ein neuer Heiliger heißt Grobian
Den will jetzt feiern jedermann...
Man scheut nicht Gott noch Ehrbarkeit
Vom Wüstesten weiß man Bescheid.
Wer kann der Allerschlimmste sein,
Dem bietet man ein Glas mit Wein.
Das Haus erdröhnt, man lacht und johlt,
Und bittet, daß ers wiederholt.

Wie die guten Sitten überhaupt hat sich die durch die humanistische Bildung beeinflußte Hofkultur nie voll durchgesetzt. Junkerlich-grobianistische Verhaltensweisen lassen sich bis zum Untergang der Adelsherrschaft beobachten. So hat der Pädagoge von Tschirnhaus im 18. Jahrhundert über die drei hauptsächlichen „W", nämlich Wein, Weiber, Würfel geklagt und bemerkt, die jungen Adeligen würden lieber fressen, saufen, spielen, huren, zanken, tanzen, reiten, fechten und mit Pferden und Hunden umgehen als singen, beten, lesen, schreiben und den Katechismus lernen. Ein Denkmal solchen keineswegs nur auf Adelige beschränkten Lebensstils ist noch heute in dem Brüsseler Palais des aus dem nassauischen Grafenhaus stammenden Wilhelm von Oranien zu bewundern: Es ist dies ein fünfzehn Personen fassendes Bett, in welches der Oranier seine volltrunkenen Zechkumpane befördern ließ.

Besonders deftig ging es an den Höfen im Barockzeitalter zu. So ließ der Erzbischof Marcus Sittich von Hohenems zu Salzburg in seinem Schloß Hellbrunn um den Fürstentisch steinerne altdeutsche Hocker aufstellen. Bei Saufgelagen drückte der Erzbischof einen Hebel, „worauf aus der Mitte eines jeden Hockers ein kalter Wasserstrahl drang. Nur der Fürstensitz blieb ungespült"! In Wien entsetzte sich die englische Lady Montagu, als in einem Wiener Theater ein italienischer Komödiant vor den Augen der begeisterten Hofgesellschaft auf der Bühne die Hosen herunterließ und unter zotigen Reden sein Geschäft verrichtete. Nicht weniger feinfühlig war man an manchem geistlichen Hof. So erlaubte sich im 18. Jahrhundert ein Hanswurst am Hof des aus dem Hause Fugger stammenden Ellwanger Fürstpropstes diesen Scherz: Zusammen mit einem Musikanten führte er eine Posse auf, wobei er den Fürstpropst fragte, ob er mit verbundenen Augen ein Licht ausblasen könne. Statt auf ein Licht blies dann der Kirchenfürst auf den nackten Hintern des Spaßmachers. Dieses empörte die Anwesenden in keiner Weise, sondern brachte sie zum Wiehern!

Nach dem berühmten Buch des Helmholt von Hochberg über das adelige Landleben im 17. Jahrhundert schaute der mit großem Erziehungsaufwand zum höfischen Kavalier herangebildete „polite" Adel auf den eine „bäuerlich vermischte Sprache" verwendenden Kleinadel als „Wäldler und Mistjunker" herab. Der „plebejische Mistjunker", wie ihn Joseph von Eichendorff nannte, fühlte sich unter seinen wohlhabenden und gebildeten Standesgenossen begreiflicherweise nicht immer wohl. Bereits im Spätmittelalter hat deshalb ein Ritter bemerkt, manch armer Ritter trage lieber Kornsäcke auf seinen Schultern und halte sich lieber bei seinen Bauern auf, als bei Hofe zu weilen.

Noch im 20. Jahrhundert hat der liberale Professor Röpke die Junker als „Bauern mit Monokel" abgewertet und ihnen nachgesagt, daß sie die „kleinliche Gewinnsucht und Schlauheit des schlechten Bauerntyps mit der Arroganz und dem kampfgewohnten Geist des erprobten Feudalherren" verbänden. Ein treffliches Beispiel für die Herablassung, mit der die Hofgesellschaft auf das Landjunkertum herabgeblickt hat, sind die Äußerungen der Markgräfin Friederike Wilhelmine von Bayreuth, der Schwester Friedrichs des Großen, über den voigtländischen Adel. Sie charakterisierte diesen so: „Es mochten einige dreißig sein, lauter Gesichte, um kleine Kinder aus Furcht zu Bett zu jagen, ihre Haare hatten sie in Gestalt von Perücken zugestutzt, in welchen Läuse, die ihren Stammbaum so weit wie sie selbst führen konnten, seit unvordenklichen Zeiten ihren Sitz hatten ... Ihre Sitten waren ihren Gesichtern und ihren Kleidern ganz angemessen und man hätte sie für Bauern halten können."

Ähnlich hat sich der Herzog von Saint-Simon im 17. Jahrhundert über den zum Marschall von Frankreich aufgestiegenen kurländischen Edelmann von Rosen ausgesprochen. Ihm habe man angemerkt, daß er ein Landsknecht gewesen sei und er würde einem Furcht einjagen, wenn man ihm im Dunkeln im Wald über den Weg laufe. Einmal abgesehen davon, daß viele Junker von Haus aus nur eine bescheidene Bildung mitbekommen haben, gehörte bei ihnen ein Herabsehen auf bürgerliche Bildung und Kultur zur adeligen Pose. Dieser Sachverhalt spiegelt sich in dieser Anekdote wider: Ein savoyischer Graf und Schwadronschef erschien verspätet zu einem Konzert von Toscanini in Turin. Als der Maestro den Taktstock hob, rasselte der Graf mit dem Säbel, ärgerlich senkte der Dirigent den Arm, und laut schimpfte der Graf: „Was will denn dieser Trompeter von mir?"

Wenngleich nicht nach seinem Anspruch, jedoch nach der ökonomischen Realität, reicht das wenig oder gar unbegüterte Landjunkertum bis ins Bauern- und einfache Soldatentum hinab. Die Tatsache, daß sich viele Söhne des Landjunkerturns seit alters her als einfache, nicht einmal ein Roß besitzende Soldaten verdingen mußten, wird durch die Ritterromantik nur zu gern verdrängt. Von daher erklärt sich auch, daß im Landjunkertum für den physischen Lebenskampf

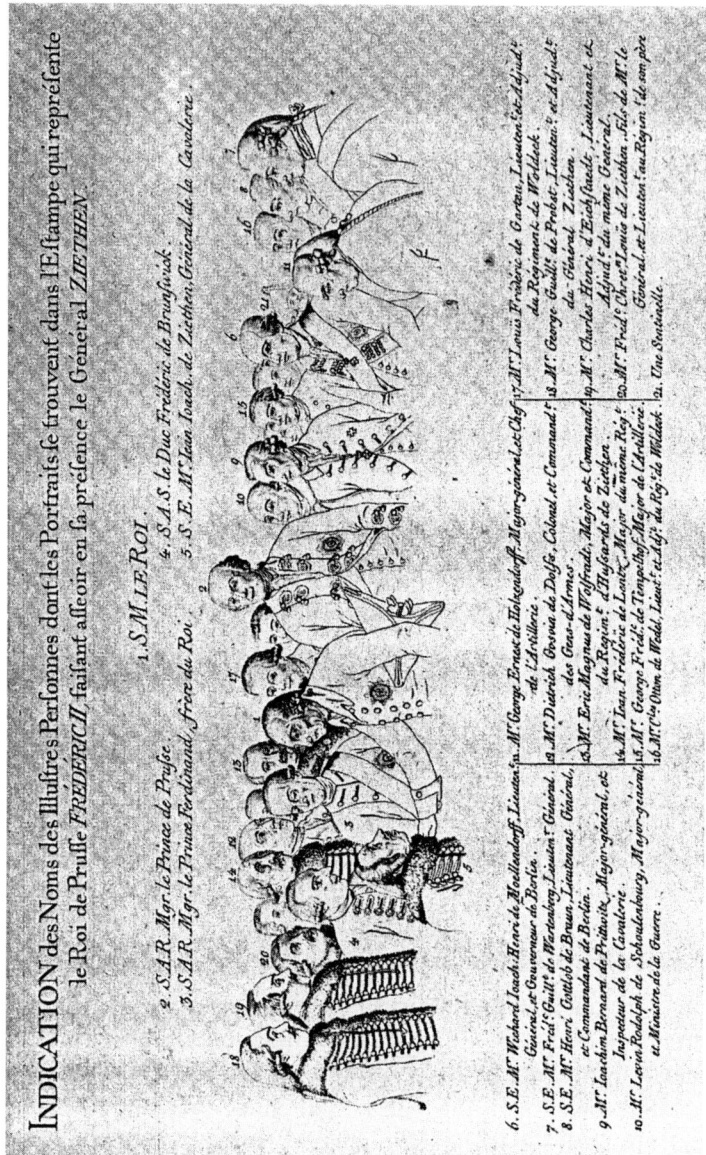

INDICATION des Noms des Illustres Personnes dont les Portraits se trouvent dans l'Estampe qui représente le Roi de Prusse FRÉDÉRICH faisant asseoir en sa présence le Général ZIETHEN.

1. S. M. LE ROI.

2. S. A. R. Mgr. le Prince de Prusse.
3. S. A. R. Mgr. le Prince Ferdinand, Frère du Roi.
4. S. A. S. le Duc Frédéric de Brunswick.
5. S. E. Mr. Jean Joach. de Ziethen, Général de la Cavalerie.

6. S. E. Mr. Wichard Joach. Henri de Moellendorff, Lieutenant-Général, et Gouverneur de Berlin.
7. S. E. Mr. Fréd.c Guill.t de Wartenberg, Lieutent.t Général.
8. S. E. Mr. Henri Gottlob de Braun-Lieutenant Général, et Commandant de Berlin.
9. Mr. Joachim Bernard de Prittwitz, Major-général, etc. Inspecteur de la Cavalerie.
10. Mr. Levin Rodolph de Schoulenbourg, Major-général, et Ministre de la Guerre.

11. Mr. George Ernest de Tchepnleff, Major-général, etc. Chef de l'Artillerie.
12. Mr. Diderich Gerssin de Delffs, Colonel, et Commandant des Gens-d'Armes.
13. Mr. Eric Magnus de Wolffradt, Major, et Commandant du Régim.t d'Hussards de Ziethen.
14. Mr. Ivan Frédéric de Lentz, Major du même Rég.t
15. Mr. George Fréd.c de Tempelhof, Major de l'Artillerie.
16. Mr.le Baron d'Om de Wedel, Lieut.t et Adj.t du Rég.t de Wöldck.

17. Mr. Louis Frédéric de Garcau, Lieutenant et Adjudt. du Régiment de Wöldck.
18. Mr. George Guill.t de Probst-Lieutent.t et Adjudt. du Général Ziethen.
19. Mr. Charles Henri d'Eichstaedt, Lieutenant et Adjudt. du même Général.
20. Mr. Fréd.c Chret. Louis de Ziethen, Fils de Mr. le Général, et Lieutent. au Régim. de son père.
21. Une Sentinelle.

Daniel Chodowiecki: Friedrich der Große mit General Ziethen

unverzichtbare körperliche Fertigkeiten viel und die überflüssig und luxuriös erscheinende höhere Bildung wenig galten. Bewundert wurden daher nicht nur die im Rahmen der ritterlichen Exerzitien erworbenen Geschicklichkeiten, etwa beim Reiten und Schießen, sondern auch rohe, gewissermaßen plebejische Körperkräfte. In dem Hausbuch des Pommern Joachim von Wedel wird deshalb im 17. Jahrhundert herausgestrichen, daß der „starke Krockow" ein neues Hufeisen mit seinen Händen entzweireißen und drei Tonnen Bier zugleich aus einem tiefen Keller hochschleppen konnte.

Von Bedeutung ist, daß den Junkersöhnen keineswegs nur aus materieller Not, sondern auch wegen eines adelskriegerischen Leitbildes eine spartanische Erziehung zuteil wurde. So dankte der aus Ostpreußen stammende Seefahrer Otto von der Groeben (1657-1728), welcher für den Großen Kurfürsten einen Stützpunkt an der westafrikanischen Küste eroberte, seinen Eltern dafür, daß sie ihn in seiner Jugend „nicht weichlich erzogen und von Delikatessen abgehalten" hätten. Dies kam ihm zugute, als er sich als Siebzehnjähriger zu den Rittern nach Malta begab und bei einer Karawane in die Hände muslimischer Seeräuber geriet, auf deren Galeere er sich von „stinkendem Wasser, verfaultem Stockfisch und würmichtem Zwieback" ernähren mußte.

Wie realistisch die Erziehungsgrundsätze des preußischen Junkertums waren, zeigt eine Episode aus der Kinderzeit des friderizianischen Generals von Winterfeld. Als dieser unter dem Einfluß eines pietistischen Hauslehrers erklärte: „Festungen zu erobern mag wohl schwer sein, aber den Himmel zu erobern, halte ich für schwerer", und noch hinzufügte, daß dies durch Bußtränen zu bewirken sei, ermahnte ihn der Vater: „Junge, werd mir kein Kopfhänger wie der Baron von Canstein." Dieser hatte sein Vermögen für die nach ihm benannte Bibelanstalt weggegeben. Als der Feldmarschall Graf Schwerin (1684-1757) als 13jähriger Junge in die Armee eintrat, da hat ihm sein Vater eine Ohrfeige mit der Weisung erteilt: „Dies leide von keinem mehr." Dies war eine dem Ritterschlag entlehnte Formel, mit der der Sohn aus der väterlichen Zucht in das Gebiet der Ehre versetzt wurde.

Eines asketischen Lebensstils hat sich auch Prinz Heinrich von Preußen, der Bruder des großen Friedrich, befleißigt. Der Kammerherr Ernst Ahasverus von Lehndorff berichtet in seinen Tagebüchern, er habe bei seinem Kavallerie-Regiment in einem kargen Zimmer mit einem einfachen Tisch und drei hölzernen Stühlen gehaust, jeder Küchenjunge in Berlin sei besser untergebracht gewesen. Friedrich von der Marwitz, welcher 1791 als Vierzehnjähriger in die Armee gesteckt wurde, seinen Tagesablauf um 2.30 Uhr morgens mit Pferdeputzen begann und ihn um 20 Uhr mit dem Füttern der Pferde abschloß, ist einmal bei einer Parade als Standartenjunker körperlich zusammengebrochen! Otto von Bismarck hat die Physiognomie des preußischen Landjunkertums 1845 ironisch so beschrieben: „Mein Umgang besteht in Hunden, Pferden und Landjunkern und bei letzteren erfreue ich mich einigen Ansehens, weil ich Geschriebenes mit Leichtigkeit lesen kann... und dabei ein Stück Wild mit der Akkuratesse eines Metzgers zerwirke."

Der im Dreißigjährigen Krieg als Reiterführer gefallene Friedrich von Uslar-Gleichen hat das Herrengefühl und die derben Aspirationen des gleichsam die Basis der Adelsherrschaft bildenden Landjunkertums in diese Reime gefaßt:

Sechs Rappen in einem Stall,
eine schöne Musica mit ihrem Schall,
Eine schöne Jungfrau im Bett,
das sein drei Dinge, die ich gern hätt.

Hinter diese Herrschaft hat Martin Luther so ein Fragezeichen gesetzt: „Was können sie denn anders, denn hübsche Hengste und feine Fräulein reiten?" Heinrich Heine hat gehöhnt, daß die Junker mit Sätteln unter dem Rücken und Sporen an den Beinen geboren würden. Und der von seinem Freund Friedrich Engels als „erster und bedeutendster Dichter des deutschen Proletariats" bezeichnete Dichter Georg Weerth sagte 1849 in seinem satirischen Roman „Leben und Taten des berühmten Ritters Schnapphannski" von seinem Titelhelden, er sei den Damen, welchen er als Mitgiftjäger nachjagte, wegen des „pikanten Duftes des Pferdestalles, den er fortwährend in seinen Kleiders trug", widerlich gewesen. Er übersah dabei, daß auch die echte Edelfrau der berühmte Stallgeruch auszeichnet. Nicht zufällig lautet der 1849 im Junkerparlament vorgetragene Kampfspruch der preußischen Adeligen: „Den Rücken gegen den Mist, die Front gegen den Feind, das ist adelig!"

Obgleich der Unterschied zwischen Junkertum und Aristokratie zu Recht oft darin gesehen wird, daß der Aristokrat im Unterschied zum Landjunker ein müßiges Leben zu führen vermag, darf doch dies nicht übersehen werden: Viele Adelige, die sich einen aristokratischen Lebensstil hätten leisten können, haben sich aus Überzeugung ausgesprochen grob-junkerlich aufgeführt. So hat Ludgar Graf von Westphalen (1805-1885), einer der reichsten Grundbesitzer von Westfalen, welcher als Katholik und Vasall dem preußischen König die Treue aufgesagt hat, als dieser im Jahre 1866 einen Krieg gegen den Deutschen Bund und Österreich führte, sein feudales Selbstverständnis so formuliert:

Trau keinem Wolf auf dünner Heid',
Auch keinem König auf seinen Eid,
Und keinem Jud' auf sein Gewissen:
Du wirst von allen drei beschissen.

Dieser Reim atmet das hochentwickelte Selbstbewußtsein des Landjunkers, welches ein knechtisches Verhalten gegenüber dem Regenten nicht zuließ. Als König Friedrich Wilhelm I. gegenüber den Militärrichtern eine drakonische Bestrafung seines mit dem Junker von Katte geflüchteten Sohnes Friedrich verlangte, da hat ihm der General von Buddenbrock erklärt: „Wenn Eure Majestät Blut verlangen, so nehmen Sie meines, jenes bekommen Sie nicht, solange ich sprechen kann." Und als dieser Friedrich später als König seinen Reitergeneral von Ziethen blasphemisch fragte: „Nun Ziethen, wie ist ihm das Abendmahl am Karfreitag bekommen? Hat er den wahren Leib und das wahre Blut Christi richtig verdaut?", da antwortete der Offizier seinem König: Majestät wüßte, daß er im Kriege keine Gefahr gescheut und dem König stets Gehorsam erwiesen habe, und fügte hinzu: „Es gibt einen über uns, der ist mehr wie Sie und ich, mehr als alle Menschen, das ist der Heiland. . . Diesen lasse ich nicht verhöhnen."

Während sich der Aristokrat vom Volk zurückzieht und am Hofe oder auch in seinem Schlosse eine nicht nur durch soziale, sondern auch physische Distanz gekennzeichnete Inselexistenz führt, lebte der Junker im Hautkontakt mit seinen Untertanen. Dabei scheute er nicht davor zurück, diese auch zu prügeln. Ihm stand nämlich das Züchtigungsrecht zu, wie ja überhaupt die unmittelbare Anwendung physischer Gewalt ein Element der vorbürgerlichen, feudal-agrarischen Gesellschaft war. Eine im baltischen Adel populäre Anekdote verdient in diesem Zusammenhang besondere Beachtung:

Nachdem er sich schwerwiegende Übergriffe seiner gutsherrlichen Gewalt hatte zuschulden kommen lassen, wurde der Baron von der Recke in der Sonntagspredigt von der Kanzel so ermahnt: „Recke, du verfluchter Sünder", wobei der Pastor nach einer Kunstpause fortfuhr, „deine Hand empor". Als der Geistliche nach der Predigt wie gewohnt im Herrenhaus erschien, um dort an der herrschaftlichen Tafel als Gast das Mittagsmahl einzunehmen, zog der Baron in der Gutshalle ein Bambusrohr, um sich mit einer Tracht Prügel für die ihm zugefügte Demütigung zu rächen. Daraufhin zog der Pastor geistesgegenwärtig eine Reiterpistole unter seinem Lutherrock hervor. Damit waren Baron und Pastor quitt und fielen sich als Studienkameraden in die Arme.

Einer der letzten Repräsentanten des preußischen adeligen Herrentumes, welches den berühmten Grabspruch „Wählte Ungnade, wo Gehorsam nicht Ehre brachte" hervorbrachte, war Carl Graf von Lehndorff-Steinort. Als er vor dem Ersten Weltkrieg seinen Militärdienst in Pommern absolvierte, fuhr er jeden freien Sonntag nach Berlin, wo er Rennen ritt. Da er am Montag um sechs zum Dienst erscheinen mußte und abends kein Personenzug mehr fuhr, bediente er sich des Tricks, in einem nächtlichen Güterzug als Viehbegleiter zu fahren, wozu er stets ein Schaf benötigte. Sein Kommandeur wollte ihm nun einen Streich spielen, indem er den Dienst ausnahmsweise so früh ansetzte, daß auch dieser Zug nicht rechtzeitig ankam. Er hatte jedoch das Pech, in Berlin selbst seinen Zug zu verpassen. Der Bahnhofsvorsteher erklärte ihm jedoch: „Sie haben Glück, einer ihrer Leutnants fährt in einem Extrazug, wenn Sie ihn bitten, nimmt er Sie bestimmt mit", was denn auch geschah.

10.3 Aristokratisches und höfisches Verhalten

Carl Graf Lehndorff, der es sich als Erbe eines großen Besitzes erlauben durfte, Adolf Hitler während des Dritten Reiches in aller Öffentlichkeit als „Kerl" zu titulieren, war insofern eine Aristokrat, als sich der aristokratische Mensch nach dem spanischen Philosophen Ortega y Gasset dadurch auszeichnet, daß er frei ist zu tun, wozu er Lust hat. Eine solche Haltung setzt materielle und geistige Unabhängigkeit voraus, denn nur derjenige kann ein Herr sein, der niemandes Knecht ist und sei es auch ein Edelknecht eines Fürsten. Ein aristokratisches Verhalten in diesem philosophischen Sinne konnte auch manch ein nur wenig begüterter Landjunker an den Tag legen.

Der gewöhnliche Wortsinn von Aristokrat beinhaltet dagegen eine Großbesitz voraussetzende aufwendige Lebensführung von repräsentativem Zuschnitt, wie sie Eichendorff skizziert hat. Diese Lebensführung schloß die Ausübung von künstlerischem Mäzenatentum ein und vielfach auch eine persönliche Mitwirkung an musikalischen und schauspielerischen Darbietungen, welche dem Leben der höfischen Aristokratie im 18. Jahrhundert einen festlichen Charakter verliehen haben. Der Aristokrat ist genetisch dadurch entstanden, daß der ungebärdige Junker an den Hof verpflanzt und mittels des Kavalier-Ideals an höfische Sitte gewöhnt worden ist. Dadurch wurde er gewissermaßen aus dem rustikalen Landleben herausgehoben und auf eine Bühne gesetzt, auf der er eine Rolle zu spielen hatte. Indem er eine höfische Maske aufsetzte, verlor der Aristokrat vielfach das durch geistige Unabhängigkeit gekennzeichnete Herrentum und degenerierte zu einem Höfling.

Auf die der aristokratischen Adelskultur immanente ästhetische Komponente verweist diese Passage aus der 1922 erschienenen Broschüre „Aristokratie und Sozialismus": „Wenn sich Marquisen die Wahrheit sagen, so ist das ein ästhetischer Genuß, es gehört viel Selbstbeherrschung, Geist und Kunst dazu, lachenden Mundes ein Nadelduell auszufechten, während das Aneinandergeraten von Waschweibern oder Dirnen nur Widerliches zutage fördert."

Daniel Chodowiecki:
Zur Geschichte des Siegfried von Lindenberg

Die Erlernung der aristokratischen Lebenstechnik, „die Kunst sich angenehm zu machen und eine gute Conduite zu führen", war ein langwieriger Erziehungsprozeß, an dessen Ende angelernte Verhaltensweisen in Fleisch und Blut übergegangen sind. Nach der „Ceremonial-Wissenschaft" des Julius Bernhard von Rohr von 1728 beinhaltete diese Kunst eine „prächtig scheinende Sclaverey". Denn sie engte den Hofmann insofern in ein Schnürkorsett ein, weil er nämlich seine „Handlungen zum Vergnügen der Herrscher einrichten" mußte. Äußeres Symbol für die dadurch bewirkte Verfremdung des aristokratischen Kavaliers und seiner Dame waren die pompösen Perücken sowie der Reifrock. Während die durch ein Drahtgestell in Form gehaltenen Damenperücken teilweise bizarre Aufbauten wie Fregatten oder Vogelkäfige trugen, ließ das gleichfalls durch einen Schlosser angefertigte Reifrockgestell der Dame gleich einem wandelnden Gefängnis nur Freiheit für den Kopf sowie die Arme.

Sofern der Aristokrat seine Rolle ausfüllen und sich nicht in das beschauliche Leben eines gelegentlich auch ernsthafte literarische oder wissenschaftliche Interessen verfolgenden Landedelmannes zurückziehen wollte, mußte er ein erhebliches Pensum bewältigen. Seine nicht dem Gelderwerb, sondern dem Geldausgeben gewidmete Arbeit, welche - was seinen Tages- und Jahresablauf betrifft - sich aus bürgerlicher Sicht wie ein einziger Amüsierkalender ausnimmt, bestand in der viele Mühen und Kosten bedingenden Aufrechterhaltung seines Status nicht nur für sich persönlich, sondern zugleich für den Glanz seiner Familie. Ein Aristokrat nämlich, der nicht ein „großes Haus" mit entsprechender Dienerschaft und Einladungen zu Diners, Reitjagden und rauschenden Festen mit musikalischen und theatralischen Darbietungen unterhielt, war nur noch dem Namen nach, nicht jedoch faktisch Herzog, Graf oder Baron. Nicht das bürgerliche Unvermögen mit dem vorhandenen Geld auszukommen, sondern die spezifisch aristokratischen Ehr- und Repräsentationspflichten erklären den Ruin manch eines Adelshauses. Hier muß die aristokratische Tugend der Generosität hervorgehoben werden. Sie hatte zur Folge, daß manch bescheiden situierter Baron und Graf höhere Trinkgelder gab als der durch Rechenhaftigkeit reich gewordene knickrige Kapitalist.

Zur Generosität erzogen werden sollte der Sohn des Herzogs von Richelieu, der von seinem Vater einen Batzen Geld erhielt, um es wie ein Grandseigneur auszugeben. Als der Sohn dies nicht tat, sondern dem Vater die Börse fast unangetastet wieder zurückbrachte, soll sie dieser aus Zorn über das unaristokratische Verhalten seines Sprößlings aus dem Fenster geworfen haben. Verwundert war auch eine steinreiche deutsch-ungarische Gräfin Eltz, als sie noch in diesem Jahrhundert ihrem künftigen Schwiegersohn Fürst Clary-Aldringen vor dessen Verlobung mit ihrer Tochter anbot, auf diskrete Weise seine Junggesellenschulden zu begleichen und dabei zu ihrem Erstaunen erfuhr, daß dieser überhaupt keine Schulden hatte. Ein Beispiel für ein typisch aristokratisches Geldausgabeverhalten war der mit dem Fürsten Metternich befreundete unermeßlich reiche Fürst Paul Esterházy. Dieser „erste österreichische Kavalier", der als Botschafter in London Johann Strauß gefördert hat und dem mehr als einhundert außereheliche Kinder nachgesagt werden, mußte 1860 erleben, daß seine Latifundien wegen Überschuldung sequestriert wurden.

Beim höfischen Leben spielte die Musik eine herausragende Rolle, von der Isidor de Sevilla gesagt hat: „Ohne die Musik kann keine Wissenschaft vollkommen sein." Beda Venerabilis sagte über diese Kunst: „Die Musik ermahnt den Sterblichen, die Mühen zu ertragen, und die Ermüdung bei jeder Arbeit wird durch Gesang gelindert. Die Musik kräftigt verwirrte Seelen." Vom Hof des Kurfürsten Karl Theodor von der Pfalz heißt es: „Musik begleitete ihn zur Tafel, Musik erscholl auf den Festen, Musik beflügelte seine Andacht, Musik wiegte ihn in balsamischen Schlummer und Musik hat diesen wahrhaft guten Fürsten gewiß im Himmel belohnt." Es ist bekannt, daß nicht wenige Fürsten und Mitglieder des Hofstaates selbst aktiv am Musikleben teilnahmen. So wirkte Fürst Nikolaus Esterházy in seinem Orchester, welches sein Musikdirektor Haydn in der Uniform eines fürstlichen Husarenoffiziers dirigierte, gelegentlich als Geiger mit. Der Fürst Kraft Ernst von Oettingen, welcher 1777 den jungen Mozart auf sein Schloß Hohenaltheim einlud, spielte selbst die Violine und das Klavier. Wilhelm Graf Schaumburg-Lippe, Generalissimus der Krone von Portugal, spielte in seiner von Carl Friedemann Bach geleiteten Hofkapelle das Klavier. Und der manchmal als deutscher Sonnenkönig titulierte und aus dem Hause Wittelsbach stammende Kölner Kurfürst Clemens August saß in seiner Hofkapelle, welcher der Großvater von Beethoven angehörte, hinter der Viola da Gamba.

Obgleich die ersten Familien des Landadels in fast allen deutschen Regionen über das landjunkerliche Niveau hinauskamen und obgleich im Einzelfall die Grenzen oft fließend sind, war der typische Aristokrat im Sinne eines Grandseigneurs außer im reichsständischen hohen Adel überwiegend im „Herrenstand" des Habsburger Reiches anzutreffen. Der Herrenstand bildete die sogenannte „erste Gesellschaft". Sie kapselte sich in ihrem sozialen Umgang und ihrer Heiratspolitik von der „zweiten Gesellschaft", dem arbeitenden niederen Adel und den wegen ihrer Verdienste geadelten Bürgerlichen konsequent ab. Diese Abschließung ging so weit, daß es die teilweise mit dem Kaiserhaus verschwägerten Kinsky, Liechtenstein, Lobkowitz, Schwarzenberg usw. noch im 19. Jahrhundert ablehnten, geadelte kaiserlich-königliche Minister in ihren Palais zu empfangen! Ein polnischer Graf, welcher von diesem exklusiven und hinsichtlich der Nationalität kosmopolitischen Kreis aufgenommen worden war, charakterisierte diese „Freimaurerei" so: „Die Wiener Gesellschaft ist eine eigentümliche, die ersten Häuser empfangen viel, bilden aber eine Coterie von 300 Personen, die seit Jahrhunderten zusammen leben und niemanden, der nicht unter ihnen geboren ist, hereinlassen. Wenn es aber jemandem gelingt hereinzukommen, wird er ganz wie die anderen behandelt unter der Bedingung aber, daß er fortan mit niemanden als dieser Coterie lebt."

Der aus einem bescheidenem schlesischen Gutshaus stammende preußische Diplomat Hans Lothar von Schweinitz hat eine treffliche Charakterisierung dieses Wiener Milieus geliefert, indem er sagte: „Wenig lernend und noch weniger arbeitend bewahrte sich der österreichische Adel den alten Glanz." Er fügte hinzu: „Weder übermäßiges Studieren noch schwere Examina und ermüdender Subalterndienst knickte, wie bei uns unvermeidlich, die Jugendblüte." Bertha von Suttner, welche trotz ihres aus dem Hause Kinsky stammenden hochadeligen Vaters von dieser Coterie nicht akzeptiert wurde, weil sie „nur" eine beamtenadelige Mutter hatte, urteilte kritischer. Sie stellte fest, der österreichische Adel sei von der Moderne am wenigsten angekränkelt, er sei mehr Kaste als Klasse, die Bläue seines Blutes sei sein Glaubensartikel und ihn zeichne ein seliges Nichtwissen dessen ab, was das Jahrhundert bewege.

Die Art und Weise wie der dem letzten österreichischen Kaiser nahestehende Außenminister Ottokar Graf Czernin ohne Aufnahmeprüfung in den diplomatischen Dienst gelangt ist, wirft ein bezeichnendes Schlaglicht auf die Mentalität der Aristokratie sowie die gesellschaftlichen Zustände in der kaiserlichen und königlichen Monarchie: Als sich Graf Goluchowski als Minister des Auswärtigen weigerte, Czernin ohne Prüfung einzustellen, da soll dieser mit der Faust auf den Tisch geschlagen und unter Hinweis auf die Tatsache, daß sein Schwager Fürst Kinsky ebenfalls ohne Prüfung angenommen worden sei, erklärt haben: „Was ist das für eine elende Vetternwirtschaft. Den einen nimmt man, den anderen nicht."

Das äußere Erscheinungsbild des Aristokraten ist durch solch eine oft aufreizend wirkende Mischung von Grazie und Hochmut, von Höflichkeit, burschikoser Unbeschwertheit und auch Impertinenz gekennzeichnet. Die aristokratische Lebensphilosophie verlangt, daß der Aristokrat nonchalant ist, eine vornehm-unaufgeregte Lässigkeit an den Tag legt, in dem er gegenüber den Unbilden des Alltags gelassen bleibt und Contenance, d.h. Haltung, Selbstdisziplin übt. Die adelige Lebensform soll durch Abstand zu sich selbst gekennzeichnet sein und im Gegensatz zur „mimosenhaften Verletzlichkeit und servilen Verkrampftheit des kleinen Mannes" stehen, wie unlängst Hans Freiherr von Aufseß formuliert hat.

Der Aristokrat soll als ein an sich arbeitender Kulturmensch das verwirklichen, was der Philosoph Christian Thomasius als das „Wesen des Galanten" charakterisiert hat, nämlich eine Mischung aus Gebundenheit an vorgegebene höfische Manier und natürlichzwanglose Geselligkeit. Jenes nur schwer definierbare „je ne sais quoi", das gewisse Etwas, welches die Anmut des Seins, Handelns und Redens ausmacht, läßt sich am besten an Hand von Beispielen demonstrieren. Der vollendeten aristokratisch-distanzierten Höflichkeit hat sich beispielsweise Ludwig XIV. befleißigt, indem er vor jeder Frau, der er begegnete, selbst der geringsten Dienstmagd, auf elegante Weise seinen Hut zog. Auch dem erst 1916 gestorbenen Kaiser Franz Joseph war diese Höflichkeit und Selbstbeherrschung in Fleisch und Blut übergegangen. Er, welcher so an äußeren Formen festhielt, daß er jeden nicht protokollgerecht gekleideten Gast von der allerhöchsten Mittagstafel wegschickte, war nach seinem persönlichen Diener „sehr gütig und von eigenwilliger Höflichkeit. Niemals befal er, immer bat er um eine Dienstleistung und bedankte sich, wenn ihm beispielsweise ein Glas Wasser gereicht wurde. Seine Majestät hatten sich ungeheuer in der Gewalt. Niemals sah ich den Kaiser launisch oder jähzornig, niemals hörte ich ihn schreien. Er fühlte als Kaiser stets Hemmungen und hegte das Bewußtsein, daß ein Sichgehenlassen dem Prinzip des Kaisertums widerspreche".

Eine aufschlußreiche Bestätigung für den Rollencharakter aristokratischen Verhaltens hat ein römischer Fürst geliefert. Vor seiner versammelten Dienerschaft bat er im Hinblick auf die Tatsache, daß seine junge bürgerliche Ehefrau den fürstlichen Haushalt durcheinandergebracht hatte, darum, geduldig mit ihr zu sein. Er fügte hinzu: „In vier Jahren machen wir alle eine Fürstin aus Ihr!" Dieses Wort läßt deutlich werden, daß zur aristokratischen Welt sowohl der Herr als auch sein Diener gehört, der sich als ein in gesicherter und geachteter Position befindlicher Herrendiener im Regelfall durchaus nicht ausgebeutet vorkam.

In seinem Buch über den Snobismus hat Thackeray die Mischung aus großer sozialer Distanz und physischer Nähe zum Anlaß eines Aperçus gemacht: Vom Prinzgemahl, der seine Büchse vom Büchsenspanner laden läßt, der sie anschließend erst dem adeligen Stallmeister reichen muß, bevor sie dieser dem Prinzgemahl aushändigt, sagt er nämlich, er sei ein Snob ebenso wie seine Zuarbeiter. Tat-

sächlich handelt es sich bei diesem Verhalten keineswegs um Snobismus, sondern vielmehr um ein die soziale Distanz und die Hierarchie betonendes Ritual, welches in vergleichbarer Form auch aus der
Liturgie der katholischen Kirche bekannt ist. Eines typisch snobisti-
schen und auch aus aristokratischer Sicht protzerischen Verhaltens
hat sich dagegen der englische Bankier Baron Alfred de Rothschild
befleißigt. Sein livrierter Kammerdiener fragte die Gäste seines Herren nicht nur nach der Teesorte, die sie wünschten. Sofern sie Milch
zum Tee wünschten, fragte er sie außerdem noch, ob sie die Milch
vom Jersey-, Hereford- oder Shorton-Rind bevorzugten.

Als Beispiel einer wahrhaft aristokratischen Einstellung wird gern die
Aufforderung des Prinzen Eugen von Savoyen an seine Offiziere vor
der Schlacht zitiert:

Meine Herren, Sie haben nur eine Lebensberechtigung,
wenn sie überall und beständig, auch in der größten Gefahr,
als Beispiel wirken, aber in so leichter und heiterer Weise,
daß es Ihnen niemand zum Vorwurf machen kann.

Die Beurteilung des aristokratischen Lebensstils schwankt fast
zwangsläufig zwischen Klassenhaß, Neid und Bewunderung. Der
wegen seiner demokratischen Einstellung verfolgte Dichter Heinrich
Laube hat die vom Aristokraten ausstrahlende Faszination damit erklärt, daß sein Leben leichter sei, weil er keine Mühe kenne. Er sei
von Jugend sorglos und verfalle nicht in den Irrtum, das Geschäft für
den Zweck anzusehen, wie es z. B. der Kaufmann tue. Dies sagte er
im Hinblick auf seinen Protektor, den Fürsten Pückler. An ihm gefiel
ihm, daß er keine Rücksichten auf Konvenienzen gesellschaftlicher
und kirchlicher Art nehmen mußte. Laube war sich dabei darüber im
klaren, daß für Pückler bereits die Möglichkeit einer sozialen
Gleichheit eine Chimäre darstellte.

Diese durch Standesstolz und Standeshochmut gekennzeichnete Ungleichheit ist für Demokraten nicht hinnehmbar gewesen. Den prinzipiellen Gegensatz von egalitärer und aristokratisch-elitärer Einstellung hat ein baltischer Baron in diese Worte gefaßt: „Die Masse

haßt die Aristokraten, weil sie ihrem ganzen Wesen entsprechend immer Distanz wahren und sich vor der Klebrigkeit der Masse wie Gift hüten. Obgleich es ein aussichtsloser Kampf ist, muß jeder Aristokrat bis zum letzten Atemzug in der Abwehr der Masse beharren." Hinter dieser Lebensphilosophie steht der von hervorragenden Repräsentanten des Adels als Verpflichtung angesehene Stolz darauf, eine höhere Existenz darzustellen, aber auch die resignative Erkenntnis, daß die Adelsherrschaft dem Untergang geweiht ist.

Während es sich bei solchen Äußerungen gewissermaßen um einen adelsideologischen Donquichotismus handelt, betätigte sich ein ungarischer Magnat tatsächlich zu Beginn des 20. Jahrhunderts als praktischer Don Quichote. Er verkleidete sich als mittelalterlicher Ritter, verbarrikadierte eine eben gebaute und ihm als Symbol der Moderne erscheinende Eisenbahnlinie und machte dann mit seinem Gefolge eine Kavallerieattacke auf die zum Halt gebrachte Lokomotive, was ihm ein Gerichtsverfahren eintrug. Damit verhielt er sich ebenso wie jene Hirsche in Amerika, welche die ersten Dampfrösser mit ihren Geweihen als vermeintliche Rivalen angriffen und dabei zu Tode kamen.

Beispiele für jenen aristokratischen Exzentrismus, welcher sich über bürgerliche Maßstäbe hinwegsetzte, waren um die Jahrhundertwende der mit einer Tochter des sächsischen Königs verheiratete Erzherzog Otto sowie der österreichische Graf Max Thurn. Der Kaiserneffe, ein schneidiger Kavallerist und bekannter Lebemann, welcher der Syphilis erlag, setzte einmal mit seinen Reiterkumpanen über einen in einem Leichenzug geführten Sarg hinweg und gab eine nächtliche Vorstellung im Foyer des Hotel Sacher, bei der er vor Damen splitternackt nur mit einem Säbel und einer Offizierskappe auftrat. Graf Thurn hingegen ließ seinen Affen an Diners teilnehmen. Wenn dieser einer Notdurft nachgehen mußte, brachte ein Diener einen Nachttopf herbei, der hinter einer spanischen Wand aufgestellt wurde.

Der Typus jenes speziell in Österreich heimisch gewesenen Aristokraten, welcher nicht bereit war, sich den gesellschaftlichen Veränderungen anzupasssen, hat in der blasiert näselnden Witzfigur des

Grafen Bobby literarische Gestalt angenommen. Er ist ein liebenswerter Trottel, der als adeliges Fossil die bürgerliche Welt und Bildung ignoriert. Während Graf Bobby die abgedankte Adelsherrschaft symbolisiert, wurde in der ersten Hälfte des 19. Jahrhunderts noch der säkulare Kampf zwischen dieser Herrschaft und dem demokratischen Prinzip ausgefochten. Wenn man bedenkt, daß noch im Revolutionsjahr 1848 ein Junker den König auf feudale Manier als großen Grundbesitzer und den Gutsherrn als kleinen König von Gottes Gnaden hinstellen konnte, wundert man sich nicht, daß damals die Worte Aristokrat und Despot als fast gleichbedeutend verstanden wurden.

10.4. Despotismus der Regenten

Der polemische Gebrauch des Wortes Despot richtet sich gegen das Prinzip der Adelsherrschaft, es verweist nicht unbedingt auf eine Gewalt- und Willkürherrschaft, zu der diese Herrschaft freilich in Ermangelung ausreichender rechtlicher Schranken entarten konnte. In seinen berühmten Memoiren hat Karl Heinrich Ritter von Lang, welcher als Kabinettssekretär in den Diensten des Fürsten Oettingen-Wallerstein gestanden hat, die in einem Gewölbe neben der Hofküche ausgeübte Regierung seines Herrn so beschrieben:

Wir sprachen da von Europa, Asien, Afrika und Amerika,
zuletzt auch vom Fürstentum Wallerstein.
Dabei war des Fürsten Art zu arbeiten diese,
daß er alle an ihn eingehenden Berichte, nachdem er
sie geöffnet,
neben seinem Schreibtisch so hoch aufschichtete,
als er mit seinem Arm reichen konnte.
Hatten aber die Geschäfte diese Höhe erreicht, so wurde beschlossen,
den Stoß wieder kleiner zu machen. Im plaudernden
Auf- und Abgehen
zog also der Fürst bald oben, bald unten, bald aus der
Mitte einen Bericht hervor, griff schnell den Gegenstand auf, erläuterte jede Gelegenheit,

wo vielleicht das Gegenteil von dem, worauf die Kolle-
gien angetragen,
durchzusetzen möglich wäre, bemerkte dann mit einem
Silberstift
in wenigen treffenden Worten seinen Beschluß
und gab mir die Sache zum Expedieren.

Selbstverständlich sind Übergriffe von despotischen Regenten stets herangezogen worden, um die Adelsherrschaft und ihre Sonderform des fürstlichen Absolutismus zu diskreditieren. Tatsächlich war die Rechtsstaatlichkeit in vielen deutschen Fürstenstaaten noch im 18. Jahrhundert so wenig entwickelt bzw. die Rechtspflege so umständlich und korrupt, daß schwerwiegende Vergehen zuweilen ungeahndet blieben. So blieb ein Reichsritter zu Beginn des 18. Jahrhunderts ungestraft, obgleich er zu Unrecht einen seiner Untertanen hatte hinrichten lassen. Mini-Tyrannen wie einem Grafen Adelmann von Adelmannsfelden, der seine Beamten mit dem spanischen Rohr traktierte, krümmte niemand ein Haar. Auch daß der Fürst Leopold von Anhalt-Dessau einen Verehrer seiner später von ihm geheirateten bürgerlichen Geliebten im Streit mit dem Degen erstach, hatte keine Konsequenzen für ihn. Gravierender noch ist die von demokratischen Autoren immer wieder kolportierte Geschichte, daß der Markgraf von Brandenburg-Ansbach auf Vorschlag seiner Mätresse einen Schornsteinfeger vom Dach geschossen und die Witwe anschließend mit nur fünf Gulden entschädigt habe.

Charakteristischer als regelrechte Verbrechen sind für das absolutistische Regiment die aus dem Prinzip der Alleinherrschaft resultierenden kleinen Demütigungen, denen der Untertan, zuweilen auch der adelige, nahezu schutzlos ausgeliefert war. So trieb Graf Friedrich Anton zur Lippe in der Weise Mutwillen mit Untertanen, daß er ihnen eine Flasche auf den Kopf stellte, die ihm dann als Zielscheibe für seine Pistole diente. Leopold von Dessau zog mit derben Schabernack die Lacher auf seine Seite: Er lud nächtens einen in einen Schlafrock gekleideten Bäckermeister in seinen Wagen und setzte ihn außerhalb der Stadt aus, so daß er zu Fuß nach Hause gehen mußte. Den Dessauer Bürgermeister hob er auf einen Ochsen, der ihn sogleich wieder abwarf.

Carl Eugen von Württemberg befahl seinen Beamten, vor der Schildwache den Hut zu ziehen und ließ einem Kammerrat von einem adeligen Leutnant Stockschläge erteilen, weil er diesem Gebot nicht nachgekommen war. Karl Friedrich von Baden ließ 1789 seinen eigenen Leibarzt, einen würdigen älteren Herrn und Familienvater, wegen seiner Sympathie zur Französischen Revolution „zum abschreckenden Beispiel" mit 25 Stockschlägen züchtigen. Schwerwiegender noch war, daß der Landgraf Friedrich von Hessen 12.800 seiner hessischen Landeskinder als Söldner an die englische Krone verkaufte, welche sie zur Niederwerfung des amerikanischen Unabhängigkeitskrieges einsetzte.

Insgesamt jedoch trug der Despotismus der Regenten des 18. Jahrhundert nicht die Züge einer böswilligen Willkürherrschaft, sondern vielmehr einen patriarchalischen Zuschnitt. Wäre dem nicht so gewesen, hätte die Französische Revolution in Deutschland wohl stärkere Erschütterungen hervorgerufen. Beispielsweise suchten die Grafen Sayn-Wittgenstein ihre Kammerdiener und Lakaien nach ihren musikalischen Fertigkeiten aus, denn sie mußten gemeinsam mit der gräflichen Familie Hausmusik machen. Die Reichsritter Riedesel zu Eisenbach befahlen den Untertanen ihrer „Republik" 1720 jährlich fünf Sperlingsköpfe abzuliefern, um der Sperlingsplage Herr zu werden. Der Fürst zu Hohenlohe-Oehringen verbot seinen Untertanen in seiner Grafschaft 1771 den Besuch von öffentlichen Tanzveranstaltungen, um sie von „sündlichen Handlungen" abzuhalten, so daß sie sich „im Ausland" vergnügen mußten. Wilhelm Anton von Asseburg, Bischof von Paderborn, erließ schließlich 1777 das Kaffee-Edikt, in dem er dem Bürger- und Bauernstand sowie den unteren Beamten den Genuß des Kaffees untersagte. Weil dieses Edikt nicht zugleich für die höheren Stände galt, hat diese bevormundende Maßnahme einen veritablen Aufruhr hervorgerufen und mußte wieder aufgehoben werden.

Neben einer Anzahl aufgeklärter „Despoten", die sich wie der berühmte Fürstabt von Fulda Heinrich von Bibra als Regenten um die materielle Wohlfahrt und Bildung ihrer Untertanen verdient gemacht haben, gab es auch Landesherren von mehr landjunkerlichem Zuschnitt. So höhnte Adolf Freiherr Knigge, ein regierender Graf verschreibe sich eine Hundemeute, wie sie kein Potentat in Europa habe, und der andere angrenzende besolde eine Meute Hofmusici, die wenigstens ebensoviel Lärm mache. Das despotische Gehabe des von Napoleon mit einer Königskrone bedachten Herzogs Friedrich von Württemberg hat den Freiherrn vom Stein sogar dazu provoziert, vom „Despotismus dieses kleinen Sultans" zu sprechen, der auf die Insel Elba verbracht werden sollte! Tatsächlich hat sich August der Starke einmal auf einem Hoffest als Sultan verkleidet, der von Janitscharen und türkischen Sklavinnen umgeben war.

Gleich einem orientalischen Herrscher hat der Markgraf Carl von Baden zu Beginn des 18. Jahrhunderts wirklich einen regelrechten Harem unterhalten, der zu viel Gerede Anlaß gab. Er wurde von der spitzzüngigen Liselotte von der Pfalz als „ridiküler Serail" bezeichnet und bestand aus einer in Heiducken- und Husarenuniformen gekleideten und kasernierten Leibgarde junger Mädchen, welche Komödien, Opern und Ballette aufzuführen hatten. Aus diesem Serail erwählte der Fürst mit neckischen Spielen jeweils eine „Königin der Nacht". Überdies konnte er seine Mädchen mit Klingeln in seine Gemächer beordern. Nicht nur der Sachsenkönig August der Starke, welcher 354 Kinder in die Welt gesetzt haben soll, sondern auch der 1742 zum Kaiser gewählte bayerische Kurfürst Karl Albrecht, dem 40 bis 60 illegitime Kinder nachgesagt werden und der mit seinen Gespielinnen unter sanfter Musik im lauwarmen Wasser der Badenburg im Nymphenburger Schloßpark herumtollte, haben ebenso wie der Kurfürst Wilhelm I. von Hessen, dem 74 illegitime Kinder zugeschrieben werden, das überkommene Leitbild vom christlichen Landesvater hinter sich gelassen.

Solch ein Hausvater ist noch der Graf Wolfgang von Hohenlohe gewesen, der ein so enges Verhältnis zu seinem Kammerdiener hatte, daß er dessen Sohn ein Rechtsstudium und den Aufstieg zum Syndikus der Stadt Frankfurt ermöglichte. Dessen Urenkel Goethe hat seinen Vornamen eben jenem Grafen zu verdanken! Der Regent vom traditionel-

len Zuschnitt hat zwar auch oft einen Bettschatz gehabt. So der Großvater des Goethe-Freundes Carl-August von Sachsen-Weimar, der sein
schwangeres Mädchen mit einem Schneidergesellen verheiratete und
diesen zum Schloßvogt der Dornburg bestellte. Daß jedoch eine adelige Favoritin wie das Fräulein von Dieskau einen offiziellen Status erhielt und der verheiratete August der Starke für sie ein Hoffest ausrichtete, zu dem sie wie eine Braut herausgeputzt wurde, war etwas
gänzlich Neues. Besonders locker waren die Sitten in Kurhannover.
Dort hatte der Kurfürst Ernst August ein durch Kinder gesegnetes ehe-
ähnliches Verhältnis mit Clara von Meysenbug angeknüpft, welches
Hoffräulein mit seinem leitenden Minister Baron Platen verheiratet
wurde. Sein schriftstellernder Vetter Herzog Anton Ulrich charakterisierte diese Beziehung in einem Schlüsselroman so: „Die schöne Po-
tentiana (= Platen) war verheiratet mit Elimar, dem vornehmsten Bediensteten des Königs und genoß des Mythriades (= Ernst-August)
Liebe mit solcher Ruhe, daß ihr weder die Königin noch ihr Ehemann
darob einige Eifersucht blicken ließe."

Im Unterschied zu dem Serail des Markgrafen von Baden bestand
der Harem von König Georg I. von Hannover und England aus adeligen Favoritinnen. Dieser Kurfürst, welcher die von seinem Vater
mit der Gräfin Platen gezeugte und später mit dem Stallmeister Johann Adolf von Kielmannsegg verheiratete Halbschwester als solche
anerkannte, zeugte selbst mit seiner Mätresse Ehrengard von der
Schulenburg, die zur Herzogin von Kendal und Fürstin von Eber-
stein erhoben wurde, mehrere Töchter. Mit der aus dem Hause
Wendt stammenden Ehefrau des Landdrosten und Oberkammerherrn
von Wallmoden hatte er den „Monsieur Louis", welcher 1782 mit
dem Erwerb der Herrschaft Gimborn unter die reichsständischen
Grafen aufrückte. Dieser König ließ den Grafen Königsmarck als
den Geliebten seiner Gemahlin durch vier straflos ausgehende adelige Hofkavaliere ermorden!

Auch unter dem ersten Preußenkönig Friedrich I. herrschte eine an-
stößige Günstlingsherrschaft. So überließ der zum Premierminister
aufgestiegene und in den Reichsgrafenstand erhobene Johann Kolb
von Wartenberg seine Ehefrau, die Tochter eines Weinschenken,

seinem königlichen Herrn als Mätresse. Noch skandalöser ging es in Württemberg zu. Hier ehelichte der verheiratete Herzog Eberhard Ludwig im Jahre 1707 geheim die Schwester Wilhelmine Friederike („Gräfin Urach") seines aus Mecklenburg stammenden Günstlings Wilhelm Friedrich von Graevenitz. Nachdem die Doppelehe einen Sturm der Entrüstung hervorgerufen hatte, ließ sich der Herzog von seiner Zweitfrau scheiden. Er verband sie jedoch anschließend durch eine Scheinheirat dem dafür reich belohnten alten Witwer Graf Würben (Wrbna), so daß er seine Beziehung zu ihr aufrechthalten konnte, bis sie schließlich 1731 in Ungnade fiel und auf die Feste Hohentwiel verbracht wurde.

Solche Zustände erschienen um so fragwürdiger, als sie durch die Ideologie vom fürstlichen Absolutismus gerechtfertigt wurden. Diese verlieh dem Regenten eine gottähnliche Stellung und hob ihn aus der Menge der Adeligen heraus, für die er früher nur der Erste unter Gleichen gewesen war. Die absolute Machtvollkommenheit des barocken Herrschers duldete keine andere Auffassung als die Vorstellung von der Ebenbildlichkeit des Fürsten mit Gott. So schreibt ein barocker Autor im Jahr 1719:

> *Große Herren sind zwar sterbliche Menschen; weil sie*
> *von Gott selbst*
> *über andere in dieser Zeitlichkeit erhoben, und zu sei-*
> *nem Statthalter*
> *auf Erden gemacht... so haben sie freilich Ursache,*
> *sich durch allerhand äußerliche Marquen von anderen*
> *Menschen zu distinguieren.*

In einer Widmung an den Landgrafen von Hessen heißt es sogar:

> *Wenn nicht Gott wäre,*
> *wer sollte billiger Gott sein als unser Fürst!*

Architektonisch manifestiert sich die soziale Herausgehobenheit des gottebenbildlichen Regenten darin, daß er die vergleichsweise bescheiden ausgestatteten und überdies in die natürliche Umwelt eingebetteten Berg- und Stadtschlösser verließ und sich in der freien Ebene

Paläste erbaute, welche in riesige Parkanlagen und damit in eine künstlerisch verfremdete Natur eingefügt wurden. Mittelpunkt solcher Residenzen, wie man sie etwa in Versailles, Ludwigsburg, Schönbrunn, Potsdam, Drottningholm, Peterhof und in anderen Städten Europas besichtigen kann, ist der gelegentlich einem Kirchenraum angeglichene Thronsaal des Herrschers, der nur durch ein kunstvolles System von Zufahrtsalleen, Vorhöfen, Höfen, Freitreppen, Fluchten und Vorzimmern erreicht werden kann.

Dabei war jeweils eine Hierarchie von Bediensteten zu passieren, deren Spitze der hochadelige Oberstkammerherr bildete. Das aristokratische „Pathos der Distanz" entrückte den barocken Herrscher in eine geheimnisvolle sakrale Sphäre. In den Palästen wird diese auch dadurch hergestellt, daß der Herrscher unter einem Baldachin saß, der auf die orientalischen Thronsäle zurückgeht. Das höfische Zeremoniell, welches vom Hofstaat zelebriert wurde, hatte das Ziel, den Herrscher auf eine gleichsam liturgische Weise von den gewöhnlichen Sterblichen abzuheben. Nach dem spanischen Hofzeremoniell, welches Kaiser Leopold I. im 17. Jahrhundert am Kaiserhof eingeführt hat, mußte sich jeder, der sich dem Kaiser näherte, dreimal verbeugen, auf die Knie sinken und die „spanische Referenz" machen. Anschließend mußte er den Raum rückwärts verlassen, um dem Kaiser nicht sein Hinterteil zuzuwenden. Die adeligen Pagen, welche den Herrscher bei Tische bedienten, hatten ihren Dienst in unmittelbarer Nähe des Kaisers knieend durchzuführen. Noch Bismarck mußte als alter Mann seine Referate vor dem jungen Kaiser Wilhelm II. stehend halten.

Ein Bericht zweier norddeutscher Grafen über einen Besuch bei dem aus dem Haus Schönborn stammenden Fürstbischof von Bamberg vom Jahre 1731 verdeutlicht, wie fremdartig der Regentenkult selbst Adeligen erschien. Es heißt darin:

Vor der Tafel wurde dem Bischof im Eßsaal von einem Kammerherrn das Wasser
in einem silbernen Becken gereicht, der Oberstallmeister goß es auf seine Hände

und der Obermarschall reichte ihm die Serviette zum Abtrocknen.

Einer der bischöflichen Hofprediger verrichtete ein lateinisches Gebet ganz unverständlich.

Der Fürst saß an der Tafel oben auf einem Armsessel, mit rotem Samt beschlagen

und mit goldenen Tressen besetzt und über ihm war ein Himmel von der gleichen Art.

Solch ein Ritual, wie es auch das komplizierte Anzieh-Ritual des Sonnenkönigs darstellte, zielte darauf ab, die Herrenstellung zu dokumentieren und zu behaupten. Wie durchgebildet und für heutige Zeitgenossen absonderlich es sein konnte, zeigt die wahrhaft erstaunliche Tatsache, daß sich unter dem Sonnenkönig zwei Hofkavaliere des Titels „Sänftenträger der Geschäfte", d.h. des Nachttopfes des Herrschers, rühmen durften!

Der fürstliche Hof, der zur Verklärung des herrscherlichen Glanzes eingerichtet wurde, stellte ein hierarchisch durchorganisiertes Sozialgefüge von oft mehreren tausend Personen dar. Zum Hofstaat des prunkliebenden Herzogs Carl Eugen von Württemberg gehörten allein 200 adelige Herren, darunter 20 Prinzen und Grafen. Er umfaßte weiter eine Vielzahl von Musikern, Schauspielern, Tänzern, Künstlern und Handwerkern, denen die Vorbereitung und Ausgestaltung der höfischen Feste oblag. All diesen Personen war ein Platz in der Rangordnung zugewiesen, welche unterschiedliche Kategorien von Dienstboten erfaßte, darunter die Inhaber der Ämter des Hofzuckermeisters, Bratenmeisters, Bratenwenders, Geflügelwarts und Dürrfischwärmers . . .

Der fürstliche Hof bildete den Rahmen für außergewöhnliche und auch fragwürdige Karrieren. So hat der legendäre Graf Heinrich von Brühl, der als Premierminister den Kurfürsten August III. von Sachsen völlig beherrschte, niemals studiert, sondern seine Laufbahn mit dreizehn Jahren als Silberpage begonnen. Er verstand es, die sächsischen Staatsfinanzen weitgehend in seine eigenen Taschen zu lenken und sich einen privaten Hofstaat mit 300 Pferden, 300 Bediensteten -

darunter 12 Kammerdiener und 12 adelige Pagen - sowie zahllosen Luxusgegenständen wie allein 1500 Perücken zuzulegen. Da unter seiner beispiellosen Mißwirtschaft sogar Adelige wie der Graf Watzdorff „wegen mißliebiger Reden" als Staatsgefangene hinter düstere Festungsmauern gesteckt wurden, konnte es nicht ausbleiben, daß ein tiefer Schatten auf die sächsische Adelsherrschaft fiel.

Das adelig-despotische Herrenmenschentum, welches der legendäre polnisch-litauische Fürst Karol Radziwiłł auf unnachahmliche Weise verteidigte, hatte auch wegen des durch die Aufklärung erschütterten Glaubens an das Gottesgnadentum keine Zukunft. Schroffer als dies ein deutscher Fürst hätte formulieren wollen und können erklärte dieser Herr über Hunderttausende von Leibeigenen: „Niemand hat das Recht, mir Befehle zu erteilen, Gerichtsurteile nehme ich nicht zur Kenntnis. Es gibt nur ein Gericht, das berechtigt wäre, einen Radziwiłł zu verurteilen: das Jüngste Gericht."

10.5. Adelige als Entdecker, Dilettanten und Pioniere in Kunst und Wissenschaft

Während der durchschnittliche Junker und Aristokrat standestypischen Beschäftigungen wie der Bewirtschaftung ihrer Besitze, der Jagd, dem Kriegs- oder Hof- und Staatsdienst nachgingen, haben eine Reihe von Adeligen als Mäzene sowie als Dilettanten und Privatgelehrte Bedeutendes geleistet und eine Pionierrolle gespielt. In besonderer Weise gilt dies auch für die Forstwissenschaft, welche allerdings wie das Bergfach aufgrund der landesherrlichen Regale zum Bereich des Staatsdienstes gehörte. Gleichwohl soll hier darauf verwiesen werden, daß der sächsische Oberberghauptmann Hans-Carl von Carlowitz (1645-1722) mit seiner „Sylvicultura oeconomica" im Jahre 1713 das erste forstwissenschaftliche Buch der Welt vorgelegt hat. Der hannoversche Landdrost von Harburg, Otto von Münchhausen auf Schwöbber (1716-1774), war ein passionierter Garten- und Ackerbauer, welcher mit dem Begründer der modernen Botanik Linné befreundet war und in dem von ihm herausgegebenen „Hausvater" (1765-1773) eine Theorie des Pfluges entwickelt hat!

Die Beethoven durch Ferdinand Graf Waldstein sowie durch Fürst Joseph Maximilian Lobkowicz erteilte Protektion, der wir die Waldstein-Sonate verdanken, fällt unter die Rubrik des aristokratischen Mäzenatentums. Zuweilen haben sich Aristokraten derart engagiert, daß die Grenzen eines bloßen Mäzenatentums überschritten wurden. So unterhielt der den russischen Senatorenrang bekleidende Otto Werner von Vietinghoff (1722-1792) eine eigene Theatertruppe und baute auf eigene Kosten das erste Theater in Riga, welches mit Lessings „Emilia Galotti" eingeweiht wurde. Mit dem gleichen Stück wurde 1783 in Prag das im Palais des Grafen Nostitz-Rieneck eingerichtete Theater eingeweiht, in dem einige Jahre später die Uraufführung des Don Giovanni stattgefunden hat.

Der reiche mecklenburgische Graf Karl Friedrich Hahn (1782-1852) war der Theaterleidenschaft so verfallen, daß er als wirtschaftlich ruinierter „Theatergraf" in die Geschichte eingegangen ist. Dieser mecklenburgische Landerbmarschall reiste an der Spitze einer kleinen Schauspielertruppe als Prinzipal durchs Land und errichtete auf seinem Landsitz Remplin eine Liebhaberbühne, auf der mit Iffland der größte deutsche Schauspieler aufgetreten ist. Weil dieser Graf im Begriff war, für seine Leidenschaft das Familienvermögen zu verschleudern, wurde er schließlich von seiner Familie unter Kuratel gestellt. Dieser originelle Mann ließ es sich nicht nehmen, als alter Herr in Kammerherrenuniform dem Sarg eines Schauspielers zu folgen. Gegenüber dem dänischen König hat er den Wunsch ausgedrückt, auf der Bühne zu sterben.

Ein anderer aristokratischer Exzentriker ist der berühmte Fürst Hermann Pückler zu Muskau gewesen, dessen Name als Gestalter einer neue Maßstäbe setzenden Parklandschaft fortlebt. Zum Selbstverständnis dieses Standesherren gehörte die Betonung der Unabhängigkeit gegenüber dem Landesherrn, dem preußischen König. Diese dokumentierte er dadurch, daß der wegen Preßvergehen zu eineinhalb Jahren Festung verurteilte Heinrich Laube seine Haft auf eine recht angenehme Weise auf Schloß Muskau verbringen durfte. Aristokrat war Pückler auch insofern, als er seiner Leidenschaft auf eine so unkaufmännische Weise nachgab, daß er schließlich seine Standesherrschaft samt dem weltberühmten Park total überschuldet verkaufen mußte.

Dieser Fürst, der sich in Berlin in einer mit Hirschen bespannten vielbestaunten Kutsche fahren ließ, dokumentierte seine Unabhängigkeit nicht nur von der adelig-ständischen, sondern auch von der christlichen und bürgerlichen Moral. Damit erwies er sich als Dandy bzw. als Vorläufer des modernen Playboys. In Kairo kaufte er eine von ihm mit der Venus von Tizian verglichene vierzehnjährige abessynische Sklavin, um „ihren Charakter zu studieren". Nach seinen Worten stellte diese von ihm in die Lausitz mitgebrachte Sklavin Cara Machuba, welche bei ihrem Kauf lediglich einen Muschelgürtel um die Hüften trug, eine „unerschöpfliche Quelle von Vergnügen" dar. Die von Pückler auf seinen Reisen mitgeführte Abessynierin machte überall Furore. Als sie bei einem Kaisermanöver in der Nähe von Wien in einem männlichen Mameluckenkostüm auf einem feurigen Araber galoppierte, lenkte sie den gesamten Generalstab von seiner Arbeit ab.

Nur wenig bekannt ist, daß sich eine ganze Reihe von Adeligen im 18. und auch noch im 19. Jahrhundert mit Entdeckungs- und Forschungsreisen hervorgetan und sich große Verdienste um die Erschließung der nichteuropäischen Welt erworben haben. Ein Vorläufer von ihnen war der aus einer Kölner Patrizierfamilie stammende Jesuit Johann Adam Schall von Bell (1592-1666), der als Direktor des Astronomischen Instituts in Peking, Missionar und Prinzenerzieher das Reich der Mitte europäischen Einflüssen geöffnet hat. Ganz abgesehen von dem alle überragenden Alexander von Humboldt (1769-1859), welcher von 1799-1804 eine in dreißig Bänden ausgewertete Expedition nach Lateinamerika durchgeführt und später das naturwissenschaftliche Wissen in seinem fünfbändigen „Kosmos" zusammengefaßt hat, sind weitere Adelige vom Entdeckungsfieber angesteckt gewesen.

Zu ihnen gehört der Estländer Adam von Krusenstern (1770-1846), der als kaiserlich russischer Admiral mit seiner „Reise um die Welt" die erste russische Erdumsegelung anführte, bei der er die Halbinsel

Kamtschatka, die Kurilen und die Aleuten erforschte. Der mit Alexander von Humboldt in Verbindung stehende Hesse Wilhelm Ludwig von Eschwege (1777-1855) ist nach seinem Studium der Rechts- und Naturwissenschaften in Göttingen und Marburg 1802 zum Hüttendirektor in Portugal berufen worden. Er wurde später zum Begründer der brasilianischen Eisenindustrie, dem im Nationalmuseum in Rio de Janeiro ein Saal gewidmet ist.

Der vermögende Uckermärker und Studienfreund Alexander von Humboldts Christian Leopold von Buch war dagegen ein reiner Privatgelehrter, dessen wissenschaftliche Leistungen durch die ihm angetragene Mitgliedschaft der Akademien in Berlin, Paris und London sowie in 50 weiteren gelehrten Gesellschaften honoriert worden sind. Dieser märkische Junker nimmt einen Ehrenplatz in der Geschichte der Geologie ein, während der in Estland gebürtige Zoologe Karl Ernst von Baer (1792-1876) als Begründer der modernen Entwicklungsgeschichte gilt. Neben solch allgemein anerkannten Pionieren haben auch Dilettanten und Mäzene ihren Platz in der Wissenschaftsgeschichte. Hierzu gehört der Freiherr Karl Heinrich von Sickingen, welcher die Kurpfalz am königlich französischen Hof vertrat, mit Platin und anderen Metallen experimentierte und hierüber in der Französischen Akademie berichtete. Er wird überragt durch Friedrich Graf Hahn (1742-1805), den Vater des vorgenannten „Theatergrafen". Als naturwissenschaftlich ausgebildeter vermögender Grundbesitzer errichtete er 1770 auf seinem Gut eine Sternwarte und unterstützte er Gelehrte und wissenschaftliche Einrichtungen. Vor allem finanzierte er den Druck des 1801 in England herausgegebenen Himmels-Atlas. Als Dank für sein Mäzenatentum ist ein Mondgebirge nach ihm benannt.

Ein Privatgelehrter war auch der auf der Bettenburg in Franken residierende Reichsritter Christian Freiherr Truchseß von Wetzhausen (1755-1826). Dieser hünenhafte Junggeselle, den seine Freunde „Götz von Berlichingen" nannten, war als 16jähriger am Wiener Kaiserhof und am preußischen Hof vorgestellt worden und unterhielt Kontakte zu bedeutenden Wissenschaftlern wie dem Weltreisenden Georg Forster. Er legte berühmt gewordene Obst-Anpflanzungen an und veröffentlichte 1819 seine „Klassifikation und Beschreibung der Kirschensorten". Dieser vom Geist der Romantik durchdrungene „letzte Ritter" war mit den Schriftstellern Heinrich Voss, Jean Paul und Gustav Schwab befreundet, legte in seinem Park einen Hain für Minnesänger an, stiftete eine Volksbibliothek für die Landbevölkerung, die er auch medizinisch versorgen ließ.

Ein ausgemachter Sonderling und verdienter Wissenschaftler ist auch der fränkische Reichsritter und Gutsbesitzer Ernst Freiherr von Bibra (1806-1878) gewesen. Er war Chemiker, Naturforscher und Schriftsteller und setzte sich auch insofern über die adelige Konvention hinweg, als er die Tochter seines Kammerdieners ehelichte. Bibra machte nicht nur eine zweijährige Forschungsreise nach Lateinamerika und schrieb Romane und Novellen. Darüberhinaus verfaßte er wissenschaftliche Arbeiten wie das Buch: „Die Getreidearten und das Brot" (1860) und die Untersuchung „Über Krankheiten der Arbeiter in den Zündholzfabriken", eine bahnbrechende Arbeit zur Gewerbehygiene bzw. der Arbeitsmedizin! Zu der heutzutage fast ausgestorbenen Gattung der Privatgelehrten gehörten weiter der thüringische Gutsbesitzer und Jurist August Sittich Freiherr von Berlepsch (1815-1877), der grundlegende Neuerungen in die Imkertechnik einführte und 1875 sein Buch „Die Bienenzucht" veröffentlichte, sowie auch sein Vetter Hans Graf von Berlepsch (1850-1915). Dieser studierte Zoologe trug die bedeutendste ornithologische Privatsammlung zusammen, welche ins Frankfurter Senckenberg-Museum überführt worden ist.

Dagegen hat sich Friedrich August Marschall von Bieberstein (1768-1826) als Botaniker einen Namen gemacht. Im Auftrage der Kaiserin Katherina nahm er am russischen Feldzug gegen Persien teil, wobei er die Flora der kaukasischen Welt erforschte und anschließend beschrieb. Prinz Maximilian zu Wied (1782-1867), welcher in Göttingen Naturwissenschaften studiert hat, führte 1815-1817 eine anschließend wissenschaftlich ausgewertete Expedition in Brasilien durch und widmete sich später der Erforschung der Indianer in Nordamerika. Hierüber legte er Publikationen vor, die speziell auch durch ihre hervorragenden Illustrationen bleibenden Wert haben. Ein Entdeckungsreisender war auch Paul Wilhelm Herzog von Württemberg (1797-1860), welcher den Missisippi-Raum erkundet und hierüber im Jahre 1828 ein Buch im Cotta-Verlag vorgelegt hat. Zu den hochadeligen Naturforschern gehört schließlich noch Wilhelm Friedrich Fürst zu Salm-Horstmar (1799-1865). Dieser «Doktor-Fürst», welcher in Göttingen die Naturwissenschaften studierte und 1834 klagte: «Welch ein Jammer, daß der reiche Adel Westfalens sich so wenig mit den Wissenschaften beschäftigt», führte vielfältige Experimente auf dem Gebiet der Tierzucht durch und hatte Verbindung zu Alexander von Humboldt und dem Chemiker Justus von Liebig.

Als Entdecker von gesellschaftlichen Strukturen steht der mit Annette von Droste-Hülshoff verwandte und mit den Gebrüdern Grimm befreundete Ostwestfale August Freiherr von Haxthausen (1792-1866) in der Nachfolge von Sigmund von Herberstein. In seinen „Studien über die inneren Zustände, das Volksleben und insbesondere die ländlichen Einrichtungen in Rußland" (1847/1852) beschrieb er das genossenschaftliche Gemeindeleben der russischen Landbevölkerung und löste damit eine leidenschaftliche Diskussion darüber aus, ob in Rußland die sozialistischen Ideale ohne den Umweg des Kapitalismus verwirklicht werden könnten. Haxthausen, welcher an der Wiederbegründung des Malteserordens mitgewirkt hat, riet als konservativer Reformer zur Beibehaltung der Dorfgemeinschaft („Mir") als Schutz gegen eine Proletarisierung der Landbevölkerung. Ein Erforscher der arabischen Welt war dagegen Heinrich von Maltzan (1826-1874). Er hat 1860 als erster Europäer in musulmanischer Verkleidung an einer Pilgerfahrt nach Mekka teilgenommen und seine Entdeckungsreisen in mehreren Büchern beschrieben.

Was das Verhältnis des Adels zu geistigen Betätigungen angeht, so muß hier auf die bekannte Tatsache verwiesen werden, daß eine Reihe von bedeutenden Dichtern wie Ewald von Kleist, Heinrich von Kleist, Friedrich von Hardenberg, Achim von Arnim und August von Platen aus altadeligen Familien stammen. Dabei darf nicht übersehen werden, daß in Adelskreisen das Poetentum vielfach als „ridikül" betrachtet wurde, wie eine Bemerkung des Landkomturs von Hardenberg zu seinem unter dem Namen Novalis berühmt gewordenen Neffen belegt. Wenngleich die Ausübung von Musik als Hobby durchaus als eine angemessene Betätigung für einen Aristokraten galt, so war die Laufbahn eines Berufsmusikers durchaus unstandesgemäß. Gleichwohl wurde dem hochbegabten späteren Komponisten Friedrich von Flotow nach anfänglichem Widerstand sein Berufswunsch erfüllt. Die Tatsache, daß Flotow in erster Ehe eine Adelige, in zweiter und dritter Ehe jedoch eine Sängerin bzw. Tänzerin geheiratet hat, belegt dabei, daß eine Künstlerlaufbahn ein Überschreiten der Standesgrenzen fast automatisch nach sich zog. Ein adeliger Dilettant und Mäzen hingegen blieb seinem Stand verbunden, so groß auch seine Verdienste gewesen sein mögen.

Im Hinblick darauf, daß das preußische Junkertum als besonders ungeistig angesehen zu werden pflegt, darf hier auf die Person von Caspar Wilhelm von Borcke (1704-1747) hingewiesen werden, welcher in Halle und Königsberg studiert hat, zum preußischen Außenminister aufgestiegen ist und auch Kurator der Berliner Akademie war. Er hat als Diplomat in England Shakespeare schätzen gelernt und im Jahre 1741 den „Versuch einer gebundenen Übersetzung des Trauer-Spiels von dem Tode des Julius Ceasar" vorgelegt, mit welcher Übersetzung er Shakespeare in Deutschland bekannt gemacht hat.

Das Verdienst an der großen deutschen Shakespeare-Gesamtausgabe, welches Sprachwerk manche in einem Atemzug mit der Luther-Bibel nennen, kommt neben Ludwig Tieck dem Grafen Wolf Heinrich von Baudissin (1789-1878) zu. Dieser Holsteiner und Jurist ist wegen seiner prodeutschen Einstellung aus dem dänischen Staatsdienst ausgeschieden und hat sich ganz der Schriftstellerei zugewandt. Große Bedeutung für das Geistesleben in Preußen hat der Salon des Grafen und Reichshofrates Heinrich von Keyserling (1727-1787) in seinem Haus am Königsberger Roßmarkt gehabt. Dort gingen so bedeutende Leute wie Hamann und Kant ein und aus. Das erste Kant-Porträt, eine Federzeichnung von 1755, stammt von der Ehefrau Keyserlings, der geborenen Gräfin Charlotte Amalie Truchseß von Waldburg. Besonders zu Beginn des 19. Jahrhunderts ragt das Palais des Fürsten Clary und Aldringen in dem Badeort Teplitz als Treffpunkt der Großen der Welt hervor. Hier trafen sich nicht nur Kaiser, Könige und Fürsten, sondern auch die geistige und künstlerische Elite, wie die Namen Bettina Brentano, Chopin, Fichte, Goethe, Grimm, Humboldt, Levin, Liszt, Savigny, Tieck und andere bezeugen.

Da der Adel seine Legitimation aus der Geschichte bezieht, liegt es nahe, daß sich Adelige in besonderer Weise um die Bewahrung des kulturellen und künstlerischen Erbes verdient gemacht haben. Wenn man einmal davon absieht, daß die großen fürstlichen Höfe wie beispielsweise auch derjenige in Dresden zu Kunstzentren von europäischer Bedeutung geworden sind, müssen in diesem Zusammenhang besonders diese Personen und Institutionen hervorgehoben werden: Als einer der Begründer der deutschen Geschichtsschreibung gilt der als Gesandter in kursächsischen Diensten stehende Heinrich Graf von Bünau (1697-1762), dessen Vater sächsischer Kanzler und evangelischer Reichshofrat gewesen ist. Bünau, welcher den Begründer der Altertumswissenschaft Winckelmann in seiner berühmten Bibliothek beschäftigte, vollzog in seiner „Genauen und umständlichen Teutschen Kayser- und Reichshistorie" (Leipzig 1728-43) eine Abkehr von der überkommenen staatsrechtlichen Sichtweise.

Fürst Ludwig von Oettingen richtete im Jahre 1810 in Wallerstein ein Museum ein, welches eine mittelalterliche Bibliothek mit einer bedeutenden Handschriftensammlung, eine Gemäldegalerie, ein physikalisches, ein Naturalien- und ein Forstkabinett sowie ein Institut für Glasmalerei und Lithographie enthielt und somit keineswegs eine nur rein museale, antiquarische Aufgabenstellung hatte. Im Jahre 1818 wirkte dann der Freiherr vom Stein an der Gründung einer historischen Gesellschaft mit, welche bis zum heutigen Tage die Geschichtsquellen des deutschen Mittelalters erschließt und herausgibt. Um die Sammlung und Sicherung literarischer Geschichtsquellen des Mittelalters, wie etwa der Nibelungenhandschrift, hat der im Dienste des Fürsten von Fürstenberg stehende und auch als Schwager der Annette von Droste-Hülshoff bekannte Freiherr von Laßberg große Verdienste. Der Sohn der ihm nahestehenden und aus dem

Hause Thurn und Taxis stammenden verwitweten Fürstin Karl Egon (1796-1859) unterhielt persönliche Kontakte zu so bedeutenden Männern wie Schelling, Ranke, Alexander von Humboldt und Hoffmann von Fallersleben und finanzierte die Gesamtausgabe der Werke Winckelmanns sowie eine Lessing-Edition.

Anfänglich als reiner Privatmann, später als General-Conservator der Kunstdenkmale des Preußischen Staates hat sich der märkische Junker Alexander Ferdinand von Quast-Radensleben die Erstellung eines Inventars der Kunstdenkmale Preußens zur Lebensaufgabe gemacht. Ähnlich ambitioniert und noch erfolgreicher ist der fränkische Reichsritter Hans von Aufseß als der Begründer des Germanischen National-Museums (1852) in Nürnberg gewesen. Wie es zuvor das von Goethe unterstützte Böhmische Museum (1818) getan hatte, löste dieses Museum als volkstümliche Einrichtung das überkommene Fürstenmuseum im Geiste der Romantik ab und setzte sich zum aktuellen Ziel: „Die Vereinigung der literarischen und artistischen Quellen zu einem Zweck, die Vereinigung Alles dessen, was die deutsche Vorzeit uns als Denkmal ihres Lebens und Strebens hinterlassen hat".

11. Edelfrau, Heiratsallianz und Emanzipation

> *Niemand hätte mich hindern können,*
> *selbst an die Spitze meiner Armeen zu treten,*
> *wenn ich nicht dauernd schwanger gewesen wäre.*
>
> *Kaiserin Maria Theresia*

Im Jahr 1792 veröffentlichte der Königsberger Aufklärungsschriftsteller Theodor von Hippel das Buch „Über die bürgerliche Verbesserung der Weiber". Dieses Buch lehnt sich im Titel an ein kurz zuvor erschienenes Buch über die „bürgerliche Verbesserung der Juden" an und bringt damit zum Ausdruck, daß die Frauen gleich den Juden gesellschaftlich benachteiligt seien. Diese Diskriminierung wird damit erklärt, daß das „unrömische deutsche Weib" unter das frauenfeindliche römische Gesetz gefallen sei. Dabei mag Hippel daran gedacht haben, daß der aus süditalienischem Grafenhause stammende berühmteste Kirchenlehrer des Mittelalters Thomas von Aquin die Frau als ein „animal imperfectum", als unvollständiges Lebewesen charakterisiert hat.

In idealisierender Weise stellte Hippel heraus, daß das germanische Weib die Gefährtin des Mannes gewesen sei, ihn auf Kriegsfahrten begleitet und ihm Staatsgeschäfte abgenommen habe. Dann kritisierte der mit Kant befreundete Preuße die Französische Revolution, weil sie nämlich den Frauen die Menschen- und Bürgerrechte, die man ihnen schnöde entrissen habe, vorenthalte. Tatsächlich hatte im Revolutionsjahr 1789 Olympe de Gouge, die außereheliche Tochter eines französischen Aristokraten, die „Erklärung der Frauen- und Bürgerinnenrechte" (Déclaration des droits de la femme et de la citoyenne) verfaßt. Von dieser stolzen Dame, die unter Robespierre auf dem Schafott endete, ist das Wort überliefert: „Wenn die Frau das Recht hat, die Guillotine zu besteigen, so muß man ihr auch das Recht zustehen, die Rednertribüne zu besteigen." Weiter als die Französische Revolution ging in der Frauenfrage der mit Goethe und Herder befreundete sächsische Edelmann Johann August von Einsiedel. Dieser Anhänger des philosophischen Materialismus, der Gott für „ein tyrannisches und schreckliches Wesen" erklärte, stellte fest, es sei ein „irriger Begriff, daß eine Frau das Eigentum eines Mannes werden" könne.

Während früher die Neigung bestand, die germanische Vergangenheit zu verklären, überwiegt heute eher die Tendenz zu glauben, die Frau sei früher immer durch „das Patriarchat" unterdrückt worden. Hierfür spricht besonders die germanische Muntgewalt, d.h. die männliche Vormundschaft über die Frauen, welche durch den Vater bzw. den Ehemann ausgeübt worden ist. Bei einem Blick auf die historische Wirklichkeit stellt man freilich fest, daß die Frauen der adelig-kriegerischen Oberschicht eine sehr viel unabhängigere Rolle zu spielen vermochten als diejenigen aus dem einfachen Volk. Auch dort lebte trotz der patriarchalischen Rechtsordnung der Mann im häuslichen Bereich nicht selten unter dem Pantoffel seiner Ehefrau.

11.1. Die Hausfrau und ihre religiöse Erziehung

Edelfrauen und ihre Töchter, die Fräuleins - diese Standesbezeichnung ist ursprünglich dem Adel vorbehalten gewesen - waren anders als der gemeine Mann und seine Familie nicht mit der früher knochenzehrenden Arbeit der praktischen Daseinsvorsorge belastet. Gleichwohl wäre es falsch anzunehmen, die Edelfrau hätte eine parasitäre Luxusexistenz führen können. Vielmehr war sie neben ihrer Rolle als Mutter und Fortsetzerin des Geschlechts die „Hausfrau". Sie stand dem das Gesinde sowie den Gemüsegarten einschließenden Haushalt vor. Zum Haushalt gehörte auch das Spinnen, Stricken und Weben von Textilien, wobei die winterliche Spinnstube einen wichtigen Ort für soziale Kontakte aller Art darstellte. Ein realistisches Bild von einer Edelfrau erhält man, wenn man sie sich als eine Art Großbäuerin oder Gutsherrin vorstellt, die sich um alles selbst kümmert. Eine musterhafte Hausfrau war im 16. Jahrhundert beispielsweise die Kurfürstin Anna von Sachsen, welche eigenhändig Nadel und Spindel führte, die Hoffräuleins zum Flachsspinnen anhielt, ihrer Tochter das Kochen beibrachte und mit fürstlichen Frauen Rezepte über das Einkochen von Kirschen, das Zubereiten von Fasanen usw. austauschte.

Bereits die Töchter Karls des Großen mußten am Spinnrad sitzen, welches noch die westfälische Dichterin Annette von Droste-Hülshoff „recht gut" zu bedienen verstand. Auch die aus dem Niederösterreichischen stammende bedeutendste deutsche Barockdichterin Catharina von Greiffenberg war in „Weiberarbeiten" geübt. Schließlich ist die germanische Göttin Freyja, die Ehefrau Odins, nicht nur die Schutzherrin von Ehe und Liebe, sondern auch die Beschirmerin des Spinnens gewesen. Sie soll den faulen Spinnerinnen des nachts den Bauch aufgeschlitzt und ihn mit dem nichtgesponnenen Flachs zugenäht haben. Ungarische Adelige sind empört gewesen, daß ihre im Rahmen einer Ehevereinbarung als Vierjährige auf die Wartburg gekommene Königstochter Elisabeth wie selbstverständlich auch ans Spinnrad gesetzt worden ist. Eine savoyische Prinzessin, welche im 17. Jahrhundert mit einem Wittelsbacher verheiratet wurde, hat die Nase über ihre aus dem Hause Habsburg stammende Schwiegermutter gerümpft. Denn diese war sich nicht zu gut dafür, selbst in der Küche zu wirtschaften und eigenhändig Kühe zu versorgen.

Nicht wenige Edelfrauen waren in Vertretung ihrer oft auf Kriegszügen befindlichen oder gestorbenen Männer mit der Verwaltung der Besitzungen und der Ausübung der damit verbundenen hoheitlichen Aufgaben betraut. Zuweilen gab es unter Eheleuten regelrechte Geschäftspartnerschaften. So hat die von der Wolfsburg stammende Anna von Alvensleben im 16. Jahrhundert von ihrem Ehemann die gesamte Viehwirtschaft der umfangreichen Familiengüter gepachtet und dabei erhebliche Gewinne erwirtschaftet. Von einer aus dem holsteinischen Adelshaus Buchwaldt stammenden Vorsteherin des Klosters Preetz wird berichtet, daß sie ihr Kloster mit einem schwunghaften Fischhandel aus ernsthaften Geldverlegenheiten befreite.

Die Regel war jedoch, daß die Töchter des Adels, wie es im „Teutschen Fürstenstaat" des Veit Ludwig von Seckendorff heißt, „Frauenzimmerarbeit und allerhand nähen und stricken" nachgingen. Bei dieser Betätigung wurden gelegentlich künstlerische Hochleistungen erzielt. Berühmt ist etwa der um 1300 entstandene und ritterliche Kampfszenen darstellende Wandteppich im Kloster Wienhausen bei Celle. Hervorgehoben werden kann weiter ein auf der Veste Coburg aufbewahrter und von Hofdamen für eine Fürstenhochzeit von 1585 gestickter Wandteppich, welcher 64 Wappen wiedergibt. Handarbeiten sind stets beliebte Geschenke gewesen. Als die Herzogin Anna Maria von Württemberg im sechzehnten Jahrhundert vom Herzog von Preußen eine mit Bernstein verzierte Elchklaue erhielt, revanchierte sie sich mit einem selbstgestickten Hemd.

Die geistige Erziehung der Edelfrauen stand unter dem Zeichen der „christlichen seligmachenden Religion". Sie sollte die gesamte, an den Zehn Geboten und den christlichen Tugenden ausgerichtete Lebensführung bestimmen. In wie starker Weise der Tages- und der Jahresrhythmus nicht nur des Adels früher von religiösen Handlungen geprägt war, können sich heute viele nicht vorstellen. So ist beispielsweise bekannt, daß Kaiserin Maria Theresia jeden Tag mehrere Stunden mit Beten und religiösen Übungen beschäftigt war. Einmal hat sie drei Stunden kniend im Stefansdom gebetet, um einen Krieg abzuwenden. Bevor sie das Schafott bestieg, hat ihre Tochter Marie Antoinette von Frankreich einen Abschiedsbrief verfaßt. Darin erklärte sie, daß sie in der „römisch-katholischen apostolischen Religion" sterben werde, wobei sie Gott „um Vergebung all meiner Sünden" bat.

Wenngleich die Religiosität sicherlich nicht selten ein äußerliches, angelerntes Verhalten war, so formte sie oft den ganzen Menschen. Wie man in vielen Erinnerungen von Adeligen nachlesen kann, gehörte eine alltäglich von der Hausfrau auch für das Personal abgehaltene Hausandacht bis in das 20. Jahrhundert hinein zum Lebensstil vieler Adelshäuser. Das Gegenstück solch einer Frömmigkeit war die Praktizierung der Caritas. Sie äußerte sich darin, daß die Töchter adeliger Gutsbesitzer angehalten wurden, kranke Gutsangehörige zu pflegen, die Familie von Wöchnerinnen mit Essen aus der Gutküche zu versorgen und Weihnachten mit selbstgestrickten Textilien zu beschenken. Der als Schutzpatron der rebellischen Jugend unverdächtige Pastor Albertz berichtet bezeichnenderweise, daß ihn die schlichte unkomplizierte Frömmigkeit, die er in privaten Kindergottesdiensten bei einem Fräulein von Rothkirch sowie später als Hauslehrer bei der Gräfin Castell erlebte, tief beeindruckt und geprägt habe.

Neben den Grafen Reuß, Stolberg und Zinzendorff waren es besonders die Grafen Castell, die eine hervorragende Rolle in dem oft durch religiöse Schwärmerei gekennzeichneten Pietismus des 18. Jahrhunderts gespielt haben. So ging eine aus dem Hause Castell stammende Gräfin Reuß als Witwe in die religiöse Siedlung Herrenhaag in der Wetterau, wo sie als „Arbeiterin unter den Witwen" und als „treue Magd und Jüngerin Jesu" wie eine Frau aus dem Volke lebte. Die ebenfalls aus dem Hause Castell stammende Gräfin Stolberg, deren Söhne Jugendfreunde von Goethe gewesen sind, begann nie eine Arbeit, ohne zuvor zu beten. Sie fiel oft unvermittelt im Familienkreis auf die Knie und betete laut. Neben religiösen Handlungen gehörte die Caritas, die Praktizierung der tätigen Nächstenliebe an Armen und Kranken, in der sich die heiliggesprochene Elisabeth von Thüringen buchstäblich verzehrt hat, zur christlichen Lebensführung. Auch die berühmte Julie von Krüdener, welche das Wort „Christus muß wachsen und ich muß abnehmen" zur Richtschnur ihres Lebens machte und der es gelang, Kaiser Alexander von Rußland zum Abschluß der „Heiligen Allianz" von 1815 zu bewegen, hat in einer christlichen Kolonie selbst Armenpflege betrieben!

Im hohen Mittelalter wurde eine geistig-religiöse Bildung vorzugsweise adeligen Frauen, und zwar durch Klosterschulen zuteil. Es ist kein Zufall, daß die Fürstin Gerburg im Naumburger Dom nicht mit einer Spindel, sondern mit einem Buch abgebildet ist. Dagegen tragen die männlichen Stifterfiguren Schwert und Schild als Insignien des Herrscher- und Kriegertums. Roswitha von Gandersheim, welche unter Anleitung der Äbtissin Gerberga, einer Nichte Kaiser Ottos I., eine theologische und literarische Bildung erhielt und die in lateinischer Sprache kunstvoll gereimte Heiligenlegenden und christliche Dramen verfaßte, ist die erste deutsche Dichterin. Ein hervorragendes Beispiel für das hohe Niveau der Bildung von Töchtern fürstlicher Familien ist die aus dem Hause Andechs-Meranien stammende Heilige Hedwig von Schlesien. Hedwig wurde als

Fünfjährige in ein Benediktinerkloster am Main geschickt, wo sie neben den üblichen Handarbeiten das Schreiben und Lesen erlernte und schließlich sogar die lateinische Bibel lesen konnte. Was dies bedeutet, mag man daran ermessen, daß noch König Rudolf von Habsburg Analphabet gewesen ist!

Zur klösterlichen Bildung gehörten keineswegs nur die Vermittlung religiöser und literarischer, sondern durchaus auch praktischer Fertigkeiten. So hat die elsässische Äbtissin Herrad von Landsberg in ihrem enzyklopädischen „Hortus deliciarum", dem Lustgarten, neben theologischen auch Alltagsprobleme behandelt. In dieser Tradition stand im 16. Jahrhundert die mit einem Grafen von Mansfeld verheiratete Dorothea zu Solms. Sie war nicht nur eine fromme Frau, welche Kranke pflegte, darüber hinaus destillierte sie selbstgezogene Heilkräuter und verfaßte ein „Arzneibuch". Noch bedeutender war die aus dem Hause Brandenburg stammende Herzogin Elisabeth von Braunschweig-Lüneburg (1510-1558). Diese als fünfzehnjähriges Mädchen an einen 55jährigen Mann verheiratete Frau stand mit Luther im Briefwechsel, setzte als Regentin die Reformation in Braunschweig-Calenberg durch und verfaßte neben einem „Regierungshandbuch" einen „Christlichen Sendbrief" an ihre Untertanen.

11.2 Der junkerliche Frauentypus und die Kriegerfrau

Solche Beispiele gelehrter Bildung dürfen nicht darüber hinwegtäuschen, daß es sich um Ausnahmeerscheinungen handelt. Die Töchter und Frauen des oft in bescheidenen Verhältnissen lebenden Landadels erhielten meist nur eine schlichte geistige Bildung und waren ganz auf ihre Mutter- und Hausfrauenrolle ausgerichtet. Zuweilen sind Trägerinnen bekannter Adelsnamen noch im 17. Jahrhundert des Lesens und Schreibens nicht mächtig gewesen. Dies ist 1699 für die Ehefrau eines in gräflich schaumburgischen Diensten stehenden Herrn von Puttkamer bezeugt. Von der Mutter des 1707 vom schwedischen König als Landesverräter geräderten livländischen Edelmannes Johann von Patkul ist bekannt, daß sie zwar mit dem Pferd und der Pistole gut umzugehen verstand, jedoch nicht mit der Schreibfeder!

Oft haben Edelfrauen einen energischen, junkerlichen Frauentypus verkörpert. Ihm kann das pommersche Stiftsfräulein Sidonia von Borcke zugerechnet werden, welche durch unklösterliche Reden und landsknechtsmäßiges Fluchen auffiel. Sidonia ist zu Beginn des 17. Jahrhunderts als angebliche Hexe hingerichtet worden, da sie einen Herzog von Pommern betört hat. Als ausgesprochenes Mannweib ist im 18. Jahrhundert die schlesische Gräfin Helene von Tenczyn bekannt geworden. Über ihrem Bett hingen stets zwei geladene Pistolen und als sie beim Eintreffen der Nachricht vom Tode ihres ersten Mannes ohnmächtig wurde und ihr ein Diener deshalb angezündeten Schwefel unter die Nase hielt, da ergriff sie eine Pistole und hätte den Bedienten um ein Haar erschossen.

Die Frau des Edelmannes war nicht nur Hausfrau und Mutter, sondern zugleich die Frau eines Reiterkriegers, die bei festlichen Anlässen gelegentlich selbst an Reiterspielen teilnahm. Immerhin sind ja bereits in der germanischen Mythologie die göttlichen Frauen, die Walküren, auf ihren Rössern durch Luft und Wasser geritten. In der den Freiherren von Bibra gehörenden fränkischen Wasserburg Irmelshausen findet sich ein Familienbild, auf dem zwei kleine Mädchen in Rüstungen, mit Speeren in der Hand und einer großen Schleife unter dem Kinn dargestellt sind. Die historische Wirklichkeit war wesentlich rauher und entbehrungsreicher als solche Idyllen der Rokoko-Zeit, sogar für Königinnen.

Diese mußten allein deshalb viel Zeit im Sattel zubringen, weil ihre Ehemänner als Reisekönige ständig von Pfalz zu Pfalz unterwegs waren. Die Königin Gisela überquerte im Winter zusammen mit ihrem kleinen Sohn unter großen Strapazen die Alpen, um an der Kaiserkrönung ihres Ehemannes Konrad teilnehmen zu können. Die Kaiserin Richenza folgte ihrem Gemahl Lothar von Supplinburg auf seinen Kriegsfahrten. Sie vertrat ihn sogar bei der Rechtsprechung und war faktisch Mitregentin. Auch die mit Kaiser Friedrich Barbarossa verheiratete Beatrix von Burgund begleitete ihren Mann auf seinen Feldzügen. Als er 1167 im Appenin in einen Hinterhalt geriet, griff sie selbst zu den Waffen und deckte ihren Kopf mit zwei Schilden gegen feindliche Pfeile.

In jenen Jahren soll die legendäre Eleonore von Aquitanien, die Schwiegermutter Heinrichs des Löwen, in einer Ritterrüstung an einem Kreuzzug teilgenommen haben. Es verwundert daher nicht weiter, wenn man in der um 1185 verfaßten Handschrift „Eneit" („Aeneis") des Heinrich von Veldecke die Miniatur „Kamille tötet einen Trojaner" findet. Dort schlägt die berittene und gegürtete Jungfrau, die durch ihre wallenden Haare erkenntlich ist, einem Trojaner mit ihrem Schwert mit derartiger Wucht auf das behelmte Haupt, daß ihm das Blut aus der Schädelspalte hervorquillt.

Ebenso wie eine im 17. Jahrhundert mit einem schwedischen General verheiratete Gräfin Erbach gebar auch die mit dem russischen Feldmarschall Münnich verehelichte Christine von Witzleben auf Kriegszügen bei klirrender Kälte in Zelt und Planwagen Kinder. Wie beachtlich die physischen Leistungen solcher Frauen gewesen sind, kann man daran ermessen, daß Maria, die Schwester Kaiser Karls V., mitten im Winter in 12 Tagen von Cambrai bis nach Augsburg geritten ist. Als Heldin in ihrer Familie gilt noch heute die im Osnabrückischen lebende Agnes von Hammerstein. Sie hat 1692 nach dem Schlachtentod ihres Mannes trotz ihrer Schwangerschaft ein Roß bestiegen und ist zusammen mit einem Knecht bis nach Flandern geritten, um seine Leiche zu bergen.

11.3 Höfische Frauenbildung und Salonkultur

Wer die Lebensumstände adeliger Frauen betrachtet, wird sich kaum darüber wundern, daß ein Charakteristikum adeliger Lebensauffassung eine Geringschätzung der Gelehrsamkeit war. Davon zu unterscheiden sind die Beherrschung des Lesens und Schreibens sowie die höfische Bildung, welche die wohlhabenden und einflußreichen Adelsfamilien ihren Töchtern vermitteln konnten. Zu dieser Bildung gehörte eine meist bescheidene Geistesbildung wie im 18. Jahrhundert das Parlieren der Französischen Sprache. Wichtiger waren körperliche und musische Fertigkeiten wie das Einüben „feiner Gebärden und zierlicher Tänze", das Reiten, Singen und Malen. Das Ideal der höfischen Bildung, die „Hövischheit", ist in Form von Benimm-

Büchern in verflachter Form verbreitet worden. In einem aus dem 14. Jahrhundert stammenden französischen Tugendspiegel, der 1493 in Basel in deutscher Übersetzung unter dem Titel herauskam: „Anweisung für Damen adeligen Standes zu Tugend und guter Sitte", heißt es etwa, daß mit Gottes Hilfe die Tugend über das Laster siegen müsse und daß die Edelfrauen sich feiner Gebärden befleißigen und nicht den Kopf „wie ein Kranich oder eine Turteltaube" drehen sollten.

In seinem Dialog „Der Abt und die gebildete Frau" hat der Humanist Erasmus von Rotterdam das keineswegs nur auf den Adel beschränkte patriarchalische Verhalten gebrandmarkt, der Frau intellektuelle Bildung vorzuenthalten. Dabei legte er dem Abt die Worte in den Mund: „Die Bücher trocknen den Weibern den Verstand aus", und weiter: „Zum Ochsen schickt sich kein Sattel und zu einer Frau keine Bücher". Ferdinand von Fürstenberg (1661-1718), einer der einflußreichsten Adeligen von Westfalen, hielt sich wie viele Edelleute an die Devise des römischen Dichters Martial: „Deine Gemahlin soll nicht gelehrt sein." In den Anweisungen zur Erziehung seiner Töchter heißt es, daß diese nicht „zu Ergötzlichkeiten" auf die Welt gekommen seien. Die Lektüre von Romanen „und dergleichen lächerlicher Bücher" war ihm verpönt. Seine Töchter sollten zu „tapferen, ernsthaften, aber auch bescheidenen, demütigen, gehorsamen und geduldigen Weibsleuten" heranwachsen.

Die einseitig aufs Praktische und Musische gerichtete Frauenbildung hat im 18. Jahrhundert der Aufklärer Gottsched kritisiert, indem er sagte: „Solche Väter sind zufrieden, wenn ihre Töchter etwa ein Klavier oder eine Laute spielen, geschickt tanzen und etwa ein wenig zeichnen lernen: sind aber im übrigen unbesorgt, ob sie eine Zeile ohne Fehler schreiben, oder in etlichen Worten eine Seite aus einem vernünftigen Buch durchlesen." Sogar der Aufklärer und Republikaner Johann Heinrich (von) Campe hat noch geglaubt, daß dem weiblichen Geschlecht der „Baum der Erkenntnis" verboten sei.

Marie von Ebner-Eschenbach, geborene Gräfin Dubsky aus Böhmen, läßt bezeichnenderweise in einer ihrer Erzählungen einmal einen

Grafen sagen: „Eine gelehrte Frau ist die größte von allen Kalamitäten ... Der Kopf der Frau soll in ihrem Herzen sitzen." Damit gab sie ohne Zweifel einer nicht nur im Adel weit verbreiteten Auffassung Ausdruck, daß es durchaus etwas Negatives war, in den Ruf eines „Blaustrumpfes" zu geraten, wie weibliche Intellektuelle früher abschätzig genannt wurden. So suchte die aus dem gräflichen Hause von der Schulenburg stammende Mutter der schlesischen Gräfin Maria Maltzan noch nach dem Ersten Weltkrieg zu verhindern, daß ihre Tochter das Abitur machte und sich somit von der geschlechtsspezifischen Standesbildung abwandte. Vielleicht war dies ein wichtiger Grund dafür, daß diese sich den Naturwissenschaften widmete und sich als rebellische Aristokratin dem Bohème-Milieu zuwandte.

Nicht nur unter den Klosterfrauen hat es hochgebildete Damen mit wissenschaftlichen Interessen gegeben. So ist die aus dem Welfenhaus stammende und mit dem ersten Preußenkönig verheiratete Sophie Charlotte mit Leibnitz befreundet gewesen und hat zu den Lesern des freigeistigen Dictionaire des Philosophen Bayle gehört, den sie persönlich kannte. Noch bedeutender war ihre Tante Elisabeth von der Pfalz, die Fürstäbtissin von Herford, welcher Descartes seine „Prinzipien der Philosophie" gewidmet hat! Dieser Philosoph bescheinigte ihr, daß die Zerstreuungen des Hofes und die gewöhnliche Art, wie Prinzessinnen erzogen würden, dem Studium der Wissenschaften feindlich seien, daher sei ihre Aneignung der Früchte der Wissenschaften um so höher zu veranschlagen.

Eine hervorragende Repräsentantin der barocken höfischen Frauenbildung war dagegen die Herzogin Sophie Elisabeth von Braunschweig-Wolfenbüttel (1613-76), welche als Verfasserin von höfischen Maskaraden, Singspielen, Gelegenheitsgedichten und Balletten hervorgetreten ist. Durch die französische Salonkultur geprägt war die aus dem Elsaß gebürtige und mit dem herzoglich sächsischen Oberhofmeister in Gotha Schack von Buchwaldt verheiratete Freiin von Neuenstein (1707-1789). Als Hofmeisterin der Herzogin Luise hat Frau von Buchwaldt das geistige Leben des sächsischen Kleinfürstentums geprägt. Diese kluge und belesene Frau, die ihre

Besucher in seidenem Gewand in ihrem Salon empfing und ihren Tee in chinesischen Porzellantassen servierte, hatte Büsten von Voltaire und Friedrich dem Großen auf ihr Kaminsims gestellt. Sie verachtete den „Barbaren" Rousseau und unterhielt Beziehungen unter anderem zu Voltaire, Wieland, Herder und Goethe.

Beeinflußt vom Geist der Aufklärung waren auch zwei Prinzessinnen aus dem Hause Anhalt: Die weithin bekannte Kaiserin Katharina die Große hat das Zarenreich dem Geist der Aufklärung geöffnet. Sie stand in Kontakt mit berühmten französischen Aufklärern und bezeichnete den „Geist der Gesetze" von Montesquieu als ihr „Gebetbuch". Katharina ist als Tochter eines preußischen Regimentskommandeurs in Stettin in vergleichsweise bescheidenen Umständen aufgewachsen und wurde damals von ihren bürgerlichen Spielkameraden schlicht „Fieke" gerufen. Auch ihre Nichte Pauline Fürstin zur Lippe hatte ernsthafte literarisch-philosophische Interessen. In ihrer Jugend war sie mit dem Dichter Gleim befreundet und veröffentlichte 1788 als Neunzehnjährige den Aufsatz „Über den Tanz in Rücksicht auf das weibliche Herz". Darin lehnte sie den nichthöfisch-bäuerischen Walzer als frech und sittenlos ab. Als Witwe wurde sie Regentin und damit amtierendes Staatsoberhaupt in dem Duodezfürstentum Lippe-Detmold, wo sie eine segensreiche Tätigkeit im Geiste des aufgeklärten Absolutismus entfaltet hat.

Eine weitere bedeutende deutsche Fürstin des 18. Jahrhunderts war Karoline Luise von Baden. Sie hat einen berühmt gewordenen botanischen Garten in Karlsruhe angelegt. Voltaire machte ihr dieses Kompliment: „Keine Französin gibt es, die so viel Geist, Wissen und Höflichkeit besäße wie sie." Während im Zeitalter der Aufklärung ein ernsthafter Bildungseifer auch in der Elite des Adels angetroffen werden kann, verflachte im 19. Jahrhundert die Bildung vielfach zur oberflächlichen Konversation. Besonders extrem scheint dies in der österreichischen ersten Gesellschaft der Fall gewesen zu sein. Die aus diesen Kreisen stammende Marie von Ebner-Eschenbach schildert das bildungsfeindliche Adelsmilieu in ihrer Erzählung „Komteß Muschi". Diese Komteß befaßt sich nämlich vorwiegend mit Pferden und Hunden, schmeißt mit Jockey-Ausdrücken um sich herum und quartiert ihre Hündin mit ihren Welpen in der Schloßbibliothek ein.

Während diese adelig-junkerliche Lebensauffassung noch als liebenswert eingeschätzt werden kann, kann dies von dem prätentiös-arroganten Verhalten der Gräfin Edine, welche Hugo von Hofmannsthal 1917 in seinem „Schwierigen" karikiert hat, nicht gesagt werden. Diese Gräfin trifft in einem Salon einen berühmten Gelehrten und erklärt ihm, daß sie zu den eifrigsten Leserinnen seiner berühmten Werke gehöre, sie sei hingerissen von seiner philosophischen Tiefe, immensen Bildung. Sie habe gerade einer Freundin gesagt, sein neuestes Buch müsse bei jeder von uns auf dem Nachttisch liegen. . . Der Gelehrte hatte dieses Buch überhaupt nicht verfaßt! Tatsächlich soll eine englische Gräfin dummstolz verkündet haben: „Wir sind eine Klasse, die nichts vom Verstand hält. Wir geben zu, daß Bilder gemalt, Bücher geschrieben werden müssen. Wir sehen sogar ein, daß es eine bestimmte Gesellschaftsschicht geben muß, die diese Dinge tut. Aber wir sehen überhaupt nicht ein, mit welchem Recht sie unsere Aufmerksamkeit fordern."

Wenngleich bei der musischen Bildung der adeligen Damen meist nur ein Mittelmaß erreicht worden ist, hat sie doch verschiedentlich und nicht zufällig wiederum im 18. Jahrhundert ein hohes Niveau erzielt. So glänzte am kurfürstlichen Hof in Bonn die Gräfin Hortense Hatzfeld als talentierte Sängerin, der Beethoven Klaviervariationen gewidmet hat. Neben der Teilnahme am musikalischen Leben gehörte das aktive Mitwirken an schauspielerischen Darbietungen zur höfischen Kultur. So pflegte die begabte Sängerin Maria Theresia von Österreich bei Hofaufführungen mitzuwirken. Als die Kaiserin im Jahre 1744 die Titelrolle in der für ihre Lieblingsschwester komponierten Hochzeitsoper „Impermestra" singen wollte, da erhob sich gegen diese „unschickliche" Betätigung des Staatsoberhauptes allerdings solch ein Widerstand, daß Maria Theresia von diesem Vorhaben Abstand nehmen mußte.

Die Hofdamen haben im Rahmen der adeligen Hofkultur wichtige Aufgaben wahrgenommen. Ihnen oblag die Ordnungs- und Kontrollfunktion und damit ein Wächteramt über die guten Sitten bei der Präsentation bei Hofe, welche für das gesellschaftliche und politische Fortkommen bedeutsam war. So heißt es in den Erinnerungen einer österreichischen Gräfin aus dem neunzehnten Jahrhundert, daß sie - als sie als Sechzehnjährige bei Hofe präsentiert wurde - „das Examen und die Kritik mehrerer 80jähriger Damen bestehen mußte und stundenlang, ohne den Mund aufzutun, im Cercle stehen mußte, der sie umgab". Ein gegen die Zwänge seines Standes rebellierender Fürst Schwarzenberg kritisierte dieses Aufnahme-Ritual 1844 mit den Worten: „Da ist sie schon aufgestellt die blutige Gasse, geschminkte Stiftsdamen und gepuderte Exzellenzen, parfümierte Stutzer und schwindsüchtige blasse Komtessen. . . und erwartet die Schuldigen, das junge fühlende Weib, den hochherzigen Mann, die sich nicht in den Kamaschendienst der Konvention fügen wollen." Die „vermaledeite Konvenienzwelt" erklärte dieser Fürst für „drückender und verpesteter als jede Kaserne".

Einen glanzvollen Salon unterhielt in der Mitte des 19. Jahrhunderts in Wien die aus dem Hause Liechtenstein stammende Fürstin Eleonore („Lori") Schwarzenberg. Er zeichnete sich dadurch aus, daß sich in ihm nicht nur die exklusiv-elitäre Kaste des Hochadels traf, sondern auch bürgerliche Zelebritäten und Schriftsteller. Ein preußischer Diplomat sagte der „Beherrscherin der vornehmen Welt" Lori Schwarzenberg nach, sie habe es verstanden, Leute fernzuhalten oder anzuziehen, die Vorlauten zurechtzuweisen, die Schüchternen zu ermuntern und jeden auf den gebührenden Platz zu stellen. Sie hätte einen Zauber über ihr Haus ausgeübt und ein Wort und ein Blick von ihr hätten jeden für den ganzen Abend in die richtige Stimmung versetzt.

Der Salon der Fürstin Luise Schönburg, der mit einem unbedeutenden Nichtstuer verheirateten Schwester der Fürstin Lori, wies einen ganz anderen Charakter auf. Hier wurde freimütig über Politik gesprochen und wer Zutritt hatte, galt als angesehener Mann, da nämlich „adelige Zieraffen" unerwünscht waren. Die Fürstin Luise liebte schwere Zigarren und pflegte, wenn keine Dame gekommen war, zu sagen: „Jetzt ist es hübsch, jetzt können wir rauchen." Beim Auf-

366

bruch pflegte das Hündchen dieser originellen Frau die Herren in die Wade zu zwicken!

Die Frauen des Adels haben als Angehörige der Herrenschicht durchaus auch als männlich geltende Betätigungen ausgeübt. Neben der bereits angesprochenen Praktizierung der Jagd gehört hierzu die Pflege adelig-ritterlicher Übungen. Zu der Zeit, als die Jungfrau von Orleans in einer Ritter-Rüstung gegen die Engländer kämpfte und dabei den Segen des Ritterheiligen Michael erflehte, wurde in England ein Turnier abgehalten, auf dem sich junge Damen auf Streitrossen tummelten. Bei den Ritterspielen, welche der Landgraf Moritz von Hessen 1596 anläßlich der Taufe seiner Tochter veranstaltete, traten mit Schwert und Schild bewaffnete berittene Amazonen auf. Noch im 18. Jahrhundert veranstalteten die Kaiserinnen Maria Theresia und Katharina spezielle Damenturniere, an denen sie persönlich teilnahmen!

Solch emanzipiertes Verhalten stieß in dem berühmten „Hofmann" des Grafen Castiglione, welcher für die Edelfrauen eine humanistisch verfeinerte und musisch akzentuierte Bildung vorsieht, auf Kritik. Hier wird moniert, daß italienische Damen im 16. Jahrhundert Ball spielten, Waffen handhabten und „fast alle Übungen" betrieben, welche Edelleute ausführten. Auch in Deutschland wurden derartige Vorbehalte angemeldet. So kann man in den 1685 in Dresden erschienenen „Galanten Nachtgesprächen" kontroverse Auffassungen über Beschäftigungen von Hofdamen nachlesen. Ein Kritiker sagt darin, daß Fechten, Ballspielen, Ringen, Voltigieren und viele andere „den Mannspersonen zukommende Exerzitien den Frauenzimmern übel anstehen und unziemlich" seien.

Alles in allem genommen war die typische Edelfrau zumeist keine zartbesaitete Prinzessin auf der Erbse, sondern vielmehr durchaus erdverwachsen. Dies spiegelte sich auch in ihrer Ausdrucksweise, welche oft direkt und drastisch gewesen ist. Das berühmteste Beispiel hierfür ist die mit dem Bruder des Sonnenkönigs verheiratete Liselotte von der Pfalz, die sich nicht nur sehr freimütig über Liebesangelegenheiten ausgesprochen hat, sondern auch bekannte: „Ich bin meine Lebetage lieber mit Degen und Flinte umgegangen als mit

Puppen." Ebenso wie Wilhelmine von Bayreuth, die Lieblingsschwester Friedrichs des Großen, ließ sie sich im Winter in ihrem
Bett von mehreren „Hündchern" wärmen.

Wie freimütig man in diesen Kreisen über das Geschlechtsleben
sprach, verdeutlicht ein Brief, welchen eine Gräfin Henneberg im
16. Jahrhundert an Herzog Albrecht von Preußen geschrieben hat.
Darin sagt sie, daß ihr Gemahl „sein Werkzeug wie der Zimmermann weidlich gebraucht" habe, so daß sie guter Hoffnung sei. Un-
gewöhnlich für zartbesaitete Naturen war auch das Verhalten der aus
dem Hause Sayn-Wittgenstein stammenden Ehefrau des deutschen
Botschafters in Paris und späteren Reichskanzlers Fürst Chlodwig
von Hohenlohe. Die Fürstin, welche in Rußland Wälder besaß, ließ
bei einem Empfang im Palais Beauharnais zwei Bären in den Saal
führen und erfreute sich an der Schreckreaktion der Gäste!

11.4 Die Edelfrau als Ware auf dem Heiratsmarkt

Obgleich die Edelfrauen vielfach sehr selbstbewußte Damen waren,
so unterlagen sie doch der nicht nur für den Adelsstand gültigen
Spielregel, nach der die Auswahl des Ehepartners höchstens in
zweiter Linie eine Sache der individuellen Neigung war. In der stän-
disch-feudalen Sozialordnung stellt die Ehe meist keinen freiwilligen
Bund gleichberechtigter Partner dar und ist somit keine Herzensehe.
Vielmehr muß sie als eine oft über den Köpfen der Betroffenen, zumal der Frau, arrangierte Allianz zweier Familien angesprochen
werden, bei der politische und wirtschaftliche Erwägungen von auss-
schlaggebender Bedeutung waren. Bereits der Freidank erklärte deshalb im 13. Jahrhundert:

> *Wer Weib begehrt, der will zur Hand Leute,*
> *Schatz, Burg und Land!*

Und der Graf Huntingdon belehrte 1611 seinen Sohn: „Heirate ein
Mädchen aus dem Landadel, wo du eine große Mitgift bekommen
kannst, denn ohne Vermögen sieht der Adel ebenso nackt aus, wie
ein geschnittener Baum." Eine Frau, welche keine Mitgift mitbekam,

blieb oft "sitzen" und auch ein Edelmann, welchem das Vermögen zu einer standesgemäßen Ehe fehlte, mußte desgleichen auf die Gründung einer Familie verzichten. So konnten zu Beginn des 18. Jahrhunderts fünf von sieben Töchtern des aus angesehenem niedersächsischen Adelshaus stammenden wirklichen Kammerherren Georg von der Wense nicht heiraten, weil ihr Vater total überschuldet war. Eine der beiden Verheirateten mußte sich überdies noch mit einem bürgerlichen Leutnant „begnügen". In den Fällen, wo aus Finanznot keine standesgemäße Lebensführung und somit keine standesgemäße Eheschließung möglich war, hatte der adelige Mann im Unterschied zur adeligen Frau die Möglichkeit, sich mit einer rangniedrigeren Person auf dem Wege des Konkubinats zu verbinden. Solch einer Verbindung, welche bei armen preußischen Offizieren nicht selten war, entstammt der preußische General Yorck von Wartenburg!

Eine Verehelichung von Fürstenkindern, bei der es nicht selten um das Schicksal der mit ihren Herrscherfamilien auf das engste verbundenen dynastischen Staaten ging, war stets eine hochpolitische Angelegenheit. So gehörte etwa zu der Wahlabsprache, nach der Rudolf von Habsburg zum deutschen König gewählt wurde, die Nebenabrede, daß der bayerische und der sächsische Kurfürst je eine seiner Töchter zur Gemahlin erhielten. Karl der Große hatte seine historisch nicht belegte Tochter Imma einem Fürsten versprochen. Die Legende berichtet, daß es einen Skandal hervorrief, daß sie sich in den Schreiber und Erzkaplan ihres Vaters verliebte und mit ihm eine nicht unbemerkt gebliebene Liebesnacht verbrachte. Imma soll zur Vermeidung von Spuren den Kaplan auf ihren Schultern in der Morgenfrühe über den schneebedeckten Hof der kaiserlichen Pfalz getragen haben! Der Kaiser war wütend und wollte den Kaplan Einhard hart bestrafen. Schließlich lenkte er unter Hinweis auf die göttliche Vorsehung ein und gab seine Einwilligung zur Eheschließung. Einhard wurde mit Gütern im Odenwald ausgestattet, wo noch heute die von ihm erbaute Basilika besichtigt werden kann.

Bemerkenswert ist, daß die Untertanen bei der Eheschließung ihrer fürstlichen Herren mit Erfolg Mitspracherechte wahrgenommen haben. So verpflichtete sich der Landgraf Otto von Hessen nach dem Ableben seiner ersten Gemahlin, keine ebenbürtige Frau aus dem hohen Adel zu heiraten, damit nicht das Land unter zweierlei Kinder aufgeteilt werden müsse. Vielmehr wolle er eine „fromme Jungfrau" aus der Ritterschaft zur Gemahlin nehmen und die aus dieser Ehe hervorgehenden unebenbürtigen Kinder durch Geld und Lehnsanwartschaften wohl versorgen.

Die Tatsache, daß die Fürstenhäuser nach einem sarkastischen Wort von Friedrich dem Großen, der selbst von seiner Konvenienz-Ehefrau getrennt lebte, „wie ein Gestüt" betrieben wurden, ist im Zeitalter der Aufklärung und des Individualismus oft als hartes Schicksal empfunden worden. So klagte der Herzog Ferdinand von Braunschweig: „Nur Privatleute leben in der Ehe glücklich. Das kommt daher, weil ihnen die Wahl frei steht. Unser einer muß nach gewissen Konvenienzen heiraten, das macht sehr unglücklich. Das Herz hat keinen Anteil an diesen Verbindungen!" Der aus seinem Hause stammende Herzog Welf II. hat im Jahre 1089 als Sechzehnjähriger aus dynastischen Gründen unter dem Spott der Welt die bereits mehr als vierzig Jahre zählende Erbin Mathilde von Tuszien heiraten müssen, die sich nach damaligen Maßstäben bereits im Großmutteralter befand.

Als der Fürst Schwarzenberg im Jahr 1809 in Paris als Ehevermittler zwischen Napoleon und dem österreichischen Kaiser mit dem Ziel der Verheiratung von dessen Tochter an den Emporkömmling aus Korsika tätig war, glaubte er sich in einem Schreiben an Metternich so entschuldigen zu müssen: „Erschrecken Sie nicht, wenn ich sage, man muß sie opfern. . . Kann man zögern, zwischen dem Untergang einer Monarchie oder dem Unglück einer Prinzessin zu wählen?" Tatsächlich wurde diese politische Ehe wie viele andere gar nicht so unglücklich, weil sich auch hier die Bauernregel bewahrheitete, nach der die Liebe nach der Heirat kommt. Mehr noch war dies bei der Ehe der Katharina von Württemberg mit Jérome Bonaparte, dem König „Lustick" von Westfalen, der Fall. Als der Vater der Westfalenkönigin nach dem Sturz Napoleons verlangte, daß sie sich von ihrem Gatten trenne, wies sie dies Ansinnen so zurück: „Nachdem die

Politik von mir erheischt, den König, meinen Gemahl zu heiraten, hat mich das Schicksal zur glücklichsten der Gattinnen gemacht. Ich bin von Liebe, Zärtlichkeit und Achtung gegen meinen Gemahl erfüllt."

Dem gleich seiner habsburgischen Ehefrau auf dem Schafott geendeten Ludwig XVI. ist sogar das Lob gezollt worden, daß er die Königin mit einem Gefühl liebte, das die Bourbonen bisher nur gegen ihre Mätressen an den Tag gelegt hätten. Im Ancien Régime galt nämlich die Devise: „Ein Grand Seigneur trennt sich so ungern von seiner Mätresse wie der Edelmann von seinem Schwert."

Noch im 18. Jahrhundert war eine dynastische Heiratspolitik sowohl beim hohen als auch beim niederen Adel üblich. So wurde die aus dem Hause Braunschweig stammende Anna Amalia als Sechzehnjährige an den früh verstorbenen Herzog von Sachsen-Weimar verheiratet, in welchem Duodezfürstentum sie als Mutter des Goethe-Freundes Karl August zur Seele des Weimarer Musenhofes wurde. Besondere Überlegungen wurden immer dann nötig, wenn keine Söhne, sondern nur eine Erbtochter vorhanden war. Die Sicherung der Erbfolge an Maria Theresia durch die Pragmatische Sanktion war ein Kardinalproblem der internationalen Politik. Auf der Ebene der Provinzpolitik bildete im 18. Jahrhundert in Westfalen das Aussterben des einflußreichen Geschlechts der Freiherren von Westerholt ein vergleichbares Problem. Ihre Erbtochter wurde als Zwölfjährige 1769 an einen Herrn von Boenen verheiratet, welcher 1779 zum Freiherrn und 1790 zum Grafen von Westerholt erhoben wurde.

Ein Signal für einen neuen, durch individualistisches Glücksverlangen geprägten Zeitgeist stellt die Tatsache dar, daß in der Mitte des 18. Jahrhunderts die gebildete Karoline Luise von Baden ein für ihre Person ins Auge gefaßtes Heiratsprojekt mit dem Erbprinzen von Schwarzburg-Rudolstadt gegenüber ihrem Vater in einer früher undenkbaren Weise mit diesen Worten zu Fall gebracht hat: „Ich habe eine unüberwindliche Abneigung gegen diese Partie. . . Ein Abgrund von Traurigkeit tut sich vor meinen Augen auf."

Während diese Prinzessin das ihr drohende Schicksal dank eines mitfühlenden Vaters abzuwenden vermochte, wurde wenig später

Karoline von Braunschweig mit dem Prinzen Georg von Wales verheiratet, der sich als skrupelloser Wüstling erwies. Der Thronerbe, der beim ersten Zusammentreffen mit seiner Frau zu einem Lord sagte: „Schaffen Sie mir ein Glas Branntwein her", scheute sich nicht, seine damalige Geliebte zur Hofdame seiner Frau zu machen. Die in unglücklicher Ehe mit Kaiser Franz Joseph von Österreich verbundene Elisabeth ("Sissy") von Bayern hat noch ein Jahrhundert später geklagt: „Als 15jähriges Kind wird man verkauft und tut einen Schwur, den man nicht versteht und nie mehr lösen kann."

Die Verbindung des späteren Kaisers Maximilian mit Maria von Burgund zeigt, daß eine arrangierte Heirat nicht nur glücklich, sondern in Ausnahmefällen auch zur Liebe auf den ersten Blick werden konnte. Wie nüchtern die „politische Ware" eingeschätzt wurde, wie Napoleon einmal die Prinzessinnen bezeichnete, beweist ein Brief aus dem 17. Jahrhundert. Darin stellt Johann Adolf von Fürstenberg seinem Bruder Ferdinand fünf Frauen mit Charakteristika wie „von guter Gesundheit, lang und gerad gewachsen", „hübsch von Gesicht und verständlich" zur Auswahl als Ehefrau vor. Gelegentlich wurde auch die Ehefähigkeit der männlichen Ehekandidaten geprüft. Da bei dem durch Friedrich Schiller bekannten Don Carlos von Spanien diesbezügliche Zweifel bestanden, wurde ihm vor seiner geplanten Verehelichung mit einer Erzherzogin ein Mädchen zugeführt, so daß der kaiserliche Gesandte schließlich erleichtert nach Wien berichten konnte, er habe „in puncto des Buhlens" fünf Mal seine Probe bestanden.

Daß die persönlichen Neigungen nicht selten überhaupt keine Rolle spielten, zeigt die Tatsache, daß sich Kaiser Karl IV. urkundlich verpflichtete, innerhalb von fünf Jahren eine Tochter zu zeugen und diese nach ihrer Geburt sofort an den Sohn des Burggrafen Friedrich von Nürnberg zu vermählen, den dieser bis dahin gezeugt haben sollte. Kaiser Maximilian verlobte seine noch in den Windeln liegende Enkeltochter Maria mit dem noch ungeborenen Kind des Königs von Ungarn, welches sich glücklicherweise als Sohn herausstellte. Solch verordnete Prinzenehen hat Erasmus von Rotterdam einmal mit dem Aussetzen ins Exil verglichen.

Wenn sich eine unglückliche Fürstin nicht in das Schicksal fügte und nicht mit dem nicht immer goldenen Käfig vorlieb nahm, konnte das böse Folgen haben. So wurde im Mittelalter eine badische Prinzessin, welche nach ihrer Eheschließung mit einem Fürsten von ihrem adeligen Geliebten Zwillinge bekam, für den Rest ihres Lebens in eine Burg verbannt. Eine unglücklich verheiratete Gräfin Waldeck-Pyrmont, welche es gewagt hatte, sich mit einem Magister einzulassen, wurde zeitlebens in ein Kloster eingesperrt.

Nur Landesherrinnen, welche nicht in einem patriarchalischen Schutzverhältnis standen, waren „Herren" ihres Schicksals. Neben der bereits genannten Kaiserin Katharina muß hier die legendäre Eleonore von Aquitanien, die Mutter von Richard Löwenherz genannt werden. Sie, die nacheinander mit dem französischen und englischen König verheiratet war, soll vor ihren Baronen ihre Hüllen abgestreift und gesagt haben: „Sehet her ihr Herren! Ist herrlich nicht mein Leib? Der König nannte mich ein Teufelsweib." Einen anderen Frauentypus verkörperte die jungfräuliche Königin Elisabeth von England. Als man für sie Ehepläne mit Erzherzog Karl von Österreich schmiedete, erklärte sie: „Lieber eine Nonne werden, als mich mit einem Manne zu vermählen, den ich nie gesehen."

Als die erste Frau von Kaiser Joseph II. gestorben war, hatte er nur die Auswahl zwischen zwei als häßlich geltenden Prinzessinnen von Sachsen und Bayern. Als seine Mutter Maria Theresia einen Hofmann zu dieser Alternative befragte, sagte er: „Majestät, wäre ich mein eigener Herr, würde ich keine der beiden nehmen, aber wenn man mir den Dolch auf die Kehle setzte, wählte ich die Bayerin, die hat wenigstens einen Busen", worüber die Kaiserin schallend lachte. Dafür, daß die adeligen Herren bei ihrer Eheschließung oft nicht ihrer Neigung nachgehen konnten, konnten sie sich anderweitig Kompensation verschaffen.

Abgesehen von flüchtigen Liebschaften mit Hoffräuleins und Dienstpersonal gab es hierfür die Ehe zur „linken Hand" mit einer gewissermaßen mit einem befristeten Zweitfrauenstatus ausgestatteten Mätresse. Der Höhepunkt des Mätressenwesens lag in der Barockzeit, in der ein Italiener erklärte: „Ein Herrscher, der nicht neben seiner angetrauten Gattin eine Mätresse hat, muß ein Sonderling oder Barbar sein." Der Fürst Ligne, der als eine Inkarnation des aristokratischen Europa auf dem Wiener Kongreß ein beliebter Causeur war, konnte seinem Sohn dieses Kompliment machen: „Man ist, je nach Gelegenheit, mehr oder weniger verheiratet. . . Einstweilen hast Du eine sehr hübsche kleine Frau, die auch, ohne Dir Schande zu machen, Deine Geliebte sein könnte."

Nach der damals herrschenden, jedoch keineswegs immer beachteten Moral, verfügten Frauen nicht über die gleichen erotischen Freiheiten. Die Begründung, mit der Liselotte von der Pfalz dies für ganz in Ordnung hielt, gibt zu der Überlegung Anlaß, daß man nicht alles nur mit den heutigen Maßstäben messen darf. Vom Tatbestand der Unterdrückung kann das subjektive Gefühl des Unterdrücktwerdens nicht immer getrennt werden. Liselotte erklärte 1695 freimütig: „Welchen Herren findet man in der Welt, so allein seine Gemahlin liebt und nicht was anderes, es seien Mätressen oder Buben", und fügte hinzu: „Die Weiber-Ehre liegt darin, mit niemandem als mit ihren Männern zu tun zu haben, und daß diesen Männern keine Schande ist, Mätressen zu haben, wohl aber ein Hahnrei zu sein."

Zu diesem Punkt gab es bereits im Mittelalter Geschichten, die davon handeln, wie ein abwesender Ritter die Treue seiner Gattin erprobte. Diese Probe wurde von den Frauen auf unterschiedliche Weise bestanden. So ließ ein Ritter einen verführerischen Herrn auf sein Schloß reiten, wo die Schloßherrin die mit ihrem Ring versehene Kammerfrau ihre Rolle spielen ließ. Als Beweis für den vermeintlichen Ehebruch brachte der Besucher dem Schloßherren den abgetrennten Finger der Kammerfrau samt Ring mit. Noch blutrünstiger ist eine Geschichte aus dem Elsaß, in der die Edelfrau die Rolle eines wehrhaften Edelmannes einnimmt: Ein Ritter, der seine Frau unerlaubter Beziehungen mit einem anderen Ritter verdächtigte, kehrte nächtens unerwartet von einer Reise zurück und nannte auf Befragen der Magd nach seiner Person den Namen des Verdächtigten. Als er daraufhin in das Schlafgemach eingelassen wurde, tötete ihn seine Ehefrau mit dem Schwert.

Da im Feudalzeitalter die Ehe in erster Linie dazu diente, erbberech-
tigte Kinder zu zeugen, wurden in besonderen Fällen außereheliche
Aktivitäten der Ehefrau erwartet. So hoffte man, daß der als Kommandant der Feste Barcelona tätige Landgraf von Hessen der Königin von Spanien ein Kind machte, damit der dann tatsächlich ausge-
brochene Erbfolgekrieg zwischen Österreich und Frankreich abgewendet würde. Und als der siebzigjährige Karl Theodor von der
Pfalz, welcher den bayerischen Kurhut ererbt hatte, 1797 die neunzehnjährige Erzherzogin Maria Leopoldine geheiratet hatte, gab man
ihr zu verstehen, es würde unbedingt ein Erbe gebraucht, sie solle
nur zusehen, woher sie ihn bekäme, man wolle ihn dann schon anerkennen. Wenn statt des Unvermögens die Lust fehlte, bediente man
sich in der Not einer List. Wie dies bei Fürsten des öfteren der Fall
war, soll es auch König Peter von Aragon abgelehnt haben, seiner
ungeliebten Ehefrau beizuwohnen. Da richtete man ihm aus, die von
ihm geliebte junge Dame erwarte ihn in einem verdunkelten Schlafgemach. Während Hofbeamte vor der Tür für ein Gelingen beteten,
soll er sich bei seiner Geliebten gewähnt haben, als er seine Gattin
umarmte.

Schwer war das Schicksal nicht nur der unglücklich und wider Willen
Verheirateten, sondern auch das der zwangsweise zur Versorgung in
Klöster und Damenstifte gesteckten Adelstöchter. Die in den „Sittengeschichten" breit ausgemalten Orgien in Klöstern, welche zu Huren-
häusern verkommen seien, hat es im Spätmittelalter wohl tatsächlich
gelegentlich gegeben. Sie dürfen jedoch keinesfalls verallgemeinert
werden, obgleich Froben Graf von Zimmern im 16. Jahrhundert die
schlüpfrige Bemerkung machte, die Beichtväter der Klosterdamen
sollten besser „Bauchväter" genannt werden. Tatsächlich mußten Klöster und Stifte ihren Insassinnen oft wie ein Gefängnis vorkommen. So
brannte die als 13jährige ins Kloster Ursprung gesteckte Dorothea von
Stauffenberg 1591 durch, worauf sie wie eine Verbrecherin verhaftet
worden ist.

In seiner Darstellung der Münsteraner Wiedertäufer-Bewegung von
1534/35 berichtet der Augenzeuge Hermann von Kerssenbrock, daß
sich Ida von Merveldt, die Äbtissin des Klosters Ueberwasser, beim

Bischof darüber beklagt hat, daß ihre Nonnen die Tracht ablegten und in die Stadt zu aufrührerischen Predigern liefen. Deren Wortführer hat die Klöster als „Zuchthäuser der Jungfernschaft" angeprangert und die Nonnen nicht ohne Erfolg aufgefordert, sich einen Mann zu suchen und Kinder zu zeugen.

Wer wollte also darüber richten, daß - wie eine markgräflich badische Untersuchungskommission 1597 feststellte - die Äbtissin des Klosters Frauenalb ein Verhältnis mit einem Küfer hatte und auch andere adelige Nonnen auf ähnliche Weise ihr Gelübde der Keuschheit brachen. Immerhin hat der Münsteraner Domherr und Generalvikar Franz von Fürstenberg 1787 bedauert, daß „junge und unerfahrene Mädchen" in den besten Jahren ihres Lebens in den Stiften ebenso wie Nonnen festgehalten würden. Er fragte: „wer weiß, wie mancher Jägerknecht oder Jägerbursche einem so verlassenen gefühlvollen Mädchen ein Adonis war?"

11.5. Edelfrauen als Pioniere der Emanzipation

Der von August dem Starken mit seiner Mätresse Aurora von Königsmarck gezeugte Marschall von Frankreich Moritz von Sachsen, welcher zum Urgroßvater der Schriftstellerin George Sand wurde, hat in seinen „Reflexionen über die Vermehrung des Menschengeschlechts" die tyrannische Gewalt der Männer über die Frauen beklagt und die These aufgestellt, daß Falschheit, Verstellung und Unmoral der Frauen darauf zurückgeführt werden müßten, daß sie ihren Mann nicht nach ihren Neigungen auswählen könnten! Er stellte die revolutionäre Forderung auf, daß die Frau zehn Prozent des Einkommens ihrer Kinder erhalten sollte.

Weil sie als Geschöpfe der adeligen Oberschicht selbstbewußt und gebildet und zugleich finanziell oft abgesichert waren, vermochten sich adelige Frauen unter dem Einfluß der Aufklärungsphilosophie leichter als andere aus dem ständisch-patriarchalischen Zwangskorsett zu lösen. Hierzu gehört Karoline von Wolzogen, die Vertraute und Schwägerin Friedrich Schillers, welche als Sechzehnjährige mit dem Freiherrn von Beulwitz verheiratet worden ist und über ihre

Konvenienzehe schrieb: „Sich den Umarmungen eines Ungeliebten ergeben, davor erbebt die edle weibliche Natur. In solcher Lage fühlt sich die Jungfrau wie eine sinkende Blume, die sich nimmer wieder in der Pracht ihres vollen Reizes erheben kann."

Gelöst aus ihrer Ehe hat sich die freilich formell vom Fürsten Gallitzin nicht geschiedene Amalie, geb. Gräfin Schmettow, deren Vater Feldmarschall und Kurator der Akademie der Wissenschaften in Berlin gewesen ist und die von Goethe „herrliche Seele" genannt wurde. Amalie lebte getrennt von ihrem Mann, trug keine höfische Frisur, sondern kurze Haare, hüllte sich in ein fließendes Gewand, badete in Göttingen mit Herren in der Leine und erzog ihre Kinder nach den Grundsätzen von Rousseau, ließ sie also z.B. barfuß „wie Neger" herumlaufen - alles unerhörte Dinge nach damaligen Maßstäben. Sie verkehrte mit vielen Geistesgrößen ihrer Zeit und war dem Generalvikar von Fürstenberg in beiderseitiger Zuneigung verbunden, welcher sie in seinen Briefen mit „liebste Adelaide", „Diotima" und „Gefährtin all meiner Gedanken" anredete. Dieses Freundespaar rang sich freilich in heftigen Kämpfen dazu durch, sich auf die geistige Liebe zu beschränken. Daß die Selbstbefreiung aus den Fesseln der konventionellen Ehe mit Risiken behaftet war, zeigt das Schicksal der mit einem braunschweigischen Kriegsrat verheirateten Frau von Lenthe. Sie wandte sich dem späteren Staatskanzler Karl August von Hardenberg zu, der seinerseits von seiner ersten, aus dem Hause Reventlow stammenden Ehefrau betrogen worden war und der sie später zugunsten einer Sängerin verließ. Hervorragende Vertreterinnen der nachfolgenden Frauengeneration lösten sich noch stärker aus den Banden der ständisch-adeligen Konvention. Die als fünfzehnjähriges Mädchen mit dem Kammerherren von der Recke verheiratete Gräfin Elise Medem wurde zwangsweise geschieden, als sie begann, gegen den ihren geistigen Neigungen völlig verständnislos gegenüberstehenden kurländischen Baron aufzumucken. Sie wurde eine berühmte Schriftstellerin und war einem bürgerlichen Literaten in nichtehelicher Gemeinschaft verbunden.

Auch die durch Hauslehrer hochgebildete Gräfin Elisa Ahlefeld trennte sich von ihrem adeligen Mann und lebte jahrelang unverheiratet mit dem Schriftsteller Immermann zusammen, welcher sie schließlich verließ. Die Fürstin Sayn-Wittgenstein trotzte dem Vorurteil der Welt und lebte nach der Trennung von ihrem Mann mit dem Musiker Franz Liszt zusammen. Kaum bekannt ist die Tatsache, daß die junge Gräfin Henriette von Finckenstein sich und ihr Vermögen, trotz allen Getuschels sogar in Literatenkreisen, dem Dichter Ludwig Tieck opferte. Dessen zerbrochene Ehe wurde niemals geschieden, so daß er eine Ehe zu dritt führte. Henriette Finckenstein war eine hervorragende Sängerin, durfte jedoch aus Standesrücksichten keine Sängerlaufbahn einschlagen.

Besondere Erwähnung verdient die Gräfin Ida Hahn-Hahn, die „deutsche George Sand" und Tochter des erwähnten „Theatergrafen". Ida Hahn wurde zunächst mit einem Vetter verheiratet, von dem sie sich bald wieder trennte. Sie lebte dann mit einem adeligen Gesellschafter zusammen, bevor sie zu dem Juden und Revolutionär Heinrich Simon, welcher 1849 zum „Reichsregenten" ausgerufen wurde, eine tiefe Leidenschaft faßte, die jedoch wegen der doppelten Barriere zum Bürger und Juden nicht zur Ehe führte. Ida Hahn trat für die Gleichberechtigung zwischen Mann und Frau ein, lehnte jedoch die freie Liebe ab. Sie rief aus: „Gott, wie komisch sind die Männer! Ganz ernsthaft bilden sie sich ein, der liebe Gott habe unsere Gesellschaft geschaffen, um das ihre zu bedienen." - „Ich will nur, daß die Männer mit Frauen umgehen wie mit Gleichen und nicht wie mit erkauften Sklavinnen."

Eine aktive Rolle in der Revolution von 1848 hat in Wien die verwitwete Baronin Karoline Perin-Gnadenstein gespielt. Sie lebte mit dem Klavierlehrer ihrer Tochter zusammen, war führendes Mitglied des demokratischen „Frauenvereins" und mußte nach der Niederwerfung der Revolution ins Exil gehen. In Preußen war die Fürstentochter Sophie von Hatzfeldt, welche als junges Mädchen aus dynastischen Gründen mit ihrem Vetter Edmund Graf Hatzfeldt verheiratet und von diesem barbarisch behandelt wurde, eine bemerkenswerte Randfigur der demokratisch-sozialistischen Bewegung. Nach der Trennung von ihrem Mann lebte sie mit dem jüdischen Rechtsanwalt Ferdinand Lasalle zusammen.

Katharina Gräfin von Bielinska als Jägerin.
Sie entstammte der Verbindung Augusts des Starken
mit der Türkin Fatima und wurde 1706 geboren.
1729 heiratete sie den Grafen Bielinski.
Gemälde von Louis de Silvestre, 1726

Dieses ungleiche Paar wird in den Berichten der politischen Polizei „zu den tätigsten und gefährlichsten Leuten der Umsturzpartei in der Rheinprovinz" gerechnet! Es hat Karl Marx und Friedrich Engels angeboten, die Finanzierung einer sozialistischen Zeitung tatkräftig zu unterstützen. Im Jahre 1861 besuchten Sophie Hatzfeldt und Karl Marx in Berlin gemeinsam ein Ballett, wobei sie sich eine der Hofloge benachbarte Loge mieteten, so daß sie für jedermann sichtbar sich unmittelbar neben der königlichen Familie präsentierten. Der als Begründer des „wissenschaftlichen Sozialismus" zu weltgeschichtlicher Bedeutung gelangte Begleiter der Gräfin schrieb ihr „ungleich mehr politischen Verstand" als Ferdinand Lasalle zu, einem Gründungsvater der sozialdemokratischen Bewegung. Er lobte sie als „eine sehr distinguierte Dame", die „kein Blaustrumpf" sei, und hob ihr „aristokratisches laisser aller" hervor, welches den „pedantischen Grimassen der professionelles femmes d'esprit sehr überlegen" sei.

Zu den adeligen Repräsentantinnen der Frauenemanzipation, denen die um die Jahrhundertwende in der Münchener Bohème Furore machende Franziska Gräfin Reventlow sowie in der Gegenwart Elisabeth Gräfin Plessen zuzurechnen ist, gehört die Gräfin Gertrud von Schack sowie die preußische Generalstochter Lily Braun, geb. von Kretschmann. Die Gräfin Schack war mit dem Mitarbeiter der Sozialistischen Internationale Guillaume verheiratet und gründete 1880 den „Deutschen Kulturbund", eine Filiale des Internationalen Frauenbundes, der sich insbesondere die Bekämpfung der Prostitution zum Ziel gesetzt hatte. In die sozialistische Partei eingetreten war sie 1885 der spiritus rector bei der Gründung des „Vereins zur Vertretung der Interessen der Arbeiterinnen", der 1886 im Zuge der Sozialistenverfolgung verboten worden ist.

Bei Lily Braun war es angeblich die unerfüllte Liebe zu einem Prinzen, der sie wegen ihrer kleinadeligen Herkunft nicht heiraten durfte, die sie zum Bruch mit ihrer Herkunftswelt getrieben hat. Sie heiratete den wesentlich älteren sozialistischen Schriftsteller Braun und hielt 1895 als erste deutsche Frauenrechtlerin in Berlin eine Rede für das Frauenstimmrecht. Ein Jahr später trat sie in die SPD ein, wurde jedoch, als sie sich nach einem Konflikt mit Clara Zetkin der Parteidisziplin nicht unterwerfen wollte, wegen Unzuverlässigkeit wieder ausgeschlossen. Gegenüber ihrem Ehemann sprach sie sich gegen eine Ehe mit dem Gebot der körperlichen Treue aus, wobei sie bekannte: „Ich könnte für einen Schurken eine starke Leidenschaft fassen, aber ihn nicht lieben, wie ich dich liebe." Durch solchen Stolz und Unabhängigkeitsdrang erwies sie sich zugleich als Aristokratin und Jakobinerin. Eine engagierte Emanze war schließlich die unter dem Pseudonym „Gräfin Gisela von Streitberg" kämpfende Gräfin Gertrud Bülow von Dennewitz. Sie forderte 1904 als erste deutsche Frau die Straffreiheit der Abtreibung.

Als Gründerin des deutschen „Akademikerinnenbundes" sowie als „Vorsitzende des Bundes deutscher Frauenvereine" spielte die promovierte Agnes von Zahn-Harnack, die Tochter des bedeutenden Theologen Adolph von Harnack, in der deutschen Frauenbewegung eine führende Rolle. Diese Frau, deren Bruder Ernst von Harnack von der Gestapo ermordet worden ist, löste 1933 ihre Frauenvereine auf, um sie nicht in nationalsozialistisches Fahrwasser gelangen zu lassen. Es ist nur wenig bekannt, daß sich die Tochter des freiwillig aus dem Leben geschiedenen österreichischen Kronprinzen Rudolf dem Sozialismus zugewendet hat. Die Erzi gerufene Erzherzogin Marie Elisabeth trennte sich von ihrem ersten Mann, dem Fürsten Windisch-Graetz, heiratete einen von den Nazis verfolgten sozialdemokratischen Politiker und arbeitete aktiv in der sozialistischen Frauenbewegung mit.

Noch im 19. Jahrhundert wurde das Ausbrechen aus dem Stand mit schweren Sanktionen belegt. So wurde Amalia von Baumbach, die als Tochter eines vermögenslosen Offiziers keine Aussicht hatte, eine standesgemäße Ehe einzugehen und sich erkühnte, einen Bauern zu heiraten, von ihrem Vater so „barbarisch" mißhandelt, daß sie sich die „unglücklichste Frau in der Welt" nannte. Solch ein Bannstrahl traf auch adelige Männer bei „Mißheiraten". Als der Westfale Edmund von Twickel im Jahre 1836 ein Bauernmädchen heiratete, da wurde er mit einem Bauerngut abgefunden und durfte bis zum Tode des Vaters sein Elternhaus Schloß Havixbeck nicht mehr besuchen.

Die aus diesem Milieu stammende Dichterin Annette von Droste-Hülshoff ist nur ein Beispiel für viele adelige Frauen, welche die Fesseln des Standes nicht abstreifen konnten oder wollten und deshalb unverheiratet blieben. Dieser Schluß kann aus ihrer Biographie und diesem ihrem Gedicht „Am Turm" gezogen werden:

> *Wär ich ein Jäger auf freier Flur,*
> *Ein Stück von einem Soldaten,*
> *Wär ich ein Mann doch zumindest nur,*
> *So würde der Himmel mir raten;*
> *Nun muß ich sitzen so fein und klar,*
> *Gleich einem artigen Kinde,*
> *Und darf nur heimlich lösen mein Haar,*
> *Und lassen es flattern im Winde.*

Das Herauswachsen aus der ständischen Gebundenheit läßt sich als Verbürgerlichung bezeichnen. Für sie ist charakteristisch der bereits im 18. Jahrhundert deutlich erkennbare Trend zu einer intimen und partnerschaftlichen Ehevorstellung auch im Adel. Vor die Wahl gestellt, ob er eine vom Vater ausgesuchte reiche Erbin oder das von ihm geliebte Hoffräulein Sophie von Asseburg heiraten sollte, entschied sich der spätere hannoversche Minister Johann Kaspar von Bothmer für letztere. Darüber, daß Kaiserin Maria Theresia mit ihrem Ehemann in bürgerlicher Weise das Schlafzimmer teilte, hat der preußische Gesandte in Wien von Podewils noch abschätzige Bemerkungen gemacht.

Manche Ehe „zur linken Hand" erweist sich bei näherem Hinsehen als die eigentliche, gleichsam bürgerliche Ehe. Als sich Friedrich Wilhelm II. von Preußen im Jahre 1770 mit Friederike Rietz, geborene Enke, der Tochter eines Waldhornisten, verband, erklärte er ihr bei seinem „fürstlichen Ehrenwort": „Ich werde dich nie verlassen." Tatsächlich hat die von ihm zur Gräfin Lichtenau erhobene Wilhelmine 1796 noch an seinem Totenbett gewacht.

Die Verbürgerlichung der adeligen Frauen dokumentiert sich speziell in der Erlernung von Berufen, deren Ausübung von der Familie unabhängig macht. In diesem Zusammenhang ist bemerkenswert, daß die Tochter des Gründers des Germanischen Nationalmuseums zu Nürnberg Mathilde von Aufseß die erste Gewerbeschule für Frauen in Bayern begründet hat. Unter den berufstätig gewordenen Frauen kann hervorgehoben werden die Baltin Margaretha von Wrangel, die als Pflanzenphysiologin an der Landwirtschaftlichen Hochschule in Hohenheim die erste deutsche Frau gewesen ist, welche den Professorentitel verliehen bekam.

12. Adel, Bauern, Bürger und Demokratie

Nun ist es aus das Adelsreich.
Nun sind wir Bürger alle gleich.

Bürgerlied der Mainzer 1792/93

Obgleich die Ideologie vom Ständestaat ein arbeitsteilig-idyllisches und überdies gottgewolltes Zusammenwirken des Lehr-, Wehr- und Nährstandes beinhaltet, ist die gesellschaftliche Realität stets durch soziale Spannungen gekennzeichnet gewesen. Diese haben sich von Zeit zu Zeit zu passivem Widerstand, Revolten und Revolutionen verdichtet. Das Aufbegehren richtete sich gegen die Herrschenden als die tatsächlich oder vermeintlich Verantwortlichen für die Beschwernisse und damit besonders auch den Adel. Dieses schloß nicht aus, daß sich Adelige an der Seite der Bauern im Kampf gegen den modernen Fürstenstaat beteiligt haben.

Aus der Sicht von Rebellen der unteren Stände erschienen Adel und die adelige regierende Geistlichkeit - die niedere Geistlichkeit lebte meist in sehr bescheidenen, ja oft ärmlichen Verhältnissen - als Parasiten und Drohnen, die vom Schweiß des schlichten Bauers- und Bürgermannes lebten. So behauptete ein demokratisch eingestellter Berliner Publizist nach der Französischen Revolution, der Adel throne auf den Schultern des Bauernstandes wie die Luchskatze auf dem Nacken des erhaschten Pflugstieres. Und ein revolutionärer Mainzer hat die Vertreibung des geistlichen Kurfürsten so gefeiert: „Gefallen ist der geistliche Despote, der unseren Schweiß verpraßt."

12.1. Adel und Bauer

Das Verhalten des Adels gegenüber den Bauern ist zu allen Zeiten zwiespältig gewesen. Einerseits ist der Bauernstand als der die Nahrung produzierende Stand geachtet worden. Andererseits sind Bauern von Adeligen auch geschunden worden, teils wegen ökonomischer Zwänge und teils aus Standeshochmut und Mutwillen. Darüber hinaus ist das dem Bauernstand beschiedene harte Schicksal auch

384

theologisch gerechtfertigt worden. So standen für den mit dem Stauferkaiser Friedrich II. verwandten hochadeligen Kirchenlehrer Thomas von Aquin die Bauern als Folge des Sündenfalles außerhalb der göttlichen Ordnung. Diese Theorie vertrat im 16. Jahrhundert noch Reinhard Graf zu Solms in seinem Buch über den Adel. Darin heißt es:

Noah verdammte seinen ersten Sohn, der ihn schändete, zum Bauern:
die anderen segnete er und gab ihnen den Kittel des Adels.

Solch ein Herabsehen auf den zu schwerer Plackerei verdammten Bauernstand beinhaltete keineswegs nur Unterdrückung und Willkür, sondern sollte durch patriarchalische Fürsorge und Schutz erträglich gemacht werden. Bezeichnenderweise heißt es in einem Güterteilungsvertrag der niedersächsischen Gebrüder von Oldershausen von 1590, daß die Bauern als angeerbte Leute von aller Drangsal und Beschwernis beschützt und nicht mit unnötigen Diensten beschwert werden müßten.

Aufschlußreich ist, daß das aus grauer Vorzeit überkommene und den Bauern als Ernährer in den Mittelpunkt stellende Kärntener Krönungsritual im Spätmittelalter außer Gebrauch kam. Nach diesem Ritual mußte der Landesherr von Kärnten durch einen Bauern in sein Amt eingeführt werden, wobei er in grobe bäurische Kleidung gesteckt und mit einem Hirtenstab ausgerüstet wurde. Der Regent mußte geloben, daß er sich nicht scheuen würde, um der Gerechtigkeit willen so arm zu werden, daß er sich wie ein Pferd oder ein Rind ernähren müßte. Diese Zeremonie wurde letztmals zu Beginn des 15. Jahrhunderts gefeiert. Kaiser Friedrich III. unterzog sich ihr nicht mehr, da er die Auffassung vertrat, daß ihm als römischem König die „bäuerliche Masque" nicht anständig wäre.

In der Sage von Libussa, der Tochter des tschechischen Königs Krok, spielt das Bauernmotiv eine noch größere Rolle. Die Thronerbin Libussa lehnte es nämlich ab, einen Edlen zum Mann zu wählen. Einer Weissagung folgend schickte sie ihr weißes Roß aus, damit es für sie einen Ehemann suche. Dies war der rechtschaffene Bauersmann Przemysl, der neben einem Haselstecken saß und auf dem umgestürzten Pflug sein Mahl hielt. Zum Andenken an diesen Ahnherrn der böhmischen Könige wurden bei den Krönungszügen seine bäuerlichen Bastschuhe mitgeführt und beim Krönungsmahl auf dem Hradschin Haselnüsse von jenem Strauch gereicht, der aus dem Stecken Przemysls gewachsen war.

Der Ständebaum des mit den Bauern sympathisierenden Petrarca-Meisters vom Beginn des 16. Jahrhunderts stellt die hierarchische Ständeordnung offensichtlich in Anlehnung an die revolutionäre Devise „Als Adam grub und Eva spann, wo war denn da der Edelmann?" auf den Kopf. Hier tragen nämlich Kain und Abel, der Hirte und der Bauer, an den Wurzeln des Baumes liegend, die gesamte Ständeordnung, bis hin zu Kaiser und Papst. Diese Ordnung wiederum wird durch hoch in den Wipfeln des Baumes sitzende Bauern gekrönt! Der in Franken agitierende christliche Sozialrevolutionär mit dem Namen Pfeifer von Niklashausen hat bereits 1476 gefordert, daß Papst, Kaiser, Fürsten, Grafen, Ritter, Bürger und Bauern mit dem „gemeinen Mann" teilen und einander gleich werden sollten. Auch der Fürst und Herr sollte im Tageslohn dienen.

12.2. Der Bauernkrieg

Der deutsche Bauernkrieg darf keineswegs nur auf eine unerträglich gewordene Verelendung der Bauern zurückgeführt werden. Vielmehr ist er ein Indikator dafür, daß es nicht wenige selbstbewußte und wohlhabende Bauern gab, die es sich zutrauten, ihre Geschicke in die eigenen Hände zu nehmen und Frondienste und Abgaben abzuschütteln. Schließlich hat der Straßburger Sebastian Brant 1494 in seinem „Narrenschiff" bemerkt:

Aller Beschiß geht vom Bauern aus,
Alle Tage wollen sie neue Moden ins Haus,
Keine Schlichtheit ist mehr in der Welt,
Die Bauern stecken ganz voll Geld.

Tatsächlich hat besonders im Südwesten Deutschlands die Leibeigenschaft keinen sonderlich drückenden Charakter gehabt. Bei Licht besehen war sie in aller Regel ein Erbpachtverhältnis mit bestimmten, teilweise mehr symbolischen Abgabeverpflichtungen wie beim Todesfall dem Bestkleid und dem Besthaupt. Die auch zur jährlichen Abgabe eines Leibhuhnes verpflichteten Bauern waren durchaus erb- und klageberechtigt und als Privatuntertanen des Adels zwar das Rückgrat der Feudalgesellschaft, jedoch keineswegs rechtlose Sklaven.

In seiner Untersuchung „Bäuerlicher Widerstand und feudale Herrschaft" hat Winfried Schulze 1980 dargelegt, daß die Bauern in Oberschwaben sehr wohl Möglichkeiten hatten, ihre Interessen wirksam wahrzunehmen. Dabei war ihr Machtmittel die keineswegs immer erfolglose Anrufung der Gerichte, wozu auch der Reichshofrat in Wien gehörte. Als ein wirksames Druckmittel der erbuntertänigen Bauern gegenüber ihren Territorialherren hat sich das „Austreten" erwiesen. Dies war eine Art Streik, während dessen alle Männer für Wochen ihre Herrschaft verließen und dadurch ihren Feudalherren in große Verlegenheit brachten. Solch einen Auszug haben 1580 die Untertanen eines Herrn von Rechberg, 1591 diejenigen des Truchseß von Waldburg und 1612 die eines Herrn von Freyberg durchgeführt. Derartige Konflikte sind unter Vermittlung benachbarter Fürsten und Reichsstädte geschlichtet worden, welche oft ein Interesse daran hatten, daß ihre Rivalen einen Dämpfer erhielten, so daß sich der Auszug für die Bauern im Ergebnis durchaus lohnen konnte.

Wenngleich radikale Bauern mit teilweise blutrünstigen Worten die Abschaffung des Adels verlangten und Thomas Müntzer, in dessen Bauernhaufen ein Graf Stolberg und ein Herr von Werthern focht, zur Vertreibung und zum Totschlagen der Fürsten aufrief, stand über dem blutigen Kampf doch die Utopie von der Gleichheit aller Menschen. Deshalb wurde gefordert: „Es solle ein jeder vom Adel nicht mehr reiten, sondern zu Fuß gehen und sich mit Speise und sonst anderem gleichhalten, solle Häuser bauen und bewohnen wie andere in Städten und Dörfern". Und deshalb mußten zwei junge Grafen Lö-

Raubritter („Mars-Kinder") überfallen ein Dorf.
Hausbuchmeister 1475

wenstein in Bauernkitteln vor einem aufständischen Bauernhaufen herziehen. Auch die Gebrüder Georg und Albrecht von Hohenlohe mußten sich den Bauern unterwerfen und geloben, sie als Brüder zu halten, denn sie seien nicht mehr Herren, sondern Bauern!

Daß der Bauernkrieg nicht nur eine politische, sondern zugleich eine religiöse Bewegung war, wird dadurch dokumentiert, daß der Bundschuh-Bauer flankiert von Maria und Johannes vor dem Kruzifix kniete und gelobte, Kaiser, Papst und vorab Gott gehorsam zu sein. Beim Aufstand der Bauern im ostpreußischen Samland, der die Vertreibung des Adels durch die dörfliche Oberschicht zum Ziel hatte, verlangten die Bauern: „Sie sollen sich mehren und ernähren, wie Gott spricht: 'Dein eigen Herd dich ernähren soll'. Darum wollen wir die Nester (= adeligen Häuser) zerstören, daß die Krähen darin keine Jungen mehr ziehen sollen."

Bemerkenswert ist, daß im Bauernkrieg nicht nur Burgen, Schlösser und Klöster niedergebrannt wurden, sondern darüber hinaus adelige Status- und Luxusgegenstände wie Turnierausrüstungen, Jagdwaffen, Himmelbetten, Kutschen, Glasfenster und glasierte Öfen in symbolisch-nivellierender Absicht zerstört wurden. Ein demonstrativ-ritueller Akt war auch, daß die Aufrührer einen den Adeligen als Privileg vorbehaltenen Hirsch einfingen, schlachteten und ihn gemeinsam verspeisten. Solchen Vorgängen standen scheußliche Ausschreitungen gegenüber wie das Aufspießen des Grafen von Helfenstein vor den Augen seiner die Bauern auf Knien um Gnade anflehenden Ehefrau, einer Tochter Kaiser Maximilians. Derartige Untaten wurden durch das Heer des Schwäbischen Bundes, welches nicht nur von den Fürsten, sondern auch von den Reichsstädten gestellt und finanziert wurde, mit unvorstellbarer Grausamkeit und wahren Blutbädern geahndet. So ließ der Bundesfeldherr Georg Truchseß von Waldburg, der „Bauernjörg", die gefangenen Anführer der Bauern an einen Baum ketten. Anschließend wurde Brennholz um den Baum herumgeworfen und angezündet, so daß die angeketteten Bauern bis zu ihrem Ende in Todesnot durch die Flammen sprangen.

12.3. Die Leibeigenschaft

Entgegen einer weitverbreiteten Vorstellung besaßen keineswegs nur Fürsten und Adelige, sondern auch Städte und das reiche Stadtbürgertum Herrschaften auf dem Land und damit Leibeigene. So gehörten der Stadt Frankfurt am Main acht und der Stadt Heilbronn vier Dörfer mit Leibeigenen. Wenngleich die Leibeigenschaft regional recht unterschiedlich ausgebildet war, können die Leibeigenen als schollenpflichtige Erbuntertanen charakterisiert werden, die nicht über das Recht auf Freizügigkeit verfügten, Abgaben leisten und Frondienste erbringen mußten. In Süddeutschland herrschte eine vergleichsweise milde Form der Leibeigenschaft. Beispielsweise waren die Schulmeister in den Heilbronner Dörfern gewöhnlich Leibeigene, die Pfarrer dagegen meistens Freie. Der Vollständigkeit halber muß darauf hingewiesen werden, daß es einige auf Reichsgrund gelegene freie Reichsdörfer gegeben hat, deren Bewohner über Herrenrechte wie die untere und mittlere Gerichtsbarkeit verfügten.

Wenn man bedenkt, daß noch der Stadtbürger und Akademiker Karl Marx herablassend von der „Idiotie des Landlebens" sprach, wundert man sich nicht, daß auch das Bürgertum keine hohe Meinung vom Bauernstand hatte. So scheute sich der bürgerliche Hofmarkrichter des bayerischen Klosters Wessobrunn im Jahre 1682 nicht, die Bauern als „Lebewesen zwischen Mensch und Tier" anzusprechen, welche „mehr der Vernunft ledig, als ihrer teilhaftig" seien. Noch für die bürgerlichen Aufklärer des 18. Jahrhunderts waren die Bauern meist keine Partner des Bürgers und wurden nicht in das Fortschrittskonzept von bürgerlicher Tugend und Glückseligkeit einbezogen. Die Verachtung des einfachen, ungebildeten und durch die schwere körperliche Arbeit gedrückten Landmannes, die uns in dem Buch des Pfalzgrafen Franz Philipp über die Landwirtschaft von 1702 entgegentritt, war somit keine rein adelige Werthaltung:

> *Merk wohl, ein starker Weidenkopf,*
> *Und auch manch stolzer Bauerntropf,*
> *Die wollen all' drei Jahr einmal*
> *Behauen sein ganz überall*

Drum hau davon einen guten Teil,
Sonst werden sie frech und geil.

Tatsächlich sind die Bauern nicht nur mit Frondiensten sowie Natural- und Geldabgaben belastet gewesen. Darüber hinaus wurden sie von einigen ihrer Herren in dem verletzt, was wir heute Menschenwürde nennen. Bedacht werden muß dabei allerdings, daß der moderne Steuerstaat sehr viel mehr nimmt als nur den „Zehnten". Was die Demütigungen anbetrifft ist anzumerken, daß sie sowohl von christlich als auch fortschrittlich-humanitären Adeligen angeprangert worden sind. So kritisierte der hannoversche Justizrat von Münchhausen im 18. Jahrhundert, daß es vorgekommen sei, daß Bauern beim Weidenköpfen festgehalten worden seien, obgleich es in ihrem Dorf brannte. Auch sein mit der Französischen Revolution sympathisierender Landsmann Adolf Knigge bekannte: „Der Adel übt ungestrafte Tyrannei gegen den unglücklichen Bauernstand."

Hinsichtlich der Bauernfrage herrschte in Österreich, Böhmen, Mähren, der Lausitz, Pommern und besonders auch in Mecklenburg eine besonders rückständige Sozialverfassung. Hier wurden die „gemeinen Landleute" nach dem Urteil des berühmten Reichsrechtlers J.J. Moser noch im 18. Jahrhundert „in einer Art Sclaverey" gehalten. Besonders schlimme Zustände herrschten in Mecklenburg, wo der fürstliche Absolutismus die Feudalherrschaft des Landadels nicht ablösen konnte und wo der Adel - anders als in Preußen - die 1808 vom Herzog vorgeschlagene Abschaffung der Leibeigenschaft zu verhindern vermochte. In Mecklenburg wurde der Bauer sogar nach der Einschätzung eines herzoglichen Rates von 1750 „wie ein Stück Vieh" traktiert. Er war einem „handfesten Stockregiment" unterworfen, d.h. wurde geprügelt.

Hier galt noch der Rechtsgrundsatz „Trittst du mein Huhn, so wirst du mein Hahn", wonach bei einer Heirat zwischen einem Freien und einer Leibeigenen der Freie der „ärgeren Hand" nachfolgte und unfrei wurde. Ernst Moritz Arndt kommentierte: „So macht Amor noch alle Tage Leibeigene, denn welchen Sterblichen macht er nicht zum Sklaven." Aus diesem Sachverhalt erwuchs nach der Einschätzung eines aufgeklärten Adeligen ein „wahrer Negerhandel", denn der Knecht durfte sich für 100 Reichsthaler freikaufen. Im Unterschied zum Zarenreich, wo die „Seelen" genannten unfreien Bauern tatsächlich wie bewegliche Sachen ge- und verkauft wurden, war ein derartiger Handel in Deutschland unzulässig.

Als einmal ein bankrott gegangener Amtshauptmann im Jahr 1744 im „Königsberger Intelligenzblatt" eine vierköpfige Kochfamilie samt Jagdlehrling für 400 Taler anbot, schritt sofort die königliche Regierung ein. Gleichwohl mußten derartige Zustände zwangsläufig Haß auf den Adel hervorrufen. Dies bezeugen die Schriftsteller Johann Heinrich Voß (1751-1826) und Ernst Moritz Arndt (1769-1860). Der gleich den Brüdern Stolberg dem Göttinger Hainbund angehörende Voß, dessen Großvater ein freigelassener Radmacher auf einem Maltzan'schen Gut in Mecklenburg gewesen ist, spricht in seinem Gedicht „Die Leibeigenen" davon, daß der Fronherr „uns wie die Pferd' abquält und kaum wie die Pferd' beköstigt" sowie „die Mädchen des Dorfes mißbraucht und die Knaben wie Lastvieh". Der gleichfalls von leibeigenen Bauern abstammende Arndt berichtet, daß in Rügen bei einem Aufstand die ganz besonders verhaßten Edelleute in ihren Betten erstickt worden seien.

Eine Begebenheit aus dem Leben dieses Vorkämpfers der deutschen Einheit wirft ein Schlaglicht auf den überkommenen Herrenstandpunkt von Adeligen aus besonders rückständigen Gebieten: Als Arndt 1799 mit zwei Edelleuten aus Hinterpommern in einem Berliner Gasthof speiste, beklagte sich einer bitter darüber, daß sie wegen unmäßigen Schlagens ihrer Bauern zu sechs bzw. drei Monaten Festungshaft in Spandau verurteilt worden seien. Der andere, ein verabschiedeter Major, meinte, nun müsse jeder pommersche Edelmann seine Güter verkaufen, wenn der Bauer nicht mehr unter seinem Stock stehen solle. Dabei zeigte er auf seine Narben, die ihm in den friderizianischen Kriegen geschlagen wurden und erklärte, es sei schändlich, daß ein Mann, der sich nie gefürchtet, sich zuletzt vor einem Bauern fürchten müsse.

Derartige Zustände verweisen darauf, daß der Osten und Südosten Deutschlands hinsichtlich der Sozialverfassung eine Übergangszone

Der Ständebaum von Petrarca, Augsburg 1532.
Bauern tragen und krönen die Ständeordnung

zu Osteuropa war. Dies hat 1850 ein Graf Bassewitz, der Sproß einer der einflußreichsten Grundbesitzerfamilien Mecklenburgs, zugegeben, indem er bemerkte, die Lebensverhältnisse der „ritterschaftlichen Tagelöhner" wiesen Vergleichspunkte mit den „schlimmsten Seiten der wirklichen Sklaven" auf.

Jedem Leser der klassischen russischen Romane ist bekannt, daß im Zarenreich erst 1861 die Züge der Sklaverei tragende Leibeigenschaft abgeschafft worden ist. Dort wurde der Besitz des Adels sowohl nach der Größe als auch nach der Zahl der „Seelen", d.h. der Leibeigenen, bemessen. Auch in Polen, wo die Situation der unfreien Bauern erbärmlich war, hat die Adelsherrschaft häßliche Formen angenommen. Dies wird dadurch beleuchtet, daß nach einem Bericht aus dem 18. Jahrhundert ein polnischer Edelmann darüber klagte, daß seine Cousine einem Laster gefrönt habe, welches schlimmer sei als Sodomie, sie habe nämlich mit einem Bauern geschlafen. Die Danzigerin Johanna Schopenhauer berichtet, daß das Leben der polnischen Getreideschiffer kaum so hoch gehalten wurde wie das eines Hundes oder Pferdes. Der Edelmann, der aus Versehen oder Zorn einen von ihnen erschlug, zahlte ohne weitere Prozedur zehn Taler Strafe und damit war die Sache abgetan.

12.4. Adelsfeindschaft und das jus primae noctis

Das Recht der ersten Nacht, das jus primae noctis, spielt in der adelsfeindlichen Literatur bis heute eine wichtige Rolle. August Bebel behauptet in seinem Buch „Die Frau und der Sozialismus", daß der Grundherr sich als „Verfüger über die geschlechtliche Benutzung seiner weiblichen Leibeigenen und Hörigen" betrachtet hat. Dieses Recht habe auch der Meyer als sein Stellvertreter besessen, sofern er nicht auf seine Ausübung zugunsten der Abgabe des „Jungfernzinses" verzichtet habe.

Wenngleich die Mächtigen und damit auch die Adeligen zu allen Zeiten ihre Position auch zur Befriedigung sexueller Wünsche ausgenutzt haben, muß hier doch angemerkt werden, daß das „Recht der ersten

Nacht" im Sinne eines Anspruchs als Legende erkannt worden ist. Beispielsweise auch die Tatsache, daß die Leibeigenen eines schwäbischen Klosters dieses „Recht" nach einem Zeugnis von 1496 durch eine aus Salz, Butter und Käse bestehende Naturalsteuer abgegolten haben, verweist darauf, daß das jus primae noctis offensichtlich aus grauer, vorfeudaler Vorzeit stammt, möglicherweise einen kultischen Ursprung hat und vielleicht mit der Tempelprostitution verwandt ist. In historischer Zeit war dieses sogenannte Recht praktisch eine Hochzeitssteuer.

Bei der Erörterung der geschlechtlichen Ausnutzung weiblicher Untertanen dürfen die ohnehin bereits wieder abgelegten bürgerlichen Moralvorstellungen des 19. Jahrhunderts nicht einfach als Meßlatte angelegt werden. Nicht nur im Mittelalter, sondern auch noch in der frühen Neuzeit waren die sexuellen Sitten freizügig und existierte keine victorianisch-puritanische Sexualmoral. Wenn etwa Knechte und Mägde vielfach miteinander im Stroh schliefen und derartigen Verbindungen außereheliche Kinder entsprossen, so war dies auch dadurch bedingt, daß für eine Eheschließung der von vielen nicht zu erbringende Nachweis einer wirtschaftlichen Versorgung zu liefern war.

Wenn nun der Feudalherr, der seine Ehefrau oft nach rein familienpolitischen Gesichtspunkten auswählen mußte, außerehelichen Aktivitäten nachging, so ist er keineswegs immer als Verführer jugendlicher Unschuld oder gar als Mädchenschänder in Erscheinung getreten. Solches unterstellt beispielsweise Friedrich Engels mit dieser Anklage: „Die adeligen Herren peinigten die Leibeigenen, schwelgten in ihrem Schweiß, ritten ihre Saaten nieder, vergewaltigten ihre Weiber und Töchter."

Zu allen Zeiten hat es adelige Schürzenjäger gegeben, die zu solch überzogenen Urteilen Anlaß gegeben haben. So heißt es in einem nostalgischen Bericht über das Leben kurländischer Barone, daß ein Don Juan «zahllose mehr oder weniger flüchtige Verbindungen» mit meist dem Gesindestand angehörenden dörflichen Schönen hatte. Als ihm ein Standesgenosse vorhielt, daß er weit über achtzig natürliche

Kinder unter den Bauern hatte, forderte er diesen gemäß dem adeligen Ehrenstandpunkt zum Duell, da es höchstens 56 Kinder wären...

12.5. Bauernbefreiung und bürgerliche Revolution

Während die von Karl Marx angesprochene „gemütliche", d.h. christlich-patriarchalisch abgemilderte Knechtschaft meist der Normalzustand gewesen ist, bilden ausgesprochene Menschenschinder ebenso wie die ihre persönlich-materielle Interessenlage hintanstellenden Philanthropen eine Minderheit. Unter denjenigen Adeligen, welche sich früh für eine Beseitigung der Leibeigenschaft tatkräftig eingesetzt haben, kann Ulrich von Rantzau hervorgehoben werden. Er schaffte auf seinen holsteinischen Gütern bereits 1688 die Leibeigenschaft ab, wobei er diese Maßnahme damit rechtfertigte, daß der Stand der Unfreiheit der Vernunft widerspräche und auch nicht in der göttlichen Schrift begründet sei.

Dieses Argument gebrauchte auch der durch die Gründung eines Lehrerseminars und einer Musterschule um die materielle und geistige Wohlfahrt seiner Bauern verdiente märkische Gutsbesitzer Eberhard von Rochow-Reckahn (1734-1805). Er widersprach einer im Adel weit verbreiteten Ansicht, indem er erklärte: „Ich denke doch nicht, daß man die Seele eines Bauernkindes für ein Ding anderer Gattung hält, als die Seele höherer Stände." Kaiser Joseph II., der bei einer Bereisung von Mähren einem Bauern den Pflug aus der Hand nahm und mit diesem Ackergerät einige Furchen zog, sowie die Leibeigenschaft in den habsburgischen Landen 1781 aufhob, mußte es sich gefallen lassen, daß er im Adel abschätzig als „Bauernkaiser" tituliert wurde.

Während in Frankreich am 4. August 1789 die gesamte Feudalverfassung durch einen revolutionären Akt der Nationalversammlung schlagartig beseitigt wurde, zog sich ihre Überwindung auf dem Territorium des Heiligen Römischen Reiches über Jahrzehnte hin und kam erst im Revolutionsjahr 1848 zu einem Abschluß. Denn die den Bauern durch Joseph II. schon früh verliehene persönliche Freiheit war so lange nicht viel mehr als ein schöner Schein, als die mit der

Aufhebung der Feudalverfassung verbundenen materiellen Probleme nicht auf eine befriedigende Weise gelöst waren.

Insofern trug das auf den Freiherrn vom Stein zurückgehende preußische Edikt über den erleichterten Besitz und den freien Gebrauch des Grundeigentums, welches die Aufhebung der Erbuntertänigkeit der Bauern zum Martinstag 1810 festlegte, einen zwiespältigen Charakter. Der von altpreußischer Seite gegen die Stein-Hardenbergischen Reformen gerichtete Widerstand, welcher Friedrich von der Marwitz und dem Grafen Finckenstein eine Festungshaft in Spandau eintrug, verdient insofern Beachtung, als die „Mobilisierung des Grundeigentums", d.h. der Einzug von Liberalismus und Kapitalismus, tatsächlich viele Existenzen vernichtet hat und keine sozialen Netze vorsah.

Gleichwohl trug der Widerstand vieler Adeliger gegen die Modernisierung von oben, welche Karl August von Hardenberg 1807 als „Revolution im guten Sinn" bezeichnete, wobei „demokratische Grundsätze in einer monarchischen Regierung" angewandt werden sollten, einen reaktionären Charakter. Dies wird auch dadurch beleuchtet, daß die adeligen Standesgenossen 1856 der Beerdigung des Vorkämpfers der Bauernbefreiung in den baltischen Provinzen Hamilkar von Fölckersahm demonstrativ fernblieben. Dagegen erwiesen ihm zwölf Bauern in ihren grauen Röcken am Sarg unter überwältigender Anteilnahme der Landbevölkerung die letzte Ehre.

Der Adelsfeindschaft der Demokraten, die sich gegen das Prinzip des Ständestaates und damit die Rechtsungleichheit richtete, tat es keinen Abbruch, wenn sich einzelne Adelige Anerkennung erwarben. Unter direkter Anspielung auf das unbarmherzige Geburtsprinzip hat denn ja auch Figaro dem Grafen Almaviva lapidar entgegengehalten: „Ihr habt Euch die Mühe gemacht, auf die Welt zu kommen." Der auch von Johann Gottfried Seume, einem Intellektuellen bäuerlicher Herkunft 1807 gegeißelte „Adelssinn und Kastengeist" stand der Idee der Gleichheit, welche beispielsweise auch nach dem Philosophen Fichte die Aufgabe jeglicher ständischer Besonderheiten bedingte, als ein unüberwindliches Hindernis entgegen.

Daher hat der demokratische Sozialist Heinrich Heine diese Forderung aufgestellt: „Alle Konstitutionen, selbst die beste, können uns nicht helfen, solange nicht das ganze Adeltum bis zur letzten Wurzel zerstört ist." Das Motiv für die Auslöschung des Adels war die Utopie von einer Gesellschaft Freier und Gleicher, welche durch die amerikanische Revolution Auftrieb erhielt. So erschien 1783 in der „Berliner Monatsschrift" diese „Ode an die Freiheit Amerikas":

Wo süße Gleichheit wohnet,
Und Adelsbrut, Europens Pest.
Der Sitte Einfalt nicht beflecket!
Verdienstlos besseren Menschen trotzt,
Und vom Schweiße des Landmannes schweiget.

Mit seinem Gedicht „Der Bauer an seinen Durchlauchtigsten Fürsten" hat sich der Dichter Gottfried August Bürger (1747-1794) bereits vor der Französischen Revolution als Gegner des Feudalsystems bekannt:

Wer bist du Fürst, daß ohne Scheu
zerrollen mich dein Wagenrad,
zerschlagen darf dein Roß?
....
Die Saat, so deine Jagd zertritt,
Ha! du warst Obrigkeit von Gott?
Gott spendet Segen aus, du raubst,
Du nicht von Gott, Tyrann!

Die Französische Revolution, welche mit dem Feudalsystem alle Standesvorrechte beseitigte und die Menschen- und Bürgerrechte verkündete, schien den Traum von einer Demokratie auch in Deutschland in greifbare Nähe zu rücken. Daher rief der Revolutionär Riedl die Deutschen zur Gründung eines „anti-aristokratischen Gleichheitsbundes" auf und deshalb feierten revolutionäre Mainzer in einem Lied von 1792 das durch „Pfaffentrug und Adelsstolz" gekennzeichnete Ende des Feudalzeitalters:

Nun ist es aus, das Adelsreich!
Nun sind wir Bürger alle gleich!

Franz II. (1768-1835), der letzte Kaiser des Heiligen Römischen Reichs Deutscher Nation. Er nahm 1804 als Franz I. die erbliche österreichische Kaiserwürde an und legte am 6. August 1806 die römische Kaiserkrone nieder.

Der Kampf gegen die adeligen „Despoten" wurde teilweise mit blutrünstigen Parolen geführt. So heißt es in einem aus Anlaß des Aufstandes in Schlesien verbreiteten Aufruf: „Jeder versehe sich mit einer guten Heugabel oder Spieß oder Geschoß oder Axt, die Türen
entzwei zu hauen. Auf den Höfen und Schlössern laßt kein Fenster
gut. Schlagt alles entzwei, was adelig ist, kein Kind laßt am Leben."

Nachdem die mit der Niederwerfung Napoleons einhergehende Re-
formeuphorie abgeebbt war und mit den Karlsbader Beschlüssen von
1819 die adelig-absolutistische Reaktion einsetzte, erhielt der bürgerlich-demokratische Adelshaß massiven Auftrieb. Graf Merveldt, welcher sich als Inhaber einer Westfälischen Herrlichkeit als Unter-
Landesherr verstand, schrieb 1822 resigniert an den Freiherren vom
Stein: „Der Adel ist decrasiert. Wer uns nicht hasset, will uns wohl leben lassen ... Keiner will uns oben wissen ... keiner fürchtet uns."

Unter solch einem Adelshaß hat noch der junge Bismarck als Schüler
des Gymnasiums „Zum grauen Kloster" in Berlin gelitten. Bezeichnend ist, daß er schon früh in Kombination mit dem Antikapitalismus
in Erscheinung trat. Dies erklärt ganz wesentlich die antirevolutionäre
Haltung des Besitzbürgertums, welches an sich für das Feudalsystem
wenig übrig hatte, jedoch die soziale Revolution mehr als den Fürstenstaat fürchtete. Das „Große Lied" des radikalen Burschenschaftiers
Carl Follen mußte das Bürgertum verschrecken. Es heißt darin:

> Schlagt eure Plager tot, rettet das Land,
> Freiheitsmesser gezückt!
> Hurrah, den Dolch an die Kehle gedrückt,
> Mit Krone und Bändern, mit Purpurgewändern
> zum Rachaltar ist das Opfer geschmückt.

Auch das „Lied der badischen Aufrührer" von 1830/31, welches Stu-
denten bei Bierabenden zu singen pflegten, gab zwar einem weitverbreiteten Unmut gegen den restaurativen Fürstenstaat Ausdruck, war
jedoch kaum als ein zur Realisierung bestimmtes Programm gedacht:

> Schmiert die Guillotine, schmiert die
> Guillotine mit Tyrannenfett,

Werft die Konkubine, werft die Konkubine
aus des Fürsten Bett,
Blut muß fließen, Blut muß fließen,
knüppelhageldick,
Es lebe die Freiheit der deutschen Republik.

Ein böses Omen war, daß sich die antikapitalistische Frontstellung radikaler Demokraten schon früh des Propagandamittels des Antisemitismus bedient hat. So behauptete der Preuße Buchholtz im Jahre 1806, daß die Juden mittels ihres Geldes über den „Geist" und die ihnen symbiotisch verbundenen Adeligen über den „Leib" herrschten. Damit griff er gleichzeitig das Besitzbürgertum mit dem Prinzip Geld und den Adel mit dem Prinzip Blut an. Im Revolutionsjahr 1848 wurden derartige Theorien in einem Flugblatt aus dem Südwesten agitatorisch so verdichtet:

'Der Adel muß vernichtet werden,
die Juden müssen aus Deutschland vertrieben werden,
müssen alle Könige, Herzöge und Fürsten weg
und Deutschland ein Freistaat wie Amerika werden,
müssen alle Beamten gemordet werden.

Ein weiteres Flugblatt von 1848 schlägt eine Brücke zum Bauernkrieg: „Im Jahr 1525, wo das arme Volk der Bauern gegen die Aristokratie auf den Schlössern und in den Städten aufstand". Es schloß mit diesen Worten: „Ihr verfluchten Tyrannen, ihr Henker des Rechts, ihr schonungslosen Volkssünder, Fürsten, Aristokraten, Pfaffen und Geldsäcke". Tatsächlich haben im Jahre 1848 ebenso wie im Bauernkrieg mit Sensen, Beilen, Piken und Äxten bewaffnete aufständische Bauern einige Schlösser, Rentämter und Gutsarchive in Flammen aufgehen lassen und Gutsherren und Gutsbeamte mißhandelt. Wie 1525 schlugen sich auch 1849 einige Adelige auf die Seite der Aufständischen. Der junge Graf Theodor Fugger von Glött wurde exekutiert, nachdem sich sein Vater gegen eine Begnadigung ausgesprochen hatte.

In Franken gab es im Revolutionsjahr 1848 einen gegen die Territorien der früheren Reichsritter Guttenberg, Künsberg, Seckendorff usw. gerichteten Aufruhr, der die Abschaffung der Grund- und Gerichtsherrschaft zum Ziel hatte. Einem Baron Redwitz träufelte man dabei solange geschmolzenen Siegellack auf die Finger, bis er die Verzichtsurkunde unterschrieb. Auch in Westfalen kam es 1848 zu Ausschreitungen. So wurde das Schloß des Herzogs von Croy in Dülmen und das Schloß des Grafen Westphalen in Fürstenberg verwüstet und der Erbdroste in Darfeld, dessen Sohn als „Bürger Droste, Exgraf" angeredet wurde, sah sich gezwungen, eine Husarenschwadron aus Münster anzufordern.

Wegen solch einer Zielsetzung der Revolution war es nur konsequent, daß die Adeligen in der Regel erklärte Gegenrevolutionäre waren und oft Kritik an kompromißwilligen und schwankenden Souveränen wie Friedrich Wilhelm IV. von Preußen übten. So richtete ein Herr von Ploetz aus Pommern namens einer Junker-Delegation im November 1848 die Forderung an den König: „Vor allem bitten wir Ew. Majestät alleruntertänigst auf keine Verhandlungen mit den Männern des Umsturzes einzugehen, denn Ew. Majestät wollen sich nicht täuschen: Ihr Thron wankt, jene Männer haben die Reisepässe für das Haus Hohenzollern bereits unterschrieben."

Der Jude Moses Hess, ein früher Weggefährte von Karl Marx, der zu einem Begründer des Zionismus wurde, hat mit seiner Feststellung, daß „die Geldaristokratie, nicht der Adel der Feind des Volkes" sei, den Sachverhalt angesprochen, daß seit der Revolution von 1848 für radikale Demokraten und Sozialisten der Kampf gegen die Bourgeoisie im Vordergrund stand. Diese übernahm hinter der feudalen Fassade der Gesellschaft mehr und mehr die reale ökonomische Macht. Daher heißt es in einem weiteren Flugblatt von 1848: „Ich ziehe die Adelsclique der noch viel engherzigeren ärgeren Sklaverei der Geldmännerclique vor!" Ein prominenter Repräsentant dieser „Clique", Friedrich Ludwig von der Marwitz, hatte seinerseits 1821 bemerkt: Sonst war der Wahlspruch: „Jedem sein Recht! Jetzt scheint er zu sein: Jedem sein Geld."

Großes Interesse beanspruchen die Diskussionen über das Adelsproblem in den revolutionären Parlamenten. Während die preußische

Max(imilian) I. Joseph, Kurfürst und erster König von Bayern
(1756-1825) im Krönungsornat

Nationalversammlung den Adel ganz aufgehoben hat, scheute die Frankfurter Nationalversammlung, in welcher liberale Adelige eine große Rolle spielten, hiervor zurück.

Der Antrag, daß alle Standesvorrechte und der Adel selbst aufgehoben seien, wurde abgelehnt und der schwächere Beschluß gefaßt: „Der Adel ist als Stand abgeschafft." Bei der Debatte dieses Punktes lehnte bezeichnenderweise der greise Ernst Moritz Arndt die Schaffung einer „tabula rasa" ab und sprach in romantisch-nostalgischer Weise von den „idealen Bildern" eines Standes, die mit den Erinnerungen an den Glanz der Geschichte untrennbar verbunden seien.

Moderat argumentierte auch Jakob Grimm, der die Hoffnung zum Ausdruck brachte, daß „unsere Fürsten" die Selbstverleugnung haben würden, „allem byzantinischen und chinesischen Schmuck" zu entsagen. Er meinte, der Adel sei eine Blume, die ihren Geruch verloren habe, vielleicht auch ihre Farbe. Es sei ein Raub am Bürgertum gewesen, als man Goethe und Schiller ein „von" an ihren Namen klebte. Eine ähnliche Argumentation trifft man auch bei Theodor Fontane, der 1860 bemerkte, wer den Adel abschaffe, der schaffe den letzten Rest Poesie aus der Welt. Was von deutschen Geistesgrößen als Poesie erlebt wurde, das war die historische Kontinuität und die Tradition, welche durch die industrielle Revolution und ihre sozialen Folgen gefährdet erschien. So hat Fontane einmal bemerkt, früher sei man 600 Jahre lang Schloßherr gewesen, heute aber könne ein Schneider morgen Schloßherr sein.

12.6. Das zwiespältige Verhältnis des Bürgers zum Adel

Das Verhältnis des Bürgertums zum Adel ist in mancherlei Hinsicht zwiespältig und gebrochen gewesen. Obgleich die Nichtadeligen die Vorrechte des Adels abzuschaffen suchten, wozu in manchen Territorien auch das Recht zum Erwerb von Rittergütern gehörte, war das Bürgertum insgesamt kaum adelsfeindlich eingestellt. Nur eine Minderheit der Bürger war dezidiert republikanisch orientiert und hielt den Adel - wie das 1849 publizierte „Politische Taschenwörterbuch" - für ein „ganz entbehrliches Trümmerwerk aus der Vorzeit".

Es ist bemerkenswert, daß der Kulturhistoriker Johann Huizinga die These aufgestellt hat, daß der Zauber der adeligen Lebensart derart groß gewesen ist, daß sich das Bürgertum ihr unterworfen und als Sieger die Sitten der besiegten Aristokratie übernommen hat. Dieses Themas hat sich Molière bereits 1670 in seiner Komödie „Der bürgerliche Edelmann" (Le bourgeois gentilhomme) angenommen. Er karikiert darin einen reichen Kaufmann, der adelige Allüren wie die Erlernung der Fechtkunst annimmt, seine Tochter unbedingt mit einem Marquis zu verheiraten sucht und dem seine Ehefrau deswegen vorhält: „Du bist verrückt Mann, mit all diesen Flausen, auf die bist du erst gekommen, seit du hinter dem Adel herläufst."

Gegen solch eine Haltung hat sich im 18. Jahrhundert ein reicher hannoverscher Oberamtmann, dessen Großvater Schweinemeister gewesen war, in dem für seine Kinder bestimmten Testament so ausgesprochen: „Trachtet nicht nach hohem Charakter und vermeidet, aus dem bürgerlichen in den Adelsstand zu treten und schärft solches auch euren Kindern ein. Denn diese Veränderung bringt Verachtung und Verfolgung vom alten Adel, der Neugeadelte schämt sich seiner Verwandtschaft." Dagegen hat Fontane in seinem Roman „Jenny Treibel" beschrieben, wie der Fabrikantensohn von einer Ehe mit einer armen Professorentochter abgebracht und ihm stattdessen ein Anschluß an aristokratische Kreise nahegelegt wird.

Das Hinter-dem-Adel-Herlaufen manifestierte sich in unterwürfiger Haltung und auch dem Kauf von Adelstiteln, der im 19. Jahrhundert häufiger wurde, jedoch in manchen Ländern - so in Preußen - entschieden abgelehnt wurde. Bei einer Erschleichung von Adelsprädikaten wurden manchmal beide Augen zugedrückt, da ein Bedarf an talentierten Leuten bestand und für eine Karriere sowie die damit verbundene Teilnahme am Hofleben das „von" hilfreich, ja unentbehrlich war. So nannte sich in Frankreich der Bürgersohn Francois Marie Arouet nach einem angeblichen Ahnen de Voltaire und der Uhrmachersohn Pierre Carron legte sich den adeligen Namen de Beaumarchais zu. Von dubioser Herkunft ist auch das „von" der Generale Neidhardt von Gneisenau und Clausewitz sowie des Vertrauten und Ministers von Friedrich Wilhelm IV. Joseph Maria von Radowitz. Wie viele andere hat sich Rainer Maria Rilke intensiv um den Nachweis einer adeligen Abstammung bemüht, obgleich seine Familie rein bäuerlicher Herkunft ist.

Wenn ein Bürger den angebotenen Adelstitel ausschlug, so war dies nicht die Regel, sondern eine Ausnahme. Besondere Beachtung verdient in diesem Zusammenhang die Tatsache, daß der „Vater des Deutschen Reichsrechtes" Johann Jakob Moser (1701-1785) keinen Gebrauch von dem seiner beamtenadeligen Familie zustehenden Adelstitel „von Filseck" gemacht hat. Eine vom Herzog von Württemberg verhängte Festungshaft auf dem Hohentwiel war der Preis, den Moser für seine geistige Unabhängigkeit und Zivilcourage entrichtet hat.

Die Restauration von 1815, die gescheiterten Revolutionen von 1830 und 1848 sowie die als „Revolution von oben" durchgeführte Reichsgründung von 1870/71, welche man als einen adelig-bürgerlichen Kompromiß ansprechen kann, hatten zur Folge, daß die Adelsthematik in Deutschland weniger in der Politik als in der Literatur diskutiert worden ist. Im Vormärz spürt man dort einen durchaus revolutionär-demokratischen Hauch. So zog der Düsseldorfer Jurist und Literat Karl Immermann in seiner Satire „Münchhausen. Eine Geschichte in Arabesken" im Jahre 1833 die Landadelsfamilie „Schnick-Schnack-Schnurr" im „Fürstentum Heckelkram" buchstäblich durch den Kakao. Beispielsweise merkt er darin an, daß man wegen der großen Fruchtbarkeit dieser Familie „zu der Erfindung überzugehen genötigt gewesen (sei), daß denen von Schnick alle Kirchenpfründen und alle Kriegsämter im Fürstentum von Rechts wegen gehörten", wodurch sie eine „eherne Mauer um den Thron" bilden konnten.

Aufschlußreich ist auch die von Richard Wagner, einem Barrikadenkämpfer von 1848, an Joseph Haydn geübte Kritik. Er machte dem „fürstlich Esterházyschen Kapellmeister" den Vorwurf, daß er „ein fürstlicher Bediener" wäre, der „submiss und devot" für die musikalische Unterhaltung seines glanzliebenden Herrn zu sorgen hätte. In seinem Roman „Die Epigonen" (1823-1835) übt Immermann beißende Kritik am Adel, der wirtschaftlich durch das Industriekapital überrundet wird und sich an antiquierte Vorrechte anklammere. Dabei erwähnt er das Privileg der mediatisierten Standesherren, sich zwei livrierte Schildwachen vor ihre Schlösser zu stellen und kritisiert die Herzogin, weil sie „Ritterspiele" organisiere, an denen zum Verdruß neugeadelter und bürgerlicher Rittergutsbesitzer nur altadelige Edelleute und stiftsfähige Fräuleins teilnehmen durften.

Das exklusive Verhalten besonders auch des katholischen rheinischen und westfälischen Adels hat Levin Schücking, der jugendliche Freund der Annette von Droste-Hülshoff, 1846 in seinem Roman „Die Ritterbürtigen" mit schneidender Schärfe gegeißelt. Dort sagt er von dem Adeligen Damenclub zu Münster: „Die Gesellschaft ist durchaus exquisit, kein Tropfen, der nicht reines Vollblut wäre, nicht das geringste plebejische Element ist da, welches einen trüben Hauch oder Schatten auf die glänzende Reinheit dieser Assemblée werfen könnte."

Vermutlich hat Levin Schücking bei der Abfassung dieses Romanes die 1837 unter der Federführung des Grafen Mirbach-Harff und des Freiherrn Spies von Büllesheim gegründete „Genossenschaft des rheinischen ritterbürtigen Adels" im Auge gehabt. Diese Genossenschaft verlangte von ihren Mitgliedern acht ritterbürtige Ahnen und war der Träger der 1840 in Schloß Bedburg eröffneten „Ritterakademie", welche ihren Zöglingen eine „standesgemäße Erziehung" verabreichen sollte.

Annette von Droste-Hülshoff ist wegen der adelsfeindlichen „Ritterbürtigen" ihres Freundes Levin Schücking in so ernste Schwierigkeiten geraten, daß sie sich mit ihm überworfen hat. Sie stammte nämlich aus stockkonservativem Milieu und es war ihr Bruder Werner, der allen Ernstes erklärte, „reines Blut gibt reinen Sinn" und behauptete, daß eine bürgerliche Frau durch mehrere Generationen negativ auf die Gesinnung einer adeligen Familie wirke. Damit bestätigte er die 1834 von einem Literaten aufgestellte These: „Der Adel, der sich in heutiger Zeit noch als solcher fühlt, muß sich gewissermaßen zu rächen suchen und an seinem von allen Seiten über ihn hereinbrechenden Untergang auch die Geltung seiner Macht mit verdoppelter Macht zur Schau tragen."

In seinem Roman „Ut mine Stromtid" hat der einst als Burschenschaftler zu Festungshaft verurteilte Mecklenburger Fritz Reuter 1862 die Ehefrau des Kammerrates von Hakensterz karikiert. Diese auf ihre Herkunft aus dem Hause von Hasenspring eingebildete Dame ermahnte ihren Sohn: „Bemenge dich nicht mit der bürgerlichen Canaille." Frau von Hakensterz versuchte den Stammhalter des ehrwürdigen Geschlechts „vor der Krätze des Bürgertums durch den enganschließenden Glacée-Handschuh einer Militäruniform zu bewahren".

Auf klischeehafte Weise haben besonders Gustav Freytag, die Marlitt und schließlich Ludwig Ganghofer aus bürgerlicher Sicht die Adelsthematik abgehandelt. In dem bürgerlichen Epos „Soll und Haben" porträtierte Freytag den Freiherrn von Rothsattel als altadeligen Edelmann, der mit dem aufstrebenden Besitzbürgertum nicht mehr mithalten kann, deshalb waghalsige Geschäfte eingeht und schließlich durch einen betrügerischen jüdischen Geldverleiher vollends ruiniert wird. Dem Bourgeois-Liberalismus des Gustav Freytag hat man nachgesagt, für ihn beginne der Mensch nicht erst beim Baron, sondern beim Fabrikanten. Freytag hat nämlich einmal bekannt: „Wir Kulturmenschen können uns nicht leicht in die Empfindungen und Vorstellungen eines Bauernsohnes oder Handwerkers versetzen."

Vielleicht nicht ganz zufällig hat die unter dem Pseudonym „E. Marlitt" bekannt gewordene Eugenie John (1825-1887) den Ruf der berühmtesten deutschen Kitschschriftstellerin erworben. In ihrem Roman „Goldelse" karikiert sie Wolf von Gnadewitz als den letzten Abkömmling eines ruhmreichen Geschlechtes, das „in Ausübung des ritterlichen Aneignungssystemes allzuviel Krämerblut" vergossen hätte. Sie läßt den jungen Herrn bei der Treibjagd einem Treiber „mit der Hetzpeitsche einen furchtbaren Schlag auf den Kopf (versetzen), und zwar mit vollstem Rechte, wie alle Teilnehmer der Jagd einmütig versicherten, denn der Tölpel hatte dem Lieblingshund des Herren auf die Pfoten getreten". Weiter schildert sie eine

Baronin, welche „jedes versprengte edle Tröpfchen in plebejischen Adern" zu erkennen und eine „gemeine Abkunft auf hundert Schritt Distanz" auszumachen vermochte.

Auch in den Heimat-Romanen von Ludwig Ganghofer ist der Adel ein unverzichtbares Versatzstück. Hier wird der Adelige nicht direkt angegriffen, sondern vielmehr als interessanter Edelmensch dargestellt, der den Anforderungen der bürgerlichen Welt nicht gewachsen ist. So porträtierte Ganghofer in „Schweigen im Walde" den weltflüchtig-zurückgezogen lebenden Fürsten Heinrich von Ettingen-Bernegg. Mit den Worten: „Aber Holz hacken, wörtlich und bildlich genommen, kann ich doch nicht, dazu sind meine Hände nicht robust genug" und mit dem nachfolgenden Bekenntnis umschreibt er dessen liebenswürdige Dekadenz: „Wer sich heute ins Parlament wählen läßt, muß unter dem Schutz der mißbrauchten Immunität sich Verdächtigungen, Grobheiten und Ausdrücke gefallen lassen, die man im gewöhnlichen Leben mit einer Kugel oder besser mit einer Ohrfeige erwidert." Aufschlußreich ist, daß dieser Fürst sich den Nachstellungen einer verderbten Baronin entzieht und Erfüllung in der Liebe zu einer bürgerlichen Kunstmalerin findet, welche gleichfalls eine „unbürgerliche" Existenz führt.

Den Gegenpol zu diesem fürstlichen Ästheten bildet die Ganghofersche Romanfigur des ebenfalls nicht den Anforderungen des bürgerlichen Lebens gewachsenen Grafen Robert. Als Typus des adeligen Schurken, welcher der Spielleidenschaft verfallen ist, stirbt er standesgemäß im Duell. Auch sein Bruder Willy, ein leichtfüßiger Frauenheld, kommt auf unbürgerliche Weise ums Leben. Während er in der Kammer einer schönen Bauerndirne weilt, von der er sagt: „So was liebt man unter Umständen, aber so was heiratet man nicht", überrascht ihn der Bauer. Beim Sprung aus dem Fenster bricht er sich dann den Hals.

Im Widerspruch zu solch einer verkitschten Darstellung des Adels als unanpassungsfähiges Relikt des Mittelalters steht, daß die Aufstandsbewegung des teilweise mit den aufrührerischen Bauern kooperierenden niederen Adels vom Beginn des 16. Jahrhunderts von

Liberalen und Demokraten als eine Art vordemokratische Revolte gegen die als tyrannische Despoten dargestellten Fürsten gefeiert worden ist. Hier muß nicht nur der „Goetz von Berlichingen" des jungen Goethe erwähnt werden, sondern neben einem Aufsatz des jungen Herder über Hutten vor allem das Jugenddrama „Franz von Sickingen" des Ferdinand Lasalle, eines Mitbegründers der Sozialdemokratischen Partei.

Johann-Baptist von Schweitzer (1833-1875), der Sohn einer mit den Brentanos verschwägerten Frankfurter Patrizierfamilie, welcher als Lasalleaner 1861 Präsident des Arbeiterbildungsvereins und 1864 Herausgeber des „Sozialdemokrat" wurde, hat in einem patriotischen Jugendgedicht Kaiser Friedrich Barbarossa verherrlicht. Hinsichtlich der Ablehnung des Absolutismus der Regenten und der Befürwortung einer nationalen Einheit befanden sich nach 1815 sogar mediatisierte Reichsfürsten wie Karl Emich von Leiningen mit Demokraten und Sozialisten in einer Front. Dieser Fürst erklärte herausfordernd: „Das deutsche Volk duldet es in der Mitte des 19. Jahrunderts nicht mehr, daß man ihm unter dem monarchischen Prinzip den Despotismus der Vorzeit aufdrängen will."

Die Berufung auf das durch ausgeprägtes Unabhängigkeitsgefühl charakterisierte Selbstverständnis des Reichsadels verfolgte offensichtlich den Zweck, dem Kriechertum gegenüber der Obrigkeit entgegenzuwirken. Hierüber hat sich der Markgraf Ludwig von Baden zu Beginn des 18. Jahrhunderts so lustig gemacht: „Furchtsam und kleinmütig zu sein ist unter den Bürgern eine durchgehende Krankheit". Sogar berühmte Gelehrte wie der Göttinger Reichsjurist Putter waren so adelsorientiert, daß sie feinsäuberlich notierten, welche Grafen und Prinzen in ihren Vorlesungen gesessen haben. Die Devotion vor dem Adel war im westfälischen Münster so groß, daß sogar die einflußreichsten und reichsten Bürger die Equipagen des Adels grüßten, ohne zu wissen, wer darin saß!

Im 19. Jahrhundert schilderte Gustav Freytag einen Professor, der sich mannhaft weigerte, einem Erbprinzen auf dessen Zimmer eine Privat-Vorlesung zu erteilen. Er sei gegen ein solches Prinzen-

Colloquium, da seine ernsthaften Studien weit ab von oberflächlich-zerstreuender fürstlicher Bildung lägen. Einen Höhepunkt snobistischer Adelstollheit bildete im Wien des 19. Jahrhunderts die Sitte der Kutscher adeliger Herren, sich untereinander mit den Namen ihrer Herren anzureden. Ihr zufolge wurde der Kutscher des Grafen Kinsky mit „Du Kinsky" und derjenige des päpstlichen Nuntius mit „Du Nunzi" angeredet. Diese Sitte erfuhr dadurch eine Steigerung, daß auch die Hunde großer Herren „geadelt" wurden. Als sich etwa der sächsische Gesandte nach dem Verbleib seines Hundes Deichsel erkundigte, erhielt er vom Diener die Antwort: „I bitt' Exzellenz, der Herr von Deichsel san noch nit zurück."

Die aufgeklärte bürgerliche Intelligenz hat das Aufblicken zum Adel zu allen Zeiten scharf verurteilt. Daher konnte Max Weber im vertrauten Kreise bemerken, es sei das nationale Unglück Deutschlands, daß man nie einen Hohenzollern geköpft habe. Ein bekannter Journalist hat noch nach dem Zweiten Weltkrieg bemerkt, das Ansehen des Adels beruhe in Deutschland auf den Minderwertigkeitskomplexen des Bürgertums. Der dem Göttinger Hainbund angehörende Dichter Gottfried August Bürger (1747-1794) hat diesen Komplex so gegeißelt:

Viel Klag hör' ich noch erheben
von Hochmut, den der Adel übt,
des Adels Hochmut wird sich geben,
wenn unsere Kriecherei sich gibt.

Nicht weniger scharf hat Christoph Martin Wieland (1733-1813) die Obrigkeitshörigkeit deutscher Bürger verdammt: „Die Könige verachten uns, nehmen keine Notiz von uns und wir schnattern und quaken uns zu Tode an ihrem Lob - welch eine misère!" Die Hoffnung, daß sich dies mit der Französischen Revolution grundlegend ändern würde, hat sich nicht erfüllt. Sie hat der briefadelige Bürger August von Kotzebue 1792 so ausgedrückt: „Die Demokratie bedarf keines Adels, sie hat nur Bürger. Sie lohnt nicht mit Wappen, sondern mit Bürgerkronen." Im gleichen Jahr bemerkte ein bürgerlicher Gelehrter in seinen „Vorurteilsfreien Gedanken über Adelsgeist und

Aristokratismus", daß die Bürgerkrone Schild, Helm und Wappen verdränge. Er fügte hinzu, daß man bürgerlicher Tugenden bedürfe, in denen „wahrer Adel sich durch das Emporschwingen des Geistes in Wissenschaften und nützlicher Wirksamkeit" zeige.

Solche Stellungnahmen beweisen, daß sowohl der Adel als auch das Bürgertum in der abendländischen Tradition standen. Diese Tradition beinhaltete die Erwartung, daß man sein privates und öffentliches Verhalten an Wertnormen und ständisch geprägten Leitbildern ausrichtete. Dies spiegelt sich nicht zuletzt in der Staatslehre des 18. Jahrhunderts wider, wo den unterschiedlichen Staatsformen noch moralische Leitideen zugeordnet wurden. So der aristokratischen der Ruhm (gloire), der demokratischen die Tugend (vertu) und der despotischen die Furcht (peur).

12.7. Modernisierung und Verbürgerlichung des Adels

Die von der Marlitt und Ganghofer entworfenen adeligen Romangestalten mochten das Unterhaltungs- und Selbstbestätigungsbedürfnis insbesondere des Kleinbürgertums befriedigen, über die gesellschaftliche Realität und über den überwiegend durchaus anpassungsfähigen Adel sagen sie nur wenig aus. In seiner großen Mehrheit kam nämlich der Adelige nicht umhin, die vom Reichskanzler Fürst Chlodwig Hohenlohe so formulierte Erkenntnis zu beherzigen: „Wer jetzt nicht den Kopf oben hält, wer nicht mit Macht arbeitet, sich eine tüchtige Bildung zu verschaffen, ist verloren. . . Die Pflicht der Aristokraten ist, sich zu waffnen, nicht mit Schild und Speer, sondern mit dem Wort voll Kraft, das sie aus der Wissenschaft schöpft." Rein statistisch betrachtet vermochte nicht erst im 19. Jahrhundert nur ein Bruchteil der Adeligen ein müßiges Grundrentnerleben zu führen bzw. sich solchen standesgemäßen Betätigungen zu widmen, welche zwar Ehre einbrachten, jedoch keinen Lebensunterhalt gewährten. Bis zur Fundamentaldemokratisierung der Gesellschaft und damit auch der Parteipolitisierung des öffentlichen Dienstes favorisierte der Adelige aufgrund der dargestellten Traditionen und Werthaltungen eine Tätigkeit im öffentlichen Dienst gegenüber einer Erwerbstätigkeit in der Wirtschaft. Ihm kam beispielsweise der heute mit hohem Sozialprestige und Einkommen verbundene Beruf des Zahnarztes ausgesprochen unadelig vor.

Vor dem Sturz der Adelsherrschaft fand die große Masse der Adelssöhne ein zwar bescheidenes, aber doch standesgemäßes Auskommen im Offizierberuf, der sich einstmals eines außerordentlich hohen Sozialprestiges erfreut hat. Bei Licht besehen führten die Offiziere eine Beamtenexistenz, die allerdings einstmals einen nach dem Zweiten Weltkrieg verflogenen feudal-elitären Glorienschein hatte. Die gesellschaftliche Elite des Adels gab in der Armee meist nur eine Gastrolle als Reserveoffizier, und zwar in den exklusiven Garde- und Kavallerieregimentern, deren Mitglieder bei Hofe verkehrten. Anschließend zogen sie sich auf ihre Güter zurück, wobei sie durch die Annahme von haupt- oder nebenberuflichen höfischen Ämtern ihr Sozialprestige mehren konnte. Den begabten und ehrgeizigen Söhnen begüterter Adelsfamilien, welche ihren Sprößlingen ein mit hohen Aufwendungen verbundenes Universitätsstudium sowie die dazu gehörende Mitgliedschaft in einer exklusiven Verbindung wie etwa den Bonner Borussen, den Heidelberger Saxoborussen oder den Göttinger Sachsen zu finanzieren vermochten, standen glänzende Chancen im Verwaltungs- und diplomatischen Dienst offen.

Tatsächlich haben Söhne angesehener Adelshäuser als aus der Beamtenlaufbahn hervorgegangene Staatsmänner eine historische Rolle gespielt. Dabei können hervorgehoben werden der Freiherr vom Stein und der Fürst Hardenberg als Reformer des preußischen Staates, der Graf Maximilian Montgelas als Schöpfer des zentralistischen bayerischen Staates, der Freiherr Sigismund von Reitzenstein als Begründer des modernen badischen Staates, der Fürst Metternich als der führende Kopf der europäischen Neuordnung nach 1815 und schließlich der Fürst Bismarck als Schmied des Zweiten Deutschen Kaiserreiches.

Ein wichtiger Zweig der Staatsverwaltung in Preußen war das Berg- und Hüttenwesen. Das Bergfach haben beispielsweise der Freiherr vom Stein und Alexander von Humboldt gewählt. Letzterer verließ allerdings den Staatsdienst und zog als vermögender Mann den Status eines Privatgelehrten vor. In diesem Zweig der Staatsverwaltung hat der Hannoveraner Friedrich Wilhelm von Reden (1752-1815) eine herausragende Bedeutung erlangt. Er legte für die preußische Staatsregierung den Grundstein für die Friedrichsgrube in Tarnowitz, womit er die oberschlesische Hüttenindustrie begründete. Dort wurde die erste englische Dampfmaschine in Deutschland eingesetzt. Den jungen Freiherrn vom Stein schickte Reden als Kundschafter nach England, wo er sich als eine Art Industriespion umgesehen hat.

Bedeutendes haben Adelige auf dem ihnen nahestehenden Feld der Forst- und Landwirtschaft geleistet. Der fürstlich stolbergische Forstmeister Hans-Dietrich von Zanthier (1717-1777) hat in Ilsenburg die erste Forstfachschule gegründet, welche Vorbild für die im 19. Jahrhundert begründeten Forstakademien wurde. Eine Generation später hat der Märker Friedrich von Burgsdorff (1747-1802), der Direktor der Forstakademie in Berlin, als Forstbotaniker Grundlagenforschung betrieben. Wenngleich die Adeligen seit jeher als Adelskrieger ein besonders enges Verhältnis zum Pferd hatten, ist es doch eine bemerkenswerte Tatsache, daß der einstige Kavallerieoffizier und Rennreiter Georg Graf Lehndorff als Landstallmeister nicht nur zum Altmeister der deutschen Pferdezucht, sondern darüber hinaus als Verfasser des „Handbuch für Pferdezüchter" zum bedeutendsten Hippologen seiner Zeit wurde.

Der Friese Johann Heinrich von Thünen (1783-1850), welcher in Mecklenburg ein Mustergut bewirtschaftete, erwies sich besonders in seinem Buch „Der isolierte Staat in Beziehung auf Landwirtschaft und Nationalökonomie" als ein in der Tradition der englischen klassischen Volkswirtschaftslehre stehender Theoretiker. Er hat die landwirtschaftliche Standortlehre begründet. In Preußen wurde Theodor von der Goltz (1836-1905) zu einem Pionier der deutschen Agrarwirtschaft. Als Praktiker der Landwirtschaft hat der aus dem lippischen Eckendorf stammende Wilhelm von Borries (1815-1890) auf dem Gebiet der Saatzucht, speziell des Rübensamens, weltweit anerkannte Pionierleistungen erbracht.

Während unter dem Ancien Régime der Adel meist von der Grundrente lebte, sah er sich unter dem Zeichen des Konkurrenzkapitalismus sowie der nicht selten existenzvernichtenden Verschuldung aus der napoleonischen Zeit gezwungen, sich ernsthaft und intensiv der Landwirtschaft zu widmen. Dies dokumentiert sich auch darin, daß es im 19. Jahrhundert üblich wurde, daß Gutserben die Land- und Forstwirtschaft zu studieren begannen. Von symbolischer Bedeutung ist in diesem Zusammenhang die Tatsache, daß der Westpreuße Karl Otto Magnus von Brünneck, dessen Vater friderizianischer Feldmarschall gewesen ist und der während der Freiheitskriege Adjutant Blüchers war, zu einem bekannten Schafzüchter wurde und sich um die Einführung moderner Methoden des Ackerbaus verdient gemacht hat.

Als Kriegerstand hat der Adel nicht nur eine Vielzahl berühmter Feldherren, sondern auch einige bedeutende Kriegswissenschafter hervorgebracht. Zu ihnen gehört der Feldoberst Johann Graf von Nassau (1561-1623), welcher mit seiner „Nassauischen Ordonnanz" die bewegliche Taktik eingeführt hat, der berühmte Helmut von Moltke, der Feldmarschall Alfred Graf Schlieffen (1833-1913) sowie der Generalfeldmarschall Colmar Freiherr von der Goltz-Pascha (1843-1916). Dieser hat mit den Büchern „Das Volk in Waffen" und „Krieg und Heerführung" die wichtigsten strategischen Abhandlungen nach dem berühmten Buch „Vom Kriege" des Pastorenenkels Karl von Clausewitz vorgelegt. Es ist nur wenig bekannt, daß Marie Gräfin von Brühl als Ehefrau des früh verstorbenen Clausewitz einen entscheidenden Beitrag zu dieser bis heute maßgeblichen und auch von Lenin geschätzten Kriegslehre geleistet hat!

Während der Adel des Ancien Régime weithin als Bedrücker der erbuntertänigen Bauern gilt, begegnen uns Adelige im 19. Jahrhundert als gewählte Sprecher der freien Bauern sowie auch der Katholiken in einer neuen, also in einer quasi demokratischen Rolle. So war Ludwig Graf Arco-Zinneberg (1840-1882) Mitorganisator der Deutschen Katholikentage und Vorsteher des „Bayerisch-patriotischen Bauernvereins". Und Fürst Aloys II. von Liechtenstein ist Präsident der Wiener Landwirtschaftlichen Gesellschaft gewesen. Während der Westfale Hermann von Mallinckrodt der Führer der katholischen Zentrumspartei in Preußen gewesen ist, wirkte sein Landsmann Burghard Freiherr von Schorlemer-Alst als Vorsitzender des Westfälischen Bauernvereins. Er hat 1866 in seiner Schrift „Der katholische Adel Westfalens" festgestellt: „Der katholische Adel steht mit dem ganzen Volke auf der Zinne der katholischen Partei."

Die zum Selbstverständnis des Adels gehörende christliche Ausrichtung hat viele in der Sozialbewegung eine bedeutsame Rolle spielen lassen. Unter ihnen ragen hervor Wilhelm Freiherr von Ketteler (1811-1877), welcher 1850 zum Bischof von Mainz ernannt worden ist, die Kirche gegen Übergriffe des Staates („Kulturkampf") verteidigt hat und sozialpolitisch engagiert war. Sein westfälischer Landsmann war der Protestant Friedrich von Bodelschwingh (1831-1910), der Begründer der nach ihm benannten weltbekannten Anstalten. Als praktischer Sozialpolitiker ist der preußische Minister für Handel und Gewerbe, Hans Freiherr von Berlepsch (1843-1926) bekannt geworden, welcher 1890 in Berlin die internationale Arbeitsschutzkonferenz geleitet hat.

Politisch-geistige Führer des norddeutschen, protestantischen Konservatismus sind die Gebrüder Gerlach gewesen. Der Oberlandesgerichtspräsident Ernst Ludwig von Gerlach (1795-1877) hat die „Evangelische Kirchenzeitung" und die „Neue Preußische Zeitung" (Kreuzzeitung) mitbegründet und mit Bismarck wegen dessen Gewaltpolitik gebrochen. Sein älter Bruder Leopold (1790-1861) war als Generaladjutant ein Vertrauter von König Friedrich Wilhelm IV. und trat in Vorahnung der zerstörerischen Kräfte des Nationalismus für ein „Bündnis der drei schwarzen Adler" (Preußen, Österreich und Rußland) als eine Art Fortsetzung der Heiligen Allianz ein.

In Österreich wurde der 1849 zum Kultusminister ernannte Leo Graf von Thun u. Hohenstein (1811-1878) zum Haupt der Katholisch-Konservativen. Er hat 1865 die konservative Zeitung „Das Vaterland" redigiert und 1875 den zum Katholizismus konvertierten Mecklenburger Karl Freiherrn von Vogelsang (1818-1890) zu deren Chefredakteur bestellt.

Den Weg zur praktischen Politik gefunden haben Adelige vielfach durch eine landwirtschaftliche Verbandstätigkeit. Besondere politische Bedeutung hat der 1893 in Berlin gegründete „Bund der Landwirte" erlangt, dessen Spitzenfunktionäre überwiegend adelige Großgrundbesitzer wie die Grafen Schwerin-Löwitz, Mirbach-Sorquitten und Kanitz-Podangen sowie der Hauptmann von Ploetz gewesen sind. Noch kürzlich amtierte der westfälische Freiherr Heereman von Zuydtwyck als Präsident des Deutschen Bauernverbandes. Während einstmals die Bezeichnung Bauer aus adeligem Mund eher einen abfälligen Beigeschmack hatte, haben heutzutage adelige Forstbesitzer keine Scheu mehr, sich als „Waldbauern" zu bezeichnen. Graf Robert von Douglas-Langenstein, welcher die berühmte Landwirtschaftsschule Hohenheim besucht hat und als langjähriger Präsident der Landwirtschaftskammer 1933 alle Ehrenämter abgab, hat viele Jahre lang selbst achtzig Bienenvölker betreut und ließ sich gern als „Bauer auf Schloß Langenstein" bezeichnen.

Die Zuwendung adeliger Grundbesitzer zur praktischen Ausübung der Landwirtschaft ist teils aus ökonomischen Zwängen und teils aus der Erkenntnis erwachsen, daß die Führungsrolle des Adels im öffentlichen Leben mit dem Sturz der Monarchie schlagartig aufhörte. So wunderte sich Udo von Alvensleben in seinem Reisetagebuch „Schlösser und Schicksale" bei einem Besuch beim Fürsten Friedrich von Waldeck in Arolsen von 1938 darüber, daß der Fürst Spezialist in Viehfütterungsfragen war und in Fachzeitschriften darüber schrieb. Dann bemerkt er, daß er auf „seine zwölf Kühe eine Mühe wie einst auf die Regierung seines Fürstentums" verwende!

Ein Schritt auf dem Wege der Modernisierung des Adels war auch die 1874 zu Berlin erfolgte Begründung der „Deutschen Adelsgenossenschaft" als Verein. Dieser Verein gibt seit 1883 das „Deutsche Adelsblatt" heraus, eine wichtige und bislang kaum ausgewertete Quelle für die Geschichte des durch die katastrophenartigen Umbrüche von 1918, 1933 und 1945 in seinen Grundfesten erschütterten deutschen Adels.

12.8. Der Sturz der Adelsherrschaft von 1918 und 1945

Charakteristisch und verhängnisvoll nicht nur für die deutsche Geschichte war, daß der säkulare Demokratisierungsprozeß und damit auch die Überwindung der Adelsherrschaft sich nicht wie in anderen Ländern schrittweise vollzog, sondern vielmehr abrupt und als Folge militärischer Zusammenbrüche erfolgte.

Als der Reichskanzler von Bethmann Hollweg unter dem Zwang der Kriegsumstände dem Kaiser die Osterbotschaft vom 7. April 1917 abgerungen hatte, in der eine Wahlrechtsreform angekündigt wurde, ist diese Reform sowohl vom preußischen Herrenhaus als auch von dem nach dem Dreiklassenwahlrecht gewählten preußischen Abgeordnetenhaus mehrheitlich abgelehnt worden, und zwar unter maßgeblicher Beteiligung des Adels. Der Abgeordnete Dr. von der Osten bemerkte im Mai 1918 im Abgeordnetenhaus, das gleiche Wahlrecht würde eine „Überflutung" durch die Sozialdemokratie und damit „ungeheuere Erschütterungen" bewirken und somit der Opferung des „letzten verfassungsrechtlichen Bollwerks der Monarchie" gleichkommen. Maßgebliche Adelskreise und auch der Kaiser selber wollten alles behalten, erwiesen sich nicht als anpassungs- und kompromißfähig, so daß mit der Niederlage auch die Monarchie zu Fall kam. Der Rechtshistoriker Otto Freiherr von Dungern konnte daher 1927 konstatieren, daß mit dem Umsturz von 1918 die „letzten Reste einer uralten Adelsherrschaft" fielen. In der durch ein Familienmitglied verfaßten Geschichte der märkischen Junkerfamilie Rohr wurde noch 1963 aus adeliger Perspektive diese erstaunliche Aussage getroffen: „Wir meinen, das Mittelalter reichte bis 1918!"

Die schlagartige Beendung der Adelsherrschaft hat für viele wie ein betäubender Schlag gewirkt. Der Feldmarschall von Hindenburg bemerkt in seinen Erinnerungen, daß beim Sturz der Krone und des Kaisertums für Hundertausende Offiziere und Soldaten „der Untergrund ihres Fühlens und Denkens" wankte. Gestandene Männer wie Friedrich Graf zu Eulenburg brachen spontan in Tränen aus oder verübten gar wie der General von Hake Selbstmord. Die Resignation war so tief, daß die Vorschläge zur Konterrevolution seitens entschlossener Royalisten wie des Generalstabschefs der Kronprinzenarmee Friedrich Graf von der Schulenburg ohne Widerhall blieben. Bezeichnend für den Zusammenbruch der alten Ordnung war auch, daß der Berliner Polizeipräsident von Oppen nach der Novemberrevolution demissionieren mußte, weil die Polizei meuterte.

Mehr noch als die Erinnerung an die Abschaffung des Adels und seine Verfolgung in der Französischen Revolution schreckte den mitteleuropäischen Adel die Russische Revolution, nach deren Muster auch in Deutschland Arbeiter- und Soldatenräte geschaffen wurden. Tatsächlich hat ja Karl Liebknecht am 9. November 1918 vor dem Berliner Königsschloß die deutsche Sowjetrepublik ausgerufen und übersandte der Vollzugsrat des Berliner Arbeiter- und Soldatenrates zwei Tage später „brüderliche Grüße an die russische Arbeiter- und Soldatenregierung". Als dann 1919 sowohl in Bayern als auch in Ungarn Rätediktaturen ausgerufen waren, sandte Sinowjew als Vorsitzender des Exekutivkomitees der Internationale begeistert den Funkspruch: „In einem Jahr wird ganz Europa kommunistisch sein."

Viele Adelige wurden damals von panischer Angst erfaßt, zumal die vor den Sowjets geflüchteten baltendeutschen und russischen Adeligen, wie Fritz von Tschirschky in seinen Erinnerungen berichtet, „grauenhafte Einzelheiten" über den roten Terror erzählten. So groß war bei manchen die Furcht, daß sich „das gleiche wie in Rußland" ereignen könnte, daß ein Graf Reventlow zu Verwandten nach Dänemark flüchtete. Geflohen ist damals teilweise nach Androhung von Gewalt neben dem deutschen und dem österreichischen Kaiser die Mehrzahl der regierenden Fürsten. Der sechsjährige österreichische Kronprinz Otto konnte in letzter Minute vor heranziehenden revolutionären Truppen aus dem ungarischen Schloß Gödöllö in Sicherheit gebracht werden. Im Karlsruher Schloß riefen Soldaten nach dem "größten Lump" aus Baden und im Schloß zu Schwerin wurde der Großherzog von einem mit einem Fleischermesser herumfuchtelnden Munitionsarbeiter so angesprochen: „Herr Herzog, ihre Zeit ist aus, jetzt geht es Ihnen an den Kragen." Die durch solche Übergriffe veranlaßten Fluchten von Mitgliedern regierender Familien wurden als um so schmachvoller angesehen, als es oft angezeigt schien, die Fluchtautos - so auch dasjenige des Admirals Prinz Heinrich von Preußen - mit der verhassten roten Fahne zu tarnen. Kein Wunder also, daß das Deutsche Adelsblatt, welches erstmals Ende 1919 wieder erschien, die Revolution als „verbrecherisch" bewertete.

Für die Wahrnehmung des Umsturzes von 1918 durch Adelige ist höchst charakteristisch, daß er nach dem Zweiten Weltkrieg in der historischen Rückschau als tieferer Einschnitt als das Jahr 1945 empfunden wurde. So berichtet die Ostpreußin Antonie Gräfin zu Eulenburg in ihren 1950 verfaßten Erinnerungen, daß sich die jetzige Generation nicht mehr vorstellen könne, „wie schwer wir den Sturz der Monarchie empfanden. . . Der ganze Zusammenbruch Deutschlands war für uns ein viel schwereres Erleben als der 1945, auch wenn er objektiv gesehen nicht so vollständig war." Denn er sei „unerwarteter" und „aus anderer Höhe" geschehen, weil damals „alles untrennbar zusammengehörte", womit auf den Systemzusammenhang der Lebenswelt verwiesen wird.

Ebenfalls aus der Rückschau gelangte der Hitler-Attentäter Rudolf Freiherr von Gersdorff zu einem ähnlichen Ergebnis. Das Ende der Monarchie habe den Familien des Adels „von heute auf morgen die Grundlage entzogen", auf der sich „ihr gesamtes bisheriges Leben aufgebaut hatte." Der November 1918 habe deswegen für die Generation seiner Eltern einen „tieferen Einschnitt bedeutet als 1945 für uns." Solch eine Einstellung wird verständlicher, wenn man bedenkt, daß nicht nur Sozialisten, sondern auch Demokraten wie Hugo Preuß das von „Haß gegen den Konstitutionalismus" erfüllte „rückständige Junkertum" als „verwesendes Glied am sozialen Körper" und als schlimmsten „Schädling" des modernen Staates diffamiert haben.

Der vom Grafen Arco erschossene Chef der Münchener Revolutionsregierung Kurt Eisner hat die Adeligen gar als „Hunnen" tituliert. Nach der offiziellen Abschaffung des Adels durch die sozialistische Revolutionsregierung in Österreich gab ein Graf Sternberg seinem Ressentiment gegen die Sozialisten dadurch Ausdruck, daß er sich Visitenkarten mit der Bemerkung drucken ließ „geadelt von Karl dem Großen, entadelt von Karl Renner". Obgleich die Adeligen und

die adeligen Offiziere als erklärte Gegner der revolutionären Sozialisten meist offen konterrevolutionär eingestellt waren, haben sie doch
einen nicht unwesentlichen Beitrag dazu geleistet, um die sowohl in
Berlin als auch in Wien unternommenen kommunistischen Putsch-
versuche gegen die demokratisch-sozialistischen Regierungen abzuwehren. Dieser scheinbare Widerspruch findet darin seine Erklärung, daß es ihr vordringliches Ziel war, einen Umsturz nach sowjetischen Muster zu verhindern.

Diese Konstellation hat einen adeligen Freikorpskämpfer und früheren Gardeoffizier, der im Auftrag der demokratischen Republik bei
der Niederschlagung des kommunistischen Aufstandes in Berlin eingesetzt wurde, zu diesem Kommentar veranlaßt: „Wissen Sie, das is
och komisch, daß wir ausgerechnet den 'Vorwärts' stürmen sollen,
früher durften wir das Radaublättchen nicht mal offen lesen!" Wie
wesentlich das entschlossene Auftreten von Aristokraten für die Sta-
bilisierung der bürgerlichen Demokratie gewesen ist, belegt diese
Episode: Als die Spartakisten unter Liebknecht ihren Angriff auf die
Reichskanzlei ankündigten, eilte der Reichsaußenminister Graf
Brockdorff-Rantzau zum sozialdemokratischen Regierungschef
Friedrich Ebert, der sehr niedergedrückt war. Da zog der Graf seinen
Revolver aus der Tasche und sagte: „Hier sind fünf Kugeln für die,
die mich anfassen wollen, die sechste ist für mich, Herr Ebert, was
tun Sie?" Ebert zog seinen Revolver und bemerkte: „Das gleiche"!

Kuno Graf Westarp hat als Vorsitzender der Deutschnationalen
Volkspartei 1921 im Deutschen Adelsblatt darüber geklagt, daß der
Adel als ein „zu Boden geworfener Schädling" sich mit der Rolle eines als „überflüssig in die Ecke gestellten Überbleibsels aus alter
Zeit" begnügen müsse. Kein Wunder, daß manche Adelige in ihrer
Not glaubten, die Niederlage gehe - wie der Generaloberst von Einem formulierte - auf einen „Dolchstoß der Kanaille in den Rücken",
auf die vermeintlich verschwörerisch verbundenen Mächte der Freimaurer, Juden und Sozialisten zurück.

Während viele resignierten, bildeten besonders aus der Bahn gewor-
fene deklassierte Offiziere als Freikorpskämpfer das Rückgrat der

Konterrevolution, die mit dem Putsch des Generallandschaftsdirektors Kapp und des Generals Walter Freiherr von Lüttwitz von 1920 in Berlin vorerst scheiterte. In der Folgezeit wurde die bayerische Hauptstadt München zu einem Zentrum der mitteleuropäischen Gegenrevolution. Neben vielen Adeligen agierte hier der Baltendeutsche Dr. Max Erwin von Scheubner-Richter, der als Geschäftsführer der „Arbeitsgemeinschaft vaterländischer Kampfverbände" unter dem Einfluß des Agitators Adolf Hitlers stand. Enge Kontakte bestanden zwischen 1920 und 1923 zwischen der bayerischen Rechten und den österreichischen Heimwehren, welche über die Tiroler Grenze Waffen bezogen.

Ein wichtiger Verbindungsmann war dabei der junge Fürst Ernst Rüdiger von Starhemberg, welcher 1921 im Freikorps Oberland den polnischen Aufstand in Oberschlesien bekämpft hat, 1923 in München am Hitler-Putsch teilnahm und wie viele Adelige der illegalen „Schwarzen Reichswehr" angehörte. Das isolierte und fehlgeschlagene Losschlagen von Hitler signalisiert das Scheitern der auch von vielen Konservativen und Monarchisten ersehnten „Nationalen Revolution", die durch einen Marsch auf Berlin erzwungen werden sollte. Mit dieser Revolution hat der Generalkommissar von Bayern Dr. von Kahr und der bayerische Wehrkreiskommandeur Otto von Lossow sympathisiert.

In Österreich spielte Fürst Starhemberg als Führer der Heimwehr im deutschnationalen Flügel des „Austrofaschismus" eine maßgebliche Rolle. Als rednerisch begabter Abgott der Nationalen bezeichnete Starhemberg die Deutschösterreichische Republik als „Mißgeburt". Er ließ sich als ein mit Mussolini in Verbindung stehender „Hitler Österreichs" feiern und erklärte 1930, daß sich seine Bewegung „früher oder später" mit den Stimmen der Hitlerbewegung vereinigen werde. Nach der Machtübernahme von Hitler versuchte er jedoch als Führer der „Vaterländischen Front", welche der 1934 durch die Nationalsozialisten ermordete christlich-soziale Kanzler Dollfuß 1933 begründet hatte, die Unabhängigkeit Österreichs gegenüber dem Dritten Reich zu behaupten.

Der Anteil der österreichischen Aristokratie an der Heimwehrführung ist bemerkenswert hoch gewesen. In der Heimwehr wirkten - wie Walter Wiltschegg 1985 aufgezeigt hat - fünf Erzherzöge, vier Fürsten und eine Vielzahl von Grafen und Baronen aus bekannten Familien mit. Die meisten von ihnen haben freilich gemäßigtere Positionen als der Nachkomme des legendären Verteidigers der österreichischen Hauptstadt gegen die Türken von 1683 bezogen. In seiner überwältigenden Mehrheit war der Adel Österreichs monarchistisch und katholisch eingestellt, wobei der Baron Wiesner Führer der Legitimisten war.

Außerhalb Österreichs ist weithin unbekannt, mit welchem Haß die politische Linke dem Herrscherhaus Habsburg-Lothringen bis in die jüngste Zeit begegnet ist. Der Haß war so blind, daß der tschechoslowakische Staatspräsident Benesch 1934 allen Ernstes verkündet hat: „Lieber Hitler als Habsburg!" Obgleich der von Anfang an antinationalsozialistisch ausgerichtete Otto von Habsburg 1961 offiziell auf seine Mitgliedschaft zum Hause Habsburg-Lothringen sowie die daraus abgeleiteten Herrschaftsansprüche verzichtet hat und eine Loyalitätserklärung zur Republik abgab, setzten sich die österreichischen Sozialisten noch 1966 in ihrem Wahlprogramm dafür ein, seine Heimkehr zu verhindern. Diese ist dann nach ihrer Wahlniederlage auf dem Wege eines Besuches erfolgt. Der unabhängige Sozialist Günter Nenning hat 1963 zu diesem „Habsburger-Kannibalismus" bemerkt, er sei ein seltsamer Fall von Freßlust, wo garantiert nichts mehr zu fressen sei. Daß das Verhältnis der Österreicher zum Haus Habsburg sich zu normalisieren beginnt, verdeutlicht der erstaunliche Sachverhalt, daß der älteste Sohn Karl des Kaisersohns und Europapolitikers Otto neuerdings die Republik Österreich im Europa-Parlament vertritt!

In Deutschland haben sich nach 1918 nur wenige Adelige zur Republik bekannt. Unter den bewußt zu Demokraten gewordenen Adeligen ist eine Gruppe überwiegend in Berliner Ministerien tätiger höherer Beamter hervorzuheben, welche sich im November 1918 in dem Aufruf „An Deutschlands Jugend" zur Revolution bekannte:

„Der Geist, der 1848 die deutschen Lande durchwehte, hat sich in jähem Durchbruch den Weg ins Freie gebahnt. . . Ein neues Haus gilt es zu bauen. Die gesamtdeutsche Nationalversammlung soll in der Paulskirche den großdeutschen Volksstaat errichten." Unter den Unterzeichnern dieses Manifestes befand sich neben Harry Graf Kessler der später von den Nationalsozialisten ermordete Diplomat Albrecht Graf Bernstorff sowie der damals in die Demokratische Partei eingetretene Friedrich von Prittwitz, welcher 1933 aus Protest gegen die „Machtergreifung" als deutscher Botschafter in Washington zurücktrat.

Solche Adelige bildeten die große Ausnahme. In der Regel waren sie Monarchisten, was sich etwa darin dokumentiert, daß Kurt Ernst von Bülow 1928 im Adelsblatt verkündete: „Der deutsche Adel sieht nach wie vor in der Monarchie das Heil!" Die Weltwirtschaftskrise bewirkte auch im Adel eine Polarisierung und Radikalisierung. Sie spiegelt sich beispielsweise darin, daß der frühere General und deutschnationale Reichstagsabgeordnete Friedrich Graf von der Schulenburg 1931 in die NSDAP eintrat, der Kronprinz Wilhelm 1932 mit Unterstützung Hitlers gegen den Feldmarschall von Hindenburg um das Amt des Reichspräsidenten kämpfen wollte und der populäre Junker Elard von Oldenburg-Januschau auf Versammlungen erklärte: „Wenn ich nicht ein Deutschnationaler wäre, möchte ich ein Nazi sein."

Unter der auch im Adelsblatt ausgegebenen Parole „Der Feind steht links" war es im Oktober 1931 zur Aufstellung der „Harzburger Front" gekommen, an der die Deutschnationale Volkspartei, der Stahlhelm, der Alldeutsche Verband, die NSDAP sowie ihre Unterorganisationen teilgenommen haben. In dieser Front haben eine ganze Anzahl von Trägern bekannter Adelsnamen als Funktionäre des Reichslandbundes, des Stahlhelms, des Alldeutschen Verbandes sowie als pensionierte Reichswehrgenerale und Einzelpersönlichkeiten mitgewirkt. Manch einen hat die von Hitler durch Göring als seinen Kontaktmann zu konservativen Kreisen geschickt genährte Hoffnung auf eine Restauration der Monarchie zur Kooperation mit den Nazis verleitet. So machte der Flügeladjutant des exilierten Kaisers von Ilsemann nach einem Besuch Görings diesen Tagebucheintrag: „In Doorn hört man seit Tagen nur noch, daß die Nationalsozialisten den Kaiser auf den Thron zurückbringen würden." Kirchlich orientierte hochkonservative Adelige wie der dem monarchistischen „Bund der Aufrechten" angehörende und später hingerichtete Ewald von Kleist-Schmenzin oder der Vorsitzende des Bayerischen Königsbundes Erwein von Aretin machten sich dagegen über den Nationalsozialismus keine Illusionen. Sie erblickten im Jahr 1933 eine radikalere Fortsetzung von 1918.

Die Deutsche Adelsgenossenschaft, welche bereits 1920 mit der Einführung des gegen „Semiten" und „Neger" gerichteten Erfordernisses der „Blutreinheit" in ein bedenkliches „völkisches" Fahrwasser geraten war, verband mit dem Bündnis der nationalen Rechten mit der Hitlerpartei trügerische und illusionäre Hoffnungen. Dies zeigt der von Walter Freiherr von Medem im März 1933 im Adelsblatt veröffentlichte Artikel „Aufbruch der Nation". Darin ist davon die Rede, daß durch die Machtergreifung „die Schuld der Novemberrevolte zum Teil getilgt" sei. Weiter wird zustimmend über das Ringen um eine Synthese „zwischen dem jungen nationalen Sozialismus und dem vergangenheitsverpflichteten, schollenverwurzelten und gottbezogenen Konservatismus" berichtet. Bei diesem Wunschdenken spielte die Hoffnung eine Rolle, daß man die Nazis zähmen könne. Der Vizekanzler Franz von Papen kleidete diesen Gedanken gegenüber einem konservativen Skeptiker in die Worte: „Was wollen Sie denn? Ich habe das Vertrauen Hindenburgs. In zwei Monaten haben wir Hitler in die Ecke gedrängt, daß er quietscht."

Die Verachtung Adolf Hitlers und der Nazis durch viele Adelige war in nicht geringem Maß durch eine moralisch-ästhetische Werthaltung gekennzeichnet. So hat Graf Seherr-Thoss als Kommandeur des Breslauer Reiter-Regimentes, aus dem der Oberst von Freytag-Loringhofen hervorgegangen ist, der dem Grafen Stauffenberg als Abwehr-Offizier den Sprengstoff besorgt hat, vor dem versammelten Offizier-Korps erklärt: „Dieser Hitler ist nach meiner Ansicht kein Herr, sondern ein Kerl. Und darin wird die Bewegung früher oder später zugrundegehen".

Solch eine im Adel weitverbreitete Ansicht war den Nazis natürlich nicht unbekannt und hat sie auf eine spätere Abrechnung warten lassen. Daher klagte der Oberführer der SA-Gruppe Berlin-Brandenburg Achim von Arnim im August 1933 in dem im Adelsblatt publizierten Artikel „Adel am Scheideweg" über die Ablehnung des neuen Staates durch viele Standesgenossen. Sie würden einen „kaum verhüllten Haß gegen die nationalsozialistischen Führer" an den Tag legen und die Vorkriegsverhältnisse zurücksehnen. Sie träten für die „armen verfolgten Juden" ein, leugneten die bolschewistische Gefahr, ja sie diffamierten die Nationalsozialisten als „verkappte Bolschewisten". Solche Schimpfereien und solch „heimliche Opposition" könnte dereinst für den Adel bittere Folgen haben.

Tatsächlich ist es so gewesen, daß die überzeugten National-Sozialisten sozialistisch orientiert waren. Sie hegten einen tiefen, klassenkämpferischen Groll gegen die Kirche, sowie die alten Eliten. Nicht zufällig heißt es im Horst-Wessel-Lied: „Kameraden, die Rotfront und Reaktion erschossen!" Die Kennzeichnung der Junker durch Goebbels, welcher sich in jungen Jahren als „deutscher Kommunist" bezeichnet hat, als „machthungrige Leute, die auf Beute ausgehen", hat den Beifall vieler Demokraten und Sozialisten gefunden haben, zumal er hinzufügte: „So dumm und naiv sind sie, die die Menschen in zwei Klassen einteilen. Die einen, die geschaffen werden zu dienen, und dazu gehören wir als Volk, die anderen dazu geschaffen, zu herrschen und dazu habe ein weises Schicksal sie ausersehen. Sie verwechseln Herrenreiterei mit Politik."

Nach dem 20. Juli 1944, bei dem adelige Offiziere eine hervorragende Rolle gespielt haben und der deshalb als hochkonservatives Unternehmen bezeichnet worden ist, schäumte der fast ums Leben gekommene Adolf Hitler: „Es ist mein tiefer Glaube, daß meine Feinde die „von's" sind, die sich Aristokraten nennen." Bereits in den Gesprächen mit Hermann Rauschning hatte der Führer moniert, daß seine Generale glaubten, „Kriege wie ritterliche Turniere" führen zu müssen. Nach ihm hätten die „geschichtsbefugten Oberschichten, dieser Kalenderadel, diese degenerierten Abkömmlinge alter Adelsgeschlechter" nur noch die Aufgabe, in Schönheit zu sterben. Daß bei den adeligen Offizieren tatsächlich noch ritterliche Ehrvorstellungen lebten und sie keineswegs bereit waren, in Schönheit zu sterben, belegt dies: Der in den 20. Juli verwickelte General Heinrich Freiherr von Lüttwitz hat den Führer der deutschen Arbeitsfront Robert Ley zum Duell gefordert, nachdem dieser die Attentäter als „blaublütige Schweine" diffamiert hatte.

Die totale Niederlage von 1945 hat die Existenzgrundlage nicht nur des mittel- und ostdeutschen, sondern auch des habsburgisch geprägten Adels in Böhmen und Ungarn vernichtet. Wie man etwa in dem Buch „Die Junker" von Walter Görlitz nachlesen kann, vollzog sich der Zusammenbruch, die Flucht und die Okkupation dieser Territorien vielfach unter unbeschreiblichen Grausamkeiten, während derer Frauen geschändet und ganze Familien ermordet wurden, soweit sie es nicht vorzogen, solch einem Schicksal durch Freitod zu entgehen. Heute ist weithin vergessen, daß nach 1945 auch die Existenz des adeligen Großbesitzes in den westlichen Besatzungszonen sowie in Österreich keineswegs gesichert war. Nicht nur Sozialisten, sondern auch Parteigänger der christlichen Volksparteien setzten sich für eine Bodenreform, d.h. eine weitgehende Enteignung des Großgrundbesitzes ein, wobei sie vielfach die Unterstützung der Besatzungsmächte fanden. Diese Bodenreform blieb freilich in den Anfängen stecken, sie wurde auch dadurch abgewendet, daß der adelige Großgrundbesitz zur Verhinderung von Schlimmeren - so etwa in Schleswig-Holstein - freiwillig Land an heimatvertriebene Flüchtlingslandwirte abtrat.

Tatsächlich war es keineswegs so, daß damals ausschließlich die Kommunisten als Adelsfeinde in Erscheinung traten. Vielmehr wurde der Adel für mitverantwortlich an der Machtergreifung erklärt und überdies bezichtigt, daß er Hitler seinen Schwertarm geliehen habe. Denn da Hitler gezwungen war, seine Generale und Feldherren der durch Generaloberst von Seeckt geprägten Reichswehr zu entnehmen, fielen adeligen Offizieren gleichsam automatisch Schlüsselstellungen in der Wehrmacht zu, welche Hitler in den Dienst seiner größenwahnsinnigen Welteroberungsziele stellte. Nicht nur, weil damit der Ruin auch des Deutschen Reiches herbeigeführt wurde, sondern auch deshalb, weil dabei grauenhafte Verbrechen, besonders auch an Juden und Slawen, verübt wurden, haben sich viele adelige Offiziere der Widerstandsbewegung zur Verfügung gestellt.

Dies hat Demokraten wie den Emigranten Frederick Martin nicht davon abgehalten, im Jahre 1945 zur „Ausrottung" der Junker aufzurufen. Ein weiterer deutscher Emigrant erklärte 1948 in Chicago erleichtert: „Deutschland ohne Junker ist schwer vorzustellen, wie ein Leben ohne Krankheit oder eine Welt ohne Ungeziefer." Die Dämonisierung speziell des ostdeutschen Adels hat sich sogar in einem Kontrollratsbeschluß vom Januar 1946 niedergeschlagen, nach dem Mitglieder der preußischen, pommerschen, schlesischen und mecklenburgischen Adelsfamilien besonders sorgfältig zu prüfen seien. Ein adeliger Offizier berichtet in seinen Erinnerungen, daß die Fragen beim Verhör in der amerikanischen Kriegsgefangenschaft darauf schließen ließen, daß in den Augen der Verhörer die preußischen Junker „gefährlicher als die Nazis selber" waren.

Aus diesem Grunde freute sich 1947 ein deutscher Demokrat darüber, daß der preußische Adel vernichtet sei, wobei er bemerkte: „Seine Träger tun, soweit sie nicht getötet sind, namenlos und entrechtet, Frondienst in Sibirien. Das mag menschlich bedauerlich sein . . . aber es ist zum Heil Deutschlands und seiner Zukunft." Im gleichen Jahre stellte Gustav Stolper, ein aus der amerikanischen Emigration zurückgekehrter Freund des späteren bundesdeutschen Präsidenten Theodor Heuß fest: „Die Junkerklasse, oder die wenigen ihrer Mitglieder, die den Krieg überlebten, wurden ausgerottet, ihr Land enteignet. . . Ein paar verstreute Individuen, die in die westlichen Zonen entkommen konnten, schlagen sich als Landarbeiter durch."

12.9. Der Adel in der Gegenwart

In seinem Buch „Glanz und keine Gloria. Eine Reise durch die deutsche Wohlstandsgesellschaft" hat Hans-Georg von Studnitz 1965 festgestellt, der Adel habe aufgehört, ein Stand zu sein. Er übe keine

Funktionen mehr aus, die Identität von Adel und Macht sei erloschen und adeliges Lebensgefühl sei auf die Dauer ohne adeligen Lebensstil nicht denkbar. Der Lebenskampf mache aus dem adeligen Seinsmenschen den bürgerlichen Leistungsmenschen. Mit dieser Einschätzung stimmte Ewert Freiherr von Dellingshausen als Vorsitzender des Adels im Rheinland überein, in dem er im Adelsblatt erklärte: „Als Stand hat der Adel in Deutschland seine Bedeutung verloren."

Solche realistischen Tatsachenfeststellungen werden von traditionsbestimmten Adeligen nicht ohne Wehmut getroffen, was etwa darin zum Ausdruck kommt, daß Studnitz den Adel mit einer „aussterbenden Tiergattung" verglich, die keine Zukunft mehr habe. Um im Bilde zu bleiben kann man bemerken, daß es durchaus noch Ökonischen gibt, in denen dem Lebenskampf enthobene Grundbesitzer als Erben von großen Besitzen sich noch einen adeligen Lebensstil leisten können. Immerhin hat der berühmte Kunstsammler Adolf Friedrich Graf von Schack bereits 1888 in seinen Memoiren bemerkt, daß der bei „weiten größte Teil" des deutschen Adels nur ein „Scheinadel" sei, wobei er dafür plädierte, daß der Titel nur an den ältesten Sohn übergehen solle und an Grundbesitz geknüpft sein müsse. Selbst unter dem noch grundbesitzenden Adel stellt der Typus des nicht ernsthaft arbeitenden Aristokraten eine verschwindend kleine Minderheit dar. Denn von ihrer sozialen Physiognomie her müssen auch viele adelige Gutsbesitzer als in die bürgerliche Gesellschaft voll integrierte Erwerbsmenschen charakterisiert werden.

Die moderne bürgerliche Wohlfahrtsgesellschaft ist dabei dadurch gekennzeichnet, daß sie die Menschen - beispielsweise auch im Haushalt - von vielen einstmals monotonen und kräftezehrenden Arbeiten entlastet, daß sie jedoch durch den Wegfall der Dienstboten eine Fundamentaldemokratisierung bewirkt. Der aus großbürgerlichem Hause stammende Nicolaus Sombart hat das Verschwinden des Personals unlängst einen entscheidenden Indikator für eine „Kulturschwelle" genannt und dabei die speziell auch für Adelige gültige Feststellung getroffen: „Man wird ein anderer Mensch, wenn es einem von Jugend an selbstverständlich sein darf, bedient zu werden und kommt eigentlich nie über den Verlust der dadurch gebotenen Entlastung und Lebenshilfe hinweg."

Die hier vorgenommene Gesellschaftsanalyse wird dadurch bestätigt, daß der Adel selbst in offiziösen marxistischen Analysen der „Klassengesellschaft" der Bundesrepublik überhaupt nicht erwähnt wird. Beispielsweise bleibt er auch in dem Buch „Macht und Herrschaft in der Bundesrepublik" des Soziologen Urs Jaeggi unerwähnt. Überhaupt gilt es ja zu bedenken, daß hier nach ernstzunehmenden Schätzungen ein halbes Prozent der Bevölkerung Adelige sind bzw. adelige Namen tragen. Dies wären etwa dreihundert Tausend. Von diesen verfügt nur ein minimaler Prozentsatz über Grundbesitz oder nennenswerte Vermögenswerte, so daß die große Masse der Adeligen ihren Lebensunterhalt als „Arbeitnehmer" verdienen muß. Dabei ist von Bedeutung, daß sie sich nicht mehr wie einstmals auf bestimmte, mit einem hohen Prestige versehene „standesgemäße" Berufe wie den des Offiziers konzentrieren, sondern in nahezu allen Branchen anzutreffen sind, so daß die Adeligen als separate Gruppe soziologisch-statistisch gar nicht faßbar sind.

Über diesen banalen, aber fundamentalen Sachverhalt täuschen das Sensationsinteresse ansprechende und teilweise sozialkritisch-klassenkämpferisch ausgerichtete Veröffentlichungen hinweg. Die Bücher von Kurt Pritzkoleit „Wem gehört Deutschland" (1957) und von Bernt Engelmann „Das Reich verfiel, die Reichen blieben" (1972) erwecken mit teilweise unseriösen und zufälligen Namenslisten den irreführenden Eindruck, als verfüge „der Adel" noch heute über einen Großteil der Macht. So verdienstvoll das gleichfalls auf journalistischen Recherchen basierende und 1981 erschienene Buch von Ingelore M. Winter „Der Adel. Ein deutsches Gruppenporträt" auch ist, so hinterläßt es doch recht zwiespältige Gefühle. Nicht nur wird darin kolportiert, daß Friedrich Schiller angeblich der Sohn eines Herzogs von Schleswig-Holstein sein soll, darüber hinaus wird ohne den Funken eines Beweises behauptet, daß Willy Brandt der „natürliche Sohn" eines Grafen Plessen sei.

Auch wenn mit einigen Histörchen sowie der Methode des name-dropping die These aufgestellt wird, „die Adeligen" regierten als

430

„blaue Internationale" das „internationale Finanzgeschäft" werden die Grenzen der Seriosität verlassen. Die Aufzählung einiger Dutzend Adeliger, die sich im harten „bürgerlichen" Konkurrenzkampf zu Spitzenstellungen in der Bürokratie oder in der Wirtschaft hochgearbeitet haben, besagt nur höchst wenig über den Adel als solchen. Sie widerlegt höchstens das noch in manchen Köpfen spukende Klischee, daß Adelige nicht arbeiten könnten oder wollten. Wenngleich zuweilen ein klangvoller Name im Erwerbsleben von Vorteil ist, wirkt er doch in der Regel eher hinderlich. Aus diesem Grunde führen viele Freiherren, Grafen, Herzöge und Prinzen im bürgerlichen Leben - teilweise auf Wunsch der Vorgesetzten - nur das schlichte und unscheinbare „von". Dieses irritiert nur wenige und ruft auch meist keine Verunsicherung oder Animositäten hervor. Dies ist wohl auch der Grund dafür, warum der Franktionsführer der Freien Demokratischen Partei sich weder seines Prinzentitels noch des von und zu bedient und sich schlicht Hermann Otto Solms nennt. Die österreichischen Aristokraten sind ohnehin durch Gesetz zu solch einer Verbürgerlichung ihres Namens gezwungen.

Das Adjektiv „bürgerlich" bedarf unbedingt einer Präzisierung. Der Schweizer Historiker Jean-Rudolphe de Salis hat bereits 1971 den „Verfall der Bürgerlichkeit" diagnostiziert. Ein Jahr später konstatierte die Demoskopin Elisabeth Noelle-Neumann in ihrer Schrift „Werden wir alle Proletarier?" den Verfall bürgerlicher Werte, dem kein Aufbau vergleichbarer Werte gegenüberstände. Sie sprach davon, daß im materiellen Bereich der Arbeiter verbürgerlicht würde, sich jedoch im geistigen Bereich eine Anpassung an die unbürgerliche Unterschichtmentalität vollziehe. Es macht demnach wenig Sinn, wenn man den Bürger der Gegenwart als Nichtadeligen oder Nichtproletarier definieren würde.

Denn wie in dem von Gerd-Klaus Kaltenbrunner 1977 herausgegebenen Bändchen „Kapitulation des Bürgers" zutreffend festgestellt worden ist, gehört auch „der Bürger als Stand und Klasse der Vergangenheit an"! Insofern kann auch der moderne Bürger nicht mehr negativ als Nichtadeliger oder Nichtproletarier charakterisiert werden. Während das Kommunistische Manifest noch den Untergang des Bürgertums und den Sieg des Proletariats prophezeihte und die kommunistische Zeitung „Humanité" einst drohte: „Jeder Bürger, der einem Arbeiter begegnet, soll Angst haben", hat heute der Begriff Bürger einen anderen Inhalt bekommen. So versteht sich heute der Arbeiter ebenso wie der Angestellte, Beamte, Freiberufler, Landwirt oder Unternehmer ganz selbstverständlich auch als Bürger, natürlich auch dann, wenn er einen adeligen Familienhintergrund hat.

Der italienische Kommunistenführer Palmiro Togliatti hat sogar rhetorisch gefragt: „Wie kann man ein Marxist sein, wenn man nicht auf der Höhe der bürgerlichen Kultur steht?" Diese Kultur nun, so könnte man hinzufügen, enthält viele adelige Elemente und hat die Adelskultur in sich aufgehoben. Die Kehrseite des Siegeszuges der bürgerlichen Kultur ist, daß sie durch die sozialen, technologischen und ideologischen Entwicklungen weitgehend ihre Konturen eingebüßt hat. Nach einer Bemerkung des Soziologen Daniel Bell hat die Kulturrevolution zur Folge gehabt, daß niemand mehr in der Welt, besonders im Kulturleben, heute noch das Bürgertum verteidigt. Das klassische Bürgertum wirkt heute ebenso fossil wie der Adel als Stand.

Bereits nach dem Ersten Weltkrieg haben kluge Beobachter darauf aufmerksam gemacht, daß die abwertende marxistische Karikatur des „Bürgerlichen" als klein-, spieß-, besitz- oder spätbürgerlich eine fatale Ähnlichkeit mit dem entsprechenden Zerrbild des Bürgers bei den National-Sozialisten aufweist. Naturgemäß wird diese Übereinstimmung von den feindlichen Brüdern der modernen totalitären Bewegungen als peinlich empfunden und daher verdrängt.

Wenngleich der Adel als Stand nicht mehr existiert, so werden doch von den adeligen Bürgern vielfach noch spezifische Verhaltensmuster und Wertvorstellungen konserviert. Die Vermutung von Ingelore Winter, daß die Bewunderung für den Adel ihre Ursache in der Orientierungslosigkeit der modernen Gesellschaft habe, ist sicherlich nicht von der Hand zu weisen. Nach 1918 haben Adelige mit Unterstützung der Deutschen Adelsgenossenschaft noch angestrengte Bemühungen unternommen, um die ständische Identität des Adels zu bewahren. So sahen sich damals viele Adelige - in der Mehrzahl frühere Offiziere - gezwungen, ihr Brot mit dem nicht eben als besonders standesgemäß angesehenen Beruf des Handelsvertreters zu verdienen. Sie suchten Trost und Unterstützung in einer Vereinigung adeliger Handelsvertreter.

Die erneute Katastrophe von 1945 hat die Adeligen weitgehend und endgültig von nostalgisch-reaktionären Vorstellungen befreit, wie sie Odwig von Üchtritz 1895 in seinem Buch „Die Geburtsaristokratie im Dienste der Gesellschaft" dargelegt hat. Danach waren „die Ritterregeln noch heute die bindende gemeinsame, sittliche, das Leben sittigende und zierende Unterlage jedweder adeliger Gesellschaft, ja der gesamten Geburtsaristokratie". Solch eine Haltung war durch einen ausgesprochenen Antimodernismus gekennzeichnet, der sich darin manifestierte, daß nach einem Wort des Grafen Wartensleben von 1906 für den Leutnant „Kapitalismus, Judenwirtschaft, Kaufmann, Börsenjobber und Reportertum identisch" waren.

Heute hat sich der Adel unter dem Druck der veränderten Umstände so umorientiert, daß für ihn dereinst verpönte Berufe meist attraktiver sind als die moderne Beamtenexistenz. Wenn man den 1985 im Deutschen Adelsblatt von Gero von Randow publizierten Aufsatz „Das Selbstverständnis des Adels" aufmerksam studiert, wird man gewahr, daß hier bei Licht betrachtet überwiegend „bürgerliche" Werte propagiert werden. Zwar wird eine adelige im Sinne von edle Haltung erwartet und wird das ritterliche Eintreten für die Schwachen gefordert. Der dann ausgebreitete Tugendkatalog: „Charakterliche Unabhängigkeit, Stehvermögen, Beständigkeit, Bescheidenheit, Selbstbewußtsein, Bereitschaft zur Leistung, Pflichterfüllung, Verantwortung", an den noch die Verantwortung für das christliche Kulturgut angehängt wird, trägt einen bürgerlichen Zuschnitt.

Diese Einschätzung wird dadurch bestätigt, daß der bekannte Kommentator Enno von Löwenstern im gleichen Heft des Adelsblattes gegen die „Dressur zur Selbstverwirklichung" zu Felde zieht, den Slogan „mein Bauch gehört mir" als unmenschlich bezeichnet und dann alle Progressiven provozierend erklärt: „Die natürliche Berufung der Frau - man verzeihe dem, der es wagt, dies Tabuwort auszusprechen - ist es und bleibt es, Kinder zu bekommen und zu erziehen." Fast gewinnt man den Eindruck, daß der überkommene feudale Kampfgeist nunmehr im Angesicht einer tiefgehenden Verunsicherung des Bürgertums für bürgerliche Werte auf die Barrikaden steigt.

Solch ein Einstehen für die bürgerliche Ordnung kann man beispielsweise auch bei Kaspar Freiherr von Schrenck-Notzing beobachten, welcher der Begründer und Herausgeber von „Criticon", des führenden Organs des Konservatismus im deutschsprachigen Raum, ist. Die Verteidigung der bürgerlichen Ordnung durch Adelige bedeutet keinesfalls, daß sie zur Gänze in ihr aufgehen und damit ihre Mentalität aufgeben. In seinem „Kurs der deutschen Geschichte" hat der britische Historiker Taylor 1944 die provozierende These aufgestellt, daß die preußischen Junker „politisch in der Steinzeit", wirtschaftlich und organisatorisch jedoch im Zeitalter von Stahl und Elektrizität leben. Sie seien Barbaren gewesen, welche Gewehre bedienen könnten und die doppelte Buchführung beherrschten. Tatsächlich handelt es sich bei atavistisch erscheinenden Verhaltensweisen von Adeligen meist um eine Art Koketterie. So erzählt Ilse Gräfin von Bredow in ihren Kindheitserinnerungen von einem durchaus fortschrittlich eingestellten Onkel, der sein Auto beklopfte und dabei von „schwacher Hinterhand" und „abfallender Kruppe" sprach.

Ihre Identität versuchen Adelige vornehmlich dadurch zu bewahren, daß sie sich in Familienverbänden zusammenschließen, Familientage abhalten und am geselligen Leben ihrer jeweiligen Landsmannschaft teilnehmen, dessen Höhepunkt ein festlicher Ball ist. Wenn man einmal von den Mitgliedern der einstmals regierenden Häuser sowie den adeligen Teilhabern der Schickeria absieht, welchen die „grüne Presse" als gleichsam exotischen Figuren Beachtung schenkt, ist das eigentliche Adeligsein gewissermaßen auf die den Augen der Öffentlichkeit weitgehend entzogene private gesellige Sphäre beschränkt. Die regionalen Vereinigungen des Adels pflegen außer Vortragsveranstaltungen, Burgen- und Schloßbesichtigungen insbesondere in stilvollem Rahmen Adelsbälle wie beispielsweise den „Welfenball" in Celle oder den „Ball des St.-Johanns-Clubs" im Palais Schwarzenberg in Wien abzuhalten.

Auch der „Verband der baltischen Ritterschaften" veranstaltet alljährlich seine Baltenfeste. Er bekennt sich zu dem Ziel, „bei der Eheschließung, bei der Ausbildung der Jugendlichen und bei der Berufswahl die Zugehörigkeit zu einer geistigen und gesellschaftlichen Oberschicht zu erhalten". In einer Zeit, wo die einstmals hochentwickelte ständische bürgerliche Geselligkeit weitgehend verfallen ist und wo die Jugendlichen ihre Partner überwiegend am Arbeitsplatz oder in der Diskothek finden, haben so junge Adelige die Möglichkeit, an der überkommenen Festkultur teilzuhaben und sich auf einer ständischen Ebene miteinander zu treffen.

Insgesamt nimmt an dieser Geselligkeit nur eine Minderheit traditionsorientierter Adeliger teil, welche allerdings das Gesicht des organisierten Adels prägen. Die vielen Träger adeliger Namen, die sich teilweise aus Gründen bewußter Verbürgerlichung oder auch wegen sozialen Absinkens in das Kleinbürgertum von der Geselligkeit ihrer „Standesgenossen" fernhalten, können nur noch eingeschränkt als Adelige angesehen werden.

Über die adelige Subkultur, zu der neuerdings auch adelige Radfahrten für die Jugend gehören, bei denen die Übernachtung nach Art der Jugendbewegung auf dem Heuboden von Pferdeställen auf Rittergütern erfolgt, hat Gregor von Rezzori in seinem „Idiotenführer durch die deutsche Geselligkeit" 1962 übertreibend gesagt: „Wer einmal als Außenseiter das Pech gehabt hat, in eine adelige Gesellschaft zu geraten, bewahrt daran eine Erinnerung, als habe er sich als Bekleideter in das Gehege eines Vereins für Nacktkultur verirrt." Diese Einschätzung ist insofern irreführend, als heute ein erheblicher Prozentsatz der Adeligen Bürgerliche heiratet und daß diese problemlos in die adelige Gesellschaft aufgenommen werden, und zwar auch dann, wenn sie nicht - wie man früher sagte - aus „guter Familie", d. h. aus der Oberschicht, stammen.

Auch wenn sich bei den Treffen der Adeligen keineswegs die Machtelite der Gesellschaft vereinigt, erwecken sie vielfach Ressentiments wie auch andere geschlossene Gesellschaften. So vergleicht Ingelore Winter den besonders exklusiven österreichischen Adel mit einem „Geheimbund". Ähnlich wie die Freimaurer, die Mitglieder religiöser oder anderer Gemeinschaften, welche sich im profanen Leben als ganz normale Bürger verhalten, führen somit Adelige eine Art Doppelexistenz. Für eine pluralistische Gesellschaft, welche sich durch die Tolerierung von Minderheiten auszeichnet, ist das zweifellos eine ganz normale Sache.

Gleichwohl ruft der Adel als ehemaliger Herrschaftsstand noch mancherlei negative Gefühle hervor, zumal Adelige gelegentlich noch ein elitäres Selbstverständnis bekunden. So hat der Freiherr Kurt Rüdt von Collenberg in seinem Referat „Hat der deutsche Adel noch eine Aufgabe?" auf dem badischen Adelstreffen 1952 nicht nur von der erforderlichen Bewahrung der kultivierten Traditionen, sondern auch vom notwendigen Kampf gegen den „Drachen" der nivellierenden Vermassung gesprochen!

Ein treffliches Beispiel dafür, daß sich viele Adelige zwar nicht mehr für besser und höherwertig als Nichtadelige halten, sich jedoch durch ein traditionsbezogenes Sippenbewußtsein und daran anknüpfende elitäre Ansprüche auszeichnen, liefert Thomas Freiherr von Fritsch in seinem 1984 im Adelsblatt publizierten Aufsatz „Familienverband". Darin heißt es: „Adel ist eine Gemeinschaft von Geschlechtern, die an sich und ihre Angehörige erhöhte Ansprüche stellen und die sich untereinander kennen. Für eine Familie ist kennzeichnend das WIR-Gefühl. WIR stammen aus Brandenburg. WIR haben an den Kreuzzügen teilgenommen. WIR gehören zur Reichsritterschaft. WIR standen in kaiserlichen Diensten."

Ein gutes und in bürgerlichen Augen vielleicht skurriles Beispiel für dieses Wir-Gefühl bilden die „Vettern von Wahlstatt", d.h. die männlichen Nachkommen der Überlebenden der Mongolenschlacht von 1241 bei Liegnitz aus den Adelsfamilien Nostitz, Prittwitz, Seydlitz, Strachwitz, Zedlitz und Rothkirch. Diese Vettern haben

1987 in Fulda ein gemeinsames Treffen veranstaltet. Dabei wurde ein ökumenischer Gottesdienst abgehalten, bei dem je ein Repräsentant der Häuser Habsburg und Hohenzollern als Vertreter des ehemaligen „Lehensherren" anwesend war, und wurde die Teilnahme an der 750jährigen Jubiläumsfeier dieser Schlacht im heute polnischen Schlesien geplant.

Das 1971 vorgelegte und überwiegend von Adeligen verfaßte Sammelwerk „Adel in Österreich" zeigt, daß in diesem im 19. Jahrhundert als „Eldorado des Adels" geltenden Land adeliges Ethos ungebrochener fortlebt als in der egalitären Bundesrepublik. In diesem Buch schreibt Karl Anton (Prinz) Rohan über das „Anders-Sein" des Adels, verbreitet sich der Sohn des Heimwehrführers Heinrich Rüdiger (Fürst) Starhemberg über die Macht der Geschichte „zu weihen" und über die „Last eines verpflichtenden Namens", welche der für die bayerische CSU im Europaparlament sitzende Kaisersohn Otto von Habsburg aus eigenem leidvollen Erleben mit dem gelben Judenstern verglichen hat. Karl (Graf) Draskovich schließlich blieb skeptischer, indem er die Frage „Was blieb von den Thronen und Thrönchen?" mit „ein Protektionsclub" beantwortete.

Einen überaus exklusiven, in der Bundesrepublik kaum vorstellbaren Club stellt der Wiener „St. Johannsclub" als Treffpunkt des alten europäischen Adels dar. In der Clubbroschüre dieser Vereinigung schreibt Dr. Johann Christoph (Freiherr) Allmayer-Beck, daß das moderne Zeitalter der anonymen Einförmigkeit müde sei. Die neuen Elitegruppen wie die Filmstars oder die Fußballspieler stellten eine minderwertige Auslese dar. Daher macht er den Vorschlag, daß der Adel, welcher in der Öffentlichkeit als Organisator von Festen und Skandallieferant in Erscheinung träte, durch eine geistige und asketische Regeneration eine Renaissance als nationale Führungsmacht erleben müsse!

Als Resümee der Betrachtung des gegenwärtigen Adels ist festzustellen, daß die Adeligen heute ganz überwiegend in die bürgerlich-demokratische Gesellschaft integriert sind. Dies belegt die Tatsache, daß Mitglieder renommierter Adelsfamilien in allen demokratischen Parteien, angefangen von den Grün-Alternativen bis hin zu den christlichen Konservativen angetroffen werden können und daß sehr viele Adelige heute bürgerliche Ehepartner haben. Die verbandsmäßig organisierten Adeligen, welche eine Minderheit der Träger adeliger Namen darstellen, tendieren ohne Zweifel mehr zu den christlich-konservativen Parteien. Sie haben sich freilich auch insofern demokratisiert, als Ehen mit Bürgerlichen inzwischen häufig sind und zu den einstigen exklusiven adeligen Festen vielfach auch solche Bürgerliche geladen werden, von denen angenommen wird, daß sie dazu passen. In diesem Zusammenhang ist anzumerken, daß der einstmals exklusiv adelige protestantische Johanniterorden nach dem Zweiten Weltkrieg ebenso wie der Malteser-Ritterorden das Adelsprinzip aufgegeben hat und inzwischen viele bürgerliche Mitglieder zählt.

Die fortschreitende Verbürgerlichung des Adels bedeutet nicht, daß es keine zwar nicht statistisch, jedoch optisch und gesellschaftlich ins Gewicht fallende Inseln des „Adeltums" gäbe, zu deren Überwindung einst der von einem steinreichen Bankiers-Onkel ausgehaltene Demokrat Heinrich Heine aufgerufen hat. Ein Repräsentant solch eines Adeltums war etwa der fränkische Gutsbesitzer aus reichsfreiherrlichem Geschlecht Karl Theodor v. u. zu Guttenberg. Anläßlich der Hochzeit seiner Tochter mit einem Sohn des Hitler-Attentäters Claus Schenk Graf von Stauffenberg sprach er nicht nur von der „adeligen Tat" des Vaters seines Schwiegersohnes, sondern erklärte weiter: „Einen alten Namen zu tragen ist weiter nichts als ein Auftrag. Eine Last, kein Privileg . . . ein Müssen und niemals ein Dürfen." Dabei wies er darauf hin, daß zu einer adeligen Haltung gehört, daß Form und Gehalt übereinstimmen und daß die Bewährung einer Elite stets im Hier und Heute zu erfolgen habe. Damit suchte er der dem Adel immanenten Schwäche entgegenzuwirken, welche Lord Bacon so beschrieben hat: „Die Adeligen blicken zu viel rückwärts, was die Sache des schlechten Kämpfers ist."

Persönlichkeiten wie dieser auf viele aufreizend wirkende Reichsfreiherr bilden Farbtupfer in der nüchternen Leistungs- und Funktionärsgesellschaft, welche nicht in der Lage ist, ein für den zwischenmenschlichen Umgang verpflichtendes Wertsystem zu entwickeln. Dies ist der Grund dafür, daß der nicht als Konservativer zu verdächtigende Soziologe Ralf Dahrendorf in seinem Buch „Gesellschaft und Demokratie in Deutschland" das Ancien Régime aus Anlaß einer Analyse des 20. Juli 1944 als „moralisch bessere Welt" bewertet hat.

Nachdem der Adel als Stand entmachtet und entzaubert ist, kann man sich fragen, ob nicht das Wort des Schuhmachers Hans Sachs: „Adel sitzt im Gemüte, nicht im Geblüte" neue Aktualität erlangt hat. Die von der Adelsideologie besorgte Konstruktion eines Kausalzusammenhangs zwischen dem Adel des Geblütes, der nobilitas carnis, und dem Adel des Gemütes, der nobilitas morum bzw. dem Seelenadel ist ohnehin ein Kunstgriff. Er schließt freilich nicht aus, daß eine Verinnerlichung der Devise „Adel verpflichtet" nicht nur Dünkel erzeugen, sondern auch positive Wirkungen zeitigen und wertvolle, vorbildhafte Menschen formen helfen kann.

Aus der Einsicht, daß sich Adelige an den für alle gültigen Maßstäben messen lassen müssen, hat bereits Achim von Arnim in seinem Roman „Gräfin Dolores" den Gedanken abgeleitet, daß der Adel sich seines äußeren Geschlechtsvorrechts entäußern solle, weil der wahre Adel nur im Edelsein bestehe, denn nur im Herzen sei der Ort, „wo der Adel tritt in Schranken". Er fügte hinzu, daß so auf Erden alle adelig und alle Adeligen bürgerlich werden müßten. Wird die Frage aufgeworfen, welche Eigenschaften als adelig oder edel anzusprechen sind, könnte man auf dies Dichterwort verweisen: „Der eine fragt, was nützt es mir? Der andere, ist es recht? Und also unterscheidet sich der Freie von dem Knecht."

Sich adelig verhalten würde demnach bedeuten, sich an Werten, Normen und Leitbildern auszurichten und ein innengeleiteter, gelegentlich Verzicht übender und notwendig in mancherlei Hinsicht unbequemer Mensch zu sein. Solch ein wertorientiertes Verhalten, welches im übrigen ja von jedem Christen abverlangt wird, steht im Spannungsverhälnis zum „außengeleiteten" Verhalten, welches an der Beachtung der wechselnden Moden und der ungehemmten Befriedigung der Bedürfnisse orientiert ist. Bekanntlich irritiert ein solches Verhalten die „Selbstverwirklicher" und macht sie gelegentlich aggressiv. Für sie stellt ein wertorientiertes Verhalten mit Friedrich Nietzsche „ein Stück Tyrannis gegen die Natur" dar, welche heutzutage gern als „fundamentalistisch" herabgesetzt wird. Dabei gebietet es zweifellos die (Kardinaltugend der) Klugheit durch Vorbild statt durch Rechthaberei zu wirken und im übrigen die Tugend des Maßhaltens zu üben.

Für den zivilisierten und nicht zuletzt auch den christlichen Menschen steht die Natur im Menschen in einem Spannungsverhältnis zur Kultur. Walther von der Vogelweide hat dies mit den Worten ausgedrückt, daß der Mensch gleich einer Elster aus weiß und schwarz gemischt sei. Die Kultur ist nach Cicero, der von der cultura animi sprach, eine mit Anstrengung verbundene Pflege des Geistes und der Seele. Sie bedeutet nach den Worten eines deutschen Aufklärers das Hinaustreten des Menschen „aus dem mehr sinnlichen und tierischen Zustand". Nach solch einem humanistischen Bildungsideal, das auch in der Devise: „Der ist ein rechter Rittersmann, der sich selbst überwinden kann", aufgehoben ist, wird der Mensch erst dadurch zu einem Kulturmenschen, daß er sich Gedanken macht über sich selbst und den Sinn der Welt, daß er sein Leben bewußt und frei gestaltet und er im Unterschied zu dem instinktgeleiteten Tier auch nein sagen kann.

Unlängst hat ein amerikanischer Pädagoge die provokatorische Forderung aufgestellt, jeder Student müsse in der Demokratie als Aristokrat erzogen werden. Da in der Erziehung Wertentscheidungen gefällt und Normen gesetzt werden müßten, wären Aristokraten besser als Demokraten zur Erziehung geeignet. Dabei mag er an den Philosophen und Atheisten Lord Bertrand Russel gedacht haben. Dieser hat bekannt, das ihm von seiner tiefreligiösen Großmutter mit auf den Lebensweg gegebene Bibelwort: „Du sollst der Menge nicht folgen zum Bösen" habe ihn vor der Angst bewahrt, kleinen Minderheiten anzugehören und sich opportunistisch-ängstlich an die Mehrheit anzupassen.

Dieser Sozialist sagte weiter: „Wenn sich auch der aristokratische Glaube an die persönliche Ehre oft in absurder Weise geäußert habe, so könne man es durchaus nicht als Gewinn verbuchen, wenn er allmählich schwächer werde. Zu den Dingen, welche die Ehre verbiete, gehöre die verächtliche Unterwürfigkeit gegenüber einer unrechtmäßigen Autorität. Es würde ihm leid tun, wenn dies Vermächtnis der Ritterzeit verloren ginge." Bereits 1869 hat ein bürgerlicher deutscher Autor verlangt: „Die Ritterlichkeit muß auch in unseren Tagen als eine Burg sich erheben gegen die neue Barbarei, welche die Gesellschaft zu unterjochen droht."

Züge solch einer christlichen Ritterlichkeit trug die konservative Widerstandsbewegung gegen Hitler. Das unerschrockene und nicht selten todesverachtende Aufbegehren gegen den Diktator gründet in vielen Fällen in einem spezifisch adeligen Ehr- und Selbstbewußtsein. So hat der Bischof von Münster Graf Galen die Verbrechen der Gestapo am 20. Juli 1941 von der Kanzel mit der Aufforderung gebrandmarkt: „Man muß Gott mehr gehorchen als den Menschen." Diese Bereitschaft ist von vielen mit dem Leben gebüßt worden. Hellmuth James Graf Moltke hat dem Vorsitzenden des Volksgerichtshofes zugestanden, daß das Christentum und der Nationalsozialismus eines gemein hätten, nämlich den ganzen Menschen zu verlangen. Er hat im Angesicht des Todesurteils bekannt, daß er nicht als Großgrundbesitzer, Adeliger, Preuße und auch nicht als Deutscher vor Gericht stehe, sondern als Christ.

Untrennbarer Bestandteil der Ritterlichkeit ist also die Wahrung der Menschenwürde des Gegenübers und Nächsten. Wie das Ritterliche vom Idealbild des Ritters, so kommt das Höfliche vom Hof, und zwar nicht von dem der Bauern, sondern von dem der Fürsten, wie ein barocker Autor betont. Als ein französischer Moralist im 17. Jahrhundert erklärte: „Wer nicht höflich ist, der ist auch nicht menschlich", da hatte er bereits mehr im Sinn als die gewiß oft alles andere als vorbildlichen Sitten bei Hofe. Er meinte etwas ähnliches wie Friedrich Schleiermacher, der die adelige Kultur als Hauslehrer des Grafen Dohna-Schlobitten kennengelernt hatte. Dieser Theologe glaubte, der

Begriff der Schicklichkeit müsse jedes Mal aufs Neue produziert werden, der Glaube an seine Präexistenz wäre der „Aristokratismus der guten Lebensart".

Nachdem das Adelsreich, die Adelsherrschaft mit ihren Tugenden und ihrem Hochmut und ihrer Zurücksetzung der Nichtadeligen längst gefallen ist, kann neben der Ritterlichkeit auch die aristokratische Lebensart in das demokratische Zeitalter hineinwirken. So fällt auf, daß sich Alternative auf den „Taugenichts" des Freiherrn von Eichendorff berufen, in dem das Ideal der paradiesischen Faulheit gepriesen wird. Lord Bertrand Russel hat bereits 1935 in seinem „Lob des Müßiggangs" geschrieben, die Moral der Arbeit sei eine Sklavenmoral und in der neuzeitlichen Welt bedürfe es keiner Sklaverei mehr. Bedenkt man, daß sich als progressiv verstehende Grüne zu ihrem Erstaunen entdecken, daß wertkonservative adelige Waldbesitzer bereits praktizierende Grüne gewesen sind, als sie die Umweltfrage noch gar nicht „entdeckt" hatten, dann wird man an ein Wort erinnert, daß der Baseler Patrizier Carl-Jakob Burckhardt 1918 an Hugo von Hofmannsthal gerichtet hat. Es lautet: „Wer spät aufbleibt, wird noch demjenigen begegnen, der früh aufsteht."

13. Der Adel und der Kollaps des Kommunismus

Wo keine Gerechtigkeit ist,
ist keine Freiheit,
und wo keine Freiheit ist,
ist keine Gerechtigkeit.
Johann Gottfried Seume

13.1. Die Revolution von 1989

Die ideologische Linke, welche die „soziale" Revolution von 1917 als die Vollendung der „bürgerlichen" Revolution von 1789 gefeiert hatte, stand 1989 vor einem Trümmerhaufen. In jenem Jahr, in dem man sich anschickte, den zweihundertjährigen Sturm auf die Bastille zu feiern, stürzte das Sowjetimperium ein. Nicht dank äußerer Einwirkung, sondern aus innerer Schwäche. In der „Neuen Gesellschaft", dem theoretischen Blatt der bundesdeutschen Sozialisten hieß es 1990: „Die westeuropäische und insbesondere die bundesdeutsche Linke steht heute sprach- und hilflos vor den Trümmern des sozialistischen 'mega experiments in social engineering'".

Die Situation von 1989/1990 war dadurch ausgezeichnet, daß sich nicht nur die Sozialisten, sondern überwiegend auch die bürgerlichen Parteien mit der Teilung und der deutschen Zweistaatlichkeit innerlich weitgehend abgefunden hatte. Ausdruck hierfür war, daß man den SED-Generalsekretär Erich Honecker im Frühjahr 1987 in Bonn als Staatsgast empfangen hatte. Nicht nur Sozialisten wie der Präses der EKD-Synode, Jürgen Schmude, sondern auch der frühere CDU-Generalsekretär Heiner Geißler hatten das Wiedervereinigungsgebot des Grundgesetzes zur Diskussion gestellt.

Bei den meisten alteingesessenen Westdeutschen hat die deutsche Einheit bestenfalls in der Rhetorik noch fortgelebt, sie ist auf eine ferne Zukunft, an die man nicht ernsthaft glaubte, vertagt gewesen. In der Praxis stand das Arrangement mit dem SED-Regime auf der Tagesordnung, von dem die breite Öffentlichkeit nicht viel erfuhr. Der heute in einer Villa in Rottach-Egern lebende Chef der „Kommerziellen Koordination" Alexander Schalck, welcher den Rang eines Stasi-Oberst bekleidete, hat als Chef eines als „Mittelding zwischen Staatsorgan und Mafia" beschriebenen Milliarden-Unternehmens vielfältige Kontakte zur deutschen Wirtschaft und Politik unterhalten. Die gegen ihn eingeleiteten Verfahren verliefen im Sande, wohl weil die Angelegenheit als Staatsgeheimnis behandelt wurde und sich die an den parlamentarischen Untersuchungsauschuß herausgegebenen Akten als lückenhaft erwiesen.

Für die Heimatvertriebenen, darunter die adeligen, sowie für die politische Minderheit, welche am Ziel der deutschen Einheit festgehalten hat, war dies Arrangement mit den Mächtigen in der DDR bitter. Bekanntlich hat es 1987 in dem vom Kirchentagspräsidenten Eppler maßgeblich beeinflußten gemeinsamen Papier von SPD und SED kulminiert sowie auch darin, daß der Präses der EKD-Synode und SPD-Politiker Jürgen Schmude die einstmals auf Anregung von Willy Brandt eingerichtete Erfassungsstelle gegen DDR-Unrecht in Salzgitter als „institutionelle Drohung" gegen DDR-Grenzsoldaten verunglimpft hat.

Dies war die Ausgangslage beim Zusammenbruch der DDR. Es ist das Verdienst von Helmut Kohl und Hans-Dietrich Genscher, daß sie die historische Gelegenheit am Schopf ergriffen und die deutsche Einheit durchgezogen haben. Dies wäre ohne den amerikanischen Präsidenten George Bush und seinen Botschafter in Bonn nicht möglich gewesen. Denn sowohl der französische Präsident Mitterand als auch die britische Premierministerin Margret Thatcher haben - wie wir heute recht genau wissen - die deutsche Einheit zu verhindern gesucht. Selbstverständlich war die Politik des sowjetischen Präsidenten Michael Gorbatschow eine weitere Vorbedingung.

Der tiefere Grund dafür, daß der Kollaps des Kommunismus die meisten so überrascht hat, lag in der weitverbreiteten Unkenntnis der wirtschaftlichen Gegebenheiten. Der relativ hohe Lebensstandard der DDR beruhte auf Pump und ließ sich nicht mehr aufrechterhalten. Die ebenfalls bankrotte Sowjetunion, welche sich in eine von Rußland geführte „Gemeinschaft unabhängiger Staaten" umwandelte, war nicht in der Lage und auch nicht willens, sie weiter zu stützen. Damit war das Schicksal des „Pseudostaates", wie ihn Golo Mann genannt hat, besiegelt.

Dies haben die bundesdeutschen Medien und Parteien, welche sich vielfach lieber modischen Rand(gruppen)themen als den „harten" Problemen zuwenden, lange ausgeblendet. Dabei hat manch ein Experte recht klar gesehen. Da jedoch die sich aus dem abzeichnenden Umbruch für den Westen ergebenden Konsequenzen schwerwiegend, ja revolutionär waren, hat man sich lieber abwartend verhalten oder gar den Kopf in den Sand gesteckt. Einige haben die sich abzeichnende Entwicklung genau prognostiziert. So hat ein beim Kölner Deutschlandfunk tätiger Ostexperte als einsamer Rufer in der Wüste richtig gelegen, als er nicht lange vor dem Fall der Mauer dies voraussagte: die sowjetischen Soldaten in der DDR würden in nicht ferner Zukunft abziehen wobei wir als Gegenleistung jeden von ihnen in Gold aufwiegen müßten!

Der Verfasser dieser Zeilen hat ein Jahr vor dem Fall der Mauer in einem Werksreihenhaus der Leuna-Werke bei einer Jugendfreundin seiner Mutter in gleichsam gutbürgerlichen Milieu diese „Witze" gehört: Gorbatschow fliegt mit Honecker über den Giftwolken der Chemieregion von Sachsen-Anhalt und fragt Erich: „Kannst Du es noch verantworten, daß Menschen unter diesen Wolken leben?" Darauf Erich: „Die Versorgung der Menschen haben wir bereits eingestellt" - tatsächlich konnte man damals dort mitten im Sommer in den Gemüseläden kein frisches Gemüse kaufen. Die zweite Witzfrage, auf die eine Haftstrafe in dem für „Politische" bestimmten Zuchthaus Bautzen stand, lautete: „Würdest Du Honecker die Füße küssen?" Die richtige Antwort: „Ja, wenn er hoch genug hängt!" Von eben dieser Region, in der es bereits brodelte, ging die gewaltlose Revolution von 1989 aus. Wir können dankbar sein, daß es 1989 in Leipzig nicht zur „chinesischen Lösung" kam, wofür die SED bereits Kampftruppen und Särge bereit gestellt hatte.

13.2. Die Festschreibung der „Bodenreform"

Es ist hier nicht der Ort, die für den verfolgten und heimatvertriebenen Adel so schicksalhaften Details des von der ersten demokratisch gewählten DDR-Regierung unter Lothar de Maizière und der Bonner Bundesregierung ausgehandelten Einheitsvertrags nachzuerzählen. Ausgangspunkt für das Vereinigungsgeschehen war eine Übereinkunft zwischen Bundeskanzler Kohl und dem DDR-Ministerpräsidenten Hans Modrow. Dieser der Öffentlichkeit damals als „ehrlicher Hans" präsentierte SED-Spitzenpolitiker ist ein hartgesottener Kommunist, welcher inzwischen wegen Wahlfälschung sowie eidlicher Falschaussage zu einer auf Bewährung ausgesetzten Haftstrafe verurteilt worden ist. Bekanntlich wurde mit de Maizière vereinbart, daß zwar die von den Nationalsozialisten und der DDR enteigneten Betriebe zurückerstattet werden, nicht jedoch die auf „besatzungshoheitlicher" Grundlage vorgenommenen völkerrechtswidrigen Konfiskationen der Jahre 1945-1949. Als Begründung hierfür gab die Bundesregierung an, dies sei eine Vorbedingung der Sowjetunion gewesen.

Mit diesem dem Verfassungsgericht in Karlsruhe vom Auswärtigen Amt übermittelten Argument wurde die von Geschädigten eingereichte Verfassungsklage am 23. April 1991 abgewiesen. Inzwischen ist durch Präsident Gorbatschow klargestellt worden, daß es solch eine russische Vorbedingung gar nicht gegeben hat. Dies hat das Verfassungsgericht nicht davon abgehalten, seine Entscheidung zu bestätigen. Nunmehr wurden andere, rein politische Gründe vorgeschoben, wonach eine Rückgabe des geraubten Besitzes angeblich den innenpolitischen Frieden gefährdet hätte. All dies ist in der von Christoph Rechberg 1996 vorgelegten Schrift „Restitutionsverbot. Die 'Bodenreform' 1945 als Finanzierungsinstrument für die Wiedervereinigung Deutscchlands" dargelegt worden.

In ihrem im renomierten juristischen Beck-Verlag ebenfalls 1996 vorgelegten Buch „Enteignetes Vermögen in der Ex-DDR" haben die beiden promovierten Freiburger Rechtsanwälte Weddig Fricke und Klaus Märker die Thematik noch umfassender dargestellt. Darin wird eingangs dargelegt, daß die „Bodenreform" in Wahrheit eine mit

Mit diesem Plakat stimmte die kommunistische Propaganda in der Sowjetischen Besatzungszone im Spätsommer 1945 die Bevölkerung auf die in Moskau beschlossene „Bodenreform" ein. Die Junker wurden dabei nicht nur als auszurottendes Unkraut, sondern auch als Volksfeinde hingestellt, wie diese 1946 in Berlin (Ost) publizierte Broschüre von Jürgen Kuczynski deutlich macht: **„Monopolisten und Junker: Todfeinde des deutschen Volkes"**

großer Brutalität durchgeführte kommunistische Klassenkampfmaßnahme gewesen ist. Die Angelegenheit mit der angeblichen Vorbedingung der Sowjetunion wird dort schlicht als „erlogene Behauptung" der Bundesregierung bezeichnet, wobei die rechtliche Argumentation der Bundesregierung als „unhaltbar" bewertet wird!

Dies war zuvor von dem Wirtschaftsjuristen Albrecht Graf von Schlieffen in der WELT als der „größte Verfassungsskandal" der Nachkriegszeit beurteilt worden, wobei dieser bitter von einem „Betrugskartell" gesprochen hat. Der pensionierte Oberlandesgerichtspräsident Rudolf Wassermann hat den Parteien vorgeworfen, daß sie in Sachen Bodenreform nicht die Wahrheit sagen. In dem sarkastischen FAZ-Kommentar „Ein schöner Rechtsstaat" hat Klaus Peter Krause am 19. Mai 1994 sowohl William E. Gladstone als auch Augustinus zitiert, welche gesagt haben: „Was moralisch falsch ist, kann politisch nicht richtig sein" und „Staaten, die das Recht nicht achten, verkommen zu Räuberbanden."

Auch im westlichen Ausland ist aufmerksam beobachtet worden, daß sich das Verfassungsgericht zur Magd der Politik hat machen lassen. Dadurch ist bei manch einem Bürgerlichen das Vertrauen in den deutschen Rechtsstaat erschüttert worden, während den alten Kadern in den „neuen Ländern" sowie den westdeutschen Linken eine kaum erhoffte unverhoffte Ermunterung zuteilgeworden ist. So konnte die „taz" im Dezember 1995 jubilieren: „Junker müssen ackern oder schweigen...Der Trecker ist abgefahren: Ritter, Grafen und Barone werden ihre Macht im Osten nicht zurückgewinnen"!

13.3. Das Junker-Feindbild

Bei einer Würdigung dieser Angelegenheit fällt dies auf: als der Ost-CDU-Politiker Lothar de Maizière, welcher nach dem Fall der Mauer in der Volkskammer noch Bekenntnisse zu einem besseren Sozialismus abgelegt hat und sich später als Stasi-Konfident aus der Politik zurückgezogen hat, im kommunistischen Jargon erklärte, daß die DDR-Bürger nicht wieder „Knechte der Junker" werden wollten, ist ihm von Christdemokraten nicht widersprochen worden. Was hätte näher gelegen, als festzustellen, daß es in der Bundesrepublik längst keine Knechte mehr gibt, während das SED-Regime mit seiner Mauer die Bürger schlechter als Knechte, nämlich als Gefangene behandelt hat.

Die Junker-Polemik hat dazu gedient, vieles zu verschleiern. Zum einen sind die Mitglieder adeliger Familien Staatsbürger wie alle anderen auch, zum anderen wurde darüber weggegangen, daß der „Bodenreform" sehr viel bäuerlicher und bürgerlicher Besitz zum Opfer gefallen ist. Schließlich wurde unterstellt, daß die „Junker" den Kleinbauern den ihnen durch die „Bodenreform" zugeteilten Besitz wieder wegnehmen wollten, was die Enteigneten ausdrücklich augeschlossen haben. Sie beanspruch(t)en lediglich dasjenige Land, welches sich in Staatsbesitz befindet und von den Nachfolgegesellschaften der Landwirtschaftlichen Produktionsgenossenschaften (LPG) bewirtschaftet wird. Es ist nicht richtig, diese pauschal als „rote Barone" und Kommunisten zu verunglimpfen, da sich darunter ordentliche Leute wie die Söhne in die LPGs gepreßter Bauern befinden.

Der Präsident des „Heimatvertriebenen Landvolk" Dr. Otto Sänger hat im Herbst 1996 die oft aufgeregte Diskussion auf eine sachliche Ebene gehoben. Die Sache stellt sich nämlich so dar, daß die Inhaber der Agrargenossenschaften das jetzt der Bundesregierung gehörende „Junkerland" in der Regel auf zwölf Jahre gepachtet haben. Wenn die Bundesregierung dieses vielfach als „Hehlerbesitz" bezeichnete Land (möglicherweise auch teilweise) zurückgeben würde, ergäben sich angesichts der Tatsache, daß Besitzwechsel bekanntlich Pacht nicht bricht, keine anderen Folgen, als daß die LPG-Nachfolger ihre Pacht nicht an den Bund, sondern vielmehr an die Alteigentümer bzw. ihre Erben überweisen würden! Dabei darf weiterhin realistischerweise angenommen werden, daß nur wenige daran interessiert und in der Lage sein werden, das zurückerstattete Land künftig selbst zu bewirtschaften. Die meisten dürften es als krisenfesten Besitz betrachten und es auch in Zukunft weiter verpachten!

Die Horrorszenarien mit Arbeitsplatzvernichtung usw. stellen also eine durchsichtige Panikmache dar, die vor allem hiervon ablenkt: wenn das enteignete Land teilweise zurückerstattet wird, dann wird das Eigentum breiter gestreut und entsteht eine mittelständischere Struktur, als wenn es die LPG-Nachfolger gemäß dem Flächenerwerbsprogramm der Bundesregierung unter Wert erwerben können, was die EU-Kommission in Brüssel möglicherweise verhindern wird. Wir haben also eine groteske Situation, in der sich nicht nur linke Parteien, sondern sogar christliche Politiker dafür einsetzen, daß in den neuen Ländern mehrere tausend Hektar große agroindustrielle Großbetriebe entstehen bzw. entstanden sind. Deren Eigentümer können auf die Besitzer von kleineren und mittleren Gütern, welche heutzutage gerade eben rentable und von bestenfalls zwei oder drei Personen bewirtschaftete Höfe darstellen, herabblicken. Für die Konkurrenzfähigkeit der westdeutschen Landwirtschaft ist dies ein ernstes Problem.

Ein sich in den angesprochenen Vorgängen widerspiegelnder großer Schaden ist der inneren Einheit Deutschlands und der hierfür unerläßlichen Wiederherstellung des bürgerlichen Rechtsgefühls dadurch entstanden, daß bei der Diskussion über den Einheitsvertrag die Begleitumstände der „Bodenreform" bewußt ausgeblendet wurden. Man hat die Angelegenheit auf ein wirtschaftliches und finanzpolitisches Problem reduziert. Dabei ist es zunächst ein moralisches. Wie der Professor für sächsische Landesgeschichte Karlheinz Blaschke im Mai 1994 vor dem Vorstand des Vereins „Der Sächsische Adel" auf Schloß Reinsberg formulierte, hat es sich bei der „Bodenreform" um die „von nacktem Klassenhaß geschürte Anwendung von Gewalt bis hin zum Mord an friedlichen Menschen und um den Raub von persönlichem Eigentum an Kulturgütern" gehandelt.

In dem von Adam von Watzdorf bearbeiteten und vom Markgrafen von Meißen eingeleiteten „Schicksalsbuch des Sächsisch-Thüringischen Adels 1945" ist dies 1994 mit einer Vielzahl von Quellen dokumentiert worden. Viele Familien sind in das Internierungslager Prora in Rügen verschleppt worden. Andere kamen in dem von den Kommunisten weiter betriebenen KZs Buchenwald und Sachsenhausen oder in dem vom sowjetischen Geheimdienst unterhaltenen Lager Mühlberg an der Elbe um.

In diesem „Schweigelager des langsamen Todes" sollte sich auch der kranke, nicht mehr fluchtfähige und als Antinazi bekannte Großvater der Verfassers dieses Buches, Ludwig Graf Zech-Burckersroda aus Burg Goseck/Saale, im Herbst 1945 einfinden. Ein Anwalt sagte meiner Mutter, nur eine Überweisung in ein Pflegeheim könne ihn vor dem Lager(tod) bewahren. Sie fuhr verzweifelt mit dem Fahrrad alle Ärzte ab, um solch eine Einweisung zu erhalten, etwa zehn gaben ihr aus Angst um ihre berufliche Existenz einen Korb. Als sich schließlich ein couragierter Medizinalrat aus Naumburg hierzu bereit erklärt hatte, bat das Pflegeheim meine Mutter, beim Bürgermeister für den kranken Vater Lebensmittelmarken zu holen. Dieser lehnte ab und erklärte, der Herr Zech sei aus den Büchern der Gemeinde gestrichen. Als sie ihm daraufhin eine passende Antwort gab, wurde sie für verhaftet erklärt und erhielt wenig später die Aufforderung, sich mit ihren Kindern gleichfalls im Lager Mühlberg einzufinden.

Ein Leserbriefschreiber aus England, welcher den jüdischen Namen Levin führt, hat im Juni 1994 in der FAZ die Sache auf den Punkt gebracht: Er betont, daß es „heuchlerisch" sei, wenn man eine „rechtschaffene Beflissenheit" herauskehre und schon begrifflich mit dem Wort „Junker" eine ganze Gruppe von Männern und Frauen ausgrenze. Dann sagte er: Die „deutsche Neigung zu Extremen" gehe jetzt auf die „Junker" nieder, „mit politischen, rechtlichen und gesetzgeberischen Mitteln"! Mit solcher Mißachtung rechtsstaatlicher Prinzipien sei „viel von dem alten Geist, welchen die alte Bundesrepublik bereits hinter sich gelassen hatte, wieder aufgelebt." Es ist kein Zufall, daß gerade verfolgte Juden eine ausgeprägte Wahrnehmung für Menschenrechtsverletzungen und Volksverhetzungen haben.

Schließlich haben bereits im 19. Jahrhundert Radikale die Parole ausgegeben: „Gegen Junker und Juden!" Der Tübinger Staatsrechtler Wolfgang Graf Vitzthum hat zu Recht formuliert, die „Junker" seien so etwas wie die Juden der DDR gewesen. Als der zu den Männern des 20. Juli 1944 gehörende Carl-Hans Graf Hardenberg 1958 im Westen gestorben war und die Witwe seine Urne auf dem Familienfriedhof in Marxwalde - so hieß damals Neuhardenberg -

beisetzen lassen wollte, hat der damalige Bürgermeister geantwortet: „Wir haben die Junker und Großgrundbesitzer von dannen gejagt und wollen weder sie noch ihre Asche sehen."

Simone Weil hat einmal gesagt, unser politisches Universum sei von Mythen und Ungeheuern bewohnt, von abstrakten Entitäten wie „Kapitalismus" und „Faschismus". Solch ein Ungeheuer stellen auch die Junker dar. Sie hat der noch 1989 als Mitstreiter von Gregor Gysi in Erscheinung getretene kommunistische Historiker Jürgen Kuczynski, welcher nach 1945 für den sowjetischen Geheimdienst gearbeitet hat, 1946 in einer Broschüre neben den „Monopolisten" als „Todfeinde des deutschen Volkes" bezeichnet! Die „Junker" sind auf dem Wege eines „terroristischen Klassenkampfes" verfolgt bzw. „liquidiert" worden, wie die Ost-CDU Ende 1945 feststellte. Sie sind damals auf einem weitverbreiteten Plakat als Distel mit der Vernichtungsparole „Rottet dieses Unkraut aus" porträtiert worden. Der Chefpropagandist der SED Albert Norden hat bezüglich des Adels 1974 so jubiliert: „Diese Parasiten am Körper unserer Gesellschaft sind auf Nimmerwiedersehen verjagt!"

In seinem Reisebericht über Deutschland hat der israelische Journalist Amos Elon 1966 die SED-Hetze gegen den Adel bei einem Frage- und Antwortspiel in einer DDR-Oberschule so ausgemacht:

> *„Frage: 'Wo regieren die Adeligen und Großbankiers?'*
> *Antwort: 'In Westdeutschland'. Frage: 'Was wollen sie?'*
> *Antwort: 'Den Krieg'"*

All dies hat den prominenten CDU-Politiker Johannes Gerster nicht gehindert, sich gegenüber dem Vorstandsmitglied der CDU in Bad Kreuznach, Dr. med. Jörg von Wedel, am 29. Mai 1992 so zu verhalten, als er auf die Frage der Restitution angesprochen wurde:"Ach sind Sie auch einer von der Sorte ...Von Ihrer Sorte sind mir schon einige auf den Geist gegangen". Als Wedel entgegnete: „Ich weiß nicht, warum Sie mir so unfreundlich antworten, ich kann Ihnen nur sagen, daß mein 76 Jahre alter Vater 45 Jahre lang an den festgeschriebenen Auftrag unserer Verfassung geglaubt hat und 45 Jahre auf die Wiedervereinigung und die Rückgabe seines Besitzes in der 5. Generation gehofft hat. Dieser alte Mann läuft jetzt über seinen Besitz mit Tränen in den Augen.." Darauf Gerster: „Erzähle se mir nicht das Märchen von der Wiedervereinigung, keiner hat das geglaubt, keiner damit gerechnet ... lüge se doch nicht".

Nur solche, rechtsstaatliche Erwägungen überlagernde Motivationen, wie sie auch bei anderen Politikern sichtbar wurden, können erklären, warum die Bundesregierung es nicht zu einer nur allzu billigen Forderung des Einigungsvertrages gemacht hat, daß den Enteigneten zumindest 100 ha - dabei hätte eine Differenzierung nach dem Wert des Bodens nahe gelegen - anstandslos zurückerstattet wurden. Dies wäre eine rechtsstaatliche Minimalforderung gewesen, gegen die die Parteien in Ost und West ernstlich nichts hätten einwenden können. Schließlich ist ja nicht einzusehen, daß ein Hof mit 99 Hektar zurückgegeben wird, einer mit 101 ha jedoch überhaupt nicht. Die Ost-CDU und Ost-FDP (LDP) haben ja im Herbst 1945 selber verlangt, daß die Enteigneten Resthöfe zurückbehalten müßten! Sogar die SPD hat einst bezüglich der auch in der Britischen Zone in Angriff genommenen „Bodenreform" gefordert, daß die Großbesitzer 100 Hektar behalten sollten!

Wenn die Regierungskoalition diese nur recht und billige Forderung durchgesetzt hätte, dann wäre nicht nur ein Stück Gerechtigkeit geübt worden, sondern es wäre ihr auch eine Zerreißprobe erspart geblieben. Ganz abgesehen davon, daß inzwischen in den USA eingebürgerte Geschädigte dort die Öffentlichkeit gegen sozialistische „dirty deeds" mobilisieren und die Brüsseler Wettbewerbskommission dagegen Einspruch einlegte, daß die „roten Barone" ebenso wie die Ent-eigneten Land unter dem Marktpreis kaufen dürfen sollten, werden jetzt sogar von CDU-Landesverbänden der Bundesregierung schwerste Vorwürfe gemacht. Dagegen erklärt der CDU-Landesverband Meck-lenburg in Übernahme von PDS-Positionen die Enteignungen für unumkehrbar.

Weniger bekannt ist, daß die schmähliche Behandlung der „Boden-reform"-Opfer durch das Entschädigungs- und Ausgleichsleistungs-gesetz (EALG) so perpetuiert wird: Wie Rüdiger von Schönfels im

Juli 1996 in einem FAZ-Leserbrief darlegte, fehlt in diesem Gesetz die Verpflichtung des Staates, bei der Suche nach mobilen Wertgegenständen wie Möbeln, Bildern, Silber usw. zu helfen. Obgleich oft Listen vorhanden sind, müssen die Bestohlenen ihre Sachen in den Museen daher „mit kriminalistischem Spürsinn" auffinden. Von dem (überwiegend nicht ausgetauschten) Personal dieser Einrichtungen können sie oft keine Hilfe erwarten. Dieses hat sogar die Möglichkeit erhalten, die oft in den Magazinen befindlichen Gegenstände noch schnell auszustellen und auf diese Weise weitere zwanzig Jahre als „Zwangsleihgaben" zu behalten.

Als man sich in der Bundesrepublik darüber empörte, daß die russische Duma entgegen einer vertraglichen Verpflichtung die Rückgabe der deutschen Beutekunst verweigerte, konnte Spott nicht ausbleiben. Der Richter am Bundesgerichtshof Falk Freiherr von Maltzan schrieb im Juli 1996 dies in einem Leserbrief an die FAZ: Was wolle der deutsche Außenminister darauf erwidern, wenn der russische Präsident darauf hinweise, daß das höchste deutsche Gericht ausgeführt habe, daß die Rechtspositionen der Haager Landkriegsordnung wertlos seien, wenn sie nicht durchgesetzt werden könnten ? Er schlußfolgerte: „Es dreht sich einem der Magen um, unseren einst so stolzen Rechtsstaat in einer solchen Position zu sehen".

Bemerkenswert ist, daß sich die Bonner Regierung, die sich so gern mit dem wesentlich auch von Adeligen geübten militärischen Widerstand gegen Hitler eine moralische Legitimation verschafft, sich anläßlich der Feier des 20. Juli 1944 eine peinliche Ohrfeige von zwei Widerstandskämpfern eingehandelt hat. Sowohl der Mecklenburger Albrecht von Boddien, dem die Bonner Regierung seinen Besitz nicht zurückerstattet, als auch der Rheinländer Philip Freiherr von Boeselager erteilten dem Bundespräsidenten 1996 eine herbe Absage. Boeselager machte sich zum Sprecher des verstorbenen Axel Freiherrn von dem Bussche, welcher vergeblich versucht hat, sich mit Hitler in die Luft zu sprengen, und sagte: Die Bundesregierung bestrafe Bussche und seine Erben dafür, daß er von den Nazis nicht erwischt worden und deswegen am Leben geblieben sei! Dies sei für sein Rechtsempfinden ein „unerträglicher Zustand". Als er dies formulierte, mag er als Ritterhauptmann der Genossenschaft des Rheinischen Ritterbürtigen Adels daran gedacht haben, daß nach der Adelsethik „Ehre verloren" mit „alles verloren" gleichbedeutend ist.

Ihre Würde und Selbstachtung hat auch die inzwischen verstorbene Thüringerin Brigitte von Wurmb bewahrt, als sie 1990 als 85jährige schrieb: „Wir paßten nicht in das tausendjährige Reich Hitlers. Wir paßten nicht in das sozialistische Deutschland, wie Stalin es haben wollte. Jetzt fallen in der Bundesrepublik Bemerkungen, Kommentare und Beschlüsse, die wiederum einer Verletzung gleichkommen. Schade, wir hatten gedacht, daß das vorbei sei. Aber die Israelis leben mit ihrem angeblichen Makel, die Sinti und die Roma auch - warum nicht die Junker?"

In einem Aufsehen erregenden und am 2. Dezember 1996 in der FAZ erschienenen Aufsatz „Alles ist äußerst irrational. Für die Enteignungen der Jahre 1945 bis 1949 darf eigentlich kein Sonderrecht gelten", hat sich der neue Bundesjustizminister Edzard Schmidt-Jortzig von der bisherigen Politik der Bundesregierung distanziert. Dabei verwies er darauf, daß der Umgang mit den Eigentumsentziehungen rechtlich unbefriedigend sei und außerdem ein wesentliches Investitions- und Stabilisierungshindernis darstelle. Es sei gegen das Gerechtigkeitsgefühl verstoßen worden, und zwar auch bei den Bedingungen des Ende 1994 verabschiedeten „Entschädigungs- und Ausgleichsleistungsgesetz" (EALG), welches von den Geschädigten verlangt, daß sie ihren Besitz nur zu einem vergleichsweise hohen Preis und überdies nur unter oft fragwürdigen Konditionen (besonders bei Waldbesitz) zurückerwerben dürfen.

Der Justizminister wies den angesichts der verfahrenen Lage einzig realistischen Ausweg, nämlich den Kaufpreis auf einen symbolischen Betrag zu senken. Zumindest müßte dies für die ersten 100 Hektar gelten! Hervorhebenswert ist, daß der Justizminister dem Präsidenten des „Heimatverdrängten Landvolks" insofern Recht gibt, als er feststellt, daß aus den genannten Gründen das „Schlagetot-Argument, man dürfe „nicht altes Unrecht durch neues ersetzen" (...) ins Leere" geht! Bei diesem Argument handelt es sich um ein reines Schattenboxen. Schmidt-Jortzig legt eine in der Politik selten gewordene Aufrichtigkeit an den Tag, indem er als Liberaler darauf hinweist, daß in den Reihen des größeren Koalitionspartners „längst überwunden geglaubte (...) Ressentiments gegen das private Grund- und Betriebseigentum" sowie auch gegen „Junker" und „Großgrundbesitzer" eine Rolle spielten!

Inzwischen ist die CDU-Führung unter einen noch zunehmenden massiven Druck geraten, weil sich für viele CDU/CSU-Anhänger und ganze Landesverbände mittlerweile ernsthaft die Frage stellt, wie es ihre Partei mit fundamentalen rechtsstaatlichen Grundsätzen wie dem Gleichbehandlungsgebot und der Eigentumsgarantie hält. Das in dieser Sache sehr aktive Hamburger CDU-Mitglied Heiko Peters hat sich nicht gescheut, im Dezember 1996 in bürgerlichen Zeitungen Kleinanzeigen mit dem provozierenden Text zu schalten: „Enteignungen 45/49. PDS und CDU Arm in Arm in Mecklenburg-Vorpommern". Damit macht er darauf aufmerksam, welch verheerende Langzeitfolgen für das Rechtsbewußtsein nicht nur in den „neuen" Ländern dadurch entstanden sind, daß in dem unter Zeitdruck zustandegekommenen Vereinigungsvertrag nicht von Anfang an elementaren Rechts- und Gerechtigkeitsprinzipien genügt worden ist und daß man sich sogar dazu hat hinreißen lassen, das Verfassungsgericht zu täuschen.

Der Justizminister hat den wohl einzig möglichen Ausweg aus der eingetretenen komplizierten Lage gewiesen: Diese kann nur in einer Änderung der Bestimmungen des EALG gefunden werden. Auch der Vorsitzende des Rechtsausschusses des Bundestages, Rechtsanwalt Horst Eylmann, verweist auf den vom Verfassungsgericht akzeptierten Ausweg der Gewährung von Schadenersatz durch Naturalrestitution.

Beim Nachdenken, ob sich der Rechtsfrieden wieder herstellen läßt, sollten die Politiker und Parteien dies bedenken: Das Rittergut Lausnitz in Thüringen, aus dem die oben zitierte Brigitte von Wurmb stammt, hatte eine Größe von 193 Hektar, davon 103 Hektar Wald. Wie man im „Schicksalsbuch des Sächsisch-Thüringischen Adels" nachlesen kann, hat sich im Herbst 1945 das „Dorfkomitee" gegen die

Enteignung von Lausnitz ausgesprochen, weil die Besitzer sozial und antifaschistisch eingestellt gewesen wären! Damals stand zudem in der Zeitung, daß „Antifaschisten" nur auf 400 Morgen reduziert werden würden.

Aus all dem kann dieses Fazit gezogen werden: Ein fairer und mit den legitimen Interessen der LPG-Nachfolger vereinbarer Ausgleich wäre durchaus möglich. Wer sich ihm widersetzt, der verfolgt eine mit dem Geist unserer Verfassung nicht vereinbare Politik, er befördert überdies - was speziell für Sozialisten einigermaßen pikant ist - die Entstehung von einer Vielzahl von mehreren tausend Hektar großen agroindustriellen Latifundien.

Zumal die in die LPGs gepreßten kleinen Bauern von den LPG-Nachfolgern vielfach auf fragwürdige Weise ausgebootet und buchstäblich für einen „Appel und ein Ei" um ihr Erbe gebracht worden sind, ginge auf diese Weise definitiv in Erfüllung, was der kommunistische Dissident Wolfgang Biermann bereits 1994 so formuliert hat: „Was seine (Honeckers) führenden Kader sich jahrzehntelang realsozialistisch zusammenklauten, das haben sie jetzt, im bürgerlichen Rechtsstaat, clever in kapitalistisches Eigentum verwandelt."

Daß es bei all dem nicht nur um materielle Güter geht, soll das Beispiel eines Mannes verdeutlichen, der sich durch all diese Widrigkeiten nicht verzagen ließ. Der 1921 geborene Hanns-Caspar von Wiedebach und Nostitz-Jänkendorf, der sich nach 1945 in Württemberg eine neue Existenz aufgebaut hatte, kehrte 1990 aus dem „Exil" in seine oberlausitzische Heimat zurück. Das Leid und der Zorn darüber, daß sich die Bundesrepublik in die Rechtstradition der DDR stellte und sich den jahrhundertealten Besitz Wiesa seiner Familie aneignete, hinderte ihn nicht daran, auf seine Kosten den alten Uhrturm auf einem Wirtschaftsgebäude seines Gutes zu erneuern. Und dies, obgleich dieses Gebäude derzeit zur Hälfte der Gemeinde und zur Hälfte der Bundesrepublik gehört! An dem Grab dieses in der Tradition der Herrnhuter stehenden alten Herren wurde im Mai 1995 das Ordensgebet der Johanniter gesprochen und sagte der Pfarrer:

„Beides, die Vergangenheit, die uns prägt, und die Zukunft, die Gott für uns bereithält, will im Glauben angenommen und gelebt werden."

13.4. Die Behandlung der Großgrundbesitzer in Tschechien

Wie wenig rechtsstaatlich die Behandlung der enteigneten Grundbesitzer in Deutschland ist, verdeutlicht übrigens ein Blick auf die Situation in Tschechien.

In der Tschechoslowakei war bereits 1919 eine Bodenreform in Angriff genommen worden, mit dem Ziel, den Besitzern nur 250 ha zu belassen. Da jedoch die 1930 einsetzende Wirtschaftskrise es dem Staat unmöglich machte, Entschädigungszahlungen zu leisten, blieb die Bodenreform stecken und verblieben den Grundbesitzern vorläufig zwischen 30 und 70% ihrer Besitze.

Nach dem Zweiten Weltkrieg wurde Personen deutscher und magyarischer Nationalität das gesamte Eigentum entschädigungslos konfisziert, den Grundbesitzern tschechischer Nationalität wurde 1947 ihr Grundbesitz bis auf 250 ha enteignet. Bei der Machtübernahme der Kommunisten am 25. Februar 1948 wurde auch dieser Restbesitz beschlagnahmt. Darüber hinaus wurden die enteigneten Grundbesitzer und ihre Familien verfolgt, so daß sie sich vielfach genötigt sahen, zu emigrieren. Nach dem Sturz der kommunistischen Diktatur wurden den tschechischen Besitzern zunächst 250 ha zurückgegeben, später noch der disponible Besitz vom Stand 1947, soweit er nicht an Siedler verteilt worden war. Kommunistische Seilschaften konnten dabei nicht selten Verzögerungen bewirken.

Zu denjenigen Familien, welche auf diese Weise Besitz zurückerlangten, gehören die Fürsten Colloredo, Lobkowicz, Paar und Schwarzenberg, die Grafen Belcredi, Czernin, Dobrzensky, Kinsky, Kolowrat, Latour, Mensdorff, Podstatzky, Schlik, Sternberg, Strachwitz, und Wratislaw sowie die Freiherren Hruby von Gelenj, Mladota, Parish von Senftenberg und Reisky.

Bei der Frage der Restitution in Tschechien ist also das Kriterium der Nationalität des Vaters maßgeblich. Dieses für eine unterschiedliche

Behandlung sorgende Kriterium ist naturgemäß fragwürdig. Es geht zurück auf die Pariser Friedensverträge, welche die nationalen Minderheiten in den aus dem Zerfall der Imperien der Habsburger und der Romanows hervorgegangenen Nationalstaaten Ostmitteleuropas schützen sollten. Die Bürger mußten sich folglich - in der Tschechoslowakei besonders bei den Angaben für die Volkszählung 1929 - jeweils zu einer Nationalität bekennen bzw. wurden von den Behörden einer Nationalität zugeteilt.

Solch ein Bekenntnis bzw. eine Zuteilung war besonders bei dem böhmischen hohen Adel, der habsburgisch orientiert war und im Winter seine Wiener Palais bewohnte, problematisch. Nicht zuletzt auch wegen ihrer monarchischen Orientierung und ihrer Vorbehalte gegen den revolutionär-demokratischen tschechischen Nationalismus haben sich etwa 3/4 der grundbesitzenden böhmischen Familien zur deutschen Nationalität bekannt oder sind ihr zugerechnet worden. Und zwar auch dann, wenn ihre Familien böhmisch-autochthoner Herkunft gewesen sind und aus „ethnischer" Sicht eher tschechisch waren.

Aus den angesprochenen Gründen haben etwa der fürstliche Zweig der Kinsky sowie der größte Teil der Familien der Grafen Czernin und Podstatzky für die deutsche Nationalität optiert. Von den gefürsteten Schwarzenberg, welche bekanntlich aus Franken stammen, hat die Sekundogenitur für die tschechische Nationalität optiert! Einige Schweizer Familien sowie die ein souveränes Fürstentum besitzenden Liechtenstein wurden ebenfalls der deutschen Nationalität zugerechnet und sind damit gleichfalls nicht restitutionsberechtigt!

Lediglich solchen nicht-tschechischen Familien, welche Widerstand gegen die Naziherrschaft geleistet haben, blieb eine Hintertür offen. Auf diese Weise erhielten die Freiherren von Hildprandt Besitz zurück, im Falle der Grafen Des Fours hat örtlicher Widerstand die Besitzrückgabe bislang vereitelt. Sonderfälle stellen die Besitze von Angehörigen anderer Nationalitäten dar. Der Fürst Blücher hat gute Aussichten Besitz zurückzuerhalten, weil der seinerzeit enteignete Familienchef britischer Staatsbürger gewesen ist! Die Familie des italienischen Fürsten Collalto befindet sich noch in Verhandlungen.

13.5. Die Neueinrichter

Trotz der Konflikte um die Restitution gibt es bereits wieder eine zu Hoffnung Anlaß gebende Normalität. Während für die ältere Generation die Behandlung der „Bodenreform" kaum faßbar ist, blieb der nüchtern-realistischen jüngeren Generation der „Neueinrichter" nichts anderes übrig, als sich auf die Situation einzustellen und die gebotenen Pachtmöglichkeiten mit Rückkaufoption wahrzunehmen. Das für den Rückerwerb nötige Eigenkapital können naturgemäß nur wenige aufbringen.

Die Neueinrichter müssen Pionierarbeit leisten, haben keine Zeit zum Klagen und betrachten trotz allem den Zusammenbruch der kommunistischen Diktatur und die dadurch geschaffene Möglichkeit, zu den Stätten des Ursprungs zurückzukehren, als ein großes Geschenk. Auch der Adel der früheren deutschen Ostprovinzen sowie der baltische Adel, von dem einige wenige in der alten Heimat wieder Fuß zu fassen suchen, ist erleichtert über den Fall des Kommunismus und die Wiederherstellung der zu den Grundrechten gehörenden Reisefreiheit. Wie auch am Beispiel von Polen und Ungarn dargelegt werden könnte, gehen diese Nachfolgestaaten von Volksdemokratien fairer mit ihrem Adel um als Deutschland. Mit Vaclav Havel hat Tschechien einen Präsidenten, welcher aktiv gegen das kommunistische Unrechtssystem gekämpft und hierbei von dem in Wien lebenden Fürsten Karl zu Schwarzenberg unterstützt wurde. Diesen seinen Freund hat er nach der Wende als Berater in seine Präsidialkanzlei berufen.

Die Entscheidung, die zwischen 1945 und 1949 enteigneten, entgegen der Propaganda übrigens vielfach in bäuerlicher und bürgerlicher Hand befindlichen Besitze nicht zu restituieren, hat dazu geführt, daß bereitstehendes Human- und Geldkapital in erheblichem Umfang nicht genutzt wurde.

Wie der Vorsitzende des Verbandes „Der Sächsische Adel" Henning von Kopp-Colomb im Oktober 1996 in seinem Referat „Sächsischer Adel heute 1945-1996" auf Burg Weesenstein berichtete, haben nämlich nach der „Wende" viele Adelige „gewissermaßen auf gepackten Koffern gesessen".

Nicht alle waren in der Lage, sich als „Neueinrichter" zu betätigen. Soweit es sich um Landwirte handelte, haben sie das ihren Vätern oder Großvätern gehörende Land, manchmal auch verfügbare benachbarte Flächen teilweise zurückgepachtet. Nur wenige verfügten über das Kapital, ihren Familienbesitz zurückzukaufen. Dabei ist zu bedenken, daß die hierfür notwendigen Mittel sich bei den z. T. bescheidenen Bodenqualitäten - wie etwa in der Mark Brandenburg - oft nicht rechnen.

Viele haben daher lediglich ein oft in schlechtem Zustand befindliches Gutshaus oder - da dieses häufig gar nicht mehr existierte - ein Nebengebäude mit etwas Land zurückgekauft, um dort einen Alters- bzw. Zweitwohnsitz zu nehmen oder zum bürgerlichen Beruf etwa nach Berlin zu pendeln.

Ein Problem stellt naturgemäß die Nutzung großer alter Häuser und Schlösser dar. Wie der Graf Lynar zu Lübbenau, dessen nach dem 20. Juli 1944 enteigneter Besitz zurückerstattet worden ist, nutzt Hans-Mortimer Freiherr von Maltzan sein von ihm restauriertes Schloß Vanselow in Mecklenburg als Hotel. Bemerkenswert ist die von Viktor Freiherrn von Finck mit großem Engagement betriebene Gründung einer Studienstätte in seinem vor dem Toren Dresdens gelegenen elterlichen Schloß Nöthnitz. Hier wirkte der Begründer der Altertumswissenschaft Johann Joachim Winckelmann als Bibliothekar des Diplomaten und Geschichtsschreibers Heinrich Graf von Bünau (1697-1762).

In seinem Buch „Schwierige Heimkehr" hat der für die „Frankfurter Allgemeine" tätige Journalist Karl Feldmeyer einige Neusiedler bzw. „Wiedereinrichter" vorgestellt, darunter die Saldern in Wilsnack, die Grafen Hardenberg in Neuhardenberg, die Marwitz in Friedersdorf, die Barsewisch in Groß-Pankow, wo Professor Dr. med. Bernhard von Barsewisch in dem wiederhergestellten Schloß eine Augenklinik eingerichtet hat, die Grafen Wilamowitz-Moellendorff in Krampfer, die Rundstedts in Schönfeld, die Grafen Hahn von Burgsdorff in Zettemin, die Freiherren Marschall von Altengottern, die Eggeling in Horscha, die Ribbeck in Ribbeck und Bagow, die Katte in Kamern sowie schließlich die Grafen Finckenstein in Alt Madlitz, wo der Bankier Karl Wilhelm Graf Finckenstein das heruntergekommene Schloß restauriert hat und den berühmten, völlig verwilderten Park wieder herrichtet.

Die Neu-Einrichter bewirtschaften in der Regel Flächen von wenigen hundert Hektar und stellen somit im Unterschied zu den mehrere tausend Hektar bewirtschaftenden agroindustriellen Großbetrieben der LPG-Nachfolger ausgesprochen großbäuerlich-mittelständische Betriebe dar. Einige dieser Neueinrichter haben gleich den Pionieren des amerikanischen Westens mit ihren Ehefrauen und Kindern zunächst in primitiven Umständen wie halb verfallenen Gebäuden gehaust. Sie haben in ihrem Umfeld das Schreck- und Zerrbild vom adelsstolz-hochnäsigen Junker durch praktisches Beispiel widerlegt. Da sich die vertriebenen Adeligen nach 1945 als Flüchtlinge in schwierigsten Verhältnissen und bürgerlich-demokratischen Lebensumständen haben bewähren müssen, haben sie mit dem von der SED/ PDS und anderen Ideologen kultiviertem Feindbild nichts gemein.

Es verwundert daher nicht, daß Neueinrichter berichten, daß sie mit der Landbevölkerung gut klarkommen. Dagegen haben sie oft erhebliche Probleme mit den Behörden, deren Personal vielfach noch SED/PDS geprägt ist und teilweise so ressentimentgeladen und feindselig ist, für Neueinrichter positive Gerichtsurteile nicht umzusetzen. Solch eine Blockade des Rechtsstaates hatte zur Folge, daß einige resigniert haben und dadurch nicht nur Investitionen, sondern auch dringend benötigte, westlich-demokratisch geprägte neue Köpfe ausgeblieben sind.

Ein westdeutscher Waldbesitzer berichtete dem Autor, er habe nach solch negativen Erfahrungen darauf verzichtet, ein seiner Familie früher gehörendes Waldgut zurückzukaufen, weil er seinem Sohn die damit verbundenen, äußerst unerquicklichen Grabenkämpfe nicht habe zumuten wollen! Wenn man bedenkt, daß jeder durch die „Bodenreform" in Bundesbesitz gekommene Hektar Wald - insgesamt 770.000! - jährlich mit mehr als zweihundert Mark bezuschußt werden muß, dann ersieht man, daß den Steuerzahler dies alles teuer zu stehen kommt.

Investitionen unterbleiben auch dadurch, daß Neueinrichter mit hohen Pachtzahlungen belastet werden. So wies der nach Mecklenburg zurückgekehrte Christian von Plessen im Dezember 1996 in einem Leserbrief darauf hin, daß der Rückkaufpreis, den er für das heruntergekommene Gutshaus seines Vaters entrichten mußte, nicht mehr für die Sanierung des Denkmals zur Verfügung stehe und daß er sofort zusätzlich drei Arbeitskräfte für Baumaßnahmen, Aufforstungen und Wegebauten einstellen könne, wenn er nicht für das seinem Vater „gestohlene Ackerland" an den Staat 150.000 DM Pacht überweisen müßte!

Einige der von Karl Feldmeyer für die Frankfurter Allgemeine entworfenen Porträts von Neueinrichter-Familien mögen deren ungewöhnliche Pionierarbeit verdeutlichen:

Der 1962 im Westen geborene Wolf Freiherr Marschall von Altengottern hat seinen kaufmännischen Beruf aufgegeben und eine Ausbildung als Landwirt absolviert, um sich 260 Hektar seines früher 1.000 Hektar umfassenden Familiengutes zurückpachten zu können. Er wird von der Dorfbevölkerung voll angenommen. Sie hat erlebt, daß er mit Frau und Kindern nicht als reicher „Wessie" kam, wie man anfänglich in den „neuen Ländern" die Bundesdeutschen nannte, sondern daß er wie seine Frau hart arbeitet. Sie duzen ihren „Baron", dessen Familie das Thüringer Erbmarschallamt innehatte, und haben ihn in den Gemeinderat und Kreistag sowie zum stellvertretenden Bürgermeister gewählt!

Ähnlich positiv wirkt Eckard Graf Hahn von Burgsdorff. Dieser ließ sich als Oberstleutnant der Bundeswehr vorzeitig pensionieren, besuchte nach seiner Entlassung die Fachschule für Agrarwesen in Neu-Brandenburg und konnte dann von dem ehemaligen Schwerin'schen Besitz Zettemin knapp 300 Hektar pachten. Während die Hahns mit ihrem Hauptsitz Basedow einst über 8.000 Hektar Land und 450 Mitarbeiter geboten, ist Eckard Graf Hahn mit nur einem einzigen angestellten Landarbeiter, der sich schon mal als „Grafenknecht" titulieren lassen mußte, jetzt buchstäblich ein Großbauer. Er hat die alten Gebräuche des Osterfeuers und des Erntedankfestes neu belebt, zu welchen Anlässen jetzt sogar Altkommunisten kommen!

Im Vergleich zu diesen wenig bekannten Betrieben widmet die Presse Dr. Georg Prinz zur Lippe mit seinem gegenüber dem Meißener Dom an der Elbe gelegenen Familienweingut Schloß Proschlitz naturgemäß größere Aufmerksamkeit. Prinz Lippe hat 1991 seinen gut bezahlten Job an der Spitze eines Filialbetriebs eines japanischen Konzerns in München aufgegeben, kauft den unter der SED heruntergewirtschafteten Familienbesitz nach und nach auf und ist dabei, ihn mit umfangreichen Sanierungsmaßnahmen und Neuanpflanzungen wieder hochzubringen. Auf dem Photo erblickt man einen energisch aussehenden und in Jeans gekleideten Mann, der das nicht nur der PDS lieb und teuere Junker-Feindbild Lügen straft.

Diese von der FAZ aufgegriffenen Beispiele verdeutlichen, wie wichtig für die Überwindung der von den Kommunisten jahrzehntelang eingeschärften Feindbilder und damit die Schaffung der inneren Einheit Deutschlands ein anfangs durch einen Widerstreit der Gefühle geprägtes persönliches Zusammenwachsen ist. Denn auf beiden Seiten gibt es Vorurteile, wie denn ja überhaupt auch aus christlicher Sicht niemand abgeschrieben werden darf, allein deswegen, weil er der Staatspartei einer Diktatur als Mitglied angehört hat.

Wenngleich besonders bei den Forsten viele Entscheidungen noch ausstehen, kann derzeit festgestellt werden, daß etwa 6% des Ackerlandes von Neueinrichtern bewirtschaftet werden, unter denen sich auch Söhne von Bauern befinden, welche in die LPGs gepreßt worden sind. Die keinen Anspruch auf Vollständigkeit erhebende nachfolgende Liste beinhaltet also bei näherem Hinsehen, daß der Adel in den neuen Ländern gemessen an den LPG-Nachfolgegesellschaften wirtschaftlich nur eine freilich nicht unbeachtliche Randexistenz darstellt. Von den einst tausende von Hektar umfassenden Großbesitzen wie etwa der Grafen Hahn-Basedow oder der Arnim-Boitzenburg hat die Enkelgeneration 300 bzw. 400 Hektar Ackerland zurückgepachtet bzw. pachten können. Andere Familien wie die Grafen von der Schulenburg-Beetzendorf haben sich teilweise auch wegen schwerwiegender Umweltschäden nicht wieder in der Landwirtschaft engagiert, sondern mit dem Rückkauf von 1.000 ha Wald begnügt.

Ohne Anspruch auf Vollständigkeit seien hier einige Familien aufgeführt, welche sich wieder in ihrer alten Heimat engagieren:

Brandenburg: Arnim, Brünneck, Bülow, Dallwitz, Eckhardtstein, Finckenstein, Hardenberg, Holtzendorff, Knesebeck, Lochow, Lynar, von der Marwitz, Müller, Oppen, Osten, Saldern-Wilsnack, Solms, Wilamowitz-Moellendorf, Winterfeldt

Mecklenburg: Barner, Bassewitz, Bernstorff, Brandenstein, Finckenstein, Hahn, Maltzan, Plessen, Storch

Sachsen: Arnim, Below, Carlowitz, Einsiedel, Finck, Heynitz, Kuenheim, Lippe-Weißenfeld, Lüdinghausen gen. Wolff, Münster, Ponickau, Posern, Rechenberg, Römer, Sahrer v. Sahr, Sandersleben, Schönberg, Schönfels, Schwerdtner, Stolberg-Wernigerode, Wiedebach-Nostitz

Sachsen-Anhalt: Arnim, Alvensleben, Bismarck, Böhmer, Hagen, Katte, Krosigk, Reiche (Zimmermann), von der Schulenburg, Wulffen, Zech-Burckersroda

Thüringen: Bodenhausen, Breitenbuch, Ketelhodt, Knigge, Mangoldt, Marschall von Altengottern, Reuß, Schönburg, Tümpling

13.6. Soziale und kulturelle Aktivitäten im Osten

Zumal die von Neidgefühlen mitbeeinflußte öffentliche Diskussion nahezu ausschließlich um die Rückgabe der in ihrem materiellen Wert oft überschätzten, durch den Sozialismus heruntergewirtschafteten Güter kreist, soll nunmehr das Augenmerk auf die ideellen und gesellschaftlichen Aspekte adligen Lebens gelenkt werden.

Zunächst ist festzuhalten, daß auf dem Land bis 1945 vielfach noch patriarchalische Strukuren herrschten. Diese sind durch eine eigentümliche Mischung von Distanz und sehr enge persönlichen Beziehungen zwischen der Dorfbevölkerung und den Adligen ausgezeichnet gewesen und haben vielfach die 44jährige Existenz der SBZ/DDR überdauert. Viele haben den brieflichen Kontakt aufrechterhalten, Pakete verschickt und waren wechselseitig Gastgeber und Gäste.

Dabei hat die christliche Orientierung der Adligen, welche seit je her zu ihrem Selbstverständnis gehört und vielfach in den Familiensatzungen festgehalten ist, eine Rolle gespielt. Während die Inhaber der Rittergüter ihr ererbtes Amt als Kirchenpatron meist ernst genommen haben, sind ihre Frauen vielfach Leiterinnen der Frauenhilfe gewesen und haben dabei Freundschaften geschlossen, welche Jahrzehnte gehalten haben.

Nicht wenige vertriebene Adlige bringen zum Unverständnis von Kommunisten und anderen Glaubenslosen erhebliche Opfer, um „ihre" Kirche vor dem Verfall zu bewahren und Epitaphe zu retten. Dies betrachten übrigens auch heute noch die pommerschen, schlesischen und baltischen Adligen als ihre Aufgabe. Dies Engagement für die Rettung von Kulturgütern gilt auch historischen Gebäuden wie Gutshäusern und Schlössern - soweit sie noch stehen. Da vertriebene Adlige nur in wenigen Fällen die Mittel und die Gelegenheit haben, vom Verfall bedrohte Häuser selbst zu übernehmen, helfen sie vielfach den gegenwärtigen Besitzern bei der Restaurierung durch Rat und Tat oder suchen gar aus eigenem Antrieb Nutzungsmöglichkeiten für leerstehende und vom Verfall bedrohte Gebäude zu finden.

Von der engen Verbundenheit des 1945 vertriebenen Adels mit der Heimat legt etwa das von Dietz Baron Maltzan verfaßte illustrierte Büchlein „Wanderungen durch die Geschichte. Kunstreiseführer für die Familie von Maltza(h)n" (1994) Zeugnis ab. Es dokumentiert die „Neueinrichter"-Aktivitäten von Familienmitgliedern und legt dar, welche finanziellen Opfer erbracht werden, um alte Häuser und Schlösser vor dem Ruin zu retten. Des weiteren seien hier diese Aktivitäten hervorgehoben: die Grafen Hardenberg, denen der einst vergleichsweise umfangreiche, jedoch nicht ertragreiche Besitz Neuhardenberg von 7492 Hektar um etwa die Hälfte reduziert - wegen der Neusiedler von 1945 - als NS-Verfolgte zurückstattet worden ist, haben den deutschen Sparkassen- und Giroverband dafür gewonnen, Schloß, Park und Nebengebäude zu übernehmen. Der wertvolle Schinkelbau mit dem von Peter Joseph Lenné und vom Fürsten

Pückler gestalteten Park soll für 80 Millionen restauriert und zu einer internationalen Tagungsstätte ausgebaut werden.

Adalbert Freiherr von Rosenberg unterstützt Stadt und Universität Greifswald bei der Nutzung von Schloß Karlsburg, dem Erbe seiner aus dem Hause der Grafen Bismarck-Bohlen stammenden Mutter. Schließlich ist es Georg Graf Zech-Burckersroda gelungen, für sein väterliches Schloß Goseck an der Saale eine sinnvolle Nutzung zu finden. In dieser Stammburg der Pfalzgrafen von Sachsen, aus welcher Adalbert von Bremen stammt, wurde 1993 in Anwesenheit des Ministerpräsidenten von Sachsen-Anhalt ein Fortbildungszentrum für solche Handwerker eingerichtet, welche sich in Kooperation mit dem Europäischen Zentrum für Denkmalspflege Schloß Raesfeld zum „Restaurator im Handwerk" weiterbilden lassen wollten. Nachdem die Finanzierung dieser Fortbildungsstätte durch die neue Landesregierung vorübergehend eingestellt worden war, wird jetzt in Goseck eine Nebenstelle des Landesdenkmalsamtes eingerichtet, sodaß die Erhaltung dieses historischen Monuments gesichert ist.

Nicht zuletzt muß hier auch auf die der breiteren Öffentlichkeit nicht bekannten Aktivitäten der Exil-Landesverbände hingewiesen werden. Unter ihnen war der lange Jahre von Thomas Freiherrn von Fritsch geführte Verband „Der Sächsische Adel" besonders rührig. Die Sachsen haben unbeirrt am Ziel der Wiedervereinigung festgehalten und die Geschichte hat nicht den vielen Kleinmütigen sondern ihnen Recht gegeben. Besonders hingewiesen werden muß hier auch auf die karitativen Aktivitäten der ursprünglich rein adeligen Ritterorden der Johanniter und der Malteser, welche in der christlich-ritterlichen Tradition stehen. Während die Johanniter-Hilfsgemeinschaft nach dem Krieg meist im Rentneralter befindliche bedürftige Adlige in der DDR mit Zuspruch und Paketen unterstützt hat, haben die pommersche, preußische und schlesische Genossenschaft der Johanniter eine wichtige Aufgabe darin gesehen, die in den ehemaligen deutschen Ostprovinzen gebliebenen christlichen Deutschen - Adlige gab es dort nicht mehr - menschlich und materiell zu stützen. Dies geschah unter der Johanniter-Devise „Den Schwachen Hilf!"

Aus der von dem Kommendator der Pommerschen Genossenschaft Karl-Johann von Quistorp eingeleiteten Broschüre „Aktion Pommernhilfe 1981-1992" geht hervor, daß in dem genannten Zeitraum 140 Hilfstransporte mit Lebensmitteln, Bekleidung und Medikamenten nach Pommern gegangen sind. Diese Hilfe ist ohne jede Verwaltungskosten erfolgt, da die Spender auch Fahrzeuge zur Verfügung gestellt haben bzw. die Johanniter-Unfallhilfe die Transporte ohne Entgelt geleistet hat.

Nach dem Fall der Mauer haben sich die Johanniter in den „neuen Ländern" engagiert, innerhalb von 11 Monaten baute die Johanniterunfallhilfe 20 Kreisverbände, 39 Sozialstationen und sowie Rettungsdienste auf, welche mit dem Roten Kreuz, dem Malteser-Hilfsdienst und dem Arbeiter-Samariter-Bund kooperieren. Des weiteren hat die Johanniter-Unfall-Hilfe (JUH), deren Präsident gegenwärtig Wilhelm Graf von Schwerin ist, 15 Altenheime, 120 Kindertagesstätten und 81 Kindergärten aufgebaut bzw. in ihre Trägerschaft übernommen. Bei der Feier des 40jährigen Jubiläums der Johanniter-Unfallhilfe am 2. Mai 1992 in der Potsdamer Nikolaikirche hielten der Herrenmeister Prinz Wilhelm Karl von Preußen und Ministerpräsident Manfred Stolpe Ansprachen.

Bemerkenswert ist, daß die Johanniter-Unfallhilfe mittlerweile solche Sozialstationen in Polen einrichtet, welche sich in der Bundesrepublik bewährt haben. Sie sollen nach und nach von Polen in eigener Regie betrieben werden. Die Hilfe hat sich also von der deutschen Minderheit auf Entwicklungshilfe für Polen im Sozialbereich verlagert.

Die Johanniter-Unfallhilfe hat des weiteren seit 1991 in Moskau 1,8 Millionen DM für ein Leukämie-Programm ausgegeben. Wesentlich bedeutsamer ist die den Letten durch die Hamburger Johanniter zuteilgewordene Hilfe. Sie umfaßte im Jahre 1993 ein Volumen von 1450 Tonnen im Wert von ca 32.5 Millionen DM und wurde in Abstimmung mit dem deutschen Botschafter in Lettland, dem Johanniter Hagen Graf Lambsdorff, sowie dem lettischen Wohlfahrtsminister geleistet.

Diese segensreiche Kooperation wurde von Deutschen und Letten mit einem Gottesdienst in der Rigaer Johanniskirche gefeiert, bei der der 84jährige Bischof der deutschen Gemeinde in Lettland sowie der lettische Gemeindepfarrer den Gottesdienst in deutscher und lettischer Sprache hielten.

Gleich den Johannitern haben auch schlesische Malteser sowie die Vereinigung der Katholischen Edelleute von Schlesien nach dem Krieg karitative Hilfe in ihrer alten Heimat geleistet.

Der offizielle Name des evangelischen Johanniter-Ordens „Balley Brandenburg des Ritterlichen Ordens St. Johannis vom Spital zu Jerusalem" verweist darauf, daß er im Kern eine deutsche, und zwar aus der Verselbständigung der Ballei Brandenburg hervorgegangene Einrichtung ist. Neben seinen deutschen Provinzen umfaßt er auch ausländische, und zwar Finnland, Frankreich, Österreich, die Schweiz und Ungarn und ist somit außer für kleinere Länder speziell für die evangelische Minderheit katholischer Länder da.

Der „Souveräne Malteser-Ritterorden vom Hospital des Hl. Johannes zu Jerusalem" hat als sein katholischer Bruderorden einen ausgesprochen übernationalen Charakter und bildet sogar ein Völkerrechtssubjekt sui generis. Seine Regierung, das Groß-magisterium, residiert in Rom. Sein auf Lebenszeit gewählter und vom Papst bestätigter Großmeister hat das Gelübde von Armut, Ehelosigkeit und Gehorsam abgelegt. Der Malteser-Orden ist in rund vier Dutzend nationale Assoziationen bzw. Priorate gegliedert. Der langjährige Präsident der Deutschen Assoziation des Souveränen Malteser Ritter-Ordens Johannes Prinz zu Löwenstein-Wertheim-Rosenberg ist 1997 durch Leo Graf von Henckel-Donnersmarck abgelöst worden. Kanzler der deutschen Assoziation ist gegenwärtig Albrecht Freiherr von Boeselager, der als „Hospitalier" - entspricht dem Gesundheits- und Sozialminister - dem „Souveränen Rat", der Ordensregierung, in Rom angehört. Das viele Jahre von Dieter Graf Landsberg-Velen bekleidete Amt des Präsidenten des deutschen Malteser-Hilfsdienstes ist auf Constantin von Brandenstein-Zeppelin übergegangen.

Der Malteser-Orden unterhält stationäre Einrichtungen wie Kranken-häuser, Hospize, Alten- und Behindertenheime, Kinderheime sowie Heime für Drogenabhängige und Flüchtlinge. Des weiteren betreibt er eine Vielzahl von Hilfsdiensten. Sein traditionelles Hauptaufgaben-gebiet ist der Krankentransport und der internationale Katastro-phenschutz. Dazu kommt ein breites Spektrum der Betreuung von Alten, Behinderten, Obdachlosen und Hungernden, in den letzten Jahren beispielsweise auch in Rußland, Ex-Jugoslawien und Rumä-nien. Für all diese Dienste ist Ehrenamtlichkeit und unentgeltliche Mitarbeit das Fundament.

Hervorzuheben ist, daß der Malteser-Orden nach dem Fall des Kommunismus in Polen, Rumänien und Ungarn wieder mit nationalen Assoziationen vertreten ist. Der ungarische Hilfsdienst hat sich sogar zum zweitgrößten des Malteser-Ordens entwickelt, welcher auch in Lettland, Litauen, der Slowakei und Slowenien aktiv ist.

Die deutsche Assoziation des Malteser-Ordens hat nach 1989 das Kreiskrankenhaus in Kamenz sowie zwei sächsische Altenpflegeheime in seine Trägerschaft übernommen, so daß der Orden auch in den über-wiegend protestantisch (gewesenen) „neuen Ländern" wieder vertreten ist. Seine Auslandsarbeit ist schwerpunktmäßig auf die Aufbauhilfe für die wieder freien Länder Mittel- und Osteuropas gerichtet.

Die Öffnung der Grenzen nach 1989 hat somit die Herstellung einer Vielzahl von Kontakten auch im persönlichen Bereich bewirkt. Dazu gehört auch, daß ehemalige Besitzer deutscher Güter bzw. ihre Erben eingeladen werden, um Hilfestellung bei der Restaurierung und Ausstattung ihrer Gutshäuser und Schlösser zu leisten. So ist Udo Graf zu Eulenburg, welcher als Kind zum Erben von Gallingen, einem der ältesten und bedeutendsten ostpreußischen Adelssitze bestimmt wor-den ist, im Sommer 1996 von dem neuen Besitzer nach Gallingen eingeladen worden. Es handelt sich dabei um einen Warschauer Fa-brikanten welcher mit seiner Ehefrau Gallingen auf eigene Kosten restauriert - bis hin zu der Wetterfahne von 1589 mit dem Mono-gramm B W E (Botho Wendt Eulenburg)! Die alten Besitzer sind von den neuen überaus herzlich empfangen worden, die ihnen gesagt haben, sie sollten das Schloß als ihr Haus betrachten und wären zu jeder Zeit willkommen. Die Eulenburgs helfen bei der Restaurierung von Schloß und Park, indem sie berichten, wie es früher ausgesehen hat und Photos und andere Unterlagen zur Verfügung stellen. Sie haben das einzige erhaltene Ölbild, welches von einem Gärtner versteckt worden war, nach Gallingen zurückgegeben.

Der Fall des Eisernen Vorhangs in Europa hat somit zur Folge gehabt, daß die vertriebenen Familien ihre Heimat für sich, ihre Kinder und ihre Enkel in der Weise für sich wieder zurückgewonnen haben, daß sie ihre Familientage in der alten Heimat veranstalteten. Solange die Hotelkapazität noch nicht ausreichte und/oder dies die politische Feinfühligkeit empfahl, hat man den Tagungsort unmittelbar an die Grenze gelegt. Von dort wurden mit Fahrzeugen die alten Erinnerungsorte wie Städte, Gutshäuser und Kirchen abgefahren. Nach adeliger Tradition gehörte hierzu jeweils ein Gottesdienst. Das Kapitel des sächsischen Adels z.B. tagte zunächst weiter in Kaufungen östlich Kassel, besuchte jedoch 1991 Meiningen, hielt eine Sitzung in Eisenach ab und feierte einen Gottesdienst auf der Wartburg.

Von den märkischen Familienverbänden haben z.B. die Arnims, Knesebecks, Rochows, Rohrs, Tresckows und Winterfelds schon wieder in der alten Heimat getagt, wobei sie vielfach schon von „Neueinrichter"-Vettern zum Kaffee geladen werden konnten. Die Wedels überschritten im August 1991 sogar die polnische Grenze und nächtigten in dem als Gasthaus genutzten Wedel-Schloß Tütz. Ein polnischer Güterdirektor eines ehemaligen Wedel-Gutes organisierte für sie ein Picknick. Die eichsfeldischen Hanstein's feierten 1991 ihren Familientag auf der Burgruine Hanstein, wo sie ein restauriertes Denkmal einweihten. Die Schönfeldts feierten ihren Familientag auf dem jetzt als Hotel genutzten Lynarschen Schloß Lübbenau.

Für die Grafen und Fürsten Schönburg wurde aus Anlaß ihres Familientages in Wechselburg im Juli 1993 ein Pontifikalamt abgehalten. Das Hochamt feierte der Dresdener Weihbischof. Im Rittersaal des Schlosses Hohenglauchau wurde ein Empfang für die Vertreter des öffentlichen Lebens gegeben.

Bemerkenswert ist, daß in der Zwischenzeit auch die estländische und die Öselsche Ritterschaft in der alten Heimat getagt haben. Bei dem Treffen der estländischen Ritterschaft vom 31.10/1.11.1992 in Tostadt sprach der estnische Bischof über aktuelle Probleme. Bei Treffen der Öselschen Ritterschaft von 1993 in Schloß Arensburg beschlossen die deutschbaltischen Ritter materielle Hilfe für das Schloßmuseum. Der Probst von Ösel hielt einen Gottesdienst in deutscher Sprache. Das rege Interesse, welches derartige Veranstaltungen auch bei Funk und Fernsehen erwecken, dokumentiert, daß sie eine erhebliche Bedeutung für das Wiederhineinwachsen der Balten in die westliche Staatengemeinschaft haben.

Der estnische Präsident Meri hat die Deutschbalten ausdrücklich als „kulturelle Brücke" für Estland angesprochen. Einen Höhepunkt in dieser Beziehung bildete der Besuch von Bundespräsident von Weizsäcker in Reval (Tallin) von 1993. Dank der Bemühungen des aus einer Revaler Familie stammenden deutschen Botschafters Henning von Wistinghausen, welcher mit baltendeutschen Jugendlichen 1993 eine estländische Radtour veranstaltete, werden mit Hilfe von Mitteln des Bundesinnenministers Epitaphe in der Ritter- und Domkirche von Reval restauriert. Zuvor hatte der Vorsitzende der Estländischen Ritterschaft, Axel von Ungern-Sternberg, zu diesem Zweck einen Spendenaufruf erlassen, der 15.000,- DM eingebracht hat. Angemerkt werden kann noch, daß die deutsche Botschaft in Reval in einem ehemaligen Stackelbergischen Palais untergebracht ist.

Gleich den „reichsdeutschen" Adelsfamilien haben sich auch die über die ganze Welt - insbesondere auch Nordamerika - verstreuten deutschbaltischen Adelsfamilien nach der Wende wieder in der alten Heimat versammelt. So etwa die Behr, Campenhausen, Dellingshausen, Fircks, Krusenstern, Lambsdorff, Osten-Sacken, Rennenkampf, Ropp, Stackelberg, Stryk und Wahl. Die baltischen Familien restaurieren vielfach auf eigene Kosten ihre Grablegen und helfen den Esten und Letten bei der Restaurierung ihrer Gutshäuser und Schlösser. All diesen Aktivitäten werden von den Balten dankbar begrüßt, waren sie doch während der Sowjetherrschaft vom Westen abgeschnitten. Als die Stackelberg 1989 ihren Familientag in Reval feierten, war das Fernsehen dabei, als aus diesem Anlaß in der Domkirche ein estnischer Frauenchor sang und der evangelisch-lutherische Bischof von Reval eine Andacht in deutscher Sprache hielt.

Es versteht sich, daß dieses Engagement in den baltischen Staaten nicht durch materielle Forderungen oder nationalistische Ansprüche belastet wird, so daß es eine völkerverbindende Wirkung im besten Sinne hat. Dies gilt auch für die Aktivitäten schlesischer Familien in der alten Heimat. Als ihre alte Familiengruft in Großrosen eingestürzt war, ließ die Familie Richthofen die Särge umbetten. Der bei diesem Anlaß 1991 gefeierte Gottesdienst wurde in polnischer und deutscher Sprache abgehalten. Ein Jahr später veranstalteten die Richthofen in Bonn eine Benefizkonzert, dessen Ertrag der Erhaltung der Friedenskirche im schlesischen Jauer zukommt.

Bei einer Würdigung von all dem gelangt man zu dem Eindruck, daß der gegen den Adel gerichtete „Klassenrassismus" - wie ihn DDR-Bürgerrechtler genannt haben - gleichsam mit deutscher Gründlichkeit in der ehemaligen DDR besonders tiefe Wurzeln geschlagen hat und besonders giftig ist. Der Adel stellt als ehemalige Trägerschichte der Monarchie ein beliebtes Feindbild dar, von dem viele auch im Westen nicht lassen möchten. Als eine traditionell orientierte alternativ lebende Minderheitsgruppe vermag der Adel nicht den Bonus einer „unterdrückten" Minderheit einzuheimsen. Vielmehr ist er dem plebejisch-intoleranten Vorwurf des Elitären ausgesetzt.

Das vielfach gestörte Verhältnis der nichtadeligen zu den adeligen Bürgern in Deutschland geht daraus hervor, daß man einerseits den Adel und mit ihm - gleichsam als seine Geißeln - die bäuerlichen und bürgerlichen Hofbesitzer in Sachen „Bodenreform" schmählich und eines Rechtsstaats unwürdig behandelt hat. Andererseits schmücken sich die Politiker gern mit Adeligen, wie beispielsweise im Juli 1996 bei der Beisetzung von Herzog Albrecht von Bayern, welcher während der Hitler-Diktatur in den KZs Sachsenhausen, Flossenbürg und Dachau gesessen hat. Die Tatsache, daß Adelige nach der Einschätzung eines bekannten polnischen Germanisten mehr Widerstand gegen Hitler als die Proletarier geleistet haben und deswegen die deutsch-jüdische New Yorker Zeitung „Der Aufbau" den 20. Juli 1944 als „Junkerputsch" bewertet hat, vermochte die Ressentiments gegen den Adel eher noch zu verstärken.

Als Botho Graf Hohenthal 1993 vor dem Leipziger Kunstverein über die von den Kommunisten unter Wortbruch gestohlene „Sammlung Hohenthal, Püchau" berichtete, da hat er darauf verwiesen, daß seine Familie 1945 Haus und Hof verlassen mußte wie 1938 die Leipziger jüdischen Familien. Zum Trost verwies er auf den Grabstein eines seiner Vorfahren in der Thomaskirche, auf dem diese Inschrift steht:

"Gedenke der vorigen Zeit bis daher und betrachte, was Gott getan hat an den Vätern".

Literaturverzeichnis

Allgemeines

Adel in Österreich. Hrsg. Heinz Siegert. Wien 1971

Der Adel vor der Revolution. Hrsg. Rudolf Vierhaus. Göttingen 1971

Adel und Kirche. Hrsg. Josef Fleckenstein. Freiburg i. Br. 1968

Almquist, Paula: Eine Klasse für sich. Adel in Deutschland. Hamburg 1979

Bosl, Karl: Der aristokratische Charakter europäischer Staats- und Sozialentwicklung. Historisches Jahrbuch 74 (1955), S. 631-42

Deutscher Adel 1430-1555. Büdinger Vorträge 1963. Hrsg. Hellmuth Rössler. Darmstadt 1965

Deutscher Adel 1555-1740. Büdinger Vorträge 1964. Hrsg. Hellmuth Rössler. Darmstadt 1965

Deutsches Adelsblatt. Berlin 1883-1944

Deutsches Adelsarchiv. Westerbrak 1945-1961

Deutsches Adelsblatt. Westerbrak 1962ff.

Europäische Stammtafeln. Neue Folge. Hrsg. Detlev Schwennicke. Marburg 1980ff.

Faber, Karl Georg: Literaturbericht. Mitteleuropäischer Adel im Wandel der Neuzeit. In: Geschichte und Gesellschaft 7 (1981), S. 276-296

Genealogisches Handbuch des Adels. Fürstliche, Gräfliche, Freiherrliche und Adelige Häuser, Adelslexikon. Limburg a.d.L.: C. A. Starke Verlag

Girtler, Roland: Adel zwischen Tradition und Anpassung. In: Kulturtypen, Kulturcharaktere. Hrsg. W. Lipp, Berlin 1987, S. 187-203

Görlitz, Walter: Die Junker. 4. Aufl. Limburg a.d.L. 1981

Kneschke, Ernst Heinrich: Neues allgemeines deutsches Adels-lexikon. Bd. 1-9. Leipzig 1859-1870

Legitimationskrisen des deutschen Adels 1200-1900. Hrsg. P.U. Hohendahl und P.M. Lützeler. Stuttgart 1979

Nostitz, Oswald von: Der Adel. In: Rechtfertigung einer Elite (= Herder Initiative 29), Freiburg i.Br.1979

Reden-Dohna, Armgard von u. Melville, Ralph: Der Adel an der Schwelle des bürgerlichen Zeitalters 1780-1860. Stuttgart 1988

Reif, Heinz: Sozialgeschichte des deutschen Adels (als Suhrkamp-Taschenbuch angekündigt)

Rezzori, Gregor von: Idiotenführer durch die deutsche Gesellschaft I (Hochadel), II. (Adel). Hamburg 1962

Sinclair, Lewis: Aristokraten im 20. Jahrhundert. Wien, Berlin 1969

Studnitz, Hans-Georg von: Adel heute. In: Konservativ heute 9 (1978), S. 170-74.

Veblen, Thorstein: Theorie der feinen Leute. Köln 1958

Einzelfragen

Adel im Weserraum um 1600. Katalog der Ausstellung im Weserrenais-
sance-Museum Schloß Brake 1996, München, Berlin 1996

Arnim-Muskau, Hermann Graf von: Märkischer Adel. Versuch einer sozial-
geschichtlichen Betrachtung anhand von Lebensbildern der Herren und
Grafen von Arnim, Bonn 1986

Berdahl, Robert M.: Preußischer Adel. In: Preußen im Rückblick. Hrsg. H.-
J. Puhle u. H.-U. Wehler. Göttingen 1980

Boeselager, Johannes von: Die Osnabrücker Domherren des 18. Jahrhunderts.
Osnabrück 1990

Bosl, Karl: Die Reichsministerialität der Salier und Staufer. Bd. 1.2. Stuttgart 1950/51

Brunner, Otto: Adeliges Landleben und europäischer Geist. Leben und
Werk Wolf Helmhards von Hohberg, 1612-1688. Salzburg 1949

Brunner, Otto: Land und Herrschaft. Wien 1965 (5. Aufl.)

Bues, Adelheid: Adelskritik-Adelsreform. Diss. Göttingen 1948

Buttlar, Rudolf v.: Stammbuch der althessischen Ritterschaft. Kassel 1888

Carsten, Francis L.: Geschichte der preußischen Junker. Frankfurt/M. 1988

Danner, Wilfried: Die Reichsritterschaft im Ritterkanton Hegau. Diss. Konstanz 1969

Dissow (d.i. Rantzau), Joachim von: Adel im Übergang. Ein kritischer Standesgenosse berichtet aus Residenzen und Gutshäusern. Stuttgart 1961

Dungern, Otto v.: Adelsherrschaft im Mittelalter. München 1927

Fleck, Anton: Die Mediatisierung der Reichsfreiherren von Gemmingen beim
Übergang in die badischen Souveränitätslande. Diss. Mainz 1972

Feldmeyer, Karl: Schwierige Heimkehr. Neusiedler auf altem Boden. Berlin 1997

Franz Joseph von Österreich und der Verfall eines Prinzips. Wien 1980

Fischer, Wolfram: Das Fürstentum Hohenlohe im Zeitalter der Aufklärung.
Tübingen 1958

Fritsch, Thomas Frh. v.: Die gothaischen Taschenbücher, Hofkalender u.
Almanach. Limburg a.d.L.1968

Furtwängler, Martin: Die Standesherren in Baden (1806-1848), Frankfurt
a.M. 1996

Gaisberg-Schöckingen, Friedrich von: Das Königshaus und der Adel in
Württemberg. Pforzheim 1908

Galera, Karl Siegmar von: Vom Reich zum Rheinbund. Weltgeschichte des

18. Jahrhunderts in einer kleinstädtischen Residenz, Neustadt a.d. Aisch 1961 (= Die Riedesel zu Eisenbach Bd. 5)

Geschichte des sächsischen Adels. Hrsg. Katrin Keller u. Josef Matzerath. Weimar 1997

Gollwitzer, Heinz: Die Standesherren. Stuttgart 1957

Habich, Theodor: Deutsche Latifundien. Königsberg i. Pr. 1929

Hauck, Karl: Geblütsheiligkeit. In: Festschrift Paul Lehmann. St. Ottilien 1950

Hellstern, Dieter: Der Ritterkanton Neckar-Schwarzwald. Tübingen 1971

Hersche, Peter: Die deutschen Domkapitel im 17. und 18. Jahrhundert. Bd. 1-3. Bern 1984

Hofmann, Hanns Hubert: Adelige Herrschaft und souveräner Staat. München 1962.

Kleine, Georg: Adelsgenossenschaft und Nationalsozialismus, in: Vierteljahreshefte für Zeitgeschichte 26 (1978), S. 100-143.

Hoyningen-Huene, Iris Freifrau von: Adel in der Weimarer Republik: die rechtliche und soziale Situation des reichsdeutschen Adels, 1918-1933, Limburg an der Lahn 1992

Kalm, Harald von: Das preußische Heroldsamt 1855-1920, Berlin 1994

Kleist-Schmenzin, Ewald von: Adel und Preußentum. In: Süddeutsche Monatshefte 1926, S. 378-81

Lampe, Joachim: Hofadel und Stadtpatriziat in Kurhanover. Göttingen 1963

Martiny, Fritz: Die Adelsfrage in Preußen. Stuttgart 1938

Mauchenheim, gen. Bechtoldsheim, Hartmann v.: Des Heiligen Römischen Reichs unmittelbar-freie Ritterschaft zu Franken, Ort am Steigerwald im 17. und 18. Jahrhundert. Diss. München 1977

Neukirch, Albert: Renaissance-Schlösser in Niedersachsen. Textband. Hannover 1939

Obenaus, Herbert: Recht und Verfassung der Gesellschaften mit St. Jörgensschild in Schwaben. Untersuchungen über Adel, Einung, Schiedsgericht und Fehde im 15. Jahrhundert. Göttingen 1961

Preradovich, Nikolaus von: Die Führungsschichten in Österreich und Preußen. 1804-1918. Wiesbaden 1955

Press, Volker: Adel und Reich um 1660. In: Spezialforschung und Gesamtgeschichte. München 1982

Reichold, Helmut: Bismarcks Zaunkönige. Duodez im 20. Jahrhundert. Paderborn 1977

Reif, Heinz: Westfälischer Adel. 1770-1860. Göttingen 1979

Riehl, Hans: Als die deutschen Fürsten fielen. München 1979

Rogalla von Bieberstein, Johannnes: Adel und Revolution 1918/19. In: Mentalitäten und Lebensverhältnisse. Festschrift Rudolf Vierhaus. Göttingen 1982.

Rogalla von Bieberstein, Johannes: Die Junker als Feinde des Volkes, In: „Deutsches Adelsblatt" Nr. 9/1994, S. 198-201

Roth von Schreckenstein, Karl Heinrich: Geschichte der ehemaligen freien Reichsritterschaft. Bd. 1.2. Tübingen 1859/71

Sayn-Wittgenstein, Franz Prinz zu.: Durchläuchtigte Welt. Fürstenhäuser und Herrensitze in Hessen und am Main. München 1959

Siblewski, Klaus: Ritterlicher Patriotismus und romantischer Nationalismus in der deutschen Literatur. München 1981

Schicksalsbuch des Sächsisch-Thüringischen Adels 1945. Bearb. Adam v. Watzdorff. Hrsg. Verband „Der Sächsische Adel" (Aus dem deutschen Adelsarchiv 1), Limburg an der Lahn 1994

Staatsdienst und Menschlichkeit. Studien zur Adelskultur des späten 18. Jahrhunderts in Schleswig-Holstein und Dänemark. Hrsg. Christian Degn. Neumünster 1980

Stein, Hans-Konrad: Der preußische Geldadel des 19. Jahrhunderts. Bd. 1.2. Diss. Hamburg 1982

Stekl, Hannes: Österreichs Aristokratie im Vormärz. München 1973

Stetten, Wolfgang v.: Die Rechtsstellung der unmittelbar freien Reichsritterschaft, ihre Mediatisierung und ihre Stellung in den neuen Landen, Schwäbisch-Hall 1973

Stolberg-Wernigerode, Otto Graf zu: Die unentschiedene Generation. Deutschlands konservative Führungsschichten am Vorabend des Ersten Weltkrieges. München 1968

Ungern-Sternberg, Walter von: Geschichte der baltischen Ritterschaffen. Limburg a.d.L. 1960

Vetter, Klaus: Kurmärkischer Adel und preußische Reform. Weimar 1979

Vollmer, Gert: Die schwäbische Reichsritterschaft zwischen Westfälischem Frieden und Reichsdeputationshauptschluß. Stuttgart 1979

Waldstein-Wartenberg, Berthold: Österreichs Adelsrecht 1804-1918. In: Mitteil. d. Österr. Staatsarchivs 17/18 (1964-65) S. 109-146.

Zang, Gert: Sozialstruktur und Sozialisation des Adels im 18. Jahrhundert. Diss. Konstanz 1972

Winter, Ingelore: Der Adel. Ein deutsches Gruppenporträt. Wien 1981

Rittertum und Ritterorden

Boockmann, Hartmut: Der Deutsche Orden. München 1981

Bradford, Ernle: Kreuz und Schwert. Der Johanniter/Malteser-Ritterorden. München 1983

Braunfels-Esche, Sigrid: St. Georg. München 1976
Bumcke, Joachim: Studien zum Ritterbegriff im 12. und 13. Jahrhundert. 2. Aufl. Heidelberg 1977
Fleckenstein, Josef: Das ritterliche Turnier im Mittelalter. Göttingen 1985
Gleichen-Russwurm, Alexander von: Der Ritterspiegel. Stuttgart 1918
Die geistlichen Ritterorden Europas. Hrsg. Josef Fleckenstein. Sigmaringen 1980
Görner, Regina: Raubritter. Münster 1987
Goez, Werner: Renaissance und Rittertum. In: Festschrift Heinz Loewe. Köln, Wien 1978
Heydenreich, Bernhard: Ritterorden und Rittergesellschaften. Würzburg 1960
Naumann, Hans: Deutsche Kultur im Zeitalter des Rittertums. Potsdam 1938
Paravicini, Werner: Die Preußenreisen des europäischen Adels. Sigmaringen 1989
Quellen und Studien zur Geschichte des Deutschen Ordens. Hrsg. Klemens Wieser. Bad Godesberg. Bd. 1. 1967ff.
Reitzenstein, Alexander von: Rittertum und Ritterschaft. München 1972
Ritterliches Tugendsystem. Hrsg. G. Eifler. Darmstadt 1970
Das Rittertum im Mittelalter. Hrsg. Arno Borst. Darmstadt 1976
Rösener, Werner: Zur Problematik des spätmittelalterlichen Raubrittertums. In: Festschrift Berent Schwineköper. Sigmaringen 1982
Rosenberg, Alfons: Michael und der Drache. Olten 1956
Roth von Schreckenstein, Karl Heinrich: Die Ritterwürde und der Ritterstand. Freiburg i.Br. 1886
Rothe, Johannes: Der Ritterspiegel. Halle/S. 1936
Schwarz, Monika: Der Heilige Georg-Miles Christi und Drachentöter. Diss. Köln 1972
Wallhausen, Johann Jacob von: Ritterkunst. Frankfurt 1616
Wienand, Adam: Der Johanniter-Orden. Der Malteser-Orden. Köln 1977
Wang, Andreas: Der «Miles Christianus» im 16. und 17. Jahrhundert. Bern 1975
Wozel, Heidrun: Turniere. Berlin 1979

Höfisches Leben

Alewyn, Richard: Das große Welttheater. Die Epoche der höfischen Feste. München 1985
Berns, Jörg: Frühneuzeitliche Hofkultur in Hessen und Thüringen. Erlangen 1993
Brunner, Max: Die Hofgesellschaft. Die führende Gesellschaftsschicht Bayerns während der Regierungszeit König Maximilian II., München 1987
Czaky-Loebenstein, Eva Marie: Studien zur Kavalierstour österreichischer Adeliger im 17. Jahrhundert. In: MIÖG 79 (1971), S. 404-34

Ehalt, Hubert: Ausdrucksformen absolutistischer Herrschaft. Der Wiener Hof. München 1980

Elias, Norbert: Die höfische Gesellschaft. Neuwied 1977

Europäische Hofkultur im 16. und 17. Jahrhundert. Hamburg 1981

Fertig, Ludwig: Der Hofmeister. Stuttgart 1979

Gleichen-Russwurm, Alexander von: Das galante Europa. Geselligkeit der großen Welt. Stuttgart 1911

Handler, Hans und Erich Lessing: Die spanische Hofreitschule zu Wien. Wien 1972

Herdt, Gisela: Der württembergische Hof im 19. Jahrhundert. Göttingen 1970

Hof, Kultur und Politik im 19. Jahrhundert. Hrsg. Karl Ferdinand Werner. Bonn 1985

Hofmann, Christina: Das spanische Hofzeremoniell. Frankfurt 1985

Huizinga, Johann: Herbst des Mittelalters. Leipzig 1930

Kruedener, Jürgen von: Die Rolle des Hofes im Absolutismus. Stuttgart 1973

Loen, Michael von: Der redliche Mann am Hofe (1742). Stuttgart 1966

Martin, Alfred von: Zur Soziologie der höfischen Kultur. In: Archiv f. Sozialwissenschaft u. Sozialpolitik 64 (1930), S. 155-65

Mackenwirth, Eckart: Höflichkeit. Diss. Trier 1970

Malortie, Carl Ernst von: Der Hof-Marschall. Handbuch zur Einrichtung und Fürsorge eines Hofhaltes. Hannover 1846

Mathy, Helmut: Feste und Gäste. Im höfischen Mainz. Mainz 1989

Möckl, Karl: Hof und Hofgesellschaft in den deutschen Staaten im 19. Jahrhundert und beginnenden 20. Jahrhundert. Boppard 1990

Plodeck, Karin: Hofstruktur und Hofzeremoniell in Brandenburg-Ansbach. Ansbach 1972

Poellnitz, Carl Ludwig Baron: Der verschwenderische Liebhaber oder Das galante Sachsen. Frankfurt/M. 1964

Rohr, Julius Bernhard von: Einleitung zur Ceremoniel-Wissenschaft der Privat-Personen. Berlin 1728

- Einleitung zur Ceremoniel-Wissenschaft der großen Herren. Berlin 1729

Scheller, Rita: Die Frau am preußischen Herzogshof. Köln 1966

Straub, Eberhard: Repraesentatio Maiestatis oder Churbayerische Freudenfeste. München 1969

Thielen, Peter: Die Kultur am Hofe Herzogs Albrecht von Preußen. Göttingen 1953

Vehse, Eduard: Geschichte der deutschen Höfe seit der Reformation. Bd. 1-48. Hamburg 1851-60

Vocelka, Karl: Habsburgische Hochzeiten. Wien 1976

Winterling, Aloys: Der Hof der Kurfürsten von Köln 1688-1794. Bonn 1986
Zimmermann, Gerda: Der Hofstaat der Fürstenbischöfe von Würzburg von
1648 bis 1803. Diss. Würzburg 1976

Adelskultur und Adelserziehung

Alvensleben, Udo von und Harald von Königswald: Schlösser und Schicksale.
Herrensitze zwischen Donau und Rhein. Frankfurt/M., Berlin 1970
Aufseß, Max von: Burgen. 2. Aufl. München 1977
Bleeck, Klaus: Adelserziehung auf deutschen Ritterakademien. Frankfurt/M. 1977
Conrads, Norbert: Ritterakademien der frühen Neuzeit. Bildung als Stan-
desprivileg im 16. und 17. Jahrhundert. Göttingen 1982
Handbuch der Kulturgeschichte
Deutsche Kultur im Zeitalter des Barock von Willi Flemming. 1960
Deutsche Kultur im Zeitalter der Aufklärung von Emil Ermatinger. 1969
Deutsche Kultur in der frühen Neuzeit von Ernst Walter Zeeden. 1968
Deutsche Kultur im Spätmittelalter 1250-1500 von Hans E Rosenfeld. 1978
Hibbert, Christopher: Gentleman's Europareise. Frankfurt 1969
Hüttl, Ludwig und Erich Lessing: Deutsche Schlösser - Deutsche Fürsten.
München 1980
Keller, Katrin Hrsg.:"Mein Herr befindet sich gottlob gesund und wohl".
Sächsische Prinzen auf Reisen. Leipzig 1994
Lobmeier, Dieter (Hrsg.) Arte und Marte. Studien zur Adelskultur des Ba-
rockzeitalters in Schweden, Dänemark und Schleswig-Holstein. Neu-
münster 1978
März, Adolf L.: Die Entwicklung der Adelserziehung vom Rittertum bis zu
den Ritterakademien. Diss. Wien 1949
Mitford, Nancy: Noblesse oblige. London 1963
Nicolson, Harold: Vom Mandarin zum Gentleman. Formen und Lebensart in
drei Jahrtausenden. München 1957
Nostitz, Helene von: Festliches Dresden. Frankfurt/M. 1962
Pleticha, Eva: Adel und Buch. Studien zur Geisteswelt des fränkischen
Adels am Beispiel seiner Bibliotheken. Neustadt a. d. Aisch 1983
Sayn-Wittgenstein, Franz Prinz zu: Schlösser in Bayern. München 1984
Schlumbohm, Jürgen: Kinderstuben. Wie Kinder zu Bauern, Bürgern, Ari-
stokraten wurden 1700-1850. München 1983
Stollberg-Rilinger, Barbara: Handelsgeist und Adelsethos. In: Zeitschrift für
Historische Forschung Bd. 15 (1988), S. 273-309
Zoepfl, Friedrich: Deutsche Kulturgeschichte. Bd. 1.2. Freiburg i.Br. 1931-37

Adel-Bauer-Bürger

Adelsherrschaft und Literatur. Hrsg. Horst Wenzel. Berlin 1980

Brunner, Otto: Bürgertum und Feudalität in der europäischen Sozialgeschichte. In: Geschichte in Wissenschaft und Unterricht 7 (1956), S. 599-614

Danckert, Werner: Unehrliche Leute. Die verfemten Berufe. Bern 1963

Deutsches Patriziat 1430-1740. Büdinger Vorträge 1965. Hrsg. Hellmut Rössler. Limburg/L. 1968

Eckart, Hans Wilhelm: Herrschaftliche Jagd, bäuerliche Not und bürgerliche Kritik. Göttingen 1976

Feilzer, Heinrich: Jugend in der mittelalterlichen Ständegesellschaft. Wien 1971

Fertig, Ludwig: Der Adel im deutschen Roman des 18. und 19. Jahrhunderts. Diss. Heidelberg 1965

Franz, Günter: Der deutsche Bauernkrieg. Darmstadt 1977

Henning, Friedrich Wilhelm: Herrschaft und Bauernuntertänigkeit. Würzburg 1964

Herrschaft und Stand. Hrsg. Josef Fleckenstein. Göttingen 1977

Kocka, Jürgen: Bürgertum im 19. Jahrhundert. Deutschland im europäischen Vergleich. München 1988

Krockow, Christian Graf von: Die Reise nach Pommern. Stuttgart 1985

Mayer, Arno: Adelsmacht und Bürgertum. Die Krise der europäischen Gesellschaft 1848-1914. München 1984

Meiners, Christoph: Geschichte der Ungleichheit der Stände. Bd. 1.2. Hannover 1792

Rabe, Hannah: Das Problem der Leibeigenschaft. Wiesbaden 1977

Rösener, Werner: Bauern im Mittelalter. München 1985

Schultze, Johanna: Die Auseinandersetzung zwischen Adel und Bürgertum in den deutschen Zeitschriften. Berlin 1925

Schulze, Winfried: Bäuerlicher Widerstand und feudale Herrschaft in der frühen Neuzeit. Stuttgart 1980

Waas, Adolf: Die Bauern im Kampf um die Gerechtigkeit 1300-1525. München 2. Aufl. 1976

Genealogie

Genealogisches Handbuch des Adels. Hrsg. von der Stiftung Deutsches Adelsarchiv, bearb. unter Aufsicht des Adelsrechtsausschusses. Limburg an der Lahn: C. A. Starke Bd. 1. 1951 ff. (Reihen: Fürstliche Häuser, Gräfliche Häuser, Freiherrliche Häuser, Adelige Häuser A und B, Adelslexikon)

Genealogisches Handbuch des in Bayern immatrikulierten Adels. Neustadt an der Aisch: Degener. Bd. 1. 1950 ff.

Die Baltischen Ritterschaften. Übersicht über die in Matrikeln der Ritterschaften von Livland, Estland, Kurland und Ösel verzeichneten Geschlechter. 2. verb. u. erw. Aufl. bearb. i.A. des Verbandes der Baltischen Ritterschaften e.V. von Ernst v. Mühlendahl und Baron Heiner von Hoyningen gen. Huene, Limburg/Lahn 1973

Genealogisches Handbuch der Baltischen Ritterschaften

Teil Livland, Görlitz 1929-1943 (unvollendet)

Teil Estland 1-3 und Nachtrag, Görlitz 1930-1936

Teil Kurland, Görlitz 1930-1944 (unvollendet)

Teil Oesel, Dorpat 1935-1939, Nachtrag Hamburg 1968

Ausführliche einschlägige Literaturangaben sind in den nachfolgenden drei Werken enthalten:

Dahlmann-Waitz: Quellenkunde zur deutschen Geschichte. 10. Aufl.

Bd. 1, Stuttgart 1969

Kap. 20 Heraldik

Kap. 21 Genealogie

Fritsch, Thomas Freiherr von: Die Gothaischen Genealogischen Taschenbücher, Hofkalender und Almanach. Limburg an der Lahn 1968

Bibliographien der deutschen und europäischen genealogischen Taschenbücher und Adelskalender S. 171-183

Ribbe, Wolfgang und Eckart Hennig (Bearb.): Taschenbuch für Familiengeschichtsforschung. 11. überarb. Aufl. Neustadt an der Aisch 1995; S. 367-372: Adelskalender, Geschlechterbücher und verwandte genealogische Handbücher

Bilderverzeichnis - Bildernachweis

Personenverzeichnis

Soweit die Geschlechter aufgezählt sind, wurden sie nur namentlich, ohne Prädikate, aufgenommen. Einzeln genannte Persönlichkeiten sind anschließend an die Familiennamen aufgeführt. Die Kaiser (Könige) des Heiligen Römischen Reiches Deutscher Nation (HRRDN) sind unter dem Stichwort „Kaiser" in der Reihenfolge ihrer Vornamen geordnet. Kirchliche Würdenträger und weltliche Fürsten sind unter ihrem Wirkungsort zu finden

501

Holstein, Herzöge von 41, 93
Holstein-Gottorp, Herzöge von 93, 304
Holstein-Schaumburg 56
Holstinghäuser 104
Holtey 104
Holtz 49, 103
Holtzendorff 60, 97, 127, 465
Holtzing 49
Holtzing-Berstett 103
Holzapfel, Peter Graf v., General 90
Holzhausen 85, 103
Holzschuher 47, 72, 85, 102
Homer 167, 168
Hompesch 56, 97, 144
Honecker 443, 457
Hopfgarten 65, 66, 97
Horn 62
Horneck 49
Hornstein 49, 100, 143
Hornstein-Ochsenhausen 122
Horst, v. der 55, 58, 96, 105
Houwald(t) 67, 103, 116, 125
Houwald-Staupitz 98
Hoverbeck 62, 127
Howen 64, 104
Hoym 67, 70, 96, 98, 111, 142
-, Adolph Graf v. 14
Hoyningen-Huene 64, 104
Hoyos 95, 96, 117
Hruby v. Gelenj 458
Huber v. Gleichenstein 103
Hueck 85, 86
Hügel 98, 102
-, Johann Andreas Freiherr v., Ge-
neralfeldzeugmeister 90, 91
Hülsen 62
Hünefeld 57, 104
-, Nicolaus Christoph v., Jurist,
Reichshofrat 47

Hugo 58, 92
Humboldt 184, 352
-, Alexander v. 15, 347, 348,
350, 353, 413
-, Wilhelm v. 15, 201
Humboldt-Dachröden 103
Hundbiß 49
Hund von Wenkheim 49
Hundelshausen 54
Hundt und Alten-Grottkau 69, 101
Huntingdon 368
Hunyady 118
Hutten 49, 140, 254
-, Ulrich v. 3, 21, 242, 269, 296,
297, 299
-, Philipp v. 239
Hutten-Czapski 116, 187
Huizinga, Johann 12, 405
Huyn 71, 96, 118

Iffland 346
Igelström 64, 97, 101
Ilgen, Heinrich v., preuß.
Aussenminister 187
Ilsemann 92, 424, 425
Ilten 48, 58, 124
Imhoff 20, 47, 49, 85, 100
Immermann 378
-, Karl 188, 406
Ingelheim 50, 96, 100, 117, 140, 143
Ingelheim gen. Echter v.
Mespelbrunn 112
Ingersleben 62
Innhausen und Knyphausen 38, 55,
57, 95, 98, 99, 123, 124, 290
Friedrich Ernst Freiherr v.,
Minister 187
Innhausen und Knyphausen-Graf zu
Bodelschwingh-Plettenberg 99

516

523

Vitellier 185
Vittinghoff gen. Schell 143
Vitzthum v. Eckstädt 52, 67, 96,
    124, 141, 218
-, Wolfgang Graf v. 451
Vogelsang 60
-, Karl Freiherr v. 416
Vogelweide, Walther v. der 224,
    294, 440
Vogt v. Hunol(t)stein 50, 100
Voit v. Rieneck 49
Voith v. Voithenberg 73, 92, 102, 122
Volckamer 85
Voltaire 189, 284, 291, 310, 364, 405
Voss 59, 125
-, Heinrich 349
Voß 97, 126
-, Johann Heinrich 392
Vrints zu Falkenstein 118

Wachtmeister 96, 98, 100
Wackerbarth gen. v. Bomsdorff 102
Wächter 102
Waechter 85, 92
Wätjen 86, 126
Wagensberg 111
Wagner, Richard 224, 406
Wahl 64, 472
Waitz v. Eschen 54, 101
Waldbott v. Bassenheim 50, 96,
    100, 112, 117, 140, 143
Waldburg 41, 95, 114, 140, 141, s.
    auch Truchseß zu Waldburg
Waldburg-Wolfegg 94
Waldburg-Wurzach 94
Waldburg-Zeil 94
Waldburg-Zeil-Trauchburg,
    Maximilian-Wunibald Fürst v.,
    Reichstruchseß 106, 107, 167

Waldeck 38, 41, 46, 94, 95, 141, 144,
    191
-, Friedrich Fürst v. 417
Waldeck-Pyrmont 123, 373
Waldenfels 49, 241
Walderdorff 46, 50, 96, 97, 100,
    111, 140, 141, 143, 144
-, Johann Philipp Graf v., Bischof
    von Trier 148
Waldersee 59, 83, 125
Waldow 60, 125, 126, 142
Waldstätten 49
Waldstein 71, 95, 110, 118, 129,
    144, 346
Waldthausen-Bassenheim 92, 103, 123
Wales, Prinz Georg von 372
Walewan 147
Wallbrunn 50, 108, 114
Wallenberg 70
Wallenrodt 16, 49, 62, 96, 100, 142,
    143, 184
Wallenstein, Albrecht Fürst v.,
    Herzog von Friedland 14, 74, 78,
    93, 223
Wallhausen, Johann Jakob v. 302
Wallmoden 55, 57, 97, 144, 341
-, Thedel v. 186
Wallwitz 97, 124
Walterskirchen 99, 100, 118
Wamboldt v. Umstadt 50, 54, 100,
    122, 140, 143
Wangenheim 58, 65, 105, 228, 247
Wangelin 141
Warburg 59
Warendorf 85
Warsberg 50, 102, 143
Wartenberg 60
Wartensleben 96, 124, 433
Wassermann, Rudolf 448

Wichelhaus 86
Wickede 59, 85
Wickenburg 111
Wickerau-Krockow 127
Wied 40, 41, 115, 123, 141
-, Maximilian Prinz zu 349
Wied-Neuwied 94
Wied-Runkel 94
Wiedebach 67
Wiedebach-Nostitz 465
Wiedebach und Nostitz-Jänkendorf, Hanns-Caspar v. 457
Wieland 88, 307
-, Christoph Martin 411
Wien: Bischof Lorenz v. Bibra 133
Wienand, Adam 144
Wienskowski 63
Wiese 70
Wiesner 423
Wietersheim 70, 91, 126
Wigandt v. Hohenastenberg 65
Wikkenburg 101
Wilamowitz-Möllendorff 98, 103, 126, 461, 465
Wilckens 63, 127
Wilczek 102, 118
Willisen 103
Wilmowsky 66, 103, 124
Wilpert 65
Wiltschegg, Walter 423
Wimpffen 49, 97, 118
Winckelmann 352, 353
-, Joachim 461
Windheim 85
Windisch-Graetz 4, 42, 94, 95, 99, 113, 118, 129, 176, 200, 381
Winning 60
Winter, Ingelore M. 430, 432, 435
Winterfeldt 59, 96, 100, 322, 465, 471

Wintzingerode 66, 73, 97, 102, 105, 124, 179
Wirsing 102
Wiser 90, 101
Wistinghausen 65, 86
-, Henning v. 472
Witte 126
Wittelsbach, Herzöge von Baiern 18
Wittelsbach 59, 83, 92, 93, 138, 140, 141, 143, 148, 276, 289, 332
-, Otto von 52
Wittenhorst-Sonsfeld 100
Wittern 66
Wittgenstein s. Sayn-Wittgenstein
Wittgenstein-Vallendar 93
Witzleben 66, 81, 142, 361
-, Dietrich v. 300
-, Erwin v. 153
-, Esther Maria v. 192
Witzleben-Alt-Döbern 98
Witzendorff 58, 59, 85, 125
Woedke 60
Woellwarth v. Lauterburg 4, 47, 49
Wolff 65, 101
Wolff v. Gudenberg 54, 104
Wolff v. Lüdinghausen 141
Wolff-Metternich 57, 96, 97, 100, 111, 123, 141
Wolff gen. Metternich zur Gracht 56, 137, 143
Wolffersdorff 67, 125
Wolfframsdorff 142
Wolfskeel v. Reichenberg 49, 98, 140
Wolkenstein 99, 110, 113, 118, 143
-, Oswald v. 237, 238, 239
Wolzogen 66, 99, 111, 376
Worms: Bischof Georg Friedrich v. Greiffenclau zu Vollrads 175
Woyrsch 70

535

„Aus dem Deutschen Adelsarchiv" Band 12

Manfred Wilde

Die Ritter- und Freigüter in Nordsachsen
Ihre verfassungsrechtliche Stellung, ihre Siedlungsgeschichte
und ihre Inhaber

Auf der Basis breiter und so für den Untersuchungsbereich bisher nicht durchgeführter Quellenforschung stellt Wilde 163 Güterkomplexe vor, die in den ehemaligen Ämtern Delitzsch, Düben, Eilenburg und Torgau sowie in Teilen der Ämter Belgern, Liebenwerda, Lützen, Merseburg, Mühlberg und Wittenberg bis 1815 zum Kurfürstentum bzw. Königreich Sachsen gehörten und seit 1990 wieder Bestandteil des Freistaates Sachsen sind; in Mittelalter und früher Neuzeit lagen sie in den Territorien beider wettinischer Linien (1485-1547) sowie des Hochstifts Merseburg, was der Arbeit überterritoriales Gewicht gibt. Die Entwicklung der Güter aus Standesherrschaften, frühstädtischen Freihöfen, Vorwerken von Klöstern und Rittergütern, Sattel- oder Siedelhöfen, Kammergütern sowie Lehenrichter- und Freigütern wird z.T. vom 1o. Jh. an (gelegentlich unter Einbeziehung archäologischer Befunde) über die Abtretung des Gebietes an Preußen 1815 und die Bodenreform 1945/46 bis zur Zwangskollektivierung von 1960 dargestellt. In 6 Kapiteln arbeitet der Autor die Grundlagen der mitteldeutschen Grundherrschaft heraus, ihre Siedlungsformen, rechtliche Stellung, Bewirtschaftung, die Besitzveränderungen im 18. und 19. Jh. (der Anteil adeliger Inhaber sinkt von 9o% um 1550 auf 32% 1945) sowie ihre Wandlungen und schließliche Auflösung seit den Agrarreformen des 19. Jhs bis 1945.

In einem umfangreichen zweiten Teil der Arbeit werden die 163 Grundherrschaften einzeln behandelt, wobei jeweils Rechtsstellung und Inhaberfolge in einem chronologischen Abriß stehen.

Limburg an der Lahn 1997, DIN A5, 736 Seiten mit vielen Diagrammen und Zeichnungen, Quellen- u. Literaturverzeichnis sowie Personen-, Topographischem und Sachregister.

ISBN 3-7980-0687-3. Preis: DM 98

„Aus dem Deutschen Adelsarchiv" Band 13

Sieghart Graf von Arnim

Dietlof Graf von Arnim-Boitzenburg

Ein Preußischer Landedelmann und seine Welt im Umbruch
von Staat und Kirche

Der Enkel des letzten Präsidenten des preußischen Herrenhauses
Dietlof Graf von Arnim (1867 - 1933), hat es unternommen, das
Lebensbild dieses Mannes aus der Sicht der Gegenwart und der Familie in Liebe, Respekt und Kritik aus den verschiedenen Quellen
öffentlicher und privater Provenienz nachzuzeichnen, Versunkenes
zu bergen und die „Welt von Gestern" vor den Augen einer anders-
lebenden und doch auf alten Fundamenten stehenden Nachwelt zu
beschreiben.

Arnim war unzweifelhaft für und in Brandenburg eine bedeutende Gestalt der Wilhelminischen Zeit. Er war ein Mann von hohen
Talenten und starker Leistung, der die Irrtümer und Einsichten seiner
Generation auf der Grundlage einer - jedenfalls bis 1918 - noch un-
gebrochenen Tradition in sehr kultivierter, auch toleranter und damit
preußischer Weise hingenommen und vertreten hat.

Aber der Boitzenburger war auch - und dies macht den Reiz seines Lebens aus - Angehöriger einer zweifach gescheiterten Generation, der „ unentschiedenen Generation", wie sie Otto Graf zu Stol-
berg-Wenigerode nicht grundlos 1968 benannt hat. Auch er sah sich,
zumal unmittelbar vor seinem Tode, auf der Verliererseite - aber es
hat keine Gewinner, aber Räuber gegeben. Ein Mann der Verlierer-
Generation von 1918 und 1932/33, der gleichwohl die jüngere Generation in ihren Irrtümern nicht bestärkt hat, aus altkonservativer
Skepsis heraus und weil er in seinem letzten Jahre ahnte, daß der
dunkle Weg bei weitem noch nicht zu Ende war.

Limburg an der Lahn 1998, DIN A5, X u. 406 Seiten, 4 Farb- und
143 Bilder, 16 Dokumentenabbildungen.

ISBN: 3-7980-0685-7, Preis: DM 49.-

„Aus dem Deutschen Adelsarchiv" Band 15

Hans Graf zu Dohna

Waldburg-Capustigall

Ein ostpreußisches Schloß in Schnittpunkt von Gutsherrschaft
und europäischer Geschichte

Hans Graf zu Dohna, 1925 in Schloß Waldburg geboren, unternimmt es 50 Jahre nach dem Verlust der Heimat, eine Chronik des Schlosses, der ehemaligen Begüterung Waldburg-Capustigall und seiner Besitzer zu schreiben.

In dem fernen und heute schon fast vergessenen Ostpreußen, 15 km südwestlich von Könisgsberg und knapp 2 km vom Frischen Haff entfernt, lag der kleine Ort Waldburg, dem dieses Buch gewidmet ist.

Ein kurzer Überblick der ostpreußischen Geschichte leitet das Buch ein, ehe der Autor seinen Bericht über Waldburg, das bis 1850 Capustigall hieß, beginnt und dessen Entwicklung seit der ältesten Zeit schildert. Zunächst waren es die Herren von Chièze, die von Italien über die Niederlande nach Ostpreußen kamen. Es folgten die Truchsessen zu Waldburg, die schließlich von den Dohna`s beerbt wurden. Der Autor führt den Leser durch das Leben von 10 Generationen, deren Aktivitäten auf weite Teile Europas ausstrahlten und die doch in ihrer Heimat verwurzelt blieben. Maulen, Haffstrom und Wilmsdorf werden geschildert und ein eigenes Kapitel berichtet ausführlich über das Leben im Waldburger Schloß, in dem Dohna zusammen mit seinen fünf Geschwistern aufwuchs.

Waldburg wurde im Kriege zerstört und danach unter russischer Verwaltung nicht wieder besiedelt. Die Ortschaft blieb als Trümmerfeld liegen. Nur der Park überstand die Katastrophe und breitete sich zu einer düsteren Wildnis aus.

Der Autor gehört zu den Letzten, die dort gelebt haben. Er läßt die vergangenen Zeiten noch einmal lebendig werden, um festzuhalten was einmal war.

Limburg an der Lahn 1998, DIN A5, VIII u. 274 Seiten, 2 Karten im Vorsatz, 3 im Text, 8 farbige und 52 schwarz/weiß Bilder und 4 Grundrißzeichnungen   ISBN: 3-7980-0684-9 , Preis: DM 39,50

„Aus dem Deutschen Adelsarchiv" Band 16

Wilderich Freiherr Droste zu Hülshoff

Annette von Droste-Hülshoff
im Spannungsfeld ihrer Familie

Die Droste kennt man als sprachgewaltige Dichterin der Kriminalnovelle „Die Judenbuche" oder der Ballade „Der Knabe im Moor". Ihr Bild geht auf dem Zwanzig-Mark-Schein und ihr Werk in zahlreichen Übersetzungen rund um die Welt.

Wer aber die Tochter, Schwester, Cousine oder Tante „Nette" im Kreise ihrer Familie, der sie zeitlebens treu war, kennenlernen will, wird in diesem Buch viel Neues entdecken. Wie konnte sie sich trotz dieser so traditionsreichen Umgebung ihren Weg zum Weltruhm als damals „moderne" und heute immer noch zeitlos gültige Dichterin bahnen? Wer prägte ihre Begabungen, ihren Charakter, ihre Erziehung, ihre Lebensumstände? Wer in ihrer Umgebung forderte und wer behinderte sie? Niemand kann berufener auf solche Fragen antworten, als die Familie der Dichterin selbst, was in *diesem* Buch erstmals geschieht. Der Autor, ein Ur-Ur-Großneffe der Droste, hat dazu aus dem Vollen schöpfen können: aus einer jahrzehntelangen wissenschaftlichen Droste-Forschung und aus der Familienüberlieferung.

Diese einfühlsamen und engagierten biografischen Skizzen zeichnen ein lebendiges und differenziertes Bild der Dichterin und ihrer Angehörigen - bedeutender und weniger bedeutender Menschen einer dramatischen Umbruchzeit. Zahlreiche Kurzbiografien und Abbildungen bringen uns diese Menschen erstaunlich nahe, wobei der Autor sich eng an die authentischen Briefwechsel und sonstigen Lebenszeugnisse hält.

Dieses Buch erscheint zum 150. Todestag der Droste, der im Gedenkjahr für die 1848er Revolution liegt. Es wirft einmal ein anderes Licht auf jene tausendjährige Welt, die Annette vor ihren Augen versinken sah, deren tieferes geistig-geistliches Vermächtnis im Werk der Droste aber noch heute Gültigkeit hat.

Limburg an der Lahn 1998, DIN A5, 304 Seiten, farbiger Schutzumschlag, 70 Bilder davon 14 farbig.   ISBN: 3-7980-0683-0, Preis: DM 49.-

Genealogisches Handbuch des Adels

Herausgegeben von der Stiftung Deutsches Adelsarchiv

Thomas Freiherr v. Fritsch-Seerhausen schreibt über das „Genealogische Handbuch des Adels":

„Seit 1765, seit mehr als zwei Jahrhunderten erscheint der „Gotha", heute unter dem Namen „GENEALOGISCHES HANDBUCH DES ADELS". Bei mancher äußerlich wechselnden Gestalt, ist es nicht nur das größte, sondern auch das bedeutendste genealogische Werk Deutschlands und der Weltliteratur. Zum Unterschied von manch anderer Veröffentlichung zeichnet es sich durch eine Genauigkeit und Zuverlässigkeit aus, die einmalig ist. Dargestellt werden sämtliche Geschlechter des Adels deutscher Lande und regierende und einst regierende Fürstenhäuser Europas. Zunächst ist es Nachschlagewerk für jeden, und in erster Linie für alle Angehörigen des Adels; und das nicht nur für die Adelsverbände und Familienverbände sondern für alle. Noch wichtiger ist es als Darstellung des gesamten Adels.

Die laufende Wiederholung der Geschlechter hält das Werk auf gutem Stand. Außer dem blühenden Bestand - den Lebenden und derem unmittelbaren Zusammenhang - sind Stammreihen, Ältere Genealogien und Gesamtgenealogien abgedruckt. Die Familienwappen werden heraldisch richtig wiedergegeben. Eine knapp und klar gefaßte Übersicht über die geschichtlichen Tatsachen der Geschlechter erscheint in der Gesamtreihe im „Adelslexikon". Gerade dies macht es möglich, nicht nur die heute Lebenden, sondern in großem Umfange auch die vergangenen Generationen nachzusehen. Jahrhundertelange Erfahrung in der Darstellung, in Abkürzungen und der inneren Anordnung sind unübertroffen. Von dem Angebot Familienbilder der Verstorbenen, auch der Gefallenen zu bringen, wird von den Geschlechtern reichlich Gebrauch gemacht.

Aus lebenslanger Erfahrung wird der laufende Bezug der gesamten Reihe empfohlen. Ein Einsteigen zum gegenwärtigen Zeitpunkt bringt mit den Jahren den erwünschten Überblick, da nur wenige, meist unbedeutende Familien bisher ihre Genealogien nicht eingereicht haben."

Johannes Baron v. Mirbach

Adelsnamen

Adelstitel

eine zeitgemäße Anleitung
für
Beruf und Gesellschaft

DIN A5, in farbigem Schutzumschlag, 32 Seiten
ISBN 3-7980-0534-6, Preis 13,90 DM

Auch in der heutigen Zeit gilt eine korrekte Anrede als Zeichen der Höflichkeit.

Diese Anleitung informiert Sie in leicht verständlicher Weise über den richtigen Umgang mit Adelsnamen und -titeln. Wenn Sie im gesellschaftlichen oder beruflichen Leben mit adeligen Personen zu tun haben, wird Ihnen dieses Buch helfen, Mißverständnisse und Peinlichkeiten zu vermeiden.

Inhaltsverzeichnis